Henry Standish Esq.

LES

GRANDS ÉCRIVAINS

DE LA FRANCE

NOUVELLES ÉDITIONS

PUBLIÉES SOUS LA DIRECTION

DE M. AD. REGNIER

Membre de l'Institut

OEUVRES

DE

LA BRUYÈRE

TOME II

IMPRIMERIE GÉNÉRALE DE CH. LAHURE
Rue de Fleurus, 9, à Paris

ŒUVRES

DE

LA BRUYÈRE

NOUVELLE ÉDITION
REVUE SUR LES PLUS ANCIENNES IMPRESSIONS
ET LES AUTOGRAPHES

ET AUGMENTÉE

de morceaux inédits, des variantes, de notices, de notes, d'un lexique des mots
et locutions remarquables, d'un portrait, d'un fac-simile, etc.

PAR M. G. SERVOIS

TOME SECOND

PARIS

LIBRAIRIE DE L. HACHETTE ET Cie
BOULEVARD SAINT-GERMAIN, N° 77

1865

LES CARACTÈRES

OU

LES MOEURS DE CE SIÈCLE

(SUITE)

DE L'HOMME.

1. Ne nous emportons point contre les hommes en voyant leur dureté, leur ingratitude, leur injustice, leur fierté, l'amour d'eux-mêmes, et l'oubli des autres[1] : ils sont ainsi faits, c'est leur nature, c'est ne pouvoir supporter que la pierre tombe ou que le feu s'élève[2].

2. Les hommes en un sens ne sont point légers, ou ne le sont que dans les petites choses. Ils changent leurs habits, leur langage, les dehors, les bienséances; ils changent de goût quelquefois : ils gardent leurs mœurs toujours mauvaises, fermes et constants dans le mal, ou dans l'indifférence pour la vertu.

3. Le stoïcisme est un jeu d'esprit et une idée semblable à la République de Platon. Les stoïques ont feint qu'on pouvoit rire dans la pauvreté; être insensible aux injures, à l'ingratitude, aux pertes de biens, comme à celles des parents et des amis; regarder froidement la mort, et comme une chose indifférente qui ne devoit ni réjouir ni rendre triste; n'être vaincu[3] ni par le plaisir ni par la

---

1. VAR. (édit. 1 et certains exemplaires de 2) : l'amour qu'ils ont pour eux-mêmes, et l'oubli où ils sont des autres.

2. Oui, je vois ces défauts, dont votre âme murmure,
Comme vices unis à l'humaine nature;
Et mon esprit enfin n'est pas plus offensé
De voir un homme fourbe, injuste, intéressé,
Que de voir des vautours affamés de carnage,
Des singes malfaisants et des loups pleins de rage.
  (Molière, *le Misanthrope*, acte I, scène 1, vers 173-178.)

3. VAR. (édit. 4-6) : ne pouvoir être vaincu.

douleur[1]; sentir le fer ou le feu dans quelque partie de son corps sans pousser le moindre soupir, ni jeter une seule larme; et ce fantôme de vertu et de constance ainsi imaginé, il leur a plu de l'appeler un sage. Ils ont laissé à l'homme tous les défauts qu'ils lui ont trouvés, et n'ont presque relevé aucun de ses foibles. Au lieu de faire de ses vices des peintures affreuses ou ridicules qui servissent à l'en corriger, ils lui ont tracé l'idée d'une perfection et d'un héroïsme dont il n'est point capable, et l'ont exhorté à l'impossible. Ainsi le sage qui n'est pas[2], ou qui n'est qu'imaginaire, se trouve naturellement et par lui-même au-dessus de tous les événements et de tous les maux : ni la goutte la plus douloureuse, ni la colique la plus aiguë ne sauroient lui arracher une plainte; le ciel et la terre peuvent être renversés sans l'entraîner dans leur chute, et il demeureroit ferme sur les ruines de l'univers[3] : pendant que l'homme qui est en effet sort de son sens, crie, se désespère, étincelle des yeux, et perd la respiration pour un chien perdu ou pour une porcelaine qui est en pièces[4]. (ÉD. 4.)

1. La 9ᵉ édition a ici une faute évidente : *douceur*, pour *douleur*.
2. VAR. (édit. 4 et 5) : qui n'est point.
3. Réminiscence d'Horace (livre III, *ode* III, vers 7 et 8) :

Si fractus illabatur orbis,
Impavidum ferient ruinæ.

4. Dans son intéressante *Étude sur la Bruyère et Malebranche* (Paris, 1866, p. 67-72), M. Auguste Damien rapproche de cette condamnation du stoïcisme les attaques réitérées que Malebranche a dirigées contre les stoïciens, et particulièrement une partie du passage suivant, dont le souvenir semble se retrouver dans la remarque de la Bruyère

« Qu'y a-t-il de plus pompeux et de plus magnifique que l'idée qu'il nous donne de son sage, dit Malebranche en parlant de Sénèque, mais qu'y a-t-il au fond de plus vain et de plus imaginaire? Le portrait qu'il fait de Caton est un trop beau portrait pour être naturel.... Caton étoit un homme sujet à la misère des hommes : il

DE L'HOMME. 5

4. Inquiétude d'esprit, inégalité d'humeur, inconstance de cœur, incertitude de conduite : tous vices de l'âme, mais différents, et qui avec tout le rapport qui paroît entre eux, ne se supposent pas toujours l'un l'autre dans un même sujet. (ÉD. 4.)

5. Il est difficile de décider si l'irrésolution rend l'homme plus malheureux que méprisable; de même s'il y a tou-

n'étoit point invulnérable, c'est une idée; ceux qui le frappoient le blessoient; il n'avoit ni la dureté du diamant, que le fer ne peut briser, ni la fermeté des rochers, que les flots ne peuvent ébranler, comme Sénèque le prétend; en un mot, il n'étoit point insensible; et le même Sénèque se trouve obligé d'en tomber d'accord, lorsque son imagination s'est un peu calmée, et qu'il fait davantage de réflexion à ce qu'il dit.

« Mais quoi donc? n'accordera-t-il pas que son sage peut devenir misérable, puisqu'il accorde qu'il n'est pas insensible à la douleur? Non sans doute, la douleur de son sage ne le blesse pas; la crainte de la douleur ne l'agite pas; son sage est au-dessus de la fortune et de la malice des hommes; ils ne sont pas capables de l'inquiéter. Il n'y a point de murailles et de tours dans les plus fortes places que les béliers et les autres machines ne fassent trembler, et ne renversent avec le temps; mais il n'y a point de machines assez puissantes pour ébranler l'esprit ferme de son sage.... Les Dieux mêmes peuvent être accablés sous les ruines de leurs temples, mais son sage n'en sera pas accablé; ou plutôt s'il en est accablé, il n'est pas possible qu'il en soit blessé....

« Voilà jusqu'où l'imagination vigoureuse de Sénèque emporte sa foible raison. Mais se peut-il faire que des hommes qui sentent continuellement leurs misères et leurs foiblesses puissent tomber dans des sentiments si fiers et si vains que ceux de cet auteur? Un homme raisonnable peut-il jamais se persuader que sa douleur ne le touche et ne le blesse pas? Et Caton, tout sage et tout fort qu'il étoit, pouvoit-il souffrir sans quelque inquiétude ou au moins sans quelque distraction, je ne dis pas les injures atroces d'un peuple enragé qui le traine, qui le dépouille et qui le maltraite de coups, mais les piqûres d'une simple mouche?... » (*De la Recherche de la vérité*, livre II, 3ᵉ partie, chapitre IV, tome I, p. 306-310, édition de 1675; voyez de plus livre I, chapitre XVII, § 3; livre IV, chapitre X; livre V, chapitres II et IV.)

jours plus d'inconvénient à prendre un mauvais parti, qu'à n'en prendre aucun. (ÉD. 6.)

6. Un homme inégal n'est pas un seul homme, ce sont plusieurs : il se multiplie autant de fois qu'il a de nouveaux goûts et de manières différentes; il est à chaque moment ce qu'il n'étoit point, et il va être bientôt ce qu'il n'a jamais été : il se succède à lui-même. Ne demandez pas de quelle complexion il est, mais quelles sont ses complexions; ni de quelle humeur, mais combien il a de sortes d'humeurs. Ne vous trompez-vous point? est-ce *Euthycrate* que vous abordez? aujourd'hui quelle glace pour vous! hier il vous recherchoit, il vous caressoit, vous donniez de la jalousie à ses amis : vous reconnoît-il bien? dites-lui votre nom. (ÉD. 6.)

7. *Ménalque*[1] descend son escalier, ouvre sa porte pour sortir, il la referme : il s'aperçoit qu'il est en bonnet de nuit; et venant à mieux s'examiner, il se trouve rasé à moitié, il voit que son épée est mise du côté droit, que ses bas sont rabattus sur ses talons, et que sa chemise est par-dessus ses chausses. S'il marche dans les places, il se sent tout d'un coup rudement frapper à l'estomac

---

[1]. Ceci est moins un caractère particulier qu'un recueil de faits de distractions. Ils ne sauroient être en trop grand nombre s'ils sont agréables; car les goûts étant différents, on a à choisir. (*Note de la Bruyère*, ajoutée à la 8ᵉ édition.) — En même temps qu'il plaçait la note précédente à côté du caractère de Ménalque, la Bruyère y insérait plusieurs traits nouveaux, dont l'un, recueilli dans la maison même des Condé, était emprunté au prince de la Roche-sur-Yon (voyez l'*Appendice*). Le comte de Brancas avait fourni les traits principaux du caractère; l'une des anecdotes était attribuée à l'abbé de Mauroy : l'annotation de la Bruyère, écrite au moment même où il ajoutait le récit de l'une des aventures d'un troisième Ménalque à celles des deux premiers, était donc d'une parfaite exactitude.

ou au visage; il ne soupçonne point ce que ce peut être, jusqu'à ce qu'ouvrant les yeux et se réveillant, il se trouve ou devant un limon de charrette, ou derrière un long ais de menuiserie que porte un ouvrier sur ses épaules. On l'a vu une fois heurter du front contre celui d'un aveugle, s'embarrasser dans ses jambes, et tomber avec lui chacun de son côté à la renverse. Il lui est arrivé plusieurs fois de se trouver tête pour tête à la rencontre d'un prince et sur son passage, se reconnoître à peine, et n'avoir que le loisir de se coller à un mur pour lui faire place. Il cherche, il brouille[1], il crie, il s'échauffe, il appelle ses valets l'un après l'autre : *on lui perd tout, on lui égare tout;* il demande ses gants, qu'il a dans ses mains, semblable à cette femme qui prenoit le temps de demander son masque lorsqu'elle l'avoit sur son visage. Il entre à l'appartement[2], et passe sous un lustre où sa perruque s'accroche et demeure suspendue : tous les courtisans regardent et rient; Ménalque regarde aussi et rit plus haut que les autres, il cherche des yeux dans toute l'assemblée où est celui qui montre ses oreilles, et à qui il manque une perruque. S'il va par la ville, après avoir fait quelque chemin, il se croit égaré, il s'émeut, et il demande où il est à des passants, qui lui disent précisément le nom de sa rue; il entre ensuite dans sa maison, d'où il sort précipitamment, croyant qu'il s'est trompé. Il descend du Palais[3], et trouvant au bas du grand degré un carrosse qu'il prend pour le sien, il se

---

1. Var. (édit. 6) : Il cherche, il fourrage.
2. On désignait particulièrement de ce nom les salles du château de Versailles où la cour s'assemblait le soir lorsqu'il n'y avait pas comédie, et par suite le cercle même qui se tenait dans ces salles. (Voyez l'*État de la France*, tome I, p. 294, édition de 1712; Saint-Simon, tome I, p. 22 et 23; et ci-dessus, tome I, p. 310).
3. Il s'agit du Palais de justice.

met dedans : le cocher touche et croit remener son maître dans sa maison; Ménalque se jette hors de la portière, traverse la cour, monte l'escalier, parcourt l'antichambre, la chambre, le cabinet; tout lui est familier, rien ne lui est nouveau; il s'assit[1], il se repose, il est chez soi. Le maître arrive : celui-ci se lève pour le recevoir; il le traite fort civilement, le prie de s'asseoir, et croit faire les honneurs de sa chambre; il parle, il rêve, il reprend la parole : le maître de la maison s'ennuie, et demeure étonné; Ménalque ne l'est pas moins, et ne dit pas ce qu'il en pense : il a affaire à un fâcheux, à un homme oisif, qui se retirera à la fin, il l'espère, et il prend patience : la nuit arrive qu'il est à peine détrompé. Une autre fois il rend visite à une femme, et se persuadant bientôt que c'est lui qui la reçoit, il s'établit dans son fauteuil, et ne songe nullement à l'abandonner : il trouve ensuite que cette dame fait ses visites longues, il attend à tous moments qu'elle se lève et le laisse en liberté; mais comme cela tire en longueur, qu'il a faim, et que la nuit est déjà avancée, il la prie à souper : elle rit, et si haut, qu'elle le réveille. Lui-même se marie le matin, l'oublie le soir, et découche la nuit de ses noces; et quelques années après il perd sa femme, elle meurt entre ses bras, il assiste à ses obsèques, et le lendemain, quand on lui vient dire qu'on a servi, il demande si sa femme est prête et si elle est avertie. C'est lui encore qui entre dans une église, et prenant l'aveugle qui est collé à la porte pour un pilier, et sa tasse pour le bénitier, y plonge la main, la porte à son front, lorsqu'il entend tout d'un coup le pilier qui parle, et qui lui offre des oraisons[2]. Il s'avance dans la

1. Tel est le texte de toutes les éditions publiées du vivant de la Bruyère. Voyez le *Lexique*.
2. « Les aveugles disent l'antienne et l'*oraison* d'un saint à l'inten-

DE L'HOMME. 9

nef, il croit voir un prié-Dieu[1], il se jette lourdement dessus : la machine plie, s'enfonce, et fait des efforts pour crier; Ménalque est surpris de se voir à genoux sur les jambes d'un fort petit homme, appuyé sur son dos, les deux bras passés sur ses épaules, et ses deux mains jointes et étendues qui lui prennent le nez et lui ferment la bouche; il se retire confus, et va s'agenouiller ailleurs. Il tire un livre pour faire sa prière, et c'est sa pantoufle qu'il a prise pour ses Heures, et qu'il a mise[2] dans sa poche avant que de sortir. Il n'est pas hors de l'église qu'un homme de livrée court après lui, le joint, lui demande en riant s'il n'a point la pantoufle de Monseigneur; Ménalque lui montre la sienne, et lui dit : « Voilà toutes les pantoufles que j'ai sur moi; » il se fouille néanmoins, et tire celle de l'évêque de **, qu'il vient de quitter, qu'il a trouvé malade auprès de son feu, et dont, avant de prendre congé de lui, il a ramassé la pantoufle, comme l'un de ses gants qui étoit à terre : ainsi Ménalque s'en retourne chez soi avec une pantoufle de moins. Il[3] a une fois perdu au jeu tout l'argent qui est dans sa bourse, et voulant continuer de jouer, il entre dans son cabinet, ouvre une armoire, y prend sa cassette, en tire ce qu'il lui plaît, croit la remettre où il l'a prise : il entend aboyer dans son armoire qu'il vient de fermer; étonné de ce prodige, il l'ouvre une seconde

---

tion de ceux qui leur donnent l'aumône. » (*Dictionnaire de Trévoux*, au mot *Oraison*.)

1. La forme *prié-Dieu* est la seule que contiennent le *Dictionnaire de Richelet* (1680) et la première édition du *Dictionnaire de l'Académie* (1694). Furetière (1690) a les deux formes : *prié-Dieu* et *prie-Dieu*.

2. La 6ᵉ édition porte : *qu'il a mis*, sans accord.

3. Cette phrase : « Il a une fois perdu au jeu, etc., » jusqu'aux mots : « qu'il a serré pour sa cassette, » a été ajoutée dans la 8ᵉ édition.

fois, et il éclate de rire d'y voir son chien, qu'il a serré pour sa cassette. Il joue au trictrac[1], il demande à boire, on lui en apporte; c'est à lui à jouer, il tient le cornet d'une main et un verre de l'autre, et comme il a une grande soif, il avale les dés et presque le cornet, jette le verre d'eau dans le trictrac, et inonde celui contre qui il joue. Et[2] dans une chambre où il est familier, il crache sur le lit et jette son chapeau à terre, en croyant faire tout le contraire. Il se promène sur l'eau, et il demande quelle heure il est : on lui présente une montre; à peine l'a-t-il reçue, que ne songeant plus ni à l'heure ni à la montre, il la jette dans la rivière, comme une chose qui l'embarrasse. Lui-même écrit une longue lettre, met de la poudre dessus à plusieurs reprises, et jette toujours la poudre dans l'encrier. Ce n'est pas tout : il écrit une seconde lettre, et après les avoir cachetées[3] toutes deux, il se trompe à l'adresse; un duc et pair reçoit l'une de ces deux lettres, et en l'ouvrant y lit ces mots : *Maître Olivier, ne manquez, sitôt la présente reçue, de m'envoyer ma provision de foin....* Son fermier reçoit l'autre, il l'ouvre, et se la fait lire; on y trouve : *Monseigneur, j'ai reçu avec une soumission aveugle les ordres qu'il a plu à Votre Grandeur....* Lui-même encore écrit une lettre pendant la nuit, et après l'avoir cachetée, il éteint sa bougie : il ne laisse pas d'être surpris de ne voir *goutte*, et il sait à peine comment cela est arrivé. Ménalque descend l'escalier du Louvre; un autre le monte, à qui il dit : *C'est vous que je cherche;* il le prend par la main, le fait des-

---

1. Var. (édit. 6 et 7) : Il joue une fois au trictrac.
2. La phrase : « Et dans une chambre, etc., jusqu'aux mots : « en croyant faire tout le contraire, » a été également ajoutée dans la 8ᵉ édition.
3. Il y a *cacheté*, sans accord, dans la 6ᵉ édition.

cendre avec lui, traverse plusieurs cours, entre dans les salles, en sort; il va, il revient sur ses pas; il regarde enfin celui qu'il traîne après soi depuis un quart d'heure : il est étonné que ce soit lui, il n'a rien à lui dire, il lui quitte la main, et tourne d'un autre côté. Souvent il vous interroge, et il est déjà bien loin de vous quand vous songez à lui répondre; ou bien il vous demande en courant comment se porte votre père, et comme vous lui dites qu'il est fort mal, il vous crie qu'il en est bien aise[1]. Il vous trouve quelque autre fois sur son chemin : *Il est ravi de vous rencontrer; il sort de chez vous pour vous entretenir d'une certaine chose;* il contemple votre main : « Vous avez là, dit-il, un beau rubis; est-il balais? » il vous quitte et continue sa route : voilà l'affaire importante dont il avoit à vous parler. Se trouve-t-il en campagne, il dit à quelqu'un qu'il le trouve heureux d'avoir pu se dérober à la cour pendant l'automne, et d'avoir passé dans ses terres tout le temps de Fontainebleau[2]; il tient à d'autres d'autres discours; puis revenant à celui-ci : « Vous avez eu, lui dit-il, de beaux jours à Fontainebleau; vous y avez sans doute beaucoup chassé[3]. » Il commence ensuite un conte qu'il oublie d'achever[4]; il rit en lui-même, il éclate d'une chose qui lui passe par l'esprit, il répond à sa pensée, il

---

1. « Ou bien il vous demande, etc.... qu'il en est bien aise, » trait ajouté dans la 8ᵉ édition.

2. La cour, à cette époque, passait habituellement le mois d'octobre à Fontainebleau. Le Roi y chassait presque tous les jours, et le duc de Bourgogne tous les jours.

3. Toute cette phrase, depuis les mots : « Se trouve-t-il en campagne, » a été ajoutée dans la 8ᵉ édition. De là, dans cette même édition, la modification du début de la phrase qui suit : voyez la note suivante.

4. VAR. (édit. 6 et 7) : Se trouve-t-il en compagnie, il commence un conte qu'il oublie d'achever.

chante entre ses dents, il siffle, il se renverse dans une chaise, il pousse un cri plaintif, il bâille, il se croit seul. S'il se trouve à un repas, on voit le pain se multiplier insensiblement sur son assiette : il est vrai que ses voisins en manquent, aussi bien que de couteaux et de fourchettes, dont il ne les laisse pas jouir longtemps. On a inventé aux tables une grande cueillère[1] pour la commodité du service : il la prend, la plonge dans le plat, l'emplit, la porte à sa bouche, et il ne sort pas d'étonnement de voir répandu sur son linge et sur ses habits le potage qu'il vient d'avaler. Il oublie de boire pendant tout le dîner; ou s'il s'en souvient, et qu'il trouve que l'on lui donne trop de vin, il en *flaque* plus de la moitié au visage de celui qui est à sa droite; il boit le reste tranquillement, et ne comprend pas pourquoi tout le monde éclate de rire de ce qu'il a jeté à terre ce qu'on lui a versé de trop. Il est un jour retenu au lit pour quelque incommodité[2] : on lui rend visite; il y a un cercle d'hommes et de femmes dans sa ruelle qui l'entretiennent, et en leur présence il soulève sa couverture et crache dans ses draps. On le mène aux Chartreux; on lui fait voir un cloître orné d'ouvrages, tous de la main d'un excellent peintre[3]; le religieux qui les lui explique parle de saint BRUNO, du chanoine et de son aventure, en fait une longue histoire, et la montre dans l'un de ses

1. C'est ainsi que le mot est écrit dans toutes les éditions du dix-septième siècle.
2. VAR. (édit. 7) : par quelque incommodité. — La phrase : « Il est un jour retenu au lit, etc., » jusqu'à ces mots : « crache dans ses draps, » a été ajoutée dans la 7ᵉ édition.
3. La Bruyère veut parler des vingt-deux tableaux qu'Eustache le Sueur avaient peints pour le cloître des Chartreux, et où il avait représenté l'histoire de saint Bruno. La plus grande partie de ces tableaux est conservée au Louvre. — Le couvent des Chartreux était, comme l'on sait, voisin du Luxembourg.

tableaux¹ : Ménalque, qui pendant la narration est hors
du cloître, et bien loin au delà, y revient enfin, et demande au père si c'est le chanoine ou saint Bruno qui est
damné. Il se trouve par hasard avec une jeune veuve ; il
lui parle de son défunt mari, lui demande comment il
est mort; cette femme, à qui ce discours renouvelle ses
douleurs, pleure, sanglote, et ne laisse pas de reprendre
tous les détails de la maladie de son époux, qu'elle conduit depuis la veille de sa fièvre, qu'il se portoit bien,
jusqu'à l'agonie : *Madame*, lui demande Ménalque, qui
l'avoit apparemment écoutée avec attention, *n'aviez-
vous que celui-là?* Il s'avise un matin de faire tout
hâter dans sa cuisine, il se lève avant le fruit², et prend
congé de la compagnie : on le voit ce jour-là en tous les
endroits de la ville, hormis en celui où il a donné un
rendez-vous précis pour cette affaire qui l'a empêché de
dîner, et l'a fait sortir à pied, de peur que son carrosse
ne le fît attendre. L'entendez-vous crier, gronder, s'emporter contre l'un de ses domestiques? il est étonné de
ne le point voir : « Où peut-il être? dit-il; que fait-il?
qu'est-il devenu? qu'il ne se présente plus devant moi,
je le chasse dès à cette heure. » Le valet arrive, à qui il
demande fièrement d'où il vient; il lui répond qu'il vient
de l'endroit où il l'a envoyé, et il lui rend un fidèle

---

1. Var. (édit. 7) : dans un de ses tableaux. — L'aventure dont il
s'agit, reproduite dans le troisième tableau de le Sueur, est le miracle qui, suivant la légende, détermina saint Bruno à se retirer du
monde : on allait ensevelir un éloquent et savant chanoine de Paris ;
pendant les funérailles, le mort se dressa, s'écria qu'il était damné,
puis s'affaissa dans sa bière. — Saint Bruno, fondateur de l'ordre des
Chartreux, est mort en 1101.

2. On lit dans la 6ᵉ édition : « Il s'avise un matin de faire tout
hâter dans sa cuisine, *il ne se mettra jamais assez tôt à table*, il se lève
avant le fruit, etc. — Peut-être le membre de phrase souligné a-t-il
été oublié par l'imprimeur dans la 7ᵉ édition.

compte de sa commission. Vous le prendriez souvent
pour tout ce qu'il n'est pas . pour un stupide, car il
n'écoute point, et il parle encore moins ; pour un fou, car
outre qu'il parle tout seul, il est sujet à de certaines grimaces[1] et à des mouvements de tête involontaires ; pour
un homme fier et incivil, car vous le saluez, et il passe
sans vous regarder, ou il vous regarde sans vous rendre
le salut ; pour un inconsidéré, car il parle de banqueroute
au milieu d'une famille où il y a cette tache, d'exécution
et d'échafaud devant un homme dont le père y a monté,
de roture devant des roturiers qui sont riches et qui se
donnent pour nobles. De même il a dessein d'élever
auprès de soi un fils naturel sous le nom et le personnage
d'un valet ; et quoiqu'il veuille le dérober à la connoissance de sa femme et de ses enfants, il lui échappe de l'appeler son fils dix fois le jour. Il a pris aussi la résolution
de marier son fils à la fille d'un homme d'affaires, et il ne
laisse pas de dire de temps en temps, en parlant de sa
maison et de ses ancêtres, que les Ménalques ne se sont
jamais mésalliés. Enfin il n'est ni présent ni attentif dans
une compagnie à ce qui fait le sujet de la conversation.
Il pense et il parle tout à la fois, mais la chose dont il
parle est rarement celle à laquelle il pense ; aussi ne
parle-t-il guère conséquemment et avec suite : où il dit
non, souvent il faut dire *oui*, et où il dit *oui*, croyez qu'il
veut dire *non ;* il a, en vous répondant si juste, les yeux
fort ouverts, mais il ne s'en sert point : il ne regarde
ni vous ni personne, ni rien qui soit au monde. Tout ce
que vous pouvez tirer de lui, et encore dans le temps
qu'il est le plus appliqué et d'un meilleur commerce, ce
sont ces mots : *Oui vraiment ; C'est vrai ; Bon ! Tout de
bon ? Oui-da ! Je pense qu'oui ; Assurément ; Ah ! ciel !*

---

1. Var. (édit. 6) : à certaines grimaces.

et quelques autres monosyllabes qui ne sont pas même placés à propos. Jamais aussi il n'est avec ceux avec qui il paroît être : il appelle sérieusement son laquais *Monsieur*; et son ami, il l'appelle *la Verdure*; il dit *Votre Révérence* à un prince du sang, et *Votre Altesse* à un jésuite. Il entend la messe : le prêtre vient à éternuer; il lui dit : *Dieu vous assiste!* Il se trouve avec un magistrat[1] : cet homme, grave par son caractère, vénérable par son âge et par sa dignité, l'interroge sur un événement et lui demande si cela est ainsi; Ménalque lui répond : *Oui, Mademoiselle*[2]. Il revient une fois de la campagne : ses laquais en livrées entreprennent de le voler et y réussissent; ils descendent de son carrosse, lui portent un bout de flambeau sous la gorge[3], lui demandent la bourse, et il la rend. Arrivé chez soi, il raconte son aventure à ses amis, qui ne manquent pas de l'interroger sur les circonstances, et il leur dit : *Demandez à mes gens, ils y étoient*. (ÉD. 6.)

8. L'incivilité n'est pas un vice de l'âme, elle est l'effet de plusieurs vices : de la sotte vanité, de l'ignorance de ses devoirs, de la paresse, de la stupidité, de la distraction, du mépris des autres, de la jalousie. Pour ne se répandre que sur les dehors, elle n'en est que plus haïssable, parce que c'est toujours un défaut visible et manifeste. Il est vrai cependant qu'il offense plus ou moins, selon la cause qui le produit. (ÉD. 4.)

9. Dire d'un homme colère, inégal, querelleux, chagrin,

---

1. VAR. (édit. 6) : Il se trouve avec un grand magistrat.
2. Le caractère de Ménalque finit ici dans la 6ᵉ édition. Le reste a été ajouté dans la 7ᵉ.
3. *Lui portent un bout de flambeau sous la gorge*, membre de phrase ajouté dans la 8ᵉ édition.

pointilleux, capricieux : « c'est son humeur, » n'est pas l'excuser, comme on le croit, mais avouer sans y penser que de si grands défauts sont irrémédiables. (ÉD. 4.)

Ce qu'on appelle humeur est une chose trop négligée parmi les hommes : ils devroient comprendre qu'il ne leur suffit pas d'être bons, mais qu'ils doivent encore paroître tels, du moins s'ils tendent à être sociables, capables d'union et de commerce, c'est-à-dire à être des hommes. L'on n'exige pas des âmes malignes qu'elles aient de la douceur et de la souplesse; elle ne leur manque jamais, et elle leur sert de piége pour surprendre les simples, et pour faire valoir leurs artifices : l'on desireroit de ceux qui ont un bon cœur qu'ils fussent toujours pliants, faciles, complaisants; et qu'il fût moins vrai quelquefois que ce sont les méchants qui nuisent, et les bons qui font souffrir. (ÉD. 4.)

10. Le commun des hommes va[1] de la colère à l'injure. Quelques-uns en usent autrement : ils offensent, et puis ils se fâchent; la surprise où l'on est toujours de ce procédé ne laisse pas de place au ressentiment. (ÉD. 4.)

11. Les hommes ne s'attachent pas assez à ne point manquer les occasions de faire plaisir : il semble que l'on n'entre dans un emploi que pour pouvoir obliger et n'en rien faire; la chose la plus prompte et qui se présente d'abord, c'est le refus, et l'on n'accorde que par réflexion.

12. Sachez précisément ce que vous pouvez attendre des

1. VAR. (édit. 4 et 5) : Le commun des hommes vont. — La 4ᵉ édition de Lyon (Thomas Amaulry, 1689) est la première où le singulier *va* soit substitué au pluriel *vont*.

hommes en général, et de chacun d'eux en particulier, et jetez-vous ensuite dans le commerce du monde. (ÉD. 8.)

13. Si la pauvreté est la mère des crimes, le défaut d'esprit en est le père. (ÉD. 4.)

14. Il est difficile qu'un fort malhonnête homme ait assez d'esprit : un génie qui est droit et perçant conduit enfin à la règle, à la probité, à la vertu. Il manque du sens et de la pénétration à celui qui s'opiniâtre dans le mauvais comme dans le faux : l'on cherche en vain à le corriger par des traits de satire qui le désignent aux autres, et où il ne se reconnoît pas lui-même ; ce sont des injures dites à un sourd. Il seroit desirable pour le plaisir des honnêtes gens et pour la vengeance publique, qu'un coquin ne le fût pas au point d'être privé de tout sentiment.

15. Il y a des vices que nous ne devons à personne, que nous apportons en naissant, et que nous fortifions par l'habitude ; il y en a d'autres que l'on contracte, et qui nous sont étrangers. L'on est né quelquefois avec des mœurs faciles, de la complaisance, et tout le desir de plaire; mais par les traitements que l'on reçoit de ceux avec qui l'on vit ou de qui l'on dépend, l'on est bientôt jeté hors de ses mesures, et même de son naturel : l'on a des chagrins et une bile que l'on ne se connoissoit point, l'on se voit une autre complexion, l'on est enfin étonné de se trouver dur et épineux.

16. L'on demande pourquoi tous les hommes ensemble ne composent pas comme une seule nation, et n'ont point voulu parler une même langue, vivre sous les mêmes lois, convenir entre eux des mêmes usages et d'un même

culte; et moi, pensant à la contrariété des esprits, des goûts et des sentiments, je suis étonné de voir jusques à sept ou huit personnes se rassembler sous un même toit, dans une même enceinte, et composer une seule famille[1]. (ÉD. 2.)

17. Il y a d'étranges pères, et dont toute la vie ne semble occupée[2] qu'à préparer à leurs enfants des raisons de se consoler de leur mort.

18. Tout est étranger dans l'humeur, les mœurs et les manières de la plupart des hommes. Tel a vécu pendant toute sa vie chagrin, emporté, avare, rampant, soumis, laborieux, intéressé, qui étoit né gai, paisible, paresseux, magnifique, d'un courage fier et éloigné de toute bassesse : les besoins de la vie, la situation où l'on se trouve, la loi de la nécessité forcent la nature et y causent ces grands changements. Ainsi tel homme au fond et en lui-même ne se peut définir : trop de choses qui sont hors de lui l'altèrent[3], le changent, le bouleversent; il n'est point précisément ce qu'il est ou ce qu'il paroît être.

19. La vie est courte et ennuyeuse : elle se passe toute à desirer. L'on remet à l'avenir son repos et ses joies, à cet

1. Cette remarque avait paru dans la 1re édition sous la forme suivante : « Pénétrant à fond la contrariété des esprits, des goûts et des sentiments, je suis bien plus émerveillé de voir que les milliers d'hommes qui composent une nation se trouvent rassemblés en un même pays pour parler une même langue, vivre sous les mêmes lois, convenir entre eux d'une même coutume, des mêmes usages et d'un même culte, que de voir diverses nations se cantonner sous les différents climats qui leur sont distribués, et se partager sur toutes ces choses. »
2. VAR. (édit. 1-3) : et dont toute la vie semble n'être occupée.
3. VAR. (édit. 1 et certains exemplaires de 2) : trop de choses sont hors de lui qui l'altèrent.

âge souvent où les meilleurs biens ont déjà disparu, la santé et la jeunesse. Ce temps arrive, qui nous surprend encore dans les desirs; on en est là, quand la fièvre nous saisit et nous éteint : si l'on eût guéri, ce n'étoit que pour desirer plus longtemps[1].

Lorsqu'on desire, on se rend à discrétion à celui de qui l'on espère : est-on sûr d'avoir, on temporise, on parlemente, on capitule. (ÉD. 8.)

Il est si ordinaire à l'homme de n'être pas heureux, et si essentiel à tout ce qui est un bien d'être acheté par mille peines, qu'une affaire qui se rend facile devient suspecte[2]. L'on comprend à peine, ou que ce qui coûte si peu puisse nous être fort avantageux, ou qu'avec des mesures justes l'on doive si aisément parvenir à la fin que

---

1. « Nous ne sommes iamais chez nous; nous sommes tousiours au delà : la crainte, le desir, l'esperance nous eslancent vers l'aduenir, et nous desrobbent le sentiment et la consideration de ce qui est, pour nous amuser à ce qui sera, voire quand nous ne serons plus. *Calamitosus est animus futuri anxius*[*]. » (Montaigne, *Essais*, livre I, chapitre III, tome I, p. 18, édition Furne, 1865.) — « Et ainsi, le présent ne nous satisfaisant jamais, l'espérance nous pipe, et de malheur en malheur, nous mène jusqu'à la mort, qui en est un comble éternel. » (Pascal, *Pensées*, édition Havet, 1866, article VIII, 2.) — « Que chacun examine ses pensées, avait encore dit Pascal (article III, 5), il les trouvera toujours occupées au passé et à l'avenir. Nous ne pensons presque point au présent; et si nous y pensons, ce n'est que pour en prendre la lumière pour disposer de l'avenir. Le présent n'est jamais notre fin : le passé et le présent sont nos moyens; le seul avenir est notre fin. Ainsi nous ne vivons jamais, mais nous espérons de vivre; et nous disposant toujours à être heureux, il est inévitable que nous ne le soyons jamais. »

2. « Elle est si bonne, écrit Mme de Sévigné en parlant d'une affaire (lettre du 4 mars 1676, tome IV, p. 373), que nous ne croyons pas possible qu'elle puisse réussir. »

[*] Sénèque, *épître* XCVIII.

l'on se propose. L'on croit mériter les bons succès, mais n'y devoir compter que fort rarement.

22. L'homme[1] qui dit qu'il n'est pas né heureux pourroit du moins le devenir par le bonheur de ses amis ou de ses proches. L'envie lui ôte cette dernière ressource. (ÉD. 4.)

23. Quoi que j'aie pu dire ailleurs[2], peut-être que les affligés ont tort. Les hommes semblent être nés pour l'infortune, la douleur et la pauvreté; peu en échappent; et comme toute disgrâce peut leur arriver, ils devroient être préparés à toute disgrâce. (ÉD. 6.)

24. Les hommes ont tant de peine à s'approcher sur les affaires, sont si épineux sur les moindres intérêts, si hérissés de difficultés, veulent si fort tromper et si peu être trompés, mettent si haut ce qui leur appartient, et si bas ce qui appartient aux autres, que j'avoue que je ne sais par où et comment se peuvent conclure les mariages, les contrats, les acquisitions, la paix, la trêve, les traités, les alliances.

25. A quelques-uns l'arrogance tient lieu de grandeur, l'inhumanité de fermeté, et la fourberie d'esprit. (ÉD. 5.)
Les fourbes croient aisément que les autres le sont; ils ne peuvent guère être trompés, et ils ne trompent pas longtemps[3].

---

1. Ce paragraphe n'a été séparé du précédent qu'à partir de la 7ᵉ édition.
2. Voyez tome I, p. 236, n° 63 : « Combien de belles et inutiles raisons, etc. »
3. VAR. (édit. 1): Ceux qui sont fourbes croient aisément que les autres le sont; ils ne peuvent guère être trompés ni tromper.

Je me rachèterai toujours fort volontiers d'être fourbe par être stupide et passer pour tel. (éd. 5.)

On ne trompe point en bien ; la fourberie ajoute la malice au mensonge. (éd. 5.)

26. S'il y avoit moins de dupes, il y auroit moins de ce qu'on appelle des hommes fins ou entendus, et de ceux qui tirent autant de vanité que de distinction d'avoir su, pendant tout le cours de leur vie, tromper les autres. Comment voulez-vous qu'*Érophile*, à qui le manque de parole, les mauvais offices, la fourberie, bien loin de nuire, ont mérité des grâces et des bienfaits de ceux mêmes qu'il a ou manqué de servir ou désobligés, ne présume pas infiniment de soi et de son industrie? (éd. 8.)

27. L'on n'entend dans les places et dans les rues des grandes villes, et de la bouche de ceux qui passent, que les mots d'*exploit*, de *saisie*, d'*interrogatoire*, de *promesse*, et de *plaider contre sa promesse*. Est-ce qu'il n'y auroit pas dans le monde la plus petite équité? Seroit-il au contraire rempli de gens qui demandent froidement ce qui ne leur est pas dû, ou qui refusent nettement de rendre ce qu'ils doivent? (éd. 4.)

Parchemins inventés pour faire souvenir ou pour convaincre les hommes de leur parole : honte de l'humanité! (éd. 8.)

Otez les passions, l'intérêt, l'injustice, quel calme dans les plus grandes villes ! Les besoins et la subsistance n'y font pas le tiers de l'embarras. (éd. 4.)

28. Rien n'engage tant un esprit raisonnable à supporter tranquillement des parents et des amis les torts qu'ils ont à son égard, que la réflexion qu'il fait sur les vices de

l'humanité, et combien il est pénible aux hommes d'être constants, généreux, fidèles, d'être touchés d'une amitié plus forte que leur intérêt. Comme il connoît leur portée, il n'exige point d'eux qu'ils pénètrent les corps, qu'ils volent dans l'air, qu'ils aient de l'équité. Il peut haïr les hommes en général, où il y a si peu de vertu; mais il excuse les particuliers, il les aime même par des motifs plus relevés, et il s'étudie à mériter le moins qu'il se peut une pareille indulgence.

29. Il y a de certains biens que l'on desire avec emportement, et dont l'idée seule nous enlève et nous transporte : s'il nous arrive de les obtenir, on les sent plus tranquillement qu'on ne l'eût pensé, on en jouit moins que l'on aspire encore à de plus grands[1].

30. Il y a des maux effroyables et d'horribles malheurs où l'on n'ose penser, et dont la seule vue fait frémir : s'il arrive[2] que l'on y tombe, l'on se trouve des ressources que l'on ne se connoissoit point, l'on se roidit contre son infortune, et l'on fait mieux qu'on ne l'espéroit.

31. Il ne faut quelquefois qu'une jolie maison dont on hérite, qu'un beau cheval ou un joli chien dont on se trouve

1. VAR. (édit. 1-4) : que l'on n'aspire encore à de plus grands. — MM. Walckenaer et Destailleur ont conservé la leçon des quatre premières éditions, attribuant à une faute d'imprimerie la suppression de la négation, qui est plutôt, ce nous semble, une correction de l'auteur. — « Quoy que ce soit qui tumbe en nostre cognoissance et iouïssance, dit Montaigne (livre I, chapitre LIII, tome I, p. 466 et 467), nous sentons qu'il ne nous satisfaict pas, et allons beeant aprez les choses aduenir et incogneues, d'autant que les presentes ne nous saoulent point; non pas, à mon aduis, qu'elles n'ayent assez de quoy nous saouler, mais c'est que nous les saisissons d'une prinse malade et desreglée. »

2. VAR. (édit. 7) : et s'il arrive.

le maître, qu'une tapisserie, qu'une pendule, pour adoucir une grande douleur, et pour faire moins sentir une grande perte. (ÉD. 4.)

32. Je suppose que les hommes soient éternels sur la terre, et je médite ensuite sur ce qui pourroit me faire connoître qu'ils se feroient alors une plus grande affaire de leur établissement qu'ils ne s'en font dans l'état où sont les choses. (ÉD. 5.)

33. Si la vie est misérable, elle est pénible à supporter; si elle est heureuse, il est horrible de la perdre[1]. L'un revient à l'autre.

34. Il n'y a rien que les hommes aiment mieux à conserver et qu'ils ménagent moins, que leur propre vie.

35. *Irène* se transporte à grands frais en Épidaure[2], voit Esculape dans son temple, et le consulte sur tous ses maux. D'abord elle se plaint qu'elle est lasse et recrue de fatigue; et le dieu prononce que cela lui arrive par la longueur du chemin qu'elle vient de faire. Elle dit qu'elle est le soir sans appétit; l'oracle lui ordonne de dîner peu. Elle ajoute qu'elle est sujette à des insomnies; et il lui prescrit de n'être au lit que pendant la nuit. Elle lui demande pourquoi elle devient pesante, et quel remède; l'oracle répond qu'elle doit se lever avant midi, et quelquefois se servir de ses jambes pour marcher. Elle lui déclare que le vin lui est nuisible : l'oracle lui dit de boire de l'eau; qu'elle a des indigestions : et il ajoute

---

1. « La vie est courte...; c'est la consolation des misérables et la douleur des gens heureux. » (Mme de Sévigné, lettre du 15 décembre 1685, tome VII, p. 481.)
2. Ville d'Argolide, célèbre par un temple et un oracle d'Esculape.

qu'elle fasse diète. « Ma vue s'affoiblit, dit Irène. — Prenez des lunettes, dit Esculape. — Je m'affoiblis moi-même, continue-t-elle, et je ne suis ni si forte ni si saine que j'ai été. — C'est, dit le dieu, que vous vieillissez. — Mais quel moyen de guérir de cette langueur? — Le plus court, Irène, c'est de mourir, comme ont fait votre mère et votre aïeule. — Fils d'Apollon, s'écrie Irène, quel conseil me donnez-vous? Est-ce là toute cette science que les hommes publient, et qui vous fait révérer de toute la terre? Que m'apprenez-vous de rare et de mystérieux? et ne savois-je pas tous ces remèdes que vous m'enseignez? — Que n'en usiez-vous donc, répond le dieu, sans venir me chercher de si loin, et abréger vos jours par un long voyage? » (ÉD. 8.)

36. La mort n'arrive qu'une fois, et se fait sentir à tous les moments de la vie : il est plus dur de l'appréhender que de la souffrir[1].

37. L'inquiétude, la crainte, l'abattement n'éloignent pas la mort, au contraire : je doute seulement que le ris excessif convienne aux hommes, qui sont mortels. (ÉD. 5.)

38. Ce qu'il y a de certain dans la mort est un peu adouci par ce qui est incertain : c'est un indéfini dans le temps qui tient quelque chose de l'infini et de ce qu'on appelle éternité. (ÉD. 5.)

39. Pensons que comme nous soupirons présentement pour la florissante jeunesse qui n'est plus et ne reviendra point, la caducité suivra, qui nous fera regretter l'âge viril où nous sommes encore, et que nous n'estimons pas assez.

---

1. *Mortem timere crudelius est quam mori.* (*Publius Syrus.*)

40. L'on craint la vieillesse, que l'on n'est pas sûr de pouvoir atteindre.

41. L'on espère de vieillir, et l'on craint la vieillesse; c'est-à-dire l'on aime la vie, et l'on fuit la mort. (ÉD. 5.)

42. C'est plus tôt fait de céder à la nature et de craindre la mort, que de faire de continuels efforts, s'armer de raisons et de réflexions, et être continuellement aux prises avec soi-même pour ne la pas craindre [1]. (ÉD. 6.)

43. Si de tous les hommes les uns mouroient, les autres non, ce seroit une désolante affliction que de mourir. (ÉD. 5.)

44. Une longue maladie semble être placée entre la vie et la mort, afin que la mort même devienne un soulagement et à ceux qui meurent et à ceux qui restent. (ÉD. 5.)

45. A parler humainement, la mort a un bel endroit, qui est de mettre fin à la vieillesse. (ÉD. 5.)
La mort qui prévient la caducité arrive plus à propos que celle qui la termine. (ÉD. 5.)

46. Le regret qu'ont les hommes du mauvais emploi du temps qu'ils ont déjà vécu, ne les conduit pas toujours à faire de celui qui leur reste à vivre un meilleur usage.

47. La vie est un sommeil : les vieillards sont ceux dont le sommeil a été plus long; ils ne commencent à se réveiller que quand il faut mourir. S'ils repassent alors sur

---

1. « La mort est plus aisée à supporter sans y penser, que la pensée de la mort sans péril. » (Pascal, *Pensées*, article VI, 58.)

tout le cours de leurs années, ils ne trouvent souvent ni vertus ni actions louables qui les distinguent les unes des autres ; ils confondent leurs différents âges, ils n'y voient rien qui marque assez pour mesurer le temps qu'ils ont vécu. Ils ont eu un songe confus, uniforme[1], et sans aucune suite ; ils sentent néanmoins, comme ceux qui s'éveillent, qu'ils ont dormi longtemps. (ÉD. 5.)

48. Il n'y a pour l'homme que trois événements : naître, vivre et mourir. Il ne se sent pas naître, il souffre à mourir, et il oublie de vivre. (ÉD. 4.)

49. Il y a un temps où la raison n'est pas encore, où l'on ne vit que par instinct, à la manière des animaux, et dont il ne reste dans la mémoire aucun vestige. Il y a un second temps où la raison se développe, où elle est formée, et où elle pourroit agir, si elle n'étoit pas obscurcie et comme éteinte par les vices de la complexion, et par un enchaînement de passions qui se succèdent les unes aux autres, et conduisent jusques au troisième et dernier âge. La raison, alors dans sa force, devroit produire ; mais elle est refroidie et ralentie par les années, par la maladie et la douleur, déconcertée ensuite par le désordre de la machine, qui est dans son déclin ; et ces temps néanmoins sont la vie de l'homme. (ÉD. 4.)

50. Les enfants sont hautains, dédaigneux, colères, envieux, curieux, intéressés, paresseux, volages, timides, intempérants, menteurs, dissimulés ; ils rient et pleurent facilement ; ils ont des joies immodérées et des afflic-

---

1. VAR. (édit. 5-8) : informe. — Nous suivons, selon notre coutume, la 9ᵉ édition ; mais on peut hésiter, croyons-nous, entre les deux leçons. Nous préférerions même *informe*; mais *uniforme* s'accorde bien aussi avec ce qui précède.

tions amères sur de très-petits sujets ; ils ne veulent point souffrir de mal, et aiment à en faire : ils sont déjà des hommes. (éd. 4.)

51. Les enfants n'ont ni passé ni avenir, et ce qui ne nous arrive guère, ils jouissent du présent. (éd. 4.)

52. Le caractère de l'enfance paroît unique ; les mœurs, dans cet âge, sont assez les mêmes, et ce n'est qu'avec une curieuse attention qu'on en pénètre la différence : elle augmente avec la raison, parce qu'avec celle-ci croissent les passions et les vices, qui seuls rendent les hommes si dissemblables entre eux, et si contraires à eux-mêmes. (éd. 4.)

53. Les enfants ont déjà de leur âme l'imagination et la mémoire, c'est-à-dire ce que les vieillards n'ont plus, et ils en tirent un merveilleux usage pour leurs petits jeux et pour tous leurs amusements : c'est par elles qu'ils répètent ce qu'ils ont entendu dire, qu'ils contrefont ce qu'ils ont vu faire[1], qu'ils sont de tous métiers, soit qu'ils s'occupent en effet à mille petits ouvrages, soit qu'ils imitent les divers artisans par le mouvement et par le geste ; qu'ils se trouvent à un grand festin, et y font bonne chère ; qu'ils se transportent dans des palais et dans des lieux enchantés ; que bien que seuls, ils se voient un riche équipage et un grand cortége ; qu'ils conduisent des armées, livrent bataille, et jouissent du plaisir de la victoire ; qu'ils parlent aux rois[2] et aux plus grands princes ; qu'ils sont rois eux-mêmes, ont des sujets, possèdent des trésors, qu'ils peuvent faire de feuilles

1. Var. (édit. 4-6) : et qu'ils contrefont ce qu'ils ont vu faire.
2. Var. (édit. 4-6) : qu'ils parlent au Roi.

d'arbres ou de grains de sable ; et ce qu'ils ignorent dans la suite de leur vie, savent à cet âge être les arbitres de leur fortune, et les maîtres de leur propre félicité. (éd. 4.)

54. Il n'y a nuls vices extérieurs et nuls défauts du corps qui ne soient aperçus par les enfants ; ils les saisissent d'une première vue, et ils savent les exprimer par des mots convenables : on ne nomme point plus heureusement. Devenus hommes, ils sont chargés à leur tour de toutes les imperfections dont ils se sont moqués. (éd. 4.)

L'unique soin des enfants est de trouver l'endroit foible de leurs maîtres, comme de tous ceux à qui ils sont soumis : dès qu'ils ont pu les entamer, ils gagnent le dessus, et prennent sur eux un ascendant qu'ils ne perdent plus. Ce qui nous fait déchoir une première fois de cette supériorité à leur égard est toujours ce qui nous empêche de la recouvrer [1]. (éd. 4.)

55. La paresse, l'indolence et l'oisiveté, vices si naturels aux enfants, disparoissent dans leurs jeux, où ils sont vifs, appliqués, exacts, amoureux des règles et de la symétrie, où ils ne se pardonnent nulle faute les uns aux autres, et recommencent eux-mêmes plusieurs fois une

---

1. « Quoique vous veilliez sur vous-mêmes pour n'y laisser rien voir que de bon, n'attendez pas que l'enfant ne trouve jamais aucun défaut en vous : souvent il apercevra jusqu'à vos fautes les plus légères.... D'ordinaire ceux qui gouvernent les enfants ne leur pardonnent rien, et se pardonnent tout à eux-mêmes. Cela excite dans les enfants un esprit de critique et de malignité ; de façon que quand ils ont vu faire quelque faute à la personne qui les gouverne, ils en sont ravis et ne cherchent qu'à la mépriser. » (Fénelon, *de l'Éducation des filles*, chapitre v.) — Le traité *de l'Éducation des filles* a paru en 1687.

seule chose qu'ils ont manquée : présages certains qu'ils pourront un jour négliger leurs devoirs, mais qu'ils n'oublieront rien pour leurs plaisirs. (éd. 4.)

56. Aux enfants tout paroît grand, les cours, les jardins, les édifices, les meubles, les hommes, les animaux; aux hommes les choses du monde paroissent ainsi, et j'ose dire par la même raison, parce qu'ils sont petits. (éd. 4.)

57. Les enfants commencent entre eux par l'état populaire, chacun y est le maître; et ce qui est bien naturel, ils ne s'en accommodent pas longtemps, et passent au monarchique. Quelqu'un se distingue, ou par une plus grande vivacité, ou par une meilleure disposition du corps, ou par une connoissance plus exacte des jeux différents et des petites lois qui les composent; les autres lui défèrent, et il se forme alors un gouvernement absolu qui ne roule que sur le plaisir. (éd. 4.)

58. Qui doute que les enfants ne conçoivent, qu'ils ne jugent, qu'ils ne raisonnent conséquemment? Si c'est seulement sur de petites choses, c'est qu'ils sont enfants, et sans une longue expérience; et si c'est en mauvais termes, c'est moins leur faute que celle de leurs parents ou de leurs maîtres. (éd. 4.)

59. C'est perdre toute confiance dans l'esprit des enfants, et leur devenir inutile, que de les punir des fautes qu'ils n'ont point faites, ou même sévèrement de celles qui sont légères. Ils savent précisément et mieux que personne ce qu'ils méritent, et ils ne méritent guère que ce qu'ils craignent. Ils connoissent si c'est à tort ou avec raison qu'on les châtie, et ne se gâtent pas moins par des peines mal ordonnées que par l'impunité. (éd. 4.)

60. On ne vit point assez pour profiter de ses fautes. On en commet¹ pendant tout le cours de sa vie; et tout ce que l'on peut faire à force de faillir, c'est de mourir corrigé.

Il n'y a rien qui rafraîchisse le sang comme d'avoir su éviter de faire une sottise².

61. Le récit de ses fautes est pénible; on veut les couvrir et en charger quelque autre³ : c'est ce qui donne le pas au directeur sur le confesseur.

62. Les fautes des sots sont quelquefois si lourdes et si difficiles à prévoir, qu'elles mettent les sages en défaut, et ne sont utiles qu'à ceux qui les font. (ÉD. 6.)

63. L'esprit de parti abaisse les plus grands hommes jusques aux petitesses du peuple.

64. Nous faisons par vanité ou par bienséance les mêmes choses, et avec les mêmes dehors, que nous les ferions par inclination ou par devoir⁴. Tel vient de mourir à

---

1. VAR. (édit. 1 et certains exemplaires de 2) : L'on ne vit point assez.... L'on en commet, etc.

2. Ce n'est que dans la 7ᵉ édition que cette réflexion a été rapprochée de la précédente. Elle formait précédemment une remarque distincte.

3. VAR. (édit. 1 et certains exemplaires de 2) : on aime au contraire à les couvrir et en charger quelque autre ; (édit. 3 et d'autres exemplaires de 2) : on aime, etc. .... et à en charger quelque autre ; (édit. 4) : on s'efforce au contraire de les couvrir et d'en charger quelque autre.

4. « On ne connoît point assez que c'est la vanité qui donne le branle à la plupart de nos actions », avait dit Malebranche dans un passage que M. Damien (*Étude sur la Bruyère et Malebranche*, p. 58 et 59) rapproche des remarques 64, 65, 66 et 75 du chapitre *des Jugements*. Voyez dans la *Recherche de la vérité*, livre II, 2ᵉ partie, le chapitre VII (*de la Préoccupation des commentateurs*), où Malebranche a voulu démontrer que l'amour-propre conduit toujours les commentateurs à

Paris de la fièvre qu'il a gagnée à veiller sa femme, qu'il n'aimoit point.

Les hommes, dans le cœur, veulent être estimés, et ils cachent avec soin l'envie qu'ils ont d'être estimés ; parce que les hommes veulent passer pour vertueux, et que vouloir tirer de la vertu tout autre avantage que la même vertu[1], je veux dire l'estime et les louanges[2], ce ne seroit plus être vertueux, mais aimer l'estime et les louanges, ou être vain[3] : les hommes sont très-vains, et ils ne haïssent rien tant que de passer pour tels. (ÉD. 4.) 65.

Un homme vain trouve son compte à dire du bien ou du mal de soi[4] : un homme modeste ne parle point de soi. (ÉD. 4.) 66.

On ne voit point mieux le ridicule de la vanité, et combien elle est un vice honteux, qu'en ce qu'elle n'ose se montrer, et qu'elle se cache souvent sous les apparences de son contraire[5]. (ÉD. 4.)

louer les auteurs au delà de leurs mérites, lors même qu'ils ne s'aperçoivent point qu'en cela ils obéissent à la vanité, « si naturelle à l'homme qu'il ne la sent pas. » — « La vertu n'iroit pas loin si la vanité ne lui tenoit compagnie », écrit de son côté la Rochefoucauld (n° CC).

1. VAR. (édit. 4-7) : tout autre avantage que la vertu même.
2. VAR. (édit. 4) : comme seroient l'estime et les louanges.
3. VAR. (édit. 4-6) : et être vain.
4. « On aime mieux dire du mal de soi-même que de n'en point parler. » (*La Rochefoucauld*, n° CXXXVIII.) — « ..... Se priser et se mespriser, écrit Montaigne (livre III, chapitre XIII, tome IV, p. 106) en traduisant un passage d'Aristote (*Morale à Nicomaque*, livre IV, chapitre XIII), naissent souuent de pareil air d'arrogance.... » — Voyez plus loin, p. 32, note 2, le commentaire qu'a fait Malebranche du passage où Montaigne cite ainsi Aristote.
5. « L'humilité n'est souvent qu'une feinte soumission, dont on se sert pour soumettre les autres ; c'est un artifice de l'orgueil qui s'abaisse pour s'élever ; et bien qu'il se transforme en mille manières,

La fausse modestie est le dernier raffinement de la vanité; elle fait que l'homme vain ne paroît point tel, et se fait valoir au contraire par la vertu opposée au vice qui fait son caractère : c'est un mensonge. La fausse gloire est l'écueil de la vanité; elle nous conduit à vouloir être estimés par des choses qui à la vérité se trouvent en nous, mais qui sont frivoles et indignes qu'on les relève : c'est une erreur. (ÉD. 4.)

67. Les hommes parlent de manière, sur ce qui les regarde, qu'ils n'avouent d'eux-mêmes que de petits défauts[1], et encore ceux qui supposent en leurs personnes de beaux talents ou de grandes qualités[2]. Ainsi l'on se plaint de son peu de mémoire, content d'ailleurs de son

---

il n'est jamais mieux déguisé et plus capable de tromper que lorsqu'il se cache sous la figure de l'humilité. » (*La Rochefoucauld*, n° CCLIV.)

1. « Nous n'avouons de petits défauts que pour persuader que nous n'en avons pas de grands. » (*La Rochefoucauld*, n° CCCXXVII.)

2. En faisant cette remarque, la Bruyère, dit M. Damien (*Étude sur la Bruyère et Malebranche*, p. 59), « semble avoir voulu généraliser les réflexions de Malebranche sur la vanité de Montaigne. » Voici le passage de Malebranche dont il s'agit : « C'est donc vanité, et une vanité indiscrète et ridicule à Montagne de parler avantageusement de lui-même à tout moment. Mais c'est une vanité encore plus extravagante à cet auteur de décrire ses défauts; car si on y prend garde, on verra qu'il ne découvre guère que ceux dont on fait gloire dans le monde à cause de la corruption du siècle; qu'il s'attribue volontiers ce qui peut le faire passer pour esprit fort, et lui donner l'air cavalier; et afin que par cette franchise simulée de la confession de ses désordres, on le croie plus volontiers dans les choses qu'il dit à son avantage. Il a raison de dire que *se priser et se mespriser naissent souvent de pareil air d'arrogance.* C'est toujours une marque certaine que l'on est plein de soi-même; et Montagne me paroît encore plus fier et plus vain quand il se blâme que lorsqu'il se loue, parce que c'est un orgueil insupportable que de tirer vanité de ses défauts au lieu de s'en humilier. » (*De la Recherche de la vérité*, livre II, 3ᵉ partie, chapitre v, tome I, p. 328.)

grand sens et de son bon jugement[1]; l'on reçoit le reproche de la distraction et de la rêverie, comme s'il nous accordoit le bel esprit; l'on dit de soi qu'on est maladroit, et qu'on ne peut rien faire de ses mains, fort consolé de la perte de ces petits talents par ceux de l'esprit, ou par les dons de l'âme que tout le monde nous connoît; l'on fait l'aveu de sa paresse en des termes qui signifient toujours son désintéressement, et que l'on est guéri de l'ambition; l'on ne rougit point de sa malpropreté, qui n'est qu'une négligence pour les petites choses, et qui semble supposer qu'on n'a d'application que pour les solides et essentielles[2]. Un homme de guerre aime à dire que c'étoit par trop d'empressement ou par curiosité qu'il se trouva un certain jour à la tranchée, ou en quelque autre poste très-périlleux, sans être de garde ni commandé; et il ajoute[3] qu'il en fut repris de son général. De même une bonne tête ou un ferme génie qui se trouve né avec cette prudence que les autres hommes

---

1. « Tout le monde se plaint de sa mémoire, et personne ne se plaint de son jugement. » (*La Rochefoucauld*, n° LXXXIX.) — Dans la page même qui contient la citation faite ci-dessus, p. 32, note 2, Malebranche fait la remarque suivante : « Si nous croyons Montagne sur sa parole, nous nous persuaderons que c'étoit un *homme de nulle retention*, qu'il *n'avoit point de gardoire*, que la mémoire lui *manquoit du tout*[*], mais qu'il ne manquoit pas de sens et de jugement. Cependant, si nous en croyons le portrait même qu'il a fait de son esprit, je veux dire son propre livre, nous ne serons pas tout à fait de son sentiment. »

2. VAR. (édit. 4-6) : et les essentielles.

3. VAR. (édit. 4) : ni commandé ; il ajoute même.

[*] « Et si ie suis homme de quelque leçon, ie suis homme de nulle retention » (livre II, chapitre x, tome II, p. 112). — « Ie m'en vois escorniflant par cy par là des liures les sentences qui me plaisent, non pour les garder (car ie n'ay point de gardoire).... » (livre I, chapitre xxiv, tome I, p. 173). — « Elle (*la mémoire*) me manque du tout » (livre II, chapitre xvii, tome II, p. 497). — Il est d'autres passages encore où Montaigne se plaint de sa mémoire : voyez tome I, p. 45; tome II, p. 129; et tome IV, p. 145.

cherchent vainement à acquérir; qui a fortifié la trempe de son esprit par une grande expérience; que le nombre, le poids, la diversité, la difficulté et l'importance des affaires occupent seulement, et n'accablent point; qui par l'étendue de ses vues et de sa pénétration se rend maître de tous les événements; qui bien loin de consulter toutes les réflexions qui sont écrites sur le gouvernement et la politique, est peut-être de ces âmes sublimes nées pour régir les autres, et sur qui ces premières règles ont été faites; qui est détourné, par les grandes choses qu'il fait, des belles ou des agréables qu'il pourroit lire, et qui au contraire ne perd rien à retracer et à feuilleter, pour ainsi dire, sa vie et ses actions : un homme ainsi fait peut dire aisément, et sans se commettre, qu'il ne connoît aucun livre, et qu'il ne lit jamais. (ÉD. 4.)

68. On veut quelquefois cacher ses foibles, ou en diminuer l'opinion par l'aveu libre que l'on en fait. Tel dit : « Je suis ignorant, » qui ne sait rien; un homme dit : « Je suis vieux, » il passe soixante ans; un autre encore : « Je ne suis pas riche, » et il est pauvre. (ÉD. 5.)

69. La modestie n'est point, ou est confondue avec une chose toute différente de soi, si on la prend pour un sentiment intérieur qui avilit l'homme à ses propres yeux, et qui est une vertu surnaturelle qu'on appelle humilité. L'homme, de sa nature, pense hautement et superbement de lui-même, et ne pense ainsi que de lui-même : la modestie ne tend qu'à faire que personne n'en souffre; elle est une vertu du dehors, qui règle ses yeux, sa démarche, ses paroles, son ton de voix, et qui le fait agir extérieurement avec les autres comme s'il n'étoit pas vrai qu'il les compte pour rien. (ÉD. 4.)

DE L'HOMME.

Le monde est plein de gens qui faisant[1] intérieurement[2] et par habitude la comparaison d'eux-mêmes avec les autres, décident toujours en faveur de leur propre mérite, et agissent conséquemment. 70.

Vous dites qu'il faut être modeste[3] ; les gens bien nés ne demandent pas mieux : faites seulement que les hommes n'empiètent pas sur ceux qui cèdent par modestie, et ne brisent pas ceux qui plient. (ÉD. 4.) 71.

De même l'on dit : « Il faut avoir des habits modestes. » Les personnes de mérite ne desirent rien davantage; mais le monde veut de la parure, on lui en donne; il est avide de la superfluité, on lui en montre. Quelques-uns n'estiment les autres que par de beau linge ou par une riche étoffe; l'on ne refuse pas toujours d'être estimé à ce prix. Il y a des endroits où il faut se faire voir : un galon d'or plus large ou plus étroit vous fait entrer ou refuser. (ÉD. 4.)

Notre vanité et la trop grande estime que nous avons de nous-mêmes nous fait soupçonner dans les autres une fierté à notre égard qui y est quelquefois, et qui souvent n'y est pas[4] : une personne modeste n'a point cette délicatesse[5]. 72.

Comme il faut se défendre de cette vanité qui nous 73.

---

1. Il y a *faisans*, avec accord, dans les éditions 7-9; les éditions précédentes ont *faisant*.
2. On lit *extérieurement* dans toutes les éditions postérieures à la 5e. A l'imitation de M. Destailleur, nous rétablissons la première leçon, évidemment altérée dans la suite par une faute d'impression.
3. VAR. (édit. 4) : Vous dites : « Il faut être modeste. »
4. VAR. (édit. 1-5) : n'y est point.
5. « Si nous n'avions point d'orgueil, nous ne nous plaindrions pas de celui des autres. » (*La Rochefoucauld*, n° XXXIV.)

fait penser que les autres nous regardent avec curiosité et avec estime, et ne parlent ensemble que pour s'entretenir de notre mérite et faire notre éloge, aussi devons-nous avoir une certaine confiance qui nous empêche de croire qu'on ne se parle à l'oreille que pour dire du mal de nous, ou que l'on ne rit que pour s'en moquer. (éd. 4.)

74. D'où vient qu'*Alcippe* me salue aujourd'hui, me sourit, et se jette hors d'une portière,[1] de peur de me manquer? Je ne suis pas riche, et je suis à pied : il doit, dans les règles, ne me pas voir. N'est-ce point pour être vu lui-même dans un même fond[2] avec un grand? (éd. 4.)

75. L'on est si rempli de soi-même, que tout s'y rapporte; l'on aime à être vu, à être montré, à être salué, même des inconnus : ils sont fiers s'ils l'oublient; l'on veut qu'ils nous devinent. (éd. 4.)

76. Nous cherchons notre bonheur hors de nous-mêmes, et dans l'opinion des hommes, que nous connoissons flatteurs, peu sincères, sans équité, pleins d'envie, de caprices et de préventions[3]. Quelle bizarrerie !

1. Var. (édit. 4) : et jette son corps hors d'une portière.
2. C'est-à-dire, dans le fond d'une même voiture.
3. « Nous ne nous contentons pas de la vie que nous avons en nous et en notre propre être : nous voulons vivre dans l'idée des autres d'une vie imaginaire, et nous nous efforçons pour cela de paroître. » — « Nous sommes si présomptueux, que nous voudrions être connus de toute la terre, et même des gens qui viendront quand nous ne serons plus; et nous sommes si vains, que l'estime de cinq ou six personnes qui nous environnent nous amuse et nous contente. » (Pascal, *Pensées*, article II, 1 et 5.)

    C'est là de tous nos maux le fatal fondement:
    Des jugements d'autrui nous tremblons follement;
    Et chacun l'un de l'autre adorant les caprices,
    Nous cherchons hors de nous nos vertus et nos vices.
              (Boileau, *épître* III, vers 27-30.)

Il semble que l'on ne puisse rire que des choses ridi- 77.
cules : l'on voit néanmoins de certaines gens qui rient
également des choses ridicules et de celles qui ne le sont
pas. Si vous êtes sot et inconsidéré, et qu'il vous échappe
devant eux quelque impertinence, ils rient de vous; si
vous êtes sage, et que vous ne disiez que des choses raisonnables, et du ton qu'il les¹ faut dire, ils rient de
même.

Ceux qui nous ravissent les biens par la violence ou 78.
par l'injustice, et qui nous ôtent l'honneur par la calomnie, nous marquent assez leur haine pour nous; mais
ils ne nous prouvent pas² également qu'ils aient perdu
à notre égard toute sorte d'estime : aussi ne sommes-
nous pas incapables de quelque retour pour eux, et de
leur rendre un jour notre amitié. La moquerie au contraire est de toutes les injures celle qui se pardonne le
moins; elle est le langage du mépris, et l'une des manières dont il se fait le mieux entendre; elle attaque
l'homme dans son dernier retranchement, qui est l'opinion qu'il a de soi-même; elle veut le rendre ridicule à
ses propres yeux; et ainsi elle le convainc de la plus
mauvaise disposition³ où l'on puisse être pour lui, et le
rend irréconciliable⁴.

---

1. La 6ᵉ édition, par erreur évidemment, a *le*, pour *les*.
2. Var. (édit. 1-4) : mais ils ne nous convainquent pas.
3. Var. (édit. 1-4) : et ainsi elle ne le laisse pas douter un moment de la plus mauvaise disposition, etc.
4. « Il n'est jamais permis de parler à celui avec qui l'on con-
verse comme si on le regardoit au-dessous de soi, s'il n'y a des marques extérieures et sensibles qui nous élèvent au-dessus de lui. Car
enfin le mépris est la dernière des injures : c'est lui qui rompt davantage la société; et nous ne devons point espérer qu'un homme à
qui nous avons fait connoître que nous le regardions au-dessous de
nous se puisse jamais joindre avec nous; parce que les hommes ne

C'est une chose monstrueuse que le goût et la facilité qui est en nous de railler, d'improuver et de mépriser les autres ; et tout ensemble la colère que nous ressentons contre ceux qui nous raillent, nous improuvent et nous méprisent[1].

79. La santé et les richesses, ôtant aux hommes[2] l'expérience du mal, leur inspirent la dureté pour leurs semblables ; et les gens déjà chargés de leur propre misère sont ceux qui entrent davantage par la compassion dans celle d'autrui[3]. (ÉD. 8.)

80. Il semble qu'aux âmes bien nées les fêtes, les spectacles, la symphonie rapprochent et font mieux sentir l'infortune de nos proches ou de nos amis. (ÉD. 7.)

81. Une grande âme est au-dessus de l'injure, de l'injustice, de la douleur, de la moquerie ; et elle seroit invulnérable, si elle ne souffroit par la compassion.

82. Il y a une espèce de honte d'être heureux à la vue de certaines misères[4]. (ÉD. 4.)

---

peuvent souffrir d'être la dernière partie du corps qu'ils composent. » (Malebranche, *de la Recherche de la vérité*, livre IV, chapitre XIII, tome II, p. 115.)

1. Cet alinéa formait une réflexion distincte dans les trois premières éditions.

2. Dans la 9ᵉ édition : « ôtent aux hommes, etc. » Comme l'a fait M. Destailleur, nous conservons la leçon des éditions antérieures, manifestement altérée par une faute d'impression.

3. *Non ignara mali, miseris succurrere disco.*
(Virgile, *Énéide*, livre I, vers 630.)

4. Dans la 4ᵉ édition qui est la première où elle ait paru, cette réflexion n'est point séparée de celle qui la précède, non plus que dans les éditions 5 et 6.

DE L'HOMME.

On est prompt à connoître ses plus petits avantages, 83.
et lent à pénétrer ses défauts. On n'ignore point qu'on a
de beaux sourcils, les ongles bien faits; on sait à peine
que l'on est borgne; on ne sait point du tout que l'on
manque d'esprit. (ÉD. 4.)

Argyre tire son gant pour montrer une belle main,
et elle ne néglige pas de découvrir un petit soulier qui
suppose qu'elle a le pied petit; elle rit des choses plai-
santes ou sérieuses pour faire voir de belles dents; si
elle montre son oreille, c'est qu'elle l'a bien faite; et si
elle ne danse jamais, c'est qu'elle est peu contente de sa
taille, qu'elle a épaisse. Elle entend tous ses intérêts, à
l'exception d'un seul : elle parle toujours, et n'a point
d'esprit. (ÉD. 4.)

Les hommes comptent presque pour rien toutes les 84.
vertus du cœur, et idolâtrent les talents du corps et de
l'esprit. Celui qui dit froidement de soi, et sans croire
blesser la modestie, qu'il est bon, qu'il est constant,
fidèle, sincère, équitable, reconnoissant, n'ose dire qu'il
est vif[1], qu'il a les dents belles et la peau douce : cela
est trop fort. (ÉD. 4.)

Il est vrai qu'il y a deux vertus que les hommes admirent, la bravoure et la libéralité, parce qu'il y a deux
choses qu'ils estiment beaucoup, et que ces vertus font
négliger, la vie et l'argent : aussi personne n'avance de
soi qu'il est brave ou libéral. (ÉD. 4.)

Personne ne dit de soi, et surtout sans fondement,
qu'il est beau, qu'il est généreux, qu'il est sublime : on
a mis ces qualités à un trop haut prix; on se contente de
le penser. (ÉD. 4.)

---

1. « Chacun dit du bien de son cœur, et personne n'en ose dire de
son esprit. » (*La Rochefoucauld*, n° XCVIII.)

85. Quelque rapport qu'il paroisse de la jalousie à l'émulation, il y a entre elles le même éloignement que celui qui se trouve entre le vice et la vertu. (ÉD. 5.)

La jalousie et l'émulation s'exercent sur le même objet, qui est le bien ou le mérite des autres : avec cette différence, que celle-ci est un sentiment volontaire, courageux, sincère, qui rend l'âme féconde, qui la fait profiter des grands exemples, et la porte souvent[1] au-dessus de ce qu'elle admire; et que celle-là au contraire est un mouvement violent et comme un aveu contraint du mérite qui est hors d'elle; qu'elle va même jusques à nier la vertu dans les sujets où elle existe, ou qui[2] forcée de la reconnoître, lui refuse les éloges ou lui envie les récompenses; une passion stérile qui laisse l'homme dans l'état où elle le trouve, qui le remplit de lui-même, de l'idée de sa réputation, qui le rend froid et sec sur les actions ou sur les ouvrages d'autrui, qui fait qu'il s'étonne de voir dans le monde d'autres talents que les siens, ou d'autres hommes avec les mêmes talents dont il se pique : vice honteux, et qui par son excès rentre toujours dans la vanité et dans la présomption, et ne persuade pas tant à celui qui en est blessé qu'il a plus d'esprit et de mérite que les autres, qu'il lui fait croire qu'il a lui seul de l'esprit et du mérite. (ÉD. 5.)

L'émulation et la jalousie ne se rencontrent guère que dans les personnes de même art, de mêmes talents et de même condition. Les plus vils artisans sont les plus sujets à la jalousie; ceux qui font profession des arts libéraux ou des belles-lettres, les peintres, les musiciens, les orateurs, les poëtes, tous ceux qui se mêlent d'écrire, ne devroient être capables que d'émulation. (ÉD. 5.)

---

1. VAR. (édit. 5) : et la jette souvent.
2. Voyez le *Lexique*, au mot QUI.

DE L'HOMME. 41

Toute jalousie n'est point exempte de quelque sorte d'envie, et souvent même ces deux passions se confondent. L'envie au contraire est quelquefois séparée de la jalousie : comme est celle qu'excitent dans notre âme les conditions fort élevées au-dessus de la nôtre, les grandes fortunes, la faveur, le ministère. (ÉD. 5.)

L'envie et la haine s'unissent toujours et se fortifient l'une l'autre dans un même sujet; et elles ne sont reconnoissables entre elles qu'en ce que l'une s'attache à la personne, l'autre à l'état et à la condition. (ÉD. 5.)

Un homme d'esprit n'est point jaloux d'un ouvrier qui a travaillé une bonne épée, ou d'un statuaire qui vient d'achever une belle figure. Il sait qu'il y a dans ces arts des règles et une méthode qu'on ne devine point, qu'il y a des outils à manier dont il ne connoît ni l'usage, ni le nom, ni la figure; et il lui suffit de penser qu'il n'a point fait l'apprentissage d'un certain métier, pour se consoler de n'y être point maître. Il peut au contraire être susceptible d'envie et même de jalousie contre un ministre et contre ceux qui gouvernent, comme si la raison et le bon sens, qui lui sont communs avec eux, étoient les seuls instruments qui servent à régir un État et à présider aux affaires publiques, et qu'ils dussent suppléer aux règles, aux préceptes, à l'expérience[1]. (ÉD. 5.)

---

1. M. Hémardinquer a rapproché de cette réflexion, ainsi que de la réflexion n° 10 du chapitre *du Mérite personnel* (tome I, p. 153), le passage des *Mémorables* de Xénophon (livre IV, chapitre II, 6) où Socrate « se raille des ambitieux qui se croient capables de tout, parce qu'ils ne savent rien. » — « C'est une chose admirable, dit Socrate (*nous ne citons que la fin du morceau, tel que le traduit, avec une certaine liberté, M. Hémardinquer*), que ceux qui veulent passer pour habiles sur la cithare, sur la flûte, en équitation ou en quoi que ce soit, travaillent sans cesse, se fatiguent et souffrent pour savoir leur métier, et non pas tous seuls, mais auprès de ceux qui passent

86. L'on voit peu d'esprits entièrement lourds et stupides; l'on en voit encore moins qui soient sublimes et transcendants. Le commun des hommes nage entre ces deux extrémités. L'intervalle est rempli par un grand nombre de talents ordinaires, mais qui sont d'un grand usage, servent à la république, et renferment en soi l'utile et l'agréable : comme le commerce, les finances, le détail des armées, la navigation, les arts, les métiers, l'heureuse mémoire, l'esprit du jeu, celui de la société et de la conversation[1].

87. Tout l'esprit qui est au monde est inutile à celui qui n'en a point : il n'a nulles vues, et il est incapable de profiter de celles d'autrui. (ÉD. 4.)

88. Le premier degré dans l'homme après la raison, ce seroit de sentir qu'il l'a perdue; la folie même est incompatible avec cette connoissance. De même ce qu'il y auroit en nous de meilleur après l'esprit, ce seroit de connoître qu'il nous manque. Par là on feroit l'impossible : on sauroit sans esprit n'être pas un sot, ni un fat, ni un impertinent. (ÉD. 5.)

89. Un homme qui n'a de l'esprit que dans une certaine médiocrité est sérieux et tout d'une pièce; il ne rit point, il ne badine jamais, il ne tire aucun fruit de la bagatelle; aussi incapable de s'élever aux grandes choses que de s'accommoder, même par relâchement,

---

pour les maîtres, dont le suffrage impose et donne la réputation; et que nos grands politiques, qui veulent nous persuader et nous gouverner, s'imaginent devenir subitement capables de tout, d'instinct, sans étude et sans préparation. »

1. VAR. (édit. 1-4) : les métiers, le bon conseil, l'esprit du jeu, celui de société et de la conversation.

des plus petites, il sait à peine jouer avec ses enfants[1]. (ÉD. 4.)

90. Tout le monde dit d'un fat qu'il est un fat[2]; personne n'ose le lui dire à lui-même : il meurt sans le savoir, et sans que personne se soit vengé.

91. Quelle mésintelligence entre l'esprit et le cœur! Le philosophe vit mal avec tous ses préceptes, et le politique rempli de vues et de réflexions ne sait pas se gouverner. (ÉD. 4.)

92. L'esprit s'use comme toutes choses; les sciences sont ses aliments[3], elles le nourrissent et le consument.

93. Les petits sont quelquefois chargés de mille vertus inutiles; ils n'ont pas de quoi les mettre en œuvre.

94. Il se trouve des hommes qui soutiennent facilement le poids de la faveur et de l'autorité, qui se familiarisent avec leur propre grandeur, et à qui la tête ne tourne point dans les postes les plus élevés. Ceux au contraire que la fortune aveugle, sans choix et sans discernement,

---

1. « J'aime une sagesse gaye et ciuile, et fuys l'aspreté des mœurs et l'austerité, ayant pour suspecte toute mine rebarbatifue,

Tristemque vultus tetrici arrogantiam....

.... Socrates eut un visage constant, mais serein et riant; non fascheusement constant comme le vieil Crassus, qu'on ne veit iamais rire. La vertu est qualité plaisante et gaye. » (Montaigne, livre III, chapitre v, tome III, p. 272 et 273.)

2. VAR. (édit. 1-3) : d'un sot qu'il est un sot.

3. Dans les éditions 6-9 : « les sciences sont aliments. » — Nous conservons avec M. Destailleur la leçon des cinq premières éditions, modifiée sans doute dans les suivantes par l'inadvertance de l'imprimeur.

a comme accablés de ses bienfaits, en jouissent avec orgueil et sans modération : leurs yeux, leur démarche, leur ton de voix et leur accès marquent longtemps en eux l'admiration où ils sont d'eux-mêmes, et de se voir si éminents ; et ils deviennent si farouches, que leur chute seule peut les apprivoiser.

95. Un homme haut et robuste, qui a une poitrine large et de larges épaules, porte légèrement et de bonne grâce un lourd fardeau ; il lui reste encore un bras de libre : un nain seroit écrasé de la moitié de sa charge. Ainsi les postes éminents rendent les grands hommes encore plus grands, et les petits beaucoup plus petits. (ÉD. 4.)

96. Il y a des gens qui gagnent à être extraordinaires ; ils voguent, ils cinglent dans une mer où les autres échouent et se brisent ; ils parviennent, en blessant toutes les règles de parvenir ; ils tirent de leur irrégularité et de leur folie tous les fruits d'une sagesse la plus consommée ; hommes dévoués à d'autres hommes, aux grands à qui ils ont sacrifié, en qui ils ont placé leurs dernières espérances, ils ne les servent point[1], mais ils les amusent. Les personnes de mérite et de service sont utiles aux grands, ceux-ci leur sont nécessaires ; ils blanchissent auprès d'eux dans la pratique des bons mots, qui leur tiennent lieu d'exploits dont ils attendent la récompense ; ils s'attirent, à force d'être plaisants, des em-

1. La seconde partie de la phrase est ainsi ponctuée dans les éditions du dix-septième siècle : « ils tirent de leur irrégularité.... tous les fruits d'une sagesse la plus consommée, hommes dévoués à d'autres hommes,.... en qui ils ont placé leurs dernières espérances : ils ne les servent point, etc. » — Cette ponctuation, que la Bruyère aura laissé passer par distraction, est certainement fautive, et nous n'hésitons pas à la changer.

plois graves, et s'élèvent par un continuel enjouement jusqu'au sérieux des dignités ; ils finissent enfin, et rencontrent inopinément un avenir qu'ils n'ont ni craint ni espéré. Ce qui reste d'eux sur la terre, c'est l'exemple de leur fortune, fatal à ceux qui voudroient le suivre. (ÉD. 7.)

97. L'on exigeroit de certains personnages qui ont une fois été capables d'une action noble, héroïque, et qui a été sue de toute la terre, que sans paroître comme épuisés par un si grand effort, ils eussent du moins dans le reste de leur vie cette conduite sage et judicieuse qui se remarque même dans les hommes ordinaires ; qu'ils ne tombassent point dans des petitesses indignes de la haute réputation qu'ils avoient acquise ; que se mêlant moins dans le peuple, et ne lui laissant pas le loisir de les voir de près, ils ne le fissent point passer de la curiosité et de l'admiration à l'indifférence, et peut-être au mépris.

98. Il coûte moins à certains hommes de s'enrichir de mille vertus, que de se corriger d'un seul défaut. Ils sont même si malheureux, que ce vice est souvent celui qui convenoit le moins à leur état, et qui pouvoit leur donner dans le monde plus de ridicule ; il affoiblit l'éclat de leurs grandes qualités, empêche qu'ils ne soient des hommes parfaits et que leur réputation ne soit entière. On ne leur demande point[1] qu'ils soient plus éclairés et plus incorruptibles, qu'ils soient plus amis de l'ordre et de la discipline, plus fidèles à leurs devoirs, plus zélés pour le bien public, plus graves : on veut seulement[2] qu'ils ne soient point amoureux.

1. VAR. (édit. 1-4) : L'on ne leur demande point.
2. VAR. (édit. 1-4) : l'on veut seulement.

99. Quelques hommes, dans le cours de leur vie, sont si différents d'eux-mêmes par le cœur et par l'esprit, qu'on est sûr de se méprendre[1], si l'on en juge seulement par ce qui a paru d'eux dans leur première jeunesse. Tels étoient pieux, sages, savants, qui par cette mollesse inséparable d'une trop riante fortune, ne le sont plus. L'on en sait d'autres qui ont commencé leur vie par les plaisirs et qui ont mis ce qu'ils avoient d'esprit à les connoître, que les disgrâces ensuite ont rendus[2] religieux, sages, tempérants : ces derniers sont pour l'ordinaire de grands sujets, et sur qui l'on peut faire beaucoup de fond ; ils ont une probité éprouvée par la patience et par l'adversité ; ils entent sur cette extrême politesse que le commerce des femmes leur a donnée, et dont ils ne se défont jamais, un esprit de règle, de réflexion, et quelquefois une haute capacité, qu'ils doivent à la chambre et au loisir d'une mauvaise fortune.

Tout notre mal vient de ne pouvoir être seuls : de là le jeu, le luxe, la dissipation, le vin, les femmes, l'ignorance, la médisance, l'envie, l'oubli de soi-même et de Dieu[3].

1. Var. (édit. 1 et certains exemplaires de 2) : qu'il est sûr de se méprendre.
2. Le participe *rendu* est sans accord dans les éditions du dix-septième siècle.
3. « Quand je m'y suis mis quelquefois, à considérer les diverses agitations des hommes, et les périls et les peines où ils s'exposent, dans la cour, dans la guerre, d'où naissent tant de querelles, de passions, d'entreprises hardies et souvent mauvaises, j'ai dit souvent que tout le malheur des hommes vient d'une seule chose, qui est de ne savoir pas demeurer en repos dans une chambre.... On ne recherche la conversation et les divertissements des jeux que parce qu'on ne peut demeurer chez soi avec plaisir.... De là vient que le jeu et la conversation des femmes, la guerre, les grands emplois (*dans l'édition de Port-Royal :* « que le jeu et la chasse ») sont si recherchés.... De là vient que les hommes aiment tant le bruit et le remuement

DE L'HOMME.

100. L'homme semble quelquefois ne se suffire pas à soi-même ; les ténèbres, la solitude le troublent, le jettent dans des craintes frivoles et dans de vaines terreurs : le moindre mal alors qui puisse lui arriver est de s'ennuyer.

101. L'ennui est entré dans le monde par la paresse ; elle a beaucoup de part dans la recherche que font les hommes des plaisirs, du jeu, de la société. Celui qui aime le travail a assez de soi-même. (ÉD. 5.)

102. La plupart des hommes emploient la meilleure partie[1] de leur vie à rendre l'autre misérable.

103. Il y a des ouvrages qui commencent par A et finissent par Z ; le bon, le mauvais, le pire, tout y entre ; rien en un certain genre n'est oublié : quelle recherche, quelle affectation dans ces ouvrages ! On les appelle des jeux d'esprit[2]. De même il y a un jeu dans la conduite : on a

---

(*dans l'édition de Port-Royal :* « et le tumulte du monde ») ; de là vient que la prison est un supplice si horrible ; de là vient que le plaisir de la solitude est une chose incompréhensible. » (Pascal, *Pensées*, article IV, 2.)

1. VAR. (édit. 1-8) : la première partie. — MM. Walckenaer et Destailleur ont conservé dans le texte la leçon des huit premières éditions. Nous convenons qu'il y a lieu à quelque doute.

2. « On a cru à tort, dit Walckenaer (*Remarques et éclaircissements*, p. 719), que ces mots désignaient le *Dictionnaire de l'Académie*. Cela ne se peut, puisque ce caractère a été imprimé pour la première fois dans la 5ᵉ édition en 1690, et que la 1ʳᵉ édition du *Dictionnaire* a paru en 1694. La Bruyère fait ici allusion à ces espèces de petites encyclopédies contenant des *Traités sur toutes les sciences, très-abrégés, à l'usage de la noblesse,* aux livres d'anecdotes, aux recueils intitulés *Bibliothèque des gens de cour,* dont plusieurs sont rangés par ordre alphabétique. » Cette interprétation, adoptée par MM. Destailleur et Hémardinquer, est démentie par les termes

commencé, il faut finir; on veut fournir toute la carrière. Il seroit mieux ou de changer ou de suspendre; mais il est plus rare et plus difficile de poursuivre : on poursuit, on s'anime par les contradictions; la vanité soutient, supplée à la raison, qui cède et qui se désiste. On porte ce raffinement jusque dans les actions les plus vertueuses, dans celles mêmes[1] où il entre de la religion. (ÉD. 5.)

104. Il n'y a que nos devoirs qui nous coûtent, parce que leur pratique ne regardant que les choses que nous sommes étroitement obligés de faire, elle n'est pas suivie de grands éloges, qui est tout ce qui nous excite aux ac-

mêmes de la Bruyère, aussi bien que celle des annotateurs du dix-septième siècle qui ont écrit en marge de leurs exemplaires : « le Dictionnaire de l'Académie. » Un dictionnaire n'est pas un jeu d'esprit; un recueil d'anecdotes ne l'est pas davantage, fût-il intitulé Jeux d'esprit comme ceux qu'a publiés P. J. Brodeau sous le pseudonyme de marquis de Châtre (1694 et 1698), et fût-il de plus disposé par ordre alphabétique. Un jeu d'esprit « qui commence par A et finit par Z, » où il entre beaucoup de « recherche » et d'« affectation, » où il est « rare » et « difficile » de « poursuivre » jusqu'au bout, que l'on achève cependant animé par les « contradictions » et soutenu par la « vanité, » ne peut être, ce nous semble, qu'un acrostiche, ou une pièce de vers abécédaires. Dans les acrostiches les lettres initiales de chaque vers sont d'ordinaire tirées d'un nom déterminé : la définition de la Bruyère peut fort bien s'appliquer aux acrostiches de cette sorte, si l'on admet que ce soit pour plus de commodité et de rapidité, simplement comme exemples, qu'il désigne les deux lettres extrêmes de l'alphabet; mais elle devient plus rigoureusement exacte, appliquée à ce genre particulier d'acrostiches que l'on nomme pièces abécédaires, et où l'ordre régulier des lettres de l'alphabet se trouve le plus souvent reproduit par les lettres initiales des vers, le premier commençant par A, le vingt-quatrième par Z. Sur les diverses combinaisons que peuvent présenter les poëmes et les pièces abécédaires, voyez les Recherches sur les jeux d'esprit, par M. A. Canel, Évreux, 1867, tome I, p. 13 et suivantes.

1. Toutes les éditions du dix-septième siècle ont ainsi mêmes, au pluriel.

tions louables, et qui nous soutient dans nos entreprises[1]. N** aime une piété fastueuse qui lui attire l'intendance des besoins des pauvres, le rend dépositaire de leur patrimoine, et fait de sa maison un dépôt public où se font les distributions; les gens à petits collets[2] et les *sœurs grises*[3] y ont une libre entrée; toute une ville voit ses aumônes et les publie : qui pourroit douter qu'il soit homme de bien, si ce n'est peut-être ses créanciers? (ÉD. 4.)

Géronte meurt de caducité, et sans avoir fait ce testament qu'il projetoit depuis trente années : dix têtes viennent *ab intestat* partager sa succession[4]. Il ne vivoit depuis longtemps que par les soins d'*Astérie*, sa femme, qui jeune encore s'étoit dévouée à sa personne, ne le perdoit pas de vue, secouroit sa vieillesse, et lui a enfin fermé les yeux. Il ne lui laisse pas assez de bien

105.

---

1. « C'est pour cela, dit saint Chrysostome, ... que nous avons beaucoup moins de peine à faire plus que nous ne devons, qu'à faire ce que nous devons ; et qu'une des erreurs les plus communes parmi les personnes mêmes qui cherchent Dieu est de laisser le précepte et ce qui est d'obligation, pour s'attacher au conseil et à ce qui est de surérogation. Pourquoi? parce qu'à faire plus qu'on ne doit, il y a une certaine gloire que l'on ambitionne, et qui rend tout aisé; au lieu qu'à faire ce que l'on doit, il n'y a point d'autre louange à espérer que celle des serviteurs inutiles: *servi inutiles sumus, quod debuimus facere fecimus.* » (Bourdaloue, *Sermon sur la sévérité évangélique*, prononcé en 1671, 2ᵉ partie, OEuvres, tome II, p. 192, édition de Paris, 1823.) — La Bruyère est revenu sur cette même pensée un peu plus loin : voyez ci-après, p. 65, nᵒ 139.

2. Les ecclésiastiques, dont le collet, ou rabat, était plus petit que celui des gens du monde.

3. Nom populaire des Filles de la Charité, vêtues de serge grise.

4. Var. (édit. 4-7) : la succession. — M. Destailleur considère la leçon des éditions 8 et 9 (*sa succession*) comme une faute d'impression.

pour pouvoir se passer pour vivre d'un autre vieillard. (ÉD. 4.)

106. Laisser perdre charges et bénéfices plutôt que de vendre ou de résigner même dans son extrême vieillesse, c'est se persuader qu'on n'est pas du nombre de ceux qui meurent ; ou si l'on croit que l'on peut mourir, c'est s'aimer soi-même, et n'aimer que soi[1]. (ÉD. 4.)

107. *Fauste* est un dissolu, un prodigue, un libertin, un ingrat, un emporté, qu'*Aurèle*, son oncle, n'a pu haïr ni déshériter. (ÉD. 4.)

Frontin, neveu d'Aurèle, après vingt années d'une probité connue, et d'une complaisance aveugle pour ce vieillard, ne l'a pu fléchir en sa faveur, et ne tire de sa dépouille qu'une légère pension, que Fauste, unique légataire, lui doit payer. (ÉD. 4.)

108. Les haines sont si longues et si opiniâtrées, que le plus grand signe de mort dans un homme malade, c'est la réconciliation.

109. L'on s'insinue auprès de tous les hommes, ou en les

---

1. Allusion à la vénalité des charges ou offices d'une part, et de l'autre à la faculté qu'avaient les titulaires des bénéfices de les résigner au profit d'un successeur déterminé. Le payement de la *paulette*, ou *droit annuel*, régulièrement fait chaque année et en temps opportun par les titulaires des charges de judicature ou de finance, assurait aux héritiers le droit de vendre celles qui n'avaient pas été résignées en temps utile, c'est-à-dire quarante jours pour le moins avant la mort de l'*officier :* ce privilège devait singulièrement restreindre pour les charges le nombre des cas où la remarque de la Bruyère trouvait son application, c'est-à-dire de ceux où les charges, devenues vacantes au profit du Roi, et tombées aux *parties casuelles*, étaient vendues, au profit du trésor royal, à l'un des postulants qui avaient consigné à l'avance (voyez tome I, p. 280, n° 9).

flattant dans les passions qui occupent leur âme, ou en compatissant aux infirmités qui affligent leur corps ; en cela seul consistent les soins que l'on peut leur rendre : de là vient que celui qui se porte bien, et qui desire peu de choses[1], est moins facile à gouverner.

110. La mollesse et la volupté naissent avec l'homme, et ne finissent qu'avec lui ; ni les heureux ni les tristes événements ne l'en peuvent séparer ; c'est pour lui ou le fruit de la bonne fortune, ou un dédommagement de la mauvaise. (ÉD. 4.)

111. C'est une grande difformité dans la nature qu'un vieillard amoureux[2].

112. Peu de gens se souviennent d'avoir été jeunes, et combien il leur étoit difficile d'être chastes et tempérants. La première chose qui arrive aux hommes après avoir renoncé aux plaisirs, ou par bienséance, ou par lassitude, ou par régime, c'est de les condamner dans les autres. Il entre dans cette conduite une sorte d'attachement pour les choses mêmes que l'on vient de quitter ; l'on aimeroit qu'un bien qui n'est plus pour nous ne fût plus aussi pour le reste du monde : c'est un sentiment de jalousie[3].

113. Ce n'est pas[4] le besoin d'argent où les vieillards peuvent appréhender de tomber un jour qui les rend avares,

---

1. *Peu de chose*, au singulier, dans la 9e édition.
2. *Amare juveni fructus est, crimen seni.* (*Publius Syrus.*)
3. « Les vieillards aiment à donner de bons préceptes, pour se consoler de n'être plus en état de donner de mauvais exemples. » (*La Rochefoucauld*, n° XCIII.)
4. VAR. (édit. 1-3) : Ce n'est point.

car il y en a de tels qui ont de si grands fonds qu'ils ne peuvent guère avoir cette inquiétude; et d'ailleurs comment pourroient-ils craindre de manquer dans leur caducité des commodités de la vie, puisqu'ils s'en privent eux-mêmes volontairement pour satisfaire à leur avarice? Ce n'est point aussi l'envie de laisser de plus grandes richesses à leurs enfants, car il n'est pas naturel d'aimer quelque autre chose plus que soi-même, outre qu'il se trouve des avares qui n'ont point d'héritiers. Ce vice est plutôt l'effet de l'âge et de la complexion des vieillards, qui s'y abandonnent aussi naturellement qu'ils suivoient leurs plaisirs dans leur jeunesse, ou leur ambition dans l'âge viril; il ne faut ni vigueur, ni jeunesse, ni santé, pour être avare; l'on n'a aussi nul besoin de s'empresser ou de se donner le moindre mouvement pour épargner ses revenus : il faut laisser seulement[1] son bien dans ses coffres, et se priver de tout; cela est commode aux vieillards, à qui il faut une passion, parce qu'ils sont hommes.

114. Il y a des gens qui sont mal logés, mal couchés, mal habillés et plus mal nourris; qui essuient les rigueurs des saisons; qui se privent eux-mêmes de la société des hommes, et passent leurs jours dans la solitude; qui souffrent du présent, du passé et de l'avenir; dont la vie est comme une pénitence continuelle, et qui ont ainsi trouvé le secret d'aller à leur perte par le chemin le plus pénible : ce sont les avares.

115. Le souvenir de la jeunesse est tendre dans les vieillards : ils aiment les lieux où ils l'ont passée; les personnes qu'ils ont commencé de connoître dans ce temps

---

1. Var. (édit. 1-3) : il faut seulement laisser.

leur sont chères ; ils affectent quelques mots du premier langage qu'ils ont parlé ; ils tiennent pour l'ancienne manière de chanter, et pour la vieille danse ; ils vantent les modes qui régnoient alors dans les habits, les meubles et les équipages. Ils ne peuvent encore désapprouver des choses qui servoient à leurs passions, qui étoient si utiles à leurs plaisirs, et qui en rappellent la mémoire[1]. Comment pourroient-ils leur préférer de nouveaux usages et des modes toutes récentes où ils n'ont nulle part, dont ils n'espèrent rien, que les jeunes gens ont faites, et dont ils tirent à leur tour de si grands avantages contre la vieillesse ?

Une trop grande négligence comme une excessive parure dans les vieillards multiplient leurs rides, et font mieux voir leur caducité.

1. « Ainsi, de peur que ie ne seiche, tarisse et m'aggraue de prudence, aux interualles que mes maux me donnent,

*Mens intenta suis ne siet usque malis**,*

ie gauchis tout doulcement, et desrobbe ma veue de ce ciel orageux et nubileux que i'ay deuant moy,... et me voys amusant en la recordation des ieunesses passees :

.... Animus quod perdidit optat,
*Atque in præterita se totus imagine versat***.*

Que l'enfance regarde deuant elle, la vieillesse derriere.... Les ans m'entraisnent s'ils veulent, mais à reculons ! autant que mes yeulx peuuent recognoistre cette belle saison expirée, ie les y destourne à secousses : si elle eschappe de mon sang et de mes veines, au moins n'en veulx ie desraciner l'image de la memoire ;

.... Hoc est
*Vivere bis, vita posse priore frui****.* »
(Montaigne, livre III, chapitre v, tome III, p. 267 et 268.)

* Ovide, *Tristes*, livre IV, *élégie* I, vers 4.
** Pétrone, *Satiricon*, chapitre CXXVIII.
*** Martial, livre X, *épigramme* XXIII, vers 7 et 8.

117. Un vieillard est fier, dédaigneux, et d'un commerce difficile, s'il n'a beaucoup d'esprit [1].

118. Un vieillard qui a vécu à la cour, qui a un grand sens et une mémoire fidèle, est un trésor inestimable; il est plein de faits et de maximes; l'on y trouve l'histoire du siècle revêtue de circonstances très-curieuses, et qui ne se lisent nulle part; l'on y apprend des règles pour la conduite et pour les mœurs qui sont toujours sûres, parce qu'elles sont fondées sur l'expérience.

119. Les jeunes gens, à cause des passions qui les amusent, s'accommodent mieux de la solitude que les vieillards.

120. *Phidippe*, déjà vieux, raffine sur la propreté et sur la mollesse; il passe aux petites délicatesses; il s'est fait un art du boire, du manger, du repos et de l'exercice; les petites règles qu'il s'est prescrites, et qui tendent toutes aux aises de sa personne, il les observe avec scrupule, et ne les romproit pas pour une maîtresse, si le régime lui avoit permis d'en retenir; il s'est accablé de superfluités, que l'habitude enfin lui rend nécessaires. Il double ainsi et renforce les liens qui l'attachent à la vie, et il veut employer ce qui lui en reste à en rendre la perte plus douloureuse. N'appréhendoit-il pas assez de mourir? (ÉD. 4.)

1. « Mais il me semble qu'en la vieillesse nos ames sont subiectes à des maladies et imperfections plus importunes qu'en la ieunesse.... Oultre une sotte et caducque fierté, un babil ennuyeux, ces humeurs espineuses et inassociables, et la superstition, et un soing ridicule des richesses, lorsque l'usage en est perdu, i'y treuue plus d'enuie, d'iniustice et de malignité; elle nous attache plus de rides en l'esprit qu'au visage; et ne se veoid point d'ames, ou fort rares, qui en vieillissant ne sentent l'aigre et le moisi. » (*Montaigne*, livre III, chapitre II, tome III, p. 230.)

Gnathon[1] ne vit que pour soi, et tous les hommes en semble sont à son égard comme s'ils n'étoient point. Non content de remplir à une table la première place, il occupe lui seul celle de deux autres; il oublie que le repas est pour lui et pour toute la compagnie; il se rend maître du plat, et fait son propre de chaque service : il ne s'attache à aucun des mets, qu'il n'ait achevé d'essayer de tous; il voudroit pouvoir les savourer tous tout à la fois. Il ne se sert à table que de ses mains; il manie les viandes, les remanie, démembre[2], déchire, et en use de manière qu'il faut que les conviés, s'ils veulent manger, mangent ses restes. Il ne leur épargne aucune de ces malpropretés dégoûtantes, capables d'ôter l'appétit aux plus affamés; le jus et les sauces lui dégouttent du menton et de la barbe; s'il enlève un ragoût de dessus un plat, il le répand en chemin dans un autre plat et sur la nappe; on le suit à la trace. Il mange haut et avec grand bruit; il roule les yeux en mangeant; la table est pour lui un râtelier; il écure ses dents, et il continue à manger[3]. Il se fait, quelque part où il se trouve, une manière d'établissement, et ne souffre pas d'être plus pressé au sermon ou au théâtre que dans sa chambre. Il n'y a dans un carrosse que les places du fond qui lui conviennent; dans toute autre, si on veut l'en croire, il pâlit et tombe en foiblesse. S'il fait un voyage avec plusieurs, il les prévient dans les hôtelleries, et il sait toujours se conserver dans la meilleure chambre le meilleur lit. Il tourne tout

121.

---

1. Dans la 4ᵉ édition ce caractère n'est pas séparé du précédent.

2. Var. (édit. 4) : il ne s'attache à aucun des mets, qu'il n'ait achevé d'essayer de tous; il les manie, remanie, démembre, etc. — C'est à la 5ᵉ édition que l'auteur a inséré ces mots : « il voudroit pouvoir les savourer tous tout à la fois. Il ne se sert à table que de ses mains. »

3. Cette phrase et la précédente : « Il ne leur épargne, etc., » ont été ajoutées dans la 5ᵉ édition.

à son usage; ses valets, ceux d'autrui, courent dans le même temps pour son service[1]. Tout ce qu'il trouve sous sa main lui est propre, hardes, équipages. Il embarrasse tout le monde, ne se contraint pour personne, ne plaint personne, ne connoît de maux que les siens, que sa réplétion et sa bile, ne pleure point la mort des autres, n'appréhende que la sienne, qu'il rachèteroit volontiers de l'extinction du genre humain. (ÉD. 4.)

122. *Cliton* n'a jamais eu en toute sa vie que deux affaires, qui est de dîner le matin et de souper le soir; il ne semble né que pour la digestion. Il n'a de même qu'un entretien : il dit les entrées qui ont été servies au dernier repas où il s'est trouvé; il dit combien il y a eu de potages, et quels potages[2]; il place ensuite le rôt et les entremets[3]; il se souvient exactement de quels plats on a relevé le premier service; il n'oublie pas les *hors-d'œuvre*, le fruit et les assiettes[4]; il nomme tous les vins et toutes

---

1. VAR. (édit. 4) : sont dans le même temps en campagne pour son service.

2. Les potages prenaient place parmi les entrées, et l'on en servait plusieurs dans les grands repas. Un potage était souvent d'ailleurs un plat d'entrée, tel qu'on l'entend aujourd'hui, car il y avait des potages de pigeonneaux, de canards aux navets, de perdrix aux choux, etc.

.... Cependant on apporte un potage :
Un coq y paroissoit en pompeux équipage,
Qui changeant sur ce plat et d'état et de nom,
Par tous les conviés s'est appelé chapon.
(Boileau, *satire* III, vers 45-48.)

3. « *Entremets*, tous les petits ragoûts et autres choses délicates qui se servent après les viandes (*c'est-à-dire après le rôti*) et immédiatement devant le fruit. » (*Dictionnaire de Richelet*, 1680.)

4. « *Hors-d'œuvre*.... se dit ordinairement des petits ragoûts qu'on sert aux bonnes tables, outre les plats d'entrée ou d'entremets, qui sont rangés avec quelque ordre. » (*Dictionnaire de l'Académie*, 1694.) Les hors-d'œuvre d'entrée et les hors-d'œuvre d'entremets ne figu-

DE L'HOMME. 57

les liqueurs dont il a bu ; il possède le langage des cuisines autant qu'il peut s'étendre, et il me fait envie de manger à une bonne table où il ne soit point[1]. Il a surtout un palais sûr, qui ne prend point le change, et il ne s'est jamais vu exposé à l'horrible inconvénient de manger un mauvais ragoût ou de boire d'un vin médiocre. C'est un personnage illustre dans son genre, et qui a porté le talent de se bien nourrir jusques où il pouvoit

raient as dans la symétrie du service, et sont le plus souvent définis : « tout mets dont on pourroit se passer sans intéresser le service. » (*Dictionnaire portatif de cuisine, d'office et de distillation*, P. Vincent, 1767, p. 322.) — « On appelle *assiette* en cuisine, est-il dit dans le même ouvrage (p. ix), les petites entrées, [*entremets*] et hors-d'œuvre dont la quantité n'excède pas ce que peut contenir une assiette. Dans l'office, on dit *assiette* de fruits crus, de fromages,... et autres choses qui se servent sur une assiette. »

>   Deux assiettes suivoient, dont l'une étoit ornée
>   D'une langue en ragoût, de persil couronnée ;
>   L'autre, d'un godiveau tout brûlé par dehors,
>   Dont un beurre gluant inondoit tous les bords.
>   . . . .
>   . . . .
>   Deux marmitons crasseux, revêtus de serviettes,
>   Lui servoient de massiers, et portoient deux assiettes,
>   L'une de champignons avec des ris-de-veau,
>   Et l'autre de pois verts qui se noyoient dans l'eau.
>   (Boileau, *satire* III, vers 49-52 et 153-156.)

1.   CLITANDRE.
>   Mais le jeune Cléon, chez qui vont aujourd'hui
>   Nos plus honnêtes gens, que dites-vous de lui ?
>   CÉLIMÈNE.
>   Que de son cuisinier il s'est fait un mérite,
>   Et que c'est à sa table à qui l'on rend visite.
>   ÉLIANTE.
>   Il prend soin d'y servir des mets fort délicats.
>   CÉLIMÈNE.
>   Oui, mais je voudrois bien qu'il ne s'y servît pas.
>   C'est un fort méchant plat que sa sotte personne,
>   Et qui gâte, à mon goût, tous les repas qu'il donne.
>   (Molière, *le Misanthrope*, acte II, scène IV, vers 608-615.)

aller : on ne reverra plus un homme qui mange tant et qui mange si bien ; aussi est-il l'arbitre des bons morceaux, et il n'est guère permis d'avoir du goût pour ce qu'il désapprouve. Mais il n'est plus : il s'est fait du moins porter à table jusqu'au dernier soupir ; il donnoit à manger le jour qu'il est mort. Quelque part où il soit, il mange ; et s'il revient au monde, c'est pour manger. (ÉD. 5.)

123. *Ruffin* commence à grisonner ; mais il est sain, il a un visage frais et un œil vif qui lui promettent encore vingt années de vie ; il est gai, *jovial*, familier, indifférent ; il rit de tout son cœur, et il rit tout seul et sans sujet : il est content de soi, des siens, de sa petite fortune ; il dit qu'il est heureux. Il perd son fils unique, jeune homme de grande espérance, et qui pouvoit un jour être l'honneur de sa famille ; il remet sur d'autres le soin de le pleurer ; il dit : « Mon fils est mort, cela fera mourir sa mère ; » et il est consolé[1]. Il n'a point de passions, il n'a ni amis ni ennemis, personne ne l'embarrasse, tout le monde lui convient, tout lui est propre ; il parle à celui qu'il voit une première fois avec la même liberté et la même confiance qu'à ceux qu'il appelle de vieux amis, et il lui fait part[2] bientôt de ses *quolibets* et de ses historiettes. On l'aborde, on le quitte sans qu'il y fasse attention, et le même conte qu'il a commencé de faire à quelqu'un, il l'achève à celui qui prend sa place. (ÉD. 4.)

124. N** est moins affoibli par l'âge que par la maladie, car

1. Cette phrase : « Il perd son fils, etc., » a été ajoutée dans la 7ᵉ édition.
2. VAR. (édit. 4-6) : qu'à ceux qu'il appelle de vieux amis ; il lui fait part, etc. — Le mot *quolibets* n'a été imprimé en italique qu'à partir de la 6ᵉ édition.

il ne passe point soixante-huit ans; mais il a la goutte, et il est sujet à une colique néphrétique; il a le visage décharné, le teint verdâtre, et qui menace ruine : il fait marner sa terre, et il compte que de quinze ans entiers il ne sera obligé de la fumer; il plante un jeune bois, et il espère qu'en moins de vingt années il lui donnera un beau couvert [1]; il fait bâtir dans la rue ** une maison de pierre de taille [2], raffermie dans les encoignures par des mains de fer, et dont il assure, en toussant et avec une voix frêle et débile [3], qu'on ne verra jamais la fin; il se promène tous les jours dans ses ateliers sur le bras d'un valet [4] qui le soulage; il montre à ses amis ce qu'il a fait, et il leur dit ce qu'il a dessein de faire [5]. Ce n'est pas [6] pour ses enfants qu'il bâtit, car il n'en a point, ni pour ses héritiers, personnes viles et qui se sont brouillées [7] avec lui : c'est pour lui seul, et il mourra demain.

Antagoras a un visage trivial [8] et populaire : un suisse de paroisse ou le saint de pierre qui orne le grand autel n'est pas mieux connu que lui de toute la multitude. Il parcourt le matin toutes les chambres et tous les greffes d'un parlement, et le soir les rues et les carrefours d'une ville; il plaide depuis quarante ans, plus proche de sortir

125.

1. « Il fait marner sa terre, et il compte, etc. .... il plante un jeune bois, et il espère.... un beau couvert », membres de phrase ajoutés dans la 7e édition.
2 Var. (édit. 1-3) : une maison solide de pierre de taille.
3. Les mots : « en toussant et avec une voix frêle et débile, » ont été ajoutés dans la 6e édition.
4. Var. (édit. 1-3) : sur les bras d'un valet.
5. « Il montre à ses amis ce qu'il a fait, et il leur dit, etc. », membre de phrase ajouté dans la 6e édition.
6. Var. (édit. 1-4) : Ce n'est point.
7. *Et qui se sont brouillés*, au masculin, dans les cinq premières éditions.
8. Connu de tous.

de la vie que de sortir d'affaires. Il n'y a point eu au Palais depuis tout ce temps de causes célèbres ou de procédures longues et embrouillées où il n'ait du moins intervenu : aussi a-t-il un nom fait pour remplir la bouche de l'avocat, et qui s'accorde avec le demandeur ou le défendeur comme le substantif et l'adjectif. Parent de tous et haï de tous, il n'y a guère de familles dont il ne se plaigne, et qui ne se plaignent de lui. Appliqué successivement à saisir une terre, à s'opposer au sceau[1], à se servir d'un *committimus*[2], ou à mettre un arrêt à exécution, outre qu'il assiste chaque jour à quelques assemblées de créanciers ; partout syndic de directions[3], et perdant à toutes les banqueroutes, il a des heures de reste pour ses visites : vieil meuble de ruelle, où il parle procès et dit des nouvelles. Vous l'avez laissé dans une maison au Marais, vous le retrouvez au grand Faubourg[4], où il vous a prévenu, et où déjà il redit ses nouvelles et son procès. Si vous plaidez vous-même, et que vous alliez le lendemain à la pointe du jour[5] chez l'un de vos juges pour le solliciter, le juge attend pour vous donner audience qu'Antagoras soit expédié. (ÉD. 8.)

126. Tels hommes passent une longue vie à se défendre des uns et à nuire aux autres, et ils meurent consumés de

1. C'est-à-dire, à mettre opposition à la vente d'une charge ou d'une rente sur l'État.
2. On appelle de ce nom le droit qu'avaient certaines personnes privilégiées de plaider devant certaines juridictions. Les commensaux de la maison du Roi pouvaient, par exemple, faire évoquer leurs affaires aux requêtes de l'Hôtel.
3. Terme de procédure ancienne. Un syndic de direction était chargé de régir, dans l'intérêt des créanciers, les biens abandonnés par un débiteur.
4. Sans doute le faubourg Saint-Germain.
5. Dans la 9ᵉ édition : « à la pointe de jour, » par erreur évidemment.

vieillesse, après avoir causé autant de maux qu'ils en ont soufferts[1].

127. Il faut des saisies de terre[2] et des enlèvements de meubles, des prisons et des supplices, je l'avoue; mais justice, lois et besoins à part, ce m'est une chose toujours nouvelle de contempler avec quelle férocité les hommes traitent d'autres hommes.

128. L'on voit certains animaux farouches, des mâles et des femelles, répandus par la campagne, noirs, livides et tout brûlés du soleil, attachés à la terre qu'ils fouillent et qu'ils remuent avec une opiniâtreté invincible; ils ont comme une voix articulée, et quand ils se lèvent sur leurs pieds, ils montrent une face humaine, et en effet ils sont des hommes. Ils se retirent la nuit dans des tanières, où ils vivent de pain noir, d'eau et de racines[3]; ils épargnent aux autres hommes la peine de semer, de labourer et de recueillir[4] pour vivre, et méritent ainsi de ne pas manquer de ce pain qu'ils ont semé. (ÉD. 4.)

129. *Don*[5] *Fernand*, dans sa province, est oisif, ignorant, médisant, querelleux, fourbe, intempérant, impertinent; mais il tire l'épée contre ses voisins, et pour un rien il expose sa vie; il a tué des hommes, il sera tué[6]. (ÉD. 4.)

130. Le noble de province, inutile à sa patrie, à sa famille

---

1. *Soufferts* est ainsi au pluriel dans les anciennes éditions.
2. *Terres*, dans les éditions 1-3; les suivantes ont le singulier.
3. Les éditions 7-9 ont *racine*, au singulier.
4. La 9ᵉ édition porte : « de labourer et recueillir. »
5. *Dom* dans les éditions 4-7.
6. VAR. (édit. 4-6) : et il sera tué. — Cette allusion aux violences des gentilshommes de province a son commentaire dans les *Mémoires* de Fléchier *sur les grands jours d'Auvergne* (1665-1666).

et à lui-même, souvent sans toit, sans habits et sans aucun mérite, répète dix fois le jour qu'il est gentilhomme, traite les fourrures¹ et les mortiers² de bourgeoisie, occupé toute sa vie de ses parchemins et de ses titres, qu'il ne changeroit pas contre les masses d'un chancelier³. (éd. 4.)

131. Il se fait généralement dans tous les hommes des combinaisons infinies de la puissance, de la faveur, du génie, des richesses, des dignités, de la noblesse, de la force, de l'industrie, de la capacité, de la vertu, du vice, de la foiblesse, de la stupidité, de la pauvreté, de l'impuissance, de la roture et de la bassesse. Ces choses, mêlées ensemble en mille manières différentes, et compensées l'une par l'autre en divers sujets, forment aussi les divers états et les différentes conditions. Les hommes d'ailleurs, qui tous savent le fort et le foible les uns des autres, agissent aussi réciproquement comme ils croient le devoir faire, connoissent ceux qui leur sont égaux, sentent la supériorité que quelques-uns ont sur eux, et celle qu'ils ont sur quelques autres ; et de là naissent entre eux ou la familiarité⁴, ou le respect et la déférence, ou la fierté et le mépris. De cette source vient que dans les

---

1. « On appelle absolument *fourrure* une sorte d'habit que portent les docteurs et bacheliers d'une université dans quelque action de cérémonie. La fourrure qui est dans cet habit marque leur caractère et leur qualité. » (Le *Dictionnaire des arts et des sciences*, par M. D. C. de l'Académie françoise, 1694.)

2. Les *mortiers* désignent les présidents du Parlement. Voyez tome I, p. 290.

3. Les masses d'un chancelier sont les bâtons, à tête garnie d'argent, que l'on portait devant lui dans les cérémonies, et que l'on figurait en sautoir derrière l'écu de ses armes.

4. Une erreur d'impression a substitué *formalité* à *familiarité* dans le texte des 9ᵉ et 10ᵉ éditions.

endroits publics et où le monde se rassemble, on se trouve à tous moments entre celui que l'on cherche à aborder ou à saluer, et cet autre que l'on feint de ne pas connoître, et dont l'on veut encore moins se laisser joindre; que l'on se fait honneur de l'un, et qu'on a honte de l'autre; qu'il arrive même que celui dont vous vous faites honneur, et que vous voulez retenir, est celui aussi qui est embarrassé de vous, et qui vous quitte; et que le même est souvent celui qui rougit d'autrui, et dont on rougit, qui dédaigne ici, et qui là est dédaigné. Il est encore assez ordinaire de mépriser qui nous méprise. Quelle misère! et puisqu'il est vrai que dans un si étrange commerce, ce que l'on pense gagner d'un côté, on le perd de l'autre, ne reviendroit-il pas au même de renoncer à toute hauteur et à toute fierté, qui convient si peu aux foibles hommes, et de composer ensemble, de se traiter tous avec une mutuelle bonté, qui avec l'avantage de n'être jamais mortifiés, nous procureroit un aussi grand bien que celui de ne mortifier personne? (ÉD. 4.)

132. Bien loin de s'effrayer ou de rougir même du nom de philosophe, il n'y a personne au monde qui ne dût avoir une forte teinture de philosophie [1]. Elle convient à tout le monde; la pratique en est utile à tous les âges, à tous les sexes et à toutes les conditions; elle nous console du bonheur d'autrui, des indignes préférences, des mauvais succès, du déclin de nos forces ou de notre beauté; elle nous arme contre la pauvreté, la vieillesse, la maladie et la mort, contre les sots et les mauvais railleurs; elle nous fait vivre sans une femme, ou nous fait supporter celle avec qui nous vivons.

1. L'on ne peut plus entendre que celle qui est dépendante de la religion chrétienne. (*Note de la Bruyère.*)

DE L'HOMME.

133. Les hommes en un même jour ouvrent leur âme à de petites joies, et se laissent dominer par de petits chagrins ; rien n'est plus inégal et moins suivi que ce qui se passe en si peu de temps dans leur cœur et dans leur esprit. Le remède à ce mal est de n'estimer les choses du monde précisément que ce qu'elles valent.

134. Il est aussi difficile de trouver un homme vain qui se croie assez heureux, qu'un homme modeste qui se croie trop malheureux.

135. Le destin du vigneron, du soldat et du tailleur de pierre m'empêche de m'estimer malheureux par la fortune des princes ou des ministres qui me manque.

136. Il n'y a pour l'homme qu'un vrai malheur, qui est de se trouver en faute, et d'avoir quelque chose à se reprocher[1].

137. La plupart des hommes, pour arriver à leurs fins, sont plus capables d'un grand effort que d'une longue persévérance : leur paresse ou leur inconstance leur fait perdre le fruit des meilleurs commencements ; ils se laissent souvent devancer par d'autres qui sont partis après eux, et qui marchent lentement, mais constamment[2].

138. J'ose presque assurer que les hommes savent encore mieux prendre des mesures que les suivre, résoudre ce

---

1. C'est un des sens qu'on peut donner à la *maxime* suivante de la Rochefoucauld (n° CLXXXIII) : « Il faut demeurer d'accord, à l'honneur de la vertu, que les plus grands malheurs des hommes sont ceux où ils tombent par les crimes. »

2. La Bruyère ne se souvient-il pas de la fable x du livre VI de la Fontaine : *le Lièvre et la Tortue?*

DE L'HOMME.

qu'il faut faire et ce qu'il faut dire que de faire ou de dire ce qu'il faut. On se propose fermement, dans une affaire qu'on négocie, de taire une certaine chose, et ensuite ou par passion, ou par une intempérance de langue, ou dans la chaleur de l'entretien, c'est la première qui échappe. (ÉD. 7.)

139. Les hommes agissent mollement dans les choses qui sont de leur devoir, pendant qu'ils se font un mérite, ou plutôt une vanité, de s'empresser pour celles qui leur sont étrangères, et qui ne conviennent ni à leur état ni à leur caractère[1].

140. La différence d'un homme qui se revêt d'un caractère étranger à lui-même, quand il rentre dans le sien, est celle d'un masque à un visage. (ÉD. 4.)

141. *Télèphe* a de l'esprit, mais dix fois moins, de compte fait, qu'il ne présume d'en avoir : il est donc, dans ce qu'il dit, dans ce qu'il fait, dans ce qu'il médite et ce qu'il projette, dix fois au delà de ce qu'il a d'esprit; il n'est donc jamais dans ce qu'il a de force et d'étendue : ce raisonnement est juste. Il a comme une barrière qui le ferme, et qui devroit l'avertir de s'arrêter en deçà; mais il passe outre, il se jette hors de sa sphère; il trouve lui-même son endroit foible, et se montre par cet endroit; il parle de ce qu'il ne sait point, et de ce qu'il sait mal[2]; il entreprend au-dessus de son pouvoir, il desire au delà de sa portée; il s'égale à ce qu'il y a de meilleur en tout genre. Il a du bon et du louable, qu'il

---

1. Cette même pensée se trouve déjà exprimée ci-dessus, p. 48, n° 104.
2. VAR. (édit. 5-8) : ou de ce qu'il sait mal.

offusqué par l'affectation du grand ou du merveilleux; on voit clairement ce qu'il n'est pas, et il faut deviner ce qu'il est en effet. C'est un homme qui ne se mesure point, qui ne se connoît point; son caractère est de ne savoir pas se renfermer dans celui qui lui est propre, et qui est le sien. (ÉD. 5.)

142.   L'homme du meilleur esprit est inégal; il souffre des accroissements et des diminutions[1]; il entre en verve, mais il en sort : alors, s'il est sage, il parle peu, il n'écrit point, il ne cherche point à imaginer ni à plaire. Chante-t-on avec un rhume? ne faut-il pas attendre que la voix revienne? (ÉD. 5.)

Le sot est *automate*[2], il est machine, il est ressort; le poids l'emporte, le fait mouvoir, le fait tourner, et toujours, et dans le même sens, et avec la même égalité; il est uniforme, il ne se dément point : qui l'a vu une fois, l'a vu dans tous les instants et dans toutes les périodes de sa vie; c'est tout au plus le bœuf qui meugle, ou le merle qui siffle : il est fixé et déterminé par sa nature, et j'ose dire par son espèce. Ce qui paroît le moins en lui, c'est son âme; elle n'agit point, elle ne s'exerce point, elle se repose. (ÉD. 5.)

143.   Le sot ne meurt point; ou si cela lui arrive selon notre manière de parler, il est vrai de dire qu'il gagne à mourir, et que dans ce moment où les autres meurent, il commence à vivre. Son âme alors pense, raisonne, infère, conclut, juge, prévoit, fait précisément tout ce

---

1. Dans la 5ᵉ édition : « il souffre des diminutions et des accroissements. »
2. Allusion à la théorie de Descartes sur les bêtes : il soutenait, comme l'on sait, qu'elles ne sont que des automates, et qu'elles sont dépourvues de la conscience des mouvements qu'elles exécutent.

qu'elle ne faisoit point; elle se trouve dégagée d'une masse de chair où elle étoit comme ensevelie sans fonction, sans mouvement, sans aucun du moins qui fût digne d'elle : je dirois presque qu'elle rougit de son propre corps et des organes bruts[1] et imparfaits auxquels elle s'est vue attachée si longtemps, et dont elle n'a pu faire qu'un sot ou qu'un stupide ; elle va d'égal avec les grandes âmes, avec celles qui font les bonnes têtes ou les hommes d'esprit. L'âme d'*Alain*[2] ne se démêle plus d'avec celles du grand Condé, de Richelieu, de Pascal et de Lingendes[3]. (ÉD. 6.)

144. La fausse délicatesse dans les actions libres, dans les mœurs ou dans la conduite, n'est pas ainsi nommée parce qu'elle est feinte, mais parce qu'en effet elle s'exerce sur des choses et en des occasions qui n'en méritent point. La fausse délicatesse de goût et de complexion n'est telle, au contraire, que parce qu'elle est feinte ou affectée : c'est

---

1. Dans les éditions du dix-septième siècle ce mot est écrit *brutes*: c'est ainsi qu'écrivait encore Voltaire.

2. De celui de Molière, par exemple : voyez *l'École des Femmes*.

3. Claude de Lingendes, jésuite, né en 1591, mort à Paris en 1660, l'un des plus célèbres prédicateurs du dix-septième siècle, et non son cousin Jean de Lingendes, évêque de Mâcon, à tort nommé ici dans la plupart des éditions. Il composait en latin les sermons qu'il devait prononcer en français, et l'édition française que l'on possède de ses sermons n'est qu'une imitation de ceux qu'il avait préparés en latin. Nous ne pouvons donc nous rendre compte aujourd'hui de son éloquence ; mais le P. Rapin le citait en 1672, dans ses *Réflexions sur l'éloquence* (OEuvres complètes, tome II, p. 92, édition de 1725), comme l'un des « deux plus parfaits prédicateurs » qu'il eût connus en son siècle, les vivants exceptés. Voyez le portrait qu'en a tracé le P. Rapin (*ibidem*, p. 92-95), et l'appréciation qu'en a faite M. Jacquinet dans l'ouvrage intitulé : *des Prédicateurs du dix-septième siècle avant Bossuet*, p. 217 et suivantes. — Cet alinéa n'a formé une réflexion distincte qu'à la 8ᵉ édition ; dans les 6ᵉ et 7ᵉ, il faisait partie de la remarque précédente.

Émilie qui crie de toute sa force sur un petit péril qui ne lui fait pas de peur; c'est une autre qui par mignardise pâlit à la vue d'une souris [1], ou qui veut aimer les violettes et s'évanouir aux tubéreuses [2]. (ÉD. 4.)

145. Qui oseroit se promettre de contenter les hommes? Un prince, quelque bon et quelque puissant qu'il fût, voudroit-il l'entreprendre? qu'il l'essaye. Qu'il se fasse lui-même une affaire de leurs plaisirs [3]; qu'il ouvre son palais à ses courtisans; qu'il les admette jusque dans son domestique; que dans des lieux dont la vue seule est un spectacle [4], il leur fasse voir d'autres spectacles; qu'il leur donne le choix des jeux, des concerts et de tous les rafraîchissements; qu'il y ajoute une chère splendide et une entière liberté; qu'il entre avec eux en société des mêmes amusements; que le grand homme devienne aimable, et que le héros soit humain et familier : il n'aura pas assez fait. Les hommes s'ennuient enfin des mêmes choses qui les ont charmés dans leurs commencements : ils déserteroient la *table des Dieux*, et le *nectar* avec le temps leur devient insipide [5]. Ils n'hésitent pas de critiquer des choses qui sont parfaites; il y entre de la vanité et une mauvaise délicatesse : leur goût, si on les en croit, est encore au delà de toute l'affectation qu'on auroit à les satisfaire, et d'une dépense toute royale que l'on feroit pour y réussir; il s'y mêle de la malignité, qui va jusques à vouloir affoiblir dans les autres la joie qu'ils auroient de les rendre contents [6]. Ces mêmes gens,

---

1. VAR. (édit. 4) : à la vue d'un chat.
2. VAR. (édit. 7 et 9) : et s'évanouit aux tubéreuses.
3. Allusion aux fêtes que Louis XIV donnait à sa cour.
4. Versailles, Fontainebleau, Marly.
5. Voyez le *la Rochefoucauld* de M. Gilbert, tome I, p. 168, note 1.
6. VAR. (édit. 4) : de nous rendre contents.

DE L'HOMME.

pour l'ordinaire si flatteurs et si complaisants, peuvent se démentir : quelquefois on ne les reconnoît plus, et l'on voit l'homme jusque dans le courtisan. (ÉD. 4.)

146. L'affectation dans le geste, dans le parler et dans les manières est souvent une suite de l'oisiveté ou de l'indifférence; et il semble qu'un grand attachement ou de sérieuses affaires jettent l'homme dans son naturel.

147. Les hommes n'ont point de caractères[1], ou s'ils en ont, c'est celui de n'en avoir aucun qui soit suivi, qui ne se démente point, et où ils soient reconnoissables. Ils souffrent beaucoup à être toujours les mêmes, à persévérer dans la règle ou dans le désordre; et s'ils se délassent quelquefois d'une vertu par une autre vertu, ils se dégoûtent plus souvent d'un vice par un autre vice. Ils ont des passions contraires et des foibles qui se contredisent; il leur coûte moins de joindre les extrémités que d'avoir une conduite dont une partie naisse de l'autre. Ennemis de la modération, ils outrent toutes choses, les bonnes et les mauvaises, dont ne pouvant ensuite supporter l'excès, ils l'adoucissent par le changement. *Adraste* étoit si corrompu et si libertin, qu'il lui a été moins difficile de suivre la mode et se faire dévot : il lui eût coûté davantage d'être homme de bien. (ÉD. 4.)

148. D'où vient que les mêmes hommes qui ont un flegme tout prêt pour recevoir indifféremment les plus grands désastres, s'échappent, et ont une bile intarissable sur les plus petits inconvénients? Ce n'est pas sagesse en eux qu'une telle conduite, car la vertu est égale et ne se dé-

---

1. Il y a ainsi *caractères*, au pluriel, dans toutes les éditions du dix-septième siècle.

ment point; c'est donc un vice, et quel autre que la vanité, qui ne se réveille et ne se recherche que dans les événements où il y a de quoi faire parler le monde, et beaucoup à gagner pour elle, mais qui se néglige sur tout le reste? (ÉD. 4.)

149. L'on se repent rarement de parler peu, très-souvent de trop parler : maxime usée et triviale que tout le monde sait, et que tout le monde ne pratique pas. (ÉD. 4.)

150. C'est se venger contre soi-même, et donner un trop grand avantage à ses ennemis, que de leur imputer des choses qui ne sont pas vraies, et de mentir pour les décrier.

151. Si l'homme savoit rougir de soi, quels crimes, non-seulement cachés, mais publics et connus, ne s'épargneroit-il pas! (ÉD. 4.)

152. Si certains hommes ne vont pas dans le bien[1] jusques où ils pourroient aller, c'est par le vice de leur première instruction[2].

153. Il y a dans quelques hommes une certaine médiocrité d'esprit qui contribue à les rendre sages.

154. Il faut aux enfants les verges et la férule[3]; il faut aux

1. VAR. (édit. 1-3) : Si les hommes ne vont pas ordinairement dans le bien.
2. Voyez plus loin, au chapitre *des Jugements*, p. 113, les réflexions 84 et 85.
3. Tel n'était point l'avis de Montaigne (voyez ses *Essais*, livre I, chapitre xxv, et livre II, chapitre viii, tome I, p. 219 et 220, et tome II, p. 90 et suivantes); mais l'aphorisme que place ici la Bruyère n'avait jamais rencontré que de rares contradictions. Male-

DE L'HOMME.

hommes faits une couronne, un sceptre, un mortier, des fourrures, des faisceaux, des timbales, des hoquetons[1]. La raison et la justice dénuées de tous leurs ornements ni ne persuadent ni n'intimident[2]. L'homme, qui est esprit, se mène par les yeux et les oreilles[3].

Timon, ou le misanthrope, peut avoir[4] l'âme austère 155. et farouche; mais extérieurement il est civil et *cérémonieux* : il ne s'échappe pas, il ne s'apprivoise pas avec les hommes; au contraire, il les traite honnêtement et sérieusement; il emploie à leur égard tout ce qui peut éloigner leur familiarité; il ne veut pas les mieux connoître ni s'en faire des amis, semblable en ce sens à une femme qui est en visite chez une autre femme. (ÉD. 5.)

branche lui-même, après avoir démontré « qu'il n'y a rien qui soit si contraire à l'avancement des enfants dans les sciences.... que les peines dont on les punit et dont on les menace sans cesse, » déclare qu'il est « quelquefois utile d'effrayer et de punir les enfants par des châtiments sensibles, » rappelant ce passage des *Proverbes* (chapitre XIII, verset 24): *Qui parcit virgæ odit filium suum*. (*De la Recherche de la vérité*, livre II, 2ᵉ partie, chapitre VIII, § 2 ; tome I, p. 204 et 207. — Voyez aussi le *Traité de morale* de Malebranche, 2ᵉ partie, chapitre XXIV, § VII et X, p. 166 et 171, édition d'Amsterdam, 1684.)
    1. *Hoquetons*, vêtements des archers.
    2. *Ni ne persuade ni n'intimide*, au singulier, dans les éditions 1-6.
    3. « Nos magistrats ont bien connu ce mystère. Leurs robes rouges, leurs hermines, dont ils s'emmaillottent en chats fourrés, les palais où ils jugent, les fleurs de lis, tout cet appareil auguste étoit fort nécessaire ; et si les médecins n'avaient des soutanes et des mules, et que les docteurs n'eussent des bonnets carrés et des robes trop amples de quatre parties, jamais ils n'auroient dupé le monde, qui ne peut résister à cette montre si authentique. Les seuls gens de guerre ne se sont pas déguisés de la sorte, parce qu'en effet leur part est plus essentielle : ils s'établissent par la force, les autres par grimace. » (Pascal, *Pensées*, article III, 3.)
    4. VAR. (édit. 5) : Le Misanthrope peut avoir. — Les deux premiers mots ont été ajoutés dans la 6ᵉ édition. Il nous semble permis de voir dans cet alinéa une critique du *Misanthrope* de Molière ; c'est

156. La raison tient de la vérité, elle est une ; l'on n'y arrive que par un chemin, et l'on s'en écarte par mille. L'étude de la sagesse a moins d'étendue que celle que l'on feroit des sots et des impertinents. Celui qui n'a vu que des hommes polis et raisonnables, ou ne connoît pas l'homme, ou ne le connoît qu'à demi : quelque diversité qui se trouve[1] dans les complexions ou dans les mœurs, le commerce du monde et la politesse donnent les mêmes apparences, font qu'on se ressemble les uns aux autres par des dehors qui plaisent réciproquement, qui semblent communs à tous, et qui font croire qu'il n'y a rien ailleurs qui ne s'y rapporte. Celui au contraire qui se jette dans le peuple ou dans la province y fait bientôt, s'il a des yeux, d'étranges découvertes, y voit des choses qui lui sont nouvelles, dont il ne se doutoit pas, dont il ne pouvoit avoir le moindre soupçon ; il avance par des expériences continuelles dans la connoissance de l'humanité ; il calcule presque en combien de manières différentes l'homme peut être insupportable. (ÉD. 7.)

157. Après avoir mûrement approfondi les hommes et connu le faux de leurs pensées, de leurs sentiments, de leurs goûts et de leurs affections, l'on est réduit à dire qu'il y a moins à perdre pour eux par l'inconstance que par l'opiniâtreté. (ÉD. 4.)

158. Combien d'âmes foibles[2], molles et indifférentes, sans de grands défauts[3], et qui puissent fournir à la satire !

peut-être pour la rendre moins directe que la Bruyère, dans la 6ᵉ édition, a donné un nom au misanthrope, qu'il avait d'abord appelé simplement *le Misanthrope*.

1. VAR. (édit. 7) : quelque diversité qu'il se trouve.
2. VAR. (édit. 4) : Combien y a-t-il d'âmes foibles.
3. VAR. (édit. 4-6) : sans de grandes vertus et aussi sans de grands défauts.

DE L'HOMME.

Combien[1] de sortes de ridicules répandus parmi les hommes, mais qui par leur singularité ne tirent point à conséquence, et ne sont d'aucune ressource pour l'instruction et pour la morale ! Ce sont des vices uniques qui ne sont pas contagieux, et qui sont moins de l'humanité que de la personne. (ÉD. 4.)

1. VAR. (édit. 4) : De même combien.

DES JUGEMENTS.

1. Rien ne ressemble plus[1] à la vive persuasion que le mauvais entêtement : de là les partis, les cabales, les hérésies.

2. L'on ne pense pas toujours constamment[2] d'un même sujet : l'entêtement et le dégoût se suivent de près.

3. Les grandes choses étonnent, et les petites rebutent; nous nous apprivoisons avec les unes et les autres par l'habitude.

4. Deux choses toutes contraires nous préviennent également, l'habitude et la nouveauté[3]. (ÉD. 4.)

5. Il n'y a rien de plus bas, et qui convienne mieux au peuple, que de parler en des termes magnifiques de ceux mêmes[4] dont l'on pensoit très-modestement avant leur élévation.

6. La faveur des princes n'exclut pas le mérite, et ne le suppose pas aussi.

7. Il est étonnant qu'avec tout l'orgueil dont nous sommes

---

1. VAR. (édit. 1-8) : Rien ne ressemble mieux.
2. C'est-à-dire d'une manière invariable.
3. « Les impressions anciennes ne sont pas seules capables de nous abuser : les charmes de la nouveauté ont le même pouvoir. » (Pascal, *Pensées*, article III, 3.) — Voyez aussi Montaigne, livre I, chapitres XLIII et XLIX (tome I, p. 409 et 448).
4. Il y a *même*, sans accord, dans les éditions 1-3.

DES JUGEMENTS.

gonflés, et la haute opinion que nous avons de nous-mêmes et de la bonté de notre jugement, nous négligions de nous en servir pour prononcer sur le mérite des autres. La vogue, la faveur populaire, celle du Prince, nous entraînent comme un torrent : nous louons ce qui est loué, bien plus que ce qui est louable.

8. Je ne sais s'il y a rien au monde qui coûte davantage à approuver et à louer que ce qui est plus digne d'approbation et de louange[1], et si la vertu, le mérite, la beauté, les bonnes actions, les beaux ouvrages, ont un effet plus naturel et plus sûr que l'envie, la jalousie et l'antipathie. Ce n'est pas d'un saint dont un dévot[2] sait dire du bien, mais d'un autre dévot. Si une belle femme approuve la beauté d'une autre femme, on peut conclure qu'elle a mieux que ce qu'elle approuve. Si un poëte loue les vers d'un autre poëte, il y a à parier qu'ils sont mauvais et sans conséquence[3]. (ÉD. 5.)

9. Les hommes ne se goûtent qu'à peine les uns les autres, n'ont qu'une foible pente à s'approuver récipro-

---

1. *Louanges* est au pluriel dans la 5ᵉ édition.
2. Faux dévot. (*Note de la Bruyère.*)
3. Cette remarque a rappelé à M. Hémardinquer le passage suivant de *l'Impromptu de Versailles* (scène v) :

MOLIÈRE.

Par la sang-bleu! on m'a dit qu'on le va dauber (*il s'agit de Molière lui-même*), lui et toutes ses comédies, de la belle manière ; et que les comédiens et les auteurs, depuis le cèdre jusqu'à l'hyssope, sont diablement animés contre lui.

MADEMOISELLE MOLIÈRE.

Cela lui sied fort bien. Pourquoi fait-il de méchantes pièces que tout Paris va voir, et où il peint si bien les gens que chacun s'y connoit? Que ne fait-il des comédies comme celles de Monsieur Lysidas? il n'auroit personne contre lui, et tous les auteurs en diroient du bien.

quement : action, conduite, pensée, expression, rien ne plaît, rien ne contente; ils substituent à la place de ce qu'on leur récite, de ce qu'on leur dit ou de ce qu'on leur lit, ce qu'ils auroient fait eux-mêmes en pareille conjoncture, ce qu'ils penseroient ou ce qu'ils écriroient sur un tel sujet, et ils sont si pleins de leurs idées, qu'il n'y a plus de place pour celles d'autrui. (ÉD. 7.)

10. Le commun des hommes est si enclin au déréglement et à la bagatelle, et le monde est si plein d'exemples ou pernicieux ou ridicules, que je croirois assez que l'esprit de singularité, s'il pouvoit avoir ses bornes et ne pas aller trop loin, approcheroit fort de la droite raison et d'une conduite régulière.

« Il faut faire comme les autres : » maxime suspecte, qui signifie presque toujours : « il faut mal faire, » dès qu'on l'étend au delà de ces choses purement extérieures, qui n'ont point de suite[1], qui dépendent de l'usage, de la mode ou des bienséances [2].

---

1. *Suites*, au pluriel, dans les éditions 1-4.
2. « Ces considerations ne destournent pas un homme d'entendement de suyure le style commun : ains au rebours, il me semble que toutes façons escartees et particulieres partent plustost de folie ou d'affectation ambitieuse que de vraye raison ; et que le sage doibt au dedans retirer son ame de la presse et la tenir en liberté et puissance de iuger librement des choses; mais quant au dehors, qu'il doibt suyure entierement les façons et formes receues. » (Montaigne, livre I, chapitre XXII, tome I, p. 145.) — Sénèque a exprimé cette même pensée dans sa v⁰ *lettre* à Lucilius, et la Bruyère y reviendra plus loin. — On peut encore rapprocher de cette réflexion le passage suivant de Descartes : « .... Encore que le peuple juge très-mal, dit-il à l'appui d'une argumentation qui n'a rien de commun avec la remarque de la Bruyère, toutefois à cause que nous ne pouvons vivre sans lui, et qu'il nous importe d'en être estimés, nous devons souvent suivre ses opinions plutôt que les nôtres, touchant l'extérieur de nos actions. » (*Des Passions de l'âme*, 3ᵉ partie, article CCVI, *de*

DES JUGEMENTS.

Si les hommes sont hommes plutôt qu'ours et panthères, s'ils sont équitables, s'ils se font justice à eux-mêmes, et qu'ils la rendent aux autres, que deviennent les lois, leur texte et le prodigieux accablement de leurs commentaires? que devient le *pétitoire* et le *possessoire*[1], et tout ce qu'on appelle jurisprudence? Où se réduisent même ceux qui doivent tout leur relief et toute leur enflure à l'autorité où ils sont établis de faire valoir ces mêmes lois? Si ces mêmes hommes ont de la droiture et de la sincérité, s'ils sont guéris de la prévention, où sont évanouies les disputes de l'école, la scolastique et les controverses? S'ils sont tempérants, chastes et modérés, que leur sert le mystérieux jargon de la médecine, et qui est une mine d'or pour ceux qui s'avisent de le parler? Légistes, docteurs, médecins, quelle chute pour vous, si nous pouvions tous nous donner le mot de devenir sages! (ÉD. 5.)

De combien de grands hommes dans les différents exercices de la paix et de la guerre auroit-on dû se passer! A quel point de perfection et de raffinement n'a-t-on pas porté de certains arts et de certaines sciences qui ne devoient point être nécessaires, et qui sont dans le monde comme des remèdes à tous les maux dont notre malice est l'unique source! (ÉD. 5.)

Que de choses depuis VARRON[2], que Varron a ignorées! Ne nous suffiroit-il pas même de n'être savant que comme PLATON ou comme SOCRATE? (ÉD. 5.)

---

l'Usage de ces deux passions [la Gloire et la Honte, dont « il n'est pas bon de se dépouiller entièrement.] »)

1. Termes de droit. Le *pétitoire* est une action par laquelle on demande la propriété d'une chose; le *possessoire*, une action par laquelle on en demande la possession.

2. M. Terentius Varron, auteur d'un grand nombre d'ouvrages, et entre autres des traités *de Re rustica*, et *de Lingua latina*. On le nommait le plus savant des Romains; il mourut l'an 26 avant J. C.

DES JUGEMENTS.

12. Tel à un sermon, à une musique, ou dans une galerie de peintures, a entendu à sa droite et à sa gauche, sur une chose précisément la même, des sentiments précisément opposés. Cela me feroit dire volontiers que l'on peut hasarder, dans tout genre d'ouvrages, d'y mettre le bon et le mauvais : le bon plaît aux uns, et le mauvais aux autres. L'on ne risque guère davantage d'y mettre le pire : il a ses partisans.

13. Le phénix de la poésie *chantante*[1] renaît de ses cendres ; il a vu mourir et revivre sa réputation en un même jour. Ce juge même si infaillible et si ferme dans ses jugements, le public, a varié sur son sujet : ou il se trompe, ou il s'est trompé. Celui qui prononceroit aujourd'hui que Q** en un certain genre est mauvais poëte, parleroit presque aussi mal[2] que s'il eût dit il y a quelque temps : *Il est bon poëte*. (ÉD. 4.)

1. Quinault, qui sera désigné plus bas par la lettre initiale de son nom, et qui après avoir fait des tragédies et des comédies sur lesquelles, à ce qu'il paraît, la Bruyère partageait le sentiment de Boileau, composa des opéras qui eurent un grand succès et qui sont ses meilleurs titres littéraires. La remarque de la Bruyère a été écrite et peut-être imprimée pendant la vie de Quinault; mais il était mort quand fut mise en vente la 4ᵉ édition, la première qui la contienne : l'*Achevé d'imprimer* est du 15 février 1689, et Philippe Quinault est mort le 26 novembre 1688. Boileau, dont on connaît les sévérités pour Quinault*, était l'un de ceux qui avaient « varié sur son sujet. » « J'ajouterai même, sur ce dernier (dit-il, en parlant de Quinault, dans une phrase ajoutée en 1685 à sa préface de 1683), que dans le temps où j'écrivis contre lui, nous étions tous deux fort jeunes, et qu'il n'avoit pas fait alors beaucoup d'ouvrages qui lui ont dans la suite acquis une juste réputation. » Voyez de plus la lettre que Boileau écrivit à Racine le 19 août 1687.

2. VAR. (édit. 4) : celui qui prononceroit aujourd'hui que Q** est mauvais poëte parleroit aussi mal, etc.

* Voyez les *satires* II, vers 187 et suivants; III, vers 20; IX, vers 98 et 288 (1664, 1665, 1668), etc.

DES JUGEMENTS.

14. C. P. étoit fort riche, et C. N. ne l'étoit pas[1] : *la Pucelle* et *Rodogune* méritoient chacune une autre aventure. Ainsi l'on a toujours demandé pourquoi, dans telle ou telle profession, celui-ci avoit fait sa fortune, et cet autre l'avoit manquée; et en cela les hommes cherchent la raison de leurs propres caprices, qui dans les conjonctures pressantes de leurs affaires, de leurs plaisirs, de leur santé et de leur vie, leur font souvent laisser les meilleurs et prendre les pires. (ÉD. 4.)

15. La condition des comédiens étoit infâme chez les Romains et honorable chez les Grecs : qu'est-elle chez nous? On pense d'eux comme les Romains, on vit avec eux comme les Grecs. (ÉD. 4.)

16. Il suffisoit à *Bathylle* d'être pantomime pour être couru

---

1. VAR. (édit. 4 et 5) : Chapelain étoit riche, et Corneille ne l'étoit pas. — Chapelain était riche en effet, mais ce n'était pas la vente du poëme de *la Pucelle* qui l'avait enrichi. « Le mieux renté de tous les beaux esprits, » comme a dit Boileau dans sa IXe *satire* (vers 218), « il recevoit de divers endroits, » à s'en tenir au témoignage de Boileau, « huit mille livres de pension » : il faut ajouter à ces gratifications annuelles la fortune qu'il avait héritée de son père, ancien notaire de Paris, et le produit de ses bénéfices. Célibataire et très-avare, il vivait avec la plus grande économie, et lorsqu'il mourut (1674), on trouva chez lui, dit-on, sans parler des contrats qui constataient ses prêts, plus de cent cinquante mille francs en espèces. Corneille au contraire, qui avait à pourvoir aux besoins d'une famille nombreuse, était pauvre. Ses pièces lui rapportaient peu, et il lui est échappé de répondre un jour à Boileau, qui lui parlait de sa gloire : « Oui, je suis saoûl de gloire et affamé d'argent! » — Il est juste d'ajouter ici que Chapelain, qui, cédant aux exigences de Richelieu, avait consenti en 1637 à rédiger les *Sentiments critiques de l'Académie sur* le Cid, inscrivit en 1663 Corneille sur la liste des écrivains auxquels il conseillait à Colbert d'accorder une pension. C'est en partie à lui que Corneille dut les deux mille francs qu'il reçut chaque année : voyez l'*Appendice*.

des dames romaines; à *Rhoé* de danser au théâtre; à *Roscie* et à *Nérine* de représenter dans les chœurs, pour s'attirer une foule d'amants. La vanité et l'audace, suites d'une trop grande puissance, avoient ôté aux Romains le goût du secret et du mystère; ils se plaisoient à faire du théâtre public celui de leurs amours; ils n'étoient point jaloux de l'amphithéâtre, et partageoient avec la multitude les charmes de leurs maîtresses. Leur goût n'alloit qu'à laisser voir qu'ils aimoient, non pas une belle personne ou une excellente comédienne, mais une comédienne¹. (ÉD. 4.)

17. Rien ne découvre mieux dans quelle disposition sont les hommes à l'égard des sciences et des belles-lettres², et de quelle utilité ils les croient dans la République, que le prix qu'ils y ont mis, et l'idée qu'ils se forment de ceux qui ont pris le parti de les cultiver. Il n'y a point d'art si mécanique ni de si vile condition où les avantages ne soient plus sûrs, plus prompts et plus solides. Le comédien, couché dans son carrosse, jette de la boue au visage de CORNEILLE, qui est à pied³. Chez plusieurs, savant et pédant sont synonymes.

Souvent où le riche parle, et parle de doctrine⁴, c'est aux doctes à se taire, à écouter, à applaudir, s'ils veulent du moins ne passer que pour doctes.

18. Il y a une sorte de hardiesse à soutenir devant certains esprits la honte de l'érudition : l'on trouve chez eux une

---

1. Ce mot, à cette place, est imprimé en italique jusqu'à la 7ᵉ édition inclusivement.
2. VAR. (édit. 1-3) : Rien ne découvre mieux quel goût ont les hommes pour les sciences et pour les belles-lettres.
3. Voyez l'*Art poétique* de Boileau, chant II, vers 149 et 150.
4. C'est-à-dire de science.

DES JUGEMENTS. 81

prévention toute établie[1] contre les savants, à qui ils
ôtent les manières du monde, le savoir-vivre, l'esprit de
société, et qu'ils renvoient ainsi dépouillés à leur cabinet et à leurs livres. Comme l'ignorance est un état
paisible et qui ne coûte aucune peine, l'on s'y range en
foule, et elle forme à la cour et à la ville un nombreux
parti, qui l'emporte sur celui des savants. S'ils allèguent en leur faveur les noms d'Estrées, de Harlay,
Bossuet, Seguier, Montausier, Wardes, Chevreuse,
Novion, Lamoignon, Scudery[2], Pelisson, et de tant
d'autres personnages[3] également doctes et polis; s'ils

1. Il y a *toute établie* dans les diverses éditions du dix-septième
siècle.
2. Mlle de Scudery. (*Note de la Bruyère* dans les éditions 4, 5
et 9; dans les éditions 6-8 on a imprimé : « Mlle Scudery. ») — La
Bruyère a cru nécessaire de placer ici cette note pour prévenir toute
confusion entre la sœur et le frère; c'est sous le nom de son frère
que les romans de Mlle de Scudéry avaient paru. Georges de Scudéry,
auteur du poëme d'*Alaric*, de plusieurs tragi-comédies, etc., était
mort depuis 1667; sa sœur, Madeleine de Scudéry, auteur de *Cyrus*,
de *Clélie*, de plusieurs volumes publiés sous le titre de *Conversations
sur divers sujets*, *Conversations morales* ou *nouvelles*, etc., vivait encore.
3. Var. (édit. 1-3): S'ils allèguent en leur faveur les noms de Harlay, Bossuet, Seguier, et de tant d'autres personnages, etc. — Les
noms de Montausier, Wardes, Chevreuse, Novion, Lamoignon,
Scudery et Pelisson ont été ajoutés dans la 4e édition; celui d'Estrées dans la 6e. — Parmi les membres de la famille d'Estrées, le
compliment de la Bruyère s'adressait particulièrement au cardinal
César d'Estrées (1628-1714), membre de l'Académie française depuis
1656, et à son neveu Victor-Marie d'Estrées, qui fut connu plus tard
sous le nom de maréchal de Cœuvres, puis sous celui de maréchal
d'Estrées. « Il n'a rien imprimé, que l'on sache, a écrit Chapelain en
donnant place au cardinal d'Estrées sur la liste des écrivains célèbres
qu'il a composée par l'ordre de Colbert; mais on a vu de lui plusieurs lettres latines et françoises de la dernière beauté, et qui font bien
voir qu'il n'est pas seulement docteur en théologie, mais encore au
Parnasse entre les premiers. » Son neveu n'avait alors que trente ans;
mais déjà il avait la réputation d'homme « docte et poli : » voyez
l'éloge qu'en fait Mme de Sévigné, toute charmée de son esprit et de

La Bruyère. ii   6

osent même citer les grands noms de CHARTRES, de CONDÉ, de CONTI, de BOURBON, du MAINE, de VENDÔME[1],

son savoir, dans sa lettre du 20 novembre 1689 (tome IX, p. 319).
— Le nom de Harlay est sans doute placé ici comme un hommage à François de Harlay (1625-1695), archevêque de Paris et membre de l'Académie française depuis 1671. Ses discours obtenaient toujours un grand succès. Le Harlay « docte et poli » est bien plus vraisemblablement lui que le premier président Achille de Harlay. — Le nom de Seguier est le seul des noms cités par la Bruyère qui n'eût pas à cette époque de représentant célèbre : le Chancelier était mort en 1672 ; mais la Bruyère, qui désirait entrer à l'Académie française, ne pouvait oublier ici le nom de celui qui en avait été si longtemps le protecteur. — Le duc de Montausier, ancien gouverneur du Dauphin, vivait encore quand parut la 5ᵉ édition des *Caractères* : il mourut le 17 mai 1690. — Sur le marquis de Vardes, courtisan instruit, dont le nom avait été prononcé lorsqu'il s'était agi de donner un gouverneur au duc de Bourgogne, voyez tome I, p. 526. — Le duc de Chevreuse, fils du duc de Luynes, avait reçu à Port-Royal une excellente éducation. Il « écrivoit aisément, agréablement et admirablement bien et laconiquement, » dit Saint-Simon (tome X, p. 274). C'est lui qui corrigea pour Fénelon les épreuves des *Maximes des saints*. — Nicolas Potier de Novion, premier président au Parlement jusqu'en 1689, était membre de l'Académie française depuis 1681 ; il mourut en 1693. — Paul Pellisson (1624-1693) a composé des mémoires pour Foucquet, une histoire de l'Académie française, dont il était membre, et divers autres ouvrages.

1. VAR. (édit. 1-3) : les grands noms de CONDÉ, d'ENGHIEN et de CONTI. — Les noms de BOURBON, du MAINE, de VENDÔME ont été ajoutés dans la 4ᵉ édition (1689) ; celui de CHARTRES dans la 6ᵉ (1691).
— Le duc de Chartres, qui devait être duc d'Orléans et régent du royaume, avait alors dix-sept ans. Il était « savant sans être pédant, » au témoignage de sa mère (voyez la *Correspondance de Madame, duchesse d'Orléans, née princesse palatine*, tome I, p. 30). — Le seul prince de Conti qui vécût à cette époque était François-Louis de Bourbon-Conti (1664-1709), l'un des plus savants et des plus charmants personnages de la cour : « C'étoit, dit Saint-Simon (tome VII, p. 83), un très-bel esprit, lumineux, juste, exact, vaste, étendu, d'une lecture infinie. » Son père, Armand de Bourbon, qui avait composé des livres de théologie et de morale, était mort en 1666.
— Le nom de Bourbon en 1689 représentait l'élève de la Bruyère, M. le duc de Bourbon, alors âgé de vingt et un ans. Son père, Henri-

comme de princes qui ont su joindre aux plus belles et aux plus hautes connoissances et l'atticisme des Grecs et l'urbanité des Romains, l'on ne feint[1] point de leur dire que ce sont des exemples singuliers ; et s'ils ont recours à de solides raisons, elles sont foibles contre la voix de la multitude. Il semble néanmoins que l'on devroit décider sur cela avec plus de précaution, et se donner seulement la peine de douter si ce même esprit qui fait faire de si grands progrès dans les sciences[2],

---

Jules de Bourbon, que depuis la mort du grand Condé (1686) l'on nommait Monsieur le Prince, c'est-à-dire M. le prince de Condé, devait recevoir au nom de Condé plutôt qu'au nom de Bourbon la part d'éloges qui lui revenait : la Bruyère, il est vrai, qui dans les trois premières éditions, comme on l'a vu au début de cette note, avait réservé le nom de Condé pour le grand Condé, et désigné son fils Henri-Jules de Bourbon par son ancien titre d'Enghien, n'effaça *Enghien* qu'au moment où il ajouta *Bourbon;* mais le nom de Bourbon ne prit jamais place dans les titres qui furent donnés à Henri-Jules de Bourbon. La Bruyère n'avait certainement aucune pensée qui pût déplaire à ce dernier, en attribuant uniquement à son illustre père le nom de Condé dans les trois premières éditions ; peut-être avait-il écrit cet alinéa du vivant de Condé, alors qu'il y avait lieu de distinguer Condé et Enghien. — Le duc du Maine (Louis-Auguste de Bourbon, fils légitimé de Louis XIV), l'ancien élève de Mme de Maintenon, avait alors vingt ans. Dès son enfance on le tenait pour « un prodige d'esprit » (voyez les *Lettres de Mme de Sévigné*, tome IV, p. 549, et tome V, p. 10 et 11), et aussi pour un prodige d'instruction : en 1678 Mme de Maintenon et l'abbé le Ragois avaient fait paraître un recueil de ses lettres et de ses thèmes sous ce titre : *OEuvres diverses d'un auteur de sept ans*. — Le nom de Vendôme était alors porté par le duc Louis-Joseph de Vendôme et par le grand prieur Philippe de Vendôme, qui vivaient l'un et l'autre au milieu d'un cercle de beaux esprits.

1. Voyez le *Lexique*.
2. VAR. (édit. 1 et certains exemplaires de 2) : si le même esprit qui fait faire de si grands progrès dans des sciences raisonnables ; (édit. 3 et les autres exemplaires de 2) : si le même esprit.... dans les sciences raisonnables ; (édit. 4) : si ce même esprit.... dans des sciences raisonnables.

qui fait bien penser, bien juger, bien parler et bien écrire, ne pourroit point encore servir à être poli.

Il faut très-peu de fonds pour la politesse dans les manières ; il en faut beaucoup pour celle de l'esprit.

19. « Il est savant, dit un politique, il est donc incapable d'affaires ; je ne lui confierois l'état de ma garde-robe; » et il a raison. OSSAT, XIMENÈS, RICHELIEU[1] étoient savants : étoient-ils habiles? ont-ils passé pour de bons ministres ? « Il sait le grec, continue l'homme d'État, c'est un grimaud, c'est un philosophe. » Et en effet, une fruitière à Athènes, selon les apparences, parloit grec, et par cette raison étoit philosophe. Les BIGNONS[2], les LAMOIGNONS[3] étoient de purs grimauds : qui en peut dou-

1. Avant de devenir diplomate et homme d'État, le cardinal d'Ossat (1536-1604) avait enseigné la rhétorique et la philosophie dans l'Université de Paris. — Le cardinal Ximenès (1437-1517) prit part à une édition des *OEuvres d'Aristote* et à diverses autres publications, créa plusieurs établissements scientifiques, parmi lesquels la célèbre Université d'Alcala, et fit publier à ses frais la *Bible polyglotte* qui fut préparée dans cette université. — Richelieu, fondateur de l'Académie française, a composé, comme l'on sait, avant d'être ministre, des ouvrages de théologie, et plus tard plusieurs tragédies.

2. Le plus célèbre et le plus savant des « Bignons » était Jérôme Bignon, magistrat, et grand maître de la bibliothèque du Roi, mort en 1656. Son père, l'avocat Roland Bignon, mort au commencement du dix-septième siècle, son fils Jérôme Bignon, conseiller d'État, puis avocat général au Parlement et maître de la librairie du Roi, et son petit-fils l'abbé Jean-Paul Bignon, qui devait devenir plus tard bibliothécaire du Roi et membre des deux académies, étaient aussi des savants. L'avocat général Jérôme Bignon, qui avait donné sa démission de maître de la librairie en 1683, vivait encore; son fils n'avait que vingt-huit ans.

3. Guillaume de Lamoignon, premier président au Parlement, mort en 1677, et son fils Chrétien-François de Lamoignon, avocat général, puis président à mortier, amis l'un et l'autre des écrivains de leur temps. Le dernier, qui vécut jusqu'en 1709, est celui qui eut un commerce d'amitié avec Racine et Boileau.

ter? ils savoient le grec. Quelle vision, quel délire au grand, au sage, au judicieux ANTONIN, de dire qu'*alors les peuples seroient heureux, si l'empereur philosophoit, ou si le philosophe ou le grimaud venoit à l'empire*[1]! (ÉD. 5.)

Les langues sont la clef ou l'entrée des sciences, et rien davantage; le mépris des unes tombe sur les autres. Il ne s'agit point si les langues sont anciennes ou nouvelles, mortes ou vivantes, mais si elles sont grossières ou polies, si les livres qu'elles ont formés sont d'un bon ou d'un mauvais goût[2]. Supposons que notre langue pût un jour avoir le sort de la grecque et de la latine, seroit-on pédant, quelques siècles après qu'on ne la parleroit plus, pour lire MOLIÈRE ou LA FONTAINE? (ÉD. 5.)

20. Je nomme *Eurypyle*, et vous dites : « C'est un bel esprit. » Vous dites aussi de celui qui travaille une poutre : « Il est charpentier; » et de celui qui refait un mur : « Il est maçon. » Je vous demande quel est l'atelier où travaille cet homme de métier, ce bel esprit? quelle est son enseigne? à quel habit le reconnoît-on? quels sont ses outils? est-ce le coin? sont-ce le marteau ou l'enclume? où fend-il, où cogne-t-il son ouvrage? où l'expose-t-il en vente? Un ouvrier se pique d'être ouvrier : Eurypyle se pique-t-il d'être bel esprit? S'il est tel, vous me peignez un fat, qui met l'esprit en roture, une âme vile et mécanique, à qui ni ce qui est beau ni ce qui est esprit ne sauroient s'appliquer sérieusement; et s'il est vrai qu'il ne se pique de rien, je vous entends, c'est un homme

---

1. L'auteur de cette pensée est Platon (voyez le VIIe livre de la *République*). L'empereur Marc Aurèle la répétait souvent, et c'est lui que la Bruyère désigne sous le nom d'Antonin.
2. Conférez ci-après la remarque n° 2 du chapitre *de la Mode*, 8e alinéa, et la remarque 71 du chapitre *de quelques Usages*.

sage et qui a de l'esprit¹. Ne dites-vous pas encore du
savantasse : « Il est bel esprit, » et ainsi du mauvais
poëte? Mais vous-même, vous croyez-vous sans aucun
esprit? et si vous en avez, c'est sans doute de celui qui
est beau et convenable : vous voilà donc un bel esprit;
ou s'il s'en faut peu que vous ne preniez ce nom pour une
injure, continuez, j'y consens, de le donner à Eurypyle,
et d'employer cette ironie comme les sots, sans le
moindre discernement, ou comme les ignorants, qu'elle
console d'une certaine culture qui leur manque, et qu'ils
ne voient que dans les autres. (ÉD. 6.)

21. Qu'on ne me parle jamais d'encre, de papier, de
plume, de style, d'imprimeur, d'imprimerie²; qu'on ne
se hasarde plus de me dire : « Vous écrivez si bien,
*Antisthène*³! continuez d'écrire; ne verrons-nous point
de vous un *in-folio?* traitez de toutes les vertus et de
tous les vices dans un ouvrage suivi, méthodique, qui
n'ait point de fin; » ils devroient ajouter : « et nul
cours. » Je renonce à tout ce qui a été, qui est et qui
sera livre. *Bérylle* tombe en syncope à la vue d'un chat,
et moi à la vue d'un livre. Suis-je mieux nourri et plus
lourdement vêtu, suis-je dans ma chambre à l'abri du
nord, ai-je un lit de plumes, après vingt ans entiers qu'on
me débite dans la place? J'ai un grand nom, dites-vous,
et beaucoup de gloire : dites que j'ai beaucoup de vent
qui ne sert à rien. Ai-je un grain de ce métal qui procure
toutes choses? Le vil praticien⁴ grossit son mémoire, se

1. VAR. (édit. 6) : c'est un homme sage et qui a de l'esprit, autrement un homme de mérite, que vous appelez un bel esprit.
2. VAR. (édit. 5) : et d'imprimerie.
3. VAR. (édit. 5) : *Démocrite.*
4. L'Académie (1694) définit ainsi le mot : « Celui qui suit,
qui exerce, qui entend la pratique. Il ne se dit guère que de ceux qui

fait rembourser des frais qu'il n'avance pas, et il a pour gendre un comte ou un magistrat. Un homme *rouge* ou *feuille-morte*[1] devient commis, et bientôt plus riche que son maître ; il le laisse dans la roture, et avec de l'argent il devient noble. B**[2] s'enrichit à montrer dans un cercle des marionnettes ; BB**[3] à vendre en bouteille l'eau de la rivière. Un autre charlatan arrive ici de delà les monts avec une malle ; il n'est pas déchargé que les pensions courent, et il est prêt de retourner d'où il arrive avec des mulets et des fourgons. *Mercure* est *Mercure*, et rien davantage, et l'or ne peut payer ses médiations et ses intrigues : on y ajoute la faveur et les distinctions. Et sans parler que des gains licites, on paye au tuilier sa tuile, et à l'ouvrier son temps et son ouvrage : paye-t-on à un auteur ce qu'il pense et ce qu'il écrit ? et s'il pense très-bien, le paye-t-on très-largement ? Se meuble-t-il, s'anoblit-il à force de penser et d'écrire juste[4] ? Il faut que les hommes soient habillés,

savent la manière d'instruire et de conduire les procès.... *Ce procureur est habile praticien.* »

1. Var. (édit. 5) : Un homme jaune ou feuille morte. — C'est-à-dire un homme de livrée. La Bruyère a déjà parlé des laquais subitement enrichis : voyez tome I, p. 249, n° 15.

2. Benoît, sculpteur de figures de cire, qui tenait rue des Saints-Pères le *Cercle royal* (voyez *les Adresses de Paris ou Livre commode*, 1692, p. 109), et y montrait à prix d'argent une galerie de figures ; ou peut-être encore l'un des Brioché, dont le vrai nom de famille était Datelin, et qui avaient établi à Paris un théâtre de marionnettes.

3. « Barbereau, qui avoit fait fortune en vendant de l'eau de rivière pour des eaux minérales. » (*Clefs.*) — Dans la *Comédie de la Bruyère*, tome I, p. 107, M. Édouard Fournier a en outre rapproché de ce double *B* le nom de Brimbœuf, vendeur d'*eaux de Jouvence*, cité par Pépinocourt dans ses *Réflexions, pensées et bons mots*, 1696, p. 143.

4. Dans la 5e édition, il y a ici deux fautes, dont la première a entraîné la seconde : « de penser à décrire juste. »

qu'ils soient rasés; il faut que retirés dans leurs maisons, ils aient une porte qui ferme bien : est-il nécessaire qu'ils soient instruits? Folie, simplicité, imbécillité, continue Antisthène[1], de mettre l'enseigne d'auteur ou de philosophe! Avoir, s'il se peut, un *office lucratif*, qui rende la vie aimable, qui fasse prêter à ses amis, et donner à ceux qui ne peuvent rendre ; écrire alors par jeu, par oisiveté, et comme *Tityre* siffle ou joue de la flûte; cela ou rien; j'écris à ces conditions, et je cède ainsi à la violence de ceux qui me prennent à la gorge, et me disent : « Vous écrirez. » Ils liront pour titre de mon nouveau livre : DU BEAU, DU BON, DU VRAI, DES IDÉES, DU PREMIER PRINCIPE, *par Antisthène*[2], *vendeur de marée.* (ÉD. 5.)

22. Si les ambassadeurs des princes étrangers[3] étoient des singes instruits à marcher sur leurs pieds de derrière, et à se faire entendre par interprète, nous ne pourrions pas marquer un plus grand étonnement que celui que nous donne[4] la justesse de leurs réponses, et le bon sens qui paroît quelquefois dans leurs discours[5]. La prévention du pays, jointe à l'orgueil de la nation, nous fait oublier que la raison est de tous les climats, et que l'on pense juste partout où il y a des hommes. Nous n'aimerions pas à[6] être traités ainsi de ceux que nous appelons

---

1. VAR. (édit. 5) : continue Démocrite.
2. VAR. (edit. 5) : *par Démocrite.*
3. VAR. (édit. 1-3) : des rois étrangers.
4. *Donne* est ainsi au singulier dans toutes les éditions du dix-septième siècle.
5. Allusion au séjour que des ambassadeurs siamois firent à Paris en 1686, et à la curiosité qu'ils excitèrent. Le *Mercure galant* publia quatre volumes supplémentaires pour mettre le public au courant de tout ce qui les concernait.
6. *A* est omis dans l'édition 3 et dans certains exemplaires de 2.

barbares; et s'il y a en nous quelque barbarie, elle consiste à être épouvantés de voir d'autres peuples raisonner comme nous¹.

Tous les étrangers ne sont pas barbares, et tous nos compatriotes ne sont pas civilisés : de même toute campagne n'est pas agreste² et toute ville n'est pas polie. Il y a dans l'Europe un endroit d'une province maritime d'un grand royaume où le villageois est doux et insinuant, le bourgeois au contraire et le magistrat grossiers³, et dont la rusticité est héréditaire⁴.

Avec un langage si pur, une si grande recherche dans nos habits, des mœurs si cultivées, de si belles lois et un visage blanc, nous sommes barbares pour quelques peuples⁵.

23.

1. Cette pensée, que l'on retrouvera dans les remarques suivantes (n°ˢ 23 et 24), avait été développée par Montaigne dans ses *Essais*, livre I, chapitre xxx, tome I, p. 288, p. 293 et suivantes, et livre II, chapitre xii, tome II, p. 201 et 202.
2. Ce terme s'entend ici métaphoriquement. (*Note de la Bruyère*.)
3. Dans les éditions 9 et 10 : *grossier*, au singulier.
4. Var. (édit. 1-3) : où le villageois est doux et insinuant, le magistrat au contraire grossier, et dont la rusticité peut passer en proverbe. — Cet alinéa, séparé du précédent et rapproché du suivant dans la 1ʳᵉ édition, formait une réflexion distincte dans les éditions 2, 3, 4 et 5. Il a été réuni dans la 6ᵉ édition à l'alinéa qui précède.
5. On peut rapprocher de cette remarque une réflexion que nous avons vue plus haut, la 71ᵉ du chapitre *des Biens de fortune*, tome I, p. 267. — « .... Il n'est pas nécessaire, avait dit Malebranche, de passer deux fois la ligne pour voir observer religieusement des lois et des coutumes déraisonnables, ou pour trouver des gens qui suivent des modes incommodes et bizarres : il ne faut pas sortir de la France pour cela.... En vérité, ajoute-t-il en opposant certaine méthode d'Éthiopie aux modes de France, je ne sais si les François ont tout à fait droit de se moquer des Éthiopiens et des sauvages. » (*De la Recherche de la vérité*, livre II, 3ᵉ partie, chapitre ii, tome I, p. 297 et 298.)

24. Si nous entendions dire des Orientaux qu'ils boivent ordinairement d'une liqueur qui leur monte à la tête, leur fait perdre la raison et les fait vomir, nous dirions : « Cela est bien barbare. »

25. Ce prélat se montre peu à la cour, il n'est de nul commerce, on ne le voit point avec des femmes; il ne joue ni à grande ni à petite prime[1], il n'assiste ni aux fêtes ni aux spectacles, il n'est point homme de cabale, et il n'a point l'esprit d'intrigue; toujours dans son évêché, où il fait une résidence continuelle, il ne songe qu'à instruire son peuple par la parole et à l'édifier par son exemple; il consume son bien en des aumônes, et son corps par la pénitence; il n'a que l'esprit de régularité, et il est imitateur du zèle et de la piété des Apôtres. Les temps sont changés, et il est menacé sous ce règne d'un titre plus éminent.

26. Ne pourroit-on point faire comprendre aux personnes d'un certain caractère et d'une profession sérieuse, pour ne rien dire de plus, qu'ils ne sont point obligés à faire dire d'eux qu'ils jouent, qu'ils chantent, et qu'ils badinent comme les autres hommes; et qu'à les voir si plaisants et si agréables, on ne croiroit point qu'ils fussent d'ailleurs si réguliers et si sévères? Oseroit-on même leur insinuer qu'ils s'éloignent par de telles manières de la politesse dont ils se piquent; qu'elle assortit, au contraire, et conforme les dehors aux conditions, qu'elle évite le contraste, et de montrer le même homme sous

---

1. « *Prime*, sorte de jeu où l'on donne quatre cartes, autrefois fort en vogue. Avoir *prime*, c'est avoir ses quatre cartes de différentes couleurs.... Il y a la grande et la petite *prime*. La grande est celle qui est composée de plus de trente points. » (*Dictionnaire de Trévoux*, 1771.)

des figures différentes[1] et qui font de lui un composé bizarre ou un grotesque? (ÉD. 4.)

27. Il ne faut pas juger des hommes comme d'un tableau ou d'une figure, sur une seule et première vue : il y a un intérieur et un cœur qu'il faut approfondir. Le voile de la modestie couvre le mérite, et le masque de l'hypocrisie cache la malignité. Il n'y a qu'un très-petit nombre de connoisseurs qui discerne, et qui soit en droit de prononcer; ce n'est que peu à peu[2], et forcés même par le temps et les occasions, que la vertu parfaite et le vice[3] consommé viennent enfin à se déclarer. (ÉD. 4.)

FRAGMENT.

28. .... Il disoit que l'esprit dans cette belle personne étoit un diamant bien mis en œuvre, et continuant de parler d'elle : « C'est, ajoutoit-il, comme une nuance de raison et d'agrément qui occupe les yeux et le cœur de ceux qui lui parlent; on ne sait si on l'aime ou si on l'admire; il y a en elle de quoi faire une parfaite amie, il y a aussi de quoi vous mener plus loin que l'amitié. Trop jeune et trop fleurie pour ne pas plaire, mais trop modeste pour songer à plaire, elle ne tient compte aux hommes que de leur mérite, et ne croit avoir que des amis. Pleine de vivacités et capable de sentiments, elle surprend et elle intéresse; et sans rien ignorer de ce qui peut entrer de plus délicat et de plus fin dans les conversations, elle a encore ces saillies heureuses qui entre autres plaisirs qu'elles font, dispensent toujours de la

1. VAR. (édit. 4-7) : sous des figures si différentes.
2. VAR. (édit. 4-7) : et ce n'est que peu à peu.
3. VAR. (édit. 4-7) : que la vertu parfaite ou le vice, etc.

réplique. Elle vous parle comme celle qui n'est pas savante, qui doute et qui cherche à s'éclaircir ; et elle vous écoute comme celle qui sait beaucoup, qui connoît le prix de ce que vous lui dites, et auprès de qui vous ne perdez rien de ce qui vous échappe. Loin de s'appliquer à vous contredire avec esprit, et d'imiter *Elvire*, qui aime mieux passer pour une femme vive que marquer du bon sens et de la justesse, elle s'approprie vos sentiments, elle les croit siens, elle les étend[1], elle les embellit : vous êtes content de vous d'avoir pensé si bien, et d'avoir mieux dit encore que vous n'aviez cru. Elle est toujours au-dessus de la vanité, soit qu'elle parle, soit qu'elle écrive : elle oublie les traits où il faut des raisons ; elle a déjà compris que la simplicité est éloquente[2]. S'il s'agit de servir quelqu'un et de vous jeter dans les mêmes intérêts, laissant à Elvire les jolis discours et les belles-lettres, qu'elle met à tous usages, *Arténice* n'emploie auprès de vous que la sincérité, l'ardeur, l'empressement et la persuasion. Ce qui domine en elle, c'est le plaisir de la lecture, avec le goût des personnes de nom et de réputation, moins pour en être connue que pour les connoître. On peut la louer d'avance de toute la sagesse qu'elle aura un jour, et de tout le mérite qu'elle se prépare par les années, puisque avec une bonne conduite elle a de meilleures intentions, des principes sûrs, utiles à celles qui sont comme elle exposées aux soins et à la flatterie ; et qu'étant assez particulière[3] sans pourtant être farouche,

1. *Elle les entend*, leçon de la 9ᵉ édition, est évidemment une faute d'impression.
2. Dans la 9ᵉ édition : *éloquence*, ce qui très-probablement est encore une faute.
3. « On dit qu'un homme est *particulier*, lorsqu'il fuit le commerce et la fréquentation des autres hommes, qu'il n'aime pas à visiter et à être visité. » (*Dictionnaire de Furetière*, 1690.)

ayant même un peu de penchant pour la retraite, il ne lui sauroit peut-être manquer que les occasions, ou ce qu'on appelle un grand théâtre, pour y faire briller toutes ses vertus. » (ÉD. 8.)

Une belle femme est aimable dans son naturel; elle ne perd rien à être négligée, et sans autre parure que celle qu'elle tire de sa beauté et de sa jeunesse. Une grâce naïve éclate sur son visage, anime ses moindres actions : il y auroit moins de péril à la voir avec tout l'attirail de l'ajustement et de la mode. De même un homme de bien est respectable par lui-même, et indépendamment de tous les dehors dont il voudroit s'aider pour rendre sa personne plus grave et sa vertu plus spécieuse. Un air réformé, une modestie outrée, la singularité de l'habit, une ample calotte, n'ajoutent rien à la probité, ne relèvent pas le mérite; ils le fardent, et font peut-être qu'il est moins pur et moins ingénu[1]. (ÉD. 5.)

Une gravité trop étudiée devient comique; ce sont comme des extrémités qui se touchent et dont le milieu est dignité; cela ne s'appelle pas être grave, mais en jouer le personnage; celui qui songe à le devenir ne le sera jamais : ou la gravité n'est point, ou elle est naturelle; et il est moins difficile d'en descendre que d'y monter. (ÉD. 6.)

Un homme de talent et de réputation, s'il est chagrin et austère, il effarouche les jeunes gens, les fait penser mal de la vertu, et la leur rend suspecte d'une trop grande réforme et d'une pratique trop ennuyeuse. S'il

---

1. « .... Il me semble, dit Montaigne (voyez ci-dessus, p. 76, note 1), que toutes façons escartees et particulieres partent plustost de folie ou d'affectation ambitieuse que de vraye raison. »

est au contraire d'un bon commerce, il leur est une leçon utile ; il leur apprend qu'on peut vivre gaiement et laborieusement, avoir des vues sérieuses sans renoncer aux plaisirs honnêtes ; il leur devient un exemple qu'on peut suivre. (ÉD. 6.)

31. La physionomie n'est pas une règle qui nous soit donnée pour juger des hommes : elle nous peut[1] servir de conjecture. (ÉD. 4.)

32. L'air spirituel est dans les hommes ce que la régularité des traits est dans les femmes : c'est le genre de beauté où les plus vains puissent aspirer. (ÉD. 4.)

33. Un homme qui a beaucoup de mérite et d'esprit, et qui est connu pour tel, n'est pas laid, même avec des traits qui sont difformes ; ou s'il a de la laideur, elle ne fait pas[2] son impression. (ÉD. 4.)

34. Combien d'art pour rentrer dans la nature ! combien de temps, de règles, d'attention et de travail pour danser avec la même liberté et la même grâce que l'on sait marcher ; pour chanter comme on parle ; parler et s'exprimer comme l'on pense ; jeter autant de force, de vivacité, de passion et de persuasion dans un discours étudié et que l'on prononce dans le public, qu'on en a quelquefois naturellement et sans préparation dans les entretiens les plus familiers ! (ÉD. 7.)

35. Ceux qui, sans nous connoître assez, pensent mal de nous, ne nous font pas de tort : ce n'est pas nous qu'ils attaquent, c'est le fantôme de leur imagination.

1. VAR. (édit. 4-6) : elle peut nous, etc.
2. VAR. (édit. 4) : elle ne fait point.

Il y a de petites règles, des devoirs, des bienséances 36.
attachées¹ aux lieux, aux temps, aux personnes, qui ne se
devinent point à force d'esprit, et que l'usage apprend
sans nulle peine : juger des hommes par les fautes qui
leur échappent en ce genre avant qu'ils soient assez
instruits, c'est en juger par leurs ongles ou par la pointe
de leurs cheveux; c'est vouloir un jour être détrompé.

Je ne sais s'il est permis de juger des hommes par une 37.
faute qui est unique, et si un besoin extrême, ou une
violente passion, ou un premier mouvement tirent à
conséquence. (ÉD. 6.)

Le contraire des bruits qui courent des affaires ou des 38.
personnes est souvent la vérité. (ÉD. 4.)

Sans une grande roideur et une continuelle attention 39.
à toutes ses paroles, on est exposé à dire en moins d'une
heure le oui et le non sur une même chose ou sur une
même personne, déterminé seulement par un esprit de
société et de commerce qui entraîne naturellement à ne
pas contredire celui-ci et celui-là qui en parlent différemment. (ÉD. 4.)

Un homme partial est exposé à de petites mortifica- 40.
tions ; car comme il est également impossible que ceux
qu'il favorise soient toujours heureux ou sages, et que
ceux contre qui il se déclare soient toujours en faute ou
malheureux, il naît de là qu'il lui arrive souvent de
perdre contenance dans le public, ou par le mauvais
succès de ses amis, ou par une nouvelle gloire qu'acquiè-
rent ceux qu'il n'aime point. (ÉD. 8.)

1. Ce participe s'accorde ainsi avec le dernier substantif : « bienséances, » dans les éditions du dix-septième siècle.

41. Un homme sujet à se laisser prévenir, s'il ose remplir une dignité ou séculière ou ecclésiastique, est un aveugle qui veut peindre, un muet qui s'est chargé d'une harangue, un sourd qui juge d'une symphonie : foibles images, et qui n'expriment qu'imparfaitement la misère de la prévention. Il faut ajouter qu'elle est un mal désespéré, incurable, qui infecte tous ceux qui s'approchent du malade, qui fait déserter les égaux, les inférieurs, les parents, les amis, jusqu'aux médecins : ils sont bien éloignés de le guérir, s'ils ne peuvent[1] le faire convenir de sa maladie, ni des remèdes, qui seroient d'écouter, de douter, de s'informer et de s'éclaircir. Les flatteurs, les fourbes, les calomniateurs, ceux qui ne délient leur langue que pour le mensonge et l'intérêt, sont les charlatans en qui il se confie, et qui lui font avaler tout ce qui leur plaît : ce sont eux aussi qui l'empoisonnent et qui le tuent. (ÉD. 4.)

42. La règle de DESCARTES, qui ne veut pas qu'on décide sur les moindres vérités avant qu'elles soient connues clairement et distinctement[2], est assez belle et assez juste pour devoir s'étendre au jugement que l'on fait des personnes.

43. Rien ne nous venge mieux des mauvais jugements que les hommes font de notre esprit, de nos mœurs et de nos

1. VAR. (édit. 4-6) : s'ils ne peuvent même, etc.
2. Le premier des quatre préceptes que j'avais pris la résolution d'observer, nous dit Descartes, « étoit de ne recevoir jamais aucune chose pour vraie que je ne la connusse évidemment être telle, c'est-à-dire d'éviter soigneusement la précipitation et la prévention, et de ne comprendre rien de plus en mes jugements que ce qui se présenteroit si clairement et si distinctement à mon esprit, que je n'eusse aucune occasion de le mettre en doute. (*Discours de la Méthode*, 2ᵉ partie.)

manières[1], que l'indignité et le mauvais caractère de ceux qu'ils approuvent.

Du même fond[2] dont on néglige un homme de mérite, l'on sait encore admirer un sot.

44. Un sot est celui qui n'a pas même ce qu'il faut d'esprit pour être fat.

45. Un fat est celui que les sots croient un homme de mérite[3].

46. L'impertinent est un fat outré. Le fat lasse, ennuie, dégoûte, rebute; l'impertinent rebute, aigrit, irrite, offense : il commence où l'autre finit. (ÉD. 4.)

Le fat est entre l'impertinent et le sot : il est composé de l'un et de l'autre[4]. (ÉD. 4.)

47. Les vices partent d'une dépravation du cœur[5]; les défauts, d'un vice de tempérament; le ridicule, d'un défaut d'esprit. (ÉD. 7.)

L'homme ridicule est celui qui tant qu'il demeure tel, a les apparences du sot. (ÉD. 4.)

Le sot ne se tire jamais du ridicule, c'est son caractère; l'on y entre quelquefois avec de l'esprit, mais l'on en sort. (ÉD. 4.)

Une erreur de fait jette un homme sage dans le ridicule. (ÉD. 7.)

---

1. VAR. (édit. 1-3) : que les hommes font de notre esprit et de nos manières.
2. Ce mot est écrit ainsi sans *s* dans les éditions du dix-septième siècle.
3. Cet alinéa n'a été séparé du précédent, pour former une remarque distincte, qu'à la 4ᵉ édition.
4. Cet alinéa n'a été rapproché du précédent qu'à la 7ᵉ édition.
5. VAR. (édit. 7) : d'une dépravation de cœur.

La sottise est dans le sot, la fatuité dans le fat, et l'impertinence dans l'impertinent : il semble que le ridicule réside tantôt dans celui qui en effet est ridicule[1], et tantôt dans l'imagination de ceux qui croient voir le ridicule où il n'est point et ne peut être[2]. (ÉD. 4.)

48. La grossièreté, la rusticité, la brutalité peuvent être les vices d'un homme d'esprit. (ÉD. 4.)

49. Le stupide est un sot qui ne parle point, en cela plus supportable[3] que le sot qui parle. (ÉD. 4.)

50. La même chose souvent est, dans la bouche d'un homme d'esprit, une naïveté ou un bon mot, et dans celle d'un sot[4], une sottise. (ÉD. 8.)

51. Si le fat pouvoit craindre de mal parler, il sortiroit de son caractère. (ÉD. 4.)

52. L'une des marques de la médiocrité de l'esprit est de toujours conter. (ÉD. 4.)

53. Le sot est embarrassé de sa personne; le fat a l'air libre et assuré; l'impertinent passe à l'effronterie : le mérite a de la pudeur. (ÉD. 4.)

54. Le suffisant est celui en qui la pratique de certains détails que l'on honore du nom d'affaires se trouve jointe à une très-grande médiocrité d'esprit. (ÉD. 8.)

1. VAR. (édit. 6) : qui est en effet ridicule.
2. Les trois alinéas de cette remarque qui datent de la 4ᵉ édition formaient dans les éditions 4, 5 et 6 trois remarques distinctes.
3. Dans la 7ᵉ édition : *insupportable*, faute évidente.
4. VAR. (édit. 8) : du sot.

DES JUGEMENTS.

Un grain d'esprit et une once d'affaires plus qu'il n'en entre dans la composition du suffisant, font l'important. (ÉD. 8.)

Pendant qu'on ne fait que rire de l'important, il n'a pas un autre nom; dès qu'on s'en plaint, c'est l'arrogant. (ÉD. 8.)

L'honnête homme[1] tient le milieu entre l'habile homme 55. et l'homme de bien, quoique dans une distance inégale de ses deux extrêmes[2]. (ÉD. 7.)

La distance qu'il y a de l'honnête homme à l'habile homme s'affoiblit de jour à autre, et est sur le point de disparoître. (ÉD. 7.)

---

1. « Je ne puis plus souffrir qu'on dise qu'un tel est *honnête homme*, et que l'un conçoive sous ce terme une chose, et l'autre une autre, » écrivait Corbinelli à Bussy le 27 février 1679, en lui demandant la définition du galant homme, de l'homme de bien, de l'homme d'honneur, et de l'honnête homme. Bussy répondit le 6 mars 1679 : « L'*honnête homme* est un homme poli et qui sait vivre; l'*homme de bien* regarde la religion ; le *galant homme* est une qualité particulière qui regarde la franchise et la générosité ; l'*homme d'honneur* est un homme de parole, et cela regarde la probité.... » (*Lettres de Mme de Sévigné*, tome V, p. 525 et 529.) — La définition de Bussy exprime assez bien ce que l'on entendait généralement au dix-septième siècle par un « honnête homme » : les « honnêtes gens » étaient les gens bien élevés et d'un esprit cultivé. La Bruyère toutefois, qui s'est plusieurs fois servi des expressions *honnête homme* et *honnêtes gens**, n'a pas toujours tenu compte de la distinction qu'il établit ici entre l'*honnête homme* et l'*homme de bien* : voyez tome I, p. 155, n° 15, et p. 224, n° 20. La Rochefoucauld a de même confondu l'*honnête homme* et l'*homme de bien* dans les *maximes* CCII et CCVI; mais l'acception particulière, et propre au dix-septième siècle, des mots *honnête homme* se retrouve dans les *maximes* CCIII et CCCLIII.

2. Les éditeurs modernes ont imprimé : « *ces* deux extrêmes; » nous rétablissons l'orthographe des éditions du dix-septième siècle.

* Voyez tome I, p. 122, n° 24; p. 155, n° 15; p. 159, n° 25; p. 224, n° 20; p. 299, n° 9; p. 335, n° 94; et p. 355, note 2.

L'habile homme est celui qui cache ses passions, qui entend ses intérêts, qui y sacrifie beaucoup de choses, qui a su acquérir du bien ou en conserver. (ÉD. 7.)

L'honnête homme est celui qui ne vole pas sur les grands chemins, et qui ne tue personne, dont les vices enfin ne sont pas scandaleux. (ÉD. 7.)

On connoît assez qu'un homme de bien est honnête homme; mais il est plaisant d'imaginer que tout honnête homme n'est pas homme de bien. (ÉD. 7.)

L'homme de bien est celui qui n'est ni un saint ni un dévot[1], et qui s'est borné à n'avoir que de la vertu. (ÉD. 7.)

56. Talent, goût, esprit, bon sens, choses différentes, non incompatibles. (ÉD. 4.)

Entre le bon sens et le bon goût il y a la différence de la cause à son effet[2]. (ÉD. 4.)

Entre esprit et talent il y a la proportion du tout à sa partie. (ÉD. 6.)

Appellerai-je homme d'esprit celui qui, borné et renfermé dans quelque art, ou même dans une certaine science qu'il exerce dans une grande perfection, ne montre hors de là ni jugement, ni mémoire, ni vivacité, ni mœurs, ni conduite; qui ne m'entend pas, qui ne pense point, qui s'énonce mal; un musicien par exemple, qui après m'avoir comme enchanté par ses accords, semble s'être remis avec son luth dans un même étui, ou n'être plus sans cet instrument qu'une machine démontée, à qui il manque quelque chose, et dont il n'est plus permis[3] de rien attendre? (ÉD. 6.)

---

1. Faux dévot. (*Note de la Bruyère.*)
2. Cet alinéa formait une remarque isolée dans les éditions 4 et 5.
3. VAR. (édit. 9) : et dont il n'est pas permis, etc. — Le sens de

DES JUGEMENTS.

Que dirai-je encore de l'esprit du jeu? pourroit-on me le définir? Ne faut-il ni prévoyance, ni finesse, ni habileté pour jouer l'hombre ou les échecs? et s'il en faut, pourquoi voit-on des imbéciles qui y excellent, et de très-beaux génies qui n'ont pu même atteindre la médiocrité, a qui une pièce ou une carte dans les mains trouble la vue, et fait perdre contenance? (ÉD. 6.)

Il y a dans le monde quelque chose, s'il se peut, de plus incompréhensible. Un homme paroît grossier[1], lourd, stupide[2]; il ne sait pas parler, ni raconter ce qu'il vient de voir : s'il se met à écrire, c'est le modèle des bons contes; il fait parler les animaux, les arbres, les pierres, tout ce qui ne parle point : ce n'est que légèreté, qu'élégance, que beau naturel, et que délicatesse dans ses ouvrages. (ÉD. 6.)

Un autre est simple[3], timide, d'une ennuyeuse conversation; il prend un mot pour un autre, et il ne juge de la bonté de sa pièce que par l'argent qui lui en revient; il ne sait pas la réciter, ni lire son écriture. Laissez-le s'élever par la composition : il n'est pas au-dessous d'AUGUSTE, de POMPÉE, de NICOMÈDE, d'HÉRACLIUS; il est roi, et un grand roi; il est politique, il est philosophe; il entreprend de faire parler des héros, de les faire agir; il peint les Romains; ils sont plus grands et plus Romains dans ses vers que dans leur histoire. (ÉD. 6.)

Voulez-vous quelque autre prodige[4]? Concevez un

---

la phrase paraît indiquer que la meilleure leçon est celle des éditions 6, 7 et 8, et que la substitution du mot *pas* au mot *plus* est une erreur d'impression. Pour éviter la répétition du mot *plus* dans la phrase, la Bruyère en aurait-il altéré le sens par mégarde?

1. Portrait de la Fontaine, qui vivait encore quand parut ce caractère. Voyez l'*Appendice*.
2. Voyez ci-dessus, p. 98, n° 49.
3. Portrait de Corneille, mort depuis six ans.
4. Portrait de Santeul, ami de la Bruyère. Voyez l'*Appendice*.

homme facile, doux, complaisant, traitable, et tout d'un coup violent, colère, fougueux, capricieux. Imaginez-vous un homme simple, ingénu, crédule, badin, volage, un enfant en cheveux gris; mais permettez-lui de se recueillir, ou plutôt de se livrer à un génie qui agit en lui, j'ose dire, sans qu'il y prenne part et comme à son insu : quelle verve! quelle élévation! quelles images! quelle latinité! — Parlez-vous d'une même personne? me direz-vous. — Oui, du même, de *Théodas*, et de lui seul. Il crie, il s'agite, il se roule à terre, il se relève, il tonne, il éclate; et du milieu de cette tempête il sort une lumière qui brille et qui réjouit. Disons-le sans figure : il parle comme un fou, et pense comme un homme sage ; il dit ridiculement des choses vraies, et follement des choses sensées et raisonnables; on est surpris de voir naître et éclore le bon sens du sein de la bouffonnerie, parmi les grimaces et les contorsions. Qu'ajouterai-je davantage? Il dit et il fait mieux qu'il ne sait ; ce sont en lui comme deux âmes qui ne se connoissent point, qui ne dépendent point l'une de l'autre, qui ont chacune leur tour, ou leurs fonctions toutes séparées [1]. Il manqueroit un trait à cette

---

1. Ménage rapprochait de cette phrase un passage de Cervantès : « Dans *Don Quichotte*, quand le Duc voit le héros du roman raisonner si sagement de tout où il n'est pas question de chevalerie, et si ridicule d'ailleurs partout où il s'agit de fées, d'enchanteurs et d'Amadis, il dit de même qu'il y a deux âmes dans don Quichotte, dont la nature et les fonctions sont différentes. » (*Ménagiana*, tome III, p. 381 et 382.) — « Cette variation et contradiction qui se veoid en nous, si souple, avait dit Montaigne dans le chapitre intitulé : *de l'Inconstance de nos actions* (livre II, chapitre 1, tome I, p. 7), a faict que aulcuns nous songent deux ames, d'aultres deux puissances, qui nous accompaignent et agitent chascune à sa mode, vers le bien l'une, l'aultre vers le mal, une si brusque diuersité ne se pouuant bien assortir à un subiect simple. » — Citons enfin Pascal, parlant, il est vrai, non plus des variations, mais des grandeurs et des misères de l'homme : « Cette duplicité de l'homme est si visible, qu'il y en

peinture si surprenante, si j'oubliois de dire qu'il est tout
à la fois avide et insatiable de louanges, prêt de se jeter
aux yeux de ses critiques, et dans le fond assez docile
pour profiter de leur censure. Je commence à me persuader moi-même que j'ai fait le portrait de deux personnages tout différents[1]. Il ne seroit pas même impossible d'en trouver un troisième dans Théodas; car il est
bon homme, il est plaisant homme, et il est excellent
homme. (ÉD. 6.)

57. Après l'esprit de discernement, ce qu'il y a au monde
de plus rare, ce sont les diamants et les perles.

58. Tel, connu dans le monde par de grands talents, ho-
noré et chéri partout où il se trouve, est petit dans son
domestique et aux yeux de ses proches, qu'il n'a pu réduire à l'estimer; tel autre, au contraire, prophète dans
son pays, jouit d'une vogue qu'il a parmi les siens et qui
est resserrée dans l'enceinte de sa maison, s'applaudit
d'un mérite rare et singulier, qui lui est accordé par
sa famille dont il est l'idole, mais qu'il laisse chez soi
toutes les fois qu'il sort, et qu'il ne porte nulle part.

59. Tout le monde s'élève contre un homme qui entre en
réputation[2] : à peine ceux qu'il croit ses amis lui pardon-

a qui ont pensé que nous avions deux âmes, un sujet simple leur
paroissant incapable de telles et si soudaines variétés, d'une présomption démesurée à un horrible abattement de cœur. » (*Pensées*,
article XII, 3.)

1. « Il n'y a point d'homme plus différent d'un autre que de soi-
même dans les divers temps. » (Pascal, *de l'Esprit géométrique*,
tome II, p. 300.) — « On est quelquefois aussi différent de soi-même
que des autres. » (*La Rochefoucauld*, n° CXXXV.)

2.   Sitôt que d'Apollon un génie inspiré
     Trouve loin du vulgaire un chemin ignoré,

nent-ils un mérite naissant, et une première vogue qui semble l'associer à la gloire dont ils sont déjà en possession ; l'on ne se rend qu'à l'extrémité, et après que le Prince s'est déclaré par les récompenses : tous alors se rapprochent de lui, et de ce jour-là seulement il prend son rang d'homme de mérite.

60. Nous affectons souvent de louer avec exagération des hommes assez médiocres, et de les élever, s'il se pouvoit, jusqu'à la hauteur de ceux qui excellent, ou parce que nous sommes las d'admirer toujours les mêmes personnes, ou parce que leur gloire, ainsi partagée, offense moins notre vue, et nous devient plus douce et plus supportable[1]. (ÉD. 8.)

61. L'on voit des hommes que le vent de la faveur pousse d'abord à pleines voiles ; ils perdent en un moment la terre de vue, et font leur route : tout leur rit, tout leur succède[2] ; action, ouvrage, tout est comblé d'éloges et de récompenses ; ils ne se montrent que pour être embrassés et félicités. Il y a un rocher immobile qui s'élève sur une côte ; les flots se brisent au pied ; la puissance, les richesses, la violence, la flatterie, l'autorité, la faveur, tous les vents ne l'ébranlent pas : c'est le public, où ces gens échouent. (ÉD. 7.)

> En cent lieux contre lui les cabales s'amassent,
> Ses rivaux obscurcis autour de lui croassent ;
> Et son trop de lumière, importunant les yeux,
> De ses propres amis lui fait des envieux.
> (Boileau, *épître* VII, *à Racine*, vers 9-14.)

1. « Nous élevons la gloire des uns pour abaisser celle des autres ; et quelquefois on loueroit Monsieur le Prince et M. de Turenne, si on ne les vouloit point blâmer tous deux. » (*La Rochefoucauld*, n° CXCVIII.)

2. Tout leur réussit.

DES JUGEMENTS.

62. Il est ordinaire et comme naturel de juger du travail d'autrui seulement par rapport à celui qui nous occupe. Ainsi le poëte, rempli de grandes et sublimes idées, estime peu le discours de l'orateur, qui ne s'exerce souvent que sur de simples faits ; et celui qui écrit l'histoire de son pays ne peut comprendre qu'un esprit raisonnable emploie sa vie à imaginer des fictions et à trouver une rime ; de même le bachelier[1] plongé dans les quatre premiers siècles, traite toute autre doctrine de science triste, vaine et inutile, pendant qu'il est peut-être méprisé du géomètre.

63. Tel a assez d'esprit pour exceller dans une certaine matière et en faire des leçons, qui en manque pour voir qu'il doit se taire sur quelque autre dont il n'a qu'une foible connoissance : il sort hardiment des limites de son génie, mais il s'égare, et fait que l'homme illustre parle comme un sot. (ÉD. 4.)

64. *Hérille*, soit qu'il parle, qu'il harangue ou qu'il écrive, veut citer : il fait dire au *Prince des philosophes* que le vin enivre, et à l'*Orateur romain* que l'eau le tempère. S'il se jette dans la morale, ce n'est pas lui, c'est le *divin Platon*[2] qui assure que la vertu est aimable, le vice

---

1. Il y avait au dix-septième siècle des bacheliers en théologie, en droit canon, en droit civil, en médecine. On peut entendre ici le mot soit du bachelier en droit canon, soit du bachelier en théologie, plongés, l'un dans l'étude des anciens canons, l'autre dans celle de l'histoire ecclésiastique des premiers siècles. Il est probable au reste que la Bruyère ne s'attache point au sens particulier du terme, et qu'il dit *bachelier*, comme il aurait pu dire *docteur*, pour désigner simplement un homme occupé d'études toutes spéciales.

2. Les mots : *Prince des philosophes, Orateur romain, divin Platon*, imprimés en italique dans les éditions 5, 6 et 7, ont cessé de l'être à la 8e. Comme il est vraisemblable que la substitution des lettres romaines aux lettres italiques dans les réimpressions des *Caractères* est

odieux, ou que l'un et l'autre se tournent en habitude. Les choses les plus communes, les plus triviales, et qu'il est même capable de penser, il veut les devoir aux anciens, aux Latins, aux Grecs; ce n'est ni pour donner plus d'autorité à ce qu'il dit, ni peut-être pour se faire honneur de ce qu'il sait : il veut citer. (ÉD. 5.)

65. C'est souvent hasarder un bon mot et vouloir le perdre que de le donner pour sien : il n'est pas relevé, il tombe

souvent le fait de l'imprimeur (voyez tome I, p. 103 et 104, la *Notice des Caractères*), et qu'ici les italiques sont nécessaires pour qu'il n'y ait aucun doute sur le sens ironique du passage, nous les rétablissons par exception. Beaucoup de prédicateurs, d'avocats et d'écrivains ne désignaient Aristote et Cicéron que par ces deux antonomases: le *Prince des philosophes* et l'*Orateur romain;* Platon était presque toujours le *divin Platon*. Il arrivait à la Bruyère lui-même d'écrire : l'*Orateur romain :* voyez tome I, p. 116, n° 9. C'est peut-être avec une intention plaisante que Pascal dans sa IV° *Provinciale* (1656), et Malebranche dans le III° chapitre du IV° livre *de la Recherche de la vérité* (1675), s'étaient servis de la première de ces façons de parler : le *Prince des philosophes*. Bouhours, de son côté, l'avait condamnée comme donnant une traduction inexacte du latin *princeps;* mais revenant presque immédiatement sur sa critique, il s'était empressé de reconnaître que l'usage avait consacré l'expression, toute vicieuse qu'elle fût : voyez les *Doutes sur la langue françoise proposés à l'Académie françoise par un gentilhomme de la province* (1674, p. 107 et 108), et les *Remarques nouvelles sur la langue françoise* (même année, édition de 1676, p. 136 et 137). — On retrouve au surplus dans Malebranche la réflexion de la Bruyère : « Il est, ce me semble, évident qu'il n'y a que la fausse érudition et l'esprit de polymathie qui ait pu rendre les citations à la mode comme elles ont été jusqu'ici, et comme elles sont encore maintenant chez quelques savants. Car il n'est pas fort difficile de trouver des auteurs qui citent à tous moments de grands passages sans aucune raison de citer.... Il est contraire au sens commun d'apporter un grand passage grec pour prouver que l'air est transparent, parce que c'est une chose connue à tout le monde; de se servir de l'autorité d'Aristote pour nous faire croire qu'il y a des intelligences qui remuent les cieux, parce qu'il est évident qu'Aristote n'en pouvoit rien savoir.... » (*De la Recherche de la vérité*, livre IV, chapitre VIII, tome II, p. 66 et 67.)

avec des gens d'esprit ou qui se croient tels, qui ne l'ont pas dit, et qui devoient le dire. C'est au contraire le faire valoir que de le rapporter comme d'un autre : ce n'est qu'un fait, et qu'on ne se croit pas obligé de savoir ; il est dit avec plus d'insinuation et reçu avec moins de jalousie ; personne n'en souffre [1] : on rit s'il faut rire, et s'il faut admirer, on admire. (ÉD. 5.)

On a dit de SOCRATE qu'il étoit en délire, et que c'étoit 66. *un fou tout plein d'esprit* [2] ; mais ceux des Grecs qui parloient ainsi d'un homme si sage passoient pour fous. Ils disoient : « Quels bizarres portraits nous fait ce philosophe ! quelles mœurs étranges et particulières ne décrit-il point ! où a-t-il rêvé, creusé, rassemblé des idées si extraordinaires ? quelles couleurs ! quel pinceau ! ce

---

1. VAR. (édit. 5-7) : personne ne souffre.
2. *Et que c'étoit un fou tout plein d'esprit :* nous rétablissons ici, comme nous l'avons déjà fait ci-dessus (p. 105, n° 64), les lettres italiques supprimées à la 8ᵉ édition. Ce désobligeant compliment : « vous êtes un fou tout plein d'esprit », avait sans doute été adressé plus d'une fois à la Bruyère : voyez ci-après, dans la correspondance de la Bruyère, les lettres de Jérôme de Pontchartrain, datées de 1694, où la « folie » de l'auteur des *Caractères* semble un sujet de plaisanterie habituel. C'est lui-même, et non Socrate, que l'auteur défend ici contre les attaques des critiques ; la Bruyère en fait presque l'aveu dans une lettre à Ménage, qui avait vu dans cette phrase une inexactitude historique : « Pour ce qui regarde Socrate, dit la Bruyère, je n'ai trouvé nulle part qu'on ait dit de lui en propres termes que c'étoit *un fou tout plein d'esprit :* façon de parler à mon avis impertinente et pourtant en usage, que j'ai essayé de décréditer en la faisant servir pour Socrate, comme l'on s'en sert aujourd'hui pour diffamer les personnes les plus sages, mais qui s'élevant au-dessus d'une morale basse et sévère qui règne depuis si longtemps, se distinguent dans leurs ouvrages par la hardiesse et la vivacité de leurs traits et par la beauté de leur imagination. Ainsi Socrate ici n'est pas Socrate ; c'est un nom qui en cache un autre.... » Voyez ci-après la lettre entière ; elle est le commentaire de cette remarque.

sont des chimères. » Ils se trompoient : c'étoient des monstres, c'étoient des vices, mais peints au naturel ; on croyoit les voir, ils faisoient peur. Socrate s'éloignoit du cynique ; il épargnoit les personnes, et blâmoit les mœurs qui étoient mauvaises. (ÉD. 4.)

67. Celui qui est riche par son savoir-faire connoît un philosophe, ses préceptes, sa morale et sa conduite, et n'imaginant pas dans tous les hommes une autre fin de toutes leurs actions que celle qu'il s'est proposée lui-même toute sa vie, dit en son cœur : « Je le plains, je le tiens échoué, ce rigide censeur ; il s'égare, et il est hors de route[1] ; ce n'est pas ainsi que l'on prend le vent et que l'on arrive au délicieux port de la fortune ; » et selon ses principes il raisonne juste. (ÉD. 4.)

« Je pardonne, dit *Antisthius*[2], à ceux que j'ai loués dans mon ouvrage s'ils m'oublient : qu'ai-je fait pour eux ? ils étoient louables. Je le pardonnerois moins à tous ceux dont j'ai attaqué les vices sans toucher à leurs personnes, s'ils me devoient un aussi grand bien que celui d'être corrigés ; mais comme c'est un événement qu'on ne voit point, il suit de là que ni les uns ni les autres ne sont tenus de me faire du bien. (ÉD. 4.)

« L'on peut, ajoute ce philosophe, envier ou refuser à mes écrits leur récompense : on ne sauroit en diminuer la réputation ; et si on le fait, qui m'empêchera de le[3] mépriser ? » (ÉD. 5.)

68. Il est bon d'être philosophe, il n'est guère utile de passer pour tel. Il n'est pas permis de traiter quelqu'un

1. VAR. (édit. 4) : il s'égare et est hors de route.
2. VAR. (édit. 4 et 5) : *Antisthène*.
3. Dans la 5ᵉ édition : *la*, par une faute évidente, qu'on s'explique aisément.

de philosophe : ce sera toujours lui dire une injure, jusqu'à ce qu'il ait plu aux hommes d'en ordonner autrement, et en restituant à un si beau nom son idée propre et convenable, de lui concilier toute l'estime qui lui est due. (éd. 5.)

Il y a une philosophie qui nous élève au-dessus de 69. l'ambition et de la fortune, qui nous égale, que dis-je? qui nous place plus haut que les riches, que les grands et que les puissants; qui nous fait négliger les postes et ceux qui les procurent; qui nous exempte de desirer, de demander, de prier, de solliciter, d'importuner, et qui nous sauve même l'émotion et l'excessive joie d'être exaucés. Il y a une autre philosophie qui nous soumet et nous assujettit à toutes ces choses en faveur de nos proches ou de nos amis : c'est la meilleure. (éd. 6.)

C'est abréger et s'épargner mille discussions, que de 70. penser de certaines gens qu'ils sont incapables de parler juste, et de condamner ce qu'ils disent, ce qu'ils ont dit, et ce qu'ils diront. (éd. 4.)

Nous n'approuvons les autres que par les rapports que 71. nous sentons qu'ils ont avec nous-mêmes; et il semble qu'estimer quelqu'un, c'est l'égaler à soi[1].

Les mêmes défauts qui dans les autres sont lourds 72. et insupportables, sont chez nous comme dans leur centre; ils ne pèsent plus, on ne les sent pas. Tel parle d'un

1. « Il n'y a point d'homme qui se croie, en chacune de ses qualités, au-dessous de l'homme du monde qu'il estime le plus. » (*La Rochefoucauld*, n° CDLII.)

autre et en fait un portrait affreux, qui ne voit pas qu'il se peint lui-même[1]. (ÉD. 4.)

Rien ne nous corrigeroit plus promptement de nos défauts, que si nous étions capables de les avouer et de les reconnoître dans les autres : c'est dans cette juste distance que nous paroissant tels qu'ils sont, ils se feroient haïr autant qu'ils le méritent. (ÉD. 4.)

73. La sage conduite roule sur deux pivots, le passé et l'avenir. Celui qui a la mémoire fidèle et une grande prévoyance est hors du péril de censurer dans les autres ce qu'il a peut-être fait lui-même, ou de condamner une action dans un pareil cas, et dans toutes les circonstances où elle lui sera un jour inévitable. (ÉD. 4.)

74. Le guerrier et le politique, non plus que le joueur habile, ne font pas le hasard, mais ils le préparent, ils l'attirent, et semblent presque le déterminer. Non-seulement ils savent ce que le sot et le poltron ignorent, je veux dire se servir du hasard quand il arrive; ils savent même profiter, par leurs précautions et leurs mesures, d'un tel ou d'un tel hasard, ou de plusieurs tout à la fois. Si ce point arrive, ils gagnent; si c'est cet autre, ils gagnent encore; un même point souvent les fait gagner de plu-

1. « Nos yeulx ne veoyent rien en derriere : cent fois le iour nous nous mocquons de nous sur le subiect de nostre voysin ; et detestons en d'aultres les defaults qui sont en nous plus clairement, et les admirons d'une merueilleuse impudence et inaduertence. Encores hier ie feus à mesme de veoir un homme d'entendement et gentil personnage se mocquant, aussi plaisamment que iustement, de l'inepte façon d'un aultre qui rompt la teste à tout le monde du registre de ses genealogies et alliances, plus de moitié faulses...; et luy, s'il eust reculé sur soy, se feust trouué non gueres moins intemperant et ennuyeux à semer et à faire valoir la prerogatiue de la race de sa femme. » (*Montaigne*, livre III, chapitre VIII, tome III, p. 412 et 413.)

sieurs manières. Ces hommes sages peuvent être loués de leur bonne fortune comme de leur bonne conduite, et le hasard doit être récompensé en eux comme la vertu. (ÉD. 6.)

75. Je ne mets au-dessus d'un grand politique que celui qui néglige de le devenir, et qui se persuade de plus en plus que le monde ne mérite point qu'on s'en occupe. (ÉD. 8.)

76. Il y a dans les meilleurs conseils de quoi déplaire. Ils viennent d'ailleurs que de notre esprit : c'est assez pour être rejetés d'abord par présomption et par humeur, et suivis seulement par nécessité ou par réflexion. (ÉD. 5.)

77. Quel bonheur surprenant a accompagné ce favori pendant tout le cours de sa vie ! quelle autre fortune mieux soutenue, sans interruption, sans la moindre disgrâce ? les premiers postes, l'oreille du Prince, d'immenses trésors, une santé parfaite, et une mort douce. Mais quel étrange compte à rendre d'une vie passée dans la faveur, des conseils que l'on a donnés, de ceux qu'on a négligé de donner ou de suivre, des biens que l'on n'a point faits, des maux au contraire que l'on a faits[1] ou par soi-même ou par les autres ; en un mot, de toute sa prospérité !

78. L'on gagne à mourir d'être loué de ceux qui nous survivent, souvent sans autre mérite que celui de n'être plus : le même éloge sert alors pour *Caton* et pour *Pison*[2]. (ÉD. 4.)

1. Dans toutes les éditions du dix-septième siècle on a imprimé sans accord le participe *fait* de ces deux membres de phrase : « des biens que l'on n'a point fait, des maux.... que l'on a fait. »
2. Le Pison que la Bruyère oppose à Caton doit être Lucius Cal-

« Le bruit court que Pison est mort : c'est une grande perte; c'étoit un homme de bien, et qui méritoit une plus longue vie; il avoit de l'esprit et de l'agrément, de la fermeté et du courage; il étoit sûr, généreux, fidèle. » Ajoutez : « pourvu qu'il soit mort. » (ÉD. 4.)

79. La manière dont on se récrie sur quelques-uns qui se distinguent par la bonne foi, le désintéressement et la probité, n'est pas tant leur éloge que le décréditement du genre humain. (ÉD. 4.)

80. Tel soulage les misérables, qui néglige sa famille et laisse son fils dans l'indigence; un autre élève un nouvel édifice, qui n'a pas encore payé les plombs d'une maison qui est achevée depuis dix années; un troisième fait des présents et des largesses, et ruine ses créanciers. Je demande : la pitié, la libéralité, la magnificence, sont-ce les vertus d'un homme injuste? ou plutôt si la bizarrerie et la vanité ne sont pas les causes de l'injustice[1]. (ÉD. 7.)

81. Une circonstance essentielle à la justice que l'on doit aux autres, c'est de la faire promptement et sans différer : la faire attendre, c'est injustice. (ÉD. 8.)

Ceux-là font bien, ou font ce qu'ils doivent, qui font ce qu'ils doivent. Celui qui dans toute sa conduite laisse

---

purnius Piso, beau-père de César, celui qui fut mis en accusation sur la demande de Clodius, en 59 avant J. C., pour ses exactions, et qui, chargé en 57 de l'administration de la Macédoine, la ruina par les rapines que signala Cicéron dans son discours *de Provinciis consularibus* et dans sa harangue *in Pisonem*. La Bruyère sans doute se souvenait des invectives de Cicéron, qui appelle son adversaire : « Furie, monstre, glouton, bête féroce, âne, pourceau, » et lui souhaite d'être mis en croix (*in Pisonem*, chapitre XVIII).

1. Voyez des pensées analogues, p. 48, n° 104, et p. 65, n° 139.

longtemps dire de soi qu'il fera bien, fait très-mal. (ÉD. 8.)

82. L'on dit d'un grand qui tient table deux fois le jour, et qui passe sa vie à faire digestion, qu'il meurt de faim, pour exprimer qu'il n'est pas riche, ou que ses affaires sont fort mauvaises : c'est une figure; on le diroit plus à la lettre de ses créanciers. (ÉD. 7.)

83. L'honnêteté, les égards et la politesse des personnes avancées en âge de l'un et de l'autre sexe me donnent bonne opinion de ce qu'on appelle le vieux temps[1]. (ÉD. 4.)

84. C'est un excès de confiance dans les parents d'espérer tout de la bonne éducation de leurs enfants, et une grande erreur de n'en attendre rien et de la négliger.

85. Quand il seroit vrai, ce que plusieurs disent, que l'éducation ne donne point à l'homme un autre cœur ni une autre complexion, qu'elle ne change rien dans son fond et ne touche qu'aux superficies, je ne laisserois pas de dire qu'elle ne lui est pas inutile[2]. (ÉD. 4.)

86. Il n'y a que de l'avantage pour celui qui parle peu : la présomption est qu'il a de l'esprit; et s'il est vrai qu'il n'en manque pas, la présomption est qu'il l'a excellent. (ÉD. 4.)

87. Ne songer qu'à soi et au présent, source d'erreur dans la politique. (ÉD. 5.)

---

1. Ainsi que le fait remarquer M. Destailleur, la réflexion 74 du chapitre *de la Cour* (tome I, p. 327) contient le même éloge des vieillards.
2. Cet alinéa n'a été séparé du précédent, pour devenir une remarque distincte, qu'à la 5ᵉ édition.

88. Le plus grand malheur, après celui d'être convaincu d'un crime, est souvent d'avoir eu à s'en justifier. Tels arrêts nous déchargent et nous renvoient absous, qui sont infirmés par la voix[1] du peuple. (ÉD. 4.)

89. Un homme est fidèle à de certaines pratiques de religion, on le voit s'en acquitter avec exactitude : personne ne le loue ni ne le désapprouve; on n'y pense pas. Tel autre y revient après les avoir négligées dix années entières : on se récrie, on l'exalte; cela est libre : moi, je le blâme d'un si long oubli de ses devoirs, et je le trouve heureux d'y être rentré.

90. Le flatteur n'a pas assez bonne opinion de soi ni des autres. (ÉD. 4.)

91. Tels sont oubliés dans la distribution des grâces, et font dire d'eux : *Pourquoi les oublier?* qui, si l'on s'en étoit souvenu, auroient fait dire : *Pourquoi s'en souvenir?* D'où vient cette contrariété? Est-ce du caractère de ces personnes, ou de l'incertitude de nos jugements, ou même de tous les deux? (ÉD. 4.)

92. L'on dit communément : « Après un tel, qui sera chancelier? qui sera primat des Gaules? qui sera pape? » On va plus loin : chacun, selon ses souhaits ou son caprice, fait sa promotion, qui est souvent de gens plus vieux et plus caducs que celui qui est en place; et comme il n'y a pas de raison qu'une dignité tue celui qui s'en trouve revêtu, qu'elle sert au contraire à le rajeunir, et à donner au corps et à l'esprit de nouvelles ressources, ce n'est pas

---

1. Il y a, par erreur, *voye* (*voie*), au lieu de *voix*, dans la 9ᵉ édition.

un événement fort rare à un titulaire d'enterrer son successeur. (ÉD. 6.)

La disgrâce éteint les haines et les jalousies. Celui-là peut bien faire, qui ne nous aigrit plus¹ par une grande faveur : il n'y a aucun mérite, il n'y a sorte de vertus qu'on ne lui pardonne ; il seroit un héros impunément. (ÉD. 5.)

93.

Rien n'est bien² d'un homme disgracié : vertus, mérite, tout est dédaigné, ou mal expliqué, ou imputé à vice ; qu'il ait un grand cœur, qu'il ne craigne ni le fer ni le feu, qu'il aille d'aussi bonne grâce à l'ennemi que BAYARD et MONTREVEL³, c'est un bravache⁴ ; on en plaisante ; il n'a plus de quoi être un héros. (ÉD. 5.)

1. VAR. (édit. 5) : Il est permis de bien faire à celui qui ne nous aigrit plus, etc.
2. VAR. (édit. 5-7) : Rien n'est bon.
3. Marq. de Montrevel, Comm. gén. D. L. C. Lieut. Gén. (*Note de la Bruyère*, ajoutée à la 8ᵉ édition. Lisez : Marquis de Montrevel, commissaire général de la cavalerie, lieutenant général.) — Si le nom de Bayard, le chevalier sans peur et sans reproche, peut se passer de tout commentaire, il n'en est pas de même du nom de Montrevel, qui, comme l'a prédit Saint-Simon, ne se trouve guère dans les histoires. La Bruyère lui-même, après l'avoir imprimé sans annotation dans les éditions 6 et 7, avait cru devoir, à la 8ᵉ, renseigner ses contemporains sur le Montrevel dont il s'agissait. Montrevel était du moins fort connu à la cour, et Saint-Simon a fait à deux reprises le portrait peu flatté de « ce favori des sottes, des modes, du bel air, du maréchal de Villeroy, et presque du feu Roi, » insistant sur son peu d'esprit, sa malhonnêteté, son âpreté, « son ignorance universelle », ses prodigalités, mais lui reconnaissant une « valeur brillante » : voyez ses *Mémoires*, tome IV, p. 97 et 98, et tome XIV, p. 53 et 54. Montrevel venait d'être nommé lieutenant général quand la Bruyère le cita en compagnie de Bayard. Il devint maréchal de France en 1703, et mourut en 1716, de l'effroi que lui causa, tout brave qu'il était, une salière renversée, si l'on en croit Saint-Simon.
4. VAR. (édit. 5) : qu'il aille de bonne grâce à l'ennemi, c'est un

Je me contredis, il est vrai : accusez-en les hommes, dont je ne fais que rapporter les jugements; je ne dis pas de différents hommes, je dis les mêmes, qui jugent si différemment. (ÉD. 5.)

94. Il ne faut pas vingt années accomplies pour voir changer les hommes d'opinion sur les choses les plus sérieuses, comme sur celles qui leur ont paru les plus sûres et les plus vraies. Je ne hasarderai pas d'avancer que le feu en soi, et indépendamment de nos sensations, n'a aucune chaleur, c'est-à-dire rien de semblable à ce que nous éprouvons en nous-mêmes à son approche[1], de peur que quelque jour il ne devienne aussi chaud qu'il a jamais été. J'assurerai aussi peu qu'une ligne droite tombant sur une autre ligne droite fait deux angles droits, ou égaux à deux droits, de peur que les hommes venant à y découvrir quelque chose de plus ou de moins, je ne sois raillé de ma proposition. Aussi[2] dans un autre genre, je dirai à peine avec toute la France : « VAUBAN est infaillible, on n'en appelle point : » qui me garantiroit que dans peu de temps on n'insinuera pas que même sur le siége, qui est son fort et où il décide souverainement[3], il erre quelquefois, sujet aux fautes comme *Antiphile ?* (ÉD. 6.)

95. Si vous en croyez des personnes aigries[4] l'une contre

---

bravache. — Dans les 8ᵉ, 9ᵉ et 10ᵉ éditions, l'on a imprimé : « c'est une bravache ; » il n'y a là sans nul doute qu'une faute d'impression.

1. C'est la doctrine que Descartes avait fait prévaloir.
2. VAR. (édit. 6-8) : Ainsi.
3. Au temps où parut cette réflexion (juin 1691), Vauban venait encore de s'illustrer au siége de Mons, dont il avait dirigé les attaques, au mois d'avril, sous les yeux du Roi.
4. Dans la 5ᵉ édition : *aigres*, faute évidente.

l'autre et que la passion domine, l'homme docte est un *savantasse*, le magistrat un bourgeois ou un praticien[1], le financier un *maltôtier*, et le gentilhomme un *gentillâtre;* mais il est étrange que de si mauvais noms, que la colère et la haine ont su inventer, deviennent familiers, et que le dédain, tout froid et tout paisible qu'il est, ose s'en servir. (ÉD. 4.)

96. Vous vous agitez, vous vous donnez un grand mouvement, surtout lorsque les ennemis commencent à fuir et que la victoire n'est plus douteuse, ou devant une ville après qu'elle a capitulé; vous aimez, dans un combat ou pendant un siége, à paroître en cent endroits pour n'être nulle part, à prévenir les ordres du général de peur de les suivre, et à chercher les occasions plutôt que de les attendre et les recevoir : votre valeur seroit-elle fausse? (ÉD. 4.)

97. Faites garder aux hommes quelque poste où ils puissent être tués, et où néanmoins ils ne soient pas tués : ils aiment l'honneur et la vie[2]. (ÉD. 4.)

98. A voir comme les hommes aiment la vie, pouvoit-on soupçonner qu'ils aimassent quelque autre chose plus que la vie? et que la gloire, qu'ils préfèrent à la vie, ne fût souvent qu'une certaine opinion d'eux-mêmes établie dans l'esprit de mille gens ou qu'ils ne connoissent point ou qu'ils n'estiment point[3]? (ÉD. 7.)

1. Voyez ci-dessus, p. 86, note 3.
2. « On ne veut point perdre la vie, et on veut acquérir de la gloire.... » (*La Rochefoucauld*, n° CCXXI.)
3. « La douceur de la gloire est si grande, qu'à quelque chose qu'on l'attache, même à la mort, on l'aime.... Nous perdons encore la vie avec joie, pourvu qu'on en parle. » (Pascal, *Pensées*, ar-

99. Ceux qui, ni guerriers ni courtisans, vont à la guerre et suivent la cour, qui ne font pas un siége, mais qui y assistent[1], ont bientôt épuisé leur curiosité sur une place de guerre, quelque surprenante qu'elle soit, sur la tranchée, sur l'effet des bombes et du canon, sur les coups de main, comme sur l'ordre et le succès d'une attaque qu'ils entrevoient. La résistance continue, les pluies surviennent, les fatigues croissent, on plonge dans la fange, on a à combattre les saisons et l'ennemi, on peut être forcé dans ses lignes et enfermé entre une ville et une armée : quelles extrémités! On perd courage, on murmure. « Est-ce un si grand inconvénient que de lever un siége? Le salut de l'État dépend-il d'une citadelle de plus ou de moins? Ne faut-il pas, ajoutent-ils, fléchir sous les ordres du Ciel, qui semble se déclarer contre nous, et remettre la partie à un autre temps? » Alors ils ne comprennent plus la fermeté, et s'ils osoient dire, l'opiniâtreté du général, qui se roidit contre les obstacles, qui s'anime par la difficulté de l'entreprise, qui veille la nuit et s'expose le jour pour la conduire à sa fin[2]. A-t-on capitulé, ces hommes si découragés relèvent l'importance de cette conquête, en prédisent les suites, exagèrent la nécessité qu'il y avoit de la faire, le péril et la

ticle II, 1 *bis* et 2 *bis*.) — « Nous récusons des juges pour les plus petits intérêts, et nous voulons bien que notre réputation et notre gloire dépendent du jugement des hommes, qui nous sont tous contraires, ou par leur jalousie, ou par leur préoccupation, ou par leur peu de lumière; et ce n'est que pour les faire prononcer en notre faveur que nous exposons, en tant de manières, notre repos et notre vie. » (*La Rochefoucauld*, n° CCLXVIII.) — On peut aussi rapprocher de la pensée de la Bruyère sa remarque 76, du chapitre *de l'Homme*, ci-dessus, p. 36.

1. Un certain nombre de magistrats avaient assisté par curiosité au siége de Namur, en juin 1692, l'année même où fut imprimée la 7ᵉ édition, la première qui contient cette remarque.
2. VAR. (édit. 7) : pour la conduire à la fin.

honte qui suivoient de s'en désister, prouvent que l'armée qui nous couvroit des ennemis étoit invincible. Ils reviennent avec la cour, passent par les villes et les bourgades; fiers d'être regardés de la bourgeoisie qui est aux fenêtres, comme ceux mêmes qui ont pris la place, ils en triomphent par les chemins, ils se croient braves. Revenus chez eux, ils vous étourdissent de flancs, de redans, de ravelins, de fausse-braie, de courtines et de chemin couvert[1]; ils rendent compte des endroits où l'*envie de voir* les a portés, et où *il ne laissoit pas d'y avoir du péril*, des hasards qu'ils ont courus[2] à leur retour d'être pris ou tués par l'ennemi : ils taisent seulement qu'ils ont eu peur. (ÉD. 7.)

100. C'est le plus petit inconvénient du monde que de demeurer court dans un sermon ou dans une harangue : il laisse à l'orateur ce qu'il a d'esprit, de bon sens, d'imagination, de mœurs et de doctrine ; il ne lui ôte rien ; mais on ne laisse pas de s'étonner que les hommes, ayant voulu une fois y attacher une espèce de honte et de ridicule, s'exposent, par de longs et souvent d'inutiles discours, à en courir tout le risque. (ÉD. 4.)

101. Ceux qui emploient mal leur temps sont les premiers à se plaindre de sa brièveté : comme ils le consument à s'habiller, à manger, à dormir, à de sots discours, à se résoudre sur ce qu'ils doivent faire, et souvent à ne rien faire, ils en manquent pour leurs affaires ou pour leurs plaisirs; ceux au contraire qui en font un meilleur usage en ont de reste. (ÉD. 4.)

---

1. Voyez ces mots au *Lexique*.
2. Le participe *couru* est sans accord dans les éditions du dix-septième siècle.

Il n'y a point de ministre si occupé qui ne sache perdre chaque jour deux heures de temps : cela va loin à la fin d'une longue vie ; et si le mal est encore plus grand dans les autres conditions des hommes, quelle perte infinie ne se fait pas dans le monde d'une chose si précieuse, et dont l'on se plaint qu'on n'a point assez ! (ÉD. 4.)

102. Il y a des créatures de Dieu qu'on appelle des hommes, qui ont une âme qui est esprit, dont toute la vie est occupée et toute l'attention est réunie à scier du marbre : cela est bien simple, c'est bien peu de chose. Il y en a d'autres qui s'en étonnent, mais qui sont entièrement inutiles, et qui passent les jours à ne rien faire : c'est encore moins que de scier du marbre. (ÉD. 4.)

103. La plupart des hommes oublient si fort qu'ils ont une âme, et se répandent en tant d'actions et d'exercices où il semble qu'elle est inutile, que l'on croit parler avantageusement de quelqu'un en disant qu'il pense ; cet éloge même est devenu vulgaire, qui pourtant ne met cet homme qu'au-dessus du chien ou du cheval. (ÉD. 5.)

104. « A quoi vous divertissez-vous ? à quoi passez-vous le temps ? » vous demandent les sots et les gens d'esprit. Si je réplique que c'est à ouvrir les yeux et à voir, à prêter l'oreille et à entendre, à avoir la santé, le repos, la liberté, ce n'est rien dire. Les solides biens, les grands biens[1], les seuls biens ne sont pas comptés, ne se font pas sentir. Jouez-vous ? masquez-vous[2] ? il faut répondre. (ÉD. 4.)

1. VAR. (édit. 4-6) : les plus grands biens.
2. Voyez le *Lexique*.

DES JUGEMENTS. 121

Est-ce un bien pour l'homme que la liberté, si elle peut être trop grande et trop étendue, telle enfin qu'elle ne serve qu'à lui faire desirer quelque chose, qui est d'avoir moins de liberté ? (ÉD. 7.)

La liberté n'est pas oisiveté ; c'est un usage libre du temps, c'est le choix du travail et de l'exercice. Être libre en un mot n'est pas ne rien faire, c'est être seul arbitre de ce qu'on fait ou de ce qu'on ne fait point. Quel bien en ce sens que la liberté ! (ÉD. 7.)

CÉSAR n'étoit point trop vieux pour penser à la con- 105. quête de l'univers[1] ; il n'avoit point d'autre béatitude à se faire que le cours d'une belle vie, et un grand nom après sa mort ; né fier, ambitieux, et se portant bien comme il faisoit, il ne pouvoit mieux employer son temps qu'à conquérir le monde. ALEXANDRE étoit bien jeune pour un dessein si sérieux : il est étonnant que dans ce premier âge les femmes ou le vin n'aient plus tôt[2] rompu son entreprise.

UN JEUNE PRINCE[3], D'UNE RACE AUGUSTE. L'AMOUR 106.

---

1. Voyez les *Pensées* de M. Pascal, chapitre XXXI, où il dit le contraire. (*Note de la Bruyère.*) — Voici la réflexion de Pascal, telle que la donne l'édition de Port-Royal : « César étoit trop vieil, ce me semble, pour s'aller amuser à conquérir le monde. Cet amusement étoit bon à Alexandre : c'étoit un jeune homme qu'il étoit difficile d'arrêter ; mais César devoit être plus mûr. » — Le texte de M. Havet (article IV, 44) offre cette variante : « Cet amusement étoit bon à Auguste ou à Alexandre : c'étoient des jeunes gens, qu'il est difficile d'arrêter.... »

2. VAR. (édit. 1-4) : n'aient pas plus tôt.

3. Éloge, en style d'inscription, du grand Dauphin. En 1688, il avait commandé l'armée sur les bords du Rhin et s'était distingué au siége de Philisbourg. — Dès la 1re édition, cet alinéa reçut la ponctuation que nous avons reproduite ; mais il n'a été imprimé en lettres capitales qu'à la 4e édition.

ET L'ESPÉRANCE DES PEUPLES. DONNÉ DU CIEL POUR PROLONGER LA FÉLICITÉ DE LA TERRE. PLUS GRAND QUE SES AÏEUX. FILS D'UN HÉROS QUI EST SON MODÈLE, A DÉJÀ MONTRÉ À L'UNIVERS PAR SES DIVINES QUALITÉS, ET PAR UNE VERTU ANTICIPÉE, QUE LES ENFANTS DES HÉROS SONT PLUS PROCHES DE L'ÊTRE QUE LES AUTRES HOMMES[1].

107. Si le monde dure seulement cent millions d'années, il est encore dans toute sa fraîcheur, et ne fait presque que commencer ; nous-mêmes nous touchons aux premiers hommes et aux patriarches, et qui pourra ne nous pas confondre avec eux dans des siècles si reculés? Mais si l'on juge par le passé de l'avenir, quelles choses nouvelles nous sont inconnues dans les arts, dans les sciences, dans la nature, et j'ose dire dans l'histoire! quelles découvertes ne fera-t-on point! quelles différentes révolutions ne doivent pas arriver sur toute la face de la terre, dans les États et dans les empires! quelle ignorance est la nôtre! et quelle légère expérience que celle de six ou sept mille ans! (ÉD. 4.)

108. Il n'y a point de chemin trop long à qui marche lentement et sans se presser : il n'y a point d'avantages trop éloignés à qui s'y prépare par la patience. (ÉD. 4.)

109. Ne faire sa cour à personne, ni attendre de quelqu'un

---

1. Contre la maxime latine et triviale. (*Note de la Bruyère.*) — Il fait allusion à cet adage, traduit du grec : *Filii heroum noxæ*, ἡρώων παῖδες πήματα ou λῶϐαι, « les fils des héros sont des dommages *ou* des outrages, » c'est-à-dire, les fils dégénèrent, les pères illustres ont d'indignes fils. L'idée est développée par Valère Maxime, livre III, chapitre v, et par Spartien, dans l'histoire de Sévère, § 20 et 21. Voyez aussi Érasme (*Adagiorum chiliades*, col. 411 et 412, édition de Genève, 1606, in-fol.).

qu'il vous fasse la sienne, douce situation, âge d'or, état de l'homme le plus naturel ! (éd. 4.)

110. Le monde est pour ceux qui suivent les cours ou qui peuplent les villes ; la nature n'est que pour ceux qui habitent la campagne : eux seuls vivent, eux seuls du moins connoissent qu'ils vivent. (éd. 7.)

111. Pourquoi me faire froid, et vous plaindre de ce qui m'est échappé sur quelques jeunes gens qui peuplent les cours ? Êtes-vous vicieux, ô *Thrasylle?* Je ne le savois pas, et vous me l'apprenez : ce que je sais est que vous n'êtes plus jeune. (éd. 4.)

Et vous qui voulez être offensé personnellement de ce que j'ai dit de quelques grands, ne criez-vous point de la blessure d'un autre? Êtes-vous dédaigneux, malfaisant, mauvais plaisant, flatteur, hypocrite? Je l'ignorois, et ne pensois pas à vous : j'ai parlé des grands. (éd. 4.)

112. L'esprit de modération et une certaine sagesse dans la conduite laissent les hommes dans l'obscurité : il leur faut de grandes vertus pour être connus et admirés, ou peut-être de grands vices. (éd. 4.)

113. Les hommes, sur la conduite des grands et des petits indifféremment, sont prévenus, charmés, enlevés par la réussite : il s'en faut peu que le crime heureux ne soit loué comme la vertu même, et que le bonheur[1] ne tienne lieu de toutes les vertus. C'est un noir attentat, c'est une sale et odieuse entreprise, que celle que le succès ne sauroit justifier[2]. (éd. 4.)

1. Var. (édit. 4-6) : loué comme la vertu, et même que le bonheur....

2. Toute la fin du chapitre, à partir de ce paragraphe, est con-

114. Les hommes, séduits par de belles apparences et de spécieux prétextes, goûtent aisément un projet d'ambition que quelques grands ont médité; ils en parlent avec intérêt; il leur plaît même par la hardiesse ou par la nouveauté que l'on lui impute; ils y sont déjà accoutumés, et n'en attendent que le succès, lorsque venant au contraire à avorter, ils décident avec confiance, et sans nulle crainte de se tromper, qu'il étoit téméraire et ne pouvoit réussir[1]. (ÉD. 4.)

115. Il y a de tels projets, d'un si grand éclat et d'une conséquence si vaste, qui font parler les hommes si longtemps, qui font tant espérer ou tant craindre, selon les divers intérêts des peuples, que toute la gloire et toute la fortune d'un homme y sont commises. Il ne peut pas avoir paru sur la scène avec un si bel appareil pour se retirer sans rien dire; quelques affreux périls qu'il commence à prévoir dans la suite de son entreprise, il faut

sacrée à Guillaume de Nassau, prince d'Orange, stathouder de Hollande, et à la révolution qui le plaça sur le trône d'Angleterre en 1688.
1. Peu de temps avant que parût cette réflexion, Bussy écrivait de son côté sur le même sujet : « L'Angleterre nous va donner une grande scène, Monsieur. Quand les têtes couronnées en sont les acteurs, les spectateurs en sont plus attentifs. Si le roi d'Angleterre réussit, ce sera un héros pour le monde et pour le ciel. Si le prince d'Orange demeure le maître, il n'en sera pas de même. Les hommes ne jugent aujourd'hui des grands desseins que par le succès. Nous ne sommes plus dans le temps qu'on pensoit :
Et si desint vires, audacia certe erit[*].
(*Correspondance de Bussy Rabutin*, lettre au marquis de Termes, du 29 octobre 1688, tome VI, p. 172.)

[*] Vers altérés de Properce, livre II, *élégie* x, vers 5 et 6; il faut lire :
*Quod si deficiant vires, audacia certe
Laus erit....*

qu'il l'entame : le moindre mal pour lui est de la manquer. (éd. 4.)

116. Dans un méchant homme il n'y a pas de quoi faire un grand homme. Louez ses vues et ses projets, admirez sa conduite, exagérez son habileté à se servir des moyens les plus propres et les plus courts pour parvenir à ses fins : si ses fins sont mauvaises, la prudence n'y a aucune part; et où manque la prudence, trouvez la grandeur, si vous le pouvez. (éd. 8.)

117. Un ennemi est mort[1] qui étoit à la tête d'une armée formidable, destinée à passer le Rhin; il savoit la guerre, et son expérience pouvoit être secondée de la fortune : quels feux de joie a-t-on vus? quelle fête publique? Il y a des hommes au contraire naturellement odieux, et dont l'aversion devient populaire : ce n'est point précisément par les progrès qu'ils font, ni par la crainte de ceux qu'ils peuvent faire, que la voix du peuple éclate à leur mort, et que tout tressaille, jusqu'aux enfants, dès que l'on murmure dans les places que la terre enfin en est délivrée[2]. (éd. 6.)

1. Il s'agit de Charles V, duc de Lorraine, mort le 18 avril 1690, à Welz, près de Lintz, alors qu'il commandait les armées de l'Empereur, et qu'allait s'ouvrir la campagne de 1690. Bien que cette mort fût considérée comme un bonheur pour Louis XIV, « à qui la Providence » ôtait « à point nommé, suivant l'expression de Mme de Sévigné (tome IX, p. 513), un ennemi de dessus les bras, » elle avait excité des regrets en France, et l'on citait, à l'éloge du duc de Lorraine, ces paroles de Louis XIV : « J'ai perdu le plus grand, le plus sage et le plus généreux de mes ennemis. » Voyez la *Gazette* du 13 mai, p. 218; l'*Histoire de la réunion de la Lorraine à la France*, par M. le comte d'Haussonville, tome III, p. 386 et 387; et les *Lettres de Mme de Sévigné* de mai 1690, tome IX, p. 505 et 513. La réflexion de la Bruyère est de 1691.

2. A l'impression qu'avait produite en France la nouvelle de la

118. « O temps! ô mœurs[1]! s'écrie *Héraclite*, ô malheureux siècle! siècle rempli de mauvais exemples, où la vertu souffre, où le crime domine, où il triomphe! Je veux être un *Lycaon*, un *Ægiste*[2]; l'occasion ne peut être meilleure, ni les conjonctures plus favorables, si je desire du moins de fleurir et de prospérer. Un homme[3] dit : « Je passerai la mer, je dépouillerai mon père de son patrimoine, je le chasserai, lui, sa femme, son héritier, de ses terres et de ses États[4], » et comme il l'a dit il l'a fait. Ce qu'il devoit appréhender, c'étoit le ressentiment de plusieurs rois qu'il outrage en la personne d'un seul roi; mais ils tiennent pour lui; ils lui ont presque dit : « Passez la mer, dépouillez votre père, montrez à tout l'univers qu'on peut chasser un roi de son royaume, ainsi qu'un petit seigneur de son château, ou un fermier de sa métairie; qu'il n'y ait plus de différence entre de simples particuliers et nous; nous sommes las de ces distinctions : apprenez au monde que ces peuples que Dieu a mis sous nos pieds peuvent

mort de Charles de Lorraine, la Bruyère oppose les démonstrations populaires qui avaient accueilli, dans les derniers jours de juillet 1690, la fausse nouvelle de la mort de Guillaume d'Orange : voyez le tome I, p. 371, note 4. « Je demande en grâce à l'étoile du Roi, écrivait Mme de Sévigné en parlant de la mort du duc de Lorraine (tome IX, p. 505), de nous ôter encore le prince d'Orange, et puis nous la laisserons en paix; mais celle-là est nécessaire. » Un mois plus tard, dans sa lettre du 13 août (*ibidem*, p. 561), elle exprimait le regret que la nouvelle de la mort de Guillaume fût démentie.

1. C'est l'énergique exclamation de Cicéron dans la 1re *Catilinaire* (chapitre 1) : *O tempora! o mores!*
2. Lycaon, roi d'Arcadie, que Jupiter changea en loup pour le punir de ses meurtres. Voyez les *Métamorphoses* d'Ovide, livre I, vers 163 et suivants. — Égisthe, fils de Thyeste, et meurtrier d'Agamemnon.
3. Toujours le prince d'Orange, gendre de Jacques II, roi d'Angleterre, qu'il avait détrôné.
4. VAR. (édit. 5-7) : et de son État.

nous abandonner, nous trahir, nous livrer, se livrer eux-mêmes à un étranger, et qu'ils ont moins à craindre de nous que nous d'eux et de leur puissance. » Qui pourroit voir des choses si tristes avec des yeux secs et une âme tranquille? Il n'y a point de charges qui n'aient leurs priviléges; il n'y a aucun titulaire qui ne parle, qui ne plaide, qui ne s'agite pour les défendre : la dignité royale seule n'a plus de priviléges; les rois eux-mêmes y ont renoncé. Un seul, toujours bon et magnanime, ouvre ses bras à une famille malheureuse[1]. Tous les autres se liguent comme pour se venger de lui, et de l'appui qu'il donne à une cause qui leur est commune[2]. L'esprit de pique et de jalousie prévaut chez eux à l'intérêt de l'honneur, de la religion et de leur État; est-ce assez? à leur intérêt personnel et domestique : il y va, je ne dis pas de leur élection, mais de leur succession, de leurs droits comme héréditaires; enfin dans tous[3] l'homme l'emporte sur le souverain. Un prince[4] délivroit l'Europe, se délivroit lui-même d'un fatal ennemi, alloit jouir de la gloire d'avoir détruit un grand empire[5] : il la néglige pour une guerre douteuse[6]. Ceux qui sont nés arbitres et mé-

---

1. Louis XIV, qui reçut Jacques II à sa cour lorsqu'il s'enfuit devant Guillaume, lui donna des secours, et lui offrit de nouveau l'hospitalité après la défaite de la Boyne.

2. Dans la 9e édition : « qui lui est commune. » Cette leçon, qui est évidemment une faute d'impression, a été reproduite par la 10e édition.

3. Ici encore nous croyons devoir suivre le texte des premières éditions. La 9e et la 10e donnent : « dans tout. »

4. L'empereur d'Allemagne, Léopold Ier.

5. La Turquie.

6. « Pour une guerre douteuse, » c'est-à-dire, pour une guerre contre la France. Allusion à la ligue d'Augsbourg (1686), à la guerre qui la suivit (1688), et au nouveau « traité avec les Provinces Unies » que Léopold signa le 12 mai 1689, et qui par les adhésions successives de ses autres alliés devint le traité de la *Grande alliance*.

128 DES JUGEMENTS.

diateurs[1] temporisent; et lorsqu'ils pourroient avoir déjà employé utilement leur médiation, ils la promettent. O pâtres! continue Héraclite, ô rustres qui habitez sous le chaume et dans les cabanes! si les événements ne vont point jusqu'à vous, si vous n'avez point le cœur percé par la malice des hommes, si on ne parle plus[2] d'hommes dans vos contrées, mais seulement de renards et de loups-cerviers, recevez-moi parmi vous à manger votre pain noir et à boire l'eau de vos citernes. » (ÉD. 5.)

119. « Petits hommes, hauts de six pieds, tout au plus de sept, qui vous enfermez aux foires comme géants et comme des pièces rares dont il faut acheter la vue, dès que vous allez jusques à huit pieds; qui vous donnez sans pudeur de la *hautesse* et de l'*éminence*, qui est tout ce que l'on pourroit accorder à ces montagnes voisines du ciel et qui voient les nuages se former au-dessous d'elles; espèce d'animaux glorieux et superbes, qui méprisez toute autre espèce, qui ne faites pas même comparaison avec l'éléphant et la baleine; approchez, hommes, répondez un peu à *Démocrite*. Ne dites-vous pas en commun proverbe : *des loups ravissants, des lions furieux, malicieux comme un singe?* Et vous autres, qui êtes-vous? J'entends corner sans cesse à mes oreilles : *L'homme est un animal raisonnable.* Qui vous a passé cette définition? sont-ce les loups, les singes et les lions, ou si vous vous l'êtes accordée à vous-mêmes? C'est déjà une chose plaisante que vous donniez aux animaux, vos confrères, ce qu'il y a de pire, pour prendre pour vous ce qu'il y a de meilleur. Laissez-les un peu se définir eux-mêmes, et vous verrez comme ils s'oublieront et

1. Le pape Innocent XI, dont la politique, plus nette que ne paraît le croire la Bruyère, fut manifestement hostile à Jacques II
2. VAR. (édit. 5 et 6) : si l'on ne parle plus.

comme vous serez traités. Je ne parle point, ô hommes, de vos légèretés, de vos folies et de vos caprices, qui vous mettent au-dessous de la taupe et de la tortue, qui vont sagement leur petit train, et qui suivent sans varier l'instinct de leur nature ; mais écoutez-moi un moment. Vous dites d'un tiercelet de faucon[1] qui est fort léger, et qui fait une belle descente sur la perdrix : « Voilà un bon oiseau ; » et d'un lévrier qui prend un lièvre corps à corps : « C'est un bon lévrier. » Je consens aussi que vous disiez d'un homme qui court le sanglier, qui le met aux abois, qui l'atteint et qui le perce : « Voilà un brave homme. » Mais si vous voyez deux chiens qui s'aboient, qui s'affrontent, qui se mordent et se déchirent, vous dites : « Voilà de sots animaux ; » et vous prenez un bâton pour les séparer. Que si l'on vous disoit que tous les chats d'un grand pays se sont assemblés par milliers dans une plaine, et qu'après avoir miaulé tout leur soûl, ils se sont jetés avec fureur les uns sur les autres, et ont joué ensemble de la dent et de la griffe ; que de cette mêlée il est demeuré de part et d'autre neuf à dix mille chats sur la place, qui ont infecté l'air à dix lieues de là par leur puanteur, ne diriez-vous pas : « Voilà le plus abominable *sabbat* dont on ait jamais ouï parler ? » Et si les loups en faisoient de même : « Quels hurlements ! quelle boucherie ! » Et si les uns ou les autres[2] vous disoient qu'ils aiment la gloire, concluriez-vous de ce discours qu'ils la mettent à se trouver à ce beau rendez-vous, à détruire ainsi et à anéantir leur propre espèce ? ou après l'avoir conclu, ne ririez-vous pas de tout votre cœur de l'ingénuité de ces pauvres bêtes ? Vous avez[3] déjà, en animaux raisonna-

1. C'est-à-dire d'un faucon mâle. *Tiercelet* est un terme de fauconnerie qui se dit des mâles des oiseaux de proie.
2. VAR. (édit. 6) : les uns et les autres.
3. VAR. (édit. 6) : Vous aviez.

bles, et pour vous distinguer de ceux qui ne se servent que
de leurs dents et de leurs ongles, imaginé les lances, les
piques, les dards, les sabres et les cimeterres, et à mon
gré fort judicieusement; car avec vos seules mains que
pouviez-vous vous faire les uns aux autres, que vous arracher les cheveux, vous égratigner au visage, ou tout au
plus vous arracher les yeux de la tête? au lieu que vous
voilà munis d'instruments commodes, qui vous servent
à vous faire réciproquement de larges plaies d'où peut
couler votre sang jusqu'à la dernière goutte, sans que
vous puissiez craindre d'en échapper. Mais comme vous
devenez d'année à autre plus raisonnables, vous avez bien
enchéri sur cette vieille manière de vous exterminer :
vous avez de petits globes qui vous tuent tout d'un coup [1],
s'ils peuvent seulement vous atteindre à la tête ou à la
poitrine; vous en avez d'autres, plus pesants et plus mas-
sifs [2], qui vous coupent en deux parts ou qui vous éven-
trent, sans compter ceux qui tombant sur vos toits [3],
enfoncent les planchers, vont du grenier à la cave, en
enlèvent les voûtes, et font sauter en l'air, avec vos maisons, vos femmes qui sont en couche, l'enfant et la nourrice : et c'est là encore où *gît* la gloire; elle aime le
remue-ménage, et elle est personne d'un grand fracas.
Vous avez d'ailleurs des armes défensives, et dans les
bonnes règles vous devez en guerre être habillés de fer,
ce qui est sans mentir une jolie parure, et qui me fait
souvenir de ces quatre puces célèbres que montroit autrefois un charlatan, subtil ouvrier, dans une fiole où il
avoit trouvé le secret de les faire vivre : il leur avoit mis
à chacune une salade en tête, leur avoit passé un corps
de cuirasse, mis des brassards, des genouillères, la lance
sur la cuisse ; rien ne leur manquoit, et en cet équipage

1. Les balles de mousquet. — 2. Les boulets de canon.
3. Les bombes.

DES JUGEMENTS.

elles alloient par sauts et par bonds dans leur bouteille. Feignez un homme de la taille du mont *Athos*[1], pourquoi non ? une âme seroit-elle embarrassée d'animer un tel corps ? elle en seroit plus au large : si cet homme avoit la vue assez subtile pour vous découvrir quelque part sur la terre avec vos armes offensives et défensives, que croyez-vous qu'il penseroit de petits marmousets ainsi équipés, et de ce que vous appelez guerre[2], cavalerie, infanterie, un mémorable siége, une fameuse journée ? N'entendrai-je donc plus bourdonner d'autre chose parmi vous ? le monde ne se divise-t-il plus[3] qu'en régiments et en compagnies ? tout est-il devenu bataillon ou escadron ? *Il a pris une ville, il en a pris une seconde*[4], *puis une troisième ; il a gagné une bataille, deux batailles ; il chasse l'ennemi, il vainc sur mer, il vainc sur terre* : est-ce de quelqu'un de vous autres, est-ce d'un géant, d'un *Athos*, que vous parlez ? Vous avez surtout un homme pâle et livide qui n'a pas sur soi dix onces de chair, et que l'on croiroit jeter à terre du moindre souffle[5]. Il fait néanmoins plus de bruit que quatre autres, et met tout en combustion : il vient de pêcher en eau trouble une île toute entière[6] ; ailleurs à la

---

1. On s'explique le choix de ce terme de comparaison en se rappelant la proposition de l'architecte Dinocrate, qui voulait tailler le mont Athos de manière à lui donner la figure d'Alexandre le Grand.
2. Var. (édit. 6) : guerres.
3. Var. (édit. 6) : le monde ne se divise plus.
4. Var. (édit. 6) : *Il a pris une ville, en a pris une seconde.*
5. Le roi Guillaume. Le portrait est exact, et Boileau, s'adressant à la ville de Namur, a pu dire au propre à la fois et au figuré :

> Dans Bruxelles Nassau *blême*
> Commence à trembler pour toi.
> (*Ode sur la prise de Namur*, vers 53 et 54.)

6. L'Angleterre. — « Toute entière » est le texte des éditions du dix-septième siècle.

DES JUGEMENTS.

vérité, il est battu et poursuivi, mais il se sauve par *les marais*[1], et ne veut écouter ni paix ni trêve. Il a montré de bonne heure ce qu'il savoit faire : il a mordu le sein de sa nourrice[2]; elle en est morte, la pauvre femme : je m'entends, il suffit. En un mot il étoit né sujet, et il ne l'est plus; au contraire il est le maître, et ceux qu'il a domptés et mis sous le joug vont à la charrue et labourent de bon courage[3] : ils semblent même appréhender, les bonnes gens, de pouvoir se délier un jour et de devenir libres, car ils ont étendu la courroie et allongé le fouet de celui qui les fait marcher; ils n'oublient rien pour accroître leur servitude; ils lui font passer l'eau pour se faire d'autres vassaux et s'acquérir de nouveaux domaines : il s'agit, il est vrai, de prendre son père et sa mère par les épaules et de les jeter hors de leur maison ; et ils l'aident dans une si honnête entreprise. Les gens de delà l'eau et ceux d'en deçà[4] se cotisent et mettent

---

1. En Hollande, où Guillaume, en 1672, avait rompu les digues, ouvert les écluses, et arrêté l'armée française par l'envahissement des eaux.
2. Adopté, sur la proposition de Jean de Witt, par la république hollandaise (1666), Guillaume s'était montré en 1672 également ingrat contre la république et contre J. de Witt. On se plaisait en France à lui faire un grief d'avoir « toute sa vie combattu la liberté en Hollande, » suivant l'expression de M. Michelet (*Louis XIV et la Révocation de l'édit de Nantes*, p. 443); on plaignait avec Boileau le Batave
           Désormais docile esclave* ;
et l'on disait plaisamment que Guillaume était stathouder en Angleterre et roi en Hollande.
3. Il s'agit ici des Hollandais, ainsi que le démontre ce qui suit, et non des Anglais, comme l'a pensé M. Destailleur.
4. Les Anglais et les Hollandais. Nous n'avons pas besoin de dire que plus loin *Pictes* et *Saxons* désigne par les noms anciens les ha-

* *Ode sur la prise de Namur*, vers 56.

chacun du leur pour se le rendre à eux tous de jour en jour plus redoutable : les *Pictes* et les *Saxons* imposent silence aux *Bataves*, et ceux-ci aux *Pictes* et aux *Saxons*; tous se peuvent vanter d'être ses humbles esclaves, et autant qu'ils le souhaitent. Mais qu'entends-je de certains personnages qui ont des couronnes, je ne dis pas des comtes ou des marquis, dont la terre fourmille, mais des princes et des souverains? ils viennent trouver cet homme dès qu'il a sifflé, ils se découvrent dès son antichambre, et ils ne parlent que quand on les interroge[1]. Sont-ce là ces mêmes princes si pointilleux, si formalistes sur leurs rangs et sur leurs préséances, et qui consument pour les régler les mois entiers dans une diète? Que fera ce nouvel *archonte* pour payer une si aveugle soumission, et pour répondre à une si haute idée qu'on a de lui? S'il se livre une bataille, il doit la gagner, et en personne; si l'ennemi fait un siége, il doit le lui faire lever, et avec honte, à moins que tout l'océan ne soit entre lui et l'ennemi : il ne sauroit moins faire en faveur de ses courtisans. *César*[2] lui-même ne doit-il pas venir en grossir le nombre? il en attend du moins d'importants services; car ou l'archonte échouera avec ses alliés, ce qui est plus difficile qu'impossible à concevoir, ou s'il réussit et que rien ne lui résiste, le voilà tout porté, avec ses alliés jaloux de la religion et de la puissance de César, pour

bitants de la Grande-Bretagne, les Écossais et les Anglais; comme *Bataves*, les Hollandais.

1. Lorsque Guillaume vint à la Haye en 1691, les princes ligués accoururent auprès de lui, et l'électeur de Bavière fut, à ce qu'il paraît, obligé d'attendre patiemment une audience dans l'antichambre du nouveau roi d'Angleterre. L'humilité avec laquelle les princes qui se rendirent au congrès de la Haye prodiguèrent leurs respects à l'usurpateur Guillaume étonna et scandalisa la cour de Versailles : nombre de libelles et de caricatures les livrèrent à la risée publique.

2. L'empereur d'Allemagne.

fondre sur lui, pour lui enlever l'*aigle*, et le réduire, lui et son héritier[1], à la *fasce d'argent* et aux pays héréditaires[2]. Enfin c'en est fait, ils se sont tous livrés à lui volontairement, à celui peut-être de qui ils devoient se défier davantage. *Ésope* ne leur diroit-il pas : *La gent volatile d'une certaine contrée prend l'alarme et s'effraye du voisinage du lion, dont le seul rugissement lui fait peur : elle se réfugie auprès de la* bête[3] *qui lui fait parler d'accommodement et la prend sous sa protection, qui se termine enfin à les croquer tous l'un après l'autre*[4]. (ÉD. 6.)

1. VAR. (édit. 6-8) : lui ou son héritier.
2. C'est-à-dire, lui enlever l'Empire et le réduire aux armes de la maison d'Autriche.
3. Dans la 6ᵉ édition ce mot est souligné, c'est-à-dire imprimé en caractère romain, tandis que le reste de la phrase est en italique.
4. L'apologue a quelque analogie, mais pour la morale seulement, avec la *fable* IV du livre X de la Fontaine : *les Poissons et le Cormoran*.

DE LA MODE.

Une chose folle et qui découvre bien notre petitesse, c'est l'assujettissement aux modes quand on l'étend à ce qui concerne le goût, le vivre, la santé et la conscience. La viande noire est hors de mode, et par cette raison insipide ; ce seroit pécher contre la mode que de guérir de la fièvre par la saignée. De même l'on ne mouroit plus depuis longtemps par *Théotime ;* ses tendres exhortations ne sauvoient plus que le peuple, et Théotime[1] a vu son successeur.

1.

La curiosité n'est pas un goût pour ce qui est bon ou ce qui est beau, mais pour ce qui est rare, unique, pour ce qu'on a et ce que les autres n'ont point. Ce n'est pas un attachement à ce qui est parfait, mais à ce qui est couru, à ce qui est à la mode. Ce n'est pas un amusement, mais une passion, et souvent si violente, qu'elle ne cède à l'amour et à l'ambition que par la petitesse de son objet. Ce n'est pas une passion qu'on a généralement pour les choses rares et qui ont cours, mais qu'on a seulement pour une certaine chose, qui est rare, et pourtant à la mode. (ÉD. 6.)

2.

Le fleuriste a un jardin dans un faubourg ; il y court au lever du soleil, et il en revient à son coucher. Vous le voyez planté, et qui a pris racine au milieu de ses tulipes et devant la *Solitaire :* il ouvre de grands yeux, il frotte ses mains, il se baisse, il la voit de plus près, il ne l'a jamais vue si belle, il a le cœur épanoui de joie ; il

---

1. Il y a ici *Théot.*, en abrégé, dans les trois premières éditions.

la quitte pour l'*Orientale*, de là il va à la *Veuve*, il passe au *Drap d'or*, de celle-ci à l'*Agathe*, d'où il revient enfin à la *Solitaire*, où il se fixe, où il se lasse, où il s'assit[1], où il oublie de dîner : aussi est-elle nuancée, bordée, huilée, à pièces emportées; elle a un beau vase ou un beau calice : il la contemple, il l'admire. Dieu et la nature sont en tout cela ce qu'il n'admire point; il ne va pas plus loin que l'oignon de sa tulipe, qu'il ne livreroit pas pour mille écus, et qu'il donnera pour rien quand les tulipes seront négligées et que les œillets auront prévalu. Cet homme raisonnable, qui a une âme, qui a un culte et une religion, revient chez soi fatigué, affamé, mais fort content de sa journée : il a vu des tulipes[2]. (ÉD. 6.)

Parlez à cet autre de la richesse des moissons, d'une ample récolte, d'une bonne vendange : il est curieux de fruits; vous n'articulez pas, vous ne vous faites pas entendre. Parlez-lui de figues et de melons, dites que les poiriers rompent de fruit cette année, que les pêchers[3] ont donné avec abondance; c'est pour lui un idiome inconnu : il s'attache aux seuls pruniers, il ne vous répond pas. Ne l'entretenez pas même de vos pruniers : il n'a

---

1. Voyez le *Lexique*.
2. « Il n'y a point de si petits caractères qu'on ne puisse rendre agréables par le coloris; le Fleuriste de la Bruyère en est la preuve. » (OEuvres de *Vauvenargues*, édition de M. Gilbert, tome I, p. 438 et 439.) — Nous mettons à profit cette citation exceptionnelle de Vauvenargues pour donner la raison qui nous a fait écarter des notes de cette édition le texte des remarques de Vauvenargues que l'on peut rapprocher de celles de la Bruyère : c'est que nous ne reproduisons au bas des réflexions de notre auteur que celles des écrivains qu'il a pu lire et dont il a pu s'inspirer. Il était intéressant d'indiquer ici les imitations qu'il a faites, mais beaucoup moins, à notre avis, de mentionner celles qu'on a faites de lui après sa mort. On trouvera dans l'excellente édition de Vauvenargues que nous venons de citer les rapprochements qu'il y a lieu de noter entre la Bruyère et lui.
3. *Pêches* dans la 9ᵉ et dans la 10ᵉ édition.

de l'amour que pour une certaine espèce, toute autre que vous lui nommez le fait sourire et se moquer. Il vous mène à l'arbre, cueille artistement cette prune exquise; il l'ouvre, vous en donne une moitié, et prend l'autre : « Quelle chair! dit-il; goûtez-vous cela? cela est-il divin? voilà ce que vous ne trouverez pas ailleurs. » Et là-dessus ses narines s'enflent; il cache avec peine sa joie et sa vanité par quelques dehors de modestie. O l'homme divin en effet! homme[1] qu'on ne peut jamais assez louer et admirer! homme dont il sera parlé dans plusieurs siècles! que je voie sa taille et son visage pendant qu'il vit; que j'observe les traits et la contenance d'un homme qui seul entre les mortels possède une telle prune! (ÉD. 6.)

Un troisième que vous allez voir vous parle des curieux ses confrères, et surtout de *Diognète*. « Je l'admire, dit-il, et je le comprends moins que jamais. Pensez-vous qu'il cherche à s'instruire par les médailles, et qu'il les regarde comme des preuves parlantes de certains faits[2], et des monuments fixes et indubitables de l'ancienne histoire? rien moins. Vous croyez peut-être que toute la peine qu'il se donne pour recouvrer une *tête* vient du plaisir qu'il se fait de ne voir pas une suite d'empereurs interrompue? c'est encore moins. Diognète sait d'une médaille le *frust*, le *feloux*, et la *fleur de coin*[3]; il a une tablette dont toutes les places sont garnies à l'exception d'une seule : ce vide lui blesse la vue, et c'est précisé-

---

1. VAR. (édit. 6) : ô homme.
2. VAR. (édit. 6) : des preuves parlant de certains faits.
3. Une médaille *fruste* est une médaille usée, sur laquelle le type et la légende sont effacés. — *Flou* (du latin *fluidus*) se dit des médailles dont les angles rentrants et saillants sont empâtés. — Une médaille *à fleur de coin* est celle que le frottement n'a pas usée et qui semble avoir été tout récemment frappée par le coin. — *Frust* et *feloux* est l'orthographe des éditions du dix-septième siècle.

ment et à la lettre pour le remplir qu'il emploie son bien et sa vie. (ÉD. 6.)

« Vous voulez, ajoute *Démocède*, voir mes estampes ? » et bientôt il les étale et vous les montre. Vous en rencontrez une qui n'est ni noire, ni nette, ni dessinée, et d'ailleurs moins propre à être gardée dans un cabinet qu'à tapisser, un jour de fête, le Petit-Pont ou la rue Neuve[1] : il convient qu'elle est mal gravée, plus mal dessinée ; mais il assure qu'elle est d'un Italien qui a travaillé peu, qu'elle n'a presque pas été tirée, que c'est la seule qui soit en France de ce dessin[2], qu'il l'a achetée très-cher, et qu'il ne la changeroit pas pour ce qu'il a de meilleur. « J'ai, continue-t-il, une sensible affliction, et qui m'obligera de renoncer[3] aux estampes pour le reste de mes jours : j'ai tout *Callot*[4], hormis une seule, qui n'est pas, à la vérité, de ses bons ouvrages ; au contraire c'est un des moindres, mais qui m'achèveroit Callot : je travaille depuis vingt ans à recouvrer cette estampe, et je désespère enfin d'y réussir ; cela est bien rude ! » (ÉD. 6.)

Tel autre fait la satire de ces gens qui s'engagent par inquiétude ou par curiosité dans de longs voyages, qui ne font ni mémoires ni relations, qui ne portent point de tablettes ; qui vont pour voir, et qui ne voient pas, ou qui oublient ce qu'ils ont vu ; qui desirent seulement de connoître de nouvelles tours ou de nouveaux clochers, et de passer des rivières qu'on n'appelle ni la Seine ni la Loire ; qui sortent de leur patrie pour y retourner, qui aiment

---

1. Le Petit-Pont était alors couvert de maisons. On les tapissait de tentures et d'images, ainsi que celles de la rue Neuve, c'est-à-dire de la rue Neuve-Notre-Dame, les jours de procession.
2. *Dessein* dans les éditions du dix-septième siècle.
3. VAR. (édit 6-8) : m'obligera à renoncer.
4. Jacques Callot, peintre, dessinateur et graveur, mort en 1653. — Son nom est imprimé *Calot* dans les éditions du dix-septième siècle.

à être absents, qui veulent un jour être revenus de loin : et ce satirique parle juste, et se fait écouter. (ÉD. 6.)

Mais quand il ajoute que les livres en apprennent plus que les voyages, et qu'il m'a fait comprendre par ses discours qu'il a une bibliothèque, je souhaite de la voir : je vais trouver cet homme, qui me reçoit dans une maison où dès l'escalier je tombe en foiblesse d'une odeur de maroquin noir dont ses livres sont tous couverts. Il a beau me crier aux oreilles, pour me ranimer, qu'ils sont dorés sur tranche, ornés de filets d'or, et de la bonne édition, me nommer les meilleurs l'un après l'autre, dire que sa galerie est remplie à quelques endroits près, qui sont peints de manière qu'on les prend pour de vrais livres arrangés sur des tablettes, et que l'œil s'y trompe, ajouter qu'il ne lit jamais, qu'il ne met pas le pied dans cette galerie, qu'il y viendra pour me faire plaisir ; je le remercie de sa complaisance, et ne veux, non plus que lui, voir sa tannerie [1], qu'il appelle bibliothèque. (ÉD. 6.)

Quelques-uns par une intempérance de savoir, et par ne pouvoir se résoudre à renoncer à aucune sorte de connoissance, les embrassent toutes et n'en possèdent aucune : ils aiment mieux savoir beaucoup que de savoir bien, et être foibles et superficiels dans diverses sciences que d'être sûrs et profonds dans une seule. Ils trouvent en toutes rencontres celui qui est leur maître et qui les redresse ; ils sont les dupes de leur vaine curiosité, et ne peuvent au plus, par de longs et pénibles efforts, que se tirer d'une ignorance crasse. (ÉD. 6.)

D'autres ont la clef des sciences, où ils n'entrent jamais : ils passent leur vie à déchiffrer les langues orientales et les langues du nord, celles des deux Indes, celles des deux pôles, et celle qui se parle dans la lune. Les

---

1. VAR. (édit. 6-8) : visiter sa tannerie.

idiomes les plus inutiles, avec les caractères les plus bizarres et les plus magiques, sont précisément ce qui réveille leur passion et qui excite leur travail; ils plaignent ceux qui se bornent ingénument à savoir leur langue, ou tout au plus la grecque et la latine. Ces gens lisent toutes les histoires et ignorent l'histoire; ils parcourent tous les livres, et ne profitent d'aucun; c'est en eux une stérilité de faits et de principes qui ne peut être plus grande, mais à la vérité la meilleure récolte et la richesse la plus abondante de mots et de paroles qui puisse s'imaginer : ils plient sous le faix; leur mémoire en est accablée, pendant que leur esprit demeure vide. (ÉD. 6.)

Un bourgeois aime les bâtiments; il se fait bâtir un hôtel si beau, si riche et si orné, qu'il est inhabitable. Le maître, honteux de s'y loger, ne pouvant peut-être se résoudre à le louer à un prince ou à un homme d'affaires, se retire au galetas, où il achève sa vie, pendant que l'enfilade[1] et les planchers de rapport[2] sont en proie aux Anglois et aux Allemands qui voyagent, et qui viennent là du Palais-Royal, du palais L.. G...[3] et du Luxembourg.

1. « *Enfilade* ne se dit proprement que d'une longue suite de chambres sur une même ligne. » (*Dictionnaire de l'Académie*, 1694.)
2. Les planchers en marqueterie.
3. Suivant les plus anciennes clefs, c'est l'hôtel Langlée que la Bruyère veut désigner ici, et cette interprétation nous semble plus juste que celle des commentateurs qui ont vu dans les initiales L. G. une allusion à l'hôtel Lesdiguières. La Bruyère a déjà pris à partie le parvenu Langlée et sa « superbe » demeure*; de plus le nombre de points qui dans les éditions 6 et 7 suivent les deux initiales répondent exactement au nom de Langlée : « L.. G...; » or c'est dans ces deux éditions qu'il faut chercher l'indication de la pensée de la Bruyère, et non dans les suivantes, où la distraction des imprimeurs a introduit un point de plus (L... G...). L'hôtel Langlée, construit par Gérard Huet dans la rue Neuve-des-Petits-Champs, était « d'une

* Voyez tome I, p. 251 et 252, n° 21; p. 302, n° 18; p. 486 et 487, note XIV; et p. 521 et suivantes, note III.

On heurte sans fin à cette belle porte ; tous demandent à voir la maison, et personne à voir Monsieur. (ÉD. 6.)

On en sait d'autres qui ont des filles devant leurs yeux, à qui ils ne peuvent pas donner une dot, que dis-je? elles ne sont pas vêtues, à peine nourries ; qui se refusent un tour de lit et du linge blanc ; qui sont pauvres ; et la source de leur misère n'est pas fort loin : c'est un garde-meuble chargé et embarrassé de bustes rares, déjà poudreux et couverts d'ordures, dont la vente les mettroit au large, mais qu'ils ne peuvent se résoudre à mettre en vente. (ÉD. 6.)

Diphile commence par un oiseau et finit par mille : sa maison n'en est pas égayée, mais empestée. La cour, la salle, l'escalier, le vestibule, les chambres, le cabinet, tout est volière ; ce n'est plus un ramage, c'est un vacarme : les vents d'automne et les eaux dans leurs plus grandes crues ne font pas un bruit si perçant et si aigu ; on ne s'entend non plus parler les uns les autres que dans ces chambres où il faut attendre, pour faire le compliment d'entrée, que les petits chiens aient aboyé. Ce n'est plus pour Diphile un agréable amusement, c'est une affaire laborieuse, et à laquelle à peine il peut suffire. Il passe les jours, ces jours qui échappent et qui ne reviennent plus, à verser du grain et à nettoyer des ordures. Il donne pension à un homme qui n'a point d'autre ministère que de siffler des serins au flageolet et de faire couver des *Canaries*[1]. Il est vrai que ce qu'il dé-

---

grande et belle apparence, » dit G. Brice (*Description nouvelle de Paris*, tome I, p. 284, édition de 1713), « les appartements d'en haut et d'en bas, » ajoute-t-il, avaient « tout ce que l'on peut desirer. » Voyez aussi Piganiol de la Force (*Description de Paris*, tome II, p. 465, édition de 1742).

1. Ce mot est ainsi imprimé dans les cinq premières éditions (et de même dans le *Dictionnaire* de Richelet, 1680), comme le nom même des îles d'où viennent ces serins.

pense d'un côté, il l'épargne de l'autre, car ses enfants sont sans maîtres et sans éducation. Il se renferme le soir, fatigué de son propre plaisir, sans pouvoir jouir du moindre repos que ses oiseaux ne reposent, et que ce petit peuple, qu'il n'aime que parce qu'il chante, ne cesse de chanter. Il retrouve ses oiseaux dans son sommeil : lui-même il est oiseau, il est huppé, il gazouille, il perche ; il rêve la nuit qu'il mue ou qu'il couve. (ÉD. 6.)

Qui pourroit épuiser tous les différents genres de curieux? Devineriez-vous, à entendre parler celui-ci de son *léopard*, de sa *plume*, de sa *musique*[1], les vanter comme ce qu'il y a sur la terre de plus singulier et de plus merveilleux, qu'il veut vendre ses coquilles? Pourquoi non, s'il les achète au poids de l'or? (ÉD. 6.)

Cet autre aime les insectes ; il en fait tous les jours de nouvelles emplettes : c'est surtout le premier homme de l'Europe pour les papillons ; il en a de toutes les tailles et de toutes les couleurs. Quel temps prenez-vous pour lui rendre visite ? il est plongé dans une amère douleur; il a l'humeur noire, chagrine, et dont toute la famille souffre : aussi a-t-il fait une perte irréparable. Approchez, regardez ce qu'il vous montre sur son doigt, qui n'a plus de vie et qui vient d'expirer : c'est une chenille, et quelle chenille ! (ÉD. 6.)

3. Le duel est le triomphe de la mode, et l'endroit où elle a exercé sa tyrannie avec plus d'éclat. Cet usage n'a pas laissé au poltron la liberté de vivre ; il l'a mené se faire tuer par un plus brave que soi, et l'a confondu avec un homme de cœur; il a attaché de l'honneur et de la gloire à une action folle et extravagante ; il a été ap-

1. Noms de coquillage. (*Note de la Bruyère.*) — *Coquillage* est au singulier, avec un sens collectif (voyez le *Lexique*), dans les éditions 7-10. La 6e a le pluriel *coquillages*.

prouvé par la présence des rois; il y a eu quelquefois une espèce de religion à le pratiquer; il a décidé de l'innocence des hommes¹, des accusations fausses ou véritables sur des crimes capitaux ; il s'étoit enfin si profondément enraciné dans l'opinion des peuples, et s'étoit si fort saisi de leur cœur et de leur esprit, qu'un des plus beaux endroits de la vie d'un très-grand roi² a été de les guérir de cette folie.

4. Tel a été à la mode, ou pour le commandement des armées et la négociation³ ou pour l'éloquence de la chaire, ou pour les vers, qui n'y est plus. Y a-t-il des hommes qui dégénèrent de ce qu'ils furent autrefois? Est-ce leur mérite qui est usé⁴, ou le goût que l'on avoit pour eux?

5. Un homme à la mode dure peu, car les modes passent : s'il est par hasard homme de mérite, il n'est pas anéanti, et il subsiste encore par quelque endroit : également estimable, il est seulement moins estimé. (ÉD. 4.)

La vertu a cela d'heureux, qu'elle se suffit à elle-même, et qu'elle sait se passer d'admirateurs, de partisans et de protecteurs; le manque d'appui et d'approbation non-seulement ne lui nuit pas, mais il la conserve, l'épure et la rend parfaite; qu'elle soit à la mode, qu'elle n'y soit plus, elle demeure vertu. (ÉD. 6.)

6. Si vous dites aux hommes, et surtout aux grands, qu'un tel a de la vertu, ils vous disent : « Qu'il la garde; »

1. Allusion au duel judiciaire. L'un des derniers duels judiciaires est celui qui eut lieu, le 10 juillet 1547, sous les yeux de Henri II et de sa cour, entre Jarnac et la Châtaigneraye.
2. Louis XIV, qui a rendu plusieurs ordonnances contre le duel.
3. La diplomatie.
4. VAR. (édit. 1 et certains exemplaires de 2) : qui soit usé.

qu'il a bien de l'esprit, de celui surtout qui plaît et qui amuse, ils vous répondent : « Tant mieux pour lui; » qu'il a l'esprit fort cultivé, qu'il sait beaucoup, ils vous demandent quelle heure il est ou quel temps il fait. Mais si vous leur apprenez qu'il y a un *Tigillin*[1] qui *souffle* ou qui *jette en sable*[2] un verre d'eau-de-vie, et chose merveilleuse! qui y revient à plusieurs fois en un repas, alors ils disent : « Où est-il? amenez-le-moi demain, ce soir; me l'amènerez-vous? » On le leur amène; et cet homme, propre à parer les avenues d'une foire et à être montré en chambre pour de l'argent, ils l'admettent dans leur familiarité. (ÉD. 6.)

7. Il n'y a rien qui mette plus subitement un homme à la mode et qui le soulève davantage que le grand jeu : cela va du pair avec la crapule. Je voudrois bien voir un homme poli, enjoué, spirituel, fût-il un CATULLE ou son disciple, faire quelque comparaison avec celui qui vient de perdre huit cents pistoles en une séance. (ÉD. 6.)

8. Une personne à la mode ressemble à une *fleur bleue* qui croît de soi-même dans les sillons, où elle étouffe les épis[3], diminue la moisson, et tient la place de quelque chose de meilleur; qui n'a de prix et de beauté que ce qu'elle emprunte d'un caprice léger qui naît et qui tombe presque dans le même instant : aujourd'hui elle est cou-

---

1. Le nom de Tigillin rappelle ici le souvenir du préfet des cohortes prétoriennes Tigillin ou Tigellin, ministre et favori de Néron, et fameux par ses débauches.
2. « Jeter en sable » signifie, « en termes de débauche, dit le *Dictionnaire de l'Académie* (1694), avaler tout d'un coup et sans prendre haleine. » Le mot *souffler*, pris ici dans le même sens, ne se trouve dans aucun des dictionnaires du temps, et l'Académie ne l'a admis dans aucune de ses éditions (1694-1835). Voyez le *Lexique*.
3. *Épics* dans les anciennes éditions.

DE LA MODE.

rue, les femmes s'en parent ; demain elle est négligée, et rendue au peuple[1]. (éd. 6.)

Une personne de mérite, au contraire, est une fleur qu'on ne désigne pas par sa couleur, mais que l'on nomme par son nom, que l'on cultive pour sa beauté ou pour son odeur[2] ; l'une des grâces de la nature, l'une de ces choses qui embellissent le monde ; qui est de tous les temps et d'une vogue ancienne et populaire ; que nos pères ont estimée, et que nous estimons après nos pères ; à qui le dégoût ou l'antipathie de quelques-uns ne sauroient[3] nuire : un lis, une rose. (éd. 6.)

9. L'on voit *Eustrate* assis dans sa nacelle, où il jouit d'un air pur et d'un ciel serein : il avance d'un bon vent et qui a toutes les apparences de devoir durer ; mais il tombe tout d'un coup, le ciel se couvre, l'orage se déclare, un tourbillon enveloppe la nacelle, elle est submergée : on voit Eustrate revenir sur l'eau et faire quelques efforts ; on espère qu'il pourra du moins se sauver et venir à bord ; mais une vague l'enfonce, on le tient perdu ; il paroît une seconde fois, et les espérances se réveillent, lorsqu'un flot survient et l'abîme : on ne le revoit plus, il est noyé. (éd. 6.)

10. Voiture et Sarrazin étoient nés pour leur siècle, et ils ont paru dans un temps où il semble qu'ils étoient atten-

---

1. « Ces barbeaux qui croissent parmi les blés et le seigle furent un été à la mode dans Paris. Les dames en mettoient pour bouquet. » (*Clefs*.)

2. La leçon que nous avons adoptée : « pour sa beauté ou pour son odeur, » est celle de l'édition où cette réflexion fut publiée pour la première fois, c'est-à-dire de la 6ᵉ. Toutes les éditions suivantes, sans doute par suite d'une faute d'impression, portent : *par sa beauté ou par son odeur*.

3. Var. (édit. 6-8) : ne sauroit.

dus[1]. S'ils s'étoient moins pressés de venir, ils arrivoient trop tard ; et j'ose douter qu'ils fussent tels aujourd'hui qu'ils ont été alors. Les conversations légères, les cercles, la fine plaisanterie, les lettres enjouées et familières, les petites parties où l'on étoit admis seulement avec de l'esprit, tout a disparu. Et qu'on ne dise point qu'ils les feroient revivre : ce que je puis faire en faveur de leur esprit est de convenir que peut-être ils excelleroient dans un autre genre ; mais les femmes sont de nos jours ou dévotes, ou coquettes, ou joueuses, ou ambitieuses, quelques-unes même tout cela à la fois ; le goût de la faveur, le jeu, les galants, les directeurs ont pris la place, et la défendent contre les gens d'esprit[2]. (ÉD. 4.)

11.   Un homme fat et ridicule porte un long chapeau, un pourpoint à ailerons[3], des chausses à aiguillettes[4] et des bottines ; il rêve la veille par où et comment il pourra se faire remarquer le jour qui suit. Un philosophe se laisse habiller par son tailleur : il y a autant de foiblesse à fuir la mode qu'à l'affecter[5].

1. Voiture, que la Bruyère a déjà nommé ailleurs (tome I, p. 128, n° 37), est mort en 1648 ; Sarrasin, qui eut le même genre d'esprit et de badinerie, et aussi les mêmes succès, a vécu jusqu'en 1654.
2. VAR. (édit. 4 et 5) : mais les femmes sont de nos jours ou dévotes ou coquettes ; les galants ou les directeurs ont pris la place, et la défendent contre les beaux esprits.
3. Les ailerons sont de petits bords d'étoffe qui couvraient les coutures du haut des manches d'un pourpoint.
4. C'est-à-dire des chausses au bas desquelles sont attachées, pour ornements, des touffes de rubans ou de cordons ferrés. « En 1687, date de la 1re édition, on ne portait plus, depuis des années, dit avec raison M. Édouard Fournier, de chausses à aiguillettes et de pourpoint à ailerons. » (*Comédie de la Bruyère*, tome I, p. 44.) Il est donc vraisemblable que la Bruyère avait déjà écrit depuis plusieurs années cette remarque, lorsqu'il la publia.
5. Toujours au plus grand nombre on doit s'accommoder,

DE LA MODE.

L'on blâme une mode qui divisant la taille des hommes en deux parties égales, en prend une tout entière[1] pour le buste, et laisse l'autre pour le reste du corps; l'on condamne celle qui fait de la tête des femmes la base d'un édifice à plusieurs étages[2] dont l'ordre et la structure change[3] selon leurs caprices, qui éloigne les cheveux du visage, bien qu'ils ne croissent que pour l'accompagner, qui les relève et les hérisse à la manière des bacchantes, et semble avoir pourvu à ce que les femmes changent leur physionomie douce et modeste en une autre qui soit

12.

> Et jamais il ne faut se faire regarder.
> L'un et l'autre excès choque, et tout homme bien sage
> Doit faire des habits ainsi que du langage,
> N'y rien trop affecter, et sans empressement
> Suivre ce que l'usage y fait de changement.
> Mon sentiment n'est pas qu'on prenne la méthode
> De ceux qu'on voit toujours renchérir sur la mode,
> Et qui dans ces excès dont ils sont amoureux,
> Seroient fâchés qu'un autre eût été plus loin qu'eux ;
> Mon je tiens qu'il est mal, sur quoi que l'on se fonde,
> De fuir obstinément ce que suit tout le monde,
> Et qu'il vaut mieux souffrir d'être au nombre des fous
> Que du sage parti se voir seul contre tous.
>   (Molière, *l'École des Maris*, acte I, scène 1, vers 41-54.)

« A quoi, dit Malebranche en parlant de Tertullien, sert par exemple à cet auteur, qui veut se justifier d'avoir pris le manteau de philosophe au lieu de la robe ordinaire, de dire que ce manteau avoit autrefois été en usage dans la ville de Carthage? Est-il permis présentement de prendre la toque et la fraise, à cause que nos pères s'en sont servis? Et les femmes peuvent-elles porter des vertugadins, et des chaperons, et des escoëffions, si ce n'est au carnaval, lorsqu'elles veulent se déguiser pour aller en masque? » (*De la Recherche de la vérité*, livre II, 3ᵉ partie, chapitre III, tome I, p. 302, édition de 1675.) — La Bruyère a reproduit ce dernier trait à la fin de la remarque suivante, n° 12.

1. « Toute entière, » dans les éditions du dix-septième siècle.

2. Et qu'une main savante, avec tant d'artifice,
    Bâtit de ses cheveux le galant édifice.
                (Boileau, *satire* X, vers 193 et 194.)

3. *Changent*, au pluriel, dans les éditions 7 et 8.

fière et audacieuse; on se récrie enfin contre une telle ou une telle mode, qui cependant, toute bizarre qu'elle est, pare et embellit pendant qu'elle dure, et dont l'on tire tout l'avantage qu'on en peut espérer, qui est de plaire. Il me paroît[1] qu'on devroit seulement admirer l'inconstance et la légèreté des hommes, qui attachent successivement les agréments et la bienséance à des choses tout opposées, qui emploient pour le comique et pour la mascarade ce qui leur a servi de parure grave et d'ornements les plus sérieux; et que si peu de temps en fasse la différence[2]. (ÉD. 4.)

13. N... est riche, elle mange bien, elle dort bien; mais les coiffures changent, et lorsqu'elle y pense le moins, et qu'elle se croit heureuse, la sienne est hors de mode. (ÉD. 6.)

14. *Iphis* voit à l'église un soulier d'une nouvelle mode; il regarde le sien et en rougit; il ne se croit plus habillé. Il étoit venu à la messe pour s'y montrer, et il se cache; le voilà retenu par le pied dans sa chambre tout le reste du jour. Il a la main douce, et il l'entretient avec une pâte de

1. VAR. (édit. 4) : Il me semble.
2. « .... Ie me plains de sa particuliere indiscretion (*celle de « nostre peuple »*), de se laisser si fort piper et aueugler à l'auctorité de l'usage present, qu'il soit capable de changer d'opinion et d'aduis touts les mois, s'il plaist à la coustume, et qu'il iuge si diuersement de soy mesme. Quand il portoit le busc de son pourpoinct entre les mammelles, il maintenoit par vifues raisons qu'il estoit en son vray lieu : quelques annees aprez, le voyla aualé iusques entre les cuisses ; il se mocque de son aultre usage, le treuue inepte et insupportable. La façon de se vestir presente luy faict incontinent condamner l'ancienne, d'une resolution si grande et d'un consentement si uniuersel, que vous diriez que c'est quelque espece de manie qui lui tourneboule ainsi l'entendement. » (Montaigne, livre I, chapitre XLIX, tome I, p. 448.)

senteur; il a soin de rire pour montrer ses dents; il fait la petite bouche, et il n'y a guère de moments où il ne veuille sourire; il regarde ses jambes, il se voit au miroir : l'on ne peut être plus content de personne qu'il l'est de lui-même; il s'est acquis une voix claire et délicate, et heureusement il parle gras; il a un mouvement de tête, et je ne sais quel adoucissement dans les yeux, dont il n'oublie pas de s'embellir[1]; il a une démarche molle et le plus joli maintien qu'il est capable de se procurer; il met du rouge, mais rarement, il n'en fait pas habitude. Il est vrai aussi qu'il porte des chausses et un chapeau, et qu'il n'a ni boucles d'oreilles ni collier de perles; aussi ne l'ai-je pas mis dans le chapitre des femmes. (ÉD. 6.)

15. Ces mêmes modes que les hommes suivent si volontiers pour leurs personnes, ils affectent de les négliger dans leurs portraits, comme s'ils sentoient ou qu'ils prévissent l'indécence et le ridicule où elles peuvent tomber dès qu'elles auront perdu ce qu'on appelle la fleur ou l'agrément de la nouveauté; ils leur préfèrent une parure arbitraire, une draperie indifférente, fantaisies du peintre qui ne sont prises ni sur l'air ni sur le visage, qui ne rappellent ni les mœurs ni la personne. Ils aiment des attitudes forcées ou immodestes, une manière dure, sauvage, étrangère, qui font un capitan d'un jeune abbé, et un matamore d'un homme de robe; une Diane d'une femme de ville; comme d'une femme simple et timide

---

1. C'est ainsi que l'on voit, dans la VIIIe *satire* de Regnier (vers 44 et 46), le jeune fat

    Rire hors de propos, montrer ses belles dents,
    . . . .
    Et s'adoucir les yeux ainsi qu'une poupée.

une amazone ou une Pallas; une Laïs d'une honnête fille; un Scythe, un Attila[1], d'un prince qui est bon et magnanime. (ÉD. 6.)

Une mode a à peine détruit une autre mode, qu'elle est abolie par une plus nouvelle, qui cède elle-même à celle qui la suit, et qui ne sera pas la dernière : telle est notre légèreté. Pendant ces révolutions, un siècle s'est écoulé, qui a mis toutes ces parures au rang des choses passées et qui ne sont plus. La mode alors la plus curieuse et qui fait plus de plaisir à voir, c'est la plus ancienne : aidée du temps et des années, elle a le même agrément dans les portraits qu'a la saye[2] ou l'habit romain sur les théâtres, qu'ont la mante, le voile et la tiare[3] dans nos tapisseries et dans nos peintures. (ÉD. 6.)

Nos pères nous ont transmis, avec la connoissance de leurs personnes, celle de leurs habits, de leurs coiffures, de leurs armes[4], et des autres ornements qu'ils ont aimés pendant leur vie. Nous ne saurions bien reconnoître cette sorte de bienfait qu'en traitant de même nos descendants. (ÉD. 6.)

16. Le courtisan autrefois avoit ses cheveux, étoit en chausses et en pourpoint, portoit de larges canons, et il étoit libertin[5]. Cela ne sied plus : il porte une perruque, l'habit serré, le bas uni, et il est dévot : tout se règle par la mode.

---

1. Il y a *Capitan*, *Matamor* (sic), *Diane*, *Pallas*, *laïs*, et *Attila*, en italique, dans la 6ᵉ édition ; « une *laïs* » y est écrit sans majuscule
2. VAR. (édit. 6) : le saye. Voyez le *Lexique*.
3. Habits des Orientaux. (*Note de la Bruyère*, qui s'applique aux trois mots *mante*, *voile* et *tiare*.) — Au dix-septième siècle, le mot *mante* désignait un grand voile noir, traînant jusqu'à terre, que les dames portaient dans les cérémonies et surtout dans le deuil.
4. Offensives et défensives. (*Note de la Bruyère*.)
5. C'est-à-dire irréligieux.

DE LA MODE.

17. Celui qui depuis quelque temps à la cour étoit dévot, et par là, contre toute raison, peu éloigné du ridicule, pouvoit-il espérer de devenir à la mode?

18. De quoi n'est point capable un courtisan dans la vue de sa fortune, si pour ne la pas manquer il devient dévot?

19. Les couleurs sont préparées, et la toile est toute prête ; mais comment le fixer, cet homme inquiet, léger, inconstant, qui change de mille et mille figures? Je le peins dévot, et je crois l'avoir attrapé; mais il m'échappe, et déjà il est libertin. Qu'il demeure du moins dans cette mauvaise situation, et je saurai le prendre dans un point de déréglement de cœur et d'esprit où il sera reconnoissable ; mais la mode presse, il est dévot. (ÉD. 4.)

20. Celui qui a pénétré la cour connoît ce que c'est que vertu et ce que c'est que dévotion[1] : il ne peut plus s'y tromper. (ÉD. 6.)

21. Négliger vêpres comme une chose antique et hors de mode, garder sa place soi-même pour le salut, savoir les êtres de la chapelle[2], connoître le flanc[3], savoir où l'on est vu et où l'on n'est pas vu ; rêver dans l'église à Dieu et à ses affaires, y recevoir des visites, y donner des ordres et des commissions, y attendre les réponses ;

---

1. Fausse dévotion. (*Note de la Bruyère*.)
2. Il s'agit de la chapelle du château de Versailles. La grande affaire au salut était de se placer de manière à être vu, et particulièrement à être vu du Roi. Saint-Simon a raconté comment il arriva que Louis XIV trouva la chapelle déserte, un jour qu'un officier des gardes, pour jouer un tour aux dames qui avaient pris leur place avant l'heure, annonça tout haut que le Roi ne viendrait pas au salut : voyez ses *Mémoires*, tome VI, p. 205 et 206.
3. C'est-à-dire, comme l'expliquent les mots suivants, la partie que *flanque*, que voit la tribune royale. Voyez le *Lexique*.

avoir un directeur mieux écouté que l'Évangile ; tirer toute sa sainteté et tout son relief de la réputation de son directeur, dédaigner ceux dont le directeur a moins de vogue, et convenir à peine de leur salut; n'aimer de la parole de Dieu que ce qui s'en prêche chez soi ou par son directeur, préférer sa messe aux autres messes, et les sacrements donnés de sa main à ceux qui ont moins de cette circonstance ; ne se repaître que de livres de spiritualité, comme s'il n'y avoit ni Évangiles, ni Épîtres des Apôtres, ni morale des Pères; lire ou parler un jargon inconnu aux premiers siècles; circonstancier à confesse les défauts d'autrui, y pallier les siens ; s'accuser de ses souffrances, de sa patience; dire comme un péché son peu de progrès dans l'héroïsme ; être en liaison secrète avec de certaines gens contre certains autres; n'estimer que soi et sa cabale, avoir pour suspecte la vertu même ; goûter, savourer la prospérité et la faveur, n'en vouloir que pour soi, ne point aider au mérite, faire servir la piété à son ambition, aller à son salut par le chemin de la fortune et des dignités[1] : c'est du moins jusqu'à ce jour le plus bel effort de la dévotion du temps. (ÉD. 8.)

Un dévot[2] est celui qui sous un roi athée seroit athée[3]. (ÉD. 7.)

22. Les dévots[4] ne connoissent de crimes que l'inconti-

1. La Bruyère s'est peut-être souvenu d'un vers de *Tartuffe* :
Ces gens, dis-je, qu'on voit d'une ardeur non commune
Par le chemin du ciel courir à leur fortune....
(Acte I, scène v, vers 369 et 370.)
2. Faux dévot. (*Note de la Bruyère.*)
3. *Seroit dévot*, dans la 9e édition : la note de la Bruyère que nous venons de reproduire, et qui a été conservée dans la 9e édition, montre que cette variante n'est qu'une faute d'impression.
4. Faux dévots. (*Note de la Bruyère.*)

nence, parlons plus précisément, que le bruit ou les dehors de l'incontinence. Si *Phérécide* passe pour être guéri des femmes, ou *Phérénice* pour être fidèle à son mari, ce leur est assez : laissez-les jouer un jeu ruineux, faire perdre leurs créanciers, se réjouir du malheur d'autrui et en profiter, idolâtrer les grands, mépriser les petits, s'enivrer de leur propre mérite, sécher d'envie, mentir, médire, cabaler, nuire, c'est leur état. Voulez-vous qu'ils empiètent sur celui des gens de bien, qui avec les vices cachés fuient encore l'orgueil et l'injustice ? (ÉD. 7.)

Quand un courtisan[1] sera humble, guéri du faste et de l'ambition; qu'il n'établira point sa fortune sur la ruine de ses concurrents; qu'il sera équitable, soulagera ses vassaux, payera ses créanciers; qu'il ne sera ni fourbe ni médisant; qu'il renoncera aux grands repas et aux amours illégitimes; qu'il priera autrement que des lèvres, et même hors de la présence du Prince[2]; quand d'ailleurs il ne sera point d'un abord farouche et difficile; qu'il n'aura point le visage austère et la mine triste; qu'il ne sera point paresseux et contemplatif; qu'il saura rendre par une scrupuleuse attention divers emplois très-compatibles; qu'il pourra et qu'il voudra même tourner son esprit et ses soins aux grandes et laborieuses affaires, à celles surtout d'une suite la plus étendue pour les peuples et pour tout l'État; quand son caractère me fera craindre de le nommer en cet endroit, et que sa modestie l'empêchera, si je ne le nomme pas, de s'y re- 23.

---

1. VAR. (édit. 1-4) : Quand le courtisan.
2. Après ces mots : « et même hors de la présence du Prince, » l'alinéa se terminait ainsi dans les éditions 1-4 : « alors il me persuadera qu'il est dévot. » — Ce qui suit a été ajouté dans la 5ᵉ édition

connoître : alors je dirai de ce personnage : « Il est dévot; » ou plutôt : « C'est un homme donné à son siècle pour le modèle d'une vertu sincère et pour le discernement de l'hypocrite¹. » (ÉD. 1 et 5.)

24. *Onuphre*² n'a pour tout lit qu'une housse de serge grise, mais il couche sur le coton et sur le duvet; de même il est habillé simplement, mais commodément, je veux dire d'une étoffe fort légère en été, et d'une autre fort moelleuse pendant l'hiver; il porte des chemises très-déliées³, qu'il a un très-grand soin de bien cacher. Il ne dit point : *Ma haire et ma discipline*⁴, au contraire; il passeroit pour ce qu'il est, pour un hypocrite, et il veut passer pour ce qu'il n'est pas, pour un homme

---

1. Après ce caractère dans les 4ᵉ et 5ᵉ éditions, et un peu plus loin dans la 6ᵉ (après le caractère d'*Onuphre*, n° 24, et un alinéa qui dans les éditions suivantes a fait partie du chapitre *des Femmes* : voyez tome I, p. 183, n° 43), venait le caractère du vrai dévot :

« Un homme dévot entre dans un lieu saint, perce modestement la foule, choisit un coin pour se recueillir, et où personne ne voit qu'il s'humilie; s'il entend des courtisans qui parlent, qui rient, et qui sont à la chapelle avec moins de silence que dans l'antichambre*, quelque comparaison qu'il fasse de ces personnes avec lui-même, il ne les méprise pas, il ne s'en plaint pas : il prie pour eux. » (ÉD. 4.)

Dans la 7ᵉ édition, la Bruyère a supprimé l'alinéa que nous venons de citer, et s'en est servi pour ajouter un trait au caractère d'*Onuphre* : voyez ci-après, p. 156, note 1.

2. *Onuphre* est le personnage de Tartuffe, tel que le comprend la Bruyère. Le *Tartuffe* de Molière, qu'il faut avoir toujours présent à l'esprit en lisant le caractère d'*Onuphre*, avait été représenté en 1667.

3. C'est-à-dire très-fines.

4. Allusion à la première parole de Tartuffe entrant en scène :

Laurent, serrez ma haire, avec ma discipline.
(*Tartuffe*, acte III, scène II, vers 853.)

* Il s'agit de la chapelle du palais de Versailles et de l'antichambre de l'appartement du Roi.

dévot : il est vrai qu'il fait en sorte que l'on croit, sans qu'il le dise, qu'il porte une haire et qu'il se donne la discipline. Il y a quelques livres répandus dans sa chambre indifféremment ; ouvrez-les : c'est *le Combat spirituel*, *le Chrétien intérieur*, et *l'Année sainte;* d'autres livres sont sous la clef. S'il marche par la ville, et qu'il découvre de loin un homme devant qui il est nécessaire qu'il soit dévot, les yeux baissés, la démarche lente et modeste, l'air recueilli lui sont familiers : il joue son rôle. S'il entre dans une église, il observe d'abord de qui il peut être vu ; et selon la découverte qu'il vient de faire, il se met à genoux et prie, ou il ne songe ni à se mettre à genoux ni à prier. Arrive-t-il vers lui un homme de bien et d'autorité qui le verra et qui peut l'entendre, non-seulement il prie, mais il médite, il pousse des élans et des soupirs[1] ; si l'homme de bien se retire, celui-ci, qui le voit partir, s'apaise et ne souffle pas. Il entre une autre fois dans un lieu saint, perce la foule, choisit un endroit pour se recueillir, et où tout le monde voit qu'il s'humilie : s'il entend des courtisans qui parlent, qui rient, et qui sont à la chapelle avec moins de silence que dans

1. ORGON.
Ha ! si vous aviez vu comme j'en fis rencontre,
Vous auriez pris pour lui l'amitié que je montre :
Chaque jour à l'église il venoit, d'un air doux,
Tout vis-à-vis de moi se mettre à deux genoux.
Il attiroit les yeux de l'assemblée entière
Par l'ardeur dont au ciel il poussoit sa prière ;
Il faisoit des soupirs, de grands élancements,
Et baisoit humblement la terre à tous moments....
(*Tartuffe*, acte I, scène v, vers 281-288.)

— Cléante, frère d'Orgon, revient sur ce trait lorsqu'il peint les hypocrites,

Ces gens qui, par une âme à l'intérêt soumise,
.... veulent acheter crédit et dignités
A prix de faux clins d'yeux et d'élans affectés.
(*Ibidem*, vers 365-368.)

l'antichambre, il fait plus de bruit qu'eux pour les faire taire ; il reprend sa méditation, qui est toujours la comparaison qu'il fait de ces personnes avec lui-même, et où il trouve son compte [1]. Il évite une église déserte et solitaire, où il pourroit entendre deux messes de suite, le sermon, vêpres et complies, tout cela entre Dieu et lui, et sans que personne lui en sût gré : il aime la paroisse, il fréquente les temples où se fait un grand concours ; on n'y manque point son coup, on y est vu. Il choisit deux ou trois jours dans toute l'année, où à propos de rien il jeûne ou fait abstinence ; mais à la fin de l'hiver il tousse, il a une mauvaise poitrine, il a des vapeurs, il a eu la fièvre : il se fait prier, presser, quereller pour rompre le carême dès son commencement, et il en vient là par complaisance. Si Onuphre est nommé arbitre dans une querelle de parents ou dans un procès de famille, il est pour les plus forts, je veux dire pour les plus riches, et il ne se persuade point que celui ou celle qui a beaucoup de bien puisse avoir tort [2]. S'il se trouve bien d'un homme opulent, à qui il a su imposer, dont il est le parasite, et dont il peut tirer de grands secours, il ne cajole point sa femme, il ne lui fait du moins ni avance [3] ni déclaration ; il s'enfuira, il lui laissera son manteau, s'il n'est aussi sûr d'elle que de lui-même. Il est encore plus éloigné d'employer pour la flatter et pour la séduire le jargon de la dévotion [4] ; ce n'est point par habitude qu'il

1. Toute cette phrase, depuis les mots : « Il entre une autre fois dans un lieu saint, » a été ajoutée dans la 7e édition. La Bruyère y a placé un trait emprunté au caractère du vrai dévot, caractère qu'il avait inséré dans les éditions 4, 5 et 6, et qu'il a supprimé dans la 7e : voyez ci-dessus, p. 154, note 1.
2. Cette phrase, depuis les mots : « Si Onuphre est nommé arbitre, » a été ajoutée dans la 7e édition.
3. *Avances*, au pluriel, dans la 6e édition.
4. Fausse dévotion. (*Note de la Bruyère.*)

le parle, mais avec dessein, et selon qu'il lui est utile, et jamais quand il ne serviroit qu'à le rendre très-ridicule. Il sait[1] où se trouvent des femmes plus sociables et plus dociles que celle de son ami ; il ne les abandonne pas pour longtemps, quand ce ne seroit que pour faire dire de soi dans le public qu'il fait des retraites : qui en effet pourroit en douter, quand on le revoit paroître avec un visage exténué et d'un homme qui ne se ménage point? Les femmes d'ailleurs qui fleurissent et qui prospèrent à l'ombre de la dévotion[2] lui conviennent, seulement avec cette petite différence qu'il néglige celles qui ont vieilli, et qu'il cultive les jeunes, et entre celles-ci les plus belles et les mieux faites, c'est son attrait : elles vont, et il va; elles reviennent, et il revient; elles demeurent, et il demeure; c'est en tous lieux et à toutes les heures qu'il a la consolation de les voir : qui pourroit n'en être pas édifié? elles sont dévotes et il est dévot. Il n'oublie pas de tirer avantage de l'aveuglement de son ami, et de la prévention où il l'a jeté en sa faveur; tantôt il lui emprunte de l'argent, tantôt il fait si bien que cet ami lui en offre : il se fait reprocher de n'avoir pas recours à ses amis dans ses besoins; quelquefois il ne veut pas recevoir une obole sans donner un billet, qu'il est bien sûr de ne jamais retirer; il dit une autre fois, et d'une certaine manière, que rien ne lui manque, et c'est lorsqu'il ne lui faut qu'une petite somme; il vante quelque autre fois publiquement la générosité de cet homme, pour le piquer d'honneur et le conduire à lui faire une grande largesse. Il ne pense point à profiter de toute sa succession, ni à s'attirer une donation générale de tous ses biens, s'il s'agit surtout de les enlever à

1. Cette phrase et la suivante, jusqu'aux mots : « elles sont dévotes et il est dévot, » inclusivement, ont été ajoutées dans la 7e édition.
2. Fausse dévotion. (*Note de la Bruyère.*)

un fils, le légitime héritier : un homme dévot[1] n'est ni avare, ni violent, ni injuste, ni même intéressé; Onuphre n'est pas dévot, mais il veut être cru tel, et par une parfaite, quoique fausse imitation de la piété, ménager sourdement ses intérêts : aussi ne se joue-t-il pas à la ligne directe, et il ne s'insinue jamais dans une famille où se trouvent tout à la fois une fille à pourvoir et un fils à établir; il y a là des droits trop forts et trop inviolables : on ne les traverse point sans faire de l'éclat (et il l'appréhende), sans qu'une pareille entreprise vienne aux oreilles du Prince, à qui il dérobe sa marche, par la crainte qu'il a d'être découvert et de paroître ce qu'il est[2]. Il en veut à la ligne collatérale : on l'attaque plus impunément; il est la terreur des cousins et des cousines, du neveu et de la nièce, le flatteur et l'ami déclaré de tous les oncles qui ont fait fortune; il se donne pour l'héritier légitime de tout vieillard qui meurt riche et sans enfants, et il faut que celui-ci le déshérite, s'il veut que ses parents recueillent sa succession; si Onuphre ne trouve pas jour à les en frustrer à fond, il leur en ôte du moins une bonne partie[3] : une petite calomnie, moins que cela, une légère médisance lui suffit pour ce pieux dessein, et c'est le talent qu'il possède à un plus haut degré de per-

1. Il est presque superflu de dire qu'il s'agit cette fois du vrai dévot.

2.   L'EXEMPT, à *Orgon*.
Remettez-vous, Monsieur, d'une alarme si chaude :
Nous vivons sous un prince ennemi de la fraude,
Un prince dont les yeux se font jour dans les cœurs,
Et que ne peut tromper tout l'art des imposteurs....
Celui-ci n'étoit pas pour le pouvoir surprendre,
Et de piéges plus fins on le voit se défendre....
(*Tartuffe*, acte V, scène VII, vers 1905-1918.)

3. VAR. (édit. 6) : Il en veut à la ligne collatérale : on l'attaque plus impunément, et s'il ne peut la frustrer à fond de l'hérédité où elle aspire, il lui en ôte du moins une bonne partie.

fection; il se fait même souvent un point de conduite de ne le pas laisser inutile : il y a des gens, selon lui, qu'on est obligé en conscience de décrier¹, et ces gens sont ceux qu'il n'aime point, à qui il veut nuire, et dont il desire la dépouille. Il vient à ses fins sans se donner même la peine d'ouvrir la bouche : on lui parle d'*Eudoxe*, il sourit ou il soupire; on l'interroge, on insiste, il ne répond rien; et il a raison : il en a assez dit. (ÉD. 6.)

Riez, *Zélie*, soyez badine et folàtre à votre ordinaire; qu'est devenue votre joie ? « Je suis riche, dites-vous, me voilà au large, et je commence à respirer. » Riez plus haut, Zélie, éclatez : que sert une meilleure fortune, si elle amène avec soi le sérieux et la tristesse? Imitez les grands qui sont nés dans le sein de l'opulence : ils rient quelquefois, ils cèdent à leur tempérament, suivez le vôtre; ne faites pas dire de vous qu'une nouvelle place ou que quelques mille livres de rente de plus ou de moins vous font passer d'une extrémité à l'autre. « Je tiens, dites-vous, à la faveur par un endroit. » Je m'en doutois, Zélie; mais croyez-moi, ne laissez pas de rire, et même de me sourire en passant, comme autrefois : ne craignez rien, je n'en serai ni plus libre ni plus familier² avec vous; je n'aurai pas une moindre opinion de vous et de votre poste; je croirai également que vous êtes riche et en faveur. « Je suis dévote, » ajoutez-vous. C'est assez, Zélie, et je dois me souvenir que ce n'est plus la sérénité et la joie que le sentiment d'une bonne conscience étale sur le visage; les passions tristes et austères ont pris le dessus et se répandent sur les dehors : elles mènent plus loin, et l'on ne s'étonne plus de voir

25.

---

1. VAR. (édit. 6) : qu'on est obligé de décrier.
2. VAR. (édit. 7 et 8) : ni plus familière.

que la dévotion¹ sache encore mieux que la beauté et la jeunesse rendre une femme fière et dédaigneuse. (ÉD. 7.)

26. L'on a été loin depuis un siècle dans les arts, et dans les sciences, qui toutes ont été poussées à un grand point de raffinement, jusques à celle du salut, que l'on a réduite en règle et en méthode, et augmentée de tout ce que l'esprit des hommes pouvoit inventer de plus beau et de plus sublime. La dévotion² et la géométrie ont leurs façons de parler, ou ce qu'on appelle les termes de l'art : celui qui ne les sait pas n'est ni dévot ni géomètre. Les premiers dévots, ceux mêmes qui ont été dirigés par les Apôtres, ignoroient ces termes, simples gens qui n'avoient que la foi et les œuvres, et qui se réduisoient à croire et à bien vivre. (ÉD. 4.)

27. C'est une chose délicate à un prince religieux de réformer la cour et de la rendre pieuse³ : instruit jusques où le courtisan veut lui plaire, et aux dépens de quoi il feroit sa fortune, il le ménage avec prudence, il tolère, il dissimule, de peur de le jeter dans l'hypocrisie ou le sacrilége; il attend plus de Dieu et du temps que de son zèle et de son industrie.

28. C'est une pratique ancienne dans les cours de donner des pensions et de distribuer des grâces à un musicien, à un maître de danse, à un farceur, à un joueur de flûte, à un flatteur, à un complaisant : ils ont un mérite fixe et des talents sûrs et connus qui amusent les grands et qui les délassent de leur grandeur; on sait que Favier est

---

1. Fausse dévotion. (*Note de la Bruyère.*)
2. Fausse dévotion. (*Note de la Bruyère.*)
3. VAR. (édit. 1) : et la rendre pieuse.

DE LA MODE.

beau danseur, et que Lorenzani fait de beaux motets[1]. Qui sait au contraire si l'homme dévot a de la vertu? Il n'y a rien pour lui sur la cassette ni à l'épargne[2], et avec raison : c'est un métier aisé à contrefaire, qui, s'il étoit récompensé, exposeroit le Prince à mettre en honneur la dissimulation et la fourberie, et à payer pension à l'hypocrite. (ÉD. 8.)

29. L'on espère que la dévotion de la cour ne laissera pas d'inspirer la résidence[3].

30. Je ne doute point que la vraie dévotion ne soit la source du repos; elle fait supporter la vie et rend la mort douce : on n'en tire pas tant de l'hypocrisie. (ÉD. 4.)

31. Chaque heure en soi comme à notre égard est unique : est-elle écoulée une fois, elle a péri entièrement, les millions de siècles ne la ramèneront pas. Les jours, les mois, les années s'enfoncent et se perdent sans retour dans l'abîme des temps; le temps même sera détruit[4] : ce n'est qu'un point dans les espaces immenses de l'éternité, et il sera effacé. Il y a de légères et frivoles circonstances du temps qui ne sont point stables, qui passent, et que j'appelle des modes, la grandeur, la

---

1. Favier, danseur de l'Opéra, qui avait donné des leçons de danse au duc de Bourbon, l'élève de la Bruyère. — Paolo Lorenzani, ancien maître de musique d'Anne d'Autriche, et compositeur de musique religieuse.
2. C'est-à-dire : il n'y a pour lui aucune pension sur la cassette du Roi ni sur le trésor public.
3. VAR. (édit. 1-7) : L'on croit que la dévotion de la cour inspirera enfin la résidence. — Il s'agit de la résidence des évêques dans leurs diocèses.
4. C'est, du moins au sens où on le prend souvent, ce mot de l'*Apocalypse* (chapitre x, verset 6) : *Tempus non erit amplius*, « il n'y aura plus de temps. »

faveur, les richesses, la puissance, l'autorité, l'indépendance, le plaisir, les joies, la superfluité. Que deviendront ces modes quand le temps même aura disparu? La vertu seule, si peu à la mode, va au delà des temps. (ÉD. 5.)

DE QUELQUES USAGES.

Il y a des gens qui n'ont pas le moyen d'être nobles[1].

Il y en a de tels que s'ils eussent obtenu six mois de délai de leurs créanciers, ils étoient nobles[2].

Quelques autres se couchent roturiers, et se lèvent nobles[3].

Combien de nobles dont le père et les aînés sont roturiers!

Tel abandonne son père, qui est connu et dont l'on cite le greffe ou la boutique[4], pour se retrancher sur son aïeul, qui mort depuis longtemps, est inconnu et hors

---

1. Secrétaires du Roi. (*Note de la Bruyère*, qui n'a été insérée que dans les éditions 1-4.) — Les offices de secrétaire du Roi n'étant point les seuls qui rendissent nobles ceux qui les achetaient, nous ne nous étonnons pas que la Bruyère ait effacé la note. Lui-même prit le titre d'écuyer dès qu'il eut acheté une charge de trésorier des finances.

2. Vétérans. (*Note de la Bruyère.*) — On nommait *vétérans* les secrétaires du Roi, et les conseillers de diverses cours souveraines (tels que ceux du Parlement, de la chambre des comptes, de la cour des aides de Paris), qui s'étant défaits de leurs charges après vingt ans d'exercice, conservaient les honneurs et priviléges attachés à leurs offices, et de plus étaient investis du droit de transmettre la noblesse à leurs enfants. Les officiers dont veut parler la Bruyère, poursuivis par des créanciers, et obligés par l'effet des poursuites de se démettre de leur charge avant la fin de leur vingtième année, ne peuvent atteindre la noblesse au premier degré, que devaient leur conférer les *lettres de vétéran*. Pendant l'exercice de leur charge, ils ont joui personnellement des priviléges de la noblesse; mais ils perdent ces priviléges avec la charge.

3. Vétérans. (*Note de la Bruyère.*)

4. Var. (édit. 4-6) : et dont l'on cite ou le greffe ou la boutique.

de prise; il montre ensuite un gros revenu, une grande charge, de belles alliances, et pour être noble, il ne lui manque que des titres. (ÉD. 4.)

3   *Réhabilitations*, mot en usage dans les tribunaux, qui a fait vieillir et rendu gothique celui de *lettres de noblesse*[1], autrefois si françois et si usité; se faire réhabiliter suppose qu'un homme devenu riche, originairement est noble, qu'il est d'une nécessité plus que morale qu'il le soit; qu'à la vérité son père a pu déroger ou par la charrue, ou par la houe, ou par la malle[2], ou par les livrées; mais qu'il ne s'agit pour lui que de rentrer dans les premiers droits de ses ancêtres, et de continuer les armes de sa maison, les mêmes pourtant qu'il a fabriquées, et tout autres que celles de sa vaisselle d'étain[3]; qu'en un mot les lettres de noblesse ne lui conviennent plus; qu'elles n'honorent que le roturier, c'est-à-dire celui qui cherche encore le secret de devenir riche. (ÉD. 6.)

4. Un homme du peuple, à force d'assurer qu'il a vu un prodige, se persuade faussement qu'il a vu un prodige. Celui qui continue de cacher son âge pense enfin lui-même être aussi jeune qu'il veut le faire croire aux autres. De même le roturier qui dit par habitude qu'il

---

1. Le mot de *réhabilitation* n'était d'un usage légitime que dans les cas où une famille noble, après dérogeance, était rétablie dans sa noblesse, et c'est par des *lettres de noblesse* que devaient être anoblis les roturiers. Les roturiers devenus riches demandaient néanmoins des *lettres de réhabilitation*, et les obtenaient très-souvent.

2. *Malle*, panier dans lequel les merciers de campagne transportent leurs marchandises. On dérogeait par le commerce en détail, c'est là ce que rappelle ce mot, et par l'exploitation d'une ferme, ce que rappellent les expressions *par la charrue ou par la houe*.

3. C'est-à-dire tout autres que celles qui ont servi à marquer sa vaisselle d'étain, avant qu'il devînt riche.

tire son origine de quelque ancien baron ou de quelque châtelain¹, dont il est vrai qu'il ne descend pas, a le plaisir de croire qu'il en descend. (éd. 4.)

Quelle est la roture un peu heureuse et établie à qui il manque des armes, et dans ces armes une pièce honorable², des suppôts, un cimier, une devise, et peut-être le cri de guerre³? Qu'est devenue la distinction des casques et des *heaumes*⁴? Le nom et l'usage en sont abolis; il ne s'agit plus de les porter de front ou de côté, ouverts ou fermés, et ceux-ci de tant ou de tant de grilles : on n'aime pas les minuties, on passe droit aux couronnes, cela est plus simple; on s'en croit digne, on se les adjuge. Il reste encore aux meilleurs bourgeois une certaine pudeur qui les empêche de se parer d'une couronne de marquis, trop satisfaits de la comtale; quelques-uns

5.

---

1. Ce mot est en italique dans les éditions 4-6.
2. Les figures héraldiques se divisent en pièces honorables ou de premier ordre, et en pièces moins honorables ou de second ordre.
3. Le cri de guerre ou cri d'armes, encore plus que les suppôts, le cimier, etc., était l'indice d'une vieille noblesse.
4. Cette phrase ne signifie point que l'on ait jamais, en blason, établi une distinction entre les heaumes et les casques : *heaume* est le mot que l'on trouve dans les anciens auteurs; *casque*, le synonyme qui a pris peu à peu sa place dans la langue héraldique. C'est dans la forme et dans la situation des casques que résidait la distinction dont parle la Bruyère, ainsi qu'il l'explique deux lignes plus bas. Selon que l'on était d'une plus ou moins haute naissance, le casque que l'on figurait au-dessus de son écu avait la visière ouverte ou fermée, et il était placé de front ou de profil. Le casque qui se présentait de front et ouvert indiquait une grande naissance, et le nombre des *grilles*, c'est-à-dire des barreaux qui étaient placés dans la visière du casque et en fermaient l'ouverture, servait à marquer le degré de la noblesse. Les nouveaux anoblis devaient au contraire figurer le casque de profil, avec la visière close et abattue. Ces règles arbitraires ne furent observées que pendant fort peu de temps, si jamais elles le furent.

même ne vont pas la chercher fort loin, et la font passer[1] de leur enseigne à leur carrosse. (ÉD. 4.)

6. Il suffit de n'être point né dans une ville, mais sous une chaumière répandue dans la campagne, ou sous une ruine qui trempe dans un marécage et qu'on appelle château, pour être cru noble sur sa parole[2].

7. Un bon gentilhomme veut passer pour un petit seigneur, et il y parvient. Un grand seigneur affecte la principauté, et il use de tant de précautions, qu'à force de beaux noms, de disputes sur le rang et les préséances, de nouvelles armes, et d'une généalogie que D'HOZIER[3] ne lui a pas faite, il devient enfin un petit prince[4]. (ÉD. 4.)

8. Les grands en toutes choses se forment et se moulent sur de plus grands, qui de leur part, pour n'avoir rien

---

1. VAR. (édit. 4) : quelques-uns même ne l'empruntent de personne, et la font passer, etc. — « Les armoiries des nouvelles maisons sont pour la plus grande partie les enseignes de leurs anciennes boutiques. » (*Menagiana*, tome III, p. 350.)

2. Qui diable vous a fait aussi vous aviser
A quarante-deux ans de vous débaptiser,
Et d'un vieux tronc pourri de votre métairie
Vous faire dans le monde un nom de seigneurie?...
Je sais un paysan qu'on appeloit Gros Pierre,
Qui n'ayant pour tout bien qu'un seul quartier de terre,
Y fit tout à l'entour faire un fossé bourbeux,
Et de monsieur de l'Isle en prit le nom pompeux.

(Molière, *l'École des Femmes*, acte I, scène I, vers 169-172 et 179-182.)

3. D'Hozier, nom d'une famille célèbre de généalogistes. La Bruyère écrit *d'Hosier*, mais la vraie forme est *d'Hozier*.

4. Tout bourgeois veut bâtir comme les grands seigneurs,
Tout petit prince a des ambassadeurs,
Tout marquis veut avoir des pages.

(La Fontaine, *Fables*, livre I, fable III, *la Grenouille et le Bœuf*, vers 12-14.)

de commun avec leurs inférieurs, renoncent volontiers à toutes les rubriques d'honneurs et de distinctions dont leur condition se trouve chargée, et préfèrent à cette servitude une vie plus libre et plus commode. Ceux qui suivent leur piste observent déjà par émulation cette simplicité et cette modestie : tous ainsi se réduiront par hauteur à vivre naturellement et comme le peuple. Horrible inconvénient ! (éd. 8.)

9. Certaines gens portent trois noms, de peur d'en manquer : ils en ont pour la campagne et pour la ville, pour les lieux de leur service ou de leur emploi. D'autres ont un seul nom dissyllabe, qu'ils anoblissent par des particules dès que leur fortune devient meilleure. Celui-ci par la suppression d'une syllabe[1] fait de son nom obscur un nom illustre ; celui-là par le changement d'une lettre en une autre se travestit[2], et de *Syrus*[3] dévient *Cyrus*. Plusieurs suppriment leurs noms, qu'ils pourroient conserver sans honte, pour en adopter de plus beaux, où ils n'ont qu'à perdre par la comparaison que l'on fait toujours d'eux qui les portent, avec les grands hommes qui les ont portés. Il s'en trouve enfin qui nés à l'ombre des clochers de Paris, veulent être Flamands ou Italiens, comme si la roture n'étoit pas de tout pays, allongent leurs noms françois d'une terminaison étrangère, et croient que venir de bon lieu c'est venir de loin. (éd. 4.)

10. Le besoin d'argent a réconcilié la noblesse avec la

---

1. Dans les éditions 5 et 6 : « par la supposition d'une syllabe. »
2. Dans les éditions 4-6 : « par le changement d'une lettre en un autre se travestit. »
3. Nom d'esclave dans plusieurs comédies de Plaute et de Térence. *Judæis et Syris*, dit Cicéron (*des Provinces consulaires*, chapitre v), *nationibus natis servituti*.

roture, et a fait évanouir la preuve des quatre quartiers[1].

11. A combien d'enfants seroit utile la loi qui décideroit que c'est le ventre qui anoblit! mais à combien d'autres seroit-elle contraire! (ÉD. 4.)

12. Il y a peu de familles dans le monde qui ne touchent aux plus grands princes par une extrémité, et par l'autre au simple peuple[2]. (ÉD. 4.)

13. Il n'y a rien à perdre à être noble : franchises, immunités, exemptions, priviléges, que manque-t-il à ceux qui ont un titre? Croyez-vous que ce soit pour la noblesse que des solitaires[3] se sont faits nobles? Ils ne sont pas

---

1. Alors le noble altier, pressé de l'indigence,
Humblement du faquin rechercha l'alliance,
Avec lui trafiquant d'un nom si précieux,
Par un lâche contrat vendit tous ses aïeux.
(Boileau, *satire* V, vers 121-124.)

2. Sénèque, citant Platon, a exprimé la même pensée au commencement de son *épître* XLIV.

3. Maison religieuse, secrétaire du Roi. (*Note de la Bruyère*, ajoutée à la 7ᵉ édition.) — La maison religieuse dont il s'agit est le couvent des Célestins, qui avait en effet un office de secrétaire du Roi, en touchait les revenus, sans qu'aucun religieux en remplît les fonctions, jouissait, par suite, des franchises et priviléges attachés à la noblesse, et s'empressait de revendiquer judiciairement l'exercice de chacun de ses droits toutes les fois qu'il lui était contesté. La Bruyère semble attribuer à l'acquisition d'un office la singularité qu'il signale; mais les Célestins n'avaient point acheté de titre : le revenu et les priviléges d'un office de secrétaire du Roi leur avaient été concédés par munificence royale au quatorzième siècle. Voyez dans l'*Histoire chronologique de la grande chancellerie de France*, par A. Tessereau, le texte des lettres patentes de 1358 et de 1368 (tome I, p. 20 et suivantes), ainsi que les édits, arrêts, sentences, etc., qui confirment les « franchises, immunités, exemptions, priviléges, » dont parle la Bruyère.

si vains : c'est pour le profit qu'ils en reçoivent. Cela ne leur sied-il pas mieux que d'entrer dans les gabelles[1]? je ne dis pas à chacun en particulier, leurs vœux s'y opposent, je dis même à la communauté. (ÉD. 5.)

14. Je le déclare nettement, afin que l'on s'y prépare et que personne un jour n'en soit surpris : s'il arrive jamais que quelque grand me trouve digne de ses soins, si je fais enfin une belle fortune, il y a un Geoffroy de la Bruyère, que toutes les chroniques[2] rangent au nombre des plus grands seigneurs de France qui suivirent GODEFROY DE BOUILLON à la conquête de la Terre-Sainte : voilà alors de qui je descends en ligne directe[3]. (ÉD. 5.)

15. Si la noblesse est vertu, elle se perd par tout ce qui n'est pas vertueux; et si elle n'est pas vertu, c'est peu de chose.

16. Il y a des choses qui ramenées à leurs principes et à leur première institution, sont étonnantes et incompré-

---

1. Ce mot est en italique dans les éditions 5 et 6. — Une clef manuscrite nomme les Jésuites en regard de ce membre de phrase : les Jésuites étaient-ils intéressés dans les gabelles?

2. VAR. (édit. 5) : Je le déclare nettement, dit ***, afin que l'on s'y prépare, et que personne un jour n'en soit surpris. Si je fais jamais une belle fortune, il y a un Geoffroy D*** que toutes les chroniques, etc.

3. Ce Geoffroy de la Bruyère n'est pas de l'invention de notre auteur. Un Geoffroy de la Bruyère prit part à la troisième croisade, et mourut au siége de Saint-Jean d'Acre en 1191, où périt également Guillaume de la Rochefoucauld, vicomte de Châtelleraut : en le mettant à la suite de Godefroy de Bouillon, la Bruyère l'a donc fait vivre près d'un siècle trop tôt. Il est nommé *Gaufridus de la Brivere* dans les *Annales rerum Anglicarum* de Roger de Hoveden, et *Gaufridus de la Bruyer* dans la *Vie de Henri II roi d'Angleterre*, de Benoît *Petroburgensis :* voyez le *Recueil des Historiens des Gaules*, tome XVII, p. 512.

hensibles. Qui peut concevoir en effet que certains abbés, à qui il ne manque rien de l'ajustement, de la mollesse et de la vanité des sexes et des conditions, qui entrent auprès des femmes en concurrence avec le marquis et le financier, et qui l'emportent sur tous les deux, qu'eux-mêmes soient originairement et dans l'étymologie de leur nom[1] les pères et les chefs de saints moines et d'humbles solitaires, et qu'ils en devroient être l'exemple? Quelle force, quel empire, quelle tyrannie de l'usage! Et sans parler de plus grands désordres, ne doit-on pas craindre de voir un jour un jeune abbé[2] en velours gris et à ramages comme une éminence, ou avec des mouches et du rouge comme une femme? (ÉD. 4.)

17. Que les saletés des Dieux, la Vénus, le Ganymède et les autres nudités du Carrache aient été faites pour des princes de l'Église, et qui se disent successeurs des Apôtres, le palais Farnèse[3] en est la preuve[4].

    1. *Abbé* vient du syrien *aba*, qui signifie *père*.
    2. VAR. (édit. 4-8) : un simple abbé.
    3. VAR. (édit. 1 et certains exemplaires de 2) : pour les princes de l'Église et les successeurs des Apôtres, le palais Farnèse; (3 et 4, et d'autres exemplaires de 2) : pour des princes de l'Église, le palais Farnèse.
    4. Le palais Farnèse, que fit construire Alexandre Farnèse, et qui, commencé alors qu'Alexandre Farnèse n'était que cardinal, ne fut achevé qu'après son avénement au siége pontifical sous le nom de Paul III, contient une galerie dont le plafond a été peint par Annibal Carrache, aidé de son frère Augustin, du Dominiquin et de quelques autres de ses élèves. Au milieu de la voûte est représenté le triomphe de Bacchus et d'Ariane, dont les chars sont précédés de faunes, de satyres et de bacchantes. Autour de cette composition, l'Aurore enlevant Céphale; Galatée plusieurs fois reproduite, ici parcourant la mer et entourée de nymphes et d'Amours, là écoutant Polyphème, ailleurs fuyant avec Acis; puis Jupiter recevant Junon dans son lit nuptial; Diane caressant Endymion; Hercule et Iole; Anchise et Vénus; Ganymède enlevé par Jupiter, etc. — Voyez le *Guide en Italie*

Les belles choses le sont moins hors de leur place; les bienséances mettent la perfection, et la raison met les bienséances. Ainsi l'on n'entend point une gigue¹ à la chapelle, ni dans un sermon des tons de théâtre; l'on ne voit point d'images profanes² dans les temples, un CHRIST par exemple et le Jugement de Pâris dans le même sanctuaire³, ni à des personnes consacrées à l'Église le train et l'équipage d'un cavalier.

18.

Déclarerai-je donc ce que je pense de ce qu'on appelle dans le monde un beau salut, la décoration souvent profane, les places retenues et payées, des livres distribués comme au théâtre⁴, les entrevues et les rendez-vous fréquents, le murmure et les causeries étourdissantes, quelqu'un monté sur une tribune qui y parle familière-

19.

de M. A. J. du Pays, tome II, p. 251, et les *Curiosités de Rome* de M. Robello, p. 489.

1. Ce mot est en italique dans les éditions 5 et 6. — La *chapelle* est la chapelle du Roi.

2. Tapisseries. (*Note de la Bruyère.* — « Des tapisseries, » dans les éditions 2-4.)

3. « Un Christ par exemple.... dans le même sanctuaire, » membre de phrase ajouté dans la 5ᵉ édition. — Les mots « Jugement de Pâris » sont en italique dans les éditions 5 et 6.

4. Le motet traduit en vers françois par L. L**. (*Note de la Bruyère.*) — « Ces initiales désignent Lorenzani, cité en toutes lettres au chapitre *de la Mode* » (voyez ci-dessus, p. 161, n° 28) : telle est l'interprétation qu'ont acceptée tous les éditeurs modernes, induits en erreur par le souvenir de cette phrase de la Bruyère : « Lorenzani fait de beaux motets, » et de plus par l'annotation des *Clefs* que nous reproduisons dans la note 1 de la page 172. Le nom de Lorenzani cependant, qui ne contient qu'une syllabe commençant par L, ne peut répondre aux initiales L. L. Supposera-t-on que la première initiale soit celle d'un prénom, contrairement aux habitudes de la Bruyère, qui emprunte toujours aux syllabes d'un même nom les initiales qu'il imprime? Il faudrait encore écarter Lorenzani, car son prénom était *Paolo :* voyez le *Mercure galant* de mai 1679, p. 268. Si les deux initiales indiquaient le nom d'un compositeur de musique,

ment, sèchement, et sans autre zèle que de rassembler le peuple, l'amuser, jusqu'à ce qu'un orchestre, le dirai-je? et des voix qui concertent depuis longtemps se fassent entendre? Est-ce à moi à m'écrier que le zèle de la maison du Seigneur me consume, et à tirer le voile léger qui couvre les mystères, témoins d'une telle indécence? Quoi? parce qu'on ne danse pas encore aux TT**, me forcera-t-on d'appeler tout ce spectacle office d'Église[1]? (ÉD. 8.)

20. L'on ne voit point faire de vœux ni de pèlerinages pour obtenir d'un saint d'avoir l'esprit plus doux[2], l'âme plus reconnoissante, d'être plus équitable et moins malfaisant, d'être guéri de la vanité, de l'inquiétude[3] et de la mauvaise raillerie.

21. Quelle idée plus bizarre que de se représenter une

ce pourrait être celui de Lalande, qui composa les plus célèbres motets de cette époque; mais il s'agit ici d'un littérateur et non d'un musicien. Le poëte L. L** était au surplus un personnage bien peu connu de ses contemporains, car son nom a échappé aux auteurs des annotations manuscrites que nous avons vues sur les exemplaires du dix-septième siècle, aussi bien qu'aux auteurs des clefs imprimées.

1. « Allusion aux saluts des PP. Théatins, composés par Lorenzani, Italien, qui a été depuis maître de musique du pape Innocent XII. » (*Clefs.*) — La Bruyère a décrit fidèlement les saluts que les Théatins donnèrent en 1685, ainsi qu'on peut le voir dans l'*Appendice*. « Ces sortes de représentations théâtrales, » l'expression est de Seignelay, étaient annoncées à l'avance par des affiches, et l'on y payait sa chaise dix sous. Quant à la distribution de livrets faite à l'imitation de la distribution des livrets de ballets dans les théâtres*, la Bruyère seul l'a notée.

2. VAR. (édit. 1 et certains exemplaires de 2)' : d'avoir l'esprit plus juste.

3. VAR. (édit. 1 et certains exemplaires de 2) : de l'inquiétude d'esprit.

* Voyez le ballet qui termine *le Bourgeois gentilhomme* de Molière.

foule de chrétiens de l'un et de l'autre sexe, qui se rassemblent à certains jours dans une salle pour y applaudir à une troupe d'excommuniés, qui ne le sont que par le plaisir qu'ils leur donnent, et qui est déjà payé d'avance[1]? Il me semble qu'il faudroit ou fermer les théâtres, ou prononcer moins sévèrement sur l'état des comédiens.

22. Dans ces jours qu'on appelle saints le moine confesse, pendant que le curé tonne en chaire contre le moine et ses adhérents[2]; telle femme pieuse sort de l'autel, qui entend au prône[3] qu'elle vient de faire un sacrilége. N'y a-t-il point dans l'Église une puissance à qui il appartienne ou de faire taire le pasteur, ou de suspendre pour un temps le pouvoir du *barnabite*?

23. Il y a plus de rétribution dans les paroisses pour un mariage que pour un baptême, et plus pour un baptême que pour la confession : l'on diroit que ce soit un taux sur les sacrements, qui semblent par là être appréciés. Ce n'est rien au fond que cet usage; et ceux qui reçoivent pour les choses saintes ne croient point les vendre, comme ceux qui donnent ne pensent point à les acheter : ce sont peut-être des apparences qu'on pourroit épargner aux simples et aux indévots[4].

24. Un pasteur frais et en parfaite santé, en linge fin et en

1. VAR. (édit. 1 et certains exemplaires de 2) : et dont ils sont déjà payés d'avance.
2. Dans les éditions anciennes le mot est écrit comme un participe : *adhérans*.
3. VAR. (édit. 1-3) : qui apprend au prône.
4. VAR. (édit. 1-3) : ce sont peut-être de mauvaises apparences, et qui choquent quelques esprits.

point de Venise, a sa place dans l'œuvre auprès les[1] pourpres et les fourrures[2]; il y achève sa digestion, pendant que le Feuillant ou le Récollet quitte sa cellule et son désert, où il est lié par ses vœux et par la bienséance, pour venir le prêcher, lui et ses ouailles, et en recevoir le salaire, comme d'une pièce d'étoffe. Vous m'interrompez, et vous dites : « Quelle censure ! et combien elle est nouvelle et peu attendue ! Ne voudriez-vous point interdire à ce pasteur et à son troupeau la parole divine et le pain de l'Évangile? » — Au contraire, je voudrois qu'il le distribuât lui-même le matin, le soir, dans les temples, dans les maisons, dans les places, sur les toits, et que nul ne prétendît à un emploi si grand, si laborieux, qu'avec des intentions, des talents et des poumons capables de lui mériter les belles offrandes et les riches rétributions qui y sont attachées[3]. Je suis forcé, il est vrai, d'excuser un curé sur cette conduite par un usage reçu, qu'il trouve établi, et qu'il laissera à son successeur; mais c'est cet usage bizarre et dénué de fondement[4] et d'apparence que je ne puis approuver, et que je goûte

1. *Auprès les* est le texte de toutes les anciennes éditions. Voyez le *Lexique*.

2. C'est-à-dire : a sa place dans le banc-d'œuvre auprès des cardinaux et des docteurs. — Voyez ci-dessus, p. 62, note 1, la définition du mot *fourrure*.

3. Fénelon a exprimé la même pensée dans ses *Dialogues sur l'Éloquence de la chaire*, publiés en 1712 (tome XXI des *OEuvres*, p. 98 et 99) : « Il seroit à souhaiter, écrit-il dans le III⁰ *dialogue*, qu'il n'y eût communément que les pasteurs qui donnassent la pâture aux troupeaux, selon leurs besoins. Pour cela, il ne faudroit d'ordinaire choisir pour pasteurs que des prêtres qui eussent le don de la parole. Il arrive au contraire deux maux : l'un, que les pasteurs muets, ou qui parlent sans talent, sont peu estimés ; l'autre, que la fonction de prédicateur volontaire attire dans cet emploi je ne sais combien d'esprits vains et ambitieux. »

4. VAR. (édit. 6) : mais c'est cet usage bizarre, dénué de fondement, etc.

encore moins que celui de se faire payer quatre fois des mêmes obsèques, pour soi, pour ses droits, pour sa présence, pour son assistance. (ÉD. 6.)

Tite, par vingt années de service dans une seconde 25. place, n'est pas encore digne de la première, qui est vacante : ni ses talents, ni sa doctrine, ni une vie exemplaire, ni les vœux des paroissiens ne sauroient l'y faire asseoir. Il naît de dessous terre un autre clerc[1] pour la remplir. Tite est reculé ou congédié : il ne se plaint pas ; c'est l'usage. (ÉD. 4.)

« Moi, dit le cheffecier[2], je suis maître du chœur; qui 26.

1. Ecclésiastique. (*Note de la Bruyère.*) — C'était l'acception la plus ancienne et la plus ordinaire du mot *clerc*, et d'ailleurs les mots : « le vœu des paroissiens, » indiquaient déjà qu'il s'agissait d'un membre du clergé.
2. Le *Dictionnaire* de Furetière (1690) et le *Dictionnaire de l'Académie* (1694) donnent à ce mot sa forme moderne, *chevecier;* mais Richelet (1680) écrit *chefecier*, et c'est sous cette forme (avec *f* redoublé, *cheffecier*) que le mot se présente dans toutes les éditions des *Caractères*, du dix-septième siècle. Les fonctions du chevecier ont été très-diversement définies : les uns en font le premier du chapitre dans quelques églises collégiales, c'est-à-dire celui qu'on nomme ailleurs le prévôt; d'autres le trésorier du chapitre, c'est-à-dire le chanoine qui a la garde des reliques; d'autres enfin une sorte de sacristain chargé du soin des ornements et du luminaire. Le chevecier de la Bruyère n'est ni le prévôt ni le trésorier, que l'un et l'autre il nomme plus loin, ni un simple sacristain, car il est chanoine, comme tous les personnages de cette scène; le chevecier, dit la Bruyère, est le « maître du chœur: » est-ce à dire que le chevecier dont il s'agit a le soin des objets placés dans le chœur, comme à l'origine il avait celui de tout ce qui était au chevet de l'église? ce serait détourner de son sens habituel l'expression : *maître du chœur*. Si la Bruyère lui conserve la signification qu'elle avait d'ordinaire, le chevecier est ici le dignitaire qui partout ailleurs est appelé le chantre, et dont le *Dictionnaire de Trévoux* donne la définition suivante : « Il porte la chape et le bâton dans les fêtes solennelles,

me forcera d'aller à matines? mon prédécesseur n'y alloit point : suis-je de pire condition? dois-je laisser avilir ma dignité entre mes mains, ou la laisser telle que je l'ai reçue? » — « Ce n'est point, dit l'écolâtre[1], mon intérêt qui me mène, mais celui de la prébende : il seroit bien dur qu'un grand chanoine fût sujet au chœur, pendant que le trésorier, l'archidiacre, le pénitencier et le grand vicaire[2] s'en croient exempts. » — « Je suis bien fondé, dit le prévôt, à demander la rétribution sans me trouver à l'office : il y a vingt années entières que je suis en possession de dormir les nuits ; je veux finir comme j'ai commencé, et l'on ne me verra point déroger à mon titre : que me serviroit d'être à la tête d'un chapitre? mon exemple ne tire point à conséquence. » Enfin c'est entre eux tous à qui ne louera point Dieu, à qui fera

---

et donne le ton aux autres en commençant les psaumes et les antiennes. Le chantre porte dans ses armoiries un bâton de chœur derrière l'écu, pour marque de sa dignité. »

1. L'écolâtre jouissait d'une prébende qui avait été originairement affectée au salaire d'un chanoine chargé d'un enseignement public et gratuit; mais il n'avait plus d'autres fonctions, au dix-septième siècle, que de surveiller les écoles.

2. On confond souvent aujourd'hui les titres d'*archidiacre* et de *grand vicaire ;* mais leurs fonctions étaient distinctes jadis, et celles du grand vicaire plus étendues que celles de l'archidiacre, qui se renfermaient dans les limites de l'un des archidiaconats de l'évêché. L'archidiacre, est-il dit dans le *Dictionnaire de Trévoux* à la fin de l'énumération des pouvoirs qu'avait eus ce dignitaire au moyen âge et qu'il avait perdus, « faisoit la visite dans les paroisses du diocèse où l'évêque l'envoyoit; et c'est maintenant la seule fonction qui lui reste. Il n'a qu'une juridiction momentanée et passagère, et un droit de correction légère en faisant sa visite. On a transporté à l'official toute la juridiction contentieuse. » Il y avait plusieurs archidiacres dans le chapitre d'une église cathédrale ; l'évêque n'y nommait d'ordinaire que deux grands vicaires, qui étaient chargés de l'assister dans ses visites, et de l'aider dans le règlement des affaires du diocèse. — Quant au pénitencier, il avait la mission d'entendre les confessions et le pouvoir d'absoudre dans les cas réservés à l'évêque.

voir par un long usage qu'il n'est point obligé de le faire[1] : l'émulation de ne se point rendre aux offices divins ne sauroit être plus vive ni plus ardente[2]. Les cloches sonnent dans une nuit tranquille ; et leur mélodie, qui réveille les chantres et les enfants de chœur, endort les chanoines, les plonge dans un sommeil doux et facile, et qui ne leur procure que de beaux songes : ils se lèvent tard, et vont à l'église se faire payer d'avoir dormi[3]. (ÉD. 5.)

1. VAR. (édit. 5) : qu'il n'y est pas obligé.
2. Parmi les doux plaisirs d'une paix fraternelle,
Paris voyoit fleurir son antique chapelle :
Ses chanoines vermeils et brillants de santé
S'engraissoient d'une longue et sainte oisiveté.
Sans sortir de leurs lits, plus doux que leurs hermines,
Ces pieux fainéants faisoient chanter matines,
Veilloient à bien dîner, et laissoient en leur lieu
A des chantres gagés le soin de louer Dieu.
(Boileau, *le Lutrin*, chant I, vers 17-24.)

Et encore « le vigilant Girot, » dans le chant IV, s'adressant au chantre (vers 11-14) :

Quel chagrin, lui dit-il, trouble votre sommeil ?
Quoi ? voulez-vous au chœur prévenir le soleil ?
Ah ! dormez ; et laissez à des chantres vulgaires
Le soin d'aller sitôt mériter leurs salaires.

3. La justesse de ces derniers mots a été contestée à bon droit par l'avocat Brillon dans les *Sentiments critiques sur les Caractères* (p. 467 et 468) : « Les chanoines, dit-il, auroient trop d'avantage, si avec celui de ne point aller à matines, ils étoient encore payés d'avoir dormi. On sait qu'il y a deux choses dans les fruits d'un bénéfice, le gros et les distributions manuelles : le gros est une certaine somme accordée au titulaire indépendamment de ses assistances ; les distributions manuelles sont, pour ainsi parler, le droit de présence à l'église. Or un chanoine qui ne va pas à matines n'a pas l'honoraire dû à ceux qui y assistent ; il n'est donc pas payé d'avoir dormi ; au contraire, son sommeil lui coûte, et il achète la liberté de son repos pendant la nuit. » Reprenant pour son compte, dans son *Théophraste moderne* (p. 312), la pensée de la Bruyère, et la renfermant dans ses justes limites, Brillon l'a exprimée ainsi qu'il suit : « Heure pénible que celle des matines ! Il ne tient pas aux

27. Qui pourroit s'imaginer, si l'expérience ne nous le mettoit devant les yeux, quelle peine ont les hommes à se résoudre d'eux-mêmes à leur propre félicité, et qu'on ait besoin de gens d'un certain habit, qui par un discours préparé, tendre et pathétique, par de certaines inflexions de voix, par des larmes, par des mouvements qui les mettent en sueur et qui les jettent dans l'épuisement, fassent enfin consentir un homme chrétien et raisonnable, dont la maladie est sans ressource, à ne se point perdre et à faire son salut? (ÉD. 4.)

28. La fille d'*Aristippe* est malade et en péril; elle envoie vers son père, veut se réconcilier avec lui et mourir dans ses bonnes grâces. Cet homme si sage, le conseil de toute une ville, fera-t-il de lui-même cette démarche si raisonnable? y entraînera-t-il sa femme? ne faudra-t-il point pour les remuer tous deux la machine du directeur? (ÉD. 4.)

29. Une mère, je ne dis pas qui cède et qui se rend à la

chanoines que l'usage n'en soit réformé. Les chantres y vont, et les chanoines gagnent en dormant le gros du bénéfice. » — « Ce caractère, suivant Walckenaer (p. 740) et quelques autres éditeurs de la Bruyère, est évidemment dirigé contre des chanoines de la Sainte-Chapelle. » Cette interprétation, inspirée par le souvenir du *Lutrin* de Boileau, est trop restreinte : la critique est générale et s'adresse à la plupart des chapitres de chanoines, ainsi que le montre bien l'ensemble du morceau. Il n'y a d'ailleurs de grand vicaire, d'archidiacre et de pénitencier que dans un chapitre de cathédrale; or le chapitre de la Sainte-Chapelle n'était pas le chapitre épiscopal de Paris. De plus, le trésorier, qui est ici un dignitaire du second ordre, inférieur à l'écolâtre, était le personnage le plus important de la Sainte-Chapelle : « Le trésorier, dit Boileau dans l'argument qu'il a mis en tête du chant I du *Lutrin*, remplit la première dignité du chapitre dont il est ici parlé, et il officie avec toutes les marques de l'épiscopat. »

vocation de sa fille, mais qui la fait religieuse, se charge d'une âme avec la sienne, en répond à Dieu même, en est la caution. Afin qu'une telle mère ne se perde pas, il faut que sa fille se sauve. (ÉD. 5.)

Un homme joue et se ruine : il marie néanmoins l'aî- 30. née de ses deux filles de ce qu'il a pu sauver des mains d'un *Ambreville* [1] ; la cadette est sur le point de faire ses vœux, qui n'a point d'autre vocation que le jeu de son père. (ÉD. 6.)

Il s'est trouvé des filles qui avoient de la vertu, de 31. la santé, de la ferveur et une bonne vocation, mais qui n'étoient pas assez riches pour faire dans une riche abbaye vœu de pauvreté [2]. (ÉD. 4.)

Celle qui délibère sur le choix d'une abbaye ou d'un 32.

---

1. L'expression *un Ambreville* signifie sans doute un fripon. — Ambreville, dont le nom est écrit *Ambleville* dans la 6e édition et dans le *Journal* de Dangeau (tome I, p. 362), était un célèbre chef de « bohémiens, » c'est-à-dire de vagabonds et d'aventuriers, qui, gracié « pour plusieurs crimes, » fut brûlé en 1686 « pour avoir dit des impiétés abominables, » écrit Dangeau.

2. On lit dans le *Menagiana* (tome I, p. 182), au sujet de Camus, évêque de Belley : « Ce fut lui qui prêchant un jour à Notre-Dame, dit avant que de commencer son sermon : « Messieurs, on recom-
« mande à vos charités une jeune demoiselle qui n'a pas assez de
« bien pour faire vœu de pauvreté. » — « Cela est très-spirituelle-
ment dit, ajoute la Monnoie dans ses annotations du *Menagiana*; mais qui l'a dit le premier? Je croirois que ce seroit Mateo Aleman, auteur de *Gusman d'Alfarache*, imprimé pour la première fois en 1600 (*lisez* : 1599). Le comédien Poisson a employé la même pensée en vers dans la 4e stance de sa *Quête pour faire ses quatre filles religieuses* :

.... Voyons donc ce que j'en dois faire.
Guimpons-les, c'est le mieux, elles le veulent bien.
Mais on ne fait pas vœu de pauvreté pour rien.
Hé bien! quêtons. La cour nous tirera d'affaire. »

simple monastère pour s'y enfermer[1] agite l'ancienne question de l'état populaire et du despotique[2]. (ÉD. 4.)

33. Faire une folie et se marier *par amourette*, c'est épouser *Mélite*, qui est jeune, belle, sage, économe, qui plaît, qui vous aime, qui a moins de bien qu'*Ægine* qu'on vous propose, et qui avec une riche dot apporte de riches dispositions à la consumer, et tout votre fonds[3] avec sa dot. (ÉD. 4.)

34. Il étoit délicat autrefois de se marier; c'étoit un long établissement, une affaire sérieuse, et qui méritoit qu'on y pensât; l'on étoit pendant toute sa vie le mari de sa femme, bonne ou mauvaise : même table, même demeure, même lit; l'on n'en étoit point quitte pour une pension; avec des enfants et un ménage complet, l'on n'avoit pas les apparences et les délices du célibat.

35. Qu'on évite d'être vu seul avec une femme qui n'est point la sienne, voilà une pudeur qui est bien placée : qu'on sente quelque peine à se trouver dans le monde avec des personnes dont la réputation est attaquée, cela n'est pas incompréhensible. Mais quelle mauvaise honte fait rougir un homme de sa propre femme, et l'empêche de paroître dans le public avec celle qu'il s'est choisie pour sa compagne inséparable, qui doit faire sa joie, ses

---

1. VAR. (édit. 4-8) : pour s'y renfermer.
2. Aux abbayes où les abbesses étaient à la nomination du Roi (et il y en avait environ deux cents) la Bruyère oppose les « simples » couvents où les religieuses élisaient leurs supérieures : telle nous paraît être du moins sa pensée; mais la distinction qu'il établit entre les *abbayes* et les *simples monastères* nous semble manquer de précision.
3. Ce mot est imprimé *fond* dans les éditions du dix-septième siècle.

délices et toute sa société ; avec celle qu'il aime et qu'il estime, qui est son ornement, dont l'esprit, le mérite, la vertu, l'alliance lui font honneur? Que ne commence-t-il par rougir de son mariage? (ÉD. 5.)

Je connois la force de la coutume, et jusqu'où elle maîtrise les esprits et contraint les mœurs, dans les choses même les plus dénuées de raison et de fondement; je sens néanmoins que j'aurois l'impudence de me promener au Cours, et d'y passer en revue avec une personne qui seroit ma femme. (ÉD. 5.)

36. Ce n'est pas une honte ni une faute à un jeune homme que d'épouser une femme avancée en âge ; c'est quelquefois prudence, c'est précaution. L'infamie est de se jouer de sa bienfactrice[1] par des traitements indignes, et qui lui découvrent qu'elle est la dupe d'un hypocrite et d'un ingrat. Si la fiction est excusable, c'est où il faut feindre de l'amitié ; s'il est permis de tromper, c'est dans une occasion où il y auroit de la dureté à être sincère. — Mais elle vit longtemps. — Aviez-vous stipulé qu'elle mourût après avoir signé votre fortune et l'acquit de toutes vos dettes? N'a-t-elle plus après ce grand ouvrage qu'à retenir son haleine, qu'à prendre de l'opium ou de la ciguë? A-t-elle tort de vivre? Si même vous mourez avant celle dont vous aviez déjà réglé les funérailles, à qui vous destiniez la grosse sonnerie et les beaux ornements, en est-elle responsable? (ÉD. 5.)

37. Il y a depuis longtemps dans le monde une manière de faire valoir son bien[2], qui continue toujours d'être

---

1. Voyez le *Lexique*.
2. Billets et obligations. (*Note de la Bruyère.*) — Au moyen âge, le droit ecclésiastique et le droit civil défendaient le prêt à intérêt. Cette interdiction, chaque jour violée, n'avait qu'en partie disparu

pratiquée par d'honnêtes gens, et d'être condamnée par d'habiles docteurs.

38. On a toujours vu dans la république de certaines charges qui semblent n'avoir été imaginées la première fois que pour enrichir un seul aux dépens de plusieurs; les fonds ou l'argent des particuliers y coule[1] sans fin et sans interruption[2]. Dirai-je qu'il n'en revient plus, ou qu'il n'en revient que tard? C'est un gouffre, c'est une mer qui reçoit les eaux des fleuves, et qui ne les rend pas; ou si elle les rend, c'est par des conduits secrets et souterrains, sans qu'il y paroisse, ou qu'elle en soit moins grosse et moins enflée; ce n'est qu'après en avoir joui longtemps, et qu'elle ne peut plus les retenir. (ÉD. 4.)

39. Le fonds perdu, autrefois si sûr, si religieux et si inviolable, est devenu avec le temps, et par les soins de

du temps de la Bruyère. Il n'était pas permis, quoiqu'on le fît à chaque instant, de tirer intérêt d'une somme prêtée sur *billet* ou sur *obligation**; l'intérêt n'était licite que dans les cas où, par un contrat de constitution de rente, on abandonnait le capital à l'emprunteur jusqu'à ce qu'il lui plût de le rendre.

1. *Coule* est au singulier dans toutes les anciennes éditions.
2. Greffe, consignation. (*Note de la Bruyère.*) — Cette annotation, qui ne parut que dans la 9ᵉ édition, était devenue nécessaire pour remettre sur la voie les commentateurs qui avaient fait fausse route. Le passage contenait une allusion, prétendaient-ils, soit au surintendant des finances, soit au receveur des confiscations. Mais pourquoi la Bruyère eût-il parlé de la surintendance des finances? Il n'y avait plus de surintendant depuis la chute de Foucquet. D'un autre côté, comment cette réflexion eût-elle pu s'appliquer aux receveurs des confiscations? ne refusaient-ils pas à bon droit de rendre aux particuliers l'argent qu'ils avaient légalement confisqué? Vis-à-vis des greffiers, qui ne devaient retenir les sommes provisoirement déposées entre leurs mains que jusqu'à la solution d'un procès, la plainte de la Bruyère était au contraire fort légitime.

* Le *billet* est un acte d'écriture privé; l'*obligation* un acte public.

ceux qui en étoient chargés, un bien perdu¹. Quel autre secret de doubler mes revenus et de thésauriser ? Entrerai-je dans le huitième denier, ou dans les aides² ? Serai-je avare, partisan, ou administrateur³ ? (ÉD. 6.)

40. Vous avez une pièce d'argent, ou même une pièce d'or; ce n'est pas assez, c'est le nombre qui opère : faites-en, si vous pouvez, un amas considérable et qui s'élève en pyramide, et je me charge du reste. Vous n'avez ni naissance, ni esprit, ni talents, ni expérience, qu'importe ? ne diminuez rien de votre monceau, et je vous placerai si haut que vous vous couvrirez devant votre maître, si vous en avez; il sera même fort éminent, si avec votre métal, qui de jour à autre se multiplie, je ne fais en sorte qu'il se découvre devant vous⁴. (ÉD. 7.)

41. *Orante* plaide depuis dix ans entiers en règlement de juges pour une affaire juste, capitale, et où il y va de toute sa fortune : elle saura peut-être dans cinq années quels seront ses juges, et dans quel tribunal elle doit plaider le reste de sa vie. (ÉD. 4.)

---

1. « Allusion à la banqueroute faite par les hôpitaux de Paris et les Incurables, en 1689. Elle a fait perdre aux particuliers qui avoient des deniers à fonds perdu sur les hôpitaux la plus grande partie de leurs biens : ce qui arriva par la friponnerie de quelques administrateurs que l'on chassa. » (*Clefs.*) — Le fonds perdu est une somme d'argent dont on abandonne le capital, moyennant une rente viagère.

2. C'est-à-dire, dans la ferme du *huitième denier* ou dans celle des aides : sur le *huitième denier*, voyez tome I, p. 250, note 1. Les *aides* étaient des impôts indirects qui portaient principalement sur les boissons.

3. C'est-à-dire, administrateur d'un hôpital.

4. Boileau exprime la même pensée dans la *satire* VIII, vers 179-210.

42. L'on applaudit à la coutume qui s'est introduite dans les tribunaux d'interrompre les avocats au milieu de leur action, de les empêcher d'être éloquents et d'avoir de l'esprit, de les ramener au fait et aux preuves toutes sèches qui établissent leurs causes et le droit de leurs parties[1]; et cette pratique si sévère, qui laisse aux orateurs le regret de n'avoir pas prononcé les plus beaux traits de leurs discours, qui bannit l'éloquence du seul

---

1. Cette coutume s'introduisit, suivant les *Clefs*, sous le premier président de Novion. Nicolas Potier de Novion, nommé premier président du Parlement en 1677, fut obligé de se démettre de ses fonctions, par suite d'abus d'autorité et de malversations, au mois de septembre 1689, c'est-à-dire plusieurs mois après la publication de la 4ᵉ édition, la première qui contienne cet alinéa. Le passage suivant du *Théophraste moderne*, où l'avocat Brillon a paraphrasé la remarque de la Bruyère, montre que la retraite du premier président de Novion n'avait pas mis fin à la « coutume » qu'il avait introduite, et qu'elle subsistait encore en 1700, bien que menacée de disparaître :

« L'éloquence fastueuse est enfin bannie du barreau; elle est rentrée dans la chaire où elle n'auroit jamais dû se produire.

« Les choses extraordinaires arrivées dans ce siècle rappelleront, comme on le craint, cette éloquence autrefois signalée dans les moindres occasions. La curiosité publique force les avocats de s'attacher aux beaux discours. Un homme qu'on croit assassiné se représente et confond les imposteurs, qui s'acharnent à lui persuader que lui-même en est un; trois femmes réclament un même mari; deux familles s'empressent à reconnoître le cadavre d'un homme que de part et d'autre l'on souhaite mort : ces questions n'admettent point la simplicité des causes ordinaires; chacun s'attend à de grands et magnifiques récits; le barreau devient un auditoire célèbre, où les chaises se donnent à l'argent, et les places à la recommandation. Ce concours impose la nécessité de se montrer orateur. Quatre audiences termineroient une affaire importante; les juges seroient instruits, les clients satisfaits : pour donner quelque chose à l'admiration, le détail est prolongé. Donc, donc, je le répète, on ne fera jamais mieux que de supprimer, en faveur de l'expédition, ces lourds plaidoyers qui la retardent.

« Pour l'intérêt des clients, le patron (*l'avocat*) devroit renoncer à sa propre gloire; mais il se rachètera toujours des courts plaidoyers par de longues écritures. » (*Théophraste moderne*, p. 411 et 412.)

endroit où elle est en sa place, et va faire du Parlement une muette juridiction, on l'autorise par une raison solide et sans réplique, qui est celle de l'expédition : il est seulement à désirer qu'elle fût moins oubliée en toute autre rencontre, qu'elle réglât au contraire les bureaux comme les audiences, et qu'on cherchât une fin aux écritures[1], comme on a fait aux plaidoyers. (ÉD. 4.)

43. Le devoir des juges est de rendre la justice; leur métier, de la différer. Quelques-uns savent leur devoir, et font leur métier.

44. Celui qui sollicite son juge ne lui fait pas honneur; car ou il se défie de ses lumières et même de sa probité, ou il cherche à le prévenir, ou il lui demande une injustice[2].

45. Il se trouve des juges auprès de qui la faveur, l'autorité, les droits de l'amitié et de l'alliance nuisent à une bonne cause, et qu'une trop grande affectation de passer pour incorruptibles expose à être injustes[3]. (ÉD. 4.)

1. Procès par écrit. (*Note de la Bruyère.*)
2.   PHILINTE.
  Mais qui voulez-vous donc qui pour vous sollicite?
     ALCESTE.
  Qui je veux? La raison, mon bon droit, l'équité.
    (Molière, *le Misanthrope*, acte I, scène 1, vers 186 et 187.)
3. « J'ai vu de ces faux justes deçà et delà les monts. J'en ai vu qui pour faire admirer leur intégrité, et pour obliger le monde de dire que la faveur ne peut rien sur eux, prenoient l'intérêt d'un étranger contre celui d'un parent ou d'un ami, encore que la raison fût du côté du parent ou de l'ami. Ils étoient ravis de faire perdre la cause qui leur avoit été recommandée par leur neveu ou par leur cousin germain, et le plus mauvais office qui se pouvoit rendre à une bonne affaire étoit une semblable recommandation. » (Balzac, *Aristippe, ou de la Cour*, vi[e] *discours*, tome II des *OEuvres*, p. 177, Paris, 1665.)
— « Notre propre intérêt est encore un merveilleux instrument pour

46. Le magistrat coquet ou galant est pire dans les conséquences que le dissolu : celui-ci cache son commerce et ses liaisons, et l'on ne sait souvent par où aller jusqu'à lui ; celui-là est ouvert par mille foibles qui sont connus, et l'on y arrive par toutes les femmes à qui il veut plaire. (ÉD. 4.)

47. Il s'en faut peu que la religion et la justice n'aillent de pair dans la république, et que la magistrature ne consacre les hommes comme la prêtrise. L'homme de robe ne sauroit guère danser au bal, paroître aux théâtres, renoncer aux habits simples et modestes, sans consentir à son propre avilissement ; et il est étrange qu'il ait fallu une loi pour régler son extérieur, et le contraindre ainsi à être grave et plus respecté[1]. (ÉD. 4.)

48. Il n'y a aucun métier qui n'ait son apprentissage, et en montant des moindres conditions jusques aux plus grandes, on remarque dans toutes un temps de pratique et d'exercice qui prépare aux emplois, où les fautes sont sans conséquence, et mènent au contraire à la perfection. La guerre même, qui ne semble naître et durer que par la confusion et le désordre, a ses préceptes ; on ne se massacre pas par pelotons et par troupes en rase cam-

nous crever les yeux agréablement. Il n'est pas permis au plus équitable homme du monde d'être juge en sa cause : j'en sais qui pour ne pas tomber dans cet amour-propre, ont été les plus injustes du monde à contre-biais. Le moyen sûr de perdre une affaire toute juste étoit de la leur faire recommander par leurs proches parents. » (Pascal, *Pensées*, article III, 3.)

1. « Il y a un arrêt du Conseil qui oblige les conseillers à être en rabat. Avant ce temps-là ils étoient presque toujours en cravate. Cet arrêt fut rendu à la requête de M. du Harlay, alors procureur général. » (*Clefs.*) — Cette note fait allusion à un édit de 1684 dont nous avons déjà parlé au tome I, p. 177, note 2.

pagne sans l'avoir appris, et l'on s'y tue méthodiquement. Il y a l'école de la guerre : où est l'école du magistrat? Il y a un usage, des lois, des coutumes : où est le temps, et le temps assez long que l'on emploie à les digérer et à s'en instruire? L'essai et l'apprentissage d'un jeune adolescent qui passe de la férule à la pourpre, et dont la consignation a fait un juge, est de décider souverainement des vies et des fortunes des hommes[1]. (ÉD. 4.)

49. La principale partie de l'orateur, c'est la probité : sans elle il dégénère en déclamateur, il déguise ou il exagère les faits, il cite faux, il calomnie, il épouse la passion et les haines de ceux pour qui il parle ; et il est de la classe de ces avocats dont le proverbe dit qu'ils sont payés pour dire des injures. (ÉD. 4.)

50. « Il est vrai, dit-on, cette somme lui est due, et ce droit lui est acquis. Mais je l'attends à cette petite formalité ; s'il l'oublie, il n'y revient plus, et *conséquemment* il perd sa somme, ou il est *incontestablement* déchu de son

---

1. « Il faut que je vous conte ce que c'est que ce premier président ; vous croyez que c'est une barbe sale et un vieux fleuve comme votre Ragusse ; point du tout : c'est un jeune homme de vingt-sept ans, neveu de M. d'Harouys ; un petit de la Bunelaye fort joli, qui a été élevé avec le petit de la Silleraye, que j'ai vu mille fois sans jamais imaginer que ce pût être un magistrat ; cependant il l'est devenu par son crédit, et moyennant quarante mille francs, il a acheté toute l'expérience nécessaire pour être à la tête d'une compagnie souveraine, qui est la chambre des comptes de Nantes ; il a de plus épousé une fille que je connois fort, que j'ai vue cinq semaines tous les jours aux états de Vitré ; de sorte que ce premier président et cette première présidente sont pour moi un petit jeune garçon que je ne puis respecter, et une jeune petite demoiselle que je ne puis honorer. » (*Mme de Sévigné*, lettre du 27 mai 1680, tome VI, p. 423 et 424.)

droit; or il oubliera cette formalité. » Voilà ce que j'appelle une conscience de praticien. (éd. 5.)

Une belle maxime pour le palais, utile au public, remplie de raison, de sagesse et d'équité, ce seroit précisément la contradictoire de celle qui dit que la forme emporte le fond.

51. La question est une invention merveilleuse et tout à fait sûre pour perdre un innocent qui a la complexion foible, et sauver un coupable qui est né robuste[1]. (éd. 4.)

> 1. « C'est une dangereuse inuention que celle des gehennes, et semble que ce soit plustost un essay de patience que de verité. Et celuy qui les peult souffrir cache la verité, et celuy qui ne les peult souffrir; car pourquoy la douleur me fera elle plustost confesser ce qui en est, qu'elle ne me forcera de dire ce qui n'est pas? Et au rebours, si celuy qui n'a pas fait ce de quoy on l'accuse, est assez patient pour supporter ces tormens, pourquoy ne le sera celuy qui l'a fait, un si beau guerdon que de la vie luy estant proposé? Ie pense que le fondement de cette inuention vient de la consideration de l'effort de la conscience : car au coupable, il semble qu'elle ayde à la torture pour luy faire confesser sa faulte, et qu'elle l'affoiblisse; et de l'aultre part, qu'elle fortifie l'innocent contre la torture. Pour dire vray, c'est un moyen plein d'incertitude et de dangier : que ne diroit on, que ne feroit on pour fuir à si griefues douleurs?
>
> *Etiam innocentes cogit mentiri dolor*[*] :
>
> d'où il aduient que celuy que le iuge a gehenné, pour ne le faire mourir innocent, il le face mourir et innocent et gehenné. Mille et mille en ont chargé leur teste de fausses confessions.... Mais tant y a que c'est, dict on, le moins mal que l'humaine foiblesse aye peu inuenter : bien inhumainement pourtant, et bien inutilement, à mon aduis. » (*Montaigne*, livre II, chapitre v, tome II, p. 53 et 54.) — On retrouve la même condamnation de la torture dans *Don Quichotte* (voyez le chapitre xxii de la 1re partie). — Ménage, pour terminer par une citation empruntée à un contemporain de la Bruyère, s'exprimait dans les termes suivants sur la torture, si l'on en croit le *Menagiana* (tome II, p. 240) : « La question n'est pas un moyen

[*] *Sentences* de Publius Syrus.

Un coupable puni est un exemple pour la canaille; un 52. innocent condamné est l'affaire de tous les honnêtes gens. (ÉD. 6.)

Je dirai presque de moi : « Je ne serai pas voleur ou meurtrier. » — « Je ne serai pas un jour puni comme tel, » c'est parler bien hardiment. (ÉD. 6.)

Une condition lamentable est celle d'un homme innocent à qui la précipitation et la procédure ont trouvé un crime ; celle même de son juge peut-elle l'être davantage? (ÉD. 6.)

Si l'on me racontoit qu'il s'est trouvé autrefois un pré- 53. vôt, ou l'un de ces magistrats créés pour poursuivre les voleurs et les exterminer, qui les connoissoit tous depuis longtemps de nom et de visage, savoit leurs vols, j'entends l'espèce, le nombre et la quantité, pénétroit si avant dans toutes ces profondeurs, et étoit si initié dans tous ces affreux mystères qu'il sut[1] rendre à un homme de crédit un bijou qu'on lui avoit pris dans la foule au sortir d'une assemblée, et dont il étoit sur le point de faire de l'éclat, que le Parlement intervint dans cette affaire, et fit le procès à cet officier : je regarderois cet

---

fort sûr pour tirer la vérité de la bouche des criminels. Ceux qui la peuvent supporter, et ceux qui n'ont pas assez de force pour la souffrir mentent également : *mentietur in tormentis qui ferre poterit, mentietur qui ferre non poterit.* Cependant le coupable se sauve, et l'innocent est condamné à mort. Cela est d'autant plus terrible, que l'innocent passe pour un coupable dans le monde, parce que c'est une maxime dans le cours de la justice, que ce qui est jugé passe pour une vérité : *Res judicata pro veritate habetur.* »

1. Il y a *sût (sçût)*, au subjonctif, dans toutes les anciennes éditions ; mais nous pensons que c'est une faute et que l'indicatif est ici beaucoup mieux à sa place. D'ailleurs les verbes suivants : *intervint* et *fit*, qui dépendent beaucoup plus naturellement de *si initiés* que de *racontoit*, sont sans accent, c'est-à-dire à l'indicatif, dans les impressions originales.

événement comme l'une de ces choses dont l'histoire se charge, et à qui le temps ôte la croyance : comment donc pourrois-je croire qu'on doive présumer par des faits récents, connus et circonstanciés, qu'une connivence si pernicieuse dure encore, qu'elle ait même tourné en jeu et passé en coutume? (ÉD. 6.)

54. Combien d'hommes qui sont forts contre les foibles, fermes et inflexibles aux sollicitations du simple peuple, sans nuls égards pour les petits, rigides et sévères dans les minuties, qui refusent les petits présents, qui n'écoutent ni leurs parents ni leurs amis, et que les femmes seules peuvent corrompre ! (ÉD. 4.)

55. Il n'est pas absolument impossible qu'une personne qui se trouve dans une grande faveur perde un procès.

56. Les mourants qui parlent dans leurs testaments peuvent s'attendre à être écoutés comme des oracles ; chacun les tire de son côté et les interprète à sa manière, je veux dire selon ses desirs ou ses intérêts. (ÉD. 5.)

57. Il est vrai qu'il y a des hommes dont on peut dire que la mort fixe moins la dernière volonté qu'elle ne leur ôte avec la vie l'irrésolution et l'inquiétude. Un dépit, pendant qu'ils vivent, les fait tester; ils s'apaisent et déchirent leur minute, la voilà en cendre. Ils n'ont pas moins de testaments dans leur cassette que d'almanachs sur leur table ; ils les comptent par les années. Un second se trouve détruit par un troisième, qui est anéanti lui-même par un autre mieux digéré, et celui-ci encore par un cinquième *olographe*. Mais si le moment, ou la malice, ou l'autorité manque à celui qui a intérêt de le supprimer, il faut qu'il en essuie les clauses et les conditions; car *ap-*

DE QUELQUES USAGES.

pert-il mieux des[1] dispositions des hommes les plus inconstants que par un dernier acte, signé de leur main, et après lequel ils n'ont pas du moins eu le loisir de vouloir tout le contraire? (ÉD. 5.)

S'il n'y avoit point de testaments[2] pour régler le droit des héritiers, je ne sais si l'on auroit besoin de tribunaux pour régler les différends des hommes : les juges seroient presque réduits à la triste fonction d'envoyer au gibet les voleurs et les incendiaires. Qui voit-on dans les lanternes des chambres[3], au parquet, à la porte ou dans la salle du magistrat? des héritiers *ab intestat?* Non, les lois ont pourvu à leurs partages. On y voit les testamentaires qui plaident en explication d'une clause ou d'un article, les personnes exhérédées, ceux qui se plaignent d'un testament fait avec loisir, avec maturité, par un homme grave, habile, consciencieux, et qui a été aidé[4] d'un bon conseil : d'un acte où le praticien n'a rien *obmis*[5] de son

58.

---

1. *Il appert de*, il y a manifestation de, preuve de...; infinitif *apparoir*, être constaté; terme de palais.
2. *Testament*, au singulier, dans la 5ᵉ édition. C'est bien probablement une faute.
3. Les lanternes des chambres du Parlement étaient des tribunes où quelques personnes pouvaient assister aux séances sans être vues. — Les mots *lanternes* et *parquet* sont en italique dans les éditions 5 et 6.
4. VAR. (édit. 5) : consciencieux, qui a été aidé.
5. « Quelques-uns disent *obmettre*, mais ceux qui parlent le mieux prononcent *omettre*, et même ils l'écrivent, et c'est en effet comme il faut parler et comme il faut écrire. » (*Dictionnaire de Richelet*, 1680.) — Est-ce particulièrement au Palais que ce mot, si souvent employé par les praticiens, était prononcé *obmettre?* — Ménage veut, comme Richelet, que l'on écrive *omis*, *omettre* (*Observations sur la langue françoise*, chapitre CXLV, p. 287, édition de 1675); mais l'Académie française (1694 et 1718) imprime *obmis*, *obmettre*, *obmission*, bien qu'elle avertisse (dès 1694) qu'il faut prononcer *omission*, et (en 1718) que « quelques-uns prononcent *omettre*. »

jargon et de ses finesses ordinaires; il est signé du testateur et des témoins publics, il est parafé; et c'est en cet état qu'il est cassé et déclaré nul. (éd. 5.)

59. *Titius*[1] assiste à la lecture d'un testament avec des yeux rouges et humides, et le cœur serré de la perte de celui dont il espère recueillir la succession. Un article lui donne la charge, un autre les rentes de la ville, un troisième le rend maître d'une terre à la campagne; il y a une clause qui, bien entendue, lui accorde une maison située au milieu de Paris, comme elle se trouve, et avec les meubles : son affliction augmente, les larmes lui coulent des yeux. Le moyen de les contenir? il se voit officier[2], logé aux champs et à la ville, meublé de même; il se voit une bonne table et un carrosse : *Y avoit-il au monde un plus honnête homme que le défunt, un meilleur homme?* Il y a un codicille, il faut le lire : il fait *Mævius* légataire universel, et il renvoie Titius dans son faubourg, sans rentes, sans titre, et le met à pied. Il essuie ses larmes : c'est à Mævius à s'affliger. (éd. 5.)

60. La loi qui défend de tuer un homme n'embrasse-t-elle pas dans cette défense le fer, le poison, le feu, l'eau, les embûches, la force ouverte, tous les moyens enfin qui peuvent servir à l'homicide? La loi qui ôte aux maris et aux femmes le pouvoir de se donner réciproquement, n'a-t-elle connu que les voies directes et immédiates de donner[3]? a-t-elle manqué de prévoir les indirectes? a-

---

1. *Titius* et plus loin *Mævius* sont deux noms empruntés aux exemples que contiennent les textes de droit romain.
2. C'est-à-dire, pourvu d'un office.
3. « Le mari et la femme ne peuvent s'avantager l'un l'autre soit par donation entre-vifs ou par testament, directement ou indirectement. » (*Coutume de Paris*, article 282). — Il y a dans *le Malade*

t-elle introduit les fidéicommis, ou si même elle les to-

imaginaire une scène qui est le meilleur commentaire de cette remarque :

« Argan. Approchez, Monsieur de Bonnefoi, approchez.... Ma femme m'a dit, Monsieur, que vous étiez fort honnête homme, et tout à fait de ses amis; et je l'ai chargée de vous parler pour un testament que je veux faire. . . . .
Le Notaire. Elle m'a, Monsieur, expliqué vos intentions, et le dessein où vous êtes pour elle; et j'ai à vous dire là-dessus que vous ne sauriez rien donner à votre femme par votre testament.
Argan. Mais pourquoi?
Le Notaire. La coutume y résiste. Si vous étiez en pays de droit écrit, cela se pourroit faire; mais à Paris, et dans les pays coutumiers, au moins dans la plupart, c'est ce qui ne se peut; et la disposition seroit nulle. Tout l'avantage qu'homme et femme conjoints par mariage se peuvent faire l'un à l'autre, c'est un don mutuel entre-vifs : encore faut-il qu'il n'y ait enfants soit des deux conjoints, ou de l'un d'eux, lors du décès du premier mourant*.
Argan. Voilà une coutume bien impertinente, qu'un mari ne puisse rien laisser à une femme dont il est aimé tendrement, et qui prend de lui tant de soin! J'aurois envie de consulter mon avocat, pour voir comment je pourrois faire.
Le Notaire. Ce n'est point à des avocats qu'il faut aller, car ils sont d'ordinaire sévères là-dessus, et s'imaginent que c'est un grand crime que de disposer en fraude de la loi : ce sont gens de difficultés, et qui sont ignorants des détours de la conscience. Il y a d'autres personnes à consulter, qui sont bien plus accommodantes, qui ont des expédients pour passer doucement par-dessus la loi et rendre juste ce qui n'est pas permis; qui savent aplanir les difficultés d'une affaire, et trouver des moyens d'éluder la coutume par quelque avantage indirect. Sans cela, où en serions-nous tous les jours? Il faut de la facilité dans les choses; autrement nous ne ferions rien, et je ne donnerois pas un sou de notre métier.
Argan. Ma femme m'avoit bien dit, Monsieur, que vous étiez fort habile et fort honnête homme. Comment puis-je faire, s'il vous plaît, pour lui donner mon bien et en frustrer mes enfants?
Le Notaire. Comment vous pouvez faire? Vous pouvez choisir doucement un ami intime de votre femme, auquel vous donnerez en bonne forme, par votre testament, tout ce que vous pouvez; et cet ami ensuite lui rendra tout.... » (Molière, *le Malade imaginaire*, acte I, scène vii.)

* Voyez l'article 280 de la *Coutume de Paris*.

lère? Avec une femme qui nous est chère et qui nous survit, lègue-t-on son bien à un ami fidèle par un sentiment de reconnoissance pour lui, ou plutôt par une extrême confiance, et par la certitude qu'on a du bon usage qu'il saura faire de ce qu'on lui lègue? Donne-t-on à celui que l'on peut soupçonner de ne devoir pas rendre à la personne à qui en effet l'on veut donner? Faut-il se parler, faut-il s'écrire, est-il besoin de pacte ou de serments pour former cette collusion? Les hommes ne sentent-ils pas en ce rencontre[1] ce qu'ils peuvent espérer les uns des autres? Et si au contraire la propriété d'un tel bien est dévolue au fidéicommissaire, pourquoi perd-il sa réputation à le retenir? Sur quoi fonde-t-on la satire et les vaudevilles? Voudroit-on le comparer au dépositaire qui trahit le dépôt, à un domestique qui vole l'argent que son maître lui envoie porter[2]? On auroit tort : y a-t-il de l'infamie à ne pas faire une libéralité, et à conserver pour soi ce qui est à soi? Étrange embarras, horrible poids que le fidéicommis! Si par la révérence des lois on se l'approprie, il ne faut plus passer pour homme de bien; si par le respect d'un ami mort l'on suit ses intentions en le rendant à sa veuve, on est confidentiaire, on blesse la loi. — Elle cadre donc bien mal avec l'opinion des hommes? — Cela peut être; et il ne

1. Les éditeurs modernes ont imprimé à tort : « cette rencontre. » Très-souvent du masculin dans le cours du dix-septième siècle quand il avait le sens d'*occasion*, ce mot n'était plus guère, vers la fin du siècle, employé dans ses divers sens qu'au féminin : voyez les *Observations de M. Ménage sur la langue françoise*, chapitre LXXIV, p. 162; le *Dictionnaire de l'Académie* (1694), et les *Observations de l'Académie sur les* Remarques *de Vaugelas*, p. 21. C'était un archaïsme, condamné par Vaugelas, qu'imprimait ici la Bruyère.

2. VAR. (édit. 5 et 6) : que son maître lui envoie porter à un créancier?

me convient pas de dire ici : « La loi pèche, » ni : « Les hommes se trompent. » (ÉD. 5.)

J'entends dire de quelques particuliers ou de quelques compagnies : « Tel et tel corps se contestent l'un à l'autre la préséance; le mortier et la pairie se disputent le pas. » Il me paroît que celui des deux qui évite de se rencontrer aux assemblées est celui qui cède, et qui sentant son foible, juge lui-même en faveur de son concurrent. (ÉD. 8.) — 61.

Typhon fournit un grand de chiens et de chevaux; que ne lui fournit-il point? Sa protection le rend audacieux; il est impunément dans sa province tout ce qui lui plaît d'être[1], assassin, parjure; il brûle ses voisins, et il n'a pas besoin d'asile. Il faut enfin que le Prince se mêle lui-même de sa punition. (ÉD. 4.) — 62.

Ragoûts, liqueurs, entrées, entremets[2], tous mots qui devroient être barbares et inintelligibles en notre langue; et s'il est vrai qu'ils ne devroient pas être d'usage en pleine paix, où ils ne servent qu'à entretenir le luxe et la gourmandise, comment peuvent-ils être entendus dans le temps de la guerre et d'une misère publique, à la vue de l'ennemi, à la veille d'un combat, pendant un siége? Où est-il parlé de la table de *Scipion* ou de celle de *Marius*? Ai-je lu quelque part que *Miltiade*, qu'*Épaminondas*, qu'*Agésilas* aient fait une chère délicate? Je voudrois qu'on ne fît mention de la délicatesse, de la — 63.

1. VAR. (édit. 4-7) : tout ce qu'il lui plaît d'être.
2. Ces mots n'ont été imprimés en italique que dans la 6ᵉ édition, la première qui contienne cet alinéa. — Il en est de même des mots que nous réimprimons en italique (*ses petites commodités*), au commencement de la remarque suivante, n° 64.

propreté et de la somptuosité des généraux, qu'après n'avoir plus rien à dire sur leur sujet, et s'être épuisé sur les circonstances d'une bataille gagnée et d'une ville prise; j'aimerois même qu'ils voulussent se priver de cet éloge[1]. (ÉD. 6.)

64. *Hermippe* est l'esclave de ce qu'il appelle *ses petites commodités*; il leur sacrifie l'usage reçu, la coutume, les modes, la bienséance. Il les cherche en toutes choses, il quitte une moindre pour une plus grande, il ne néglige aucune de celles qui sont praticables, il s'en fait une étude, et il ne se passe aucun jour qu'il ne fasse en ce

---

1. Gourville, dans ses *Mémoires* (collection Petitot, tome LII, p. 287 et 288), et Voltaire, dans le *Siècle de Louis XIV*, ont attribué au maréchal d'Humières l'introduction de ce luxe dans les armées; mais la responsabilité en doit peut-être remonter plus justement encore à Louis XIV. « Cette campagne, dit Voltaire en parlant de la conquête de la Flandre en 1667, faite au milieu de la plus grande abondance, parmi des succès si faciles, parut le voyage d'une cour. La bonne chère, le luxe et les plaisirs s'introduisirent alors dans les armées dans le temps même que la discipline s'affermissait. Les officiers faisaient leur devoir beaucoup plus exactement, mais avec des commodités plus recherchées. Le maréchal de Turenne n'avoit eu longtemps que des assiettes de fer en campagne. Le marquis d'Humières fut le premier, au siége d'Arras en 1657, qui se fit servir en vaisselle d'argent à la tranchée, et qui fit manger des ragoûts et des entremets. Mais dans cette campagne de 1667, où un jeune roi, aimant la magnificence, étaloit celle de sa cour dans les fatigues de la guerre, tout le monde se piqua de somptuosité et de goût dans la bonne chère, dans les habits, dans les équipages. Ce luxe.... étoit cependant très-peu de chose auprès de celui qu'on a vu depuis. » (*Siècle de Louis XIV*, chapitre VIII.) — Il se fit en 1672 une ordonnance pour la modération des tables des officiers généraux; mais elle demeura impuissante. « Le luxe et la bonne chère, dit Saint-Simon en notant la lenteur d'un mouvement militaire en 1708 (tome VI, p. 416 et 417), avoient corrompu nos armées, surtout en Flandre; des haltes froides n'y étoient plus que pour des drilles; on y étoit servi avec la même délicatesse et le même appareil que dans les villes et aux meilleures tables. »

genre une découverte. Il laisse aux autres hommes le dîner et le souper, à peine en admet-il les termes; il mange quand il a faim, et les mets seulement où son appétit le porte. Il voit faire son lit : quelle main assez adroite ou assez heureuse pourroit le faire dormir comme il veut dormir? Il sort rarement de chez soi ; il aime la chambre, où il n'est ni oisif ni laborieux, où il n'agit point, où il *tracasse*, et dans l'équipage d'un homme qui a pris médecine. On dépend servilement d'un serrurier et d'un menuisier, selon ses besoins : pour lui, s'il faut limer, il a une lime ; une scie, s'il faut scier, et des tenailles, s'il faut arracher. Imaginez, s'il est possible, quelques outils qu'il n'ait pas, et meilleurs et plus commodes à son gré que ceux mêmes dont les ouvriers se servent : il en a de nouveaux et d'inconnus, qui n'ont point de nom, productions de son esprit, et dont il a presque oublié l'usage. Nul ne se peut comparer à lui pour faire en peu de temps et sans peine un travail fort inutile. Il faisoit dix pas pour aller de son lit dans sa garde-robe, il n'en fait plus que neuf par la manière dont il a su tourner sa chambre : combien de pas épargnés dans le cours d'une vie ! Ailleurs l'on tourne la clef, l'on pousse contre, ou l'on tire à soi, et une porte s'ouvre : quelle fatigue! voilà un mouvement de trop, qu'il sait s'épargner, et comment ? c'est un mystère qu'il ne révèle point. Il est, à la vérité, un grand maître pour le ressort et pour la mécanique, pour celle du moins dont tout le monde se passe. Hermippe tire le jour de son appartement d'ailleurs que de la fenêtre ; il a trouvé le secret de monter et de descendre autrement que par l'escalier, et il cherche celui d'entrer et de sortir plus commodément que par la porte. (éd. 6.)

Il y a déjà longtemps que l'on improuve les médecins,

et que l'on s'en sert; le théàtre et la satire ne touchent point à leurs pensions; ils dotent leurs filles, placent leurs fils aux parlements et dans la prélature, et les railleurs eux-mêmes fournissent l'argent. Ceux qui se portent bien deviennent malades; il leur faut des gens dont le métier soit de les assurer qu'ils ne mourront point. Tant que les hommes pourront mourir, et qu'ils aimeront à vivre, le médecin sera raillé, et bien payé.

66. Un bon médecin est celui qui a des remèdes spécifiques, ou s'il en manque, qui permet à ceux qui les ont de guérir son malade. (ÉD. 4.)

67. La témérité des charlatans, et leurs tristes succès, qui en sont les suites, font valoir la médecine et les médecins : si ceux-ci laissent mourir, les autres tuent. (ÉD. 4.)

68. *Carro Carri*[1] débarque avec une recette qu'il appelle un prompt remède, et qui quelquefois est un poison lent; c'est un bien de famille, mais amélioré en ses mains : de spécifique qu'il étoit contre la colique, il guérit de la fièvre quarte, de la pleurésie, de l'hydropisie, de l'apoplexie, de l'épilepsie. Forcez un peu votre mémoire, nommez une maladie, la première qui vous viendra en l'esprit : l'hémorragie, dites-vous? il la guérit. Il ne ressuscite personne, il est vrai; il ne rend pas la vie aux hommes; mais il les conduit nécessairement jusqu'à la décrépitude, et ce n'est que par hasard que son père et son aïeul, qui avoient ce secret, sont morts fort jeunes. Les médecins reçoivent pour leurs visites ce qu'on leur donne; quelques-uns se contentent d'un remercîment : Carro Carri est si sûr de son remède, et de l'effet qui en

---

1. Voyez l'*Appendice* du tome I, p. 520 et 521.

doit suivre, qu'il n'hésite pas de s'en faire payer d'avance, et de recevoir avant que de donner. Si le mal est incurable, tant mieux, il n'en est que plus digne de son application et de son remède. Commencez par lui livrer quelques sacs de mille francs, passez-lui un contrat de constitution [1], donnez-lui une de vos terres, la plus petite, et ne soyez pas ensuite plus inquiet que lui de votre guérison. L'émulation de cet homme a peuplé le monde de noms en O et en I, noms vénérables, qui imposent aux malades et aux maladies. Vos médecins, Fagon [2], et de toutes les facultés, avouez-le, ne guérissent pas toujours, ni sûrement ; ceux au contraire qui ont hérité de leurs pères la médecine pratique, et à qui l'expérience est échue par succession, promettent toujours, et avec serments, qu'on guérira. Qu'il est doux aux hommes de tout espérer d'une maladie mortelle, et de se porter encore passablement bien à l'agonie ! La mort surprend

---

1. C'est-à-dire : constituez-lui une rente.
2. Gui Crescent Fagon, qui de 1680 à 1693 avait été successivement médecin de la Dauphine, de la Reine et des enfants du Roi, avait tout récemment succédé (le 2 novembre 1693) à Daquin dans la charge de premier médecin du Roi. « Fagon, dit Saint-Simon (tome I, p. 110 et 111), étoit un des beaux et des bons esprits de l'Europe, curieux de tout ce qui avoit trait à son métier ; grand botaniste, bon chimiste, habile connoisseur en chirurgie, excellent médecin et grand praticien.... Il étoit l'ennemi le plus implacable de ce qu'il appeloit charlatans, c'est-à-dire des gens qui prétendoient avoir des secrets et donner des remèdes, et sa prévention l'emporta beaucoup trop loin de ce côté. Il aimoit sa faculté de Montpellier, et en tout la médecine, jusqu'au culte. A son avis il n'étoit permis de guérir que par la voie commune des médecins reçus dans les facultés, dont les lois et l'ordre lui étoient sacrés.... » Il avait la surintendance des eaux minérales de France, et celle « des démonstrations des plantes, de la chimie et de la chirurgie au Jardin des plantes, » à laquelle était attachée la nomination des trois professeurs démonstrateurs. (*État de la France*, tome I, p. 240 et 241, édition de 1712.)

agréablement et sans s'être fait craindre; on la sent plus tôt[1] qu'on n'a songé à s'y préparer et à s'y résoudre. O FAGON ESCULAPE! faites régner sur toute la terre le quinquina et l'émétique[2]; conduisez à sa perfection la science des simples, qui sont donnés aux hommes pour prolonger leur vie[3]; observez dans les cures, avec plus de pré-

1. Les éditeurs modernes ont imprimé *plutôt*, suivant l'orthographe des anciennes éditions; mais la distinction que les grammairiens ont arbitrairement établie entre les formes *plutôt* et *plus tôt* n'existait pas encore, et nous sommes libres de donner ici à *plutôt*, quelle que soit son orthographe, le sens qui nous paraît le plus conforme à la pensée de l'auteur.

2. Fagon était l'un des défenseurs du quinquina, qui, importé en France vers le milieu du dix-septième siècle, avait été l'objet de discussions très-vives : il est superflu de rappeler la guerre que lui avait faite Gui Patin[*], en même temps qu'à l'antimoine, métal d'où l'on tire l'émétique. En achetant du chevalier Talbot le secret du *remède anglois* (1679), Louis XIV avait mis à la mode le quinquina, qui était le principal des médicaments dont se composait ce remède; divers traités sur la guérison des fièvres, de F. de Monginot, de Blegny et d'autres, l'avaient aussitôt rendu populaire, et la Fontaine en célébrait les mérites en 1682 :

> Tout mal a son remède au sein de la nature.
> Nous n'avons qu'à chercher : de là nous sont venus
>   L'antimoine avec le mercure,
>   Trésors autrefois inconnus.
> Le quin règne aujourd'hui : nos habiles s'en servent.
>   Quelques-uns encore conservent
>   Comme un point de religion
> L'intérêt de l'école et leur opinion.
>   Ceux-là même y viendront....
>   (La Fontaine, *le Quinquina*, chant II, vers 71-79.)

3. Dans sa jeunesse, Fagon avait fait, au profit du Jardin royal, divers voyages pour recueillir des plantes; ces voyages lui avaient valu les places de professeur de botanique et de chimie au Jardin du Roi. Il collabora au catalogue des plantes de ce jardin, publié en 1665 sous le titre d'*Hortus regius*, et reçut la surintendance des enseignements qui s'y donnaient, lorsqu'il cessa d'être professeur : voyez ci-dessus, p. 199, la note 2.

* Mort en 1672.

cision et de sagesse que personne n'a encore fait, le climat, les temps, les symptômes et les complexions; guérissez de la manière seule qu'il convient à chacun d'être guéri; chassez des corps, où rien ne vous est caché de leur économie, les maladies les plus obscures et les plus invétérées; n'attentez pas sur celles de l'esprit, elles sont incurables; laissez à *Corinne*, à *Lesbie*, à *Canidie*, à *Trimalcion* et à *Carpus* la passion ou la fureur des charlatans. (ÉD. 8.)

69. L'on souffre dans la république les chiromanciens et les devins, ceux qui font l'horoscope et qui tirent la figure, ceux qui connoissent le passé par le mouvement du *sas*[1], ceux qui font voir dans un miroir ou dans un vase d'eau la claire vérité; et ces gens sont en effet de quelque usage : ils prédisent aux hommes qu'ils feront fortune, aux filles qu'elles épouseront leurs amants, consolent les enfants dont les pères ne meurent point, et charment l'inquiétude des jeunes femmes qui ont de vieux maris; ils trompent enfin à très-vil prix ceux qui cherchent à être trompés. (ÉD. 4.)

70. Que penser de la magie et du sortilége? La théorie en est obscure, les principes vagues, incertains, et qui approchent du visionnaire; mais il y a des faits embarrassants, affirmés par des hommes graves qui les ont vus, ou qui les ont appris de personnes qui leur ressemblent : les admettre tous ou les nier tous paroît un égal inconvénient; et j'ose dire qu'en cela, comme dans toutes les choses extraordinaires et qui sortent des communes

1. « *Faire tourner le sas*, termes de magiciens, qui lorsque les bonnes gens les vont consulter sur quelque chose de perdu, font tourner le sas jusques à ce qu'il s'arrête en nommant le nom de la personne qui a pris la chose perdue. » (*Dictionnaire de Richelet.*)

règles, il y a un parti à trouver entre les âmes crédules et les esprits forts. (ÉD. 4.)

71. L'on ne peut guère charger l'enfance de la connoissance de trop de langues, et il me semble que l'on devroit mettre toute son application à l'en instruire; elles sont utiles à toutes les conditions des hommes, et elles leur ouvrent également l'entrée ou à une profonde ou à une facile et agréable érudition. Si l'on remet cette étude[1] si pénible à un âge un peu plus avancé, et qu'on appelle la jeunesse, ou l'on n'a pas la force de l'embrasser par choix, ou l'on n'a pas celle d'y persévérer; et si l'on y persévère, c'est consumer à la recherche des langues le même temps qui est consacré à l'usage que l'on en doit faire; c'est borner à la science des mots un âge qui veut déjà aller plus loin, et qui demande des choses; c'est au moins avoir perdu les premières et les plus belles années de sa vie. Un si grand fonds ne se peut bien faire que lorsque tout s'imprime dans l'âme naturellement et profondément; que la mémoire est neuve, prompte et fidèle; que l'esprit et le cœur sont encore vides de passions, de soins et de desirs, et que l'on est déterminé à de longs travaux par ceux de qui l'on dépend[2]. Je suis persuadé

1. *Cet étude* dans les éditions 1-5.
2. Ainsi que l'a rappelé M. Damien dans son *Étude sur la Bruyère et Malebranche* (p. 7-12), Malebranche avait exprimé un avis tout contraire dans son *Traité de morale;* peut-être cette remarque de la Bruyère est-elle une objection qu'il présente au système d'éducation exposé par Malebranche : « .... Il faut étudier les sciences dans leur rang, avait dit ce dernier. On peut étudier l'histoire lorsqu'on se connoît soi-même, sa religion, ses devoirs, lorsqu'on a l'esprit formé, et que par là on est en état de discerner, du moins en partie, la vérité de l'histoire des imaginations de l'historien. Il faut étudier les langues, ajoutait-il, mais c'est lorsqu'on est assez philosophe pour savoir ce que c'est qu'une langue, lorsqu'on sait bien celle de son pays, lorsque le desir de savoir les sentiments des an-

que le petit nombre d'habiles, ou le grand nombre[1] de
gens superficiels, vient de l'oubli de cette pratique.

 L'étude des textes ne peut jamais être assez recom- — 72.
mandée; c'est le chemin le plus court, le plus sûr et
le plus agréable pour tout genre d'érudition. Ayez les
choses de la première main; puisez à la source; maniez,
remaniez le texte; apprenez-le de mémoire; citez-le dans
les occasions; songez surtout à en pénétrer le sens dans
toute son étendue et dans ses circonstances; conciliez un
auteur original, ajustez ses principes, tirez vous-même
les conclusions[2]. Les premiers commentateurs se sont
trouvés dans le cas où je desire que vous soyez : n'em-
pruntez leurs lumières et ne suivez leurs vues qu'où les
vòtres seroient trop courtes; leurs explications ne sont
pas à vous, et peuvent aisément vous échapper; vos observations au contraire naissent de votre esprit et y demeurent : vous les retrouvez plus ordinairement dans la
conversation, dans la consultation et dans la dispute.
Ayez le plaisir de voir que vous n'êtes arrêté dans la lecture que par les difficultés qui sont invincibles, où les
commentateurs et les scoliastes eux-mêmes demeurent
court, si fertiles d'ailleurs, si abondants et si chargés
d'une vaine et fastueuse érudition dans les endroits
clairs, et qui ne font de peine ni à eux ni aux autres.
Achevez ainsi de vous convaincre par cette méthode d'é-
tudier, que c'est la paresse des hommes qui a encouragé
le pédantisme à grossir plutôt qu'à enrichir les biblio-

ciens nous inspire celui de savoir leur langage, parce qu'alors on apprend en un an ce qu'on ne peut sans ce desir apprendre en dix. Il
faut être homme, chrétien, françois, avant que d'être grammairien,
poëte, historien, étranger. » (*Traité de morale*, 2ᵉ partie, chapitre XXIII, § XIV, p. 147.)

 1. VAR. (édit. 1-4) : et le grand nombre.
 2. VAR. (édit. 6 et 7) : tirez vous-même les conséquences.

thèques, à faire périr le texte sous le poids des commentaires ; et qu'elle a en cela agi contre soi-même et contre ses plus chers intérêts, en multipliant les lectures, les recherches et le travail, qu'elle cherchoit à éviter. (ÉD. 6.)

73. Qui règle les hommes dans leur manière de vivre et d'user des aliments? La santé et le régime ? Cela est douteux. Une nation entière mange les viandes après les fruits, une autre fait tout le contraire; quelques-uns commencent leurs repas par de certains fruits, et les finissent par d'autres : est-ce raison? est-ce usage? Est-ce par un soin de leur santé que les hommes s'habillent jusqu'au menton, portent des fraises et des collets[1], eux qui ont eu si longtemps la poitrine découverte[2]? Est-ce par bienséance, surtout dans un temps où ils avoient trouvé le secret de paroître nus tout habillés[3]? Et d'ailleurs les femmes, qui montrent leur gorge et leurs épaules, sont-elles d'une complexion moins délicate que les hommes, ou moins sujettes qu'eux aux bienséances[4]? Quelle est la

1. Allusion aux costumes du seizième siècle. Les *collets* dont il s'agit ici ne sont pas les rabats que l'on portait du temps de la Bruyère, mais les *collets montés*, c'est-à-dire les collets soutenus par des morceaux de carton ou des fils de fer. La mode des collets montés et des fraises avait commencé sous Henri II ; elle était depuis longtemps abandonnée.
2. Sous François Ier par exemple.
3. Alors qu'ils montraient leurs jambes, simplement couvertes de bas de soie.
4. « Il n'est pas nécessaire, dit Malebranche dans un passage déjà cité en partie (ci-dessus, p. 89, note 5), de passer deux fois la ligne pour voir observer religieusement des lois et des coutumes déraisonnables, ou pour trouver des gens qui suivent des modes incommodes et bizarres : il ne faut pas sortir de la France pour cela. Où il y a des hommes, ou plutôt où l'imagination est maîtresse de la raison, il y a de la bizarrerie, et une bizarrerie incompréhensible. Si l'on ne souffre pas tant de douleur à tenir son sein découvert pendant les rudes gelées de l'hiver, et à se serrer le corps durant les

pudeur qui engage celles-ci à couvrir leurs jambes et presque leurs pieds, et qui leur permet d'avoir les bras nus au-dessus du coude? Qui avoit mis autrefois dans l'esprit des hommes qu'on étoit à la guerre ou pour se défendre ou pour attaquer, et qui leur avoit insinué l'usage des armes offensives et des défensives? Qui les oblige aujourd'hui de renoncer à celles-ci, et pendant qu'ils se bottent pour aller au bal, de soutenir sans armes et en pourpoint des travailleurs exposés à tout le feu d'une contrescarpe? Nos pères, qui ne jugeoient pas une telle conduite utile au Prince et à la patrie, étoient-ils sages ou insensés? Et nous-mêmes, quels héros célébrons-nous dans notre histoire? Un Guesclin[1], un Clisson, un Foix, un Boucicaut[2], qui tous ont porté l'armet et endossé une cuirasse. Qui pourroit rendre raison de la fortune de certains mots et de la proscription de quelques autres? (ÉD. 7.)

Ains a péri : la voyelle qui le commence, et si propre pour l'élision, n'a pu le sauver ; il a cédé à un autre monosyllabe[3], et qui n'est au plus que son anagramme.

chaleurs excessives de l'été, qu'à se crever un œil ou à se couper un bras (*ainsi que le faisaient, suivant Diodore de Sicile, les gens de cour en Éthiopie pour se rendre semblables à leur prince*), on devroit souffrir davantage de confusion.... Que peut dire une dame qui fait parade de ce que la nature, ou plutôt la religion qu'elle a promis de suivre l'oblige de cacher? Que c'est la mode et rien davantage. Mais cette mode est bizarre, incommode, malhonnête, indigne en toutes manières.... N'importe, c'est la mode.... » (*De la Recherche de la vérité*, livre II, 3ᵉ partie, chapitre II, tome I, p. 297 et 298.)

1. « Un Quesclin, » dans la 7ᵉ édition.
2. Bertrand du Guesclin (1320-1380), connétable de France sous Charles V. — Olivier de Clisson (1332-1407), connétable de France sous Charles VI. — Gaston de Foix, surnommé *Phœbus*, vicomte de Béarn (1331-1391). — Jean le Maingre de Boucicaut (1364-1421), maréchal de France.
3. *Mais*. (*Note de la Bruyère*, édit. 8 et 9.) — *Mais* n'est point

Certes[1] est beau dans sa vieillesse, et a encore de la force sur son déclin : la poésie le réclame, et notre langue doit beaucoup aux écrivains qui le disent en prose, et qui se commettent pour lui dans leurs ouvrages. *Maint* est un mot qu'on ne devoit jamais abandonner, et par la facilité qu'il y avoit à le couler dans le style, et par son origine, qui est françoise[2]. *Moult*, quoique

l'anagramme d'*ains*, et la Bruyère le savait bien, puisqu'il accompagne cette singulière remarque d'une réserve : *au plus*. — *Ains*, et beaucoup d'anciens mots avec lui, étaient depuis longtemps regrettés : voyez les *Considérations sur l'éloquence françoise*, de la Mothe le Vayer, 1638; la *Défense de la Poésie*, et la dissertation intitulée : *De la façon d'écrire de MM. du Perron et Bertaut*, dans *les Aduis ou les presents de la Demoiselle de Gournay*, 1641 ; la *Comedie des Academistes*, de Saint-Évremond (1643); le *Rôle des presentations faites aux grands jours de l'Academie françoise sur la reformation de notre langue*, attribué à Charles Sorel, sans date, réimprimé à la suite de la 1ʳᵉ édition de la *Comedie des Academistes*, et à la fin du second volume de l'*Histoire de l'Académie*, par Pellisson et d'Olivet, édition de M. Livet ; la *Requeste des dictionnaires* de Ménage, réimprimée dans ses *Miscellanea* (1652), dans le *Menagiana*, tome III, p. 258, édition de 1729, et dans l'*Histoire de l'Academie*, tome II, p. 476, édition de M. Livet; les *Nouvelles Remarques de M. de Vaugelas sur la langue françoise, avec des Observations de M.* ***** (Alemand), *avocat au Parlement*, 1690, p. 284 et 285, etc.

1. « *Certes* est un mot usité dans les provinces. » (Marguerite Buffet, *Nouvelles Observations sur la langue françoise*, 1668, p. 37.) — « *Certes*,... ce mot commence à vieillir.... En sa place on dit : *en vérité*, *assurément*, *à n'en point mentir*. » (*Dictionnaire de Richelet*, 1680.) — « Ce mot, écrit Bouhours, ne se dit plus dans la conversation que par les Gascons; mais il se dit encore dans les histoires, dans les cours d'éloquence, dans tous les ouvrages dogmatiques ; et il a quelque chose d'énergique qui soutient et qui anime les endroits passionnés ou raisonnés. » Malgré ces raisons, et bien que Patru et Vaugelas s'en soient servis, Bouhours préfère au mot *certes* le mot *certainement;* voyez la *Suite des Remarques nouvelles sur la langue françoise*, 1692, p. 83-86.

2. Du moins n'est-elle pas latine. Est-elle celtique? Est-elle germanique? Les étymologistes ne sont point d'accord. Ce mot, dont Ménage, Vaugelas, Alemand et l'Académie de 1694 ne permettent

latin[1]. étoit dans son temps d'un même mérite, et je ne vois pas par où *beaucoup* l'emporte sur lui. Quelle persécution le *car* n'a-t-il pas essuyée! et s'il n'eût trouvé de la protection parmi les gens polis, n'étoit-il pas banni honteusement d'une langue à qui il a rendu de si longs services, sans qu'on sût quel mot lui substituer[2]? *Cil*[3] a été dans ses beaux jours le plus joli mot de la langue françoise; il est douloureux pour les poëtes qu'il ait vieilli. *Douloureux* ne vient pas plus naturellement de *douleur*, que de *chaleur* vient *chaleureux*[4] ou

---

l'emploi que dans la poésie, était alors tombé dans un tel discrédit que Richelet (1680) le donne comme un « vieux mot burlesque. »

1. *Moult*, du latin *multum*.

2. Quelques « délicats, » suivant l'expression d'Alemand, avaient voulu proscrire l'usage de cette conjonction, et l'on accusait (très-injustement, à ce qu'il paraît) l'Académie de partager leur sentiment; Gomberville se faisait gloire d'avoir composé son roman de *Polexandre* (1632 et années suivantes), sans y avoir admis un seul *car*, et Coëffeteau tenta également, dit-on, mais sans longue persévérance, de ne s'en point servir. La *question* « car, » pour parler comme Alemand, suscita de longues discussions; Voiture prit la défense de *car* dans une lettre dont s'emparèrent aussitôt les partisans du mot, et qui depuis a été très-souvent citée; *car* triompha enfin des attaques de ses adversaires, qui se réduisirent à en blâmer l'usage dans la poésie ou même dans les romans, et ailleurs l'emploi trop fréquent. Voyez la LIIIe lettre de Voiture, adressée à Mlle de Rambouillet; l'*Histoire de l'Académie françoise*, par Pellisson et d'Olivet (tome II, p. 52, édition de M. Livet); les *Aduis de la Demoiselle de Gournay*, 1641, p. 743; la *Requeste des dictionnaires* de Ménage; les *Nouvelles Observations ou Guerre civile des François sur la langue* (par Alemand, 1688), p. 299-305; les *Nouvelles Remarques de M. de Vaugelas*, etc., p. 446-453, etc.

3. *Cil*, nominatif singulier masculin de l'ancien pronom démonstratif *cil* (ou *cel*), *cele*, *celui*, etc., a disparu au commencement du dix-septième siècle, laissant sa place à *celui*, qui jadis n'était employé qu'au cas oblique.

4. La plupart des mots que la Bruyère croyait sur le point de disparaître ont repris faveur. Peut-être ce passage a-t-il été utile pour la conservation de quelques-uns de ceux qui semblaient tomber en désuétude, et particulièrement de *chaleureux*. Richelet (1680) ne

chaloureux[1] : celui-ci se passe, bien que ce fût une richesse pour la langue, et qu'il se dise fort juste où *chaud* ne s'emploie qu'improprement. *Valeur* devoit aussi nous conserver *valeureux*[2]; *haine, haineux*[3]; *peine, peineux*[4]; *fruit, fructueux*[5]; *pitié, piteux*[6]; *joie, jovial*[7]; *foi, féal*[8];

l'avait point mentionné, et Furetière (1690) l'avait ainsi annoté : « Il ne se dit guère qu'en cette phrase : *Les vieillards ne sont guère chaleureux.* » Quand l'Académie enregistra dans son *Dictionnaire* (1694) la double forme *chaleureux ou chaloureux*, sans autre commentaire que celui-ci : « Ne se dit proprement que des personnes, » ne tenait-elle pas compte de la requête de la Bruyère?

1. M. Littré note cette forme comme genevoise.
2. « Le mot *valeureux* est plus de la poésie que de la prose. » (*Dictionnaire de Richelet*, 1680.) — Furetière enregistre le mot sans commentaire; mais l'Académie note, comme Richelet, qu'il « n'a plus guère d'usage qu'en poésie. »
3. *Haineux*, omis par Richelet, et présenté par Furetière comme un « vieux mot qui signifioit autrefois *ennemi*, » est accepté sans réserve par l'Académie.
4. *Peineux*, omis par Richelet, rejeté par Furetière (hormis l'expression *semaine peneuse*, semaine sainte, où il écrit ainsi le mot sans *i*), est accompagné de la remarque suivante dans la 1re édition de l'Académie : « Il n'a guère d'usage qu'en cette phrase : *la semaine peineuse....* Il vieillit. »
5. *Fructueux*, dans le *Dictionnaire* de Richelet, est marqué du signe réservé aux mots qui ne se prennent qu'au figuré. Furetière donne un exemple du sens propre, mais en faisant observer que cet adjectif ne s'emploie guère qu'au figuré. L'Académie (1694) ne donne que des exemples du sens figuré.
6. *Piteux*, accueilli comme expression du style simple ou comique par Richelet, est accepté sans réserve par Furetière et par l'Académie.
7. *Jovial* a été omis par Richelet, mais accueilli par Furetière et par l'Académie (p. 609, col. 2).
8. *Féal* est simplement présenté comme « terme de chancellerie » par Furetière. « Ce mot s'emploie en burlesque quelquefois, » dit Richelet, après l'avoir également noté comme terme de chancellerie. L'Académie, qui, dès 1694, avait l'intention de définir *féal*, puisqu'il se trouve dans la 1re édition du *Dictionnaire*, avec un renvoi à *Foy*, l'a oublié au mot *Foy*; mais cet oubli est réparé dans la 2e édition (1718). En outre, *Féal* a déjà un article dans le 1er volume du *Dictionnaire des arts et des sciences*, appendice publié en 1694, et com-

cour, courtois[1]*; gîte, gisant*[2]*; haleine, halené*[3]*; vanterie, vantard*[4]*; mensonge, mensonger*[5]*; coutume,* cou-

posé de deux parties qui portent, au titre : *tome III* et *tome IV* du *Dictionnaire de l'Académie.*

1. Condamné par Marguerite Buffet (*Nouvelles Observations sur la langue*, 1668, p. 29 et 30) comme « provincial » et comme « du vieux style, » par Bouhours (*Remarques nouvelles sur la langue*, 1675, p. 51) comme n'étant plus « du bel usage, » *courtois* n'a guère été défendu que par Alemand (*Nouvelles Observations ou Guerre civile des François sur la langue*, 1688, p. 464-468), qui tout en convenant que depuis le milieu du siècle « on dit plus ordinairement *civil, honnête,* » combat le P. Bouhours et lui oppose le silence de Vaugelas, un passage de Ménage, et le sens particulier qui s'attache à *courtois*. « Quoiqu'on le trouve dans de bons auteurs, dit Richelet (1680) en parlant de ce mot, on ne s'en sert plus guère. » Furetière et l'Académie, il est vrai, enregistrent *courtois* sans réserve. Mais de Callières, l'un des derniers qui se soient prononcés en cette affaire, déclare que *courtois* n'est « plus guère dans le commerce des gens du monde, » et que « *civil* a pris *sa* place ». (*Du bon et du mauvais Usage dans les manières de s'exprimer,* 1693, p. 173.)

2. *Gisant*, omis par Richelet, est accepté par Furetière et par l'Académie.

3. « *Haleiner, haléner*..., pressentir; avoir vent d'une chose; savoir, découvrir une chose. » (*Dictionnaire* de Richelet, où ce verbe est distingué par les marques réservées aux mots employés au figuré et seulement usités dans le style simple ou comique). « — *Halener...*, terme de vénerie, sentir le gibier.... On le dit figurément des hommes : « Dès qu'un filou a *halené* un provincial riche et qui joue, il ne « le quitte point qu'il ne l'ait entièrement plumé. » (*Furetière*.) — L'Académie fait largement droit au désir de la Bruyère : « *Halener*, verbe actif,... sentir l'haleine de quelqu'un : « Je ne l'eus pas « plus tôt *halené*, que je vis bien qu'il avoit pris du vin avec excès. » Il signifie aussi infecter de ses maximes, corrompre l'esprit : « Dès « que ces fripons eurent *halené* ce jeune homme, ils le rendirent « fripon et débauché. » Il se dit aussi des chiens de chasse, qui prennent l'odeur, le sentiment d'une bête : « Dès que ses chiens « eurent *halené* la bête. » On dit figurément : *halener quelqu'un*, pour dire découvrir ce qu'il a dans l'âme, reconnoître son foible. »

4. *Vantard* n'est admis ni par Richelet, ni par Furetière, ni par l'Académie, qui n'accueillent que *vanteur*.

5. *Mensonger*, admis par Richelet, est présenté par Furetière

tumier[1] : comme *part* maintient *partial;* *point, pointu* et *pointilleux;* *ton, tonnant;* *son, sonore;* *frein, effréné;* *front, effronté;* *ris, ridicule;* *loi, loyal;* *cœur, cordial;* *bien, benin;* *mal, malicieux. Heur* se plaçoit où *bonheur* ne sauroit entrer[2]; il a fait *heureux*, qui est si françois, et il a cessé de l'être : si quelques poëtes s'en sont servis, c'est moins par choix que par la contrainte de la mesure. *Issue* prospère, et vient d'*issir*, qui est aboli[3]. *Fin* subsiste sans conséquence pour *finer*[4], qui vient de lui, pendant que *cesse* et *cesser* règnent également. *Verd* ne fait plus *verdoyer*[5], ni *fête, fétoyer*[6], ni *larme, larmoyer*[7], ni *deuil, se douloir, se*

comme un « vieux mot » hors d'usage, et par l'Académie comme une expression qui est plus employée en poésie qu'en prose.

1. *Coutumier* n'est admis par Richelet que comme terme de palais (pays coutumier, droit coutumier, etc.). L'Académie le définit ainsi qu'il suit, en dehors de l'acception donnée par Richelet: « *Coutumier*, ... qui a accoutumé de faire, etc : *Il est coutumier de mentir*. Il est vieux et bas. Il signifie aussi : ordinaire, accoutumé. Il est plus en usage, en poésie, au féminin : *Sa clarté coutumière, sa beauté coutumière*. » — Furetière, qui indique les mêmes sens, ne fait aucune réserve sur le bon usage du mot.

2. « *Heur*.... Ce mot signifie *bon-heur*, mais il est bas, est peu usité.... » (*Richelet.*) — Furetière et l'Académie l'admettent sans réserve.

3. « *Issir*. Ce mot signifie *sortir*, mais il est hors d'usage à son infinitif, et n'est usité qu'à son prétérit, *je suis issu*, c'est-à-dire : je tire mon origine.... » (*Richelet*.) — Furetière et l'Académie déclarent de même qu'*issir* n'est plus en usage, et qu'il ne reste de ce verbe que le participe *issu*.

4. Ce mot ne se trouve dans aucun des dictionnaires cités dans les notes précédentes.

5. Omis par Richelet, *verdoyer* est annoté comme « vieux » par l'Académie.

6. Omis par Richelet, *festoyer* a trouvé place dans le *Dictionnaire* de Furetière et dans celui de l'Académie.

7. *Larmoyer*, qui manque dans Richelet, est donné par Furetière comme ayant « peu d'usage. » — « Il vieillit, » dit l'Académie.

DE QUELQUES USAGES.

condouloir[1], ni *joie*, *s'éjouir*[2], bien qu'il fasse toujours *se réjouir, se conjouir*, ainsi qu'*orgueil, s'enorgueillir*[3]. On a dit *gent*, le corps *gent* : ce mot si facile non-seulement est tombé, l'on voit même qu'il a entraîné *gentil* dans sa chute[4]. On dit *diffamé*, qui dérive de *fame*, qui ne s'entend plus[5]. On dit *curieux*, dérivé de *cure*,

1. *Douloir*, qui manque dans Richelet, est noté comme « vieux mot » par Furetière, et comme n'ayant « presque plus d'usage » par l'Académie. « *Se condouloir avec quelqu'un de la mort d'une personne ou de quelque autre malheur*, est fort bien dit, » écrivait Vaugelas dans ses *Remarques* (1647, p. 333). *Condouloir* cependant faillit disparaître, et déjà Vaugelas lui-même l'abandonnait dans une addition faite à sa préface, ainsi que le notent Bouhours (*Remarques nouvelles*, etc., p. 592) et Alemand (*Nouvelles Observations*, etc., 1688, p. 401-404), qui l'un et l'autre considèrent ce mot comme perdu. L'usage de l'infinitif s'est du moins conservé : voyez Furetière, le *Dictionnaire de l'Académie* (1694), et celui de M. Littré.

2. *S'éjouir* ne se trouve dans aucun des trois dictionnaires. Toutefois la Fontaine s'en est servi au vers 36 de la *fable* XXI du livre IV.

3. VAR. (édit. 7) : ni *deuil, se douloir*, bien qu'*orgueil* fasse toujours *s'enorgueillir*.

4. « *Gentil* étoit autrefois un mot élégant, et nos anciens auteurs s'en servent beaucoup. Tout est *gentil* parmi eux : *le gentil rossignol, le gentil printemps, un gentil exercice, une gentille entreprise*. Mais maintenant on n'en use point dans les livres : on ne le dit que dans la conversation ; encore ne le dit-on pas trop sérieusement. Une femme dira en parlant d'elle : *Je ne suis ni jeune ni gentille*. On dit à demi en riant : *C'est un gentil esprit, c'est un gentil cavalier ; vous êtes gentil*, pour dire *vous êtes plaisant*. » (*Remarques nouvelles*, etc., par le P. Bouhours, 2ᵉ édition, 1676, p. 21 et 22.) — « *Gent*, adjectif, mot vieux et burlesque pour dire *propre*.... — *Gentil*.... est burlesque, et en sa place, lorsqu'on parle sérieusement, on dit *joli*. » (Richelet.) — « *Gent*, vieux mot qui signifioit autrefois *gentil*, » dit Furetière. Comme l'Académie, Furetière admet *gentil* avec ses acceptions habituelles. Voyez de plus les *Observations de l'Académie françoise sur les Remarques de M. de Vaugelas*, p. 440, édition in-4°, 1704.

5. « *Fame*..., renommée, réputation. Il n'est en usage qu'en cette phrase de pratique : *Rétabli en sa bonne fame et renommée*, » dit l'Académie, reproduisant Furetière.

qui est hors d'usage[1]. Il y avoit à gagner de dire *si que* pour *de sorte que* ou *de manière que*[2], *de moi*[3] au lieu de *pour moi* ou de *quant à moi*[4], de dire *je sais que c'est qu'un mal*[5], plutôt que *je sais ce que c'est qu'un mal*, soit par l'analogie latine, soit par l'avantage qu'il y a souvent à avoir un mot de moins à placer dans l'oraison. L'usage a préféré *par conséquent* à *par consé-*

1. « *Cure...*, vieux mot qui signifioit soin. Il n'a plus d'usage qu'en cette phrase proverbiale : *On a beau prêcher à qui n'a cure de bien faire.* » (*Furetière.*) — « *Cure...*, soin, souci. En ce sens, il est vieux et n'a guère d'usage qu'en ce proverbe: *On a beau prêcher*, etc. » (*Dictionnaire de l'Académie.*) — Cette signification du mot *cure* n'est pas indiquée par Richelet.

2. *Si que* avait été condamné par Vaugelas (*Remarques*, p. 435) comme « tout à fait barbare; » *de façon que, de manière que,* comme locutions « si peu élégantes qu'il n'y *avoit* pas un bon auteur qui s'en *servît.* » — « Elles sont aujourd'hui dans la bouche de plusieurs personnes, écrit Bouhours en parlant de ces deux dernières tournures (*Remarques nouvelles*, 1676, p. 595), et quelques-uns de nos bons auteurs les employent. » Elles sont approuvées sans réserve dans les *Observations de l'Académie françoise sur les* Remarques *de Vaugelas*, p. 428.

3. « *De moi* est fort bon et fort élégant, mais j'éviterois de le mettre souvent en prose, et me contenterois de l'avoir employé une fois ou deux dans un juste volume. Mon usage ordinaire seroit *pour moi*, comme c'est celui de tout le monde, soit en parlant ou en écrivant. *De moi* semble être consacré à la poésie, et *pour moi* à la prose.... » (Vaugelas, *Remarques*, p. 193.) — « .... *De moi* est incomparablement meilleur en vers que *pour moi*.... Mais comme il faut toujours dire *de moi* en vers quand on le peut, il ne le faut jamais dire en prose.... » (*Observations de M. Ménage*, etc., 1675, p. 427.) — Voyez le *Lexique de Malherbe*, au mot DE.

4. *Quant à moi*, condamné par Vaugelas (*Remarques*, p. 193), Bouhours (*Remarques nouvelles*, 1676, p. 586) et Ménage (*Observations*, etc., p. 426), n'a point tardé à reprendre faveur : voyez les *Observations de l'Académie françoise sur les* Remarques *de Vaugelas*, p. 63.

5. Malherbe est sans doute l'un des derniers qui ait usé fréquemment de ce tour : voyez le *Lexique de Malherbe*, au mot QUE, et les *Observations de l'Académie françoise sur les* Remarques *de Vaugelas*, p. 196.

DE QUELQUES USAGES.

quence, et *en conséquence* à *en conséquent*, *façons de faire* à *manières de faire*, et *manières d'agir* à *façons d'agir*...; dans les verbes, *travailler* à *ouvrer*[1], *être accoutumé* à *souloir*[2], *convenir* à *duire*[3], *faire du bruit* à *bruire*[4], *injurier* à *vilainer*[5], *piquer* à *poindre*[6], *faire ressouvenir* à *ramentevoir*[7]...; et dans les noms, *pensées* à *pensers*[8], un si beau mot, et dont le vers se trouvoit si bien! *grandes actions* à *prouesses*[9], *louanges* à

---

1. « *Ouvrer*.... n'est guère en usage qu'en cette phrase : « Il est défendu par les règlements de police d'*ouvrer* les fêtes et les dimanches. » (*Furetière*.) — Richelet et l'Académie (1694) ne donnent que la forme *ouvré*, « participe passé du verbe *ouvrer*, qui n'est plus en usage, » ajoute le *Dictionnaire de l'Académie*.

2. « *Souloir*,... ce verbe est vieux et hors d'usage. » (*Richelet*.) — « Vieux mot.... On le dit encore en pratique : Il *souloit* y avoir là « une perte.... Le temps a bien changé; il n'est plus comme il *sou-« loit* être. » (*Furetière*.) — « Il ne s'est guère dit qu'à l'imparfait. Il est vieux. » (*Dictionnaire de l'Académie*, 1694.)

3. Accueilli sans commentaire par Furetière, *duire*, en tant que verbe neutre et signifiant *convenir*, est noté comme burlesque par Richelet (1680), et comme « bas » par l'Académie (1694).

4. Furetière seul restreint à un petit nombre de phrases l'usage de ce mot, enregistré sans observation par Richelet et par l'Académie de 1694. « On entendoit *bruire* le vent, le tonnerre dans cette tempête, » ajoute Furetière comme exemple.

5. *Vilainer* ne se trouve dans aucun des trois dictionnaires.

6. *Poindre*, verbe actif, piquer, disent à peu près dans les mêmes termes Furetière et l'Académie de 1694, n'a guère d'usage qu'en cette phrase proverbiale : « *Oignez* vilain, il vous *poindra*; poignez vilain, il vous *oindra*. » — Richelet ne l'a noté qu'au sens figuré : « ce mot, pour dire *offenser*, est françois, mais peu usité. »

7. Ce mot ne se trouve que dans Furetière, qui le note comme « vieux. »

8. Furetière accueille sans réserve le substantif *penser*; Richelet et l'Académie de 1694 ne l'admettent qu'en poésie.

9. « *Prouesse*. Les délicats du temps ne veulent plus qu'on use de ce mot et disent qu'il est vieux », écrit Furetière. Ces délicats sont Vaugelas, Marguerite Buffet, Richelet et d'autres, qui n'admettent *prouesse* que dans le discours familier et comme un mot plaisant. —

loz[1], *méchanceté* à *mauvaistié*, *porte* à *huis*, *navire* à *nef*, *armée* à *ost*, *monastère* à *monstier*, *prairies* à *prées*[2]..., tous mots qui pouvoient durer ensemble d'une égale beauté, et rendre une langue plus abondante. L'usage a par l'addition, la suppression, le changement ou le dérangement de quelques lettres, fait *frelater* de *fralater*[3], *prouver* de *preuver*[4], *profit* de *proufit*, *froment* de *froument*[5], *profil* de *pourfil*, *provision* de *pourveoir*, *promener* de *pourmener*, et *promenade* de *pourmenade*[6]. Le même usage fait, selon l'occasion, d'*habile*, d'*utile*, de *facile*, de *docile*[7], de *mobile* et de *fertile*, sans y rien changer, des genres différents :

« *Il se vante de ses prouesses* est du vieil style, écrit Marguerite Buffet (p. 74); on ne se sert plus de ces mots dans le bel usage. »

1. Bien que Richelet et l'Académie de 1694 n'en admettent l'usage que dans le burlesque, *los* est encore employé par la Fontaine et par Saint-Simon : voyez le *Dictionnaire* de M. Littré.

2. *Mauvaistié* est dans Furetière. *Prées* ne se trouve plus dans les dictionnaires du temps; *huis* y est représenté comme un mot qui vieillit, et même qui est tombé en désuétude hors du Palais; *nef*, au sens de *navire*, comme un mot de la langue poétique et du style burlesque, ou encore comme un vieux mot conservé dans les enseignes; *monstier* (que l'on prononçait en général *moutier*) et *ost*, comme des termes déjà inusités en dehors de quelques expressions proverbiales.

3. *Fralater* est la forme habituelle au seizième siècle, et se retrouve même au commencement du dix-septième; ce mot vient, d'après M. Diez, du flamand *verlaten*, transvaser.

4. Richelet note encore *preuver* : « Quelques-uns disent *preuver*, mais ordinairement on dit et on écrit *prouver*. »

5. Var. (édit. 7 et 8) : *fourment*. — *Fourment* n'est pas une faute d'impression, car cette forme a été employée, ainsi qu'on peut le voir dans le *Dictionnaire* de M. Littré; mais *froument* était plus usité.

6. La remarque de la Bruyère sur les mots *pourfil*, *pourveoir*, etc., est juste en ce sens que dans la formation du français populaire le *pro* du latin est habituellement devenu *pour*, et que c'est par l'influence des savants que généralement dans ces composés on est revenu à la forme *pro*.

7. Le mot *docile* a été ajouté dans la 8e édition.

au contraire de *vil*, *vile*, *subtil*, *subtile*, selon leur terminaison masculins ou féminins[1]. Il a altéré les terminaisons anciennes : de *scel* il a fait *sceau*; de *mantel*, *manteau*; de *capel*, *chapeau*; de *coutel*, *couteau*; de *hamel*, *hameau*; de *damoisel*, *damoiseau*; de *jouvencel*, *jouvenceau*[2]; et cela sans que l'on voie guère ce que la langue françoise gagne à ces différences et à ces changements. Est-ce donc faire pour le progrès d'une langue, que de déférer à l'usage? Seroit-il mieux de secouer le joug de son empire si despotique? Faudroit-il, dans une langue vivante, écouter la seule raison, qui prévient les équivoques, suit la racine des mots et le rapport qu'ils ont avec les langues originaires dont ils sont sortis, si la raison d'ailleurs veut qu'on suive l'usage[3]? (ÉD. 7.)

Si nos ancêtres ont mieux écrit que nous, ou si nous l'emportons sur eux par le choix des mots, par le tour et

---

1. Il faut remarquer que les adjectifs en *il* que cite la Bruyère viennent des mots latins qui ont un *i* long et portant l'accent; tandis que les adjectifs en *ile* (pour les deux genres) ont en latin un *i* bref et atone. Ces derniers sont, comme dit M. Littré, des mots entrés secondairement dans la langue française; la forme ancienne tirée de *mobilis* était *meuble*; de *facilis*, la langue ancienne eût dérivé *fele*. Voyez le *Dictionnaire* de M. Littré, et son *Histoire de la langue française*, tome I, p. 242 et 243. Ronsard écrit *fertil*, *util*, sans *e*.

2. Ces mots au moyen âge se terminaient au cas sujet singulier et au cas régime pluriel en *els* ou en *aus*, *iaus*; au cas régime singulier et au cas sujet pluriel en *el*. C'est la forme *aus* qui, perdant son *s*, a fini par prévaloir dans les noms que cite ici notre auteur. Il n'est donc pas d'une exactitude rigoureuse de dire que l'on ait fait *sceau* de *scel*, *manteau* de *mantel*, etc.

3. Cette question, agitée par tous les auteurs de *Remarques* et d'*Observations* sur la langue depuis Vaugelas, était toujours résolue dans le même sens. L'usage est le maître des langues vivantes, et l'emporte sur la grammaire et la raison : telle est la décision où tous se sont rencontrés, répétant avec Horace (*Art poétique*, vers 71 et 72) :

.... Si volet usus,
Quem penes arbitrium est et jus et norma loquendi.

DE QUELQUES USAGES.

l'expression, par la clarté et la brièveté du discours, c'est une question souvent agitée, toujours indécise. On ne la terminera point en comparant, comme l'on fait quelquefois, un froid écrivain de l'autre siècle aux plus célèbres de celui-ci, ou les vers de Laurent[1], payé pour ne plus écrire, à ceux de Marot et de Desportes. Il faudroit, pour prononcer juste sur cette matière, opposer siècle à siècle, et excellent ouvrage à excellent ouvrage, par exemple les meilleurs rondeaux de Benserade ou de Voiture à ces deux-ci, qu'une tradition nous a conservés, sans nous en marquer le temps ni l'auteur[2] :

> Bien à propos s'en vint Ogier en France
> Pour le païs de mescreans monder :

1. Laurent a publié divers opuscules en vers, dont voici les titres : *Relation du carrousel Dauphin, et courses de festes faites à Versailles le 4 mars 1685 ; la Magnifique adresse des chevaliers Maures au grand carrousel Dauphin à Versailles le 1 et 2 juin 1685 ; Lettre en vers à Leurs Altesses Royales* Monsieur *et* Madame, *ou Relation de ce qui s'est passé à la feste Dauphine de Chantilly depuis le 22 aoust jusqu'au 30 du mesme mois ; Elegie sur la mort de la reine d'Espagne arrivée en* 1689. La plate relation de la fête de Chantilly dont il a été question au tome I, p. 134, 135 et 423, avait peut-être valu à son auteur quelque gratification de Monsieur le Prince : est-ce là ce que la Bruyère veut rappeler en écrivant ces mots : « payé pour ne plus écrire » ? Suivant M. Édouard Fournier (*Comédie de la Bruyère*, tome II, p. 369), auquel nous devons l'indication de la dernière pièce (la seule qu'ait omis de mentionner le P. Lelong), Laurent ne serait autre que Robinet, le versificateur qui continua jusqu'en 1670 la *Gazette rimée* de Loret, sous le pseudonyme de du Lorens.

2. Ces deux rondeaux étaient jadis célèbres. Ils font partie des quatre « Rondeaux antiques » qui sont en tête du *Recueil de divers rondeaux*, imprimé en 1639 et publié en 1640 chez Aug. Courbé (p. 1 et 5), et qui portent les titres suivants : *Pour Richard sans Peur, Pour Pierre de Provence, Pour Galien restauré, Pour Ogier le Danois*. C'est le premier et le dernier que reproduit ici la Bruyère ; nous les retrouvons dans le *Menagiana* (tome II, p. 280, et tome IV, p. 151), et avec les deux autres dans le recueil des *Pièces intéressantes et peu connues*, publié par la Place (tome III, p. 341), ainsi

Ja n'est besoin de conter sa vaillance,
Puisqu'ennemis n'osoient le regarder.

Or quand il eut[1] tout mis en assurance,
De voyager il voulut s'enharder[2],
En Paradis trouva l'eau de jouvance,
Dont il se sceut de vieillesse engarder
    Bien à propos.

que dans un recueil manuscrit de vers composés ou copiés, dans la première partie du dix-septième siècle, pour Mme de Villarceaux*. Suivant M. Éd. Fournier (*Comédie de la Bruyère*, tome I, p. 69), c'est de ce manuscrit (p. 5o et 52, cotées 7 et 9) que l'auteur des *Caractères* a tiré les rondeaux *Pour Richard* et *Pour Ogier*; mais l'omission des titres, et surtout les variantes que présente le texte donné par la Bruyère, démontrent qu'il ne les a empruntés ni au cahier de vers de Mme de Villarceaux, ni au recueil de Courbé. — La Monnoie est d'avis que ces rondeaux sont du dix-septième siècle (voyez ci-après, p. 218, note 3); suivant M. Paulin Paris (voyez l'édition de Walckenaer, *Remarques et Éclaircissements*, p. 747), l'absence de tout hiatus ne permet point d'admettre qu'ils aient été composés avant la fin du seizième siècle, ou même peut-être avant le règne de Louis XIII. Il est vraisemblable en effet que la Bruyère s'est trompé en les prenant pour anciens. Ce pastiche a été fait par un évêque de Rieux, si l'on en croit le *Menagiana* et une note du recueil des *Pièces intéressantes*: le *Menagiana* ne lui attribue que l'un d'eux; mais les quatre sont du même auteur suivant le recueil de la Place. — Nous conservons par exception, dans le texte de ces rondeaux, l'orthographe et l'accentuation que donnent les éditions originales, et particulièrement la neuvième.

1. Manuscrit de la collection Gaignières : « Après qu'il eut. » — Nous ne mêlerons aux variantes des éditions de la Bruyère que celles que présentent ce manuscrit et le *Recueil de divers rondeaux*, laissant de côté le *Menagiana* et le recueil des *Pièces intéressantes*, l'un et l'autre postérieurs à la publication des *Caractères*.

2. Ce mot est l'un de ceux qui ont rendu suspecte à M. Paulin Paris l'antiquité de ces rondeaux. Il ne se trouve ni dans le manuscrit ni dans le *Recueil de divers rondeaux*, qui donnent :

    De voyager se voulut hasarder.

* Ce manuscrit est conservé à la Bibliothèque impériale, fonds Gaignières, n° 2872. M. Lud. Lalanne en a publié des extraits dans la *Correspondance littéraire* du 10 novembre 1860, p. 7.

Puis par cette eau son corps tout decrepite
Transmué fut[1] par maniere subite
En jeune gars, frais, gracieux et droit.

Grand dommage est que cecy soit sornettes :
Filles connoy[2] qui ne sont pas jeunettes,
A qui cette eau de jouvance viendroit
  Bien à propos[3].

De cettuy preux[4] maints grands clercs ont écrit
Qu'oncques dangier[5] n'étonna son courage :
Abusé fut par le malin esprit[6],
Qu'il épousa sous feminin visage.

1. Manuscrit Gaignières et *Recueil de divers rondeaux :*

 Car par cette eau son corps si decrepite
 Fut transmué, etc.

2. VAR. (édit. 7 et 8) : Filles connois.
3. « De tous les rondeaux celui-ci me plaît le plus, et je l'appelle le roi des rondeaux. Il est d'un évêque de Rieux en Languedoc :

  Bien à propos, etc. » (*Menagiana*, tome II, p. 280.)

« La Bruyère, ajoute l'éditeur du *Menagiana* (la Monnoie), paroît avoir fort estimé ce rondeau, sur lequel il n'y a pas, ce me semble, de quoi tant se récrier. Il n'est nullement dans les règles ; et quand il y seroit, il suffiroit de l'appeler joli. Une preuve indubitable qu'il est moderne, c'est que dans tous les anciens rondeaux, le vers qui précède la chute a toujours un sens fini qui ne laisse pas de se joindre agréablement à celui de la chute sans qu'il en dépende nécessairement ; et c'est ce que l'auteur n'a point observé dans ce vers :

  A qui cette eau de Jouvence viendroit,

où l'on voit que le sens est suspendu, et se trouve nécessairement engagé avec celui de la chute. La plupart des modernes ou n'ont point su, ou ont négligé cette finesse, qui rend le rondeau véritablement plus difficile, mais aussi plus beau quand elle est bien observée. Les anciens appeloient cela *clore et ouvrir*. »

4. VAR. (édit. 7) : D'iceluy preux.
5. *Recueil :* « Qu'oncques danger. »
6. Manuscrit et *Recueil :* « par un malin esprit. »

Si piteux cas à la fin découvrit
Sans un seul brin de peur ny de dommage,
Dont grand renom par tout le monde acquit,
Si qu'on tenoit tres honneste langage [1]
    De cettuy preux [2].

Bien-tost aprés fille de Roy s'éprit
De son amour, qui voulentiers [3] s'offrit
Au bon Richard en second mariage [4].

Donc s'il vaut mieux [5] de diable ou femme avoir [6],
Et qui des deux bruit plus en ménage [7],
Ceulx qui voudront, si le pourront sçavoir
    De cettuy preux [8]. (ÉD. 7.)

1. Manuscrit et *Recueil* : « fort honnête langage. »
2. VAR. (édit. 7) : D'iceluy preux.
3. VAR. (édit. 7) : volontiers.
4. Manuscrit et *Recueil* :

    Bientost après de son amour s'éprit
    Fille de roy, qui volontiers s'offrit
    Au bon Richard par second mariage.

5. Manuscrit : Donc s'il vaut bien.
6. VAR. (édit. 7 et 8): ou diable ou femme avoir. — C'est aussi la leçon du manuscrit et celle du *Recueil*.
7. Manuscrit et *Recueil* :

    Et quel des deux bruit plus dans un ménage.

8. VAR. (édit. 7) : « Je voudrois bien savoir qui a fait le rondeau de Richard sans Peur. Il n'est pas moins beau que celui d'Ogier. » (*Menagiana*, tome IV, p. 151.) — « Ce rondeau, reprend la Monnoie (p. 152), n'est ni plus laid, ni plus beau que celui d'Ogier. Qui a fait l'un a fait l'autre. Ils ont tous deux les mêmes défauts. Le sens en est naïf. C'est tout ce que la Bruyère en devoit louer. »

DE LA CHAIRE.

1. Le discours chrétien est devenu un spectacle. Cette tristesse évangélique qui en est l'âme ne s'y remarque plus : elle est suppléée par les avantages de la mine[1], par les inflexions de la voix, par la régularité du geste, par le choix des mots, et par les longues énumérations. On n'écoute plus sérieusement la parole sainte : c'est une sorte d'amusement entre mille autres; c'est un jeu où il y a de l'émulation et des parieurs.

2. L'éloquence profane est transposée pour ainsi dire du barreau, où LE MAÎTRE, PUCELLE et FOURCROY[2] l'ont fait régner, et où elle n'est plus d'usage, à la chaire, où elle ne doit pas être. (ÉD. 4.)

L'on fait assaut d'éloquence jusqu'au pied de l'autel et en la présence des mystères[3]. Celui qui écoute s'établit juge de celui qui prêche, pour condamner ou pour applaudir, et n'est pas plus converti par le discours qu'il favorise que par celui auquel il est contraire. L'orateur plaît aux uns, déplaît aux autres, et convient avec tous

1. VAR. (édit. 1-3) : par l'avantage de la mine.
2. Antoine Lemaistre, célèbre avocat au Parlement, est mort en 1658 à Port-Royal, où il vivait dans la retraite depuis une vingtaine d'années. — L'avocat Claude Pucelle, mort à quarante et un ans, vers la même époque, est aujourd'hui moins connu que son fils René Pucelle, conseiller clerc au Parlement, auquel ses discours et son zèle contre la bulle *Unigenitus* ont valu quelque célébrité. — Bonaventure Fourcroy, poëte et jurisconsulte, mort en 1691, était l'ami de Molière et de Boileau.
3. VAR. (édit. 1-3) : jusques au pied de l'autel et dans la chaire de la vérité.

en une chose¹, que comme il ne cherche point à les rendre meilleurs, ils ne pensent pas aussi à le devenir.

Un apprentif² est docile, il écoute son maître, il profite de ses leçons, et il devient maître. L'homme indocile critique le discours du prédicateur, comme le livre du philosophe, et il ne devient ni chrétien ni raisonnable. (ÉD. 4.)

3. Jusqu'à ce qu'il revienne un homme qui avec un style nourri des saintes Écritures, explique au peuple la parole divine uniment et familièrement³, les orateurs et les déclamateurs seront suivis.

4. Les citations profanes, les froides allusions, le mauvais pathétique, les antithèses, les figures outrées ont fini: les portraits finiront⁴, et feront place à une simple explication de l'Évangile, jointe aux mouvements qui inspirent la conversion.

5. Cet homme que je souhaitois impatiemment, et que je ne daignois pas espérer de notre siècle⁵, est enfin venu. Les courtisans, à force de goût et de connoître les bienséances, lui ont applaudi; ils ont, chose incroyable! abandonné la chapelle du Roi, pour venir entendre avec le peuple la parole de Dieu annoncée par cet homme apostolique⁶. La ville n'a pas été de l'avis de la cour:

1. C'est-à-dire : et s'accorde avec tous en une chose.
2. Telle était à cette époque l'orthographe de ce mot.
3. Allusion, suivant les *Clefs*, à l'abbé le Tourneux, mort en 1686. Voyez l'*Appendice*.
4. La Bruyère a déjà noté dans son *Discours sur Théophraste* (tome I, p. 10) l'habitude qu'avaient prise les prédicateurs d'insérer des portraits dans leurs sermons.
5. Voyez ci-dessus la réflexion 3.
6. Le P. Seraph. cap. (*Note de la Bruyère.*) — Lisez : « le P. Sé-

où il a prêché, les paroissiens ont déserté, jusqu'aux marguilliers ont disparu; les pasteurs ont tenu ferme, mais les ouailles se sont dispersées, et les orateurs voisins en ont grossi leur auditoire. Je devois le prévoir, et ne pas dire qu'un tel homme n'avoit qu'à se montrer pour être suivi, et qu'à parler pour être écouté : ne savois-je pas quelle est dans les hommes, et en toutes choses, la force indomptable de l'habitude? Depuis trente années on prête l'oreille aux rhéteurs, aux déclamateurs, aux *énumérateurs;* on court ceux qui peignent en grand ou en miniature[1]. Il n'y a pas longtemps qu'ils avoient des chutes ou des transitions ingénieuses, quelquefois même si vives et si aiguës qu'elles pouvoient passer pour épigrammes : ils les ont adoucies, je l'avoue, et ce ne sont plus que des madrigaux. Ils ont toujours, d'une nécessité indispensable et géométrique, trois sujets admirables de vos attentions : ils prouveront une telle chose dans la première partie de leur discours, cette autre dans la seconde partie, et cette autre encore dans la troisième. Ainsi vous serez convaincu d'abord d'une certaine vérité, et c'est leur premier point; d'une autre vérité, et c'est leur second point; et puis d'une troisième vérité, et c'est leur troisième point : de sorte que la première réflexion vous instruira d'un principe des plus fondamentaux de votre religion; la seconde, d'un autre principe qui ne l'est pas moins; et la dernière réflexion, d'un troisième et dernier principe, le plus important de tous, qui est remis pourtant, faute de loisir, à une autre fois. Enfin, pour reprendre et abréger cette division et former un plan.... — Encore, dites-vous, et quelles

raphin, capucin.» — A l'époque où parut cet éloge, le P. Séraphin n'avait pas encore prêché à la cour. Voyez l'*Appendice.*

1. Dans les éditions originales : « mignature. »

préparations pour un discours de trois quarts d'heure qui leur reste à faire ! Plus ils cherchent à le digérer et à l'éclaircir, plus ils m'embrouillent. — Je vous crois sans peine, et c'est l'effet le plus naturel de tout cet amas d'idées qui reviennent à la même, dont ils chargent sans pitié la mémoire de leurs auditeurs. Il semble, à les voir s'opiniâtrer à cet usage, que la grâce de la conversion soit attachée à ces énormes partitions[1]. Comment néanmoins seroit-on converti par de tels apôtres, si l'on ne peut qu'à peine les entendre articuler, les suivre et ne les pas perdre de vue? Je leur demanderois volontiers qu'au milieu de leur course impétueuse, ils voulussent plusieurs fois reprendre haleine, souffler un peu, et laisser souffler leurs auditeurs. Vains discours, paroles perdues! Le temps des homélies n'est plus; les Basiles, les Chrysostomes ne le ramèneroient pas; on passeroit en d'autres diocèses pour être hors de la portée de leur voix et de leurs familières instructions. Le commun des hommes aime les phrases et les périodes, admire ce qu'il n'entend pas[2], se suppose instruit, content de décider entre un premier et un second point, ou entre le dernier sermon et le pénultième. (ÉD. 8.)

6. Il y a moins d'un siècle qu'un livre françois étoit un certain nombre de pages latines, où l'on découvroit

---

1. Quelques-unes des remarques de la Bruyère sur l'éloquence de la chaire ont été plus tard développées par Fénelon dans ses *Dialogues sur l'éloquence* et dans la *Lettre sur les occupations de l'Académie*. Voyez par exemple sur l'abus des divisions le second *dialogue*; sur le « style fleuri » (ci-après, p. 225, n° 8), la *Lettre sur les occupations de l'Académie* (*Projet de rhétorique*); enfin sur la convenance qu'il y auroit pour les prédicateurs à expliquer la religion, même le catéchisme, et à parler d'abondance après une certaine préparation (ci-après, p. 235, n° 29), le troisième *dialogue*.

2. La Bruyère l'avait déjà dit : voyez tome I, p. 115, n° 8.

quelques lignes ou quelques mots en notre langue. Les passages, les traits et les citations n'en étoient pas demeurés[1] là : Ovide et Catulle achevoient de décider des mariages et des testaments, et venoient avec les *Pandectes* au secours de la veuve et des pupilles[2]. Le sacré et le profane ne se quittoient point; ils s'étoient glissés ensemble jusque dans la chaire : saint Cyrille, Horace, saint Cyprien, Lucrèce, parloient alternativement; les poëtes étoient de l'avis de saint Augustin et de tous les Pères; on parloit latin, et longtemps, devant des femmes et des marguilliers; on a parlé grec. Il falloit savoir prodigieusement pour prêcher si mal. Autre temps, autre usage : le texte est encore latin, tout le discours est françois, et d'un beau françois; l'Évangile même n'est pas cité. Il faut savoir aujourd'hui très-peu de chose pour bien prêcher[3]. (ÉD. 5.)

7. L'on a enfin banni la scolastique de toutes les chaires

1. *Demeuré*, sans accord, dans les éditions du dix-septième siècle.
2. VAR. (édit. 5) : ou des pupilles. — Sur l'abus des citations, si longtemps à la mode au barreau, voyez le commentaire que Louis Racine a donné du discours de l'Intimé des *Plaideurs* (acte III, scène III), dans ses *Remarques sur les tragédies de J. Racine* (tome I, p. 233 et suivantes).
3. « Les femmes, qui murmuroient de ce qu'un discours étoit une harangue latine, s'étonnent à présent qu'un sermon ne soit que françois. Elles savent bon gré aux prédicateurs de la complaisance qu'ils ont de parler une langue familière à tout le monde.

« Citer, la mode n'en est plus. A la faveur de cet usage, le jeune orateur se dispense de lire saint Augustin; l'ancien prédicateur rougit presque de l'avoir lu; il glisse furtivement les pensées des Pères dans un discours qui a besoin de leur témoignage. Le discours paroît solide et éloquent; mais celui qui le prononce n'a pas le courage d'en rendre grâce en public aux saints docteurs.

« L'exil des citations n'a alarmé que les savants. Le monde poli, qui craint toutes les manières d'être ennuyé, n'a garde d'en souhaiter le rappel. » (Brillon, *Théophraste moderne*, p. 358 et 359.)

des grandes villes, et on l'a reléguée dans les bourgs et dans les villages pour l'instruction et pour le salut du laboureur ou du vigneron. (ÉD. 4.)

8. C'est avoir de l'esprit que de plaire au peuple dans un sermon par un style fleuri, une morale enjouée, des figures réitérées, des traits brillants et de vives descriptions; mais ce n'est point en avoir assez. Un meilleur esprit néglige ces ornements étrangers[1], indignes de servir à l'Évangile : il prêche simplement, fortement, chrétiennement.

9. L'orateur fait de si belles images de certains désordres, y fait entrer des circonstances si délicates, met tant d'esprit, de tour et de raffinement dans celui qui pèche, que si je n'ai pas de pente à vouloir ressembler à ses portraits, j'ai besoin du moins que quelque apôtre, avec un style plus chrétien, me dégoûte des vices dont l'on m'avoit fait une peinture si agréable.

10. Un beau sermon est un discours oratoire qui est dans toutes ses règles, purgé de tous ses défauts, conforme aux préceptes de l'éloquence humaine, et paré de tous les ornements de la rhétorique. Ceux qui entendent finement n'en perdent pas le moindre trait ni une seule pensée; ils suivent sans peine l'orateur dans toutes les énumérations où il se promène, comme dans toutes les élévations où il se jette : ce n'est une énigme que pour le peuple. (ÉD. 4.)

11. Le solide et l'admirable discours que celui qu'on vient

---

1. VAR. (édit. 1-3) : Un meilleur esprit condamne dans les autres, et néglige pour soi ces ornements étrangers.

d'entendre! Les points de religion les plus essentiels, comme les plus pressants motifs de conversion, y ont été traités : quel grand effet n'a-t-il pas dû faire sur l'esprit et dans l'âme de tous les auditeurs! Les voilà rendus : ils en sont émus et touchés au point de résoudre dans leur cœur, sur ce sermon de *Théodore*, qu'il est encore plus beau que le dernier qu'il a prêché. (ÉD. 4.)

12. La morale douce et relâchée tombe avec celui qui la prêche; elle n'a rien qui réveille et qui pique la curiosité d'un homme du monde, qui craint moins qu'on ne pense une doctrine sévère, et qui l'aime même dans celui qui fait son devoir en l'annonçant. Il semble donc qu'il y ait dans l'Église comme deux états qui doivent la partager : celui de dire la vérité dans toute son étendue, sans égards, sans déguisement; celui de l'écouter avidement, avec goût, avec admiration, avec éloges, et de n'en faire cependant ni pis ni mieux.

13. L'on peut faire ce reproche à l'héroïque vertu des grands hommes, qu'elle a corrompu l'éloquence, ou du moins amolli le style de la plupart des prédicateurs. Au lieu de s'unir seulement avec les peuples pour bénir le Ciel de si rares présents qui en sont venus, ils ont entré en société avec les auteurs et les poëtes; et devenus comme eux panégyristes, ils ont enchéri sur les épîtres dédicatoires, sur les stances et sur les prologues; ils ont changé la parole sainte en un tissu de louanges, justes à la vérité, mais mal placées, intéressées, que personne n'exige d'eux, et qui ne conviennent point à leur caractère. On est heureux si à l'occasion du héros qu'ils célèbrent jusque dans le sanctuaire, ils disent un mot de Dieu et du mystère qu'ils devoient prêcher. Il s'en est trouvé quelques-uns qui ayant assujetti le saint Évangile,

qui doit être commun à tous, à la présence d'un seul auditeur, se sont vus déconcertés par des hasards qui le retenoient ailleurs, n'ont pu prononcer devant des chrétiens un discours chrétien qui n'étoit pas fait pour eux, et ont été suppléés par d'autres orateurs, qui n'ont eu le temps que de louer Dieu dans un sermon précipité. (ÉD. 4.)

14. *Théodule* a moins réussi que quelques-uns de ses auditeurs ne l'appréhendoient : ils sont contents de lui et de son discours; il a mieux fait[1] à leur gré que de charmer l'esprit et les oreilles, qui est de flatter leur jalousie[2].

15. Le métier de la parole ressemble en une chose à celui de la guerre : il y a plus de risque qu'ailleurs, mais la fortune y est plus rapide.

16. Si vous êtes d'une certaine qualité, et que vous ne vous sentiez point d'autre talent[3] que celui de faire de froids discours, prêchez, faites de froids discours[4] : il n'y a rien de pire pour sa fortune que d'être entièrement ignoré. *Théodat*[5] a été payé de ses mauvaises phrases et de son ennuyeuse monotonie.

17. L'on a eu de grands évêchés par un mérite de chaire qui présentement ne vaudroit pas à son homme une simple prébende.

1. VAR. (édit. 1-7) : et il a mieux fait.
2. Dans la 4ᵉ édition, cet alinéa n'est pas séparé du précédent.
3. Il y a « d'autres talents, » au pluriel, dans les éditions 1-4.
4. Les mots : « faites de froids discours, » ont été ajoutés dans la 7ᵉ édition.
5. VAR. (édit. 1) : *Théodore.*

18. Le nom de ce panégyriste[1] semble gémir sous le poids des titres dont il est accablé; leur grand nombre remplit de vastes affiches qui sont distribuées dans les maisons, ou que l'on lit par les rues en caractères monstrueux, et qu'on ne peut non plus ignorer que la place publique. Quand sur une si belle montre, l'on a seulement essayé du personnage, et qu'on l'a un peu écouté, l'on reconnoît qu'il manque au dénombrement de ses qualités celle de mauvais prédicateur.

19. L'oisiveté des femmes, et l'habitude qu'ont les hommes de les courir partout où elles s'assemblent, donnent du nom à de froids orateurs, et soutiennent quelque temps ceux qui ont décliné. (ÉD. 7.)

20. Devroit-il suffire d'avoir été grand et puissant dans le monde pour être louable ou non, et devant le saint autel et dans la chaire de la vérité, loué et célébré à ses funérailles? N'y a-t-il point d'autre grandeur que celle qui vient de l'autorité et de la naissance? Pourquoi n'est-il pas établi de faire publiquement le panégyrique d'un homme qui a excellé pendant sa vie dans la bonté, dans l'équité, dans la douceur, dans la fidélité, dans la piété? Ce qu'on appelle une oraison funèbre n'est aujourd'hui bien reçue du plus grand nombre des auditeurs, qu'à mesure qu'elle s'éloigne davantage du discours chrétien, ou si vous l'aimez mieux ainsi, qu'elle approche de plus près d'un éloge profane. (ÉD. 6.)

21. L'orateur cherche par ses discours un évêché; l'apôtre fait des conversions : il mérite de trouver ce que l'autre cherche.

1. « Le nom de panégyriste, » par faute d'impression, dans la 9ᵉ édition.

DE LA CHAIRE.

22. L'on voit des clercs[1] revenir de quelques provinces où ils n'ont pas fait un long séjour, vains des conversions qu'ils ont trouvées toutes faites, comme de celles qu'ils n'ont pu faire, se comparer déjà aux VINCENTS et aux XAVIERS[2], et se croire des hommes apostoliques : de si grands travaux et de si heureuses missions ne seroient pas à leur gré payées d'une abbaye.

23. Tel tout d'un coup, et sans y avoir pensé la veille, prend du papier, une plume, dit en soi-même : « Je vais faire un livre, » sans autre talent pour écrire que le besoin qu'il a de cinquante pistoles. Je lui crie inutilement : « Prenez une scie, *Dioscore*, sciez, ou bien tournez, ou faites une jante de roue; vous aurez votre salaire[3]. » Il n'a point fait l'apprentissage de tous ces métiers. « Copiez donc, transcrivez, soyez au plus correcteur d'imprimerie, n'écrivez point. » Il veut écrire et faire imprimer; et parce qu'on n'envoie pas à l'imprimeur un cahier blanc, il le barbouille de ce qui lui plaît : il écriroit volontiers que la Seine coule à Paris, qu'il y a sept jours dans la semaine, ou que le temps est à la pluie; et comme ce discours n'est ni contre la religion ni contre l'État, et qu'il ne fera point d'autre désordre dans le public que

---

1. Ecclésiastiques. (*Note de la Bruyère*, supprimée dès la 4ᵉ édition.) — Il s'agit d'ecclésiastiques chargés de la conversion des protestants.

2. Saint Vincent de Paul (1576-1660) fit de nombreuses conversions, et saint François Xavier (1506-1552) en fit dans les Indes d'éclatantes, qui lui valurent le surnom d'Apôtre des Indes.

3. Soyez plutôt maçon, si c'est votre talent,
 Ouvrier estimé dans un art nécessaire,
 Qu'écrivain du commun et poëte vulgaire.
            (Boileau, *Art poétique*, chant IV, vers 26-28.)

— On peut rapprocher de cet alinéa la remarque 3 du chapitre *des Ouvrages d'esprit*, tome I, p. 113.

de lui gâter le goût et l'accoutumer aux choses fades et insipides, il passe à l'examen[1], il est imprimé, et à la honte du siècle, comme pour l'humiliation des bons auteurs, réimprimé[2]. De même un homme dit en son cœur : « Je prêcherai, » et il prêche ; le voilà en chaire, sans autre talent ni vocation que le besoin d'un bénéfice. (ÉD. 7.)

24. Un clerc mondain ou irréligieux, s'il monte en chaire, est déclamateur.

Il y a au contraire des hommes saints, et dont le seul caractère est efficace pour la persuasion : ils paroissent, et tout un peuple qui doit les écouter est déjà ému et comme persuadé par leur présence ; le discours qu'ils vont prononcer fera le reste.

25. L'. DE MEAUX[3] et le P. BOURDALOUE me rappellent DÉMOSTHÈNE et CICÉRON. Tous deux, maîtres dans l'éloquence de la chaire, ont eu le destin des grands modèles : l'un a fait de mauvais censeurs, l'autre de mauvais copistes. (ÉD. 4.)

26. L'éloquence de la chaire, en ce qui y entre d'humain et du talent de l'orateur, est cachée, connue de peu de personnes et d'une difficile exécution : quel art en ce

---

1. C'est-à-dire à l'examen des censeurs.
2. « Mais quoique ce soit une faute plus grande qu'on ne s'imagine, que de composer un méchant livre, ou simplement un livre inutile, c'est une faute dont on est plutôt récompensé qu'on n'en est puni. Car il y a des crimes que les hommes ne punissent pas, soit parce qu'ils sont à la mode, soit parce qu'on n'a pas d'ordinaire une raison assez ferme pour condamner des criminels qu'on estime plus habiles que soi. » (Malebranche, *de la Recherche de la vérité*, livre IV, chapitre VIII, tome II, p. 64.)
3. Lisez : « L'évêque de Meaux, » c'est-à-dire Bossuet.

genre pour plaire en persuadant! Il faut marcher par des chemins battus, dire ce qui a été dit, et ce que l'on prévoit que vous allez dire. Les matières sont grandes, mais usées et triviales; les principes sûrs, mais dont les auditeurs pénètrent les conclusions d'une seule vue. Il y entre des sujets qui sont sublimes; mais qui peut traiter le sublime? Il y a des mystères que l'on doit expliquer, et qui s'expliquent mieux par une leçon de l'école que par un discours oratoire. La morale même de la chaire, qui comprend une matière aussi vaste et aussi diversifiée que le sont les mœurs des hommes, roule sur les mêmes pivots, retrace les mêmes images, et se prescrit des bornes bien plus étroites que la satire : après l'invective commune contre les honneurs, les richesses et le plaisir, il ne reste plus à l'orateur qu'à courir à la fin de son discours et à congédier l'assemblée [1]. Si quelquefois on pleure, si on est ému, après avoir fait attention au génie et au caractère de ceux qui font pleurer, peut-être conviendra-t-on que c'est la matière qui se prêche elle-même, et notre intérêt le plus capital qui se fait sentir; que c'est moins une véritable éloquence que la ferme poitrine du missionnaire qui nous ébranle et qui cause en nous ces mouvements. Enfin le prédicateur n'est point soutenu, comme l'avocat, par des faits toujours nouveaux, par de différents événements, par des aventures inouïes; il ne s'exerce point sur les questions douteuses, il ne fait point valoir les violentes conjectures et les présomptions, toutes choses néanmoins qui élèvent le génie, lui donnent de la force et de l'étendue, et qui contraignent bien moins l'éloquence qu'elles ne la fixent et ne la dirigent. Il doit au contraire tirer son discours d'une source commune, et où tout le monde puise; et s'il s'écarte de ces

1. Var. (édit. 5) : et congédier l'assemblée.

lieux communs, il n'est plus populaire, il est abstrait ou déclamateur, il ne prêche plus l'Évangile. Il n'a besoin que d'une noble simplicité, mais il faut l'atteindre, talent rare, et qui passe les forces du commun des hommes : ce qu'ils ont de génie, d'imagination, d'érudition et de mémoire, ne leur sert souvent qu'à s'en éloigner. (éd. 5.)

La fonction de l'avocat est pénible, laborieuse, et suppose, dans celui qui l'exerce, un riche fonds et de grandes ressources. Il n'est pas seulement chargé, comme le prédicateur, d'un certain nombre d'oraisons composées avec loisir, récitées de mémoire, avec autorité, sans contradicteurs, et qui avec de médiocres changements, lui font honneur plus d'une fois ; il prononce de graves plaidoyers devant des juges qui peuvent lui imposer silence, et contre des adversaires qui l'interrompent ; il doit être prêt sur la réplique ; il parle en un même jour, dans divers tribunaux, de différentes affaires. Sa maison n'est pas pour lui un lieu de repos et de retraite, ni un asile contre les plaideurs ; elle est ouverte à tous ceux qui viennent l'accabler de leurs questions et de leurs doutes. Il ne se met pas au lit, on ne l'essuie point, on ne lui prépare point des rafraîchissements ; il ne se fait point dans sa chambre un concours de monde de tous les états et de tous les sexes, pour le féliciter sur l'agrément et sur la politesse de son langage, lui remettre l'esprit[1] sur un endroit où il a couru risque de demeurer court, ou sur un scrupule qu'il a sur le chevet d'avoir plaidé moins vivement qu'à l'ordinaire. Il se délasse d'un long discours par de plus longs écrits, il ne fait que changer de travaux et de fatigues : j'ose dire qu'il est dans son genre ce qu'étoient dans le leur les premiers hommes apostoliques. (éd. 5.)

1. Var. (édit. 5) : pour lui remettre l'esprit.

DE LA CHAIRE.

Quand on a ainsi distingué l'éloquence du barreau de la fonction de l'avocat, et l'éloquence de la chaire du ministère du prédicateur, on croit voir qu'il est plus aisé de prêcher que de plaider, et plus difficile de bien prêcher que de bien plaider[1]. (ÉD. 5.)

Quel avantage n'a pas un discours prononcé sur un ouvrage qui est écrit! Les hommes sont les dupes de l'action et de la parole, comme de tout l'appareil de l'auditoire. Pour peu de prévention qu'ils aient en faveur de celui qui parle, ils l'admirent, et cherchent ensuite à le comprendre : avant qu'il ait commencé, ils s'écrient qu'il va bien faire; ils s'endorment bientôt, et le discours fini, ils se réveillent pour dire qu'il a bien fait. On se passionne moins pour un auteur : son ouvrage est lu dans le loisir de la campagne, ou dans le silence du cabinet; il n'y a point de rendez-vous publics pour lui applaudir, encore moins de cabale pour lui sacrifier tous ses rivaux,

27.

---

1. « .... Si j'auois à conseiller de mesme en ces deux diuers aduantages de l'eloquence, de laquelle il semble en nostre siecle que les prescheurs et les aduocats facent principale profession, le tardif seroit mieulx prescheur, ce me semble, et l'aultre mieux aduocat : parce que la charge de cettuy là luy donne autant qu'il luy plaist de loisir pour se preparer; et puis sa carriere se passe d'un fil et d'une suitte sans interruption : là où les commoditez de l'aduocat le pressent à toute heure de se mettre en lice; et les responses improuueues de sa partie aduerse le reiectent de son bransle, où il luy fault sur le champ prendre nouueau party.... La part de l'aduocat est plus difficile que celle du prescheur; et nous trouuons pourtant, ce m'est aduis, plus de passables aduocats que de prescheurs, au moins en France. » (Montaigne, *Essais*, livre I, chapitre x, tome I, p. 54.) — Le parallèle du prédicateur et de l'avocat avait été fait souvent : « M. du Vair et M. Pasquier ont cru que le parfait avocat étoit plus difficile à rencontrer que le parfait prédicateur, » écrivait en 1666 l'avocat G. Guéret, dans un livre consacré tout entier à ce même parallèle : *Entretiens sur l'éloquence de la chaire et du barreau*, p. 87.

et pour l'élever à la prélature. On lit son livre, quelque excellent qu'il soit, dans l'esprit de le trouver médiocre; on le feuillette, on le discute, on le confronte; ce ne sont pas des sons qui se perdent en l'air et qui s'oublient; ce qui est imprimé demeure imprimé. On l'attend quelquefois plusieurs jours avant l'impression pour le décrier, et le plaisir le plus délicat que l'on en tire vient de la critique qu'on en fait; on est piqué d'y trouver à chaque page des traits qui doivent plaire, on va même souvent jusqu'à appréhender d'en être diverti, et on ne quitte ce livre que parce qu'il est bon. Tout le monde ne se donne pas pour orateur : les phrases, les figures, le don de la mémoire, la robe ou l'engagement de celui qui prêche, ne sont pas des choses qu'on ose ou qu'on veuille toujours s'approprier [1]. Chacun au contraire croit penser bien, et écrire encore mieux ce qu'il a pensé; il en est moins favorable à celui qui pense et qui écrit aussi bien que lui. En un mot le *sermonneur* est plus tôt évêque que le plus solide écrivain n'est revêtu d'un prieuré simple; et dans la distribution des grâces, de nouvelles sont accordées à celui-là, pendant que l'auteur grave se tient heureux d'avoir ses restes. (ÉD. 7.)

28. S'il arrive que les méchants vous haïssent et vous persécutent, les gens de bien vous conseillent de vous humilier devant Dieu, pour vous mettre en garde contre la vanité qui pourroit vous venir de déplaire à des gens de ce caractère; de même si certains hommes, sujets à se récrier sur le médiocre, désapprouvent un ouvrage que vous aurez écrit, ou un discours que vous venez de prononcer en public, soit au barreau, soit dans la chaire,

---

1. VAR. (édit. 7) : qu'on veuille ou qu'on ose toujours s'approprier.

ou ailleurs, humiliez-vous : on ne peut guère être exposé à une tentation d'orgueil plus délicate et plus prochaine. (ÉD. 8.)

29. Il me semble qu'un prédicateur devroit faire choix dans chaque discours d'une vérité unique, mais capitale, terrible ou instructive, la manier à fond et l'épuiser ; abandonner toutes ces divisions si recherchées, si retournées, si remaniées [1] et si différenciées ; ne point supposer ce qui est faux, je veux dire que le grand ou le beau monde sait sa religion et ses devoirs ; et ne pas appréhender de faire, ou à ces bonnes têtes ou à ces esprits si raffinés, des catéchismes ; ce temps si long que l'on use à composer un long ouvrage, l'employer à se rendre si maître de sa matière, que le tour et les expressions naissent dans l'action, et coulent de source ; se livrer, après une certaine préparation, à son génie et au mouvement [2] qu'un grand sujet peut inspirer : qu'il pourroit enfin s'épargner ces prodigieux efforts de mémoire qui ressemblent mieux à une gageure qu'à une affaire sérieuse, qui corrompent le geste et défigurent le visage ; jeter au contraire, par un bel enthousiasme, la persuasion dans les esprits et l'alarme dans le cœur, et toucher ses auditeurs d'une toute [3] autre crainte que de celle de le voir demeurer court. (ÉD. 4.)

30. Que celui qui n'est pas encore assez parfait pour s'oublier soi-même dans le ministère de la parole sainte ne se décourage point par les règles austères qu'on lui prescrit, comme si elles lui ôtoient les moyens de faire montre

1. « Si remaniées, » mots ajoutés dans la 8e édition.
2. VAR. (édit. 4-8) : aux mouvements.
3. Il y a ainsi *toute*, au féminin, dans toutes les éditions du dix-septième siècle.

de son esprit, et de monter aux dignités où il aspire : quel plus beau talent que celui de prêcher apostoliquement? et quel autre mérite mieux un évêché[1]? Fénelon en étoit-il indigne? auroit-il pu échapper au choix du Prince que par un autre choix? (éd. 4.)

1. Var. (édit. 4) : est plus digne d'un évêché. — La suite de l'alinéa a été ajoutée dans la 5ᵉ édition. Peu de temps après la publication de la 4ᵉ édition, au mois d'août 1689, Fénelon avait été nommé précepteur du duc de Bourgogne.

DES ESPRITS FORTS.

Les esprits forts savent-ils qu'on les appelle ainsi par ironie? Quelle plus grande foiblesse que d'être incertains quel est le principe de son être, de sa vie, de ses sens, de ses connoissances, et quelle en doit être la fin? Quel découragement plus grand que de douter si son âme n'est point matière comme la pierre et le reptile, et si elle n'est point corruptible comme ces viles créatures? N'y a-t-il pas plus de force et de grandeur[1] à recevoir dans notre esprit l'idée d'un être supérieur à tous les êtres, qui les a tous faits, et à qui tous se doivent rapporter; d'un être souverainement parfait, qui est pur, qui n'a point commencé et qui ne peut finir, dont notre âme est l'image, et si j'ose dire, une portion[2], comme esprit et comme immortelle?

1.

Le docile et le foible sont susceptibles d'impressions : l'un en reçoit de bonnes, l'autre de mauvaises; c'est-à-dire que le premier est persuadé et fidèle, et que le second est entêté et corrompu. Ainsi l'esprit docile admet la vraie religion; et l'esprit foible, ou n'en admet aucune, ou en admet une fausse. Or l'esprit fort ou n'a point de

2.

---

1. Var. (édit. 1-4) : et plus de grandeur.
2. Var. (édit. 1-3): dont notre âme est l'image, et même une portion. — L'idée de *portion* rappelle le mot d'Horace (livre II, satire II, vers 79) :

  .... *divinæ particulam auræ*,

et ce que Cicéron dit d'après Pythagore : *ex universa mente divina delibatos animos* (*de la Vieillesse,* chapitre XXI).

religion, ou se fait une religion; donc l'esprit fort, c'est l'esprit foible¹. (ÉD. 6.)

3. J'appelle mondains, terrestres ou grossiers ceux dont l'esprit et le cœur sont attachés à une petite portion de ce monde qu'ils habitent, qui est la terre; qui n'estiment rien, qui n'aiment rien au delà : gens aussi limités que ce qu'ils appellent leurs possessions ou leur domaine, que l'on mesure, dont on compte les arpents, et dont on montre les bornes. Je ne m'étonne pas que des hommes qui s'appuient sur un atome chancellent dans les moindres efforts qu'ils font pour sonder la vérité, si avec des vues si courtes ils ne percent point à travers le ciel et les astres, jusques à Dieu même; si ne s'apercevant point ou de l'excellence de ce qui est esprit, ou de la dignité de l'âme, ils ressentent encore moins combien elle est difficile à assouvir, combien la terre entière est au-dessous d'elle, de quelle nécessité lui devient un être souverainement parfait, qui est Dieu, et quel besoin indispensable elle a d'une religion qui le lui indique, et qui lui en est une caution sûre. Je comprends au contraire fort aisément qu'il est naturel à de tels esprits de tomber dans l'incrédulité ou l'indifférence, et de faire servir Dieu et la religion à la politique, c'est-à-dire à l'ordre et à la décoration de ce monde, la seule chose selon eux qui mérite qu'on y pense. (ÉD. 5.)

4. Quelques-uns achèvent de se corrompre par de longs voyages, et perdent le peu de religion qui leur restoit. Ils voient de jour à autre un nouveau culte, diverses

1. « Rien n'accuse davantage une extrême foiblesse d'esprit que de ne pas connoître quel est le malheur d'un homme sans Dieu;... rien n'est plus lâche que de faire le brave contre Dieu. » (Pascal, *Pensées*, article IX, 1.)

mœurs, diverses cérémonies ; ils ressemblent à ceux qui entrent dans les magasins, indéterminés sur le choix des étoffes qu'ils veulent acheter : le grand nombre de celles qu'on leur montre les rend plus indifférents; elles ont chacune leur agrément¹ et leur bienséance : ils ne se fixent point, ils sortent sans emplette. (ÉD. 5.)

5. Il y a des hommes qui attendent à être dévots et religieux que tout le monde se déclare impie et libertin : ce sera alors le parti du vulgaire, ils sauront s'en dégager. La singularité leur plaît dans une matière si sérieuse et si profonde; ils ne suivent la mode² et le train commun que dans les choses de rien et de nulle suite. Qui sait même s'ils n'ont pas déjà mis une sorte de bravoure et d'intrépidité à courir tout le risque de l'avenir? Il ne faut pas d'ailleurs que dans une certaine condition, avec une certaine étendue d'esprit et de certaines vues, l'on songe à croire comme les savants et le peuple. (ÉD. 5.)

6. L'on doute de Dieu dans une pleine santé, comme l'on doute que ce soit pécher que d'avoir un commerce avec une personne libre³. Quand l'on devient malade, et que l'hydropisie est formée, l'on quitte sa concubine, et l'on croit en Dieu⁴.

1. VAR. (édit. 5-7) : leurs agréments.
2. VAR. (édit. 5 et 6) : et ils ne suivent la mode.
3. Une fille. (*Note de la Bruyère*.)
4. M. Destailleur compare à ce passage la *lettre* XXVI du VIIᵉ livre de Pline. L'extrait qui suit présente en effet un rapport assez frappant : *Quem.... infirmum aut avaritia aut libido sollicitat? Non amoribus servit, non appetit honores, opes negligit.... Tunc deos; tunc hominem esse se meminit.* « Qui, durant la maladie, est tourmenté par l'avarice ou par la passion des plaisirs? On n'est point alors esclave de l'amour, on ne recherche pas les honneurs, on néglige les richesses. On se souvient qu'il y a des dieux, qu'on est homme. »

7. Il faudroit s'éprouver et s'examiner très-sérieusement, avant que de se déclarer esprit fort ou libertin, afin au moins, et selon ses principes, de finir comme l'on a vécu; ou si l'on ne se sent pas la force d'aller si loin, se résoudre de vivre comme l'on veut mourir.

8. Toute plaisanterie dans un homme mourant est hors de sa place : si elle roule sur de certains chapitres, elle est funeste. C'est une extrême misère que de donner[1] à ses dépens à ceux que l'on laisse le plaisir d'un bon mot[2].

Dans quelque prévention où l'on puisse être sur ce qui doit suivre la mort, c'est une chose bien sérieuse que de mourir : ce n'est point alors le badinage qui sied bien, mais la constance. (ÉD. 6.)

9. Il y a eu de tout temps de ces gens d'un bel esprit et d'une agréable littérature, esclaves des grands, dont ils ont épousé le libertinage et porté le joug toute leur vie, contre leurs propres lumières et contre leur conscience. Ces hommes n'ont jamais vécu que pour d'autres hommes, et ils semblent les avoir regardés comme leur der-

1. VAR. (édit. 5) : que donner.
2. « Et de ces viles ames de bouffons, dit Montaigne (qui appuie cette réflexion de nombreux exemples), il s'en est trouué qui n'ont voulu abandonner leur gaudisserie en la mort mesme. » (*Essais*, livre I, chapitre XL, tome I, p. 364.) — « .... Ne trouvez-vous pas, écrit Bussy à Mme de Sévigné, après avoir conté une plaisanterie du maréchal de Gramont au lit de mort de sa fille Mme de Monaco, ne trouvez-vous pas, Madame, que les plaisanteries en ces rencontres-là sont bien à contre-temps? Pour moi, je ne les saurois souffrir, et quand je les passerois à ces gens qui disent en mourant : « Tirez le « rideau, la farce est jouée, » et autres semblables forfanteries, toujours trouverois-je sot et cruel à une personne qui se porte bien, de plaisanter avec une personne mourante.... » (*Lettres de Mme de Sévigné*, tome V, p. 448 et 449.)

nière fin¹. Ils ont eu honte de se sauver à eurs yeux, de paroître tels qu'ils étoient peut-être dans le cœur, et ils se sont perdus par déférence ou par foiblesse². Y a-t-il donc sur la terre des grands assez grands, et des puissants assez puissants, pour mériter de nous que nous croyions et que nous vivions à leur gré, selon leur goût et leurs caprices, et que nous poussions la complaisance plus loin, en mourant non de la manière qui est la plus sûre pour nous, mais de celle qui leur plaît davantage?

10. J'exigerois de ceux qui vont contre le train commun et les grandes règles, qu'ils sussent plus que les autres, qu'ils eussent des raisons claires, et de ces arguments qui emportent conviction.

11. Je voudrois voir un homme sobre, modéré, chaste, équitable, prononcer qu'il n'y a point de Dieu : il parleroit du moins sans intérêt; mais cet homme ne se trouve point.

12. J'aurois une extrême curiosité de voir celui qui seroit persuadé que Dieu n'est point : il me diroit du moins la raison invincible qui a su le convaincre.

13. L'impossibilité où je suis de prouver que Dieu n'est pas me découvre son existence.

14. Dieu condamne et punit ceux qui l'offensent, seul

---

1. VAR. (édit. 1-4) : comme leur Dieu et leur dernière fin.
2. Vois-tu ce libertin, en public intrépide,
   Qui prêche contre un Dieu que dans son âme il croit?
   Il iroit embrasser la vérité qu'il voit;
   Mais de ses faux amis il craint la raillerie,
   Et ne brave ainsi Dieu que par poltronnerie.
   (Boileau, *épître* III, vers 22-26.)

juge en sa propre cause : ce qui répugne, s'il n'est lui-même la justice et la vérité, c'est-à-dire s'il n'est Dieu. (ÉD. 4.)

15. Je sens qu'il y a un Dieu, et je ne sens pas qu'il n'y en ait point; cela me suffit, tout le raisonnement du monde m'est inutile [1] : je conclus que Dieu existe. Cette conclusion est dans ma nature; j'en ai reçu les principes trop aisément dans mon enfance, et je les ai conservés depuis trop naturellement dans un âge plus avancé, pour les soupçonner de fausseté. — Mais il y a des esprits qui se défont de ces principes. — C'est une grande question s'il s'en trouve de tels; et quand il seroit ainsi, cela prouve seulement qu'il y a des monstres.

16. L'athéisme n'est point. Les grands, qui en sont le plus soupçonnés, sont trop paresseux pour décider en leur esprit que Dieu n'est pas; leur indolence va jusqu'à les rendre froids et indifférents sur cet article si capital, comme sur la nature de leur âme, et sur les conséquences d'une vraie religion; ils ne nient ces choses ni ne les accordent : ils n'y pensent point.

17. Nous n'avons pas trop de toute notre santé, de toutes nos forces et de tout notre esprit pour penser aux hommes ou au plus petit intérêt : il semble au contraire que la bienséance et la coutume exigent de nous que nous ne

---

1. « Le cœur a ses raisons, que la raison ne connoît point.... C'est le cœur qui sent Dieu, et non la raison. Voilà ce que c'est que la foi : Dieu sensible au cœur, non à la raison. » (Pascal, *Pensées*, article XXIV, 5.) — .... « Il faut nécessairement conclure que de cela seul que j'existe et que l'idée d'un Être souverainement parfait, c'est-à-dire de Dieu, est en moi, l'existence de Dieu est très-évidemment démontrée. » (Descartes, *méditation* IIIe.)

pensions à Dieu[1] que dans un état où il ne reste en nous qu'autant de raison qu'il faut pour ne pas dire qu'il n'y en a plus. (ÉD. 8.)

18. Un grand croit s'évanouir, et il meurt; un autre grand périt insensiblement, et perd chaque jour quelque chose de soi-même avant qu'il soit éteint : formidables leçons[2], mais inutiles! Des circonstances si marquées et si sensiblement opposées ne se relèvent point et ne touchent personne : les hommes n'y ont pas plus d'attention qu'à une fleur qui se fane ou à une feuille qui tombe; ils envient les places qui demeurent vacantes, ou ils s'informent si elles sont remplies, et par qui. (ÉD. 7.)

19. Les hommes sont-ils assez bons, assez fidèles, assez équitables, pour mériter toute notre confiance, et ne nous pas faire desirer du moins[3] que Dieu existât, à qui nous pussions appeler de leurs jugements et avoir recours quand nous en sommes persécutés ou trahis ?

20. Si c'est le grand et le sublime de la religion qui éblouit ou qui confond les esprits forts, ils ne sont plus des esprits forts, mais de foibles génies et de petits esprits; et si c'est au contraire ce qu'il y a d'humble et de simple qui

---

1. Dans la 9ᵉ édition : « pensions à nous, » faute corrigée dans la 10ᵉ.
2. « Considérez, Messieurs, ces grandes puissances, que nous regardons de si bas. Pendant que nous tremblons sous leur main, Dieu les frappe pour nous avertir. Leur élévation en est la cause, et il les épargne si peu, qu'il ne craint pas de les sacrifier à l'instruction du reste des hommes. » (Bossuet, *Oraison funèbre d'Henriette d'Angleterre*, 1ʳᵉ partie, édition Lebel, tome XVII, p. 348.)
3. VAR. (édit. 1 et certains exemplaires de 2) : pour devoir y mettre toute notre confiance, et ne pas desirer du moins; — (édit. 3-6 et d'autres exemplaires de 2): pour mériter toute notre confiance, et ne pas faire desirer du moins.

les rebute, ils sont à la vérité des esprits forts, et plus forts que tant de grands hommes si éclairés, si élevés, et néanmoins si fidèles, que les Léons, les Basiles, les Jérômes, les Augustins. (éd. 4.)

21. « Un Père de l'Église, un docteur de l'Église, quels noms! quelle tristesse dans leurs écrits! quelle sécheresse, quelle froide dévotion, et peut-être quelle scolastique! » disent ceux qui ne les ont jamais lus. Mais plutôt quel étonnement pour tous ceux qui se sont fait une idée des Pères si éloignée de la vérité, s'ils voyoient dans leurs ouvrages plus de tour et de délicatesse, plus de politesse et d'esprit, plus de richesse d'expression et plus de force de raisonnement, des traits plus vifs et des grâces plus naturelles que l'on n'en remarque dans la plupart des livres de ce temps qui sont lus avec goût, qui donnent du nom et de la vanité à leurs auteurs! Quel plaisir d'aimer la religion, et de la voir crue, soutenue, expliquée par de si beaux génies et par de si solides esprits! surtout lorsque l'on vient à connoître que pour l'étendue de connoissance, pour la profondeur et la pénétration, pour les principes de la pure philosophie, pour leur application et leur développement, pour la justesse des conclusions, pour la dignité du discours, pour la beauté de la morale et des sentiments, il n'y a rien par exemple que l'on puisse comparer à S. Augustin, que Platon et que Cicéron. (éd. 4.)

22. L'homme est né menteur : la vérité est simple et ingénue, et il veut du spécieux et de l'ornement. Elle n'est pas à lui, elle vient du ciel toute faite, pour ainsi dire, et dans toute sa perfection ; et l'homme n'aime que son propre ouvrage, la fiction et la fable. Voyez le peuple : il controuve, il augmente, il charge par grossièreté et

par sottise; demandez même au plus honnête homme s'il est toujours vrai dans ses discours, s'il ne se surprend pas quelquefois dans des déguisements où engagent nécessairement la vanité et la légèreté, si pour faire un meilleur conte, il ne lui échappe pas souvent d'ajouter à un fait qu'il récite une circonstance qui y manque. Une chose arrive aujourd'hui, et presque sous nos yeux : cent personnes qui l'ont vue la racontent en cent façons différentes ; celui-ci, s'il est écouté, la dira encore d'une manière qui n'a pas été dite. Quelle créance donc pourrois-je donner à des faits qui sont anciens et éloignés de nous par plusieurs siècles ? quel fondement dois-je faire sur les plus graves historiens ? que devient l'histoire ? César a-t-il été massacré au milieu du sénat ? y a-t-il eu un César ? « Quelle conséquence ! me dites-vous ; quels doutes ! quelle demande ! » Vous riez, vous ne me jugez pas digne d'aucune réponse ; et je crois même que vous avez raison. Je suppose néanmoins que le livre qui fait mention de César ne soit pas un livre profane, écrit de la main des hommes, qui sont menteurs, trouvé par hasard dans les bibliothèques parmi d'autres manuscrits qui contiennent des histoires vraies ou apocryphes ; qu'au contraire il soit inspiré, saint, divin ; qu'il porte en soi ces caractères ; qu'il se trouve depuis près de deux mille ans dans une société nombreuse qui n'a pas permis qu'on y ait fait pendant tout ce temps la moindre altération, et qui s'est fait une religion de le conserver dans toute son intégrité ; qu'il y ait même un engagement religieux et indispensable d'avoir de la foi pour tous les faits contenus dans ce volume où il est parlé de César et de sa dictature : avouez-le, *Lucile*, vous douterez alors qu'il y ait eu un César. (éd. 7.)

Toute musique n'est pas propre à louer Dieu et à être 23.

entendue dans le sanctuaire; toute philosophie ne parle pas dignement de Dieu, de sa puissance, des principes de ses opérations et de ses mystères : plus cette philosophie est subtile et idéale, plus elle est vaine et inutile pour expliquer des choses qui ne demandent des hommes qu'un sens droit pour être connues jusques à un certain point, et qui au delà sont inexplicables. Vouloir rendre raison de Dieu, de ses perfections, et si j'ose ainsi parler, de ses actions, c'est aller plus loin que les anciens philosophes, que les Apôtres, que les premiers docteurs; mais ce n'est pas rencontrer si juste; c'est creuser longtemps et profondément, sans trouver les sources de la vérité. Dès qu'on a abandonné les termes de bonté, de miséricorde, de justice et de toute-puissance, qui donnent de Dieu de si hautes et de si aimables idées, quelque grand effort d'imagination qu'on puisse faire, il faut recevoir les expressions sèches, stériles, vides de sens; admettre les pensées creuses, écartées des notions communes, ou tout au plus les subtiles et les ingénieuses; et à mesure que l'on acquiert d'ouverture dans une nouvelle métaphysique, perdre un peu de sa religion. (éd. 4.)

24. Jusques où les hommes ne se portent-ils point par l'intérêt de la religion, dont ils sont si peu persuadés, et qu'ils pratiquent si mal! (éd. 4.)

25. Cette même religion que les hommes défendent avec chaleur et avec zèle contre ceux qui en ont une toute contraire, ils l'altèrent eux-mêmes dans leur esprit par des sentiments particuliers : ils y ajoutent et ils en retranchent mille choses souvent essentielles, selon ce qui leur convient, et ils demeurent fermes et inébranlables dans cette forme qu'ils lui ont donnée. Ainsi, à parler populairement, on peut dire d'une seule nation qu'elle vit sous

un même culte, et qu'elle n'a qu'une seule religion ; mais à parler exactement, il est vrai qu'elle en a plusieurs, et que chacun presque y a la sienne. (ÉD. 4.)

26. Deux sortes de gens fleurissent dans les cours, et y dominent dans divers temps, les libertins et les hypocrites : ceux-là gaiement, ouvertement, sans art et sans dissimulation ; ceux-ci finement, par des artifices, par la cabale. Cent fois plus épris de la fortune que les premiers, ils en sont jaloux jusqu'à l'excès ; ils veulent la gouverner, la posséder seuls, la partager entre eux et en exclure tout autre ; dignités, charges, postes, bénéfices, pensions, honneurs, tout leur convient et ne convient qu'à eux ; le reste des hommes en est indigne ; ils ne comprennent point que sans leur attache on ait l'impudence de les espérer. Une troupe de masques entre dans un bal : ont-ils la main, ils dansent, ils se font danser les uns les autres, ils dansent encore, ils dansent toujours ; ils ne rendent la main à personne de l'assemblée, quelque digne qu'elle soit de leur attention : on languit, on sèche de les voir danser et de ne danser point : quelques-uns murmurent ; les plus sages prennent leur parti et s'en vont[1]. (ÉD. 8.)

27. Il y a deux espèces de libertins : les libertins, ceux du moins qui croient l'être, et les hypocrites ou faux dévots, c'est-à-dire ceux qui ne veulent pas être crus libertins : les derniers dans ce genre-là sont les meilleurs. (ÉD. 8.)

Le faux dévot ou ne croit pas en Dieu, ou se moque

1. Il arrivait quelquefois, en dehors même du cas que suppose la Bruyère (celui d'une troupe de masques inconnus survenant dans un bal), qu'une bande de danseurs empêchât quelque temps une autre de prendre part à la danse : il suffisait que les danseurs qui « avaient la main » ne fissent jamais choix que de l'un ou de l'une des leurs pour remplacer le danseur ou la danseuse qui se retirait. Voyez l'*Appendice*.

de Dieu; parlons de lui obligeamment : il ne croit pas en Dieu. (éd. 8.)

28. Si toute religion est une crainte respectueuse de la Divinité, que penser de ceux qui osent la blesser dans sa plus vive image, qui est le Prince? (éd. 4.)

29. Si l'on nous assuroit que le motif secret de l'ambassade des Siamois[1] a été d'exciter le Roi Très-Chrétien à renoncer au christianisme, à permettre l'entrée de son royaume aux *Talapoins*[2], qui eussent pénétré dans nos maisons pour persuader leur religion à nos femmes, à nos enfants et à nous-mêmes par leurs livres et par leurs entretiens, qui eussent élevé des *pagodes* au milieu des villes, où ils eussent placé des figures de métal pour être adorées[3], avec quelles risées et quel étrange mépris n'entendrions-nous pas des choses si extravagantes! Nous faisons cependant six mille lieues de mer pour la conversion des Indes, des royaumes de Siam, de la Chine et du Japon, c'est-à-dire pour faire très-sérieusement à tous ces peuples des propositions qui doivent leur paroître très-folles[4] et très-ridicules. Ils supportent néanmoins nos religieux et nos prêtres ; ils les écoutent quelquefois, leur laissent bâtir leurs églises et faire leurs missions. Qui fait cela en eux et en nous? ne seroit-ce point la force de la vérité?

30. Il ne convient pas à toute sorte de personnes de le-

---

1. Voyez ci-dessus, p. 88, note 5.
2. On nommait ainsi les prêtres siamois. — Le mot *Talapoins* et plus loin le mot *pagodes* n'étaient pas imprimés en italique dans les éditions 1-4.
3. Var. (édit. 1-5) : pour y être adorées.
4. Dans la 6ᵉ édition : « très-fortes, » faute évidente.

ver l'étendard d'aumônier, et d'avoir tous les pauvres d'une ville assemblés à sa porte, qui y reçoivent leurs portions. Qui ne sait pas au contraire des misères plus secrètes qu'il peut entreprendre de soulager, ou immédiatement et par ses secours, ou du moins par sa médiation? De même il n'est pas donné à tous de monter en chaire et d'y distribuer, en missionnaire ou en catéchiste, la parole sainte; mais qui n'a pas quelquefois sous sa main un libertin à réduire, et à ramener par de douces et insinuantes conversations à la docilité? Quand on ne seroit pendant sa vie que l'apôtre d'un seul homme, ce ne seroit pas être en vain sur la terre, ni lui être un fardeau inutile. (ÉD. 5.)

31. Il y a deux mondes : l'un où l'on séjourne peu, et dont l'on doit sortir pour n'y plus rentrer; l'autre où l'on doit bientôt entrer pour n'en jamais sortir. La faveur, l'autorité, les amis, la haute réputation, les grands biens servent pour le premier monde; le mépris de toutes ces choses sert pour le second. Il s'agit de choisir.

32. Qui a vécu un seul jour, a vécu un siècle : même soleil, même terre, même monde, mêmes sensations; rien ne ressemble mieux à aujourd'hui que demain[1]. Il y auroit quelque curiosité à mourir, c'est-à-dire à n'être plus un corps, mais à être seulement esprit : l'homme cependant, impatient de la nouveauté, n'est point curieux sur ce seul article; né inquiet et qui s'en-

1. « Et si vous auez vescu un iour, vous auez tout veu : un iour est egal à touts iours. Il n'y a point d'aultre lumiere ny d'aultre nuict : ce soleil, cette lune, ces estoiles, cette disposition, c'est celle mesme que vos ayeuls ont iouye, et qui entretiendra vos arriere nepueux. » (Montaigne, *Essais*, livre I, chapitre XIX, tome I, p. 106.)

nuie de tout, il ne s'ennuie point de vivre ; il consentiroit peut-être à vivre toujours. Ce qu'il voit de la mort le frappe plus violemment que ce qu'il en sait : la maladie, la douleur, le cadavre le dégoûtent de la connoissance d'un autre monde. Il faut tout le sérieux de la religion pour le réduire.

33. Si Dieu avoit donné le choix ou de mourir ou de toujours vivre, après avoir médité profondément ce que c'est que de ne voir nulle fin à la pauvreté, à la dépendance, à l'ennui, à la maladie, ou de n'essayer des richesses, de la grandeur, des plaisirs et de la santé, que pour les voir changer inviolablement et par la révolution des temps en leurs contraires, et être ainsi le jouet des biens et des maux, l'on ne sauroit guère à quoi se résoudre. La nature nous fixe et nous ôte l'embarras de choisir ; et la mort qu'elle nous rend nécessaire est encore adoucie par la religion[1].

34. Si ma religion étoit fausse, je l'avoue, voilà le piége le mieux dressé qu'il soit possible d'imaginer : il étoit inévitable de ne pas donner tout au travers, et de n'y être pas pris. Quelle majesté, quel éclat des mystères ! quelle suite et quel enchaînement de toute la doctrine ! quelle raison éminente ! quelle candeur, quelle innocence de mœurs[2] ! quelle force invincible et accablante des témoi-

---

1. « Mais nature nous y force. « Sortez, dict elle, de ce monde,
« comme vous y estes entrez.... Chiron refusa l'immortalité, informé
« des conditions d'icelle par le dieu mesme du temps et de la durée,
« Saturne son pere. Imaginez, de vray, combien seroit une vie per-
« durable moins supportable à l'homme et plus penible que n'est la
« vie que ie luy ay donnee. Si vous n'auiez la mort, vous me maul-
« diriez sans cesse de vous en auoir priué.... » (Montaigne, *Essais*,
livre I, chapitre xix, tome I, p. 104 et p. 109.)

2. Dans la 9ᵉ édition : « quelle innocence de vertus ! » Il nous

gnages rendus successivement et pendant trois siècles entiers par des millions de personnes les plus sages, les plus modérés[1] qui fussent alors sur la terre, et que le sentiment d'une même vérité soutient dans l'exil, dans les fers, contre la vue de la mort et du dernier supplice! Prenez l'histoire, ouvrez, remontez jusques au commencement du monde, jusques à la veille de sa naissance : y a-t-il eu rien de semblable dans tous les temps? Dieu même pouvoit-il jamais mieux rencontrer pour me séduire? Par où échapper ? où aller, où me jeter, je ne dis pas pour trouver rien de meilleur, mais quelque chose qui en approche? S'il faut périr, c'est par là que je veux périr : il m'est plus doux de nier Dieu que de l'accorder avec une tromperie si spécieuse et si entière. Mais je l'ai approfondi, je ne puis être athée; je suis donc ramené et entraîné dans ma religion; c'en est fait. (ÉD. 5.)

35. La religion est vraie, ou elle est fausse : si elle n'est qu'une vaine fiction, voilà, si l'on veut, soixante années perdues pour l'homme de bien, pour le chartreux ou le solitaire[2] : ils ne courent pas un autre risque. Mais si elle est fondée sur la vérité même, c'est alors un épouvantable malheur pour l'homme vicieux: l'idée seule des maux qu'il se prépare me trouble l'imagination; la pensée est trop foible pour les concevoir, et les paroles trop vaines pour les exprimer. Certes, en supposant même dans le monde moins de certitude qu'il ne s'en trouve en

---

paraît bien probable que cette leçon, conservée par Walckenaer, est une faute d'impression.

1. Il y a *modérés*, au masculin, dans toutes nos anciennes éditions : voyez le *Lexique*.

2. VAR. (édit. 1-5) : pour l'homme de bien, le chartreux ou le solitaire.

effet sur la vérité de la religion, il n'y a point pour l'homme un meilleur parti que la vertu[1].

36. Je ne sais si ceux qui osent nier Dieu méritent qu'on s'efforce de le leur prouver, et qu'on les traite plus sérieusement que l'on n'a fait[2] dans ce chapitre : l'ignorance, qui est leur caractère, les rend incapables des principes les plus clairs et des raisonnements les mieux suivis. Je consens néanmoins qu'ils lisent celui que je vais faire, pourvu qu'ils ne se persuadent pas que c'est tout ce que l'on pouvoit dire sur une vérité si éclatante.

Il y a quarante ans que je n'étois point[3], et qu'il n'étoit pas en moi[4] de pouvoir jamais être, comme il ne dépend pas de moi, qui suis une fois, de n'être plus; j'ai donc commencé, et je continue d'être par quelque chose qui est hors de moi, qui durera après moi, qui est meilleur

---

1. Pascal a fait le même raisonnement : « .... Pesons le gain et la perte, en prenant croix, que Dieu est. Estimons ces deux cas : si vous gagnez, vous gagnez tout; si vous perdez, vous ne perdez rien. Gagez donc qu'il est, sans hésiter.... Il y a ici une infinité de vie infiniment heureuse à gagner, autant de hasard de gain que de perte, et ce que vous jouez est si peu de chose et de si peu de durée qu'il y a de la folie à le ménager en cette occasion*.... Or quel mal vous arrivera-t-il en prenant ce parti? Vous serez fidèle, honnête, humble, reconnoissant, bienfaisant, sincère, ami véritable.... Je vous dis que vous y gagnerez en cette vie, et qu'à chaque pas que vous ferez dans ce chemin, vous verrez tant de certitude du gain, et tant de néant de ce que vous hasardez, que vous connoîtrez à la fin que vous avez parié pour une chose certaine, infinie, pour laquelle vous n'avez rien donné. » (*Pensées*, article X, 1.)
2. Var. (édit. 1-8) : que l'on a fait.
3. La Bruyère avait eu quarante ans au mois d'août 1685. Ce passage a été imprimé en 1687.
4. Var. (édit. 1-5) : et qu'il n'étoit point en moi.

* Pour le texte de cette phrase, voyez l'édition de Port-Royal, et dans le tome I de l'édition de M. Havet la note 1 de la page 151.

et plus puissant que moi : si ce quelque chose n'est pas Dieu, qu'on me dise ce que c'est[1].

Peut-être que moi qui existe n'existe ainsi que par la force d'une nature universelle qui a toujours été telle que nous la voyons, en remontant jusques à l'infinité des temps[2]. Mais cette nature, ou elle est seulement esprit, et c'est Dieu; ou elle est matière, et ne peut par conséquent avoir créé mon esprit; ou elle est un composé de matière et d'esprit, et alors ce qui est esprit dans la nature, je l'appelle Dieu.

Peut-être aussi que ce que j'appelle mon esprit n'est qu'une portion de matière qui existe par la force d'une nature universelle qui est aussi matière, qui a toujours été, et qui sera toujours telle que nous la voyons, et qui n'est point Dieu[3]. Mais du moins faut-il m'accorder que ce que j'appelle mon esprit, quelque chose que ce puisse être, est une chose qui pense, et que s'il est matière, il est nécessairement une matière qui pense; car l'on ne me persuadera point qu'il n'y ait pas en moi quelque chose qui pense pendant que je fais ce raisonnement. Or ce quelque chose qui est en moi et qui pense, s'il doit son être et sa conservation à une nature universelle qui a toujours été et qui sera toujours, laquelle il reconnoisse comme sa cause, il faut indispensablement que ce soit à une nature universelle ou qui pense, ou qui soit plus noble et plus parfaite que ce qui pense; et si cette na-

1. Saint Augustin a présenté cet argument dans le chapitre VIII des *Soliloques;* et Fénelon le donne également, ainsi que bien d'autres réflexions de ce chapitre, dans le *Traité de l'Existence de Dieu*, publié en 1712.
2. Objection ou système des libertins. (*Note de la Bruyère*, ajoutée à la 4ᵉ édition.)
3. Instance des libertins. (*Note de la Bruyère*, ajoutée aussi à la 4ᵉ édition.)

ture ainsi faite est matière, l'on doit encore conclure que c'est une matière universelle qui pense, ou qui est plus noble et plus parfaite que ce qui pense.

Je continue et je dis : Cette matière telle qu'elle vient d'être supposée, si elle n'est pas un être chimérique, mais réel, n'est pas aussi imperceptible à tous les sens; et si elle ne se découvre pas par elle-même, on la connoît du moins dans le divers arrangement de ses parties qui constitue les corps, et qui en fait la différence : elle est donc elle-même tous ces différents corps; et comme elle est une matière qui pense selon la supposition, ou qui vaut mieux que ce qui pense, il s'ensuit qu'elle est telle du moins selon quelques-uns de ces corps, et par une suite nécessaire, selon tous ces corps, c'est-à-dire qu'elle pense dans les pierres, dans les métaux, dans les mers, dans la terre, dans moi-même, qui ne suis qu'un corps, comme dans toutes les autres parties qui la composent. C'est donc à l'assemblage de ces parties si terrestres, si grossières, si corporelles, qui toutes ensemble sont la matière universelle ou ce monde visible, que je dois ce quelque chose qui est en moi, qui pense[1], et que j'appelle mon esprit : ce qui est absurde.

Si au contraire cette nature universelle, quelque chose que ce puisse être, ne peut pas être tous ces corps, ni aucun de ces corps, il suit de là qu'elle n'est point matière, ni perceptible par aucun des sens; si cependant elle pense, ou si elle est plus parfaite que ce qui pense, je conclus encore qu'elle est esprit, ou un être meilleur et plus accompli que ce qui est esprit. Si d'ailleurs il ne reste plus à ce qui pense en moi, et que j'appelle mon esprit, que cette nature universelle à laquelle il puisse re-

---

1. Var. (édit. 1-6) : et qui pense. — Dans la 9⁰ édition : « ce quelque chose qui est de moi, » faute d'impression.

monter pour rencontrer sa première cause et son unique origine, parce qu'il ne trouve point son principe en soi, et qu'il le trouve encore moins dans la matière, ainsi qu'il a été démontré, alors je ne dispute point des noms; mais cette source originaire de tout esprit, qui est esprit elle-même, et qui est plus excellente que tout esprit, je l'appelle Dieu.

En un mot je pense, donc Dieu existe; car ce qui pense en moi, je ne le dois point à moi-même, parce qu'il n'a pas plus dépendu de moi de me le donner une première fois, qu'il dépend encore de moi de me le conserver un seul instant. Je ne le dois point à un être qui soit au-dessus de moi, et qui soit matière, puisqu'il est impossible que la matière soit au-dessus de ce qui pense : je le dois donc à un être qui est au-dessus de moi et qui n'est point matière ; et c'est Dieu.

37. De ce qu'une nature universelle qui pense exclut de soi généralement tout ce qui est matière, il suit nécessairement qu'un être particulier qui pense ne peut pas aussi admettre en soi la moindre matière ; car bien qu'un être universel qui pense renferme dans son idée infiniment plus de grandeur, de puissance, d'indépendance et de capacité, qu'un être particulier qui pense, il ne renferme pas néanmoins une plus grande exclusion de matière, puisque cette exclusion dans l'un et l'autre de ces deux êtres est aussi grande qu'elle peut être et comme infinie, et qu'il est autant impossible que ce qui pense en moi soit matière, qu'il est inconcevable que Dieu soit matière : ainsi comme Dieu est esprit, mon âme aussi est esprit.

38. Je ne sais point si le chien choisit, s'il se ressouvient, s'il affectionne, s'il craint, s'il imagine, s'il pense : quand

donc l'on me dit que toutes ces choses ne sont en lui ni passions, ni sentiment, mais l'effet naturel et nécessaire de la disposition de sa machine préparée par le divers arrangement des parties de la matière, je puis au moins acquiescer à cette doctrine [1]. Mais je pense, et je suis certain que je pense : or quelle proportion y a-t-il de tel ou de tel arrangement des parties de la matière, c'est-à-dire d'une étendue selon toutes ses dimensions, qui est longue, large et profonde, et qui est divisible dans tous ces sens, avec ce qui pense ?

39. Si tout est matière, et si la pensée en moi, comme dans tous les autres hommes, n'est qu'un effet de l'arrangement des parties de la matière, qui a mis dans le monde toute autre idée que celle des choses matérielles? La matière a-t-elle dans son fond une idée aussi pure, aussi simple, aussi immatérielle qu'est celle de l'esprit? Comment peut-elle être le principe de ce qui la nie et l'exclut de son propre être? Comment est-elle dans l'homme ce qui pense, c'est-à-dire ce qui est à l'homme même une conviction qu'il n'est point matière?

40. Il y a des êtres qui durent peu, parce qu'ils sont composés de choses très-différentes et qui se nuisent réciproquement. Il y en a d'autres qui durent davantage, parce qu'ils sont plus simples; mais ils périssent parce qu'ils ne laissent pas d'avoir des parties selon lesquelles ils peuvent être divisés. Ce qui pense en moi doit durer beaucoup, parce que c'est un être pur, exempt de tout mélange et de toute composition; et il n'y a pas de raison qu'il doive périr, car qui peut corrompre ou séparer un être simple et qui n'a point de parties?

1. Telle est la doctrine de Descartes, à laquelle il a déjà été fait

DES ESPRITS FORTS.

L'âme voit la couleur par l'organe de l'œil, et entend les sons par l'organe de l'oreille ; mais elle peut cesser de voir ou d'entendre, quand ces sens ou ces objets lui manquent, sans que pour cela elle cesse d'être, parce que l'âme n'est point précisément ce qui voit la couleur, ou ce qui entend les sons : elle n'est que ce qui pense. Or comment peut-elle cesser d'être telle ? Ce n'est point par le défaut d'organe[1], puisqu'il est prouvé qu'elle n'est point matière ; ni par le défaut d'objet, tant qu'il y aura un Dieu et d'éternelles vérités[2] : elle est donc incorruptible. — 41.

Je ne conçois point qu'une âme que Dieu a voulu remplir de l'idée de son être infini et souverainement parfait, doive être anéantie. — 42.

Voyez, *Lucile*, ce morceau de terre, plus propre et plus orné que les autres terres qui lui sont contiguës : ici ce sont des compartiments mêlés d'eaux plates et d'eaux jaillissantes ; là des allées en palissade qui n'ont pas de fin, et qui vous couvrent des vents du nord ; d'un côté c'est un bois épais qui défend de tous les soleils, et d'un autre un beau point de vue. Plus bas, une Yvette ou un Lignon, qui couloit obscurément entre les saules et les peupliers, est devenu un canal qui est revêtu ; ailleurs de longues et fraîches avenues se perdent dans la campagne, et annoncent la maison, qui est entourée d'eau[3]. — 43.

---

allusion ci-dessus, p. 66, n° 142 : voyez le *Discours de la Méthode*, v° partie.

1. VAR. (édit. 1-6) : par le défaut de l'organe.
2. VAR. (édit. 1 et certains exemplaires de 2) : et des éternelles vérités.
3. La Bruyère semble faire la description du parc de Chantilly. Les eaux de la Nonette et de la Thève, jusque-là perdues dans les

Vous récrierez-vous : « Quel jeu du hasard! combien de belles choses se sont rencontrées ensemble inopinément! » Non sans doute ; vous direz au contraire : « Cela est bien imaginé et bien ordonné ; il règne ici un bon goût et beaucoup d'intelligence. » Je parlerai comme vous, et j'ajouterai que ce doit être la demeure de quelqu'un de ces gens chez qui un Nautre[1] va tracer et prendre des alignements dès le jour même qu'ils sont en place. Qu'est-ce pourtant que cette pièce de terre ainsi disposée, et où tout l'art d'un ouvrier habile a été employé pour l'embellir, si même toute la terre n'est qu'un atome suspendu en l'air, et si vous écoutez ce que je vais dire? (ÉD. 7.)

Vous êtes placé, ô Lucile, quelque part sur cet atome : il faut donc que vous soyez bien petit, car vous n'y occupez pas une grande place ; cependant vous avez des yeux, qui sont deux points imperceptibles ; ne laissez pas de les ouvrir vers le ciel : qu'y apercevez-vous quelquefois? La lune dans son plein? Elle est belle alors et fort lumineuse, quoique sa lumière ne soit que la réflexion de

marécages, avaient été, par l'ordre de Condé, enfermées dans un canal et transformées en cascades et en « jets d'eau qui ne se taisoient ni jour ni nuit, » selon l'expression de Bossuet (*Oraison funèbre du prince de Condé*). L'Yvette, l'une des rivières que la Bruyère nomme à la place de la Nonette et de la Thève, naît aux environs de Rambouillet, et passe à Chevreuse, Orsay, Lonjumeau, etc., c'est-à-dire tout près de Saulx-les-Chartreux, où la Bruyère possédait une maison, en communauté avec sa sœur et l'un de ses frères. Il y a plusieurs rivières du nom de Lignon ; mais celle dont il s'agit est sans doute le Lignon que *l'Astrée* a rendu célèbre, et qui, prenant sa source dans les montagnes du Forez, se jette dans la Loire.

1. André le Nostre, le célèbre dessinateur de jardins, mort en 1700. — Ces mots : « la demeure de quelqu'un de ces gens chez qui un Nautre va tracer, etc., dès.... qu'ils sont en place, » sont-ils un trait jeté ici en passant pour dépayser les lecteurs qui seraient tentés d'affirmer que la scène est à Chantilly, et que l'interlocuteur de la Bruyère est un Condé?

celle du soleil; elle paroît grande comme le soleil, plus grande que les autres planètes, et qu'aucune des étoiles; mais ne vous laissez pas tromper par les dehors. Il n'y a rien au ciel de si petit que la lune : sa superficie est treize fois plus petite que celle de la terre, sa solidité quarante-huit fois, et son diamètre, de sept cent cinquante lieues, n'est que le quart de celui de la terre : aussi est-il vrai qu'il n'y a que son voisinage qui lui donne une si grande apparence, puisqu'elle n'est guère plus éloignée de nous que de trente fois le diamètre de la terre, ou que sa distance n'est que de cent mille lieues [1]. Elle n'a presque pas même de chemin à faire en comparaison du vaste tour que le soleil fait dans les espaces du ciel [2]; car il est certain qu'elle n'achève par jour que cinq cent quarante mille lieues [3] : ce n'est par heure que vingt-deux mille cinq cents lieues, et trois cent soixante et quinze lieues dans une minute. Il faut néanmoins, pour accomplir cette course, qu'elle aille cinq mille six cents fois plus vite qu'un cheval de poste qui feroit quatre lieues par heure, qu'elle vole quatre-vingts fois plus légèrement que le son, que le bruit par exemple du canon et du tonnerre,

1. Les chiffres que donne la Bruyère dans cette argumentation ne sont pas tous rigoureusement exacts. Ainsi le volume ou la solidité de la lune est quarante-neuf fois moindre que le volume ou la solidité de la terre; son diamètre est de sept cent quatre-vingt-dix-sept lieues; elle est à moins de quatre-vingt-seize mille lieues de la terre, etc.

2. La Bruyère parle d'après les apparences et comme si, faisant tourner le soleil autour de la terre, il n'adoptait pas le système de Copernic, que Galilée n'avait pu faire triompher, et que Descartes n'avait osé professer publiquement. Il y fera toutefois allusion un peu plus loin : voyez ci-après, p. 265.

3. Il faut en compter plus de six cent mille, si l'on se place, comme la Bruyère, dans le système où l'on suppose que la terre est immobile. En réalité, la lune ne fait guère que vingt mille lieues par jour de vingt-quatre heures.

qui parcourt en une heure deux cent soixante et dix-sept lieues¹. (éd. 7.)

Mais quelle comparaison de la lune au soleil pour la grandeur, pour l'éloignement, pour la course? — Vous verrez qu'il n'y en a aucune. Souvenez-vous seulement du diamètre de la terre, il est de trois mille lieues; celui du soleil est cent fois plus grand², il est donc de trois cent mille lieues. Si c'est là sa largeur³ en tout sens, quelle peut être toute sa superficie! quelle sa solidité! Comprenez-vous bien cette étendue, et qu'un million de terres comme la nôtre ne seroient toutes ensemble pas plus grosses que le soleil⁴? « Quel est donc, direz-vous, son éloignement, si l'on en juge par son apparence? » Vous avez raison, il est prodigieux; il est démontré qu'il ne peut pas y avoir de la terre au soleil moins de dix mille diamètres de la terre, autrement moins de trente millions de lieues : peut-être y a-t-il quatre fois, six fois, dix fois plus loin; on n'a aucune méthode pour déterminer cette distance⁵. (éd. 7.)

1. Ce chiffre est au-dessous du chiffre exact; le son parcourt plus de trois cents lieues en une heure.
2. Le soleil est cent dix fois plus grand.
3. Dans la 9ᵉ édition : « la largeur. »
4. Le volume du soleil est quatorze cent mille fois plus gros que celui de la terre; sa masse est trois cent cinquante-cinq fois plus grande que celle de la terre.
5. Cette distance est de trente-huit millions de lieues. Sur les conjectures faites jusqu'au dix-huitième siècle au sujet de cette distance, voyez l'*Astronomie populaire* d'Arago, tome III, p. 363.
— « Que l'homme contemple donc la nature entière dans sa haute et pleine majesté; qu'il ne s'arrête pas à regarder simplement les objets bas qui l'environnent; qu'il regarde cette éclatante lumière mise comme une lampe éternelle pour éclairer l'univers; que la terre lui paroisse comme un point, au prix du vaste tour que cet astre décrit; et qu'il s'étonne de ce que ce vaste tour lui-même n'est qu'un point très-délicat à l'égard de celui que les astres qui roulent dans le firmament embrassent. Mais si notre vue s'arrête là, que l'imagina-

DES ESPRITS FORTS.

Pour aider seulement votre imagination à se la représenter, supposons une meule de moulin qui tombe du soleil sur la terre; donnons-lui la plus grande vitesse qu'elle soit capable d'avoir, celle même que n'ont pas les corps tombant[1] de fort haut; supposons encore qu'elle conserve toujours cette même vitesse, sans en acquérir et sans en perdre; qu'elle parcoure quinze toises par chaque seconde de temps, c'est-à-dire la moitié de l'élévation des plus hautes tours, et ainsi neuf cents toises en une minute; passons-lui mille toises en une minute[2], pour une plus grande facilité; mille toises font une demi-lieue[3] commune; ainsi en deux minutes la meule fera une lieue, et en une heure elle en fera trente, et en un jour elle fera sept cent vingt lieues : or elle a trente millions à traverser avant que d'arriver à terre; il lui faudra donc quarante-un mille six cent soixante-six jours[4], qui sont plus de cent quatorze années[5], pour faire ce voyage. Ne vous effrayez pas, Lucile, écoutez-moi : la distance de la terre à Saturne est au moins décuple de celle de la terre au soleil; c'est vous dire qu'elle ne peut être moindre que de trois cents millions de lieues, et que cette

---

tion passe outre : elle se lassera plutôt de concevoir que la nature de fournir. Tout ce monde visible n'est qu'un trait imperceptible dans l'ample sein de la nature. Nulle idée n'en approche. Nous avons beau enfler nos conceptions : nous n'enfantons que des atomes au prix de la réalité des choses. » (Pascal, *Pensées*, article I, 1, de l'édition Havet; nous donnons ce passage d'après le texte de Port-Royal.)

1. *Tombants* (*tombans*) dans toutes les éditions originales.
2. Var. (édit. 7) : mille toises par minute.
3. Le texte de la Bruyère est *demie lieue*.
4. Var. (édit. 7 et 8) : quatre mille cent soixante et six jours. — Cette variante des éditions 7 et 8 (qui a entraîné la variante suivante et celle de la note 1 de la page 262) semble venir d'une distraction de la Bruyère : ayant à diviser 30 000 000 par 720, il aura laissé par mégarde l'opération inachevée.
5. Var. (édit. 7 et 8) : plus d'onze années.

pierre emploieroit plus d'onze cent quarante ans[1] pour tomber de Saturne en terre. (ÉD. 7.)

Par cette élévation de Saturne, élevez vous-même, si vous le pouvez, votre imagination à concevoir quelle doit être l'immensité du chemin qu'il parcourt chaque jour au-dessus de nos têtes : le cercle que Saturne décrit a plus de six cents millions de lieues de diamètre, et par conséquent plus de dix-huit cents millions de lieues de circonférence[2] ; un cheval anglois qui feroit dix lieues par heure n'auroit à courir que vingt mille cinq cent quarante-huit ans pour faire ce tour. (ÉD. 7.)

Je n'ai pas tout dit, ô Lucile, sur le miracle de ce monde visible, ou comme vous parlez quelquefois, sur les merveilles du hasard, que vous admettez seul pour la cause première de toutes choses. Il est encore un ouvrier plus admirable que vous ne pensez : connoissez le hasard, laissez-vous instruire de toute la puissance de votre Dieu. Savez-vous que cette distance de trente millions de lieues qu'il y a de la terre au soleil, et celle de trois cents millions de lieues de la terre à Saturne, sont si peu de chose, comparées à l'éloignement qu'il y a de la terre aux étoiles, que ce n'est pas même s'énoncer assez juste que de se servir, sur le sujet de ces distances, du terme de comparaison? Quelle proportion, à la vérité, de ce qui se mesure, quelque grand qu'il puisse être, avec ce qui ne se mesure pas? On ne connoît point la hauteur d'une étoile ; elle est, si j'ose ainsi parler, *im-*

---

1. VAR. (édit. 7 et 8) : plus de cent dix ans.
2. La planète Saturne, qui est huit cent fois plus grosse que la terre, et qui est neuf fois et demie plus loin qu'elle du soleil, se meut, à trois cent soixante-six millions de lieues du soleil, dans une orbite qu'elle décrit en vingt-neuf ans, cinq mois, quatorze jours. Du temps de la Bruyère, on croyait que Saturne était la grande planète la plus éloignée de notre système planétaire.

mensurable; il n'y a plus ni angles, ni sinus, ni parallaxes dont on puisse s'aider[1]. Si un homme observoit à Paris une étoile fixe, et qu'un autre la regardât du Japon, les deux lignes qui partiroient de leurs yeux pour aboutir jusqu'à cet astre ne feroient pas un angle, et se confondroient en une seule et même ligne, tant la terre entière n'est pas espace par rapport à cet éloignement. Mais les étoiles ont cela de commun avec Saturne et avec le soleil : il faut dire quelque chose de plus. Si deux observateurs, l'un sur la terre et l'autre dans le soleil, observoient en même temps une étoile, les deux rayons visuels de ces deux observateurs ne formeroient point d'angle sensible. Pour concevoir la chose autrement, si un homme étoit situé dans une étoile, notre soleil, notre terre, et les trente millions de lieues qui les séparent,

---

1. « Une question curieuse que l'on a agitée de tout temps est celle de la distance des étoiles à la terre. Jusqu'à ces dernières années, on n'a eu aucun moyen précis de mesure ; on est enfin parvenu en 1840 à déterminer la distance moyenne de l'une d'elles. Ce qui s'y était opposé jusqu'alors, c'est que systématiquement on avait toujours choisi pour cela les étoiles les plus brillantes ; par circonstance, on s'est adressé à une petite étoile (la 61e du Cygne), et le résultat de l'appréciation de son éloignement a été tel, que la distance de 38 000 000 de lieues qui nous sépare du soleil peut à peine servir d'unité. Il faut en effet multiplier ce nombre par 600 000, l'on aura 22 800 000 000 000 de lieues, et ce sera la distance de l'étoile la plus proche que nous connaissions*. » (*Leçons d'astronomie professées à l'Observatoire par M. Arago*, p. 23, 5e édition, 1849.) Voyez dans l'*Astronomie populaire* d'Arago, tome I, p. 437 et suivantes, le point où en étaient les astronomes, du temps de la Bruyère, dans la détermination de la parallaxe annuelle des étoiles, qui est le moyen de connaître la distance de ces astres à la terre.

* « *Annuaire du Bureau des longitudes pour* 1842, p. 384 et 385. Notice sur les travaux de sir William Herschel, par M. Arago. — Ce résultat est dû à M. Bessel, le savant directeur de l'Observatoire de Kœnigsberg. » (*Note de l'éditeur* des *Leçons d'astronomie*.) — F. G. Bessel est mort en 1846.

lui paroîtroient un même point : cela est démontré. (ÉD. 7.)

On ne sait pas aussi la distance d'une étoile d'avec une autre étoile, quelque[1] voisines qu'elles nous paroissent. Les Pléiades se touchent presque, à en juger par nos yeux : une étoile paroît assise sur l'une de celles qui forment la queue de la grande Ourse ; à peine la vue peut-elle atteindre à discerner la partie du ciel qui les sépare, c'est comme une étoile qui paroît double. Si cependant tout l'art des astronomes est inutile pour en marquer la distance, que doit-on penser de l'éloignement de deux étoiles qui en effet paroissent éloignées l'une de l'autre, et à plus forte raison des deux polaires ? Quelle est donc l'immensité de la ligne qui passe d'une polaire[2] à l'autre ? et que sera-ce que le cercle dont cette ligne est le diamètre ? Mais n'est-ce pas quelque chose de plus que de sonder les abîmes, que de vouloir imaginer la solidité du globe, dont ce cercle n'est qu'une section ? Serons-nous encore surpris que ces mêmes étoiles, si démesurées dans leur grandeur, ne nous paroissent néanmoins que comme des étincelles ? N'admirerons-nous pas plutôt que d'une hauteur si prodigieuse elles puissent conserver une certaine apparence, et qu'on ne les perde pas toutes de vue ? Il n'est pas aussi imaginable combien il nous en échappe. On fixe le nombre des étoiles : oui, de celles qui sont apparentes ; le moyen de compter celles qu'on n'aperçoit point, celles par exemple qui composent la voie de lait, cette trace lumineuse qu'on remarque au ciel dans une nuit sereine, du nord au midi, et qui par leur extraordinaire éléva-

1. *Quelques* dans les anciennes éditions : voyez le *Lexique*.
2. *D'un polaire* dans la 9ᵉ édition, par faute d'impression sans nul doute. — La Bruyère admet ici une étoile polaire australe, qui n'existe point, comme on sait.

tion, ne pouvant percer jusqu'à nos yeux pour être vues chacune en particulier, ne font au plus que blanchir cette route des cieux où elles sont placées[1]? (ÉD. 7.)

Me voilà donc sur la terre comme sur un grain de sable qui ne tient à rien, et qui est suspendu au milieu des airs : un nombre presque infini de globes de feu, d'une grandeur inexprimable et qui confond l'imagination, d'une hauteur qui surpasse nos conceptions, tournent, roulent autour de ce grain de sable, et traversent chaque jour, depuis plus de six mille ans, les vastes et immenses espaces des cieux. Voulez-vous un autre système, et qui ne diminue rien du merveilleux? La terre elle-même est emportée avec une rapidité inconcevable autour du soleil, le centre de l'univers[2]. Je me les représente tous ces globes, ces corps effroyables qui sont en marche; ils ne s'embarrassent point l'un l'autre, ils ne se choquent point, ils ne se dérangent point : si le plus petit d'eux tous venoit à se démentir et à rencontrer la terre, que deviendroit la terre? Tous au contraire sont en leur place, demeurent dans l'ordre qui leur est prescrit, suivent la route qui leur est marquée, et si paisiblement à notre égard, que personne n'a l'oreille assez

---

1. « On s'est souvent posé cette question capitale : combien y a-t-il d'étoiles? Le nombre de celles qui sont visibles à l'œil nu est très-petit, il ne s'élève pas à plus de cinq mille d'un pôle à l'autre; mais au télescope ce nombre augmente énormément. Il y a donc des milliards d'étoiles; on n'en a encore catalogué qu'une centaine de mille, pour servir de repères aux observations des mouvements des planètes et des comètes. » (*Leçons d'astronomie professées à l'Observatoire par M. Arago*, p. 22.)

2. Non pas le centre de l'univers, mais le centre de notre système planétaire : la Bruyère répète à tort l'expression que l'on employait le plus souvent. Après avoir donné pour point de départ à son argumentation le système qui avait encore le plus grand nombre de partisans, il en vient à celui qu'avait exposé Fontenelle dans ses *Entretiens sur la pluralité des mondes*, publiés en 1686.

fine pour les entendre marcher, et que le vulgaire ne sait pas s'ils sont au monde. O économie merveilleuse du hasard ! l'intelligence même pourroit-elle mieux réussir? Une seule chose, Lucile, me fait de la peine : ces grands corps sont si précis et si constants dans leur marche, dans leurs révolutions et dans tous leurs rapports, qu'un petit animal relégué en un coin de cet espace immense qu'on appelle le monde, après les avoir observés, s'est fait une méthode infaillible de prédire à quel point de leur course tous ces astres se trouveront d'aujourd'hui en deux, en quatre, en vingt mille ans. Voilà mon scrupule, Lucile; si c'est par hasard qu'ils observent des règles si invariables, qu'est-ce[1] l'ordre? qu'est-ce que la règle? (ÉD. 7.)

Je vous demanderai même ce que c'est que le hasard : est-il corps? est-il esprit? est-ce un être distingué des autres êtres, qui ait son existence particulière, qui soit quelque part? ou plutôt n'est-ce pas un mode, ou une façon d'être? Quand une boule rencontre une pierre, l'on dit : « c'est un hasard ; » mais est-ce autre chose que ces deux corps qui se choquent fortuitement? Si par ce hasard ou cette rencontre la boule ne va plus droit, mais obliquement; si son mouvement n'est plus direct, mais réfléchi; si elle ne roule plus sur son axe, mais qu'elle tournoie et qu'elle pirouette, conclurai-je que c'est par ce même hasard qu'en général la boule est en mouvement? ne soupçonnerai-je pas plus volontiers qu'elle se meut ou de soi-même, ou par l'impulsion du bras qui l'a jetée? Et parce que les roues d'une pendule sont déterminées l'une par l'autre à un mouvement circulaire d'une telle ou telle vitesse, examiné-je[2] moins curieusement quelle

1. « Qu'est-ce, » sans *que*, est le texte de toutes les anciennes éditions.
2. Les éditions originales portent : *examinai-je ;* c'est une orthographe qu'on rencontre fréquemment dans les impressions du dix-

peut être la cause de tous ces mouvements, s'ils se font d'eux-mêmes ou par la force mouvante d'un poids qui les emporte? Mais ni ces roues, ni cette boule n'ont pu se donner le mouvement d'eux-mêmes, ou ne l'ont point par leur nature, s'ils peuvent le perdre sans changer de nature : il y a donc apparence qu'ils sont mus d'ailleurs, et par une puissance qui leur est étrangère. Et les corps célestes, s'ils venoient à perdre leur mouvement, changeroient-ils de nature? seroient-ils moins des corps? Je ne me l'imagine pas ainsi; ils se meuvent cependant, et ce n'est point d'eux-mêmes et par leur nature. Il faudroit donc chercher, ô Lucile, s'il n'y a point hors d'eux un principe qui les fait mouvoir; qui que vous trouviez, je l'appelle Dieu. (ÉD. 7.)

Si nous supposions que ces grands corps sont sans mouvement, on ne demanderoit plus, à la vérité, qui les met en mouvement, mais on seroit toujours reçu à demander qui a fait ces corps, comme on peut s'informer qui a fait ces roues ou cette boule; et quand chacun de ces grands corps seroit supposé un amas fortuit d'atomes qui se sont liés et enchaînés ensemble par la figure et la conformation de leurs parties, je prendrois un de ces atomes et je dirois : Qui a créé cet atome? Est-il matière? est-il intelligence? A-t-il eu quelque idée de soi-même, avant que de se faire soi-même? Il étoit donc un moment avant que d'être; il étoit et il n'étoit pas tout à la fois; et s'il est auteur de son être et de sa manière d'être, pourquoi s'est-il fait corps plutôt qu'esprit? Bien plus, cet atome n'a-t-il point commencé? est-il éter-

---

septième siècle pour ces formes verbales terminées par *e* (changé en *é* devant *je*) : voyez le *Lexique de Corneille*, tome I, p. LXXXVII. C'est probablement faute de connaître cette particularité d'orthographe que la plupart des éditeurs modernes ont supposé qu'il y avait ici une faute typographique et ont mis le verbe au futur, *examinerai-je*.

nel? est-il infini? Ferez-vous un Dieu de cet atome[1]? (ÉD. 7.)

44. Le ciron[2] a des yeux, il se détourne à la rencontre des objets qui lui pourroient nuire; quand on le met sur de l'ébène pour le mieux remarquer, si, dans le temps qu'il marche vers un côté, on lui présente le moindre fétu, il change de route : est-ce un jeu du hasard que son cristallin, sa rétine et son nerf optique? (ÉD. 7.)

L'on voit dans une goutte d'eau que le poivre qu'on y a mis tremper a altérée, un nombre presque innombrable de petits animaux, dont le microscope nous fait apercevoir la figure, et qui se meuvent avec une rapidité incroyable comme autant de monstres dans une vaste mer; chacun de ces animaux est plus petit mille fois qu'un ciron, et néanmoins c'est un corps qui vit, qui se nourrit, qui croît, qui doit avoir des muscles, des vaisseaux équivalents aux veines, aux nerfs, aux artères, et un cerveau pour distribuer les esprits animaux[3]. (ÉD. 7.)

1. Fénelon s'arrêtera plus longuement, dans son *Traité de l'existence de Dieu*, à la théorie des épicuriens. Après Leucippe, Démocrite et bien d'autres, ils divisaient les corps en agrégats et en atomes. Dans leur doctrine, les atomes, corps élémentaires dont se composent les agrégats, sont éternels en durée, infinis en nombre, et doués, de toute éternité, du mouvement qui leur permet de se rencontrer et de se combiner. Ce système a été exposé par Lucrèce dans le *de Natura rerum*, et par Gassendi dans ses travaux sur Épicure.

2. Pascal aussi s'est servi du ciron dans son argumentation (*Pensées*, article I, 1), et nous a montré « dans la petitesse de son corps des parties incomparablement plus petites, des jambes avec des jointures, des veines dans ces jambes, du sang dans ces veines, des humeurs dans ce sang, des gouttes dans ces humeurs, etc. » Malebranche, de son côté, a minutieusement décrit le ciron dans un chapitre sur les « erreurs de la vue : » voyez *de la Recherche de la vérité*, livre I, chapitre vi, tome I, p. 42 et 43.

3. Les esprits animaux, dont il est si souvent question dans les traités philosophiques ou moraux de cette époque, ont été définis

Une tache de moisissure de la grandeur d'un grain de sable[1] paroît dans le microscope comme un amas de plusieurs plantes très-distinctes, dont les unes ont des fleurs, les autres des fruits; il y en a qui n'ont que des boutons à demi ouverts; il y en a quelques-unes qui sont fanées : de quelle étrange petitesse doivent être les racines et les filtres qui séparent les aliments de ces petites plantes! Et si l'on vient à considérer que ces plantes ont leurs graines, ainsi que les chênes et les pins, et que ces petits animaux dont je viens de parler se multiplient par voie de génération, comme les éléphants et les baleines, où cela ne mène-t-il point? Qui a su travailler à des ouvrages si délicats, si fins, qui échappent à la vue des hommes, et qui tiennent de l'infini comme les cieux, bien que dans l'autre extrémité? Ne seroit-ce point celui qui a fait les cieux, les astres, ces masses énormes, épouvantables par leur grandeur, par leur élévation, par la rapidité et l'étendue de leur course, et qui se joue de les faire mouvoir? (ÉD. 7.)

45. Il est de fait que l'homme jouit du soleil, des astres, des cieux et de leurs influences, comme il jouit de l'air qu'il respire, et de la terre sur laquelle il marche et qui le soutient; et s'il falloit ajouter à la certitude d'un fait la convenance ou la vraisemblance, elle y est toute[2] entière, puisque les cieux et tout ce qu'ils contiennent ne peuvent

---

par Descartes de la manière suivante : Les « esprits animaux..... sont comme un vent très-subtil, ou plutôt comme une flamme très-pure et très-vive, qui montant continuellement en grande abondance du cœur dans le cerveau, se va rendre de là par les nerfs dans les muscles, et donne le mouvement à tous les membres.... » (*Discours de la Méthode*, ve partie.)

1. VAR. (édit. 7): de la grosseur d'un grain de sable.
2. Ici encore nous reproduisons le texte des éditions originales.

pas entrer en comparaison, pour la noblesse et la dignité, avec le moindre des hommes qui sont sur la terre, et que la proportion qui se trouve entre eux et lui est celle de la matière incapable de sentiment, qui est seulement une étendue selon trois dimensions, à ce qui est esprit, raison, ou intelligence[1]. Si l'on dit que l'homme auroit pu se passer à moins pour sa conservation, je réponds que Dieu ne pouvoit moins faire pour étaler son pouvoir, sa bonté et sa magnificence, puisque, quelque chose que nous voyions qu'il ait fait[2], il pouvoit faire infiniment davantage. (ÉD. 7.)

Le monde entier, s'il est fait pour l'homme, est littéralement la moindre chose que Dieu ait fait pour l'homme : la preuve s'en tire du fond de la religion. Ce n'est donc ni vanité ni présomption à l'homme de se rendre sur ses avantages à la force de la vérité; ce seroit en lui stupidité et aveuglement de ne pas se laisser convaincre par l'enchaînement des preuves dont la religion se sert pour lui faire connoître ses priviléges, ses ressources, ses espérances, pour lui apprendre ce qu'il est et ce qu'il peut devenir. — Mais la lune est habitée; il n'est pas du

---

1. « L'homme n'est qu'un roseau, le plus foible de la nature, mais c'est un roseau pensant. Il ne faut pas que l'univers entier s'arme pour l'écraser. Une vapeur, une goutte d'eau suffit pour le tuer. Mais quand l'univers l'écraseroit, l'homme seroit encore plus noble que ce qui le tue, parce qu'il sait qu'il meurt, et l'avantage que l'univers a sur lui. L'univers n'en sait rien *. Toute notre dignité consiste donc en la pensée. C'est de là qu'il faut nous relever, non de l'espace et de la durée, que nous ne saurions remplir. » (*Pensées*, article I, 6.)

2. Les éditeurs modernes ont imprimé à tort : *qu'il ait faite*, et trois lignes plus loin : *que Dieu ait faite* : voyez le *Lexique*, à l'article QUELQUE CHOSE.

* Telle est, dit M. Havet, la ponctuation du manuscrit autographe. Dans le texte de Port-Royal, il y a une virgule après *lui*, et « l'univers n'en sait rien » continue et termine la phrase.

moins impossible qu'elle le soit[1]. — Que parlez-vous, Lucile, de la lune, et à quel propos? En supposant Dieu, quelle est en effet la chose impossible? Vous demandez peut-être si nous sommes les seuls dans l'univers que Dieu ait si bien traités; s'il n'y a point dans la lune ou d'autres hommes, ou d'autres créatures que Dieu ait aussi favorisées? Vaine curiosité! frivole demande! La terre, Lucile, est habitée; nous l'habitons, et nous savons que nous l'habitons; nous avons nos preuves, notre évidence, nos convictions sur tout ce que nous devons penser de Dieu et de nous-mêmes : que ceux qui peuplent les globes célestes, quels qu'ils puissent être, s'inquiètent pour eux-mêmes; ils ont leurs soins, et nous les nôtres. Vous avez, Lucile, observé la lune; vous avez reconnu ses taches, ses abîmes, ses inégalités, sa hauteur, son étendue, son cours, ses éclipses : tous les astronomes n'ont pas été plus loin. Imaginez de nouveaux instruments, observez-la avec plus d'exactitude[2] : voyez-vous qu'elle soit peuplée, et de quels animaux? ressemblent-ils aux hommes? sont-ce des hommes? Laissez-moi voir après vous; et si nous sommes convaincus l'un et l'autre que des hommes habitent la lune, examinons alors s'ils sont chrétiens, et si Dieu a partagé ses faveurs entre eux et nous. (ÉD. 7.)

46. Tout est grand et admirable dans la nature; il ne s'y voit rien qui ne soit marqué au coin de l'ouvrier; ce qui s'y voit quelquefois d'irrégulier et d'imparfait suppose

---

1. Voyez dans les *Entretiens sur la pluralité des mondes* les ingénieux chapitres que Fontenelle a consacrés à l'hypothèse qui de la lune et des planètes fait des terres habitées.
2. VAR. (édit. 7) : Imaginez de nouveaux instruments avec plus d'exactitude, observez-la. — Cette variante vient sans doute d'une omission fautive, mal réparée.

règle et perfection. Homme vain et présomptueux! faites un vermisseau que vous foulez aux pieds, que vous méprisez; vous avez horreur du crapaud, faites un crapaud, s'il est possible. Quel excellent maître que celui qui fait des ouvrages, je ne dis pas que les hommes admirent, mais qu'ils craignent! Je ne vous demande pas de vous mettre à votre atelier pour faire un homme d'esprit, un homme bien fait, une belle femme : l'entreprise est forte et au-dessus de vous; essayez seulement de faire un bossu, un fou, un monstre, je suis content. (ÉD. 8.)

Rois, Monarques, Potentats, sacrées Majestés! vous ai-je nommés par tous vos superbes noms? Grands de la terre, très-hauts, très-puissants, et peut-être bientôt *tout-puissants Seigneurs!* nous autres hommes nous avons besoin pour nos moissons d'un peu de pluie, de quelque chose de moins, d'un peu de rosée : faites de la rosée, envoyez sur la terre une goutte d'eau. (ÉD. 8.)

L'ordre, la décoration, les effets de la nature sont populaires; les causes, les principes ne le sont point. Demandez à une femme comment un bel œil n'a qu'à s'ouvrir pour voir, demandez-le à un homme docte. (ÉD. 8.)

47. Plusieurs millions d'années, plusieurs centaines de millions d'années, en un mot tous les temps ne sont qu'un instant, comparés à la durée de Dieu, qui est éternelle : tous les espaces du monde entier ne sont qu'un point, qu'un léger atome, comparés à son immensité. S'il est ainsi, comme je l'avance, car quelle proportion du fini à l'infini? je demande : Qu'est-ce que le cours de la vie d'un homme? qu'est-ce qu'un grain de poussière qu'on appelle la terre? qu'est-ce qu'une petite portion de cette terre que l'homme possède et qu'il habite? — Les méchants prospèrent pendant qu'ils vivent. — Quelques méchants, je

l'avoue. — La vertu est opprimée, et le crime impuni sur la terre. — Quelquefois, j'en conviens. — C'est une injustice. — Point du tout : il faudroit, pour tirer cette conclusion, avoir prouvé qu'absolument les méchants sont heureux, que la vertu ne l'est pas, et que le crime demeure impuni ; il faudroit du moins que ce peu de temps où les bons souffrent et où les méchants prospèrent eût une durée, et que ce que nous appelons prospérité et fortune ne fût pas une apparence fausse et une ombre vaine qui s'évanouit ; que cette terre, cet atome, où il paroît que la vertu et le crime rencontrent si rarement ce qui leur est dû, fût le seul endroit de la scène où se doivent passer la punition et les récompenses[1]. (ÉD. 7.)

[1]. « Que s'il vous paroît quelque désordre, s'il vous semble que la récompense court trop lentement à la vertu, et que la peine ne poursuit pas d'assez près le vice, songez à l'éternité de ce premier être : ses desseins, conçus dans le sein immense de cette immuable éternité, ne dépendent ni des années ni des siècles, qu'il voit passer devant lui comme des moments ; et il faut la durée entière du monde pour développer tout à fait les ordres d'une sagesse si profonde. Et nous, mortels misérables, nous voudrions, en nos jours qui passent si vite, voir toutes les œuvres de Dieu accomplies ! Parce que nous et nos conseils sommes limités dans un temps si court, nous voudrions que l'infini se renfermât aussi dans les mêmes bornes, et qu'il déployât en si peu d'espace tout ce que sa miséricorde prépare aux bons, et tout ce que sa justice destine aux méchants. *Attendis dies tuos paucos, et diebus tuis paucis vis impleri omnia, ut damnentur omnes impii, et coronentur omnes boni*[*]. Il ne seroit pas raisonnable : laissons agir l'Éternel suivant les lois de son éternité, et bien loin de la réduire à notre mesure, tâchons d'entrer plutôt dans son étendue. » (Bossuet, *Sermon sur la Providence*, prêché au Louvre en 1662, édition Gandar, p. 142 et 143.) — La Bruyère n'a pu lire les sermons de Bossuet, qui n'ont été imprimés que longtemps après la mort de l'un et de l'autre, et selon toute vraisemblance il n'a pas entendu ceux dont quelques extraits sont cités dans nos notes ; mais le souvenir de l'amitié qui lia Bossuet et la Bruyère rend intéressant tout rapprochement entre eux.

[*] Saint Augustin, *sur le Psaume* CXI, n° 8.

De ce que je pense, je n'infère pas plus clairement que je suis esprit, que je conclus de ce que je fais, ou ne fais point selon qu'il me plaît, que je suis libre : or liberté, c'est choix, autrement une détermination volontaire au bien ou au mal, et ainsi une action bonne ou mauvaise, et ce qu'on appelle vertu ou crime. Que le crime absolument soit impuni, il est vrai, c'est injustice; qu'il le soit sur la terre, c'est un mystère. Supposons pourtant avec l'athée que c'est injustice : toute injustice est une négation ou une privation de justice; donc toute injustice suppose justice. Toute justice est une conformité à une souveraine raison : je demande en effet quand il n'a pas été raisonnable que le crime soit puni, à moins qu'on ne dise que c'est quand le triangle avoit moins de trois angles; or toute conformité à la raison est une vérité; cette conformité, comme il vient d'être dit, a toujours été; elle est donc de celles que l'on appelle des éternelles vérités. Cette vérité, d'ailleurs, ou n'est point et ne peut être, ou elle est l'objet d'une connoissance; elle est donc éternelle, cette connoissance, et c'est Dieu. (ÉD. 7.)

Les dénouements qui découvrent les crimes les plus cachés, et où la précaution des coupables pour les dérober aux yeux des hommes a été plus grande, paroissent si simples et si faciles qu'il semble qu'il n'y ait que Dieu seul qui puisse en être l'auteur; et les faits d'ailleurs que l'on en rapporte sont en si grand nombre, que s'il plaît à quelques-uns de les attribuer à de purs hasards, il faut donc qu'ils soutiennent que le hasard, de tout temps, a passé en coutume. (ÉD. 7.)

48. Si vous faites cette supposition, que tous les hommes qui peuplent la terre sans exception soient chacun dans l'abondance, et que rien ne leur manque, j'infère de là que nul homme qui est sur la terre n'est dans l'abon-

dance, et que tout lui manque. Il n'y a que deux sortes
de richesses, et auxquelles les autres[1] se réduisent, l'argent et les terres : si tous sont riches, qui cultivera les
terres, et qui fouillera les mines? Ceux qui sont éloignés
des mines ne les fouilleront pas, ni ceux qui habitent des
terres incultes et minérales ne pourront pas en tirer des
fruits. On aura recours au commerce, et on le suppose.
Mais si les hommes abondent de biens, et que nul ne
soit dans le cas de vivre par son travail, qui transportera
d'une région à une autre les lingots ou les choses échangées? qui mettra des vaisseaux en mer? qui se chargera
de les conduire? qui entreprendra des caravanes? On
manquera alors du nécessaire et des choses utiles. S'il
n'y a plus de besoins, il n'y a plus d'arts, plus de sciences, plus d'invention, plus de mécanique. D'ailleurs cette
égalité de possessions et de richesses en établit une autre
dans les conditions, bannit toute subordination, réduit
les hommes à se servir eux-mêmes, et à ne pouvoir être
secourus les uns des autres, rend les lois frivoles et inutiles, entraîne une anarchie universelle, attire la violence, les injures, les massacres, l'impunité[2]. (ÉD. 7.)

1. Les trois éditions où cette remarque a été imprimée du vivant
de la Bruyère répètent *deux* et donnent ici : « les deux autres. »
Quoique les éditions se soient accordées à reproduire cette leçon, nous
pensons avec M. Destailleur que cette seconde insertion de *deux* est
une faute d'impression.
2. « Le docte et éloquent saint Jean Chrysostome nous propose
une belle idée pour connoître les avantages de la pauvreté sur les
richesses Il nous représente deux villes, dont l'une ne soit composée
que de riches, l'autre n'ait que des pauvres dans son enceinte; et
il examine ensuite laquelle des deux est la plus puissante.... Le grand
saint Chrysostome conclut pour les pauvres. » (Bossuet, *Sermon sur
l'éminente dignité des pauvres dans l'Église*, prononcé en 1659 au
couvent des Filles de la Providence, à Paris, édition Gandar, p. 165.)
— M. Destailleur a rapproché d'une partie de cet alinéa un passage
du *Plutus* d'Aristophane (vers 510-515), ainsi traduit par M. Filon

Si vous supposez au contraire que tous les hommes sont pauvres, en vain le soleil se lève pour eux sur l'horizon, en vain il échauffe la terre et la rend féconde, en vain le ciel verse sur elle ses influences, les fleuves en vain l'arrosent et répandent dans les diverses contrées la fertilité et l'abondance ; inutilement aussi la mer laisse sonder ses abîmes profonds, les rochers et les montagnes s'ouvrent pour laisser fouiller dans leur sein et en tirer tous les trésors qu'ils y renferment. Mais si vous établissez que de tous les hommes répandus dans le monde, les uns soient riches et les autres pauvres et indigents, vous faites alors que le besoin rapproche mutuellement les hommes, les lie, les réconcilie : ceux-ci servent, obéissent, inventent, travaillent, cultivent, perfectionnent ; ceux-là jouissent, nourrissent, secourent, protégent, gouvernent : tout ordre est rétabli, et Dieu se découvre. (ÉD. 7.)

49. Mettez l'autorité, les plaisirs et l'oisiveté d'un côté, la dépendance, les soins et la misère de l'autre : ou ces choses sont déplacées par la malice des hommes, ou Dieu n'est pas Dieu. (ÉD. 7.)

Une certaine inégalité dans les conditions, qui entretient l'ordre et la subordination, est l'ouvrage de Dieu, ou suppose une loi divine : une trop grande disproportion, et telle qu'elle se remarque parmi les hommes, est leur ouvrage, ou la loi des plus forts. (ÉD. 7.)

---

dans son *Histoire de la démocratie athénienne*, p. 262 : « Que Plutus, dit la Pauvreté, recouvre la vue et se donne à tous également, personne ne voudra plus faire aucun métier, ni apprendre aucun art. Si chacun peut vivre oisif et consommer sans produire, qui voudra forger le fer, construire des vaisseaux, fabriquer des roues, faire de la brique, corroyer, ou sillonner la terre pour en tirer les dons de Cérès ? »

DES ESPRITS FORTS.

Les extrémités sont vicieuses, et partent de l'homme : toute compensation est juste, et vient de Dieu. (ÉD. 7.)

Si on ne goûte point ces *Caractères*[1], je m'en étonne; et si on les goûte, je m'en étonne de même.

1. VAR. (édit. 1-3) : Si l'on ne goûte point ces remarques que j'ai écrites.

FIN DES CARACTÈRES.

APPENDICE
AUX
CARACTÈRES OU MOEURS DE CE SIÈCLE

CLEFS ET COMMENTAIRES

DE L'HOMME.

I

Pages 3 et 4, n° 3. — *Le stoïcisme est un jeu d'esprit.... L'homme qui est en effet.... étincelle des yeux, et perd la respiration pour un chien perdu ou pour une porcelaine qui est en pièces.* (1689.)

La Bruyère put être souvent le témoin de pareils transports de colère : on en avait fréquemment le spectacle à l'hôtel Condé. Mais puisque nous avons déjà rappelé ci-dessus quelques réflexions de Malebranche que la Bruyère semble s'être appropriées en les transformant, peut-être convient-il de noter encore que Malebranche avait cité l'attachement que peut inspirer un chien parmi les objections qu'il présente à l'encontre de l'insensibilité stoïque : « .... Il n'y a personne présentement, dit-il, qui ne soit uni et assujetti tout ensemble à son corps, et par son corps à ses parents, à ses amis, à sa ville, à son prince, à sa patrie, à son habit, à sa maison, à sa terre, à son cheval, à son chien, etc. »

Tel est du moins le texte de la seconde édition de *la Recherche de la Vérité* (1675, tome II, p. 129 et 130). S'il était certain que la phrase de Malebranche eût fourni ce trait à la Bruyère : « pour un chien perdu, » il le serait également que la Bruyère a lu *la Recherche de la Vérité* dans un exemplaire de la seconde édition ou d'une des éditions suivantes, car il n'est pas question du « chien » dans le texte de la première. Mais, hors cette phrase où l'on peut saisir, entre les *Caractères* et *la Recherche de la Vérité*, un fugitif rapprochement, qui peut-être n'est dû qu'au hasard, nous ne trouvons dans la Bruyère aucun souvenir des additions que Malebranche a faites à son ouvrage après la publication de la première édition, imprimée en 1674 et en 1675.

II

Pages 6-15, n° 7. — *Ménalque descend son escalier....* (1691.)

Suivant tous les commentateurs, le caractère de *Ménalque* est le portrait du comte de Brancas[1], le plus célèbre et le moins « vraisemblable[2] » des distraits du dix-septième siècle. Un grand nombre des aventures que rapporte la Bruyère sont tirées de celles que l'on prêtait à Brancas, et l'on ne s'étonnera pas, quand nous aurons passé en revue les distractions communes à Ménalque et à Brancas, que le public ait attribué à la Bruyère la pensée de peindre ici ce dernier.

« L'on conte de lui différentes sortes d'absences d'esprit, lit-on dans les clefs. L'aventure de la perruque, dont il est parlé ici, lui arriva chez la Reine. L'on veut qu'il oublia le jour de ses noces qu'il étoit marié avec Mlle Garnier, fille du partisan ; et que le soir, retournant chez lui à son ordinaire, il fut surpris de n'y point trouver ses valets de chambre, qu'il apprit être allés mettre la toilette chez sa nouvelle femme, ce qui le fit ressouvenir de la cérémonie du matin. »

Lui-même se marie le matin, l'oublie le soir, et découche la nuit de ses noces, avait dit la Bruyère (p. 8). — Tallemant des Réaux a conté cette même anecdote dans les termes suivants (tome II, p. 368) : « On luy veut faire accroire que le jour de ses nopces il alla en passant dire aux baigneurs qu'ils luy tinssent un lict prest, qu'il coucheroit chez eux. « Vous! luy dirent-ils, vous n'y songez pas! — « Sy fait, j'y viendrai asseurement. — Je pense que vous resvez, « reprirent ces gens-là, vous vous estes marié ce matin. — Ah! ma « foy, dit-il, je n'y songeois pas. » L'historiette fut souvent répétée, et la duchesse d'Orléans lui donna place en 1719 dans sa *Correspondance*[3].

---

1. Charles comte de Brancas, marquis de Maubec et d'Apilli, chevalier d'honneur d'Anne d'Autriche, mort en 1681, était frère puîné du duc de Brancas Villars. « Il étoit bâtard, » est-il dit de lui dans la clef marginale d'un exemplaire des *Caractères*. Nous ne savons rien qui justifie cette annotation, qui est placée, on ne sait trop pourquoi, en regard de cette phrase : « De même il a dessein d'élever auprès de soi un fils naturel, » etc. (voyez p. 14, lignes 12 et 13).

2. « Il y a trois mois, écrit Mme de Sévigné en parlant de Brancas, que je n'ai appris de ses nouvelles : cela n'est pas vraisemblable ; mais lui, il n'est pas vraisemblable aussi. » (*Lettre* du 8 juillet 1671, tome II, p. 275.)

3. « M. de Brancas, écrit-elle le 8 octobre 1719, étoit très-amoureux de sa fiancée. Le jour où devoit se célébrer la noce, il fut au bain comme à l'ordinaire et se mit au lit. Son valet de chambre lui demanda : « D'où vient, « Monsieur, que vous couchez encore ici, et que vous n'allez pas coucher avec « Madame votre femme ? » Il dit : « Je l'avois oublié. » Il se leva, et alla trouver sa femme, qui l'avoit longtemps attendu au lit. » (*Correspondance de Madame, duchesse d'Orléans*, née princesse Palatine, mère du Régent, traduite par G. Brunet, tome II, p. 166.)

Page 14. — *Il a pris aussi la résolution de marier son fils à la fille d'un homme d'affaires.*

Clef marginale de l'exemplaire de la Bibliothèque impériale déjà cité (*Réserve*, R, 2810, 7) : « L'auteur déguise ici ce comte (*le comte de Brancas*), qui n'avoit point de fils mâle, et les deux filles ne se sont point mésalliées[1] ; mais il l'étoit lui-même, ayant épousé Suzanne Garnier, fille d'un homme d'affaires. »

Brancas était en effet, non pas le beau-père, mais le gendre d'un homme d'affaires, Matthieu Garnier, trésorier aux parties casuelles, qui était devenu par la suite conseiller au grand conseil[2]. Avant d'être comtesse de Brancas, Suzanne Garnier avait été mariée en premières noces à François Brecey, seigneur d'Isigny. Elle fut compromise par les papiers de Foucquet, et diffamée par un libelle en vers qui se trouve dans un grand nombre d'éditions de l'*Histoire amoureuse des Gaules* : *les Amours de Mme de Brancas*. Elle était sœur du Garnier dont il a été question au tome I, p. 517, n° VIII.

L'auteur de l'annotation que nous venons de citer ne connaissait sans doute aucun propos de Brancas qui permit de lui attribuer une distraction sur sa mésalliance ; mais cette mésalliance même aura suffi pour donner lieu au rapprochement.

Page 15. — *Il se trouve avec un magistrat : cet homme, grave par son caractère....*

Suivant une clef qui est écrite en marge d'un exemplaire des *Caractères*, Brancas aurait fait au chancelier le Tellier la réponse par laquelle se termine la phrase.

Telles sont, parmi les distractions de Ménalque, celles que les clefs imputent à Brancas ; mais il est entre eux d'autres traits de ressemblance. Voici ceux que nous trouvons dans les *Historiettes* de Tallemant des Réaux, dans la *Correspondance de la princesse Palatine*, et dans les *Lettres de Mme de Sévigné*.

Page 6. — *Ménalque descend son escalier, ouvre sa porte pour sortir, il la referme : il s'aperçoit qu'il est en bonnet de nuit....*

Ménalque du moins s'en aperçoit avant de sortir. Brancas était,

---

1. La fille aînée de Brancas avait épousé Alphonse-Henri-Charles de Lorraine, prince d'Harcourt ; la seconde, son cousin Louis de Brancas, duc de Villars, puis duc de Brancas.

2. Sur Matthieu Garnier, voyez les *Historiettes* de Tallemant des Réaux, tome II, p. 380, note XIII.

à ce qu'il paraît, plus profondément distrait : « On l'a fait aller un jour en compagnie avec son bonnet de nuit, » écrit Tallemant (*Historiettes*, tome II, p. 368, note).

Pages 7 et 8. — *Il* (Ménalque) *descend du Palais, et trouvant au bas du grand degré un carrosse qu'il prend pour le sien, il se met dedans : le cocher touche....*

Encore une mésaventure de Brancas, ainsi racontée par Tallemant (*ibidem*) : « Au sortir des Tuileries, un soir, il se jette dans le premier carrosse ; le cocher touche, il le meine dans une maison. Il monte jusques dans la chambre sans se reconnoistre. Les laquais du maistre du carrosse l'avoient pris pour leur maistre, qui luy ressembloit assez de taille. Ils le laissent là et courent aux Tuileries ; mais par hazard ils rencontrerent ses gens, et leur dirent où il estoit. »

Pages 8 et 9. — *Il s'avance dans la nef, il croit voir un prié-Dieu, il se jette lourdement dessus....*

La même méprise est attribuée à Brancas : c'est la Reine mère qu'il lui arriva, dit-on, de prendre pour un prie-Dieu.

« Il étoit chevalier d'honneur de la Reine mère, écrit la duchesse d'Orléans dans la lettre précédemment citée. Un jour, lorsqu'elle étoit à l'église, Brancas oublie que c'est la Reine qui est agenouillée. Comme elle avoit le dos voûté lorsqu'elle baissoit la tête, on ne pouvoit guère la reconnoître. Il la prend pour un prie-Dieu, il s'agenouille sur ses talons et appuie ses deux coudes sur les épaules de la Reine. Elle fut très-étonnée de voir son chevalier d'honneur se mettre à genoux sur elle, et chacun se mit à rire. » (*Correspondance de Madame, duchesse d'Orléans*, tome II, p. 166.)

Page 10. — *Lui-même écrit une longue lettre ;... il écrit une seconde lettre, et,... il se trompe à l'adresse....*

Brancas également s'était un jour trompé à l'adresse, après avoir cacheté une lettre : « Il écrivoit l'autre jour à Mme de Villars et à moi, dit Mme de Sévigné, et le dessus de la lettre étoit : *à Monsieur de Villars, à Madrid*. Mme de Villars le connoît, elle devina la vérité ; elle ouvre la lettre, et y trouve d'abord : *Mes très-chères.* » (*Lettre* du 2 juin 1672, tome III, p. 95.)

Page 15. — *Il revient une fois de la campagne : ses laquais en livrées entreprennent de le voler....*

L'aventure du même genre que Tallemant prête à Brancas est un peu moins invraisemblable, comme l'a remarqué M. P. Paris : « Une fois qu'il se retiroit à cheval, des voleurs l'arresterent par la bride. Il leur disoit : « Laquais, de quoy vous avisez-vous? Laissez donc « aller ce cheval, » et ne s'en aperceut que quand il eut le pistolet à la gorge. » (*Historiettes*, tome II, p. 367.)

La Bruyère n'a pas reproduit toutes les distractions attribuées à Brancas. La remarque en avait été déjà faite dans le *Menagiana* (tome IV, p. 220) :

« On veut que *Ménalque*, dans le livre de M. de la Bruyère, soit le feu comte de Brancas. Il a oublié d'y mettre deux traits, et des plus extraordinaires de ce comte. Le premier est qu'un jour, le comte de Brancas marchant dans Saint-Germain l'Auxerrois, M. de la Rochefoucauld se présente pour lui parler. *Dieu vous assiste*, lui dit M. de Brancas. M. de la Rochefoucauld se mit à rire et en même temps en devoir de lui parler. « N'est-ce pas assez de vous dire une « fois : *Dieu vous assiste?* ajouta M. de Brancas. Sans mentir, on est « bien importuné de ces coquins-là. » M. de la Rochefoucauld se mit à rire encore davantage; et ce ne fut qu'après un peu de temps que M. de Brancas s'aperçut que M. de la Rochefoucauld n'étoit pas un mendiant [1]. — Voici le second trait. M. de Brancas lisoit au coin de son feu; Dieu sait si c'étoit avec attention! La gouvernante de sa fille la lui apporte. Il quitte son livre et prend cette enfant entre ses bras. Il badinoit avec elle lorsqu'un valet vint annoncer une visite d'importance. Aussitôt, oubliant qu'il avoit quitté son livre et que c'étoit sa fille qu'il tenoit, il la jeta sur la table. Par bonheur, sa gouvernante lui sauva le coup et la reçut entre ses bras. »

Ce n'est point tout, et nous pourrions allonger beaucoup la liste des distractions imputées à Brancas [2]. Nous nous contenterons d'en citer encore une que les clefs des *Caractères* reproduisent. On la racontait souvent à la cour, et nous la retrouvons, trente-huit ans après la mort de Brancas, dans la *Correspondance* de la duchesse d'Orléans :

« La duchesse de Duras, écrit-elle en 1719 dans la lettre déjà ci-

---

1. Brancas, prenant la Rochefoucauld pour un pauvre, semble un souvenir de Racan donnant « l'aumosne à de ses amys, » qu'il prenoit « pour des gueux. » (Tallemant, tome II, p. 360, note.)

2. Voyez les *Lettres de Mme de Sevigné*, tome II, p. 161, 195 et 196, 214, 240; et tome VII, p. 62.

tée, étoit dans la cour de son hôtel; elle avoit reconduit une dame à son carrosse; M. de Brancas entre dans la cour pour rendre visite à la duchesse, et prend son tablier pour un mur; .... et il est tout saisi lorsque la duchesse se mit à crier : « Oh! fi! cela ne se fait « point! » Il dit : « Je vous demande mille pardons, j'ai pris votre « tablier pour un mur [1]. »

Ainsi que nous l'avons déjà dit à la suite de la Bruyère (p. 6, note 1), ce caractère contient *un recueil de faits de distractions* empruntés à divers originaux. Nous pouvons du moins nommer deux autres de ces distraits. Après Brancas, vient l'abbé de Mauroy.

Page 15. — *Il dit Votre Révérence à un prince du sang, et Votre Altesse à un jésuite.*

Ce passage est ainsi annoté dans les clefs :

« L'abbé de Mauroy, abbé de Noirlac, ci-devant aumônier de feu Mademoiselle de Montpensier, fils de M. de Mauroy, maître des comptes, et cousin germain de Mauroy, curé des Invalides [2], sujet à une infinité d'absences d'esprit, étant allé de la part de Mademoiselle parler de quelques affaires au P. la Chaise, il le traita d'*Altesse Royale*, et rendant réponse à Mademoiselle, il la traita de *Révérence*. Une autre fois, étant habillé pour dire sa messe, il l'auroit commencée si son laquais ne l'eût averti qu'il avoit pris médecine, et ensuite un bouillon. Il voulut un jour que le prieur de son abbaye, qui l'étoit venu voir, lui eût dérobé ses lunettes, qu'il cherchoit pour lire une lettre, et, après les avoir bien cherchées, elles se trouvèrent sur son nez. Une autre fois, il entonna le commencement des vêpres par l'*Ite, missa est*. Il donna trois fois la nomination d'un même bénéfice à trois différentes personnes, et puis voulut s'inscrire en faux, prétendant ne l'avoir donné qu'une, et il eut de la peine à le croire, après qu'on lui eut présenté ces trois nominations. »

Page 10. — *Il éclate de rire d'y voir son chien....*

François-Louis de Bourbon, prince de la Roche-sur-Yon, que la mort de son père fit prince de Conti en novembre 1685, a également

---

1. La duchesse de Duras n'est point nommée dans la clef manuscrite de l'Arsenal, que nous appelons la clef Cochin. Cette distraction, suivant cette clef, « fit bien rire la Reine et les deux dames qui étoient avec elle. »
2. Voyez ci-après, p. 370 et 371, note XI.

CLEFS ET COMMENTAIRES.   287

fourni une anecdote au caractère de *Ménalque* : c'est celle du chien
renfermé dans une armoire. Elle est ainsi racontée par Saint-Simon
dans l'une de ses notes sur le *Journal* de Dangeau (tome I, p. 139
et 140) :

« M. le prince de la Roche-sur-Yon, depuis prince de Conti, étoit
fort distrait. Le jour qu'il partit (*pour la Pologne, le 22 mars 1685*),
il dîna chez Mme la princesse de Conti, sa belle-sœur, puis alla
dans son appartement, où il fut quelque temps seul, et partit de là ;
un bas valet resté dans l'appartement entendit longtemps quelque
chose, qui, le soir fort tard, l'obligea d'ouvrir toutes les portes jusqu'au
cabinet, où il fut bien étonné de trouver sur la table la cassette de
M. le prince de Conti ouverte, et tous ses papiers, partie dedans,
partie dehors, et d'entendre les cris d'une chienne, enfermée dans
une armoire dont la clef ne se trouva point et que M. le prince de
Conti avoit emportée, croyant y avoir remis sa cassette et ses papiers. »

La Bruyère faisait déjà partie, en 1685, de la maison de Condé ;
il ne plaça cependant cette anecdote dans le caractère de *Ménalque*
qu'en 1694.

En résumé, nous voici en présence de trois Ménalques pour un :
Brancas, Mauroy, le prince de Conti. Mais pour tous ceux qui ont
parlé de Ménalque, commentateurs, historiens ou critiques, Ménalque
est Brancas : aussi M. Édouard Fournier exprime-t-il avec exactitude
le sentiment de tous en écrivant *Ménalque-Brancas*[1]. Mauroy, distrait
obscur que la Bruyère n'a peut-être point connu, n'est qu'incidemment nommé dans les clefs, à propos de l'une des méprises de
Ménalque qui sont communes à tous les rêveurs ; et c'est dans notre
édition que pour la première fois paraît le nom du prince de
Conti.

Mais n'aurait-on pas fait fausse route ? Est-ce bien pour peindre
Brancas que la Bruyère écrivit ce caractère ?

« On est persuadé, dit Brillon au sujet de ce *portrait*, que dans
l'ébauche il représentoit quelqu'un. L'auteur, qui craignoit qu'on ne
reconnût l'original, a grossi les traits, chargé les couleurs, et a si fort
défiguré la copie, qu'elle ne ressemble à personne. » (*Sentiments cri-*

---

1. *Comédie de la Bruyère*, tome II, p. 515 et 594. — « On sait que M. de
Brancas lui servit de type, dit ailleurs (tome I, p. 42) M. Fournier en commentant ce caractère. Il l'a si bien peint qu'il dut certainement faire au
moins son esquisse d'après nature. » — Saint-Simon semble avoir accepté
sans réserve l'interprétation des clefs : « Il est.... célèbre, dit-il de Brancas
(tome IV, p. 120), par ses prodigieuses distractions, que la Bruyère a immortalisées dans ses *Caractères*. »

tiques, p. 367). Un peu plus tard, dans son *Apologie de M. de la Bruyère* (p. 249), le même Brillon a répété la même insinuation : « Ce caractère étoit appliqué à un homme du premier rang; M. de la Bruyère s'est vu par là obligé de prendre des mesures et de lui donner une certaine étendue qui le mît hors de la ressemblance. »

La conjecture est vraisemblable. Elle explique fort bien ce qu'il y a d'excessif dans ce caractère si longuement développé. Mais quel est le personnage dont le portrait, d'abord fidèlement ébauché, aurait ainsi disparu sous les retouches et les surcharges? Ou il faut rejeter le témoignage de Brillon, qui nous montre la Bruyère essayant de déjouer la perspicacité du lecteur, ou il faut écarter le nom de Brancas, puisque du premier coup tous les contemporains ont cru le reconnaître. Tel est notre sentiment, mais ce n'est pas, il est vrai, l'avis de M. Édouard Fournier, qui n'a rien trouvé d'inconciliable entre l'explication de Brillon et l'interprétation des clefs.

« Quand la 1re édition des *Caractères* parut (dit-il tome I, p. 42), en 1687, il y avait sept ans déjà que Brancas était mort. C'était assez pour qu'il (*la Bruyère*) n'eût pas l'air, en lançant le portrait, d'insulter au deuil d'une famille. Il ne l'osa cependant pas. Onze ans lui semblèrent nécessaires entre la disparition du type et l'apparition du portrait qui devait le ressusciter. Le caractère de *Ménalque* ne parut qu'en 1691, dans la 6e édition. On s'en amusa, tout en le trouvant trop exagéré. On ne voyait pas que cette exagération même était un ménagement, et que la Bruyère l'avait faite à plaisir, pour mettre le portrait hors de la vraisemblance et empêcher ainsi l'application trop directe. »

Mais la Bruyère avait-il de ces ménagements? Quelle considération l'eût empêché de faire un portrait ressemblant et reconnaissable de Brancas vivant ou mort? Brancas n'avait jamais fait mystère de ses distractions, qui d'ailleurs n'étaient pas toutes involontaires, si l'on en croit Bussy, car il l'accuse de s'en être fait un mérite [1]. Elles étaient si connues que nul ne pouvait s'étonner que la Bruyère en eût recueilli le souvenir.

---

1. « Le Roi, écrit Bussy, le 30 avril 1680 (tome V, p. 110), vient de donner cent mille francs à Brancas, pour le récompenser de sa charge de chevalier d'honneur de la Reine mère, qu'il avoit perdue par sa mort, après l'avoir achetée vingt mille écus. Ç'a été une justice que le Roi a faite, et j'aime à lui en voir faire. Ce n'est pas que j'estime Brancas : il a de la qualité et de l'esprit, à ce qu'on dit; mais il a un air important qui feroit haïr le cavalier du monde le plus accompli. De plus, il est d'ordinaire assez distrait, et comme il a vu que ses rêveries ont fait rire le Roi quelquefois, il les a outrées pour se faire un mérite d'une imperfection qui faisoit parler de lui, n'y pouvant réussir par de meilleures voies. »

Le premier Ménalque, à notre sens, n'était donc pas Brancas. Serait-ce le prince de Conti? Cette fois la Bruyère eût parfaitement réussi à dissimuler son premier dessein, car c'est une rencontre fortuite qui nous a fait retrouver l'une de ses distractions dans l'historiette du chien enfermé [1]. Mais, tout distrait qu'il pût être, le prince de Conti, en qui Saint-Simon et Lassay nous montrent l'un des plus aimables et des plus séduisants personnages de la cour, était assurément fort différent de Ménalque.

Cherchons ailleurs, et prenons M. Fournier lui-même pour guide. « Le distrait, écrit-il (tome I, p. 335) en traçant le portrait du duc de Bourbon, existait aussi par un coin chez Monsieur le Prince, dont, Lassay nous le dit encore [2], *les distractions étoient surprenantes*. Quand le Ménalque des *Caractères* le fit rire, c'est donc un peu de lui-même qu'il s'amusa. »

« Un peu, » est-ce assez dire? Dans l'ébauche, Ménalque n'aurait-il pas été le fils du grand Condé, M. le prince Henri-Jules de Bourbon, dont les colères et les distractions avaient dû si souvent faire souffrir la Bruyère, et dont il avait si grand intérêt à ménager l'amour-propre, étant son gentilhomme ordinaire? Détachez du caractère les traits outrés et les historiettes recueillies de divers côtés : Ménalque qui crie, gronde, s'emporte, qui parle tout seul, qui a de certaines grimaces, qui n'est ni présent ni attentif à ce qui fait le sujet de la conversation, que l'on prendrait pour un stupide, pour un fou, pour un homme fier et incivil, pour un inconsidéré, etc., ressemble beaucoup au personnage que Saint-Simon nous montre « colère et d'un emportement à se porter aux derniers excès, même sur des bagatelles [3],... plein d'humeur et de caprices..., toujours incertain, » et dont les « distractions étoient surprenantes, » au témoignage de Lassay.

Tout en considérant Monsieur le Prince comme ayant tenu sa place, et une grande place, dans la pensée de la Bruyère écrivant le portrait de Ménalque, nous nous garderons bien de lui attribuer tout ce que nous croyons ne point convenir à Brancas ou à quelque autre distrait célèbre. Ainsi Ménalque élève auprès de soi « un fils naturel, » et malgré son désir de taire le secret de sa naissance, « il lui échappe de l'appeler son fils dix fois le jour » (p. 14). Monsieur le Prince a eu, non pas un fils naturel, mais une fille naturelle, née

---

1. Saint-Simon, qui la raconte, ne s'est pas souvenu que la Bruyère l'avait notée, ou plus vraisemblablement il ne l'a pas su, car elle est l'une des additions insérées après coup dans la 7e édition des *Caractères*.
2. *Recueil de différentes choses*, tome II, p. 141.
3. *Mémoires*, tome VII, p. 138 et 142.

d'une liaison avec Mlle de Marans. Assurément il y aurait témérité à voir dans les distractions de Ménalque, au sujet de ce fils, un souvenir de celles auxquelles Monsieur le Prince aurait pu s'abandonner à l'égard de sa fille. D'une part, elle a été élevée loin de son père, et n'a jamais pris place, que nous sachions, parmi les gens de sa maison; elle ne faisait même à Chantilly que d'assez courts séjours. D'autre part, il est douteux que son père ait jamais dissimulé son existence à sa femme et à ses enfants, car il l'avait fait élever sous le nom de Mlle de Guenani, anagramme de son nom : *Enghien* (*Anguien*), et de plus il la reconnut en 1693 sur la demande même de Madame la Princesse; elle avait alors vingt-quatre ou vingt-cinq ans. (Voyez Dangeau, tome IV, p. 307, et tome XIII, p. 120; les *Cours galantes* de M. G. Desnoiresterres, tome II, p. 311 et suivantes; et les *Causeries du lundi* de M. Sainte-Beuve, tome IX, p. 149.)

Nous écartons donc sur ce point un rapprochement entre Ménalque et Monsieur le Prince; mais il est un autre endroit où nous sommes tenté de rechercher quelque allusion aux conversations de l'hôtel de Condé. Ménalque veut marier son fils à la fille d'un homme d'affaires. Du côté des Condé, nulle mésalliance de ce genre. Mais Monsieur le Prince eût-il pu se glorifier sans imprudence des alliances de sa famille, lui qui acceptait pour bru l'une des bâtardes de Louis XIV? Supposez un instant, quoique rien ne confirme cette hypothèse, qu'il lui ait échappé devant la Bruyère quelque parole inconsidérée sur les alliances des Condé au moment même où se préparait le mariage de son fils : à quel autre tour que celui qu'il a pris pouvait recourir la Bruyère pour enrichir de ce trait le caractère de Ménalque?

Parmi les anecdotes que la Bruyère emprunte aux conversations que défrayaient les distractions des rêveurs célèbres, il n'en est aucune qui paraisse avoir été fournie par la Fontaine. Il est moins certain que la Bruyère n'ait rien tiré des distractions de Racan, qui, lui aussi, comme tous les Ménalques, se heurtait « par la rue, » et jetait ce qu'il eût dû garder à la main (voyez les *Historiettes*, tome II, p. 35 et suivantes). Tallemant le montre une fois s'installant chez M. de Bellegarde comme s'il était chez lui, et prenant la chambre de Mme de Bellegarde pour la sienne; une autre fois, ramenant Chapelain de l'Académie quand il croyait ramener Patru : deux passages du caractère de Ménalque rappellent ces deux traits; voyez, p. 8 : *Une autre fois*, etc.; et p. 10 : *Ménalque descend*, etc.

Il est superflu de le faire remarquer, ce caractère peut servir à montrer ce qu'il se mêlait de grossièreté aux habitudes de cette société si polie, si raffinée sur certains points : on pouvait cracher sur le parquet d'une chambre pour peu que l'on fût familier dans la

III

Page 18, n° 17. — *Il y a d'étranges pères....* (1687.)

Clefs des éditions Coste imprimées en France : « M. le duc de Gesvres, ou Banse le père. »

Le nom du duc de Gesvres devait tout naturellement prendre place à côté de cette réflexion. « Ce vieux Gesvres[1], dit Saint-Simon (tome II, p. 352 et 353), étoit le mari le plus cruel d'une femme de beaucoup d'esprit, de vertu et de biens, qui se sépara de lui[2], et le père le plus dénaturé d'enfants très-honnêtes gens qui fut jamais. L'abbé de Gesvres[3] étoit depuis quelques années camérier d'honneur d'Innnocent XI, et tellement à son gré, qu'il l'alloit faire cardinal, lorsque l'éclat entre lui et le Roi fit appeler tous les François sur le démêlé des franchises. L'abbé de Gesvres y perdit tout, mais revint de bonne grâce. Le Roi, qui en fut touché, lui donna, en arrivant, de plein saut, l'archevêché de Bourges, qui venoit de vaquer par la mort du frère de Châteauneuf, secrétaire d'État[4]. Le duc de Gesvres en furie alla trouver le Roi, lui dit rage de son fils, et fit tout ce qui lui fut possible pour empêcher cette grâce. Le marquis de Gesvres[5], il l'a traité, lui et sa femme, comme des nègres, toute sa vie, au point que le Roi y est souvent entré par bonté.... Quand on lui parloit de ses grands revenus, du mauvais état de ses affaires malgré sa richesse, du désordre de sa maison, et de l'inutilité et de la folie de ses dépenses, il se mettoit à rire et répondoit qu'il ne les faisoit que pour ruiner ses enfants. Il disoit vrai, et il y réussit complétement.... »

1. Léon Potier, duc de Tresmes, dit duc de Gesvres, pair de France, premier gentilhomme de la chambre du Roi, gouverneur de Paris, etc., mort en 1704.
2. Marie-Françoise-Angélique du Val de Fontenay-Mareuil.
3. Léon Potier de Gesvres, né en 1656, abbé d'Aurillac et de Bernay, protonotaire apostolique, puis archevêque de Bourges (1694), et plus tard cardinal.
4. « En arrivant, de plein saut : » Saint-Simon se trompe. Si l'abbé de Gesvres revint en France à la suite du marquis de Lavardin et sous le pontificat d'Innocent XI, ce fut en 1689 : or il n'a été archevêque de Bourges qu'en 1694.
5. François-Bernard Potier, marquis de Gesvres, né en 1655, reçu en survivance de la charge de premier gentilhomme de la chambre en 1670. Il avait épousé Mlle de Boisfranc. Il prit plus tard le titre de duc de Tresmes.

APPENDICE.

A quatre-vingts ans, le duc de Gesvres épousa, dit encore Saint-Simon (tome IV, p. 77), « Mlle de la Chénelaye, du nom de Romillé, belle et bien faite et riche, que l'ambition d'un tabouret y fit consentir. Le Roi l'en détourna tant qu'il put, lorsqu'il lui en vint parler; mais le bonhomme ne sachant faire pis à son fils, à qui ce mariage fit grand tort, n'en put être dissuadé. »

Le duc de Gesvres, qui, bien avant la publication des *Caractères*, s'était montré un « étrange père, » se raccommoda plus tard avec son fils aîné, grâce à l'influence de sa seconde femme. Vivant à la cour, la Bruyère ne pouvait ignorer la mésintelligence du père et du fils; de plus, il est possible qu'il en ait entendu conter les détails dans la famille de Belleforière : la marquise de Gesvres, belle-fille du duc de Gesvres, était belle-sœur de la jeune marquise de Belleforière, amie de l'auteur des *Caractères*.

Nous avons déjà rencontré le nom de Banse le fils à côté de cette phrase : « Celui qui s'empêche de souhaiter que son père y passe bientôt est homme de bien. » Voyez tome I, p. 266 et 267, n° 68, et p. 504, n° 36. — Peut-être s'agit-il du père de Hugues-Alexandre Bence, nommé conseiller au Châtelet en 1692.

Après les noms du duc de Gesvres et de Banse, les clefs des éditions Coste imprimées en Hollande ajoutent : « Ou M. Talon, ci-devant avocat général, et depuis président à mortier [1], qui a fait enfermer son fils unique à Saint-Lazare en 1695, parce qu'il s'étoit amouraché de la fille d'un chirurgien, bien qu'il fût conseiller à la cour des aides, et a fait mettre la fille à la Pitié après l'avoir fait raser. Elle est depuis sortie par arrêt du Parlement. »

La clef Cochin, qui laisse de côté le duc de Gesvres et Banse, et ne nomme que Talon, reproduit les détails qui précèdent, et continue ainsi : « Le fils s'est toujours déclaré pour elle, quelque parti qu'on lui ait proposé, et a témoigné qu'il ne vouloit rien être de robe, de sorte que M. Talon a été obligé de le sortir de Saint-Lazare et de l'envoyer à l'armée de Piémont en 1696, et à servir d'aide de camp à M. de Lanion [2]. Monsieur son père s'est défait de sa charge de président en faveur de M. de Frémont, maître des requêtes [3], fils de M. Frémont, garde du trésor royal, qui n'en doit jouir qu'après

---

1. Denis Talon avait acheté une charge de président au Parlement en novembre 1690, et avait été reçu en janvier 1691. Il avait été avocat du Roi au Châtelet, puis en 1652 avocat général au Parlement. Il avait épousé la fille de Boulay Favier, intendant d'Alençon.

2. *Larion* dans le manuscrit; mais il s'agit sans nul doute du comte de Lanion, alors lieutenant général.

3. Nicolas de Frémont, d'abord conseiller au Châtelet, puis au Parlement, maître des requêtes en 1690.

CLEFS ET COMMENTAIRES.   293

la mort de ce président, [et] qui l'a achetée moyennant six cent mille louis (*lisez :* livres). »

Au dernier mot de cette note il faut, comme nous l'avons fait, substituer sans hésitation le mot *livres ;* mais cette erreur de copiste corrigée, la note contient encore d'autres inexactitudes. Lorsqu'en 1691 le Roi créa dans le Parlement divers offices nouveaux, une charge de président à mortier fut vendue 450 000 francs[1] à Denis Talon, et le prix en fut fixé par faveur royale à 500 000 livres : Talon obtenait ainsi le droit de demander à son successeur 500 000 francs, c'est-à-dire, 50 000 francs de plus qu'il n'avait donné lui-même. Mais aurait-il pu exiger davantage et vendre sa survivance 600 000 francs, ainsi qu'il est dit dans la note citée ci-dessus? Nous en doutons. Il ne pouvait d'ailleurs la céder sans l'agrément du Roi, et nous ne savons pas qu'il ait jamais été question de M. de Frémont pour sa charge. Lorsque Talon mourut (1698), ce fut l'avocat général Chrétien-François de Lamoignon qui obtint du Roi la permission de traiter de la charge qu'il laissait vacante.

La mésintelligence que signale cette note, entre Denis Talon et son fils Omer Talon, nous place, comme on le voit, à une date postérieure à la publication de la remarque de la Bruyère.

Omer Talon, marquis de Boulay, ne fut pas longtemps magistrat. Il se défit dès 1695 de son titre de conseiller à la cour des aides, et acheta en 1700, deux ans après la mort de son père, le régiment d'Orléanais. Il en était encore colonel quand il mourut devant Turin, au mois d'août 1706. Il laissait un fils, Louis-Denis Talon, qui devint président à mortier en 1732, et une fille, qui épousa le général Montcalm.

Nous avons vu cités jusqu'ici des noms de pères qui ont rendu leurs fils plus ou moins malheureux : que ces noms aient été bien ou mal choisis, les commentateurs qui les ont écrits sur leurs listes nous semblent avoir bien compris la Bruyère. Le texte même de la phrase et celui des réflexions qui l'avoisinent ne permettent pas, à notre avis, de chercher un autre sens. La remarque a cependant reçu des interprétations différentes : les *étranges pères dont la vie ne semble occupée qu'à préparer à leurs enfants des raisons de se con-*

---

1. Tel est le chiffre qu'écrit Dangeau au moment même où se fait la vente (tome III, p. 248); huit ans plus tard (tome VI, p. 309), il écrit 350 000 livres, et ajoute, pour arriver aux 500 000 livres auxquelles le prix de la charge est définitivement fixé, que « le Roi augmenta la fixation de 50 000 écus. » C'est sans nul doute le premier chiffre qui est exact. Quoi qu'il en soit, les charges de président à mortier valaient 500 000 livres, et ne rapportaient que 12 000 livres de rente : voyez Dangeau, tome VI, p. 307.

soler de leur mort, sont dans une clef manuscrite les pères qui « par leur conduite ruinent leur famille, » tels que « le duc de Mazarin [1], » et dans la clef de 1720 ceux qui ont acquis une grande fortune. Voici l'annotation de la clef de 1720 :

« *Il y a d'étranges pères*, etc. Enfants de famille dont les pères ont amassé de grands biens, ou M. de Montagnac. »

Ainsi réuni par la conjonction *ou* à la phrase qui précède, le nom de ce personnage inconnu nous montre que la clef de 1720 a été composée de plusieurs clefs juxtaposées.

IV

Page 23, n° 34. — *Il n'y a rien que les hommes....* (1687.)

« Contre les médecins, » est-il dit à tort dans la clef Cochin et dans la clef de 1720.

V

Pages 23 et 24, n° 35. — *Irène se transporte à grands frais....* (1694.)

Clefs du dix-huitième siècle : « On tint ce discours à Mme de Montespan, aux eaux de Bourbon, où elle alloit souvent pour des maladies imaginaires. »

Le témoignage de Saint-Simon vient en aide aux commentateurs : « Elle aimoit à voyager par inquiétude et mésaise partout, dit-il, ... et alloit aux terres de d'Antin, à Fontevrault, à Bourbon, sans besoin des eaux. » (*Journal* de Dangeau, tome XI, p. 381, note de Saint-Simon.) Mme de Montespan allait souvent en effet prendre les eaux de Bourbon [2]. On l'y avait vue en 1689 (Dangeau, tome II, p. 386); mais elle y était sans doute retournée entre cette date et celle où parut le caractère d'*Irène*. Elle « s'étoit fait un usage familier de Bourbon depuis un assez grand nombre d'années, et où depuis quelque temps elle n'alloit que de deux ans en deux ans, » dit le *Mercure galant*, en annonçant sa mort (juin 1707, p. 238). Elle mourut à Bourbon même, le 27 mai 1707, âgée de soixante-six ans. Cette fois encore elle y était venue « sans besoin, comme elle faisoit souvent, » dit Saint-Simon (*Mémoires*, tome VI, p. 44). A ses derniers moments, « les frayeurs de la mort, qui, toute sa vie, l'avoient si continuellement troublée, se dissipèrent subitement et ne l'inquiétèrent plus. »

---

1. Armand-Charles marquis de la Meilleraye, duc de Mazarin, mari d'Hortense Mancini.

2. Sur le séjour qu'elle y fit en 1676, voyez les *Lettres de Mme de Sévigné*, tome IV, p. 398-483 *passim*.

CLEFS ET COMMENTAIRES.   295

(*Ibidem*, p. 47.) — « Elle pensoit sans cesse à la mort, » avait déjà dit Saint-Simon dans ses annotations sur Dangeau (tome XI, p. 381), insistant sur les frayeurs terribles qu'elle en avait.

VI

Pages 30 et 31, n° 64. — *Nous faisons par vanité.... Tel vient de mourir....* (1687.)

Clefs du dix-huitième siècle : « Feu M. le prince de Conti. Il mourut de la petite vérole en veillant auprès de la princesse, sa femme, atteinte du même mal, [qu'il n'aimoit pas [1],] et qui en est relevée. » Louis-Armand de Bourbon, prince de Conti, né en 1661, avait épousé en 1680 Mademoiselle de Blois, fille de Louis XIV et de Mme de la Vallière. La princesse de Conti devint malade de la petite vérole le 10 octobre 1685. « M. le prince de Conti, écrit Dangeau, à la date du 12, a pris le parti de s'enfermer avec Madame sa femme, quoiqu'il n'ait jamais eu la petite vérole. » La fièvre le saisit le 1er novembre, et il succomba le 9, emporté par la petite vérole, alors que sa femme était entièrement rétablie. « Tout le monde est dans une extrême affliction de la mort de ce pauvre prince, dit Dangeau, et les circonstances rendent encore la chose plus pitoyable. » (*Journal* de Dangeau, tome I, p. 230 et 249.) — Voyez sur cette mort la *lettre* de Mme de Sévigné du 24 novembre 1685, tome VII, p. 477 et 478.

VII

Pages 32-34, n° 67. — *Les hommes parlent.... De même une bonne tête.... Un homme ainsi fait peut dire.... qu'il ne connoît aucun livre....* (1689.)

Clef de 1697 et clefs du dix-huitième siècle : « M. de Louvois. » — Voyez ci-après, p. 434 et 435.

VIII

Page 39, n° 83. — *On est prompt à connoître ses plus petits avantages.... On sait à peine que l'on est borgne....* (1689.)

Clefs du dix-huitième siècle : « M. le chevalier de Soissons, qui est borgne [2]. »

---

1. Nous rappelons que nous plaçons entre crochets les passages qui n'ont été imprimés que dans les clefs des éditions Coste publiées en Hollande.
2. Suit dans la clef Cochin et dans la clef de 1725 une note un peu confuse,

Ce « vieux bâtard obscur du dernier comte de Soissons, » dit Saint-Simon (tome I, p. 229), « n'avoit pas le sens commun, n'avoit jamais servi, ni fréquenté, en toute sa vie, un homme qu'on pût nommer. »

Il suffisait que le chevalier de Soissons fût borgne et qu'il eût la réputation de manquer d'esprit pour que l'on écrivît ici son nom ; mais cette annotation, à cette place où il n'en fallait aucune, est l'une des moins heureuses qu'aient faites les commentateurs.

IX

Pages 43 et 44, n° 94. — *Il se trouve des hommes....* (1687.)

La clef de 1697 et les clefs du dix-huitième siècle font à juste titre l'application de cette réflexion au duc de Lauzun. Voyez sur ce personnage le tome I, p. 534-536, note XXVI, et p. 554-557, note III.

X

Pages 44 et 45, n° 96. — *Il y a des gens qui gagnent à être extraordinaires....* (1692.)

Clef de 1696 : « M. le maréchal de la Feuillade. » — Clefs du

et d'ailleurs assez mal reproduite par les copistes, sur le comte de Soissons et sur l'héritage qu'il fit de « Mme de Nemours, veuve du comte de Nemours (*Henri II de Savoie, dernier duc de Nemours*), ci-devant archevêque de Reims, frère du comte de Nemours tué par M. de Beaufort, et qui prit le titre de comte après sa mort, n'ayant laissé que des filles. » — « Il a épousé, après la mort de ses frères (est-il dit dans cette note au sujet de Henri II duc de Nemours, relevé de ses vœux), Mlle de Longueville, qui depuis (en 1694) a hérité de l'abbé d'Orléans (*Jean-Louis-Charles d'Orléans*), dernier de la race des Dunois, et par conséquent de la principauté de Neufchâtel en Suisse, ce qui a donné lieu à un grand procès avec M. le prince de Conti, qui a prétendu avoir cette principauté en vertu d'une donation de l'abbé d'Orléans. Mme de Nemours a donné depuis ladite principauté de Neufchâtel au chevalier de Soissons, à qui elle a fait beaucoup de bien. Depuis, par arrêt du Parlement du mois de février (*lisez :* janvier) 1696, M. le prince de Conti a été reçu à prouver que l'abbé d'Orléans étoit en démence lorsqu'il avoit fait ledit testament. » — Voyez sur cette affaire Saint-Simon, tome I, p. 184 et 185, 228-230, 301 ; tome II, p. 227 et 228, 250, 279, 280, 364 ; tome IV, p. 236 ; tome VI, p. 56-67 ; Dangeau, tome IV, p. 446-448 ; tome V, p. 345, etc.

Le chevalier de Soissons, fils naturel du comte de Soissons qui fut tué à la bataille de Sedan en 1641, épousa en 1694 Angélique de Montmorency Luxembourg, et mourut en 1703.

dix-huitième siècle : « Feu le maréchal de la Feuillade, de la maison d'Aubusson[1], gouverneur du Dauphiné, et colonel du régiment des gardes françoises, qui a érigé la statue du Roi à la place des Victoires, qu'il a fait bâtir sur les ruines de l'hôtel de la Ferté [, a fait sa fortune par mille quolibets qu'il disoit au Roi]. Ce fut lui qui conduisit le secours que le Roi envoya à l'Empereur, qui lui fut si utile qu'il défit avec lui les Turcs à la bataille de Saint-Godard (*Saint-Gothard*), en 1664, et les obligea de passer le Raab avec perte de près de dix mille hommes. Cette défaite donna de la jalousie à l'Empereur, qui renvoya au Roi son secours, sans lui accorder presque de route : ce qui ruina beaucoup[2] les troupes. »

« La clef nomme pour ce caractère le duc de la Feuillade, a dit Walckenaer : c'est à tort. Il est encore plus certain que la Bruyère a eu en vue ici le duc de Lauzun que pour le n° 94. » (*Remarques et Éclaircissements*, p. 718.) — Les premiers mots du caractère peuvent rappeler le souvenir de Lauzun, que nomment d'ailleurs quelques clefs manuscrites ; mais l'ensemble ne nous paraît applicable qu'au maréchal duc de la Feuillade, qui était mort depuis fort peu de temps lorsque parut cette remarque.

La Feuillade, dit la Fare (*Mémoires*, collection Petitot, tome LXV, p. 185-187), fou de beaucoup d'esprit, continuellement occupé à faire sa cour,... fit sa fortune par ses extravagances ; et une des choses qui lui a le plus servi, ce fut de se brouiller alternativement avec tous les ministres. » — « Il imagina des choses à quoi tout autre n'eût jamais pensé, » ajoute la Fare, et il conte l'expédition que la Feuillade fit en Candie à ses dépens, à la tête de deux cents gentilshommes volontaires, la provocation qu'il alla porter en Espagne à M. de Saint-Annay, accusé d'avoir mal parlé du Roi (« cette aventure de don Quichotte ne laissa pas de plaire au Roi, » dit la Fare), et enfin la consécration de la statue qu'il éleva, sur l'emplacement de l'hôtel de la Ferté, au roi Louis XIV.

Le Roi accepta de bonne grâce, comme on sait, le culte qu'affectait de lui rendre la Feuillade.

« Il avoit l'esprit vif, dit de son côté Gourville en parlant de ce dernier (*Mémoires*, collection Petitot, tome LII, p. 488), écrivoit et parloit fort souvent en particulier au Roi ; et je le trouvois instruit des premiers de tout ce qu'il y avoit de nouveau. Les courtisans trouvoient fort à redire à sa conduite ; mais avec tout cela il n'y en avoit point qui n'enviât son savoir-faire, et la liberté qu'il s'étoit acquise

---

1. François vicomte d'Aubusson, duc de la Feuillade, pair et maréchal de France en 1675, mort le 18 septembre 1691.
2. Dans la clef de 1725, on a substitué *presque* à *beaucoup*.

avec le Roi. Ils répandoient fort, pour lui faire de la peine, qu'il parloit souvent à Sa Majesté contre les ministres; mais cela ne produisit d'autres effets que d'engager ces Messieurs à avoir plus d'égards pour lui. »

Ce « courtisan passant tous les courtisans passés, » comme l'appelle Mme de Sévigné (tome V, p. 551), cet « extravagant qui savoit faire des romans mieux que personne, » comme le lui disait à lui-même Bussy (*Mémoires*, édition de M. Ludovic Lalanne, tome II, p. 219), ce *Griselidis* des courtisans, comme le nomme encore Choisy (*Mémoires*, collection Petitot, tome LXIII, p. 304), nous semble bien être l'un de ces hommes « extraordinaires » dont parle la Bruyère.

Il faut toutefois noter que dans les dernières années de la vie de la Feuillade, le Roi s'était secrètement refroidi à son égard. « Il est vrai que cette année me fut heureuse, » dit un jour Louis XIV en parlant de l'année 1691, s'il faut en croire Choisy (p. 366), « je fus défait de trois hommes que je ne pouvois plus souffrir : MM. de Louvois, Seignelay et la Feuillade. »

XI

Page 45, n° 97. — *L'on exigeroit de certains personnages....* (1687.)

Clef de 1696 : « Monsieur le duc d'Orléans. Le roi Jacques. » — Clefs du dix-huitième siècle : « Jacques II, qui s'étoit rendu illustre dans le temps qu'il commandoit la flotte d'Angleterre en qualité de duc d'York, et qui depuis ce temps-là n'a fait aucune action de vigueur. »

Le duc d'Orléans était brave[1]; il avait gagné la bataille de Cassel (1677), et l'on savait qu'il aurait pu tenir à la guerre une autre place que celle où le maintenait la jalousie du Roi.

Quelques annotateurs ont écrit en marge de ces mots : *certains personnages qui ont une fois été capables d'une action noble*, etc., le nom de « Boisselot, » et en marge de ceux-ci : *cette conduite sage et judicieuse qui se remarque même dans les hommes ordinaires*, le nom de « Montcassel. » Ces deux personnages n'ont eu de célébrité qu'après

[1]. « Il étoit naturellement intrépide, et affable sans bassesse, aimoit l'ordre, étoit capable d'arrangement et de suivre un bon conseil. Il avoit assez de défauts pour qu'on soit obligé en conscience de rendre justice à ses bonnes qualités. » (La Fare, *Mémoires*, collection Petitot, tome LXV, p. 229. — Conférez Choisy, *Mémoires*, collection Petitot, tome LXIII, p. 432 ; Saint-Simon, *Mémoires*, tome XII, p. 95 et 99.) — Walckenaer a compris que les clefs désignaient le Régent, et non son père : il n'y avait cependant aucune raison de se méprendre.

CLEFS ET COMMENTAIRES. 299

la publication de la 1re édition des *Caractères*, où se trouve la réflexion qui leur a été appliquée.

Boisseleau[1] était capitaine aux gardes lorsque Louis XIV, au mois de février 1689, l'envoya en Irlande avec le titre de major général. Après la défaite de la Boyne, ce fut lui qui, au mois d'août 1690, défendit contre Guillaume d'Orange la ville de Limerick, abandonnée par Lauzun et Tyrconnel. La résistance qu'il opposa aux Anglais et qui les força de lever le siége lui fit grand honneur, et Saint-Simon a soin de la rappeler en notant sa mort à l'année 1698[2]. Louis XIV, à son retour en France, le félicita d'avoir « travaillé » pour la gloire de la nation, et le nomma brigadier. Chargé par la suite de divers commandements, il fut nommé, en 1693, au gouvernement de Charleroy, et devint maréchal de camp en 1696. La défense de Limerick a été l'action la plus éclatante de sa vie militaire. Vers 1696, il se retira dans une de ses terres, et il y mourut en 1698[3]. Quelle qu'ait été l'obscurité de ses dernières années, rien ne justifie l'application qui lui est malignement faite de cette remarque de la Bruyère, que d'ailleurs il faut réserver pour de plus hauts personnages.

Le nom de Montcassel, placé en regard d'un trait qu'il était superflu d'annoter, désignerait le lieutenant général Macarthy, officier irlandais, qui, après avoir servi en France sous le nom supposé de « Mouskry, » dit Dangeau (tome III, p. 77 et 144[4]), fut, en 1689, l'un des plus braves généraux de Jacques II, et reçut, en récompense de ses services, le titre de vicomte de Mountcastel. Blessé et fait prisonnier à la bataille de Newton-Butler (août 1689), il dut la liberté, non pas à un échange, comme Dangeau le donne à entendre (tome III, p. 36), mais à l'oubli d'un serment (voyez Macaulay,

---

1. Ce nom est écrit *Boisselot* dans les *Mémoires* de Saint-Simon et dans l'*État de la France*; *Boisseleau* dans le *Journal* de Dangeau : cette dernière orthographe est la meilleure, car elle est adoptée par Macaulay (*Story of England*, etc., volume VI, chapitre XVI), qui a cité des extraits de sa correspondance, et par M. Rousset (*Histoire de Louvois*, livre IV, chapitre XII), qui a consulté ses lettres au Dépôt du ministère de la guerre.

2. « Il avoit été capitaine aux gardes, et s'étoit acquis une grande réputation en Irlande par l'admirable et longue défense de Limerick, assiégé par le prince d'Orange en personne, par laquelle il retarda longtemps la conquête de toute cette île. » (*Mémoires* de Saint-Simon, tome II, p. 222.)

3. Saint-Simon le fait mourir lieutenant général; mais Dangeau, mieux informé sans doute, ne lui donne place que parmi les maréchaux de camp : voyez au tome V du *Journal* de Dangeau, p. 342, la dernière mention qui soit faite d'une nomination qui le concerne, et de plus l'*État de la France* de 1697, tome II, p. 433.

4. Ce nom est imprimé *Monsery* à la page 36; mais c'est à la leçon *Mouskry* que s'arrêtent les éditeurs.

Story of England, volume V, chapitre xv). Dès qu'il fut arrivé en France, Louis XIV le nomma lieutenant général, et le mit à la tête des quatre régiments irlandais qui faisaient partie de l'armée française. Dangeau nous montre « milord Montcassel » servant en Savoie (1690), où il est blessé; en Catalogne (1691); en Roussillon (1692), etc. Il mourut à Baréges en 1694.

Ce nom de Montcassel, selon toute apparence, a été introduit dans une clef par la méprise d'un copiste, qui aura pris pour un nom d'homme celui d'une ville. En regard des mots : *une action noble*, etc., divers annotateurs ont mentionné la bataille de *Cassel* ou de *Montcassel*[1], rappelant ainsi la bataille gagnée en 1677 contre Guillaume d'Orange par le duc d'Orléans, auquel, comme nous l'avons dit, ce passage a été appliqué. De la ville de Cassel on aura fait milord Montcassel.

Il est encore un nom que donnent ici un assez grand nombre de clefs manuscrites, celui de « le Pelletier, ministre. » Quelle « action noble, héroïque, » etc., lui a valu son inscription à cette place ? Il serait difficile de le dire. Sa retraite volontaire est la seule raison qui ait pu rappeler son souvenir aux annotateurs des *Caractères*[2].

XII

Page 45, n° 98. — *Il coûte moins à certains hommes.... On veut seulement qu'ils ne soient point amoureux.* (1687.)

Allusion, suivant toutes les clefs, à la conduite de M. de Harlay, archevêque de Paris, « qui a toujours eu beaucoup d'estime pour les dames, » ajoute la clef de 1720. La clef Cochin et les clefs de Hollande contiennent cette note : « M. de Harlay, qui a toujours eu

---

1. La ville de Cassel (département du Nord) est située sur une montagne isolée au milieu d'une plaine.

2. Après avoir été conseiller, puis président au Parlement, prévôt des marchands et conseiller d'État, Claude le Pelletier était devenu contrôleur général. « Lorsque ce contrôleur général, dit Saint-Simon (tome II, p. 45 et 46), vit venir la guerre de 1688, la confiance intime qui étoit entre M. de Louvois et lui lui en fit prévoir toutes les suites. C'étoit à lui à en porter tout le poids par les fonds extraordinaires, et ce poids l'épouvanta tellement, qu'il ne cessa d'importuner le Roi jusqu'à ce qu'il lui permît de quitter sa place de contrôleur général.... Pelletier demeura simple ministre d'État; et comme, hors de se trouver au conseil, il n'avoit aucune fonction, il demeura peu compté par le courtisan, qui l'appela le ministre Claude. » Chargé de l'administration des postes à la mort de Louvois (1691), il se retira entièrement du conseil et de la cour en 1697, et vécut dans une entière retraite jusqu'à sa mort (1711).

quelque maîtresse, longtemps Mlle de Varenne, depuis Mme de Bretonvilliers, ensuite Mme la duchesse de Lesdiguières, et enfin la fille d'un marchand, auprès de laquelle on veut qu'il soit mort subitement à Conflans, le 6 août 1695. »

Ce caractère, publié dès la 1re édition, huit ans avant la mort de François de Harlay de Champvallon, archevêque de Paris, put lui être appliqué avec quelque apparence de raison; car il était accusé de galanterie. « Son profond savoir, » dit Saint-Simon, en parlant des dégoûts qu'il essuya dans les derniers temps de sa vie (tome I, p. 289 et 290), « l'éloquence et la facilité de ses sermons, l'excellent choix des sujets et l'habile conduite de son diocèse, jusqu'à sa capacité dans les affaires et l'autorité qu'il y avoit acquise dans le clergé, tout cela fut mis en opposition de sa conduite particulière, de ses mœurs galantes, de ses manières de courtisan du grand air. Quoique toutes ces choses eussent été inséparables de lui depuis son épiscopat et ne lui eussent jamais nui, elles devinrent des crimes entre les mains de Mme de Maintenon, quand sa haine, depuis quelques années, lui eut persuadé de le perdre; et elle ne cessa de lui procurer des déplaisirs. »

Ce n'est pas seulement dans les clefs des *Caractères* qu'ont été mentionnés les noms des maîtresses de François de Harlay.

« Mlle de la Varenne, est-il dit dans une note du *Chansonnier Maurepas* (tome V, p. 69, année 1680), manière de courtisane dont l'archevêque de Paris étoit amoureux, au vu et au su de tout le monde. Il alloit publiquement souper chez elle, ou elle venoit souper à l'Archevêché tous les soirs. Ils ne se quittoient que fort tard. Ils passoient des journées entières dans sa belle maison de Conflans. Il lui donnoit un argent considérable, jusque-là qu'elle s'étoit fait douze mille livres de rente, sans compter les meubles, l'argenterie, et les bijoux dont elle étoit ornée, la charmante maison qu'elle avoit achetée au faubourg Saint-Germain. Elle jouoit du luth en perfection et savoit fort bien la musique. »

Bussy parle avec quelques détails de l'histoire des amours de François de Harlay et de Mlle de la Varenne dans une lettre du 15 janvier 1680 (*Correspondance de Bussy*, tome V, p. 39, édition de M. Lalanne), et l'abbé Blache en raconte longuement les incidents scandaleux dans un passage de ses *Mémoires* (voyez la *Revue rétrospective*, tome I, p. 165 et suivantes, ou le tome V de la *Correspondance de Bussy*, p. 612-624).

L'intimité de l'Archevêque et de Mme de Bretonvilliers[1], que

---

[1]. Claude-Élisabeth Perrot, femme de Bénigne le Ragois, sieur de Bretonvilliers, président à la chambre des comptes de 1657 à 1671, mort en 1700.

Bussy nomme *la Cathédrale*, a précédé, et non suivi, celle de ce prélat et de Mlle de la Varenne : Bussy et Blache démentent les clefs sur ce point [1].

Les relations de M. de Harlay et de Mme de Lesdiguières [2], qui prêtèrent de même à la médisance, se prolongèrent jusqu'à la mort de l'Archevêque. Aussi bien l'accusation qui termine la note de la clef Cochin et des clefs de Hollande semble-t-elle démentie par le témoignage de Saint-Simon et par celui de Mme de Sévigné : « Il ne se trouva de ressource, » dit Saint-Simon, en parlant de la disgrâce qui atteignit l'archevêque de Paris pendant les dernières années de sa vie, « qu'à se renfermer avec sa bonne amie la duchesse de Lesdiguières, qu'il voyoit tous les jours de sa vie, ou chez elle ou à Conflans, dont il avoit fait un jardin délicieux, et qu'il tenoit si propre, qu'à mesure qu'ils s'y promenoient tous deux, des jardiniers les suivoient à distance pour effacer leurs pas avec des râteaux. Les vapeurs gagnèrent l'Archevêque ; elles s'augmentèrent bientôt, et se tournèrent en légères attaques d'épilepsie. Il le sentit et défendit si étroitement à ses domestiques d'en parler et d'aller chercher du secours quand ils le verroient en cet etat, qu'il ne fut que trop bien obéi. Il passa ainsi ses deux ou trois dernières années. Les chagrins de cette dernière assemblée [3] l'achevèrent. Elle finit avec le mois de juillet ; aussitôt après, il s'alla reposer à Conflans. La duchesse de Lesdiguières n'y couchoit jamais, mais elle y alloit toutes les après-dînées, et toujours tous deux tout seuls. Le 6 août, il passa la matinée à son ordinaire jusqu'au dîner. Son maître d'hôtel vint l'avertir qu'il étoit servi. Il le trouva dans son cabinet, assis sur un canapé et renversé ; il étoit mort. Le P. Gaillard fit son oraison funèbre à Notre-Dame ; la matière étoit plus que délicate, et la fin terrible. Le célèbre jésuite prit son parti : il loua tout ce qui méritoit de l'être, puis tourna court sur la morale. Il fit un chef-d'œuvre d'éloquence et de piété [4]. » (*Mémoires*, tome I, p. 290.)

1. Voyez de plus sur François de Harlay et Mme de Bretonvilliers la *lettre* de Mme de Sévigné du 15 juin 1680 (tome VI, p. 459), et les *Lettres historiques et galantes* de Mme du Noyer, tome I, p. 384 et 385, édition de Londres, 1757.
2. Paule-Françoise-Marguerite de Gondi, mariée en 1675 à François-Emmanuel de Bonne de Créquy, qui fut successivement comte, puis duc de Sault, et duc de Lesdiguières.
3. Il s'agit de l'assemblée du clergé de 1695, où il avait eu « infiniment à souffrir, » suivant l'expression de l'abbé le Gendre : voyez ses *Mémoires*, p. 198-200.
4. Tel n'était pas l'avis de l'abbé le Gendre, qui avait conservé pour la mémoire de l'archevêque de Paris, son protecteur, les sentiments de la plus vive gratitude : « Quelque mérite qu'eût M. de Harlay, écrit-il dans ses *Mé-*

CLEFS ET COMMENTAIRES. 303

« La mort de Monsieur de Paris, ma très-belle, écrit de son côté Mme de Sévigné, vous aura infailliblement surprise : il n'y en eut jamais de si prompte. Mme de Lesdiguières a été présente à ce spectacle; on assure qu'elle est médiocrement affligée. » (*Lettre* du 12 août 1695, tome X, p. 304 et 305.)

Mme de Sévigné était sans doute mal informée sur un point : il est vraisemblable que Mme de Lesdiguières n'assista pas à la mort du prélat. Suivant l'abbé le Gendre, dont le récit (voyez ses *Mémoires*, p. 200) s'accorde avec celui de Saint-Simon, il mourut d'une apoplexie, faute d'avoir été secouru. Il avait alors soixante et onze ans.

Plusieurs clefs manuscrites ajoutent au nom de l'archevêque de Paris (dont quelques-uns ne donnent que les initiales) celui du marquis de Seignelay. Mais la remarque semble particulièrement applicable aux membres du clergé.

XIII

Page 46, n° 99. — *Quelques hommes, dans le cours de leur vie....*
Tels étoient pieux.... (1687.)

Toutes les clefs placent ici le nom du cardinal de Bouillon[1]. En 1671, alors qu'il avait vingt-huit ans et qu'il était cardinal depuis plus de deux ans, Gui Patin disait de lui qu'il avait « toutes les belles qualités requises à un honnête homme » (tome III, p. 775, édition de M. Réveillé-Parise). A voir la façon dont le Cardinal est traité dans les mémoires de la fin du dix-septième siècle ou des premières années du dix-huitième, on peut douter que Gui Patin en eût fait longtemps cet éloge. « Sa vie en aucun temps n'eut d'ecclésiastique et de chrétien que ce qui servoit à sa vanité, » dit Saint-Simon (tome XII, p. 28), qui ne parle jamais de lui qu'avec une singulière âpreté. « Son luxe fut continuel et prodigieux en tout; son faste le plus recherché et le plus industrieux pour établir et jouir de toute la grandeur qu'il imaginoit. Ses mœurs étoient infâmes; il ne s'en cachoit pas....

moires (p. 201), quelque bien qu'il eût fait à une infinité de gens, et que volontairement il n'eût fait de mal à personne, la cour et la ville ne laissèrent pas également de se déchaîner contre lui immédiatement après sa mort.... Ce fut à qui le déchireroit; il n'y eut pas jusqu'au jésuite qui fit son oraison funèbre qui ne parlât de lui en des termes à faire croire que le prélat étoit damné. « Quels talents n'eut-il point! dit ce pitoyable rhéteur (c'étoit le P. Gaillard), quel usage en fit-il? Dieu le sait. »

1. Emmanuel-Théodose de la Tour, cardinal de Bouillon, nommé cardinal en 1669, à vingt-six ans, grand aumônier de France en 1671. Il mourut à Rome en 1715.

Peu d'hommes distingués se sont déshonorés aussi complétement que celui-là, et sur autant de chapitres les plus importants. »

Au mois de septembre 1685, c'est-à-dire peu de temps avant la publication des *Caractères*, il avait encouru une disgrâce qui ne devait être ni la dernière ni la plus grave : voyez les *Lettres de Mme de Sévigné*, tome VII, p. 444, 445 et 451. « Le cardinal de Bouillon est chassé pour plusieurs raisons trop longues à déduire, écrivait Mme de Maintenon, le 27 septembre 1685 (voyez *ibidem*, p. 445, note 1). Il est peu plaint dans sa disgrâce, parce qu'il est peu estimé. »

L'on en sait d'autres....

Clef de 1697 : « M. l'abbé de la Trappe. » — Clefs du dix-huitième siècle : « M. Boutillier de Rancé, qui a été abbé de la Trappe, où il a mené une vie dure, triste et austère [1]; ou M. le cardinal le Camus, évêque de Grenoble [qui a été fort débauché et qui a fait de certains *alleluias* de la cour fort impies [2]]. »

On sait la conversion d'Armand-Jean le Boutilhier de Rancé, sa retraite dans l'abbaye de la Trappe et la réforme qu'il y introduisit. Il est douteux que la pensée de la Bruyère se soit portée vers lui lorsqu'il écrivait ce passage : Rancé n'avait connu ni « l'adversité » ni le « loisir d'une mauvaise fortune. » Si son nom vient à cette place, c'est en souvenir de la romanesque explication que le public donnait de sa conversion et de sa retraite à la Trappe [3].

1. Clef Cochin : « M. Boutillier de Rancé, à présent abbé de la Trappe, où il mène, etc. ; il a quitté son abbaye depuis le mois de juillet 1696 (*lisez*: 1695) et est maintenant simple religieux. » Assertion exacte, à la date près : voyez le *Journal* de Dangeau, tome V, p. 233 et 386. L'abbé de la Trappe mourut en 1700.

2. Allusion aux chansons que Bussy et quelques amis improvisèrent dans une partie de plaisir qui eut lieu à Roissy pendant une semaine sainte, et à laquelle le Camus prit part. Voyez l'*Histoire amoureuse des Gaules*, tome I, p. 277 et suivantes, édition de M. P. Boiteau; et les *Cours galantes* de M. Desnoiresterres, tome II, p. 6 et suivantes.

3. « La princesse de Guémené, morte duchesse de Montbazon en 1657, mère de M. de Soubise, dit Saint-Simon (tome II, p. 166), étoit cette belle Mme de Montbazon dont on a fait ce conte, qui a trouvé croyance : que l'abbé de Rancé, depuis ce célèbre abbé de la Trappe, en étoit fort amoureux et bien traité; qu'il la quitta à Paris, se portant fort bien, pour aller faire un tour à la campagne; que bientôt après, y ayant appris qu'elle étoit tombée malade, il étoit accouru, et qu'étant entré brusquement dans son appartement, le premier objet qui y étoit tombé sous ses yeux avoit été sa tête, que les chirurgiens, en l'ouvrant, avoient séparée; qu'il n'avoit appris sa mort que par là, et que la surprise et l'horreur de ce spectacle, joint à la douleur d'un homme passionné

Nous avons déjà parlé, tome I, p. 442, du cardinal le Camus, dont le nom n'est pas mieux trouvé, à notre avis, que celui de l'abbé de la Trappe. Il a « commencé sa vie par les plaisirs; » dans la suite il est devenu « religieux, sage, tempérant; » et si l'on ne peut dire qu'il ait connu « l'adversité, » du moins est-il vrai qu'il a connu la « disgrâce. » Mais c'est en 1671 qu'il est devenu « religieux, sage, tempérant, » et en 1686 qu'il encourut le mécontentement de Louis XIV : ce ne sont donc pas les « disgrâces » qui l'ont rendu meilleur.

XIV

Page 47, n° 103. — *Il y a des ouvrages qui commencent par A....* (1690.)

Toutes les clefs imprimées du dix-huitième siècle, et presque toutes les clefs écrites en marge des exemplaires, indiquent le *Dictionnaire de l'Académie :* interprétation que nous croyons avoir réfutée p. 47 et 48, note 2.

XV

Pages 48 et 49, n° 104. — *Il n'y a que nos devoirs qui nous coûtent....*
N*** aime une piété fastueuse.... (1689.)

Clef de 1697 : « M. de Monroy (*lisez* : Mauroy), curé des Invalides. Il est mort depuis peu dans l'abbaye de Sept-Fonds. » — Clefs du dix-huitième siècle : « Lestrot, administrateur et proviseur des prisonniers. — Ou feu M. Pellisson, maître des requêtes, qui avoit l'administration de l'économat des évêchés et abbayes, dont il distribuoit les revenus aux nouveaux convertis[1]. [Il avoit un neveu,

---

et heureux, l'avoit converti, jeté dans la retraite, et de là dans l'ordre de Saint-Bernard et de sa réforme. » Réduisant « cette fiction » à ce qu'il y avait de vérité, Saint-Simon raconte comment la mort si prompte de Mme de Montbazon, dont l'abbé de Rancé était l'ami intime comme celui de tous les personnages de la Fronde, acheva de le déterminer à une retraite qu'il méditait. La fiction que dément Saint-Simon paraît avoir été répandue par la publication d'un livre de Daniel de Larroque, imprimé à Cologne, en 1685, sous ce titre : *Les véritables motifs de la conversion de l'abbé de la Trappe.* Voyez *Paris démoli*, par M. Édouard Fournier, p. 64 et 65.

1. Ce fut en 1671 que « le Roi le fit économe des revenus des abbayes de Saint-Germain des Prés, de Cluny, de Saint-Denys, et du tiers des économats des bénéfices consistoriaux, pour les employer, selon les ordres du Roi, à donner des pensions aux nouveaux convertis et faire d'autres œuvres de charité. » (*Dictionnaire des bienfaits du Roi.*)

nommé Terrier (*lisez :* Ferriès[1]), qui avoit été huguenot, qui possède plusieurs bénéfices, qui est fort rempli de lui-même[2].] »

N*** n'est pas un personnage que ses fonctions obligent à s'occuper des pauvres; c'est de son propre mouvement et tout spontanément qu'il se fait l'intendant de leurs besoins. Nous doutons même que le caractère puisse s'appliquer à un ecclésiastique, archevêque ou curé[3]. Si N*** cependant était un ecclésiastique, il pourrait fort bien être l'abbé Mauroy, dont nous parlerons plus loin avec quelque détail : voyez p. 370 et 371, note XI. Les auteurs des clefs du dix-huitième siècle et de diverses clefs marginales nous semblent mal inspirés, lorsqu'ils lui substituent les noms de « Lestrot, administrateur et proviseur des prisonniers, » et celui de Pellisson, maître des requêtes, qui avait « l'économat des évêchés et abbayes. »

XVI

Page 50, n° 107. — *Fauste est un dissolu.... qu'Aurèle son oncle....*,
(1689.)

Clef manuscrite de l'exemplaire de M. le docteur Danyau :
« *Fauste* (ou *Aurèle?*), Boutard le jeune, trésorier à Montpellier;
Frontin, neveu d'Aurèle, Boutard l'auditeur. »

« Boutard le jeune, trésorier à Montpellier, » est sans doute le personnage de ce nom, peu aimable et très-avare, dont parle Tallemant, dans l'historiette de Gombaud, dans celle de Chapelain (tome III, p. 248-250 et 264), et dans une historiette consacrée à Boutard lui-même (tome V, p. 144-146). « Il fut secrétaire de M. de Fontenay-Marueil, en l'ambassade d'Angleterre (1629), dit Tallemant (tome V, p. 145). On l'accusoit d'avoir, là et ailleurs, fait quelques petites gaillardises. Il étoit avare, et dès qu'il vit Paris bloqué (1648), lui qui est garçon, il se défit d'une partie de ses valets : je trouve cela bien inhumain. Il est aujourd'hui président des trésoriers de France, à Montpellier : c'est quelque charge nouvelle; je pense qu'il y a de la maltote à son affaire. Il demeure, nonobstant cette charge, à Paris; je crois qu'il cherche à la vendre. »

---

1. Voyez l'*Histoire de l'Académie*, par Pellisson et d'Olivet, tome II, p. 278, édition de M. Livet.
2. Ce qui est ici entre crochets ne se trouve que dans la clef Cochin.
3. Aussi écarterons-nous la mention qu'une clef manuscrite fait ici de « l'archevêque de Paris. » — La même clef cite « le président de Novion. » Mais Potier de Novion, premier président du Parlement de 1678 à 1689, et que ses iniquités criantes, dit Saint-Simon, forcèrent de se retirer en 1689 (quatre ans avant sa mort), fit-il jamais un semblable étalage de charité? Eut-il jamais des créanciers?

Les diverses dates auxquelles nous place l'historiette de Tallemant permettent, ce nous semble, de reconnaître dans Boutard le jeune l'oncle Aurèle, plutôt que le neveu Fauste.

XVII

Pages 51 et 52, n° 113. — *Ce n'est pas le besoin d'argent....* (1687.)

Clefs du dix-huitième siècle : « Le marquis d'Orfort ou M. de Marville. »

Quel est ce marquis d'Orford? Ce ne peut être le comte d'Orford, c'est-à-dire l'amiral anglais qui jusqu'en 1700 environ porta le nom de Russel. On a sans doute mal lu le nom que portait une clef mal écrite : nous trouvons, au lieu d'*Orford*, sur l'exemplaire de la *Réserve* de la Bibliothèque impériale, déjà cité : « le marquis d'Hautefort, premier écuyer de la Reine, chevalier des ordres du Roi. »

Jean-François marquis d'Hautefort était, dit-on, l'original de l'Avare de Molière. Son nom est donc bien placé ici. Mme de Sévigné raconte ainsi sa mort, dans la *lettre* du 9 octobre 1680 (tome VII, p. 103 et 104) : « M. d'Hautefort est mort.... Il n'a jamais voulu prendre du remède anglois, disant qu'il étoit trop cher; on lui dit : « Monsieur, vous n'en donnerez que quarante pistoles; » il dit en expirant : « C'est trop. » Il avait alors soixante et onze ans. Dans la vie de sa sœur Mme d'Hautefort (qui devint la maréchale de Schomberg), V. Cousin rappelle que ce personnage, « fameux à la fois par sa parcimonie pendant sa vie et par ses largesses après sa mort, » fonda un hôpital dans son marquisat d'Hautefort (*Mme de Hautefort*, p. 6).

XVIII

Page 54, n° 118. — *Un vieillard qui a vécu à la cour....* (1687.)

Clefs imprimées du dix-huitième siècle : « M. de Villeroy, défunt; » c'est-à-dire Nicolas Neufville, maréchal de Villeroy, gouverneur de Louis XIV, mort en 1685.

On citait volontiers les mots de Villeroy. A ceux que nous avons reproduits plus haut (tome I, p. 531) d'après Saint-Simon, il en faut ajouter un autre, également noté par Saint-Simon (*Mémoires* de Dangeau, tome I, p. 203), qui témoigne de l'expérience que le vieux maréchal avait acquise à la cour. Dans le paquet saisi en 1685, par ordre du Roi, sur un courrier des princes de Conti, il se trouvait une lettre du marquis d'Alincourt, petit-fils du maréchal de Villeroy. Cette lettre, dit Saint-Simon, « étoit fort impie et de beaucoup la moindre sur ce qui regardoit le Roi : ce qui fit dire au bonhomme maréchal de Villeroy que pour son petit-fils, qui ne s'en étoit pris qu'à Dieu, ce ne seroit rien, et que cela le mettoit bien au large ; mais que pour les deux autres (*il s'agit du duc de la Rocheguyon et du marquis de Liancourt, son frère*), c'étoient de grands impertinents[1]. »

XIX

Page 54, n° 120. — *Phidippe, déjà vieux, raffine sur la propreté et sur la mollesse....* (1689.)

Clefs du dix-huitième siècle : « Feu M. de Mennevillette, père du président de ce nom, ou M. le marquis de Sablé, fils de M. de Servien, secrétaire des finances et secrétaire d'État, à qui appartenoit Meudon, et qui a fait la terrasse. »

Nous avons déjà rencontré une fois (tome I, p. 444) M. de Mennevillette.

Louis-François Servien, marquis de Sablé, mourut à Paris, en 1710. « Une autre mort arrivée en même temps, » dit Saint-Simon (après avoir parlé de la mort de Mme de la Vallière, tome VIII, p. 354), « parut moins précieuse devant Dieu, et fit moins de bruit dans le monde. Ce fut celle de Sablé, fils de Servien, surintendant des finances, qui avoit amassé tant de trésors, et qui en avoit tant dépensé à embellir Meudon.... Il avoit marié sa fille au duc de Sully, frère de la duchesse du Lude, et laissé ses deux fils, Sablé et l'abbé Servien, si connus tous deux par leurs étranges débauches, avec beaucoup d'esprit, et fort aimable et orné. Sablé vendit Meudon à M. de Louvois, sur les fins Sablé à M. de Torcy, mangea tout, vécut obscur, et ne fut connu que par des aventures de débauche, et par s'être fait estropier, lui, et rompre le cou à l'arrière-ban d'Anjou, qu'il menoit au maréchal de Créqui. »

Diverses clefs manuscrites (celle de 1693 entre autres) et la clef imprimée de 1697 placent en regard du caractère de *Phidippe* le nom de l'abbé Danse, dont il sera question dans la note suivante. A l'abbé Danse, une clef manuscrite ajoute l'abbé Poncet, qui serait l'abbé

---

1. Walckenaer semble douter que ce caractère ait pu s'appliquer au maréchal de Villeroy. « Celui qui répond parfaitement en tout à ce caractère, dit-il dans la note qu'il lui consacre, est de Senneterre ou Senectaire, dont il est si souvent fait mention dans les *Mémoires* de Mme de Motteville, de Retz, de Tallemant, et aussi dans les *Lettres* de Mme de Sévigné. » — Henri de Saint-Nectaire, Senectaire ou Senneterre, est mort en 1662, bien longtemps avant que la Bruyère connût la cour. Il n'y a donc pas lieu de le nommer ici.

Michel Poncet de la Rivière (fils de Matthias Poncet, dont il a été question au tome I, p. 405, et neveu de l'évêque d'Uzès Michel Poncet), né vers 1672, nommé évêque d'Angers en 1706, mort en 1730[1]. Il y a là une méprise. Peut-être le copiste qui a écrit la clef dont nous parlons, après avoir reproduit exactement le nom de l'abbé Danse d'après une liste, a-t-il mal lu le même nom sur une autre liste, et croyant voir deux personnages distincts où il n'y en avait qu'un, a-t-il traduit *Danse* en *Poncet*.

XX

Pages 55 et 56, n° 121. — *Gnathon ne vit que pour soi....* (1689.)

Clef de 1693, clef de 1697, et clefs du dix-huitième siècle : « L'abbé Danse, chanoine de la Sainte-Chapelle[2], frère de Mme Dongeois, dont le mari est greffier du Parlement. »
C'est le même chanoine que l'on a voulu reconnaître dans ces vers du *Lutrin* :

> Le seul chanoine Évrard, d'abstinence incapable,
> Ose encor proposer qu'on apporte la table.
> (Chant IV, vers 165 et 166.)

Plus loin, le *gras Évrard* prononce un discours :

> Pour moi, je lis la *Bible* autant que l'*Alcoran*....
> Vingt muids rangés chez moi font ma bibliothèque....
> (*Ibidem*, vers 195 et 198.)

Louis-Roger Danse est un gourmand célèbre. M. Feuillet de Conches a fait de lui le portrait suivant dans les *Causeries d'un curieux* (tome II, p. 321), d'après des mémoires de Brossette qui lui appartiennent : « Portant jusqu'au ridicule la passion de la propreté, il eût mangé, disait Despréaux, des cerneaux à la fourchette. Il avait un surtout qu'il passait par-dessus ses habits quand il se mettait à table, pour les préserver de la graisse et des sauces, et manger plus vite sans avoir de précautions à prendre. Allait-il manger en ville, il se faisait porter cet habit de table et ne le quittait qu'après le repas. Il était ami du comte de Bussy Rabutin et rimait de petits vers entre ses repas. »
Il mourut à Paris en octobre 1696.

1. Prédicateur distingué, il fut élu en 1728 à l'Académie française. Il prêcha pour la première fois devant la cour en 1696.
2. Suivant la clef de 1720, il avait été trésorier de la Sainte-Chapelle. C'est une inexactitude.

Dans les clefs qui nomment l'abbé Danse pour le caractère de *Phidippe*, le marquis de Sablé devient *Gnathon*.

Sur beaucoup de clefs manuscrites, en regard du caractère de *Gnathon* se trouve également inscrit « le gros Givry, » sans doute celui qui était commandant à Metz et mourut en 1697[1] (*Journal* de Dangeau, tome VI, p. 173). — Une clef donne encore le nom de « Lévy Girardin. » Le marquis de Lévy Girardin[2], frère de M. de Girardin, ambassadeur à Constantinople, était maréchal de camp lorsqu'il mourut. En notant sa mort au commencement de décembre 1699 (tome VII, p. 207), Dangeau nous apprend que s'il n'était grand mangeur, il était du moins grand buveur : « C'étoit, dit-il, le plus fameux buveur qu'on ait jamais vu en France, et bon officier avec cela. » — Dans ses *Lettres historiques et galantes* (tome III, p. 39-41), Mme du Noyer confirme ce témoignage, et raconte comment l'on abusa de ses habitudes d'ivresse pour le marier à son insu. L'un des frères du marquis de Livry, l'abbé de Girardin, dit encore Mme du Noyer, était « un des plus redoutables buveurs qui fût dans l'empire bachique. »

XXI

Pages 56-58, n° 122. — *Cliton n'a jamais eu....* (1690.)

Toutes les clefs : « M. de Broussin, » — « ou le comte d'Olonne, ameux délicats et friands de bons morceaux, » ajoute la clef Cochin.

De ces deux gourmands un seul était mort en 1690 : c'est Louis de la Trémouille, comte d'Olonne, qui reçut les derniers sacrements le 18 janvier 1686, et mourut le 3 février. Il était l'un des gourmets que l'on désignait du nom de *coteaux*[3], et Saint-Évremont lui écrivit, en 1674 ou 1675, alors que des discours trop libres venaient de lui attirer la disgrâce du Roi, une lettre qui ne pouvait être adressée qu'à un *Cliton*. « S'il y a d'honnêtes gens au lieu où vous êtes, lui

---

1. Il avait été successivement nommé maître échevin de Metz (1667), bailli de robe courte de Metz (1674), mestre de camp d'un régiment de cavalerie (1674), qu'il vendit en 1681, lieutenant de Roi à Metz (1678), lieutenant de Roi à Mouzon, maréchal de camp, commandant à Metz. (*Dictionnaire des bienfaits du Roi*.) — Le marquis de Givry figure parmi les lieutenants généraux d'armée dans l'*État de la France* de 1694, tome II, p. 279.

2. L'*État de la France* de 1692 (tome II, p. 200), et l'*État* de 1694 (tome II, p. 298) le placent parmi les brigadiers de cavalerie nommés en 1688, et rappellent que Jacques II, roi d'Angleterre, le fit maréchal de camp de cavalerie « pour aller servir en Irlande, en février 1689. »

3. Sur la signification de ce mot, voyez tome I, p. 346, note 2.

CLEFS ET COMMENTAIRES.

dit-il, leur conversation pourra vous consoler des commerces que vous avez perdus : et si vous n'y en trouvez pas, les livres et la bonne chère vous peuvent être d'un grand secours et d'une assez douce consolation. » Suivent quelques instructions sur le choix des livres, et de longs et savants conseils sur le choix des vins[1], la condition des viandes[2], etc. *Cliton* mange beaucoup et bien : Saint-Évremont recommande à d'Olonne la sobriété autant que la délicatesse : « Et que ne doit-on pas faire pour apprendre à manger délicieusement, aux heures du repas, ce qui tient l'esprit et le corps dans une bonne disposition pour toutes les autres ? On peut être sobre sans être délicat ; mais on ne peut jamais être délicat sans être sobre. Heureux qui a les deux qualités ensemble ! » (*OEuvres de Saint-Évremont*, tome III, p. 66-75, édition de 1725.)

Quant à M. de Bruslard, comte du Broussain, « fort connu par le goût qu'il avoit pour la bonne chère, » dit Dangeau (tome IV, p. 378), il mourut à Paris en octobre 1693. — « Gourmand célèbre, » dit de lui Saint-Simon dans l'une de ses additions au *Journal* de Dangeau (*ibidem*), « frère (*aîné*) de du Rancher, gouverneur du Quesnoy, qui l'étoit bien aussi. »

XXII

Page 58, n° 123. — *Ruffin commence à grisonner....* (1689.)

Clef de l'exemplaire de M. Danyau : « M. de Hautefort. » — Sur ce personnage, voyez ci-dessus, p. 307, note XVII.

XXIII

Pages 58 et 59, n° 124. — *N** est moins affoibli par l'âge....* (1687.)

Clef manuscrite : « L'abbé de Moiras. »

1. « N'épargnez aucune dépense pour avoir des vins de Champagne, fussiez-vous à deux cents lieues de Paris. Ceux de Bourgogne ont perdu leur crédit avec les gens de bon goût, et à peine conservent-ils un reste de vieille réputation chez les marchands. Il n'y a point de province qui fournisse d'excellents vins pour toutes les saisons que la Champagne. Elle nous fournit le vin d'Ay, d'Avenet (*Avenay*), d'Auvillé (*Hautvilliers*), jusqu'au printemps ; Tessy (*Taissy*), Sillery, Versenay (*Verzenay*), pour le reste de l'année.

« Si vous me demandez lequel je préfère de tous les vins, sans me laisser aller à des modes de goûts qu'introduisent de faux délicats, je vous dirai que le vin d'Ay est le plus naturel de tous les vins, le plus sain, le plus épuré de toute senteur de terroir ; d'un agrément le plus exquis par son goût de pêche, qui lui est particulier, et le premier, à mon avis, de tous les goûts. »

2. Voyez ci-après la citation, p. 354, note 1.

XXIV

Pages 59 et 60, n° 125. — *Antagoras a un visage trivial et populaire....*
(1694.)

Clefs du dix-huitième siècle : « M. le comte de Montluc, frère de M. le marquis d'Alluye[1]. Il a épousé Mlle le Lièvre, fille du président au grand conseil, de ce nom. » — « Ou le marquis de Fourille, aîné de cette maison, » ajoute la clef Cochin.

Henri d'Escoubleau, comte de Monluc, épousa en effet Marguerite le Lièvre, fille de Thomas le Lièvre, marquis de la Grange, président au grand conseil, qui mourut en 1669.

Un couplet de Blot, que cite M. Paulin Paris dans son édition de Tallemant (tome VII, p. 142), nous montre en Monluc un personnage qui ne ressemble guère à *Antagoras* :

> Gloire soit au marquis d'Alluye[2]
> Et au triste Montluc son frere;
> Ce sont deux grands donneurs d'ennuy,
> Tout ainsy que Monsieur leur pere[3];
> Ils le sont et ils le seront
> *Per sæcula sæculorum.*

Le marquis de Fourille[4], capitaine aux gardes de 1677 à 1696, nommé brigadier d'infanterie en 1693, commandeur de l'ordre de Saint-Louis, mourut en 1720. « Il étoit aveugle depuis longtemps, écrit Dangeau, en notant sa mort (tome XVIII, p. 244).... C'étoit un homme de beaucoup d'esprit et de mérite, qui avoit été capitaine aux gardes, et toujours fort estimé. » Il eut plusieurs enfants (Dangeau, tome V, p. 350), et laissa pour le moins un fils, l'abbé de Fourille (*ibidem*, tome XVII, p. 184, et tome XVIII, p. 244).

---

1. François d'Escoubleau, comte, puis marquis de Sourdis, longtemps connu sous e nom de chevalier de Sourdis, gouverneur de l'Orléanais, commandant en Guienne, etc., mort en 1707. Il a porté le titre de marquis d'Alluye après la mort de son frère aîné, Paul d'Escoubleau, décédé en 1690 : voyez le *Journal* de Dangeau, tome III, p. 84, note 1 ; et les *Mémoires* de Saint-Simon, tome III, p. 387 et 388.
2. Le marquis d'Alluye est ici Paul d'Escoubleau, lieutenant général des armées du Roi, gouverneur d'Orléans, etc., mort en 1690.
3. Charles d'Escoubleau, marquis de Sourdis et d'Alluye, mestre de camp de la cavalerie légère.
4. Son nom de famille était Chaumejan. Il était fils du marquis de Fourille Montreuil, lieutenant-colonel du régiment des gardes.

XXV

Page 61, n° 128. — *L'on voit certains animaux farouches....* (1689.)

Clefs diverses : « Les moissonneurs. — Les laboureurs et les paysans. »
L'année 1689, où parut cette navrante peinture de la misère des campagnes, n'est pas une de celles que l'histoire a notées comme un temps de disette ; ce n'est pas un état extraordinaire et passager que décrit la Bruyère.

XXVI

Pages 65 et 66, n° 141. — *Télèphe a de l'esprit....* (1690.)

Clef manuscrite : « M. de Tonnerre, évêque de Noyon. »
Voyez sur ce personnage, mentionné à cette place par une seule clef, le tome I, p. 524, note IV.

XXVII

Page 66, n° 142. — *L'homme du meilleur esprit est inégal....* (1690.)

Même clef manuscrite : « Despréaux. »
Annotation qu'il est superflu de discuter : cette remarque est l'une de celles qui ne devaient recevoir aucune application particulière.

XXVIII

Page 68, n° 145. — *Qui oseroit se promettre...? Qu'il ouvre son palais.... que dans des lieux dont la vue seule....* (1689.)

Clefs diverses : « Les appartements de Versailles, où le Roi défraye toute la cour avec une magnificence royale, et où pourtant il y a toujours des mécontents ; Marly, où toutes choses sont en abondance, et qui a cependant ses contrôleurs. »

XXIX

Page 71, n° 155. — *Timon, ou le misanthrope....* (1690.)

Clefs du dix-huitième siècle : « M. le duc de Villeroy. »
Nous avons déjà cité (tome I, p. 450 et 451) le portrait que Saint-

Simon a laissé du maréchal de Villeroy, fils du gouverneur de Louis XIV. Ses hauteurs, ses manières « insultantes, » sa dureté pour ceux qui dépendaient de lui, en font un personnage fort différent de *Timon,* qui est civil et cérémonieux. Comment d'ailleurs reconnaître le « magnifique » et « galant » Villeroy dans *Timon ?* et comment confondre les « bassesses » de l'un avec « l'âme austère et farouche » de l'autre ? Pourquoi chercher dans *Timon* un autre personnage qu'un *Alceste* selon la Bruyère ?

DES JUGEMENTS.

I

Page 78, n° 13. — *Le phénix de la poésie chantante....* (1689.)

La même remarque se retrouve dans une lettre du marquis de Termes, ami de la Bruyère : « M. Quinault est mort, » écrit-il à Bussy le 9 décembre 1688 ; « après s'être moqué de lui pendant sa vie, on l'a regretté pour les opéras après sa mort. » (*Correspondance de Bussy,* tome VI, p. 189.)

M. Fournier voit dans l'alinéa de la Bruyère une malice contre Fontenelle, dont un opéra, *Thétis et Pélée,* avait été joué en janvier 1689. N'est-ce pas prêter à la Bruyère plus de finesse qu'il n'en veut avoir ? Comme le montre la phrase du marquis de Termes, on n'avait pas attendu l'opéra de Fontenelle pour regretter Quinault.

II

Page 79, n° 14. — *C. P. étoit fort riche, et C. N. ne l'étoit pas....* (1689.)

La Bruyère, qui dans les éditions 4 et 5 avait écrit les noms en toutes lettres, les remplaça par ces majuscules dans la 6ᵉ : l'énigme qu'il proposait à la sagacité du lecteur était bien facile à deviner, puisqu'il laissait le titre du poëme de Chapelain et celui d'une pièce de Corneille.

Le jugement que Chapelain a porté sur Corneille en 1662[1] (et

---

[1]. Nous avons imprimé à tort « 1663, » p. 79, note 1. Voyez ce jugement,

qui lui fait honneur, quelles qu'en soient les restrictions) valut à Corneille une pension de deux mille livres, pension modique, si on la compare à celle de Chapelain lui-même, qui était de trois mille livres. Encore fut-elle supprimée pendant quelques années. Dans le *Dictionnaire critique d'histoire* (p. 428), M. A. Jal a cité un document qui témoigne que Corneille reçut le 18 juin 1683 un don de deux mille livres tournois, et il a cru y voir la preuve que la pension avait toujours été servie; mais une lettre de Corneille, écrite en 1678[1], montre bien qu'il y a eu interruption.

On sait dans quel dénûment mourut Corneille, comment Boileau vint en avertir le Roi et lui offrir l'abandon de sa propre pension au profit du poëte mourant.

« Croyez-moi, écrit Voltaire, qui dans son enfance avait beaucoup entendu parler de Corneille, le pauvre homme était négligé comme tout grand homme doit l'être parmi nous. Il n'avait nulle considération, on se moquait de lui; il allait à pied, il arrivait crotté de chez son libraire à la comédie; on siffla ses douze dernières pièces, à peine trouva-t-il des comédiens qui daignassent les jouer. » (Lettre adressée à l'abbé d'Olivet, septembre 1761, *OEuvres de Voltaire*, édition de Beuchot, tome LIX, p. 623.)

Le comédien, couché dans son carrosse, jette de la boue au visage de Corneille, qui est à pied, dira un peu plus loin la Bruyère, p. 80, n° 17.

Richelet avait opposé à la pauvreté du grand Corneille la richesse des joueurs de violon. « Le poëte Martial disoit autrefois que pour faire fortune à Rome, il falloit être violon. Quand on diroit aujourd'hui la même chose de Paris, on diroit peut-être assez la vérité. *Le Peintre,* l'un des meilleurs joueurs de violon de Paris, gagne plus que Corneille, l'un des plus excellents et de nos plus fameux poëtes françois. » (*Dictionnaire françois*, 1679, au mot *Violon*.)

III

Pages 79 et 80, n° 16. — *Il suffisoit à Bathylle....* (1689.)

Clefs diverses : « Contre le goût dépravé de certaines gens qui aiment les femmes de théâtre. — *Bathylle,* le Basque ou Pécourt, danseurs de l'Opéra. — *Roscie, Nérine,* la Massé, la Barbereau, la Pesant, de l'Opéra. — *Une comédienne...,* la Dancourt [femme de l'auteur comique]. »

---

souvent reproduit d'ailleurs, dans le *Corneille* de M. Marty-Laveaux, tome X, p. 175.

1. *OEuvres de Corneille*, tome X, p. 501.

Clef Cochin : « *Roscie,* la Rochois; *Nérine,* la Moreau, » toutes deux chanteuses de l'Opéra.

IV

Page 80, n° 17. — *Rien ne découvre mieux.... Le comédien, couché dans son carrosse, jette de la boue au visage de Corneille....* (1687.)

Clefs diverses : « *Le comédien,* Baron ou Champmeslé. »
Baron a joué divers rôles dans les pièces de Corneille. Il ne devait s'éloigner que quatre ans plus tard du théâtre [1]. On faisait grand bruit de son luxe.

Charles Chevillet, sieur de Champmeslé, mari de la célèbre actrice Champmeslé, et auteur de comédies, était lui-même acteur tragique et comique. Il est mort en 1701.

V

Pages 86-88, n° 21. — *Qu'on ne me parle jamais d'encre....* (1690.)

Clefs diverses : « *Antisthène,* M. de la Bruyère, l'auteur des *Caractères,* qui parle de lui-même. »

Bérylle tombe en syncope....

Clefs diverses : « L'abbé de Rubec (*lisez :* de Drubec), frère de M. de Valençay (*lisez :* Valsemé), a cette foiblesse. »
Il a été question, tome I, p. 469, note x, de l'abbé de Drubec. François Mallet de Graville [2], abbé de Drubec, était frère, non de M. de Valençay, comme le disent toutes les clefs, mais du marquis de Valsemé, capitaine-lieutenant des chevau-légers d'Orléans, nommé brigadier de cavalerie en 1696. L'abbé de Drubec est mort en 1701. (Voyez Dangeau, tome VIII, p. 65.)

Un homme rouge ou feuille morte devient commis....

Clefs du dix-huitième siècle : « M. le Normand ou M. d'Apoigny, deux fermiers généraux. » — Une clef manuscrite ajoute le nom de Delpech.

---

1. Il y rentra en 1720, âgé de soixante-sept ans.
2. Une de nos clefs manuscrites témoigne que « l'abbé de Rubec » est bien le personnage que nous disons; car il y est nommé « Mallet de Graville. »

La Bruyère avait d'abord écrit : *Un homme jaune ou feuille morte* (voyez p. 87, note 1). Pour quelle raison a-t-il changé la couleur jaune en couleur rouge? Est-ce parce que la livrée des Condé était isabelle? A-t-il craint de blesser quelqu'un par la première épithète? ou a-t-il voulu, au contraire, atteindre plus sûrement par la seconde un *Sosie* devenu riche?

Il y avait chez les Condé un ancien laquais qui était devenu tout à la fois leur homme d'affaires et un très-important personnage : c'était Gourville. Il n'avait sans doute jamais porté la couleur isabelle ; mais avant d'appartenir au grand Condé, il avait été un *homme rouge*, car il endossait une « casaque rouge avec quelques galons dessus, » quand il était maître d'hôtel chez la Rochefoucauld (voyez les *Mémoires* de Gourville, p. 220). La Bruyère avait-il les yeux sur lui quand il introduisit la variante?

Nous doutons que la Bruyère et Gourville se soient jamais aimés. La Bruyère estimait peu les gens d'affaires [1], et Gourville s'était aperçu que les philosophes sont d'ordinaire « chagrins contre les gens d'affaires [2]. »

B*** s'enrichit à montrer dans un cercle des marionnettes....

Clef de 1697 : « Benoît, qui fait des portraits en cire, ou Brioché. »
Les clefs suivantes n'ont nommé que Benoît, laissant de côté Brioché. Le mot *marionnettes* semble rappeler plus naturellement le souvenir de Brioché ; mais le mot *cercle* rend très-vraisemblable une allusion à Benoît, qui est nommé *Benoît du cercle* dans quelques clefs manuscrites. Dans son *Histoire des marionnettes en Europe* (p. 143), M. Charles Magnin accepte l'interprétation qui de B*** a fait Benoît; « cette expression, ajoute-t-il en parlant du mot *marionnettes*

---

1. La Bruyère au surplus n'était pas le seul qui se permît des plaisanteries sur les gens de livrée que les affaires avaient subitement enrichis. Nous avons rappelé, tome I, p. 249, note 3, le mot de Mme Cornuel ; en voici un du premier président de Harlay : « Un autre conseiller, fils d'un homme d'affaires qui avait auparavant porté la livrée, est-il dit dans les *Souvenirs* de Jean Bouhier, président au parlement de Dijon (p. 27), étant en robe chez le même premier président, lui laissa voir par mégarde sous sa robe une riche veste : ce qui donna occasion à M. de Harlay de lui dire, en présence de tout le monde : « On voit bien, Monsieur, que vous avez peine à quitter les couleurs. » Voyez aussi la *satire* v (vers 132) et la *satire* IX (vers 162) de Boileau ; et les *Discours moraux et satyriques* de L. Petit, p. 49 et 52.

2. « Le bonhomme Neuré, fort chagrin, comme le sont ordinairement les philosophes, contre les gens d'affaires, à cause de leurs grands biens. » (*Mémoires* de Gourville, collection Petitot, tome LII, p. 359.)

appliqué aux figures de Benoît, peut faire supposer qu'elles étaient mobiles. » Ce mot avait un sens moins restreint que ne le pensait M. Magnin, et s'appliquait fort bien à des poupées non mobiles [1].

Le *cercle* était dans la rue des Saints-Pères, vis-à-vis de la rue Taranne.

Sur Antoine Benoît, peintre du Roi et son unique sculpteur en cire coloriée, membre de l'Académie de peinture, mort à Paris en 1717, voyez la *Notice* que lui a consacrée M. Eud. Soulié (Versailles, 1856), les *Causeries d'un curieux*, par M. Feuillet de Conches, tome II, p. 244-248; et le *Dictionnaire critique de biographie et d'histoire*, par M. A. Jal, article *Benoît*. — Sur les Brioché, voyez l'*Histoire des marionnettes en Europe*, de Charles Magnin, p. 134-142; la *Correspondance littéraire* du 25 octobre 1862, p. 363, où leur a été rendu leur nom de famille, et le *Dictionnaire* de M. Jal, article *Datelin*, où sont réunis un grand nombre de renseignements nouveaux.

*BB**, à vendre en bouteille l'eau de la rivière....*

Clefs diverses : « Barbereau [2], médecin empirique, s'acquit du bien et de la réputation par des eaux qu'il ordonnoit et vendoit, que l'on reconnut à la fin être de l'eau de la Seine. »

Un autre charlatan arrive ici de delà les monts....

Il s'agit du charlatan italien Caretti (voyez tome I, p. 520 et 521, note II; et ci-après, p. 411 et 412, note XXXVI). Caretti ne retourna, il nous semble, d'où il arrivait, c'est-à-dire en Italie, qu'en 1665.

Au lieu de Caretti, que mentionnent presque tous les annotateurs, la clef de 1697 nomme Amonio, médecin italien dont il est plusieurs fois question dans les *Lettres de Mme de Sévigné* en 1676 et en 1677. Son nom se retrouve assez souvent dans les clefs manuscrites, ainsi que celui du « marquis de Ratinap. »

Domenico Amonio, qui avait reçu du Roi, en 1671, une pension de deux cents livres, était assez bien en cour, car il y présenta,

---

1. Mme de Sévigné se sert du mot *figures* et *images* quand elle parle des figures en cire de Benoît (voyez tome II, p. 154, et tome VI, p. 211); mais divers exemples cités par M. Littré dans son *Dictionnaire de la langue française*, à l'article *Marionnettes*, montrent que ce mot eût pu tout aussi bien leur être donné.

2. « Berbereau, » dans quelques clefs.

CLEFS ET COMMENTAIRES.   319

en 1690, un Italien qui avait fait une invention dont parle Dangeau (tome III, p. 80). Sur ce personnage, voyez les *Lettres de Mme de Sévigné*, tome IV et tome V, *passim ;* le *Dictionnaire des bienfaits du Roi*, au nom *Amonio;* le *Dictionnaire de biographie* de M. Jal, article *Amonio;* et les *Cours galantes* de M. G. Desnoiresterres, tome III, p. 276-286.

Mercure est Mercure, et rien davantage….

Les clefs des éditions Coste imprimées en Hollande et diverses clefs manuscrites donnent ici le nom de « Bontems. »

« Bontems, le premier des quatre valets de chambre du Roi, et gouverneur de Versailles et de Marly, dont il avoit l'entière administration des maisons, des chasses et de quantité de dépenses, mourut aussi en ce temps-là (1701), » écrit Saint-Simon, qui parle de Bontems avec la plus grande estime (tome III, p. 64 et 65). « C'étoit de tous les valets intérieurs celui qui avoit la plus ancienne et la plus entière confiance du Roi pour toutes les choses intimes et personnelles…. C'étoit l'homme le plus profondément secret, le plus fidèle et le plus attaché au Roi qu'il eût su trouver, et pour tout dire en un mot, qui avoit disposé la messe nocturne dans les cabinets du Roi que dit le P. de la Chaise à Versailles, l'hiver de 1683 à 1684, que Bontems servit, et où le Roi épousa Mme de Maintenon en présence de l'archevêque de Paris, Harlay, Montchevreuil et Louvois…. Bontems étoit rustre et brusque, avec cela respectueux et tout à fait à sa place, qui n'étoit jamais que chez lui ou chez le Roi, où il entroit partout, à toutes heures et toujours par les derrières, et qui n'avoit d'esprit que pour bien servir son maître, à quoi il étoit tout entier, sans jamais sortir de sa sphère. Outre les fonctions si intimes de ces deux emplois, c'étoit par lui que passoient tous les ordres et messages secrets, les audiences ignorées qu'il introduisoit chez le Roi, les lettres cachées au Roi et du Roi, et tout ce qui étoit mystère. »

Alexandre Bontems, intendant des châteaux, parcs, domaines et seigneuries de Versailles, gouverneur de Rennes, avait reçu des lettres de conseiller d'État en 1674, et en 1679 la charge de surintendant de la Dauphine, ou plutôt une partie de cette charge, qu'il avait vendue trois cent trente mille livres. Il avait été abbé d'Iverneau. Aux revenus de sa charge de valet de chambre et aux « quelques profits » qui les augmentaient et que mentionne l'*État de la France*, il faut ajouter une pension du Roi.

Si la Bruyère, en écrivant ce trait, a particulièrement pensé à tel ou tel personnage, si *Mercure* est pour lui tel complaisant, et non les complaisants en général, ce n'est sans doute pas auprès de Louis XIV lui-même qu'il est allé le chercher, quoi qu'en disent les clefs : en 1690, le Roi est marié avec Mme de Maintenon ; il n'y a plus de *Mercure* autour de lui. Il y en avait plus près de la Bruyère, le marquis de Lassay, par exemple et tout d'abord, que l'on accusait d'être le *Mercure* de Monsieur le Duc, c'est-à-dire de l'ancien élève de notre auteur. « Lassay, dit Saint-Simon (tome IX, p. 97 et 98), avoit fait toutes sortes de métiers, dont Madame la Duchesse a fait une chanson, qui les décrit d'une manière très-plaisante et peu flatteuse. Elle ne se doutoit pas alors de ce qui lui est arrivé depuis avec son fils[1]. »

Voici cette chanson, recueillie par Mme du Noyer (*Lettres historiques et galantes*, tome I, p. 271) :

> Dévot, impie, guerrier, amant[2],
> Courtisan, héros de province,
> Tu n'es encore à quarante ans[3]
> Que m........ d'un jeune prince[4].
> Le mérite à la cour est mal récompensé,
> N'est-il pas vrai, Lassé[5] ?

C'est en 1692 que Lassay eut quarante ans. Il était de « cette sorte de gens » qui mettaient « les mœurs » de *Théagène* en danger : voyez tome I, p. 338, n° 2, et p. 538, note 1. Il « s'attacha à Monsieur le Duc, dit encore Saint-Simon (*ibidem*), se fourra dans ses parties obscures, y fut acteur commode, s'intrigua vainement, mais tant qu'il put. »

Sur Armand Madaillan de Lesparre, marquis de Lassay, auteur du *Recueil de différentes choses*, voyez M. Sainte-Beuve, *Causeries du lundi*, tome IX, p. 129-162 ; M. Paulin Paris, *l'Hôtel de Lassay* (1848) ; M. G. Desnoiresterres, *Cours galantes*, tomes II et III, *passim* ; un article de M. A. Destouches, dans la *Correspondance littéraire* du 5 août 1859, p. 387, etc.

1. Allusion aux amours du comte de Lassay avec Madame la Duchesse. Leur liaison commença en 1711.
2. Il y a quelques variantes dans le *Chansonnier Maurepas* (tome VII, p. 255), qui donne ainsi le premier vers, avec la même faute :

> Impie, dévot, jaloux amant....

3. « A cinquante ans », dans le *Chansonnier* ; mais la chanson y étant donnée l'année 1692, c'est bien *quarante* qu'il faut lire.
4. « Louis duc de Bourbon, prince du sang, » dit en note le *Chansonnier*.
5. Variante du *Chansonnier* :

> Le mérite a la cour n'est pas récompensé.
> Adieu, mon cher Lassé.

VI

Pages 88 et 89, n° 22. — *Si les ambassadeurs des princes étrangers....* (1687.)

Clefs diverses : « Les Siamois qui vinrent en France en 1686, dont on admiroit les moindres paroles, qu'on a fait imprimer. »

Il y a dans l'Europe un endroit d'une province maritime....

Clefs manuscrites : « Rouen et ses environs. »
 Aucune clef imprimée ne dit vers quelle ville de province la Bruyère envoie cette phrase de mauvaise humeur ; mais il s'agit évidemment de la Normandie, et la ville dont les habitants lui ont paru grossiers ne peut être que Rouen ou Caen. La Bruyère ne connaissait vraisemblablement pas d'autre province maritime que la Normandie. Il avait séjourné quelque temps, un mois peut-être, soit à Rouen, soit à Caen : avait-il eu à se plaindre des gens de la cour des comptes de Rouen ou de ses collègues de Caen ? (Voyez la *Notice biographique*.) — Il est à noter que notre auteur n'opposait d'abord que le magistrat au paysan ; ce n'est qu'à la 4ᵉ édition qu'il cesse de prendre uniquement à partie la magistrature, et qu'il accuse en même temps de grossièreté la bourgeoisie.

VII

Page 90, n° 25. — *Ce prélat se montre peu....* (1687.)

 Clef de 1697 et clefs du dix-huitième siècle : « M. le Camus, évêque de Grenoble ; M. de Noailles, évêque de Châlons, ensuite archevêque de Paris. » — La clef de 1700 ne nomme que M. le Camus ; quelques clefs manuscrites ne citent au contraire que M. de Noailles.
 Sur le Camus, évêque de Grenoble, où il s'était acquis un grand renom d'autorité, voyez tome I, p. 442, et ci-dessus, tome II, p. 304 et 305. Il avait été nommé cardinal en 1686, et il était alors en disgrâce : l'une ou l'autre raison aurait dû suffire, ce nous semble, pour démontrer l'invraisemblance de l'accusation.
 M. de Noailles[1], dit Saint-Simon (tome I, p. 293), avait été évêque à Châlons, où « il garda une résidence exacte, uniquement appliqué aux visites, au gouvernement de son diocèse et à toutes sor-

---

1. Louis-Antoine de Noailles, évêque de Cahors en 1679, évêque de Châlons-sur-Marne en 1680, archevêque de Paris en août 1695, cardinal en 1700.

tes de bonnes œuvres. » Nommé à l'archevêché de Paris, il refusa d'abord cette dignité, et ne s'y résigna que sur des « ordres réitérés. »

Après l'avoir nommé, les clefs du dix-huitième siècle ajoutent : « Les choses ont bien changé de face. » Cette note ne peut signifier qu'il y eut lieu plus tard de faire quelque réserve sur la régularité et la piété du cardinal de Noailles ; elle porte sans doute sur cette phrase : « Il n'est point homme de cabale, et il n'a point l'esprit d'intrigue. » On sait quelle part le cardinal de Noailles prit aux querelles théologiques. En 1687, il n'avait pas encore eu l'occasion de se prononcer publiquement sur la doctrine du P. Quesnel et sur le jansénisme. A cette époque, M. de Noailles était depuis sept ans évêque de Châlons, et devait y attendre huit ans encore sa nomination à l'archevêché de Paris.

VIII

Page 91, n° 27. — *Il ne faut pas juger des hommes....* (1689.)

En regard de cette réflexion, faite par la Bruyère d'une manière générale, un lecteur des *Caractères* a écrit sur son exemplaire : « Monseigneur le Dauphin. » Il s'agit de Louis de France, que l'on appelait *Monseigneur* ou le *grand Dauphin*, et qui mourut en 1711. La plupart des contemporains jugeaient ce prince comme l'ont fait Saint-Simon et Mme de Caylus ; peut-être l'annotateur de l'exemplaire que nous avons sous les yeux doutait-il que l'on connût bien le grand Dauphin. Dans un livre publié en 1865 sous ce titre : *Bossuet, précepteur du Dauphin*, M. Floquet s'est proposé de prouver que par politique autant que par timidité, le Dauphin s'abstenait de se montrer tel qu'il était.

IX

Pages 91-93, n° 28. — .... *Il disoit que l'esprit dans cette belle personne....* (1694.)

« La forme singulière que la Bruyère a donnée à ce caractère, qui parut pour la première fois dans la 8ᵉ édition, dit Walckenaer dans ses *Remarques et Éclaircissements* (p. 723), exige que nous entrions dans quelques détails sur celle qui en est l'objet. La clef ne l'a pas indiquée, et M. Aimé-Martin est le premier qui ait fait observer que Chaulieu nous a révélé son nom avec une parfaite certitude. Dans une note annexée à une lettre adressée à *Madame D****, *par M. de la Faye*, Chaulieu a dit : « Cette lettre est adressée à
« Mme d'Aligre, femme en premières noces du petit-fils du chance-
« lier de ce nom (*Gilles d'Aligre, seigneur de Boislandry, conseiller au*

« *Parlement*), et en secondes noces de M. Chevilly (*Charles-Claude*
« *Hatte de Chevilly*), capitaine aux gardes. Elle étoit fille de M. Saint-
« Clair Turgot, doyen du conseil. M. la Bruyère l'a célébrée dans
« ses *Caractères* sous le nom d'*Arténice*, et c'est pour elle que l'amour
« m'a dicté une infinité de vers que j'ai faits. C'étoit en effet une des
« plus jolies femmes que j'aie connues, qui joignoit à une figure très-
« aimable la douceur de l'humeur et tout le brillant de l'esprit. Per-
« sonne n'a jamais écrit mieux qu'elle, et peu aussi bien. » (*OEuvres* de
Chaulieu, la Haye (Paris), 1774. in-8°, tome I, p. 34 et 35.) — De cette
femme, que deux des plus beaux esprits de France s'accordent à nous
faire considérer comme une des personnes les plus spirituelles de leur
temps, nous ne connaissons pas une seule lettre qui ait été imprimée;
et sans l'édition des *OEuvres* de Chaulieu, donnée sur les manuscrits
autographes, à peine saurions-nous que Catherine Turgot a existé. »

Quelques notes du *Chansonnier Maurepas*[1] ont déjà permis à
MM. Walckenaer, G. Desnoiresterres et Édouard Fournier de raconter les aventures de la jeune femme dont la Bruyère fait un si
charmant portrait, et dont Chaulieu nous a livré le nom. Répétons-en
le récit à notre tour, avec autant de précision qu'il sera possible.

Catherine Turgot avait treize ans[2] lorsqu'elle épousa, le 6 octobre
1686, Gilles d'Aligre de Boislandry, petit-fils et arrière-petit-fils des
chanceliers d'Aligre[3]. Elle lui apportait, si Dangeau a été bien informé, une dot de quatre cent vingt mille livres[4]. Quant à lui, sa fortune était sans doute beaucoup moindre. M. et Mme de Boislandry
s'établirent dans une maison de la rue de la Perle, qui fut payée des
deniers apportés en dot par Catherine Turgot, et M. de Boislandry
acheta un office de conseiller à la première chambre des enquêtes du
parlement de Paris[5]. Une fille naquit de leur union le 21 septembre

1. Tome VII, p. 427-430.
2. « Elle est fille de M. Turgot Saint-Clair, dit le *Mercure galant* en annonçant son prochain mariage (août 1686, p. 306), et n'est encore que dans sa quatorzième année. » — Antoine Turgot, seigneur de Saint-Clair, d'abord conseiller au Parlement, était devenu maître des requêtes en 1667. Il a composé quelques pièces en vers français et un poëme latin sur les empoisonnements de la Brinvilliers : voyez les *OEuvres de Mme Deshoulières*, tome II, p. 65, édition de 1754, et les *Causes célèbres* de Gayot de Pitaval, tome I, p. 463.
3. Gilles d'Aligre, qui avait environ vingt-deux ans, était ou avait été conseiller au parlement de Metz. Il était frère d'Étienne d'Aligre, président à mortier au parlement de Paris de 1701 à 1725, et oncle d'Étienne Claude d'Aligre, seigneur de la Rivière et de Boislandry, président à mortier de 1724 à 1752, héritier, comme on le voit, du titre de Boislandry.
4. *Journal* de Dangeau, tome I, p. 368.
5. Il fut reçu le 23 décembre 1686.

1691, et mourut le 2 avril 1692. Pendant les sept premières années du mariage, la chronique scandaleuse se tait sur M. et Mme de Boislandry[1]. Mais en 1693, une note du *Recueil Maurepas* nous montre Mme de Boislandry « brouillée avec son mari pour ses galanteries, » et son mari l'accusant de compromettre par ses désordres la santé de l'un et de l'autre. Apprenant que son gendre avait le projet de « se faire séparer en justice » de sa femme, et cela « sans rendre la dot, » M. Turgot voulut sauver immédiatement, par une mesure héroïque, la dot et l'honneur de sa fille : il demanda lui-même une enquête judiciaire, et M. le Camus, lieutenant civil au Châtelet, chargea de cette enquête deux chirurgiens, Passerat et Bessière ; elle se fit au mois de mai 1693. Écartons les détails que donne l'annotateur du *Chansonnier*; il suffit de dire que les craintes de M. de Boislandry furent déclarées chimériques. Battu sur un point, M. de Boislandry eût-il pu l'être sur les autres ? N'aurait-il pu donner la preuve des galanteries qu'il imputait à sa femme ? Nous n'en savons rien, car il n'y eut point de procès : la séparation se fit à l'amiable, sur l'arbitrage du chancelier Boucherat. Mais puisque Boislandry redoutait si peu l'éclat d'un procès scandaleux, aurait-il accepté la sentence arbitrale de Boucherat s'il avait pu convaincre judiciairement sa femme d'adultère, et obtenir ainsi la libre possession de sa dot ? J'en doute.

« La séparation fut faite par la médiation de Louis Boucherat, chancelier de France, est-il dit dans la note déjà citée du *Recueil Maurepas*. La négociation dura longtemps, parce que Mme de Boislandry et M. Turgot Saint-Clair vouloient que le mari rendît la dot telle qu'il l'avoit reçue de sa femme, ce qu'il ne pouvoit faire, en ayant employé une partie à l'acquisition d'une maison où ils logeoient, et qu'il offroit de rendre pour le prix qu'elle lui avoit coûté[2]. Mais

---

1. Nous rencontrons, il est vrai, dans le *Recueil Maurepas* (tome XXV, p. 435 et suivantes), au moment même où nous mettons sous presse, deux chansons datées de 1686, sur Mme de Boislandry ; mais Mme de Boislandry s'étant mariée en octobre 1686, est-il vraisemblable qu'elle ait pu, cette même année et après son mariage, nouer et dénouer une intrigue ? Ces chansons, arbitrairement datées, appartiennent sans doute à l'année 1699, car elles nous paraissent faire allusion à la rupture dont il sera question plus loin, entre Catherine et Chaulieu. Voici la première, moins le dernier vers ; elle est attribuée à Mme Murat :

  Iris étoit tendre et belle,
   Mon sort étoit doux ;
  Mais puisqu'elle est infidèle,
   Le bon vin me tient lieu d'elle....

2. « La maison en litige, nous apprend M. Fournier (tome II, p. 472 et 473), se trouvait rue de la Perle, au Marais, tout près de la rue Vieille-du-Temple

enfin le médiateur régla que le mari garderoit le bien et lui feroit huit mille livres de pension. »

Les préliminaires judiciaires de cette séparation amiable n'étaien pas restés secrets. On chansonna Mme de Boislandry, on chansonna M. de Boislandry :

> Pauvre petite Boislandry,
> Ne pleurez pas votre aventure.
> Grâce aux soins de votre mary,
> Pauvre petite Boislandry,
> La faculté, etc.

Il en est de cette chanson comme d'un très-grand nombre de celles que contient le *Recueil Maurepas* : on peut à peine en citer un fragment. Nous ne savons si l'événement auquel il y est fait allusion eut un très-grand retentissement; hors cette chanson, nulle trace n'en est connue. Quoiqu'il n'en soit parlé ni dans les lettres ni dans les mémoires du temps, il faut bien accepter le témoignage si précis de l'annotateur de la chanson ; mais sur ce témoignage unique nous ne pouvons croire qu'à la cour et à la ville tout le monde fût instruit de la disgracieuse querelle de M. et Mme de Boislandry.

> Malgré votre époux, ce pied-plat,

dit la chanson, et aussitôt l'annotateur d'ajouter : « Il n'y a jamais eu un plus grand sot que M. de Boislandry. » Il est possible que l'annotateur, dont les allégations sont souvent suspectes à nos yeux, ait cette fois raison : M. de Boislandry était d'une famille peu « espritée, » suivant l'expression de Saint-Simon [1]. Nous sommes moins sûr que le commentateur anonyme n'a pas pour Mme de Boislandry des sévérités imméritées, ou du moins prématurées, lorsqu'il écrit la remarque suivante sous un vers de la même chanson, datée de 1693 : « Cette petite femme avoit nombre d'amants et ne leur étoit pas cruelle. » Si Mme de Boislandry eût déjà été entourée, en 1693, de ce nombreux cortége d'amants heureux, nous serions étonné que le nom de chacun d'eux eût échappé à la publicité, et se fût soustrait, par exemple, à la malignité des chansonniers [2].

et du jeu de paume de *la Sphère*. Elle dépendait, ajoute-t-il, du franc-alleu dont Bruant des Carrières et son frère Libéral Bruant, l'architecte, étaient détenteurs, comme on le voit par le partage des biens de la succession de Bruant des Carrières, dont l'acte, en date du 7 octobre 1696, passé devant les notaires Delange et Lavalette, nous a été communiqué par M. de Mareuil, descendant de des Carrières. »

1. *Journal* de Dangeau, tome I, p. 242.
2. Mme de Boislandry est citée parmi les femmes galantes de Paris dans une

C'est seulement à la fin de l'année 1694, plusieurs mois après la publication du caractère d'*Arténice*, deux années environ après les galanteries dont s'était alarmé M. d'Aligre, que nous voyons sa femme accepter les hommages d'un amant dont le nom nous soit connu. Le premier qu'elle ait accueilli après la séparation (du moins pensa-t-il être le premier) est l'abbé de Chaulieu, à qui elle demeura fidèle, ou qui la crut fidèle pendant plus de quatre années.

Dans une pièce de vers datée du 1er janvier 1695, et qui semble bien marquer le commencement des amours de Chaulieu et de sa nouvelle maîtresse, il nous montre l'*Amour* et l'*Amitié* se rendant de compagnie auprès de Mme de Boislandry pour lui offrir son cœur :

> Ne seriez-vous point l'Amour?

demande Mme de Boislandry à l'un des visiteurs.

> — Je le suis; mais las! je n'ose
> Vous parler de mon retour;
> Je sais que je suis la cause
> D'un nombre infini de maux,
> Dont l'affreuse Jalousie
> Et sa triste frénésie
> A troublé votre repos.
> Qui fit seul votre souffrance,
> Veut faire votre bonheur;
> Et je viens, en récompense,
> Vous faire présent d'un cœur

chanson qui est datée de 1693 et intitulée : « A Maximilien-Henri de Béthune, chevalier de Sully, colonel d'un régiment, sur quelques femmes de Paris » (*Chansonnier Maurepas*, tome VII, p. 413) :

> Au Marais est la Boislandry....

Mais il suffisait que son mari eût appelé sur elle l'attention publique pour que les chansonniers s'emparassent de son nom; cette chanson, si elle est bien de 1693, est sans doute l'écho de celle dont nous avons précédemment (p. 325) cité les premiers vers. Nous verrions peut-être un indice plus grave de la légèreté des mœurs de Catherine dans une déclaration de Chaulieu que l'édition de ses *OEuvres* de 1774 (tome II, p. 217) intitule : « A Mme D***, célèbre coquette, qui avoit demandé une déclaration d'amour en vers, » si Mme D*** était Mme d'Aligre de Boislandry; mais s'agit-il bien de Mme de Boislandry? s'agit-il même d'une Mme D*** ? C'est l'éditeur de 1774 qui, sans raison et de sa propre autorité, indique par l'initiale D*** la personne à qui Chaulieu adresse cette pièce d'un tour fort léger et quelque peu impertinent ; le titre est simplement : « A Mme de **, » etc., dans la brochure publiée en 1744 par l'abbé d'Estrées, où elle a paru pour la première fois. Cette brochure a pour titre : *Recueil de poésies galantes du chevalier de **, et de quelques pièces fugitives de l'abbé de Chaulieu et autres, au Parnasse françois, chez les héritiers d'Apollon* : voyez l'édition Saint-Marc des *OEuvres* de Chaulieu, 1750, tome II, p. 33.

Digne de votre tendresse[1]....

.... *L'affreuse Jalousie*
Et sa triste frenesie.

c'est M. de Boislandry. Le *nombre infini de maux* dont il a « troublé » son « repos, » c'est la menace du procès, l'enquête très-indiscrète de la faculté, tout ce qui a précédé la séparation. On voit que Chaulieu fut ou se crut le premier successeur de l'amant, pour nous inconnu, dont M. de Boislandry prit ombrage. De l'humeur dont était Catherine, elle dut assez vite user de la liberté qui lui était donnée : aussi pourrait-on, je crois, sans trop d'impertinence, supposer que la séparation ne lui aurait rendu sa liberté qu'en 1694, l'année même où elle devint maîtresse de Chaulieu. Il avait alors cinquante-cinq ans, si l'on accepte les dates que donnent Saint-Marc et la plupart des biographes; cinquante-neuf, s'il est vrai qu'il mourut âgé de quatre-vingt-quatre ans, en 1720, ainsi qu'il est dit dans le *Parnasse françois* de Titon du Tillet et dans l'acte d'inhumation tel que le reproduit M. Jal dans son *Dictionnaire*[2]. Quant à Catherine, elle avait vingt et un ans.

Au début de ces amours, Catherine reçoit du poëte le nom d'*Iris*[3], et ce nom, avec le diminutif de Catherine, *Catin*[4], est celui qu'on lit le plus souvent dans ses vers ; une fois seulement Catherine deviendra par anagramme *Ricanète*[5] ; une ou deux tout au plus, *Chloris*[6], *Lesbie*[7], *Phyllis*[8] ; ou encore, je le crains, *Agathon*, si les deux pièces qui célèbrent très-singulièrement Agathon[9] sont de Chaulieu.

---

1. *OEuvres* de Chaulieu, édition de 1774, tome II, p. 68. C'est à cette édition que nous renverrons, sauf indication contraire.

2. Cette date s'accorde également avec une note de l'édition de 1774 des *OEuvres* de Chaulieu (tome I, p. 88). Nous devons faire remarquer que Saint-Marc, suivant lequel Chaulieu mourut (en 1720) à quatre-vingt-un ans, avait, comme M. Jal, lu son acte d'inhumation dans les registres du Temple (*OEuvres* de Chaulieu, édition de 1750, tome I, p. LXII, note 8).

3. Voyez tome II, p. 117 (année 1695), p. 85 (1699), p. 76, et peut-être aussi p. 77, 259 et 260. Cette dernière pièce, qui ne s'est pas retrouvée dans les manuscrits de Chaulieu, serait antérieure à ses amours avec Mme de Boislandry, si elle est de lui, et si *Iris* y est bien Mme de Boislandry.

4. Voyez tome II, p. 255 (1697), 256 (1699), 115, 116, 120 et 121 (1700), 96 (1703), 114, 250, 259.

5. *Ibidem*, p. 221. — 6. *Ibidem*, p. 118 (1696).

7. *Ibidem*, p. 80 et 97, où il semble bien être question de Catherine. Ailleurs (p. 105), *Lesbie* est Mlle de Launay.

8. Voyez tome I, p. 25. L'année 1700 permet de reconnaître Catherine dans *Phyllis*.

9. Tome II, p. 270 et 271. — Comme pièces adressées à Mme de Boislan-

APPENDICE.

Mme de Boislandry, avons-nous dit, fut fidèle pendant quatre années à Chaulieu :

> Mon Iris m'est toujours fidèle :
> Nous sommes l'un de l'autre également contents ;
> Je n'ai lieu de me plaindre d'elle
> Que de l'aimer depuis quatre ans [1].... (Tome II, p. 85.)

Si pendant quatre ans Catherine ne fut pas infidèle, du moins était-elle coquette, et Chaulieu paraît s'en plaindre dès 1697. *Catin* d'ailleurs avait des élans de sincérité qui pouvaient quelque peu troubler la quiétude de son amant, et il dut sans grand étonnement se voir un jour préférer le jeune comte de Lassay [2]. C'est au printemps de 1699 que Catherine abandonna son poëte : la date nous semble certaine. Le 24 mars 1699, jour de la fête de Catherine [3], Chaulieu avait offert, comme les trois années précédentes, son bouquet de vers et de fleurs, jurant de nouveau l'éternité de son amour. Ce fut à une époque très-rapprochée de cette date que Mme de Boislandry oublia ses serments [4]. Sur quelque propos un peu vif du poëte trahi, les deux amants se séparèrent. La brouille toutefois ne fut pas de longue durée. L'année n'était pas encore terminée que plein de miséricorde pour les infidélités de Catherine, et même résigné à les voir se continuer, Chaulieu demandait à rentrer en grâce.

Une pièce de vers, envoyée à Mme de Boislandry sous le nom de Mlle de la Force, exprime ses tendres regrets et ses reproches amoureux [5] ; dans une lettre en prose, il implore son pardon [6] et

dry, voyez encore tome II, p. 80, 83 (?), 93-98, 103 (?), 112, 119 (1698 et 1700), etc.

1. Que de l'aimer depuis *six* ans,

est-il dit dans l'édition Saint-Marc (1750, tome II, p. 69) ; mais les leçons de l'édition de 1774, faite sur les manuscrits de Chaulieu, sont toujours préférables. Il est d'ailleurs impossible d'admettre la prolongation de la fidélité de Mme de Boislandry au delà de quatre ans. Elle est la seule, parmi les maîtresses de Chaulieu, dont il ait conservé aussi longtemps l'amour, et c'est une raison qui nous permet de la reconnaître ici avec quelque certitude dans Iris, nom qui, au surplus, lui est presque toujours applicable dans les poésies de Chaulieu.

2. Léon comte de Madaillan, puis comte de Lassay, et enfin marquis de Lassay (1738). Né en 1683 du second mariage du célèbre marquis de Lassay, il avait alors seize ans. Il devint en 1711, l'année même de son propre mariage, l'amant de la duchesse de Bourbon, veuve de l'ancien élève de la Bruyère.

3. Tome II, p. 256. — 4. Voyez tome II, p. 72.

5. Tome II, p. 221-225.

6. « Convenez des vôtres (*de vos torts*), je conviendrai des miens ; mais pourquoi les mettre au pluriel ? Je n'en eus de mes jours qu'un avec vous. Je suis

rappelle les promesses jurées de faire survivre l'amour à l'amitié ; une lettre en prose et en vers, datée du 1er janvier 1700, nous le montre offrant encore son amour à son ancienne maîtresse[1]. On se revit, et bientôt l'on s'aima de nouveau. Après un an d'oubli, Chaulieu rentrait en grâce, et se vengeait à son tour de son rival[2], donnant

fort colère, vous le savez ; j'étois encore fort amoureux, vous le méritez : ma bouche laissa aller quelques paroles aux Tuileries l'*été passé*, que l'on vous rapporta, dont mon cœur ne fut jamais complice. Quoi qu'il en soit, je suis prêt de vous en demander pardon a genoux. » (Tome II, p. 196.) — La date de cette lettre ne peut être douteuse : elle est de la fin de l'année 1699. Il semble qu'à cette époque la beauté de Mme de Boislandry ait reçu une atteinte passagère : « Consultez-vous bien, écrit Chaulieu (*ibidem*, p. 197), et vous verrez que de toutes les choses du monde, rien ne peut vous faire autant d'honneur que le retour de mon amitié, qui ne peut avoir de raison que vos bonnes qualités : vos agréments ne pouvant au plus ramener que ce bon fripon dont je ne fais plus aucun cas, et dont il n'est plus ici question (*l'amour*). Pour mieux vous le marquer, bien loin d'insulter aux chagrins et aux déplaisirs que vous avez si cruellement essuyés, et que vous méritiez si peu, j'ai partagé vos ennuis, je vous ai plainte, et j'ai condamné les mouvements secrets de vengeance, qui pouvoient bien me faire quelque plaisir ; mon cœur s'est trouvé trop vengé, parce que je vous ai trouvée trop malheureuse. » La *Lettre pour étrennes*, écrite le 1er janvier 1700 (tome II, p. 72), explique ce passage un peu obscur :

    Pour le plaisir de ma vie,
    Je te prie,
    Reprends l'éclat de beauté
    Que Vénus t'avoit ôté
    Par envie.

1. *Lettre pour étrennes*, citée dans la note précédente.
2.   .... Maître en friponnerie,
    Je démêlai d'abord la tromperie ;
    Je me tins coi, et jurai bien et beau
    De m'en venger avant *Pâque fleurie*.

(*Sur mon rival, qui me croyoit brouillé avec ma maîtresse, pendant que j'étois raccommodé avec elle*, tome II, p. 115 et 116. — Chaulieu avait d'abord écrit : *Sur L**** [Lassay], *qui me croyoit brouillé avec Madame D****, *pendant que, etc.*)

Le dimanche des Rameaux était tombé en 1699 le 12 avril, en 1700 le 4 avril. C'était, en effet, avant Pâques fleuries de l'année 1700, c'est-à-dire avant le 4 avril, que Chaulieu avait tenu la promesse qu'il s'était faite : le jour de sainte Catherine, le 24 mars, il envoyait à Mme de Boislandry un *bouquet*, c'est-à-dire une pièce de vers, où, « afin de tromper L......, qui étoit amoureux d'elle, » il ne parlait que d'amitié, et le lendemain il lui écrivait un madrigal tout différent, où se montre l'amant préféré :

    Sous le doux nom d'amitié je t'ai fait
    Un beau bouquet pour le jour de ta fête....
    A mon rival j'ai tendu ce panneau....
            (Tome II, p. 119 et 120.)

à ses amis attristés le spectacle d'une vieillesse oublieuse de toute dignité[1].

En 1703, il était encore l'ami de Mme de Boislandry[2]; mais bien qu'il lui parlât encore le langage de la galanterie, l'amitié seule survivait[3]. C'était le temps où son cœur semble s'être tourné vers la marquise de Lassay, belle-mère de son rival auprès de Catherine.

Le comte de Lassay avait depuis longtemps oublié Catherine de Boislandry quand il se maria (1711), et Chaulieu n'était plus qu'un très-vieil ami lorsque Catherine, après quelques mois de veuvage, épousa en secondes noces (1712) M. de Chevilly, dont elle était la maîtresse depuis 1708 ou 1709[4]. Après son second mariage, le silence se fait autour de Mme de Boislandry, qui mourut en 1737.

1. La Fare me disoit un jour tout en colère :
« Sais-tu que ta maîtresse est friponne et légère?
Romps des fers qu'en honneur tu ne peux plus porter;
Laisse-la désormais, et songe à l'éviter.
— Le conseil est très-bon, et d'un ami sincère,
Lui dis-je, et je croirois que l'on ne peut mieux faire,
    Cher ami, que d'en profiter;
Mais son esprit m'amuse; elle a l'art de me plaire,
Et je ne l'aime plus assez pour la quitter. » (Tome II, p. 98.)

2. Voyez tome II, p. 96 : *A la même* (Madame D***), *pour la prier de le venir voir pendant sa goutte en* 1703.

3. Cette même année 1703, l'abbé Courtin écrivait à Chaulieu (tome I, p. 135 et 136) :

Te souvient-il, abbé, de ces beaux yeux
Dont trop longtemps tu fus amant fidèle?
C'étoit pourtant une simple mortelle,
Et par tes vers tu l'élevois aux cieux.
Libre à présent et sans inquiétude,
Tu vis content et tu fais ton étude
De la tranquille et sage volupté.

Chaulieu, qui dans sa réponse à Courtin (p. 142) se prétend

Revenu des erreurs après de longs détours,

rappelle à la Fare, vers la même époque, sa longue passion pour Mme de Boislandry, et s'excuse de l'avoir aimée malgré ses infidélités (tome I, p. 288) :

Marquis, à qui le fond de mon âme est connu,
    Tu sais que mon cœur, prévenu
    Longtemps pour un objet aimable,
Ne pouvant se résoudre à le trouver coupable
    Malgré son infidélité,
    Chercha dans la nécessité
    D'un changement inévitable
    Des raisons pour rendre excusable,
Parmi tant d'agréments, tant de légèreté.

4. Voyez la correspondance de Matthieu Marais avec Mme de Merigniac,

Revenons aux années 1693 et 1694, époque tout à la fois du procès ou plutôt de la menace du procès, et de la publication du caractère d'*Arténice*. Quelle était la secrète pensée de la Bruyère quand il l'écrivait et le publiait?

« L'hommage, dit Walckenaer (p. 726), que la Bruyère rendait à Mme de Boislandry, dans son livre si estimé et si répandu, dut la consoler en partie des blessures qui lui étaient faites par les chansonniers. La Bruyère flattait dans Mme de Boislandry le sentiment le plus fort chez une coquette, la vanité. De telles louanges prouvaient beaucoup, et il était bien évident que cette *parfaite amie* du sévère moraliste, de l'amer censeur des femmes, *avait réussi à le mener plus loin que l'amitié*. »

Quelques années plus tard, M. Sainte-Beuve écrivait dans un article sur la Bruyère : « Comme il sent bien le mérite de certaines femmes, leur charme élevé, profond quand elles joignent l'agrément à l'honnêteté! Il en aima pourtant qui passèrent pour légères, et il s'est piqué de les venger. On cite une Mme d'Aligre dont il a fait un portrait charmant, d'un tour inattendu : « Il disoit que l'es-« prit dans cette belle personne, etc. » C'est un diamant pur que ce petit *fragment*, comme il l'intitule. Et si l'on regarde à la nature des propos qui sont restés attachés au nom de cette dame, on admire la délicatesse du peintre d'avoir ainsi loué une femme qui avait eu les plus odieux démêlés avec son mari et qui avait été chansonnée. Quel plus touchant dédommagement, et quelle revanche immortelle contre l'opinion qui la harcelait et l'insultait! M. Destailleur[1] veut douter que tant d'éloges puissent s'adresser à une femme compromise : c'est n'apprécier qu'à demi la générosité de la Bruyère. » (*Nouveaux lundis*, tome I, p. 134.)

Si la Bruyère a écrit ce *fragment* après l'humiliation que reçut Mme de Boislandry, quel hommage précieux pour elle en effet! Et même s'il l'écrivit avant les querelles conjugales, combien encore dut en être flattée la vanité d'*Arténice!* Il nous reste cependant à citer un commentaire où le caractère d'*Arténice* est tout différemment compris : c'est celui de M. Édouard Fournier, l'ingénieux auteur de *la Comédie de la Bruyère*, et le seul critique qui ait voulu voir dans ce portrait autre chose qu'un éloge. Désireux de ne pas affaiblir son argumentation, nous reproduirons *in extenso*, parmi les pages qu'il consacre à Mme de Boislandry et qu'il appelle « le plus difficile

---

dans les *Mémoires* de Matthieu Marais, tome I, p. 150, édition de M. de Lescure, et le *Chansonnier Maurepas*, tome XI, p. 313.

1. Ainsi que M. Destailleur, M. Desnoiresterres a mis en doute l'identité d'*Arténice* et de Catherine de Boislandry : voyez les *Cours galantes*, tome II, p. 251.

et le plus délicat de tous *ses* chapitres, » la plupart de celles où il établit sa nouvelle explication, qui est inacceptable, à notre avis.

« Jusqu'ici, dit M. Fournier (tome II, p. 447), nous n'avions guère eu de lui (*de la Bruyère*) que des portraits vivement, vertement accentués, presque des caricatures, à prendre le mot dans le sens modéré qu'on lui donnait alors. Cette fois, c'est une miniature de Petitot qu'il nous donne, avec des nuances de coloris idéal, comme on en trouve chez Largillière. Je me suis défié.

« Tant d'éclat dans l'éloge, sans ombre apparente, sans réticence visible, me mit en soupçon pour cet éloge même, venu d'une telle main. Je me demandai s'il était possible que sa malice abdiquât ainsi tout d'un coup, et peu à peu j'arrivai, connaissant le terrain, à trouver que l'ironie était là, comme partout, cachant sa pointe dans la fleur de la louange et se faisant un poison de son parfum.

« Ce qui me guida dans cette découverte, ce fut un examen plus attentif du portrait, au point de vue de la forme toute nouvelle qui lui est donnée et de la place qu'il occupe; mais ce fut surtout la connaissance enfin acquise du caractère même et de la vie de la personne à qui la Bruyère pensait quand il le peignit.

« Il nous le présente avec un titre, unique chez lui; il l'intitule : *Fragment*. Ce n'est qu'un débris d'émail, où l'on devra chercher, non une physionomie entière, mais un côté de physionomie; non le rayonnement d'une existence complète, mais le reflet d'une seule partie de cette existence, prise dans son passé (car le chapitre commençant par ces mots : *Il disoit....* n'indique rien du présent), cueillie, examinée, enfin, dans son printemps, car dès les premières lignes la femme représentée apparaît comme étant « trop jeune et trop fleurie « pour ne pas plaire. »

« Pourquoi cet appel au passé, s'interrompant sans conclusion, juste au moment où le présent devrait le continuer? ne serait-ce point parce que celui-ci n'en fut pas la continuation parfaite; et alors ne faudrait-il pas chercher dans l'esquisse inachevée de la Bruyère, faisant si bien voir ce qui avait été, la condamnation de ce qui fut depuis?

« C'est ce que je fus insensiblement conduit à penser. Je ne doutai même plus, lorsqu'en regardant de plus près, je vis que ce portrait, au lieu d'être au chapitre *du Cœur* ou à celui *des Femmes*, se lit au chapitre *des Jugements*, si terrible pour la vanité de nos illusions, si cruel sur « la misère de la prévention; » lorsque je songeai surtout que celle dont la vie s'y trouve étalée avec tant d'élogieuse complaisance pour sa jeunesse, et tant d'oubli, plein d'ombres, pour ce qui suivit, est Catherine Turgot, aussi charmante et délicatement vantée sous son nom de jeune fille qu'elle fut cruellement fameuse sous son nom d'épouse, Mme de Boislandry. »

CLEFS ET COMMENTAIRES. 333

Il disoit.... Cette entrée en matière est le premier argument de M. Fournier. « Il *disoit,* » donc il ne dit plus : ce verbe au passé lui semble une preuve que le portrait n'est plus ressemblant, au moment même où il est écrit, et que l'auteur a voulu en donner avis au modèle et au public. Mais *il disoit....* est tout simplement, ce me semble, un tour qui rappelle celui d'Alceste s'adressant à Oronte :

> .... Un jour, à quelqu'un, dont je tairai le nom,
> Je disois, en voyant des vers de sa façon....
> .... Je lui disois, moi, qu'un froid écrit assomme....
> Je lui mettois aux yeux, etc. [1].

Ou encore ces vers d'Arsinoé s'adressant à Célimène :

> Hier j'étois chez des gens de vertu singulière,
> Où sur vous du discours on tourna la matière [2]....

Et cette réponse de Célimène :

> En un lieu l'autre jour où je faisois visite,
> Je trouvai quelques gens d'un très-rare mérite,
> Qui parlant des vrais soins d'une âme qui vit bien,
> Firent tomber sur vous, Madame, l'entretien [3]....

Alceste, Arsinoé et Célimène emploient ce tour pour faire la critique des gens en leur présence : la Bruyère s'en est servi pour l'éloge. Cet imparfait, après tout, ne vient-il pas très-naturellement dans un morceau que l'auteur présente comme le feuillet égaré d'un roman ?

M. Fournier tire un second argument de la coquetterie et des aventures de Mme de Boislandry. Divisant sa vie en deux parties entièrement dissemblables, il nous montre dans l'une Catherine Turgot candide et pure ; dans l'autre, Mme de Boislandry femme galante, presque dévergondée. La raison de la métamorphose qui a fait de la « pure et charmante jeune fille » une mauvaise épouse est « l'intrusion d'un sot mari, » nous dit-il [4]. Ainsi unie à un « époux ridicule, »

---

1. *Le Misanthrope,* acte II, scène II, vers 344 et suivants.
2. *Ibidem,* acte III, scène v, vers 879 et 880.
3. *Ibidem,* vers 915 et suivants.
4. « Pour Mlle Turgot, comme pour tant d'autres, chez qui l'épouse continue si mal la pure et charmante jeune fille, il y eut, entre ce qu'elle était et ce qu'elle devint, l'intrusion malséante d'un sot mari. » (*Comédie de la Bruyère,* tome II, p. 452.) — « La pensée de la Bruyère au sujet de ce mariage, dit encore M. Fournier (p. 454), est facile à deviner. Quand, dès l'apparition de son livre, qui suivit d'assez près, il parla de l'espèce de fatalité que la richesse des

et « n'ayant rien pour se distraire du dégoût que lui inspirait son mari, pas même la maternité, puisqu'une fille, seule enfant qu'elle ait eue, était morte huit mois après sa naissance, » Mme de Boislaudry, ajoute-t-il, se jette « avec toute la fougue d'une dissipation désespérée » dans la société de Chaulieu et de ses amis, et devient aussitôt une *Ricanète* éhontée.

Soit, Mme de Boislandry fut coquette, elle eut pour le moins trois ou quatre amants de 1693 à 1711, nul ne peut le nier; mais pour savoir si le portrait qu'en a fait la Bruyère est un hommage sincère ou une ironie, il faut se tenir aux années 1693 et 1694, à l'époque où la coquetterie de Mme de Boislandry éveille peut-être justement déjà la jalousie de son mari, mais où un galant homme peut encore prendre sa défense : « Avec une bonne conduite, elle a de meilleures intentions, » dit la Bruyère. Jusque-là Chaulieu ne l'a pas compromise[1]. Le souvenir de ce qu'elle devint plus tard à son école ne doit donc pas la faire reléguer, dès 1694, parmi les femmes qu'un honnête homme, même un honnête homme du temps de Louis XIV, n'aurait pu louer sérieusement et sans ironie. Les moralistes du dix-septième siècle n'avaient point de telles rigueurs.

Quand M. Fournier, au surplus, oppose la jeune fille à la jeune femme, il faut se rappeler que Mme de Boislandry s'est mariée enfant, et que c'est bien certainement de la jeune femme, et non de la jeune fille, que nous avons le portrait. Portrait flatté, sans nul doute, et qui devait bientôt cesser d'être ressemblant, comme il serait arrivé

---

dots jette dans les mariages[*], il me semble qu'il fait allusion à Catherine; mais plus tard il me paraît encore mieux y penser, lorsqu'il dit : « Les belles « filles sont sujettes à venger ceux de leurs amants qu'elles ont maltraités, ou « par de laids, ou par de vieux, ou par d'*indignes* maris[**]. » L'*indigne* était M. de Boislandry, dont on disait : « C'est un pied plat, » ou bien : « Il n'y a « jamais eu un plus grand sot. » — Nous avons quelque peine à voir une allusion à Catherine dans les réflexions que mentionne M. Fournier. Mariée très-jeune, elle n'a pu être une de ces filles « riches » qui laissent « échapper les premières occasions » et se préparent ainsi « un long repentir. » De plus, est-il vraisemblable qu'à treize ans elle eût déjà « maltraité » des amants?

[1]. Saint-Marc attribue à Chaulieu deux pièces intitulées : « Sur Mlle D. T., qui aimoit éperdument un moineau franc » (*OEuvres* de Chaulieu, édition de 1774, tome II, p. 251 et 252; et édition de 1750, tome II, p. 54) : ces pièces, qui n'ont pas été retrouvées dans les manuscrits de Chaulieu, semblent s'adresser à une jeune fille de plus de treize ans, et l'on sait que Catherine s'est mariée à cet âge. Quoi qu'il en soit, personne n'a jamais proposé de lire *De Turgot* dans les lettres D. T., et nous ne savons aucun autre document qui permette de conjecturer que Chaulieu ait connu Catherine avant 1694.

[*] Tome I de cette édition, p. 189, n° 60
[**] *Ibidem*, p. 190, n° 62.

pour celui qu'on eût pu tracer de Mme Ulrich au moment où la Fontaine en fit la rencontre : mais tel que pouvait et que devait l'écrire un indulgent ami, ou encore un amoureux sincère. La Bruyère est peut-être ici cet amoureux : il n'est pas un amoureux qui raille et qui se venge lui-même, encore moins un moraliste qui venge la morale outragée.

Mais ne veut-on pas admettre que le caractère d'*Arténice*, écrit en 1694, puisse être le portrait sérieusement fait d'une femme accusée par son mari et près d'être abandonnée par lui? deux conjectures se présentent, qui nous semblent préférables à l'interprétation que nous discutons. Peut-être ce caractère a-t-il été écrit plusieurs années avant qu'il fût imprimé, dans ces premiers temps de mariage où Mme de Boislandry n'est encore qu'une coquette dont les aventures, si elle en a, ne font pas grand bruit : ce ne serait pas le seul morceau que la Bruyère eût gardé quelques années sur sa table ou dans sa cassette avant de l'envoyer à l'imprimerie[1]. La date de 1693, donnée aux différends de M. et Mme de Boislandry par un collectionneur de chansons déjà vieilles, est peut-être inexacte : c'est la seconde conjecture. Au mois de novembre 1693, M. Turgot Saint-Clair écrit un madrigal à Mme Deshoulières ; or l'on aurait peut-être droit de s'étonner qu'il fît du bel esprit à cette époque, si c'est au mois de mai de la même année que l'honneur de sa fille a été soumis à l'expertise de Passerat et de Bessière, et dans les mois suivants que se discutent les questions relatives à la séparation. De plus, les vers de Chaulieu extraits du « *Voyage de l'Amour et de l'Amitié*, fait pour Madame D. » (voyez ci-dessus, p. 326), ont une date certaine, celle du 1ᵉʳ janvier 1695 : or le poëte semble y faire allusion à des « maux » tout récents.

Quel que soit le mérite de son interprétation nouvelle, M. Fournier ne prétend pas avoir surpris le secret de la Bruyère : il pense avoir retrouvé celle qui avait eu cours chez les contemporains, et c'est encore un point sur lequel je ne saurais être de son avis.

« Le deuil, » dit-il (p. 473) après avoir raconté l'histoire de la séparation de Mme de Boislandry, et la consolation qu'elle dut trouver à ses ennuis dans une liberté plus grande, « le deuil dura davantage chez ses amis, qui, comme la Bruyère, l'ayant admirée dans la candeur de sa pure jeunesse, avaient à gémir des doutes sans nom dont elle avait subi l'outrage, et qu'une justification médicale ne pouvait pas tous

---

[1]. Voyez la *Notice biographique*. — Cette hypothèse a déjà été proposée par M. Desnoiresterres : « Bien que ce portrait ait été publié pour la première fois en 1694, dans la 8ᵉ édition, il est impossible que la Bruyère ne l'ait pas tracé avant ces déplorables débats. » (*Cours galantes*, tome II, p. 251.)

détruire. Ceux qui n'eurent pas à dire leur opinion furent les moins à plaindre. La Bruyère fut obligé de dire la sienne. Une nouvelle édition de son livre était attendue. Depuis deux ans, ce qui était bien long, il n'en avait pas donné. On était donc de la curiosité la plus impatiente pour les nouveaux chapitres que, suivant l'usage, on espérait trouver dans cette édition, au sujet des choses qui avaient pu faire événement depuis la dernière.

« L'aventure de Mme de Boislandry était la plus intéressante de toutes. On l'y guetta d'autant plus qu'on n'ignorait pas qu'il avait connu la dame. Comment pourra-t-il en parler? Qu'en dira-t-il? Il s'en tira, comme on l'a vu, avec la délicatesse la plus exquise, la plus discrète, mais aussi la plus terrible.

« Dans son livre, qui reparut en effet peu de mois après, et qui dut être si avidement dévoré aux endroits où un signe nouveau, « qu'on avoit exigé de lui, » indiquait les additions nouvelles[1], on ne trouva qu'un regret voilé. Mais, placé comme il l'était, au chapitre *des Jugements*, c'est-à-dire des choses qui se démentent, désillusions ou contradictions humaines, ce regret plein d'éloges pour le passé, sans un mot pour le présent, sur le seuil duquel il faisait un arrêt si brusque, fut, je le répète et vous le penserez comme moi, la plus navrante des condamnations. La Bruyère ne pouvait rien de plus fort, comme leçon, contre Mme de Boislandry, et pour la faire rentrer en elle-même, que d'opposer au désordre public de la femme ce que la jeune fille avait fait espérer de vertus : au fruit gâté, la fleur sans tache. »

Si les lecteurs des *Caractères* avaient « guetté » avec tant d'impatiente curiosité l'apparition de la 8ᵉ édition pour y trouver le sentiment de la Bruyère sur la mésaventure de Mme de Boislandry, comment son nom aurait-il échappé aux annotateurs? Le silence de tous les contemporains, moins Chaulieu, nous donne au contraire lieu de croire qu'*Arténice* n'a été reconnue que de bien peu de personnes.

Qu'elle se soit reconnue d'elle-même ou qu'elle ait reçu de la Bruyère la confidence de la pensée secrète qui a inspiré ce *fragment*, ne doutons pas qu'elle n'ait bien accueilli cet hommage, et qu'elle n'ait pris plaisir à s'en prévaloir quelque jour auprès de Chaulieu. M. Fournier, si je ne me trompe, croit que Chaulieu vit tout simplement un éloge dans le caractère d'*Arténice*[2] : c'est assurément ce qu'y a vu Mme de Boislandry, et nous demandons la permission de l'y voir aussi.

Nous souhaitons qu'il se découvre quelque part, soit des lettres

---

1. Voyez tome I de cette édition, p. 96.
2. Voyez *la Comédie de la Bruyère*, tome II, p. 452, lignes 8 et 9.

soit des poésies ou même des romans de Catherine Turgot. « Personne n'a jamais mieux écrit, et peu aussi bien, » dit Chaulieu : si c'est une Sévigné ignorée que permet d'entrevoir cette phrase, combien est regrettable la perte de sa correspondance, et pour le prix qu'elle aurait eu par elle-même, et pour le chapitre de la vie de la Bruyère qu'elle eût peut-être contenu !

Dans une note dont M. Fournier a cité quelques extraits, communiqués par M. G. Desnoiresterres, se trouve un autre témoignage du mérite littéraire de Mme de Boislandry, mais moins flatteur, car on y marque sa mesure, et l'on en fait une seconde Mme de Villedieu. Nous ignorons d'où vient cette note, qui est évidemment du dix-huitième siècle, et qu'il serait intéressant de pouvoir joindre au dossier de Mme de Boislandry. En voici du moins trois fragments, qui sont épars dans le xxxviie chapitre de *la Comédie de la Bruyère* : « On y est, en quelques mots, dit M. Fournier (p. 459), renseigné sur « les sociétés qu'elle avoit avec l'abbé de Chaulieu, « Servien, le marquis de la Fare, et autres beaux esprits volup« tueux, dont elle étoit l'amie et la déesse. » .... « Elle écrivoit « comme Mme de Villedieu (p. 457). » .... « C'est elle qui avoit « mis M. de Lassay en réputation, et l'on s'en étoit fié à elle, comme « à une connoissance parfaite, et c'est dans le temps qu'il étoit « son amant qu'on lui a donné le sobriquet de *Lassay, plutôt mort* « *que lassé* (p. 463). »

Page 92. — *Loin de s'appliquer à vous contredire avec esprit, et d'imiter Elvire.... Laissant à Elvire les jolis discours et les belles-lettres....*

M. Fournier a suppléé heureusement, je crois, au silence des clefs en reconnaissant Mlle de la Force dans *Elvire*. Mlle de la Force était en effet l'amie de Mme de Boislandry, et nous en donnerons comme preuve que c'est sous le nom de Mlle de la Force que Chaulieu lui écrivit, après la première rupture, une lettre qui a été rappelée ci-dessus, p. 328. Mlle de la Force est plus connue par son mariage de trois années avec le fils du président Briou que par ses ouvrages. Voyez sur elle l'*Histoire de la vie et des ouvrages de la Fontaine*, 3e édition, p. 305.

Deux phrases que nous venons de citer, l'une de Chaulieu, l'autre

« Le second anagramme (*Ricanète*; le premier est *Arténice*) lui vint, dit M. Édouard Fournier, de Chaulieu, qui la connut beaucoup, qui la connut trop. On lui doit aussi de savoir que l'autre (*Arténice*) avoit été donné par la Bruyère à Mlle Turgot, et de posséder ainsi la clef longtemps désirée de ce caractère. Peut-être eût-il dû faire remarquer la différence. Il ne la vit pas. »

d'un écrivain du dix-huitième siècle que nous ne connaissons pas, semblent prouver qu'Arténice n'a pas toujours « laissé les belles-lettres » à Elvire.

X

Page 93, n° 29. — .... *Un air réformé, une modestie outrée....*
Une gravité trop étudiée.... (1690 et 1691.)

Toutes les clefs placent le nom du premier président de Harlay en marge de la seconde partie de cette réflexion, la plupart en regard de la phrase : *Un air réformé, une modestie outrée*, etc., quelques-uns en regard du second alinéa : *Une gravité trop étudiée....*

Saint-Simon (tome I, p. 143) a fait le portrait suivant du président de Harlay : « Un habit peu ample, un rabat presque d'ecclésiastique, et des manchettes plates comme eux, une perruque fort brune et fort mêlée de blanc, touffue, mais courte avec une grande calotte par-dessus. Il se tenoit et marchoit un peu courbé, avec un faux air plus humble que modeste. »

XI

Page 94, n° 33. — *Un homme qui a beaucoup de mérite et d'esprit, et qui est connu pour tel....* (1689.)

Clef de 1696 : « Feu M. Pellisson, de l'Académie françoise. Il étoit fort laid. » — Clefs du dix-huitième siècle : « M. Pellisson, maître des requêtes, historien du Roi et de l'Académie, très-laid de visage, mais bel esprit. Il a fait plusieurs ouvrages. Il étoit bénéficier, et avoit été huguenot. On veut qu'il soit mort dans cette religion en 1693. »

La laideur de Pellisson était en effet proverbiale, et son nom devait venir naturellement sous la plume des annotateurs. « Guilleragues disoit hier que Pellisson abusoit de la permission qu'ont les hommes d'être laids, » écrivait en 1674 Mme de Sévigné (tome III, p. 353).

« .... Une petite vérole, dit l'abbé d'Olivet (*Histoire de l'Académie*, tome II, p. 260),... lui déchiqueta les joues et lui déplaça presque les yeux.... Mais avec toute sa laideur, il n'avoit pour plaire qu'à parler. »

Si la Bruyère avait pensé à Pellisson en écrivant cette remarque, elle pourrait être une réponse à ce vers de Boileau, où il est fait allusion à sa fortune et à sa laideur :

L'or même à la laideur donne un teint de beauté.
(*Satire* VIII, vers 205.)

Pellisson avait lu ce vers en 1667; il eut en 1689 le plaisir de lire la réflexion de la Bruyère.

XII

Pages 100-103, n° 56. — *Talent, goût, esprit, bon sens*, etc.
Page 101. — *Il y a dans le monde.... Un homme paroît grossier....*
(1691.)

Quand la Bruyère publia ce caractère, où il était impossible de ne pas reconnaître la Fontaine, le fabuliste était depuis plusieurs années l'ami de Mme Ulrich. Elle y répondit, ou peut-être y fit répondre après la mort de la Fontaine, et peu de temps avant celle de la Bruyère, dans le *Portrait*[1] qu'elle mit en tête des *OEuvres posthumes de Monsieur de la Fontaine*, éditées par elle en 1696. Voici la partie du *Portrait* qui est relative à la personne même de la Fontaine :

« Je dois d'abord ôter de votre esprit la mauvaise impression que pourroit y avoir laissée la lecture d'un portrait que l'on a fait de M. de la Fontaine, et que vous avez trouvé parmi quantité d'autres, et vous dire que, quoiqu'il rende justice aux ouvrages de cet excellent auteur[2], il ne la rend pas de même à sa personne.

« On peut dire que celui qui l'a fait a plutôt songé à faire un beau contraste en opposant la différence qui se trouvoit, à ce qu'il prétendoit, entre les ouvrages et la personne d'un même homme, qu'à faire un portrait qui ressemblât. On voit qu'il n'a pas assez étudié son sujet. Il semble même qu'il s'y soit copié traits pour traits, et qu'il ait trouvé dans lui-même toute la grossièreté et toute la stupidité qu'il donne si généreusement à la personne de M. de la Fontaine. Il faut pourtant avouer que celle de cet auteur fameux ne prévenoit pas beaucoup en sa faveur. Il étoit semblable à ces vases simples et sans ornements, qui renferment au dedans des trésors infinis. Il se négligeoit, étoit toujours habillé très-simplement, avoit dans le visage un air grossier; mais cependant dès qu'on le regardoit un peu attentivement, on trouvoit de l'esprit dans ses yeux; et une certaine vivacité, que l'âge même n'avoit pu éteindre, faisoit voir qu'il n'étoit rien moins que ce qu'il paroissoit.

« Il est vrai aussi qu'avec des gens qu'il ne connoissoit point, ou qui ne lui convenoient pas, il étoit triste et rêveur, et que même, à l'entrée d'une conversation avec des personnes qui lui plaisoient, il

---

1. *Portrait de M. de la Fontaine*, par M. *** (le marquis de Sablé, suivant quelques-uns).
2. Outre le passage que nous commentons, voyez l'alinéa que la Bruyère a consacré à la Fontaine dans son *Discours à l'Académie*.

étoit froid quelquefois; mais dès que la conversation commençoit à l'intéresser et qu'il prenoit parti dans la dispute, ce n'étoit plus cet homme rêveur, c'étoit un homme qui parloit beaucoup et bien, qui citoit les anciens, et qui leur donnoit de nouveaux agréments. C'étoit un philosophe, mais un philosophe galant: en un mot c'étoit la Fontaine, et la Fontaine tel qu'il est dans ses livres.

« Il étoit encore très-aimable parmi les plaisirs de la table. Il les augmentoit ordinairement par son enjouement et par ses bons mots, et il a toujours passé avec raison pour un très-charmant convive.

« Si celui qui a fait son portrait l'avoit vu dans ces occasions, il se seroit absolument dédit de tout ce qu'il avance de sa fausse stupidité. Il n'auroit point écrit que M. de la Fontaine ne pouvoit pas dire ce qu'il venoit de voir. Il auroit avoué au contraire que le commerce de cet aimable homme faisoit autant de plaisir que la lecture de ses livres.

« Aussi tous ceux qui aiment ses ouvrages (et qui est-ce qui ne les aime pas?) aimoient aussi sa personne. Il étoit admis chez tout ce qu'il y a de meilleur en France. Tout le monde le desiroit; et si je voulois citer toutes les illustres personnes et tous les esprits supérieurs qui avoient de l'empressement pour sa conversation, il faudroit que je fisse la liste de toute la cour.

« Je ne prétends pas néanmoins sauver ses distractions, j'avoue qu'il en a eu; mais si c'est le foible d'un grand génie et d'un grand poëte, à qui les doit-on plutôt pardonner qu'à celui-ci? »

Mme Ulrich justifie les assertions de la Bruyère dans une certaine mesure: la Fontaine était souvent « froid, triste et rêveur; » mais elle a raison de dire que le désir de « faire un beau contraste » entre la personne et les ouvrages de la Fontaine a entraîné la Bruyère un peu trop loin. De l'empressement avec lequel on recherchait sa société, des amitiés célèbres qui le rendirent le familier de plusieurs femmes d'esprit, de ses ouvrages mêmes ses admirateurs peuvent tirer bien des témoignages qu'il est permis d'opposer à la Bruyère. Voici en quels termes l'a vengé M. Sainte-Beuve:

« On a paru s'étonner de ce succès si prompt de la Fontaine dans ce monde de cour, » dit-il en parlant de l'introduction de la Fontaine dans la société brillante dont s'entourait Foucquet. « Ceux qui, sur la foi de quelques anecdotes exagérées, se font de lui une sorte de rêveur toujours absent, ont raison de n'y rien comprendre; mais c'est que l'aimable poëte n'était point ce qu'ils se figurent. Il avait certes ses distractions, ses ravissements intérieurs, son doux enthousiasme qui l'enlevait souvent loin des humains; le jour où il faisait parler *dame Belette* et où il suivait *Jeannot Lapin* dans la rosée, ils lui semblaient plus intéressants tous deux à écouter qu'un cercle de beau monde ou même de brillants esprits. Mais quand la Fontaine n'était pas dans sa veine de composition, quand il était arrêté sous le charme auprès de quelqu'une de ces femmes spirituelles et belles qu'il a célébrées et qui savaient l'agacer avec grâce, quand il voulait plaire enfin, tenez pour assuré qu'il avait tout ce qu'il faut pour y réussir, au moins en causant. Et qui donc a mieux défini que lui la conversation parfaite, et tout ce qu'elle demande de sérieux ou de léger?

> . . . .
> Jusque-là qu'en votre entretien
> La bagatelle a part : le monde n'en croit rien.
> Laissons le monde et sa croyance.
> La bagatelle, la science,
> Les chimères, le rien, tout est bon ; je soutiens
> Qu'il faut de tout aux entretiens :
> C'est un parterre où Flore épand ses biens ;
> Sur différentes fleurs l'abeille s'y repose,
> Et fait du miel de toute chose.

« Ce qu'il disait là à Mme de la Sablière, il dut le pratiquer souvent, mais avec ceux qui lui plaisaient et à ses heures. Voltaire, dans une lettre à Vauvenargues, rapportant le talent de la Fontaine à l'instinct, à condition que ce mot *instinct* fût synonyme de *génie*, ajoutait : « Le caractère de ce bonhomme était si simple, que dans « la conversation il n'était guère au-dessus des animaux qu'il faisait « parler.... L'abeille est admirable, mais c'est dans sa ruche ; hors « de là l'abeille n'est qu'une mouche. » On vient de voir, au contraire, « que la Fontaine voulait qu'on fût abeille, même dans l'en-« tretien. » (*Causeries du lundi*, tome VII, p. 414 et 415 [1].)

A la suite de la citation que fait M. Sainte-Beuve, plaçons encore ce fragment d'une lettre adressée en 1689 par Vergier à Mme d'Hervart, où se trouve un précieux portrait de la Fontaine :

« Ce qu'il y a de meilleur dans sa lettre, dit-il en parlant du *bon homme*, est qu'il me marque qu'il va passer six semaines avec vous à la campagne. Voilà un bonheur que je lui envie fort, quoiqu'il ne le ressente guère, et vous m'avouerez bien, à votre honte, qu'il sera moins aise d'être avec vous, que vous ne le serez de l'avoir, surtout si Mlle de Beaulieu vient vous rendre visite, et qu'il s'avise d'effaroucher sa jeunesse simple et modeste par ses naïvetés, et par les petites façons qu'il emploie, quand il veut caresser de jeunes filles.

> Je voudrois bien le voir aussi,
> Dans ces charmants détours que votre parc enserre,
> Parler de paix, parler de guerre,

1. Voyez aussi Walckenaer, *Histoire de la vie et des ouvrages de J. de la Fontaine*, 4ᵉ édition, tome I, p. 27-31.

Parler de vers, de vin, et d'amoureux soucis;
Former d'un vain projet le plan imaginaire,
Changer en cent façons l'ordre de l'univers,
Sans douter proposer mille doutes divers;
Puis tout seul s'écarter, comme il fait d'ordinaire,
Non pour rêver à vous, qui rêvez haut à lui,
Non pour rêver à quelque affaire,
Mais pour varier son ennui.

Car vous savez, Madame, qu'il s'ennuie partout, et même (ne vous en déplaise) quand il est auprès de vous, surtout quand vous vous avisez de vouloir régler ou ses mœurs ou sa dépense. » (*OEuvres de Vergier*, édition de Londres, 1680, tome III, p. 192 et 193.)

S'il était nécessaire toutefois de citer, à l'appui du jugement de la Bruyère, des témoignages plus nets et plus précis que les concessions de Mme Ulrich, on les trouverait dans les *Mémoires* de Saint-Simon (tome I, p. 256), qui peint en passant la Fontaine par ces mots : « La Fontaine, si connu par ses fables et ses contes, et toutefois si pesant en conversation »; dans les *Mémoires* de Louis Racine *sur la Vie de Jean Racine*[1]; dans les *Mélanges de littérature* de Vigneul Marville (Bonaventure d'Argonne), qui contiennent le récit d'un repas qu'on lui donna « pour avoir le plaisir de jouir de son agréable entretien, » et « où il mangea comme quatre et but de même, » s'endormit pendant trois quarts d'heure, puis s'en alla[2]; et enfin dans l'*Histoire de l'Académie françoise*, de l'abbé d'Olivet (tome II, p. 300), qui est le résumé impartial des appréciations diverses

---

1. « Autant il étoit aimable par la douceur du caractère, autant il l'étoit peu par les agréments de la société. Il n'y mettoit jamais rien du sien, et mes sœurs, qui dans leur jeunesse l'ont souvent vu à table chez mon père, n'ont conservé de lui d'autre idée que celle d'un homme fort malpropre et fort ennuyeux. Il ne parloit point, ou vouloit toujours parler de Platon, dont il avoit fait une étude particulière dans la traduction latine. Il cherchoit à connoître les anciens par la conversation et mettoit à profit celle de mon père.... » (*OEuvres de J. Racine*, édition de M. Mesnard, tome I, p. 326.)

2. « On s'approcha de lui, on voulut le mettre en humeur et l'obliger à laisser voir son esprit; mais son esprit ne parut point. Il étoit allé je ne sais où, et peut-être alors animoit-il ou une grenouille dans les marais, ou une cigale dans les prés, ou un renard dans sa tanière; car durant tout le temps que la Fontaine demeura avec nous, il ne nous sembla être qu'une machine sans âme. On le jeta dans un carrosse, et nous lui dîmes adieu pour toujours. Jamais gens ne furent plus surpris, et nous nous disions les uns aux autres : « Comment se peut-il faire qu'un homme qui a su rendre spirituelles les plus « grosses bêtes du monde, et les faire parler le plus joli langage qu'on ait ja- « mais ouï, ait une conversation si sèche, et ne puisse pas pour un quart « d'heure faire venir son esprit sur les lèvres, et nous avertir qu'il est là? » *Mélanges d'histoire et de littérature*, tome II, p. 355, édition de 1700.)

CLEFS ET COMMENTAIRES.   343

qu'ont pu faire les contemporains de l'esprit de conversation de la Fontaine :

« A sa physionomie on n'eût pas deviné ses talents.... Rarement il commençoit la conversation ; et même pour l'ordinaire il y étoit si distrait, qu'il ne savoit ce que disoient les autres. Il rêvoit à tout autre chose, sans qu'il eût pu dire à quoi il rêvoit. Si pourtant il se trouvoit entre amis, et que le discours vînt à s'animer par quelque agréable dispute, surtout à table, alors il s'échauffoit véritablement, ses yeux s'allumoient, c'étoit la Fontaine en personne, et non pas un fantôme revêtu de sa figure.

« On ne tiroit rien de lui dans un tête-à-tête, à moins que le discours ne roulât sur quelque chose de sérieux et d'intéressant pour celui qui parloit. Si des personnes dans l'affliction et dans le doute s'avisoient de le consulter, non-seulement il écoutoit avec grande attention, mais, je le sais de gens qui l'ont éprouvé, il s'attendrissoit, il cherchoit des expédients, il en trouvoit ; et cet idiot, qui de sa vie n'a fait à propos une démarche pour lui, donnoit les meilleurs conseils du monde.

« Une chose qu'on ne croiroit pas de lui, et qui est pourtant très-vraie, c'est que dans ses conversations il ne laissoit rien échapper de libre ni d'équivoque. Quantité de gens l'agaçoient dans l'espérance de lui entendre faire des contes semblables à ceux qu'il a rimés ; mais il étoit sourd et muet sur ces matières : toujours plein de respect pour les femmes, donnant de grandes louanges à celles qui avoient de la raison et ne témoignant jamais de mépris à celles qui en manquoient.

« Autant qu'il étoit sincère dans ses discours, autant étoit-il facile à croire tout ce qu'on lui disoit. »

« La Bruyère, » écrivait Voltaire en 1776[1], sous le nom de M. de la Visclède, s'est servi de couleurs un peu fortes pour peindre notre fabuliste ; mais il y a du vrai dans ce portrait : *Un homme paroît grossier*, etc. » Telle doit être en fin de compte la conclusion de tout commentaire sur ce caractère.

Un autre est simple, timide.... (1691.)

Cet autre est, comme nous l'avons dit, le grand Corneille.

« Mon père avait bu avec Corneille, écrit Voltaire en 1761 à l'abbé d'Olivet[2] ; il me disait que ce grand homme était le plus ennuyeux mortel qu'il eût jamais vu et l'homme qui avait la conversation la

1. *OEuvres de Voltaire*, édition Beuchot, tome XLVIII, p. 274.
2. *Ibidem*, tome LIX, p. 623.

plus basse. » On peut citer un certain nombre de témoignages à l'appui du sentiment commun de la Bruyère et du père de Voltaire.

« Vigneul Marville parle à peu près de même [1] (*que la Bruyère*), dit M. Marty-Laveaux dans la *Notice biographique* placée en tête du tome I de son édition de *Corneille* (p. xxxi) :

« A voir M. de Corneille, on ne l'auroit pas pris pour un homme
« qui faisoit si bien parler les Grecs et les Romains et qui donnoit
« un si grand relief aux sentiments et aux pensées des héros. La
« première fois que je le vis, je le pris pour un marchand de Rouen.
« Son extérieur n'avoit rien qui parlât pour son esprit ; et sa con-
« versation étoit si pesante qu'elle devenoit à charge dès qu'elle
« duroit un peu. Une grande princesse, qui avoit desiré de le voir
« et de l'entretenir, disoit fort bien qu'il ne falloit point l'écouter
« ailleurs qu'à l'Hôtel de Bourgogne. Certainement M. de Corneille
« se négligeoit trop, ou pour mieux dire, la nature, qui lui avoit été
« si libérale en des choses extraordinaires, l'avoit comme oublié
« dans les plus communes. Quand ses familiers amis, qui auroient
« souhaité de le voir parfait en tout, lui faisoient remarquer ces légers
« défauts, il sourioit et disoit : « Je n'en suis pas moins pour cela
« Pierre de Corneille. » Il n'a jamais parlé bien correctement la
« langue françoise ; peut-être ne se mettoit-il pas en peine de cette
« exactitude, mais peut-être aussi n'avoit-il pas assez de force pour
« s'y soumettre. »

« Fontenelle, à la fin du portrait, fort intéressant pour nous et fidèle sans aucun doute, qu'il nous a laissé de son oncle, ne rend pas un témoignage beaucoup plus favorable de son talent de lecteur :
« M. Corneille, dit-il, étoit assez grand et assez plein, l'air fort simple
« et fort commun, toujours négligé, et peu curieux de son extérieur.
« Il avoit le visage assez agréable, un grand nez, la bouche belle, les
« yeux pleins de feu, la physionomie vive, des traits fort marqués et
« propres à être transmis à la postérité dans une médaille ou dans
« un buste. Sa prononciation n'étoit pas tout à fait nette ; il lisoit
« ses vers avec force, mais sans grâce [2]. »

« Enfin Corneille, confirmant par avance ces divers témoignages, a dit de lui-même :

.... L'on peut rarement m'écouter sans ennui,
Que quand je me produis par la bouche d'autrui [3]. »

---

1. *Mélanges d'histoire et de littérature*, recueillis par Vigneul Marville (Bonaventure d'Argonne), 1701, tome I, p. 167 et 168.
2. *OEuvres de Fontenelle*, tome III, p. 124 et 125 (édition de 1742).
3. *OEuvres de Corneille*, tome X, p. 477.

Boisrobert et Segrais, également cités par M. Marty-Laveaux[1], lui reprochaient, l'un de barbouiller ses vers, l'autre de n'en point sentir la beauté.

Il ne juge de la bonté de sa pièce que par l'argent qui lui en revient, écrit la Bruyère. Charpentier répétait la même accusation : « Corneille..., avec son patois normand, lit-on dans un passage du *Carpenteriana* (reproduit encore dans la même *Notice biographique*[2]), vous dit franchement qu'il ne se soucie point des applaudissements qu'il obtient ordinairement sur le théâtre, s'ils ne sont suivis de quelque chose de plus solide. »

Pages 101 et 102. — *Voulez-vous quelque autre prodige? Concevez un homme....* (1691.)

Chacun nomma Santeul en lisant ce caractère.

« Ce bonhomme, écrivait le président Bouhier en parlant de Santeul, étoit en effet un composé assez bizarre de sérieux et de bouffon, de sage et de fou : en sorte qu'on eût dit que c'étoit deux hommes, comme l'a fort bien représenté la Bruyère dans le beau portrait qu'il en a fait parmi ses *Caractères* sous le nom de *Théodas*, portrait qui plut si fort à Santeul lui-même que je me souviens d'avoir vu, entre les mains de la Bruyère, une de ses lettres où il l'en remercioit et où il signoit *Votre ami Théodas, fou et sage.* » (*Souvenirs de Jean Bouhier, président au parlement de Dijon*, publiés par M. Lorédan Larchey, p. 71.)

Dans une lettre adressée à Santeul, que l'on trouvera ci-après dans la correspondance, la Bruyère rappelle ce caractère de *Théodas* : « Voulez-vous que je vous dise la vérité, mon cher Monsieur? Je vous ai fort bien défini la première fois : vous avez le plus beau génie du monde, et la plus fertile imagination qu'il soit possible de concevoir ; mais pour les mœurs et les manières, vous êtes un enfant de douze ans et demi. »

Tout ce que l'on sait de Santeul confirme chacun des traits du caractère. Il convient particulièrement d'en rapprocher la lettre que B. de la Monnoye écrivit sur lui quelques jours après sa mort :

« Vous ne sauriez croire, dit-il après avoir raconté les dernières heures de son ami, combien les personnes qui aiment l'esprit le regrettent ici. On ne pouvoit le pratiquer sans l'aimer. Ses saillies, ses plaisanteries, au travers desquelles il faisoit paroître un sens exquis, étoient les plus agréables du monde. Je voudrois que vous

---

1. Tome I, p. xxxi, note 1.
2. *Ibidem*, p. xxxi, note 1. — *Carpenteriana*, Paris, 1724, p. 110.

eussiez assisté à la description d'un chapitre que tinrent ses confrères pour délibérer s'ils chanteroient ses hymnes dans leur congrégation. Je défie tous les Scaramouches de mieux copier les personnages qui composèrent cette assemblée : ce n'étoit plus Santeul, c'étoient une vingtaine de visages, d'airs et de sons, tous différents les uns des autres. Une des choses qui plaisoient le plus en lui, c'étoit sa franchise à reconnoître ses défauts et à relever ceux d'autrui. Malheur à qui il échappoit devant lui quelque raisonnement ou quelque expression peu juste! Malheur surtout aux téméraires ignorants qui osoient critiquer ses vers, ou même qui les lisoient de mauvaise grâce ! Il les foudroyoit sans miséricorde. Son génie et la possession où il se croyoit d'être le plus grand poëte latin de l'Europe lui avoient acquis cette supériorité. J'avois trouvé cependant moyen de lui faire entendre raison contre lui-même, et il corrigeoit volontiers ses vers sur les avis que je prenois la liberté de lui donner. C'étoit un homme sans fiel, méprisant les satires qu'on faisoit contre lui quand elles étoient fades, et les redisant avec plaisir quand il y avoit du sel. » (*OEuvres choisies de Bernard de la Monnoye*, in-8°, 1769-1770, tome III, p. 215.)

C'est bien là, avec quelques atténuations, ce Théodas multiple, tantôt bouffon, tantôt poëte d'un grand talent, « avide et insatiable de louanges, prêt de se jeter aux yeux de ses critiques, et dans le fond assez docile pour profiter de leur censure, » bon homme au demeurant. Sa *folie* était comme proverbiale ; la Monnoye en parle dans cette lettre, et c'est un sujet de plaisanterie qui lui est familier (voyez tome III, p. 216 et 217; et tome II, p. 127).

« Quel homme étoit-ce que Santeul? écrit de son côté l'abbé le Gendre dans ses *Mémoires* (p. 184). Il ne seroit pas aisé de le dire. A le voir, on eût dit d'un fou, d'un Jean-Farine, d'un saltimbanque, et quelquefois d'un possédé. Je l'ai vu faire des cabrioles, je l'ai vu faire la couleuvre et siffler comme cet insecte; je l'ai vu en fureur contre ses serins (il en avoit une volière toute pleine), parce qu'ils s'obstinoient à ne point chanter ; quand l'enthousiasme le prenoit, son visage, ses pieds et ses mains étoient dans une agitation qu'on ne peut bien représenter; cet air maniaque ou polisson le faisoit desirer dans les meilleures compagnies pour y servir de baladin, rôle bien indigne d'un religieux comme l'étoit ce poëte latin. D'un autre côté, ses poésies étoient si belles qu'on oublioit en les lisant toutes ces indignités, ou du moins on ne faisoit qu'en rire. Il a atteint en quelques-unes de ses hymnes la perfection des anciens.... »

Boileau a fait une épigramme sur les *contorsions* de Santeul récitant ses vers :

>   Quand j'aperçois sous ce portique
>   Ce moine, au regard fanatique,

Lisant ses vers audacieux,
Faits pour les habitants des cieux,
Ouvrir une bouche effroyable,
S'agiter, se tordre les mains,
Il me semble en lui voir le diable
Que Dieu force à louer les saints.

XIII

Page 103, n° 58. — *Tel, connu dans le monde....* (1687.)

Tel, connu.... « M. le Pelletier de Sousy, intendant des finances; » *tel autre....* « M. le Pelletier, son frère, le ministre d'État, ci-devant contrôleur des finances. »

Le Pelletier de Sousy, dit Saint-Simon, « avoit bien plus de lumières et de monde » que son frère. Les mémoires du temps s'accordent à nous montrer en M. le Pelletier le ministre un contrôleur général irrésolu, peu habile, peu fertile en expédients. (Voyez Saint-Simon, tome II, p. 44 et suivantes; Gourville, p. 527; Choisy, p. 305; le Gendre, p. 132-134; et le tome I de cette édition, p. 447 et 448.)

XIV

Pages 103 et 104, n° 59. — *Tout le monde s'élève....* (1687.)

Allusion, suivant les clefs, à « l'Académie françoise, » et suivant Walckenaer (p. 727), à la réception de l'abbé de Choisy, qui eut lieu au mois d'août 1687.

Comprendre ainsi la remarque, c'est en restreindre à tort l'application. S'il s'agissait d'ailleurs des choix de l'Académie, serait-ce à l'occasion de l'abbé de Choisy, qui n'avait pas encore vingt-sept ans quand il devint académicien? Choisy, il est vrai, fut reçu à l'Académie peu de temps après avoir présenté à Louis XIV sa *Vie de David* et sa traduction des *Psaumes*[1], et peut-être la bonne grâce avec laquelle Louis XIV accueillit son hommage lui valut-elle les suffrages de l'Académie. Mais par quelles « récompenses » le Roi s'était-il « déclaré? » Adjoint en 1685 à l'ambassade qui partit pour Siam, l'abbé de Choisy était tombé à son retour dans une disgrâce de six mois, dont la fin n'avait eu d'autre bon effet pour lui que de lui permettre de présenter ses œuvres à Louis XIV.

1. *Mémoires* de Choisy, collection Petitot, tome LXIII, p. 335.

XV

Pages 105 et 106, n° 64. — *Hérille, soit qu'il parle*.... (1690.)

Clef de 1696 et clefs manuscrites : « L'abbé de Rubec. »
Sur l'abbé de Drubec, voyez tome I, p. 469, note x, et ci-dessus, tome II, p. 316, note v.

XVI

Pages 107 et 108, n°ˢ 66 et 67. — *On a dit de Socrate*.... (1689.)
Celui qui est riche.... (1689 et 1690.)

Clefs diverses : « *Socrate* (n° 66), *un philosophe*, *Antisthius* (n° 67), l'auteur. »

XVII

Page 111, n° 77. — *Quel bonheur surprenant*.... (1687.)

Clefs diverses : « M. le Tellier, chancelier de France ; M. de Louvois. »

XVIII

Pages 111 et 112, n° 78. — *L'on gagne à mourir d'être loué*.... (1689.)

Nous avons considéré, dans la note 2 (p. 111 et 112), *Caton* et *Pison* comme deux noms historiques, et nous sommes tenté de le regretter, du moins pour le second.

Dans les éditions 4, 5, 6 et 7, le nom de Caton est en capitales, comme le sont dans les éditions originales des *Caractères* la plupart des noms de personnages réels ; et celui de *Pison* est en italique[1], ainsi que le sont la plupart des noms de personnages imaginaires : si l'on s'en tient à ces indications typographiques, il faut donc reconnaître en *Caton*, Caton le Censeur ou Caton d'Utique, personnifiant la vertu, et ne voir en *Pison* qu'un nom en l'air. Cette façon d'envisager différemment ces deux noms, l'un comme celui d'un personnage de l'histoire, et l'autre comme celui d'un personnage fictif, ne semble pas devoir être l'interprétation véritable de la pensée de l'auteur, quand on lit uniquement le premier alinéa de

---

[1]. Du moins la première fois que le nom est imprimé : sur les habitudes typographiques de la Bruyère pour les noms, voyez tome I, p. 103.

CLEFS ET COMMENTAIRES.

la remarque 78 (p. 111), où la Bruyère paraît avoir choisi l'homme le moins vertueux de l'histoire romaine pour l'opposer à Caton ; mais tournez le feuillet, et lisez le second alinéa (p. 112) : *Pison* y devient le premier venu, qui vous voudrez parmi vos contemporains. De là sans nul doute l'impression de *Pison* en italique dans les premières éditions qui contiennent la remarque. Plus tard la Bruyère, si ce n'est son imprimeur, mit fin à l'apparente anomalie qui plaçait à côté l'un de l'autre, dans le premier alinéa, deux noms romains en caractères différents : c'est ainsi que dans les éditions 8 et 9 les deux mots sont écrits en italique, Caton devenant en quelque sorte un personnage fictif, un Monsieur Caton, contemporain du Monsieur Pison, vivant l'un et l'autre à telle époque qu'il vous conviendra.

XIX

Page 112, n° 80. — *Tel soulage les misérables, qui néglige sa famille....* (1692.)

Clef manuscrite : « M. le duc de Mazarin. »

XX

Page 114, n° 88. — *Le plus grand malheur.... Tels arrêts....* (1689.)

Toutes les clefs donnent ici le nom de : « M. Penautier, » ainsi annoté dans celles du dix-huitième siècle : « Penautier[1], receveur général du clergé de France, accusé d'avoir empoisonné M. *** (*Matharel*)[2], trésorier des états de Bourgogne, son beau-père, de laquelle accusation il a été déchargé par un arrêt qui fut très-fort sollicité par M. le Boutz, conseiller de la grand'chambre, son beau-frère, aussi conseiller au Parlement, qui étoit très-habile et en grand crédit. L'on veut qu'on ait encore distribué beaucoup d'argent à cet effet. »

« Penautier, dit Saint-Simon (*Mémoires*, tome IX, p. 418), mourut fort vieux en Languedoc (1711). De petit caissier, il étoit devenu trésorier du clergé, et trésorier des états du Languedoc, et prodigieusement riche. C'étoit un grand homme, très-bien fait, fort galant et fort magnifique, respectueux et très-obligeant ; il avoit beaucoup

---

1. Pierre-Louis de Reich, seigneur de Penautier.
2. Les clefs Coste laissent le nom en blanc ; la clef Cochin et la clef de 1720 inscrivent à tort celui de « M. le Secq ». Le Secq était le nom de famille de la femme de Louis Matharel, beau-père de Penautier.

d'esprit et il étoit fort mêlé dans le monde ; il le fut aussi dans l'affaire de la Brinvilliers et des poisons, qui a fait tant de bruit, et mis en prison avec grand danger de sa vie. Il est incroyable combien de gens, et des plus considérables, se remuèrent pour lui, le cardinal Bonzi à la tête, fort en faveur alors, qui le tirèrent d'affaire. Il conserva longtemps depuis ses emplois et ses amis ; et quoique sa réputation eût fort souffert de son affaire, il demeura dans le monde comme s'il n'en avoit point eu. »

Son procès, qui eut un grand retentissement, fut intenté sur la plainte de la veuve de Hanyvel de Saint-Laurent, trésorier généra du clergé ; elle soutenait que son mari avait été empoisonné à l'instigation de Penautier, qui voulait lui succéder et lui succéda en effet dans sa charge. A cette accusation se joignit bientôt celle que contient l'annotation des clefs[1]. « Penautier, dit Mme de Sévigné le 22 juillet 1676 (tome IV, p. 534), sortira un peu plus blanc que de la neige : le public n'est point content, on dit que tout cela est trouble. » — « Penautier est heureux, écrit-elle deux jours plus tard (p. 541 et 542) : jamais il n'y eut un homme si bien protégé ; vous le verrez sortir, mais sans être justifié dans l'esprit de tout le monde. » Le 29 juillet (p. 552), elle conte les épigrammes qui se font contre lui, et ajoute : « Je suppose que vous savez qu'on croit qu'il y a cent mille écus répandus pour faciliter toutes choses[2] : l'innocence ne fait guère de telles profusions ? »

On lit dans les *Causes célèbres* de Richer (tome I, p. 422) que Penautier, qui, rendu à la liberté, avait repris l'exercice de ses fonctions et s'était rendu aux états de Languedoc, vit les plus grands personnages s'empresser autour de sa table ; mais son acquittement ne put empêcher que « sa réputation n'eût fort souffert de son affaire, » ainsi que le dit Saint-Simon : l'arrêt fut « infirmé par la voix du peuple, » suivant l'expression de la Bruyère.

Outre les *Causes célèbres* de Richer et les *Lettres* de Mme de Sévigné, voyez, sur l'affaire de Penautier, l'*Histoire de France* de M. Michelet, tome XIII (*Louis XIV et la révocation de l'édit de Nantes*), chapitre XVI.

1. Il n'est pas question de l'empoisonnement de Matharel dans la relation du procès de Mme de Brinvilliers qui se trouve dans les *Causes célèbres* de Richer ; mais cet empoisonnement est l'un des crimes dont Penautier fut accusé ; le passage suivant de Mme de Sévigné en est la preuve : « Et pourquoi empoisonner le pauvre Matharel ? écrit-elle le 8 juillet 1676 (tome IV, p. 523). Il avoit une douzaine d'enfants. Il me semble même que sa maladie violente et point subite ne ressembloit pas au poison. »

2. Conférez le *Siècle de Louis XIV*, de Voltaire, chapitre XXVI.

Page 114, n° 89. — *Un homme est fidèle à de certaines pratiques....* (1687.)

Clef de l'exemplaire de M. Danyau : « *Tel autre y revient*, Monsieur le Prince. »
La conversion du grand Condé dans ses dernières années avait fait grand bruit, comme on sait.

XXI

Page 116, n° 93, 3ᵉ alinéa. — *Je me contredis, il est vrai : accusez-en les hommes....* (1690.)

Clefs du dix-huitième siècle : « *Je dis les mêmes....* Le pape Innocent XI, qui a changé du blanc au noir, des sentiments qu'il avoit, étant cardinal, à ceux qu'il a eus étant pape. »

XXII

Page 116, n° 94. — *Il ne faut pas vingt années.... Vauban est infaillible.... Qui me garantiroit que dans peu de temps....* (1691.)

Cette sorte de prévision s'accomplit, s'il faut en croire les clefs du dix-huitième siècle : « Cela est arrivé à M. de Vauban après la reprise de Namur par le prince d'Orange en 1695, et l'on a prétendu qu'il avoit fort mal fortifié cette place ; mais il s'en est justifié en faisant voir que l'on n'avoit point suivi le dessin qu'il en avoit donné, pour épargner quelque dépense qu'il auroit fallu faire de plus, comme un cavalier qu'il avoit marqué du côté de la rivière, à quoi l'on avoit manqué, et par où la ville fut prise. »
Antiphile.... Clefs manuscrites : « Le pape Innocent XI. »

XXIII

Pages 118 et 119, n° 99. — *Ceux qui, ni guerriers ni courtisans....* (1692.)

Clef de 1696 : « Conseillers et autres gens de robe[1] qui allèrent voir le siége de Namur. » — Clefs suivantes : « Allusion à plusieurs courtisans et particuliers qui allèrent voir le siége de Namur, en

---

1. « Et autres inutiles, » dans une clef manuscrite.

1692 [1], qui fut fait dans une très-mauvaise saison, et par la pluie, qui dura pendant tout le siége. »

Le siége de Namur, commencé vers le 25 mai 1692, dura un peu plus d'un mois : la capitulation eut lieu à la fin de juin, et l'entrée dans la ville se fit le 1er juillet. Le temps avait été mauvais, et le siége avait paru long. « La vérité, dit Racine, qui assistait au siége avec Valincour, et qui a écrit plusieurs lettres à Boileau « du camp « près de Namur, » la vérité est que nôtre tranchée est quelque chose de prodigieux, embrassant à la fois plusieurs montagnes et plusieurs vallées, avec une infinité de tours et de retours, autant presque qu'il y a de rues à Paris. Les gens de la cour commençoient à s'ennuyer de voir si longtemps remuer la terre. » (*Lettre* du 24 juin 1692.)

Les princes auxquels la Bruyère était attaché, Monsieur le Prince et Monsieur le Duc, prirent part au siége de Namur. La Bruyère les aurait-il accompagnés? Nous en doutons : Racine eût sans doute parlé de lui dans l'une de ses lettres.

XXIV

Pages 121 et 122, n° 106. — *Un jeune prince....* (1687.)

Clefs diverses : « Monseigneur le Dauphin. »

XXV

Pages 126 et suivantes, n°˚ 118 et 119. — *O temps! ô mœurs, etc.* (1690 et 1691.)

Les auteurs des clefs ont en général bien compris les allusions que fait ici la Bruyère à ce qui se passait en Angleterre. Nous ne transcrirons pas toutes leurs annotations : ce serait répéter une partie des notes que nous avons placées au bas des pages, ou reproduire dans une forme peu intéressante le récit d'événements bien connus.

En regard des mots : *Il a mordu le sein de sa nourrice* (p. 132), on lit dans les clefs Coste : « Le prince d'Orange, devenu plus puissant par la couronne d'Angleterre, s'étoit rendu maître absolu en Hollande et y faisoit ce qu'il lui plaisoit. »

La phrase : *Mais qu'entends-je de certains personnages,* etc. (p. 133), a été ainsi annotée dans les clefs imprimées du dix-huitième siècle : « Allusion à ce qui se passa en 1690 (*lisez:* 1691), à la Haye, lors du premier retour du prince d'Orange de l'Angleterre, où les ligués se

---

1. On a imprimé, par erreur, tantôt 1693, tantôt 1695, dans les clefs de Coste.

rendirent, et où le duc de Bavière fut longtemps à attendre dans l'antichambre. »

Le congrès de la Haye eut lieu au commencement de 1691; Guillaume fit son entrée à la Haye le 26 janvier. Sur la familiarité avec laquelle Guillaume reçut les princes étrangers pendant son séjour en Hollande, voyez la *Relation du voyage de Sa Majesté Britannique et de la réception qui lui a été faite*, publiée en 1692, à la Haye, par Arnoud Leers, p. 24 et 25.

La Bruyère inséra ce morceau dans la 6ᵉ édition, dont l'*Achevé d'imprimer* est du 1ᵉʳ juin 1691. Il l'écrivit sans doute après le siége de Mons; de là cette phrase (p. 133) : *Si l'ennemi fait un siége, il doit le lui faire lever, et avec honte*.... Le siége de Mons, commencé le 15 mars par les troupes de Louis XIV, eut pour résultat la capitulation de la ville le 10 avril, sans que Guillaume, qui en était tout près, pût la secourir. *A moins que tout l'Océan ne soit entre lui et l'ennemi*, serait donc une raillerie de plus à l'adresse du roi d'Angleterre, désolé de n'avoir pu conserver Mons.

DE LA MODE.

I

Page 135, n° 1. — *Une chose folle*.... (1687.)

Suivant toutes les clefs, *Théotime* est « M. Sachot, curé de Saint-Gervais, qui exhortoit toutes les personnes de qualité à la mort; » et *son successeur* « dans cet emploi » est « le P. Bourdaloue. »

Jacques Sachot, docteur en théologie, curé de Saint-Gervais, a été en effet un confesseur souvent appelé auprès des mourants : « Il aimoit beaucoup à remplir ses devoirs, et faisoit surtout paroître un zèle extraordinaire à exhorter les mourants, » dit le *Mercure* du mois de mars 1686 (p. 268), en annonçant sa mort. Il n'est pas étonnant que le très-grand succès des prédications de Bourdaloue ait inspiré à beaucoup de gens le désir d'être exhorté par lui. Mme de Sévigné nous le montre en 1680 confessant le marquis de Pomenars avant une opération (tome VI, p. 189), et en 1695 assistant le maréchal de Luxembourg à ses derniers moments (tome X, p. 228).

Il ne semble pas toutefois que M. Sachot eût jamais cessé d'être, sinon un confesseur des dernières heures, du moins un directeur à la mode, car il se faisait en 1685 des chansons sur le grand nombre de femmes qu'il dirigeait. « Il étoit glorieux, vain, grand bavard, et croyoit le plus habile homme du monde; il étoit ravi d'avoir un troupeau de dévotes qui lui obéît et le regardât comme un oracle; mais sa vanité y avoit seule part, » est-il dit dans une note du *Chansonnier Maurepas* (tome V, p. 435), dont l'auteur le défend contre une accusation de galanterie (voyez aussi *ibidem*, p. 431, note 4).

La viande noire est hors de mode, dit la Bruyère. Les délicats qui, suivant le conseil de Saint-Évremond (tome III, p. 70), accommodaient leur goût à leur santé, ne mangeaient pas de viande noire :

« Du mouton tendre et succulent; du veau de bon lait, blanc et délicat; la volaille de bon suc, moins engraissée que nourrie; la caille grasse prise à la campagne, un faisan, une perdrix, un lapin, qui sentent bien chacun dans son goût ce qu'ils doivent sentir, sont les véritables viandes qui pourront faire en différentes saisons les délices de votre repas, » écrit Saint-Évremond au comte d'Olonne en 1674. — « Si une nécessité indispensable, ajoute-t-il, vous fait dîner avec quelques-uns de vos voisins que leur argent ou leur adresse aura sauvés de l'arrière-ban, louez le lièvre, le cerf, le chevreuil, le sanglier, et n'en mangez point. Que les canards et quasi les cercelles s'attirent les mêmes louanges. De toutes les viandes noires, la seule bécassine sera sauvée en faveur du goût, avec un léger préjudice de la santé. » (*Ibidem*, p. 71.)

II

Pages 135-142, n° 2. — *La curiosité n'est pas un goût....* (1691.)

Les auteurs des clefs ont nommé un peu au hasard, tombant quelquefois juste, se trompant sans doute plus souvent encore, un certain nombre de curieux en regard des caractères où la Bruyère a décrit divers genres de curiosités. Il serait facile d'augmenter considérablement la liste. Nous n'inscrirons ici que les noms déjà cités par d'autres avant nous.

Pages 135 et 136. — *Le fleuriste a un jardin dans un faubourg....*

Clef de 1696 : « M. Cambout, avocat au conseil, ou des Costeaux, fleuriste. » — Ces deux noms, qui appartiennent à deux personnages différents, n'en font plus qu'un dans la plupart des clefs suivantes, dont le premier est généralement écrit *Caboust* : « M. Caboust, sieur des Costeaux, avocat au Parlement, » ou « fleuriste. » La clef de 1700 et un certain nombre de clefs manuscrites ne nomment ici que Caboust, réservant des Côteaux pour l'alinéa suivant.

CLEFS ET COMMENTAIRES. 355

Ce nom de Cabout, placé en regard du caractère du fleuriste, est, je crois, l'une des meilleures rencontres qu'aient faites les commentateurs. La Bruyère avait dû voir souvent cet avocat, qui s'occupait des affaires du grand Condé, et, à ses heures de loisir, des fleurs de Chantilly. La correspondance de Condé, conservée dans les archives de Mgr le duc d'Aumale, renferme un certain nombre de lettres où Cabout entretient tour à tour le prince de fleurs et d'affaires. Ainsi le 10 octobre 1684, il annonce sa visite à Chantilly pour le samedi suivant, se proposant de mettre en terre le lendemain des anémones, qu'il appelle des *ennemones*, et de les ranger « dans l'ordre qu'il s'est proposé pour que S. A. en ait encore plus de plaisir, les voyant en place au printemps prochain. » — « L'on vous en dira, Monseigneur, tout ce que l'on en voudra, ajoute-t-il, mais rien ne presse de les placer, et il ne seroit pas même trop tard quand la chose seroit différée jusques à la fin du mois. »

Citons encore ce passage d'une lettre du 13 août 1685, où il s'agit de tulipes, d'anémones et d'œillets : « J'ai reçu, Monseigneur, pour Votre Altesse, du sieur de la Motte d'Harfleur, deux cents tulipes de couleur, et six de panachées dont il fait grand cas. J'ai aussi dans sa boîte huit pattes d'ennemones, dont il me fait un récit qui n'est pas médiocre. En tout cas, c'est un fort honnête homme, qui voudroit bien pouvoir contribuer quelque chose au divertissement de Votre Altesse et à la beauté de ses jardins à fleurs.... Je ne sais si Votre Altesse a encore quelques-uns de ses œillets en fleurs ; mais j'en ai depuis quinze jours un qui ne défleurira de plus de trois jours : nous n'avons jamais eu un plus beau couleur de feu, sur un plus grand blanc ; il est des plus grands et faisant parfaitement sa fleur sans crever. Et j'ose répondre qu'elle (*Son Altesse*) peut dès à présent compter au moins sur deux marcottes de celles que j'en ai faites sur un très-vigoureux pied, aussi bien de tout ce que j'en ai et qu'elle n'en a pas. »

Descôteaux est le célèbre flûtiste de ce nom, ami de Philibert, autre flûtiste qui fut impliqué dans le procès de la Voisin[1]. Un passage du *Journal* de Matthieu Marais[2], signalé par M. Fournier dans le journal *la Patrie* en 1864, et dans sa *Comédie de la Bruyère* (tome I,

---

1. Voyez tome I, note VI, p. 457 et 458, et les *Lettres historiques et galantes de Mme du Noyer*, 1757, tome III, p. 296 et suivantes. — Pour ses bonnes fortunes et son succès à la cour, M. Fournier renvoie aux *Mémoires* de Boisjourdain, tome II, p. 265, et aux *Poésies* de Lainez, 1758, in-8°, p. 29.

2. *Revue rétrospective*, deuxième série, tome IX, année 1837, p. 438 et 439.

p. 212), nous montre en lui « un des grands fleuristes de l'Europe, » reconnu par ses contemporains dans le caractère de la Bruyère.

« J'ai vu pendant les fêtes, écrit Matthieu Marais dans les premiers jours de novembre 1723, Descôteaux, que je croyois mort. Il a soixante-dix-neuf ans. C'est lui qui a poussé la flûte allemande au plus haut point, et qui a perfectionné la prononciation du chant, suivant les règles de la grammaire et la valeur des lettres, qu'il sait mieux que personne. Il chanta des paroles de Verger très-exactement. Il a encore au suprême degré le goût des fleurs, et c'est un des grands fleuristes de l'Europe. Il est logé au Luxembourg, où on lui a donné un petit jardin, qu'il cultive lui-même[1]. La Bruyère ne l'a pas oublié dans ses *Caractères* sur cette curiosité outrée de ses tulipes, qu'il baptise du nom qu'il lui plaît. Il veut être philosophe, et parler Descartes ; mais c'est bien assez d'être musicien et fleuriste. »

Trois années après la publication du caractère du *Fleuriste*, la Bruyère put entendre Descôteaux chez Monsieur le Duc, au petit Luxembourg : il y joua avec Filbert (Philibert) et Vizé, le 24 nobre 1694. Voyez le *Journal* de Dangeau, tome V, p. 112.

Page 136. — *Parlez à cet autre de la richesse des moissons....*

Clefs Coste et clefs manuscrites : « Le sieur Marlet, l'avocat. » — Le nom est écrit *Merlet* sur quelques clefs marginales.

A ce nom d'un « personnage obscur, » Walckenaer substitue celui de Rambouillet, père du célèbre Rambouillet de la Sablière, dont il a déjà été question au tome I, p. 285, note 7. « C'était, dit Walckenaer (*Remarques et Éclaircissements*, p. 730), ce riche financier qui, dans le vaste enclos qui a pris son nom dans le faubourg Saint-Antoine, faisait cultiver les meilleurs fruits de Paris. (Conférez, ajoute Walckenaer, notre article *la Sablière*, dans la *Biographie universelle*, ou dans les *Vies de plusieurs personnages célèbres*, Laon, 1830, in-8°, tome II, p. 209, ou dans l'édition que nous avons donnée des *Poésies d'Antoine Rambouillet de la Sablière et de François de Maucroix*, 1825, in-8°, p. xi et xii.) On envoyait chercher pour la table du Roi des fruits de l'enclos de Rambouillet, qu'on appelait aussi des Quatre-Pavillons. »

---

1. Avant de venir au Luxembourg, il habitait le faubourg Saint-Antoine, « centre embaumé de la culture qu'il adorait, » dit M. Fournier (tome I, p. 211), d'après le *Livre commode des adresses pour 1692*, p. 63 et 109.

CLEFS ET COMMENTAIRES.   357

Page 137. — *Un troisième..., vous parle.... de Diognète....*

Diognète est, suivant la clef Cochin, le duc d'Aumont; suivant les clefs Coste, le P. Menestrier; et d'après quelques clefs manuscrites, le Vaillant, le Nostre, ou Longpré.

Louis-Marie-Victor duc d'Aumont, pair de France, premier gentilhomme de la chambre, etc., qui mourut en 1704, à l'âge de soixante-douze ans, figure comme amateur de tableaux sur la liste des antiquaires et curieux de Paris, publiée par Spon dans la *Recherche des antiquités et curiosités de la ville de Lyon* (Lyon, 1673, p. 212-218), et réimprimée pour l'*Académie des Bibliophiles* par M. Louis Lacour en 1866.

Claude-François Menestrier (1671-1705) est l'antiquaire qui a publié l'*Histoire de Louis le Grand par les médailles*, et tant d'autres ouvrages.

Jean-Foy Vaillant (1632-1706), médecin et célèbre numismate, avait un beau cabinet de médailles antiques, rue Saint-Jacques. Martin Lister le nomme le meilleur numismate de l'Europe, dans son livre publié à Londres en 1699, sous ce titre : *A Journey to Paris in the year* 1698, et réimprimé à Londres en 1823 par Henning, sous ce titre : *An Account of Paris*; voyez chapitre IV, p. 90 et 91 de cette seconde édition.

Le Nostre avait un cabinet de tableaux, de bronzes et de médailles, dont Seignelay lui avait offert quatre-vingt mille francs, et dont, en 1693, il fit présent à Louis XIV. (*Journal* de Dangeau, tome IV, p. 288; *Mercure galant*, mai, p. 296; et Lister, *An Account of Paris*, chapitre III, p. 63-65 de l'édition Henning.)

Page 138. — *Vous voulez, ajoute Démocède, voir mes estampes?...*

Annotation de la plupart des clefs : « M. de Gagnères (ou Gainières), écuyer de feu Mlle de Guise, ou M. de Beringhen, premier écuyer du Roi (*que quelques clefs nomment :* Monsieur le Premier). »

François-Roger de Gaignières, mort en 1715, à l'âge de soixante-dix-sept ans environ, avait une très-belle collection de livres, estampes, manuscrits, cartes et plans, qu'il offrit à Louis XIV, et dont s'enrichit la Bibliothèque du Roi. Voyez, sur sa collection, Saint-Simon, tome XVII, p. 310 et suivantes; Dangeau, tome VIII, p. 378 et suivantes; Lister, *An Account of Paris*, p. 88; le Prince, *Essai sur la Bibliothèque du Roi*, édition de M. L. Paris, p. 137 et suivantes; M. Feuillet de Conches, *Causeries d'un curieux*, tome II, p. 455, etc.

Jacques-Louis de Beringhen, premier écuyer du Roi, était un

curieux beaucoup moins célèbre. Il est né en 1651 et mourut en 1723.

« On doit peut-être, dit Walckenaer (*Remarques et Éclaircissements*, p. 731), inscrire plutôt l'abbé de Marolles et Quentin de Lorangère, qui avaient formé des suites fort complètes de l'œuvre de Callot. Le *Catalogue raisonné des diverses curiosités du cabinet de feu M. Quentin de Lorangère....* par E. F. Gersaint (Paris, 1744) contient, p. 64, un article qui est un curieux commentaire de ce passage de la Bruyère : « Une petite Vierge dans un rond un peu ovale, et peu « formé, de seize lignes de hauteur, sur treize lignes de largeur, « tenant l'enfant Jésus dans ses bras, avec un globe représentant le « monde, *gravée très-légèrement et pointillée sans nom de Callot....* Ce « morceau, et environ douze ou quinze autres de cet œuvre qui sont « à peu près aussi rares, ou uniques, viennent d'un fameux œuvre « de Callot, fait dans le temps même que vivoit ce maître.... Le « grand-père de M. Mariette d'aujourd'hui possédoit cet œuvre, qui « existe encore dans le même cabinet; mais feu M. de Lorangère a « acquis de lui ces morceaux, M. Mariette n'ayant pu résister aux in- « stances réitérées de M. de Lorangère, ni au *prix auquel il les porta* « *pour les lui arracher.* »

Page 139. — *Mais quand il ajoute que les livres....*

Les clefs Coste donnent le nom de « M. Moret, conseiller, » qu'il faut lire « Morel, » ainsi qu'il est écrit sur diverses clefs manuscrites.

Il y avait à cette époque deux Morel au Parlement, l'un et l'autre fils de Zacharie Morel, maître de la chambre aux deniers : François (ou Jean) Morel, abbé de Saint-Arnoul de Metz, qui fut conseiller en 1674, et eut en 1680 et dans les années suivantes diverses missions diplomatiques; Zacharie Morel, qui fut conseiller à la quatrième chambre des enquêtes en 1682, et mourut doyen du Parlement en 1737. Un autre Morel (François-Philippe) devint conseiller clerc du Parlement en 1692.

Page 139. — *Quelques-uns par une intempérance de savoir....*

Clefs Coste : « MM. Thevenot et la Croix. »

Melchisedech de Thevenot, « connu parmi les savants pour ses grandes connoissances, surtout dans les langues et les mathématiques, » dit la *Gazette de France*, mourut à Issy, le 29 octobre 1692, âgé de soixante et onze ans. Il avait visité l'Asie Mineure en 1676, et avait séjourné quatre ans à Constantinople. Il fut nommé en 1684 garde de la Bibliothèque du Roi. — Son neveu, Jean Thevenot, dont on vantait également les connaissances en mathématiques, en géographie, en botanique, et qui savait beaucoup de langues, était mort en 1667, en Arménie.

François Petis de la Croix (1653-1713), professeur d'arabe au collége royal en 1692, secrétaire interprète du Roi en 1695 à la place de son père, avait été envoyé en 1670 par Colbert dans le Levant, pour se perfectionner dans la connaissance des langues et des usages de l'Orient. Après avoir passé trois ans à Alep, il était allé jusqu'à Ispahan pour y étudier le persan.

Pages 140 et 141. — *Un bourgeois aime les bâtiments....*

« Toutes les clefs manuscrites nomment ici Amelot de Bisseuil[1], dont la maison, située Vieille rue du Temple, était une des curiosités de Paris, et surtout célèbre par sa belle porte. Elle était visitée par tous les étrangers. La longue et curieuse description de cette maison, qui se trouve dans toutes les éditions de Germain Brice[2], mérite d'être lue par ceux qui s'occupent de l'histoire de l'art en France.

« .... Cette maison, située dans la Vieille rue du Temple, au coin de la rue des Blancs-Manteaux (*et en face du marché des Blancs-Manteaux*), était originairement composée de trois corps de bâtiments; il y en avait un qui donnait sur la rue des Singes.... L'architecte Collart, qui en a fait les dessins, les a fait graver dans un recueil publié en 1687. Le plan, les coupes, les vues perspectives, les détails des sculptures de la chapelle, de l'escalier, de la belle porte, de la cuisine même, sont représentés dans ce recueil, dans douze planches exécutées avec soin par l'habile burin de J. Marot. « Je ne vante pas, « dit Collart dans le préambule de sa description, je ne vante pas « beaucoup le bâtiment de cette maison, mais la belle ordonnance, « la magnificence de l'ouvrage, les belles peintures[3] et sculptures

---

1. La famille Amelot se divisait en trois branches : les Amelot Carnetin, les Amelot de Gournay, et les Amelot de Chaillou. Amelot de Bisseuil était l'aîné de cette troisième branche : voyez le *Dictionnaire des bienfaits du Roi*, au nom *Amelot*.

2. « Voyez *Description nouvelle de ce qu'il y a de plus rare dans la ville de Paris*, par M. B*** (*Brice*), Paris, 1685, in-12, tome I, p. 144-150; dans la seconde édition, 1687, in-12, avec le nom de l'auteur et fort augmentée, tome I, p. 149-154; dans la 7ᵉ édition du même ouvrage, 1717, tome I, p. 482-487; et Juillot, *Recherches critiques, historiques et topographiques sur la ville de Paris*, quartier Saint-Antoine, p. 130. » (*Note de Walckenaer.*)

3. Il s'y trouvait des peintures de Louis Boulogne et de la Fosse : voyez

« faites par les plus excellents maîtres de Paris. M. Amelot de Bis-
« seuil fit commencer et raccommoder cette maison en 1657; elle
« fut finie dans le même temps en 1660....

« Ce qui est dit dans ce caractère, que le constructeur de cette maison y a achevé sa vie, se trouve confirmé par l'annonce de sa mort dans le *Mercure galant* de mai 1688, p. 160, ainsi conçue : « Messire Jean-Baptiste Amelot, seigneur de Bisseuil, maître des re- « quêtes, mort le jeudi saint dernier, 15 avril, en sa belle maison « de la Vieille rue du Temple, qu'il avoit fait bâtir, et qui est fort « estimée par la délicatesse de l'architecture qu'il y a fait observer. » (Walckenaer, *Remarques*, etc., p. 731 et 732.)

Amelot laissa trois filles, dont l'une, Charlotte-Angélique, épousa Jean-Baptiste du Deffant, marquis de la Lande, colonel d'un régiment de dragons, nommé quelquefois dans les clefs à côté d'Amelot; elle fut la belle-mère de la célèbre marquise du Deffant [1].

Beaumarchais occupait en 1787 l'entre-sol de la maison d'Amelot de Bisseuil [2].

Pages 141 et 142. — *Diphile commence par un oiseau....*

Clefs du dix-huitième siècle : « Santeuil, qui avoit toutes ses chambres pleines de serins de Canarie. »

Le chanoine Santeul élevait en effet beaucoup de serins, et il entrait « en fureur » contre eux quand « ils s'obstinoient à ne point chanter. » (*Mémoires de le Gendre*, p. 184 [3].) Le caractère de *Diphile* est-il le sien? la Bruyère y a du moins introduit plusieurs traits qu'il a empruntés à d'autres amateurs d'oiseaux : ainsi Santeul n'élève que des canaries, et sans doute dans une seule volière, n'ayant pas de maison à leur abandonner; de plus, il n'a point d'enfants.

Relevant cette dernière dissemblance, M. Fournier propose de reconnaître en *Diphile* le « gouverneur des serins » de la princesse de Bourbon, mère de l'ancien élève de la Bruyère [4] ; mais *Diphile* est un

---

les *Mémoires inédits de l'Académie de peinture*, tome I, p. 201, auxquels renvoie M. Fournier dans la *Comédie de la Bruyère*, tome I, p. 141.

1. *Comédie de la Bruyère*, tome I, p. 143.
2. *Ibidem*, p. 142 et 143. — 3. Voyez ci-dessus, p. 345.
4. « A l'hôtel de Condé, sous l'œil même de notre railleur, dans la domesticité de Madame la Princesse, qui avait, elle aussi, ce goût des oiseaux, si général alors chez les grandes dames, je trouve bien mieux l'amateur complet, le *Diphile* authentique, père de famille et couveur de *Canaries :* c'est l'homme qui avait soin des volières, et prenait le titre de « gouverneur des serins de S. A. « Madame la Princesse. » (*Comédie de la Bruyère*, tome I, p. 209.)

curieux, et non un domestique chargé de prendre soin des oiseaux dans l'hôtel d'un prince.

Page 142. — *Qui pourroit épuiser....*
Devineriez-vous, à entendre parler celui-ci de son léopard...?

« Lister, le plus savant conchyliologiste de son temps, et dont le *Synopsis conchyliorum* est encore consulté avec fruit, dit Walckenaer (*Remarques*, etc., p. 734), nous apprend, dans son *Voyage à Paris*, que lorsque la Bruyère écrivait, les amateurs de coquilles étaient assez nombreux. Il nous dit aussi que celui qui possédait la plus belle collection était Boucot, un des gardes des rôles des officiers de France. Il demeurait rue Hautefeuille. (Voyez Lister, *A Journey to Paris*, etc., 1699, p. 57 [chapitre IV, p. 81 et 82 de l'édition Henning].) »

Page 142. — *Cet autre.... c'est surtout le premier homme de l'Europe pour les papillons....*

« Votre Grandeur se souvient, écrit Boursault dans une de ses lettres, que pendant un an ou deux on fut à la cour, et à Paris même, dans un enjouement pour les papillons qui étoit une espèce de manie. On étoit, si j'ose me servir de ce mot, enthousiasmé de la beauté de leurs ailes ; et ceux qui n'en avoient pas de peints dans leur cabinet, ne passoient pas pour gens de bon goût. » (*Lettres nouvelles de M. Boursault*, 2ᵉ édition, 1700, tome II, p. 231.)

III

Page 144, n° 7. — *Il n'y a rien qui mette plus subitement un homme à la mode....* (1691.)

Toutes les clefs nomment ici « Morin le joueur[1], » pris au hasard parmi les joueurs de profession. Mais peu importe de savoir à quel joueur a pensé la Bruyère en écrivant cette remarque : qui est Catulle? qui est son disciple? Ce point seul a quelque intérêt.

« L'abbé de Chaulieu, dit M. Fournier après avoir fait au jeune duc de Chartres l'application du caractère de *Théagène*[2], est peut-

---

1. Clef Cochin : « Morin, qui de basse naissance, s'est par le jeu familiarisé avec les grands seigneurs. » Voyez tome I, p. 504 et 505, note XXXVII.
2. Voyez notre tome I, p. 338, n° 2, et p. 538, note 1. — Dans *la Co-*

être encore plus clairement désigné sous le nom de *Catulle*, si direct s'appliquant à lui, qu'il semble moins un pseudonyme qu'un synonyme. On ne l'a cependant pas reconnu davantage. A l'endroit où la Bruyère dit : « Catulle ou son disciple, » toutes les clefs sont muettes, quoique Chaulieu, par plusieurs passages de ses *Poésies*, où éclate son admiration pour le poëte latin, dont il déclare qu'il suit les leçons[1], semble dire : « Catulle, c'est moi; » et bien que dans un autre endroit, l'*Épître au chevalier de Bouillon*, qui commence ainsi :

Élève que j'ai fait dans la loi d'Épicure,

il semble dire encore, pour compléter l'explication du passage de la Bruyère : « Mon disciple, c'est le chevalier de Bouillon[2]. »

M. Fournier ajoute que la Bruyère avait beaucoup connu l'un et l'autre, ce qui est du moins vraisemblable pour Chaulieu, qu'il avait pu voir à Chantilly, ou chez Mme de Boislandry, si notre auteur était encore son ami après la publication du caractère d'*Arténice*[3]. Mais nous ne demeurons pas convaincu que l'alinéa de la Bruyère ait été publié en vue de Chaulieu, qui avait beaucoup de succès à a ville, sinon à la cour, où sans doute il n'allait guère.

médie de la Bruyère (tome I, p. 189-191), publiée depuis l'impression de notre premier volume, M. Fournier veut en effet que *Théagène* soit le duc de Chartres, le futur Régent, « tombé depuis près de quatre ans des mains de l'honnête Saint-Laurent en celles du vicieux Dubois.... »

« Saint-Laurent, ajoute-t-il, était connu dans le monde de Boileau et de Racine, qui écrivait sur sa mort si rapide, et sur la joie qu'en éprouvèrent les commensaux du Palais-Royal, cette phrase d'une si singulière énergie : « Les « voilà débarrassés d'un homme de bien » (*Lettre à Boileau*, du 4 août 1687).

« Par cette voie, la Bruyère pouvait tout savoir sur l'éducation du prince et dire de lui ce qu'il en a dit sous ce pseudonyme de *Théagène*, derrière lequel, malgré la transparence du voile, on ne l'a pourtant pas reconnu. »

Nous croyons devoir maintenir notre interprétation.

Si l'on se rappelle que le duc de Bourbon, élève de la Bruyère, choisissait assez mal ses amis et ses plaisirs ; qu'en octobre 1687 il faisait avec plusieurs jeunes gens dont le Roi lui interdisait la fréquentation, et dont Dangeau nous donne les noms (de Bellefonds, Chémeraut, Château-Renault et le petit Broglie), une partie de débauche qui eut un grand retentissement (voyez-en les détails dans le *Journal* de Dangeau, tome II, p. 55, et dans les *Lettres de Mme de Sévigné*, tome VIII, p. 135); si l'on se souvient enfin du rôle que le marquis de Lassay jouait auprès du jeune duc à l'époque même où paraissait le caractère de *Théagène* (voyez ci-dessus, p. 320), on ne doutera pas, je pense, que ce ne soient, comme nous l'avons dit, les amitiés et les plaisirs du duc de Bourbon qui aient inspiré à la Bruyère les lignes dont il s'agit.

1. *Poésies* de Chaulieu, édition Desenne, 1824, in-12, p. 89 et 121.
2. *Comédie de la Bruyère*, tome I, p. 191 et 192.
3. Voyez ci-dessus, p. 322 et suivantes, note IX.

S'il fallait hasarder une conjecture, nous dirions que le souvenir de Catulle et la date à laquelle parut cette remarque nous font soupçonner que la pensée de la Bruyère se reportait sur Bussy Rabutin.

On se représente malaisément dans Bussy, j'en conviens, un Catulle ou un disciple de Catulle; mais il lisait Martial et Catulle, et il aimait à les traduire. Le 18 mars 1689, il envoyait au P. Bouhours[1] la traduction en vers de deux épigrammes de Catulle, traduction dont il était assez content, car il la trouvait plus fine que la pièce originale[2]; le 4 juin, il adressait à Corbinelli la traduction de deux autres, ou du moins d'une autre épigramme du même auteur[3]; et il en avait mis un certain nombre d'autres encore en vers[4]. C'en était assez pour être salué du titre de disciple de Catulle. La Bruyère put connaître les traductions et les imitations que, dans ses loisirs, Bussy faisait de son poëte favori[5] : peut-être Bouhours les lui avait-il montrées; peut-être Bussy lui-même s'en était-il fait honneur auprès de lui à l'un de ses voyages à Paris ou à Dijon. Dans une lettre écrite de Paris et datée du 10 mars 1688, Bussy avait « demandé » au marquis de Termes « la connoissance » de la Bruyère[6] : comme il ne revint en Bourgogne qu'en mai, il put le voir avant son départ. Il put encore le voir à Dijon dans ce même mois de mai 1688, si la Bruyère accompagna Monsieur le Prince lorsqu'il vint y tenir les états de Bourgogne; il put enfin le revoir à Paris ou à Versailles au printemps de 1690, une année avant la publication de la réflexion où il met en comparaison « Catulle ou son disciple.... avec celui qui vient de perdre huit cents pistoles en une séance. »

Toutes les fois que Bussy revint à la cour après son exil de seize ou dix-huit ans, il y eut la figure, quelles qu'aient été ses illusions, d'un courtisan disgracié. Chacun de ses voyages put donner lieu à une réflexion du genre de celle qui nous arrête, et, entre tous, celui où nous avons supposé que le marquis de Termes présenta la Bruyère à Bussy. Longtemps avant qu'il se mît en route, Mme de

---

1. *Correspondance de Bussy*, tome VI, p. 219-221.
2. « Je vous envoie encore une autre épigramme du même Catulle, que j'a traduite, à mon avis, plus finement qu'il ne l'a faite. » (*Ibidem*, p. 221.) Conférez p. 220, 226 et 235; et encore tome V, p. 597 et 598, où une phrase d'une lettre datée du 10 octobre 1686 montre qu'il lisait et traduisait déjà Catulle à cette date.
3. *Ibidem*, tome VI, p. 246 et 247.
4. Voyez la « Traduction de quelques épigrammes choisies de Catulle, » publiée par M. Ludovic Lalanne dans l'*Appendice* du tome VI de la *Correspondance de Bussy*, p. 609-611.
5. *Ibidem*, p. 246.
6. Voyez la *Correspondance de Bussy*, tome VI, p. 122 et 123, ou notre tome I, p. 93, note.

Sévigné avait averti Bussy des ennuis qu'il trouverait à la cour et de l'inutilité de ses démarches; mais elle n'avait pu altérer sa confiance [1]. Il arrive à Versailles vers la fin de décembre 1687; un mois plus tard, il écrit à la comtesse de Toulongeon [2] : « Je commence à m'ennuyer beaucoup ici, ma chère sœur. La petite grâce que le Roi a faite à mon fils l'abbé me fit passer agréablement les huit premiers jours. Après cela, la fatigue de la cour, à quoi je ne suis plus accoutumé, l'argent qu'il faut toujours avoir à la main, les longueurs de toutes les affaires qu'on y a me dégoûtent fort d'y faire un long séjour. » Le 19 mars [3], il annonce à Mme de Toulongeon que « la patience, l'argent » et elle lui manquant, il va partir et laisser à un de ses amis le soin de solliciter pour lui. Quelques jours après, le 28 mars [4], il rend brièvement compte de son voyage à la marquise de Montjeu, et se montre plus attristé qu'il ne veut en avoir l'air : « Nous nous sommes fort vus M. (Jeannin?) et moi. Il se porte à merveille; il m'a trouvé bon visage: un petit air de bonne fortune fait un petit air de bonne santé. Cependant je suis bien las d'être longtemps debout sans sortir d'une place, et de courir le long de ces grands appartements pour se faire entrevoir au Roi. Je ne crois pas être fou, quand je trouve que cette vie ici est bien pénible, et s'il s'y trouve quelques gens heureux et contents, ils sont encore jeunes, riches, et titrés: moi, qui ne suis rien de tout cela, je me trouverois fort misérable d'avoir à y passer le reste de mes jours. »

On le voit, plus de ces lettres joyeuses qu'il écrivait à d'autres voyages pour conter les bonnes grâces du Roi et les empressements des gens de cour. Trois fois il avait demandé au Roi le payement de

1. « Le sujet de votre voyage est triste, lui écrit Mme de Sévigné le 28 juillet 1687; vous trouverez à Versailles peu de disposition à sentir les malheurs des autres; on n'a que les mêmes paroles à dire pour découvrir son état, et elles sont si souvent répétées par la plus grande partie des courtisans, que les oreilles y sont accoutumées, et qu'elles ne sauroient aller jusqu'au cœur. Je sais qu'il y a des circonstances dans vos prétentions qui mériteroient de grandes distinctions; mais on n'a pas le loisir de les examiner. En un mot, je meurs de peur que toute votre destinée ne soit malheureuse depuis un bout jusqu'à l'autre. Cependant je ne veux point vous décourager, ni vous paroître un oiseau de mauvais augure. » Puis elle lui recommande de prendre les conseils de l'évêque d'Autun, M. de Roquette, comme avec l'espoir qu'il le détournera de son voyage (*Correspondance de Bussy*, tome VI, p. 85, et *Lettres de Mme de Sévigné*, tome VIII, p. 72). — Corbinelli cherche à atténuer ce qu'a dit Mme de Sévigné, et cependant, dit-il, sa lettre « est un récit en abrégé, mais véritable, des mœurs du pays dont elle parle. » (*Correspondance de Bussy*, ibidem, p. 86. Conférez p. 90, 96, 98 et 99.)

2. *Correspondance de Bussy*, tome VI, p. 121.

3. *Ibidem*, p. 123. — 4. *Ibidem*, p. 124.

ce qui lui était dû sans obtenir de réponse, et la promesse douteuse qu'il en reçut lorsqu'il prit congé ne pouvait lui donner beaucoup d'espérance[1]. Mme de Sévigné l'avait bien prédit : le voyage avait été inutile et peu agréable. « Je suis venu chez moi remplacer par être mon maître le bien que je n'ai pu attraper en faisant le valet[2] : » tel est le dernier mot de Bussy sur ce voyage.

Avant la publication de la réflexion où se trouve cette allusion à un disciple de Catulle « poli, enjoué, spirituel » (c'est bien là un portrait), Bussy fit un autre voyage à la cour où il n'eut pas lieu d'être plus content, je ne dis pas du Roi, mais des courtisans : « .... Au milieu de tous ces agréments, écrit-il le 28 avril 1690 à Mme de Toulongeon (tome VI, p. 332), je trouve, ma chère sœur, que c'est un étrange pays que celui-ci : les gens qui y sont les mieux établis y avalent bien des couleuvres, mais c'est un enfer pour les malheureux. Tout ce que je sais et tout ce que je vois sur cela me fait trouver heureux dans ma province. » Malgré les promesses qu'il a reçues du Roi, et sur lesquelles il compte, il a encore le cœur un peu gros à son égard : « Sur cela je vous dirai, écrit-il a Mme de Sévigné (*ibidem*, p. 348 et 349, et *Lettres de Mme de Sévigné*, tome IX, p. 554), que si je voulois être fâché, j'en pourrois venir à bout sans en aller chercher bien loin des sujets, mais que je veux être content. »

Bussy a-t-il fait à la Bruyère la confidence de ses tristesses? ou la Bruyère l'a-t-il vu quelque jour dans un coin de la galerie de Versailles, « longtemps debout sans sortir d'une place, » abandonné des courtisans qui s'empressaient autour d'un Dangeau ou d'un Langlée? Qu'on y cherche le souvenir de scènes dont la Bruyère a été l'un des témoins, ou celui d'une conversation soit avec Bussy, soit avec un ami commun de la Bruyère et de Bussy (l'abbé de Choisy ou le marquis de Termes, par exemple), cette réflexion nous semble bien mettre en présence le joueur à la mode et le provincial Bussy, « poli, enjoué, spirituel, » et cependant oublié des courtisans qu'il a connus jadis, négligé de ceux qu'il n'a point connus. A son premier retour, il avait inspiré un peu de curiosité ; mais qui se souciait, hors quelques amis, d'un homme disgracié et inutile à tous, eût-il traduit Catulle tout entier, en eût-il eu l'esprit et la grâce?

Si cette remarque est un second hommage[3] que la Bruyère ait rendu à Bussy disgracié, il en a d'abord gardé le secret, car ce n'est qu'en décembre 1691, plusieurs mois après la publication de la

1. Voyez ses deux lettres au P. Bouhours, *Correspondance de Bussy*, tome VI, p. 124-126, et p. 129 et 130.
2. *Ibidem*, p. 130.
3. Voyez le premier dans le tome I de cette édition, p. 126, n° 32.

7ᵉ édition, qu'il en adressa un exemplaire à Bussy, et cela, sans lui donner avis que cette édition nouvelle contenait une réflexion qui pouvait lui plaire. Bussy, c'est une objection que l'on pourrait faire à l'encontre de notre hypothèse, ne semble point s'être jamais reconnu là où nous croyons le reconnaître.

IV

Pages 144 et 145, n° 8. — *Une personne à la mode ressemble à une fleur bleue....* (1691.)

On lit dans quelques clefs manuscrites que c'est « en 1689 ou environ », que « les dames ornoient leur tête » de bouquets de bleuets; d'autres donnent l'année 1695 et sont démenties par la date de la publication de cet alinéa.

V

Page 146, n° 11. — *Un homme fat et ridicule...*: (1687.)

Clefs du dix-huitième siècle : « M. Bourlon. » — Clef manuscrite : « M. Bourlon. » — Autre clef manuscrite : « M. Mourlon, intendant de Mlle de Guise. »

Il y eut plusieurs magistrats du nom de Bourlon au Parlement et à la chambre des comptes. S'agit-il de Nicolas-Louis de Bourlon, conseiller, maître des comptes en 1674, qui était sans doute fils de Matthieu Bourlon, conseiller maître à la même chambre?

Nous trouvons de plus à cette même époque, Bourlon, écuyer du Roi, et capitaine des levrettes de la chambre[1].

VI

Page 148, n° 13. — *N...., est riche, elle mange bien....* (1691.)

Les coiffures changent.... Ces mots nous donnent, à un mois près, la date à laquelle la Bruyère inséra cet alinéa dans le chapitre *de la Mode*. Nous l'avons vu ailleurs [2] imprimer des remarques depuis longtemps écrites et devenues inexactes avant l'impression. Celle-ci a été écrite au moment même où il allait mettre sous presse la 6ᵉ édition, peut-être même pendant l'impression. C'est au mois d'avril 1691 que, par ordre du Roi, les femmes abandonnèrent les coiffures hautes, qui étaient à la mode depuis dix années envi-

1. Il est superflu de noter ici les Bourlon qui étaient dans le clergé.
2. Voyez ci-dessus, p. 146, n° 11.

ron[1]. Au commencement de juin, alors que l'impression de l'édition était achevée, le retour aux coiffures plates était encore une nouvelle, et une nouvelle digne d'intérêt, car le 5 juin l'abbé de Choisy en faisait part à Bussy[2].

Mais on revint bien vite aux coiffures élevées. A peine *Iphis* l'eut-elle mise à la mode, que sa coiffure était déjà « hors de mode » une seconde fois. En 1692, la Bruyère écrit qu' « il faut juger des femmes depuis la chaussure jusqu'à la coiffure exclusivement » (tome I, p. 172, n° 5), tant la chaussure et la coiffure sont élevées.

La mode des coiffures hautes résista longtemps. En 1699, nouvelle diminution pendant un voyage de la cour à Fontainebleau ; en 1701, tentative nouvelle et peut-être plus durable. Mais quand on baissait la coiffure, on haussait les patins[3].

1. « Parlons maintenant de la plus grande affaire qui soit à la cour. Votre imagination va tout droit à de nouvelles entreprises ; vous croyez que le Roi, non content de Mons et de Nice, veut encore le siége de Namur : point du tout ; c'est une chose qui a donné plus de peine à Sa Majesté et qui lui a coûté plus de temps que ses dernières conquêtes ; c'est la défaite des *fontanges* à plate couture : plus de coiffures élevées jusques aux nues, plus de *casques*, plus de *rayons*, plus de *bourgognes*, plus de *jardinières;* les princesses ont paru de trois quartiers moins hautes qu'à l'ordinaire ; on fait usage de ses cheveux, comme on faisait il y a dix ans. Ce changement a fait un bruit et un désordre à Versailles qu'on ne sauroit vous représenter. Chacun raisonnoit à fond sur cette matière, et c'étoit l'affaire de tout le monde. On nous assure que M. de Langlée a fait un traité sur ce changement pour envoyer dans les provinces : dès que nous l'aurons, Monsieur, nous ne manquerons pas de vous l'envoyer. » (*Lettre* de Mme de Sévigné au duc de Chaulnes, datée de Grignan, le 15 mai 1691, tome X, p. 24 et 25.)

2. « Les coiffures hautes sont condamnées ; au moins le Roi a-t-il prié les princesses de ne s'en plus servir. » (*Correspondance de Bussy*, tome VI, p. 485.) Bussy répondait le 8 juin : « Je sais le meilleur gré du monde au Roi du rabaissement des coiffures ; je ne pouvois plus souffrir les femmes, et quoique je n'aie plus affaire de leur beauté, je ne m'accommode point de leur désagrément. » (*Ibidem*, p. 486.)

3. On dit que le bon sens ici va revenir :
 Paris cède à la mode, et change ses parures.
 Le peuple imitateur, ce singe de la cour,
     A commencé depuis un jour
 D'humilier enfin l'orgueil de ses coiffures.
 Mainte courte beauté s'en plaint, gronde, tempête,
 Et pour se rallonger consultant les devins,
 Apprend d'eux qu'on retrouve, en haussant ses patins,
 La taille que l'on perd en abaissant sa tête.
     Voilà le changement extrême
 Qui met en mouvement nos femmes de Paris....

(*OEuvres de Chaulieu*, lettre écrite pendant l'hiver de 1701 pour Mme la

VII

Pages 148 et 149, n° 14. — *Iphis voit à l'église....* (1691.)

Clef manuscrite : « M. le Rebours, avocat au grand conseil. »
Le personnage dont il s'agit était sans doute le fils, soit de M. le Rebours, seigneur de Prunelay, maître des comptes, mort en 1680, soit de Thierry le Rebours, seigneur de Bertrandfosse, alors président honoraire au grand conseil, soit enfin de Claude le Rebours, alors conseiller au Parlement. Ces trois le Rebours étaient frères.

VIII

Page 150, n° 16. — *Le courtisan autrefois.... Cela ne sied plus :
il porte une perruque....* (1687.)

Les clefs du dix-huitième siècle nomment : « M. le duc de Beauvillier. » Son nom est beaucoup mieux placé un peu plus bas : voyez la note x.

IX

Pages 151 et 152, n° 21. — *Négliger vêpres....* (1694.)

Si l'on négligeait vêpres à la cour, c'est que Louis XIV assistait beaucoup plus souvent au salut qu'aux vêpres, et que l'on n'allait guère à la chapelle que lorsqu'il y était. « Il manquoit rarement le salut les dimanches, s'y trouvoit souvent les jeudis, et toujours pendant toute l'octave du saint sacrement, dit Saint-Simon en parlant du Roi (tome XIII, p. 100).... Il alloit à vêpres les jours de communion. » Or il communiait cinq fois l'an. Il assistait aux vêpres, non-seulement le jour, mais les lendemain et surlendemain de ses communions.

Page 152. — *Un dévot est celui qui sous un roi athée
seroit athée.* (1692.)

« Ce petit paragraphe, dit Walckenaer (*Remarques*, etc., p. 735), a été ajouté dans la septième (*édition*), et pourtant dans cette édition, où l'auteur a donné une table de toutes ses augmentations, il n'a pas fait mention de celle-ci : il semble avoir voulu glisser ainsi, inaperçu, le trait le plus acéré qu'il eût décoché contre les faux dévots. »
Nous avons relevé (p. 152, note 3) la faute d'impression de la 9ᵉ édition : *seroit dévot*. Elle a donné lieu à une critique d'une page et

marquise de Lassay, à S. A. S. Madame la Duchesse, tome I, p. 117 et 118, édition de 1774).

demie, de la part de Brillon, qui ne sachant point que le mot *dévot* avait remplacé le mot *athée* par suite d'une distraction ou d'une correction maladroite de l'imprimeur, s'est efforcé de démontrer dans ses *Sentiments critiques* (p. 446 et 447) qu'il eût été mieux de dire : *seroit athée*.

X

Pages 153 et 154, n° 23. — *Quand un courtisan sera humble....*
(1687 et 1690.)

Le vrai dévot, dans la pensée de la Bruyère, était, selon toutes les clefs, le duc de Beauvillier[1]. Les clefs du dix-huitième siècle contiennent sur ce personnage la note malveillante qui suit :

« Le duc de Beauvillier, gouverneur des enfants de France, fils de M. le duc de Saint-Aignan, dont il s'est emparé de tous les biens sans payer les dettes. Il s'est jeté dans la dévotion. Il est chef du conseil des finances. Il a fait faire à Saint-Aignan en Berry un banc de menuiserie d'une élévation semblable aux chaires des évêques. »

« Depuis que Dieu l'eut touché, » dit Saint-Simon du duc de Beauvillier (tome XI, p. 189), « ce qui arriva de très-bonne heure, je crois pouvoir avancer qu'il ne perdit jamais sa présence, d'où on peut juger, éclairé comme il étoit, jusqu'à quel point il porta la piété. Doux, modeste, égal, poli avec distinction, assez prévenant, d'un accès facile et honnête jusqu'aux plus petites gens ; ne montrant point sa dévotion, sans la cacher aussi, et n'en incommodant personne, mais veillant toutefois ses domestiques, peut-être de trop près ; sincèrement humble, sans préjudice de ce qu'il devoit à ce qu'il étoit, et si détaché de tout, comme on l'a vu sur plusieurs occasions qui ont été racontées, que je ne crois pas que les plus saints moines l'aient été davantage. L'extrême dérangement des affaires de son père lui avoit néanmoins donné une grande attention aux siennes (ce qu'il croyoit un devoir), qui ne l'empêchoit pas d'être vraiment magnifique en tout, parce qu'il estimoit que cela étoit de son état. »

XI

Pages 154-159, n° 24. — *Onuphre n'a pour tout lit....* (1691.)

Onuphre, avons-nous dit, est le personnage de *Tartuffe*, tel que le

---

1. Paul de Beauvillier, duc de Saint-Aignan, pair de France, premier gentilhomme de la chambre du Roi, chef du conseil royal des finances (1685), ministre d'État (1691), etc.

comprend la Bruyère. A-t-il voulu faire la critique de la pièce de Molière, ou représenter une variété nouvelle de Tartuffe? Laissons à d'autres le soin d'élucider ce point[1]. Nous ferons du moins remarquer qu'entre Tartuffe et Onuphre plus de vingt années se sont écoulées, et que la mode de l'hypocrisie a changé. Le masque de Tartuffe, arraché par Molière, ne peut plus servir à personne, et l'hypocrisie a dû devenir plus habile. D'ailleurs, comme on l'a déjà dit souvent[2], il ne faut pas oublier que Tartuffe est en scène, et que les exigences dramatiques se seraient difficilement accommodées d'un Tartuffe semblable à Onuphre.

Les commentateurs se sont égarés dans la recherche de l'original d'Onuphre, que la plupart ont voulu retrouver dans l'abbé Mauroy, deux fois nommé déjà dans les clefs (voyez ci-dessus, p. 286, et p. 305, note xv).

Voici les annotations des clefs du dix-huitième siècle :

« *Onuphre*.... M. de Mauroy, prêtre de Saint-Lazare, depuis curé des Invalides, qui avoit été auparavant mousquetaire, et pour ses libertinages mis à Saint-Lazare, dont il embrassa la profession. [Il y vécut douze ans en réputation d'honnête homme, ce qui lui fit donner la cure des Invalides.] Depuis il reprit ses anciennes manières, mais gardant toujours les apparences. [Il se mit dans les intrigues de femmes, et si avant avec Mlle Doujat, nièce de M. Doujat, doyen du Parlement, qu'après l'avoir entretenue du temps et fait de grandes dépenses avec elle, et avoir, pour les soutenir, engagé le patrimoine des Invalides, il la maria au fils de M. le Boindre, conseiller au Parlement[3], à laquelle il donna, de son chef, cinquante mille livres; mais cette intrigue s'étant dans la suite découverte, il a été condamné à une prison perpétuelle et envoyé à l'abbaye de Sept-Fonds, en Bourbonnois, de l'ordre de Citeaux, pour y passer le reste de ses jours, où il est mort depuis, fort repentant de sa vie déréglée.] »

La clef Cochin ajoute : « Ou l'abbé du Pin, docteur de Sorbonne, qui s'est attaché à Mlle Lemazier, veuve Villary de Passy, sœur de M. Lemazier, greffier des requêtes de l'Hôtel, père de celui qui vient de mourir le dernier, à laquelle il a mangé près de trois cent mille livres; il s'est fait faire plusieurs dons qui ont donné lieu à un grand procès, sur lequel est intervenu arrêt en la grande chambre au mois de mai 1696, qui a cassé la donation, qui étoit de quinze mille livres. »

1. « On peut voir dans la Bruyère, dit la Mothe cité par l'abbé Trublet, un tableau de l'*hypocrite*, où il commence toujours par effacer un trait de Tartuffe, et ensuite en *retouche* un tout contraire. » (*Mémoires sur Fontenelle*, p. 53.)
2. Voyez particulièrement *la Comédie de la Bruyère*, tome II, p. 351-355.
3. Sans doute Jean le Boindre, conseiller à la grande chambre du Parlement, en 1645. Son nom est en blanc dans la clef Cochin.

Au moment où parut le caractère d'*Onuphre*, les méfaits de l'abbé Mauroy n'étaient pas encore découverts[1].

Nous ne saurions dire de quel abbé du Pin il est question dans la clef Cochin. Ce n'est sans doute pas d'Ellies du Pin, auteur de la *Bibliothèque des auteurs ecclésiastiques*, éditeur des *Dialogues sur le Quiétisme* de la Bruyère : l'abbé le Gendre, qui ne l'aimait guère (voyez ses *Mémoires*, p. 160-164), n'eût pas manqué, s'il eût été galant, d'ajouter cette accusation à d'autres.

Page 155. — *Le Combat spirituel, le Chrétien intérieur, et l'Année sainte....*

Ces titres n'ont pas été imaginés par la Bruyère.

Le Combat spirituel est un ouvrage italien que l'on attribue généralement au théatin Laurent Scupoli, et qui a été plusieurs fois traduit en français (1608, 1659, 1675, 1688, etc.).

1. C'est à la date du 5 décembre 1691 que Dangeau signale sa fuite : « M. de Mauroy, missionnaire, qui étoit curé et directeur des Invalides, a fait banqueroute et a emporté plus de quarante mille écus. On a découvert beaucoup d'histoires scandaleuses; et même des dames de qualité sont mêlées dans cette affaire. » Mauroy n'avait certes pas emporté quarante mille écus, car il était parti pour l'abbaye de Sept-Fonds, où il voulait prendre l'habit ; c'est là qu'il fut arrêté au commencement de janvier 1692. Il fut condamné aux galères en février 1693 ; le Roi commua la peine et l'envoya à Sept-Fonds, à la condition que s'il faisait la moindre tentative pour s'évader, il serait mis aux galères à perpétuité.

Voici la note que Saint-Simon a placée à côté de la mention de sa fuite, dans le *Journal* de Dangeau (tome III, p. 438) :

« Ce M. de Mauroy étoit un prêtre de la congrégation de la Mission, gentilhomme de bon lieu, savant et de beaucoup d'esprit et d'intrigue, grand directeur et grand cagot, qui avoit fait longtemps avec ses poulettes de quoi être brûlé, sans qu'on en eût le moindre soupçon, et avoit volé tant et plus M. de Louvois, avec qui la cure des Invalides lui avoit donné grande relation et à qui il tiroit tant qu'il vouloit d'aumônes, et pour des sommes très-considérables. L'éclat fut donc du plus grand scandale ; néanmoins le Roi ne voulut pas qu'il fût poussé à bout, et le confina dans l'abbaye de Sept-Fonds, où il se convertit si bien, qu'il y fit profession, et y a été plus de trente ans l'exemple le plus parfait de la pénitence, de la miséricorde de Dieu et des vertus de cette maison, qui est la même vie et la même règle que la Trappe. Ce grand pénitent s'éleva à tant de sainteté, que l'abbé, homme rare en conduite, en esprit et en vertu, dont il est chez lui l'exemple, fit venir, sans le lui dire, les brefs de Rome nécessaires pour qu'il pût dire la messe, et ne l'y put jamais résoudre. Il est mort, depuis deux ou trois ans, si chargé de mérites, qu'il faudroit un volume pour écrire un si parfait retour à Dieu, qui ne lui avoit rien fait perdre de l'agrément naturel de l'esprit. »

APPENDICE.

Le Chrétien intérieur, ou la Conformité intérieure que doivent avoir les chrétiens avec Jésus-Christ, par un solitaire (Paris, 1661, 1662, etc.), est de Jean de Besnières Louvigny.

Deux ouvrages avaient paru sous le titre d'*Année sainte*. L'un, attribué au P. Bordier de l'Oratoire, et publié en 1668, a pour titre : *l'Année sainte, ou Bref martyrologe propre pour les paroisses et familles chrétiennes*, par un docteur en théologie de Paris. L'autre, composé par Loisel, curé de Saint-Jean en Grève, et publié en 1678, est intitulé : *l'Année sainte ou Sentences tirées de tous les écrits de saint François de Sales.*

XII

Pages 159 et 160, n° 25. — *Riez, Zélie....* (1692.)

Clefs du dix-huitième siècle : « Mme de Pontchartrain. » — Clef manuscrite : « Mme de Montchevreuil. »

Louis Phelippeaux, comte de Pontchartrain, avait été nommé contrôleur général en 1689. Voici le portrait que Saint-Simon nous a laissé (tome XI, p. 71 et 72) de Mme de Pontchartrain ; il a bien, ce nous semble, quelque rapport avec le caractère de *Zélie*.

« Elle étoit fille de Maupeou, président d'une des chambres des enquêtes et peu riche, mais bon parti pour Pontchartrain, qui l'étoit encore moins quand elle l'épousa. On ne peut guère être plus laide ; mais avec cela une grosse femme, de bonne taille et de bonne mine, qui avoit l'air imposant, et quelque chose aussi de fin. Jamais femme de ministre ni autre n'eut sa pareille pour savoir tenir une maison, y joindre plus d'ordre à toute l'aisance et la magnificence, en éviter tous les inconvénients avec le plus d'attention, d'art et de prévoyance, sans qu'il y parût, et y avoir plus de dignité avec plus de politesse, et de cette politesse avisée et attentive, qui sait la distinguer et la mesurer, en mettant tout le monde à l'aise. Elle avoit beaucoup d'esprit sans jamais le vouloir montrer, et beaucoup d'agrément, de tour et d'adresse dans l'esprit, et de la souplesse, sans rien qui approchât du faux, et quand il le falloit, une légèreté qui surprenoit ; mais bien plus de sens encore, de justesse à connoître les gens, de sagacité dans ses choix et dans sa conduite, que peu d'hommes même ont atteint comme elle de son temps. Il est surprenant qu'une femme de la robe qui n'avoit vu de monde qu'en Bretagne, fût en si peu de temps au fait aux manières, à l'esprit, au langage de la cour ; elle devint un des meilleurs conseils qu'on pût trouver pour s'y bien gouverner. Aussi y fut-elle dans tous les temps d'un grand secours à son mari, qui tant qu'il la crut, n'y fit jamais de fautes, et ne se trompa en ce genre que lorsqu'il s'écarta de ses avis. Avec tout cela, elle avoit trop longtemps trempé dans la bourgeoisie pour qu'il ne lui en restât pas quelque petite odeur. Elle avoit naturellement une galanterie dans l'esprit raffinée, charmante, et une libéralité si noble, si simple, si coulant de source, si fort accompagnée de grâces, qu'il étoit impossible de s'en défendre. Personne ne s'entendoit si parfaitement à donner des fêtes. Elle en avoit tout le goût et toute l'invention, et avec somptuosité et au dehors et au dedans, mais elle n'en donnoit qu'avec raisons et bien à propos, et tout cela avec un air simple, tranquille et sans jamais sortir de son âge, de sa place, de son état, de sa modestie. La plus secourable parente, l'amie la plus solide, la plus effective, la plus utile, la meilleure en tous points et la plus sûre. Délicieuse à la campagne et en liberté; dangereuse à table pour la prolonger, pour se connoître en bonne chère sans presque y tâter, et pour faire crever ses convives; quelquefois fort plaisante sans jamais rien de déplacé; toujours gaie, quoique quelquefois elle ne fût pas exempte d'humeur. La vertu et la piété la plus éclairée et la plus solide, qu'elle avoit eue toute sa vie, crût toujours avec la fortune. Ce qu'elle donnoit de pensions avec discernement, ce qu'elle marioit de pauvres filles, ce qu'elle en faisoit de religieuses, mais seulement quand elle s'étoit bien assurée de leur vocation, ce qu'elle en déroboit aux occasions, ce qu'elle mettoit de gens avec choix et discernement en état de subsister, ne se peut nombrer. »

Et un peu plus loin (p. 74), Saint-Simon termine ainsi le portrait : « Le chancelier, ravi de faire aussi ces bonnes œuvres, l'en laissoit entièrement maîtresse. Leur union, leur amitié, leur estime étoit infinie et réciproque. Ils ne se séparoient de lieu que par une rare nécessité, et ils couchoient partout dans la même chambre. Ils avoient mêmes amis, mêmes parents, même société. En tout ils ne furent qu'un.... Elle y mourut (à *Versailles*) le jeudi 12 avril, à ..., à .... ans, universellement regrettée de toute la cour, qui l'aimoit et la respectoit, et pleurée des pauvres presque avec désespoir. Le chancelier alla cacher le sien dans son petit appartement de l'institution de l'Oratoire..... Son fils fut le seul de toute la famille qui essuya cette perte avec tranquillité, et même des domestiques. »

Voyez de plus, sur Mme de Pontchartrain, la notice publiée dans le *Mercure galant* de juin 1708, p. 373-391.

Mme de Montchevreuil[1] n'a jamais pu être « badine et folâtre. »

1. Marguerite Boucher d'Orsay, gouvernante des filles d'honneur de la Dauphine (« emploi, dit Saint-Simon, tome I, p. 37, qu'elle prit par pauvreté » en 1680), plus tard (1690) chargée de la direction de Mademoiselle de Blois, morte en 1699. Elle avoit épousé en 1653 Henri de Mornay, marquis de Montchevreuil, qui fut gouverneur du duc du Maine et du comte de Vermandois.

Le portrait qu'en font les mémoires et les chansons du temps montre bien qu'avant de « tenir à la faveur, » elle n'a jamais « ri » comme *Zélie*, encore moins « éclaté. »

« Montchevreuil, dit Saint-Simon (tome I, p. 37), étoit un fort honnête homme, modeste, brave, mais des plus épais. Sa femme, qui étoit Boucher d'Orsay, étoit une grande créature, maigre, jaune, qui rioit niais, et montroit de longues et vilaines dents, dévote à outrance, d'un maintien composé, et à qui il ne manquoit que la baguette pour être une parfaite fée. Sans aucun esprit, elle avoit tellement captivé Mme de Maintenon qu'elle ne voyoit que par ses yeux, et ses yeux ne voyoient jamais que des apparences et la laissoient la dupe de tout. Elle étoit pourtant la surveillante de toutes les femmes de la cour, et de son témoignage dépendoient les distinctions ou les dégoûts et souvent par enchaînement les fortunes. Tout jusqu'aux ministres, jusqu'aux filles du Roi, trembloit devant elle; on ne l'approchoit que difficilement; un sourire d'elle étoit une faveur qui se comptoit pour beaucoup. Le Roi avoit pour elle une considération la plus marquée. Elle étoit de tous les voyages et toujours avec Mme de Maintenon. »

« Mme de Maintenon, écrit de son côté Mme de Caylus dans ses *Souvenirs* (édition de M. Asselineau, p. 102), plaça encore dans la maison de Madame la Dauphine Mme de Montchevreuil, femme de mérite, si l'on borne l'idée de mérite à n'avoir point de galanterie. C'étoit d'ailleurs une femme froide et sèche dans le commerce, d'une figure triste, d'un esprit au-dessous du médiocre, et d'un zèle capable de dégoûter les plus dévots de la piété, mais attachée à Mme de Maintenon, à qui il convenoit de produire à la cour une ancienne amie d'une réputation sans reproche, avec laquelle elle avoit vécu dans tous les temps, sûre et secrète jusqu'au mystère. »

XIII

Pages 160 et 161, n° 28. — *C'est une pratique ancienne....* (1694.)

Et que Lorenzani fait de beaux motets. — Les motets de Lorenzani ont été imprimés en 1693 par Ballard. Voyez sur ce personnage le *Mercure galant*, passim, et la *Biographie des musiciens* de M. Fétis.

capitaine et gouverneur du château de Saint-Germain en Laye (1685), et chevalier de l'ordre du Saint-Esprit (1688).

DE QUELQUES USAGES.

I

Pages 165 et 166, n° 5. — *Quelle est la roture....* (1689.)

Clefs du dix-huitième siècle : « *Quelques-uns même ne vont pas la chercher....* Allusion au pélican [que portent pour armes MM. le Camus]. » Les mots placés entre crochets n'ont presque jamais été reproduits dans les clefs imprimées, ce qui rend la phrase inintelligible dans la plupart des éditions Coste.

Sur les trois le Camus (Nicolas le Camus, procureur général, puis premier président de la cour des aides, le cardinal le Camus et Jean le Camus, lieutenant civil), voyez tome I, p. 480 et 481, note VI.

Le trait de la Bruyère allait mieux encore à l'adresse des Bazin qu'à celle des le Camus : les derniers avaient pris pour armes le pélican de leur enseigne ; les premiers, les trois *couronnes* de leur enseigne. « Il est généralement admis, dit M. P. Paris dans son édition de Tallemant (tome V, p. 214), que les Bazin étaient de riches marchands de toiles et de draps de la ville de Troyes, qui fabriquèrent les premiers cette légère étoffe croisée à laquelle est resté le nom de *bazin*. L'enseigne de la maison, ajoute-t-on, était *Aux trois couronnes*, et les Bezons ont eu le bon esprit de l'adopter pour leurs armes. La Chesnaye des Bois n'en rattache pas moins le maréchal de Bezons, fils de notre Claude Bazin de Bezons, à une maison noble de Normandie. » Le Claude Bazin, sieur de Besons, dont il s'agit, fils de Pierre Bazin, trésorier de France à Soissons, et père, suivant M. Paris, du maréchal de Besons[1], était de l'Académie française, et mourut en 1684. En donnant cette noble origine à la famille des Besons, la Chesnaye se met en contradiction avec Saint-Simon : « Son père étoit conseiller d'État, » dit Saint-Simon (tome XIII, p. 159), après avoir fait le portrait du maréchal ; « et son frère aîné, qui étoit mort, l'avoit été aussi, tous deux avec réputation. Leur nom est Bazin, de la plus courte bourgeoisie, et Besons, dont ils portoient tous le nom, est ce village sur la Seine, près de Paris, si connu par la foire qui s'y tient tous les ans, dont le père avoit acquis la seigneurie. »

Quatre ans plus tard, en 1693, le Noble lançait dans sa comédie

---

1. Besons ne devint maréchal qu'en 1709.

du *Fourbe* (voyez notre tome I, p. 480) une allusion directe aux le Camus ; quatre ans plus tôt, devançant la Bruyère, Louis Petit avait déjà raillé

> Un de ces beaux Messieurs, fils d'un vendeur de sarge,

improvisant ses armes de la même façon :

> Il ne lui manquoit plus qu'un peu de qualité.
> Sur une vieille tige il fut bientôt enté :
> Avec l'or on fait tout. Ses armes on prépare,
> Et vous allez entendre une chose assez rare.
> L'enseigne de son père étoit un lion vert ;
> Aussitôt l'écusson d'argent se vit couvert ;
> Un lion de sinople ensuite l'on applique
> Sur ce champ argenté, mais lion magnifique,
> Mais lion lampassé, rampant, onglé, gueulé :
> Ce qui sentoit beaucoup un noble signalé[1].

II

Page 166, n° 6. — *Il suffit de n'être point né dans une ville....* (1687.)

Les exemples de gens qui, venus de la campagne, avaient été « crus nobles sur leur parole, » abondaient sans nul doute à la cour. Saint-Simon en cite un parmi les gentilshommes de la garde-robe du Roi : le marquis de la Salle, dont nous parlerons ci-après, p. 395, note XVIII. Ce marquis avait pour grand-père un sabotier, qui, « étant devenu à son aise, » avait acheté « une petite terre qui jamais n'a valu mille écus de rente..., dans la lisière de la forêt de Senonches qui s'appelle la Salle. » On y fit « un petit castel de cartes, » et la famille en prit le nom. Voyez les *Mémoires* de Saint-Simon, tome X, p. 257.

[1]. *Discours satyriques et moraux*, 1686, in-12, satire II, p. 16. — Dans sa *Comédie de la Bruyère* (tome I, p. 152), M. Fournier cite, d'après les *Mémoires* de Boisjourdain, postérieurs à l'époque où nous sommes placés, une famille qui avait tiré de son enseigne, non pas ses armoiries, mais son nom même : « Mme de Veni, dit Boisjourdain, est originaire d'une famille de petits marchands de Riom en Auvergne, dont la boutique avait pour enseigne le Saint-Esprit, avec la prière pour légende : *Veni, sancte spiritus*. En changeant leur nom de commerce, ils ont pris pour nom le premier mot de cette prière : *Veni*. » (*Mélanges historiques, satiriques et anecdotiques* de M. de B... Jourdain, écuyer de la grande écurie du Roi (Louis XV), tome II, p. 465 et 466.)

III

Pages 166 et 167, n° 8. — *Les grands.... se moulent sur de plus grands....* (1694.)

Clefs du dix-huitième siècle : « Allusion à ce que feu Monsieur [1], pour s'approcher de Monseigneur le Dauphin, ne vouloit plus qu'on le traitât d'*Altesse Royale*, mais qu'on lui parlât par *Vous*, comme l'on faisoit à Monseigneur et aux enfants de France. Les autres princes, à son exemple, ne veulent pas être traités d'*Altesse*, mais simplement de *Vous*. »

« Gaston, frère de Louis XIII, dit à ce sujet Saint-Simon (tome VII, p. 174), prit le premier l'*Altesse Royale*.... C'est le seul fils de France qui l'ait pris. Monsieur, frère de Louis XIV, le dédaigna parce que les filles de Gaston l'avoient pris avec le rang de petites-filles de France, quoique Monsieur leur père et Madame sa seconde femme l'aient conservé toute leur vie. Ainsi Monsieur, frère de Louis XIV, le fit prendre à ses enfants, et se seroit également offensé qu'on le lui eût donné ou qu'on l'eût omis pour eux. Tout le monde, même princes et princesses du sang, l'ont toujours donné aux filles de Gaston et aux enfants de Monsieur en leur parlant, sans en faire aucune façon. »

Peut-être les princes de Condé négligeaient-ils d'exiger l'*Altesse Sérénissime :* la Bruyère donnait très-souvent ce titre au grand Condé dans ses lettres, comme nous le verrons; mais beaucoup de ses correspondants, ceux surtout peut-être qui étaient de sa maison, comme Gourville, usaient avec lui d'une assez grande familiarité.

IV

Page 167, n° 9. — *Certaines gens portent trois noms....* (1689.)

La multiplicité des noms au dix-septième siècle introduit quelque confusion dans les récits du temps. Les noms de famille, les noms de seigneurie et les surnoms formaient une telle diversité d'appellations dans les familles, que le rédacteur de la table de la *Gazette de France*, au dix-huitième siècle, avait cru devoir dresser et publier une table supplémentaire des noms et surnoms qui permît de reconnaître et de rattacher à la même famille chacun de ses membres.

Les clefs ont placé un certain nombre de noms à côté de cet alinéa.

---

[1]. Philippe d'Orléans, frère de Louis XIV, mort en 1701.

Celle de 1696 cite, pour l'ensemble de la remarque : « MM. Delrieu, maître d'hôtel du Roi, Logeois, Sonnin ; » celles du dix-huitième siècle : « M. de Dangeau[1] ou bien le Camus (*ou*) de Vienne[2], qui se fait descendre de l'amiral de Vienne[3], ou M. Langlois (*ou*) de Rieux[4]. »

Les mêmes clefs et la plupart des clefs manuscrites font, aux diverses parties de l'alinéa, l'application de quelques-uns des noms ci-dessus mentionnés et de plusieurs autres :

« *D'autres ont un seul nom dissyllabe, qu'ils anoblissent par des particules :* Laugeois, qui se fait appeler de Laugeois ; Delrieux, qui se fait nommer de Rieux ; — *Celui-ci, par la suppression d'une syllabe :* Delrieux, homme d'affaires, maître d'hôtel ordinaire du Roi, qui en prenant cette charge s'est fait nommer de Rieux ; — *Plusieurs suppriment leurs noms :* M. Laugeois (et non *Langlois*, comme il est imprimé dans les clefs Coste), fils de Laugeois, receveur aux confiscations du Châtelet, qui se fait appeler d'Imbercourt ; — *Il s'en trouve enfin qui nés à l'ombre des clochers de Paris, veulent être Flamands ou Italiens :* M. Sonning, fils de M. de Sonin, receveur de Paris, qui se fait nommer de Sonningen ; M. Nicolaï. »

Nous avons déjà eu l'occasion de parler de Laugeois d'Imbercourt[5].

De Rieu était en effet un maître d'hôtel du Roi[6], et son nom, ainsi

---

1. Philippe de Courcillon, marquis de Dangeau, l'auteur du *Journal*, ou son frère, l'abbé de Dangeau : leur nom vient ici sans raison, puisque Saint-Simon lui-même, qui aimait si peu le marquis de Dangeau, le déclare gentilhomme.

2. Peut-être la leçon *le Camus de Vienne* est-elle une mauvaise lecture des mots : « le conseiller de Vienne, » et s'agit-il de Louis de Vienne, conseiller au Parlement depuis 1685. Au lieu de : « le Camus de Vienne, » une clef manuscrite donne : « Petit de Vienne ; » une autre : « le Camus de Benoît de Saint-Port. » Le nom de Camus vient encore mal à propos dans la seconde variante : il y avait alors un Pierre Benoît de Saint-Port, nullement le Camus, qui était avocat général au grand conseil depuis 1688, et avait été auparavant avocat du Roi au Châtelet.

3. Jean de Vienne, d'une ancienne maison de Bourgogne, mort en 1396, à la bataille de Nicopolis.

4. Les clefs imprimées ont réuni à tort les deux noms distincts Langlois (qu'il faut lire : *Laugeois*) et de Rieux : voyez ci-après.

5. Voyez tome I, p. 488 et 489, notes XVI et XVIII.

6. On lit dans une clef manuscrite : « De Rieux, maître d'hôtel du Roi, qui se nommoit auparavant Delrieux, sur quoi l'on dit qu'il voloit plus qu'il ne s'étoit arraché d'aile. » — « On disoit qu'il avoit tant volé qu'il en avoit perdu une aile, » écrit Matthieu Marais dans son *Journal* (*Revue rétrospective*, 2ᵉ série, tome VIII, p. 399). Le nom de Rieux rappelait le maréchal de Rieux ; mais il ne faisait illusion à personne, et le souvenir du véritable nom de Delrieu ne se perdit jamais : voyez Dangeau et Marais, aux endroits cités.

CLEFS ET COMMENTAIRES.   379

écrit, se trouve dans l'*État de la France* (tome I, p. 61, édition de 1698). Il avait vendu cent mille écus une charge de maître de la chambre aux deniers avant de devenir maître d'hôtel du Roi (Dangeau, tome II, p. 157).

Sonnin ou Sonning, que l'on appelait souvent aussi Sonningen, fils d'un financier qui avait obtenu la recette de la généralité de Paris, était l'ami de Chaulieu, de la Fare et de Courtin (voyez sur lui les *Cours galantes* de M. Desnoiresterres, tome III, p. 269 et suivantes). — Quant à Nicolaï, marquis de Goussainville, etc., premier président de la chambre des comptes depuis 1686, son nom est inscrit ici en souvenir de l'origine qu'on lui donnait très-inexactement, à ce qu'il paraît : « Le roi Charles VIII, en allant à la conquête du royaume de Naples, » dit Choisy (*Mémoires*, collection Petitot, tome LXIII, p. 297) au sujet de la charge de capitaine des chasses du pays de Beaumont, « la donna à M. Nicolas, qui se trouvant en Italie, habilla son nom à l'italienne, en changeant son *s* en *i*. »

Le nom de Laugeois d'Imbercourt a bien sa place en regard de la première phrase, mais non en marge de la phrase : *Plusieurs suppriment leurs noms*, etc., car aucun « grand homme, » que nous sachions, ne s'est appelé d'Imbercourt. La Bruyère songeait peut-être ici à l'un de ses commensaux à l'hôtel Condé, Charles de Saint-Lary Bellegarde, seigneur de Saintrailles, premier écuyer du duc de Bourbon en 1684, et celui de son fils en 1710. Il « n'étoit rien moins que Poton, qui est le nom du fameux Saintrailles [1], » dit Saint-Simon (tome VIII, p. 122). « Il n'étoit ni Poton ni Saintrailles, écrit-il encore ailleurs (tome XI, p. 24), mais un très-petit gentilhomme. » On disait à la cour qu'il était d'une famille noble du Vendomois, nommée Roton, et que son père ou son grand-père, estimant avec raison que la maison des Poton, depuis longtemps éteinte, était meilleure que la sienne, s'était fait Poton ; on l'accusait même d'avoir pris le soin d'effacer la queue de la lettre R dans tous les titres de quelque ancienneté qui étaient relatifs à sa famille [2]. Louis XIV faisait peu de cas de Saintrailles, et reprochait à Monsieur le Prince, dit Bussy, de faire « entrer un homme comme celui-là dans son carrosse [3]. » « Je vois bien, ajoute Bussy, que Sa Majesté ne croit pas que ce Saintrailles ici soit le Saintrailles de Poton, et je le tiens bien averti [4]. »

---

1. J. Poton de Saintrailles, maréchal de France sous le règne de Charles VII.
2. *Chansonnier Maurepas*, tome V, p. 101, notes.
3. *Lettres de Mme de Sévigné*, tome VIII, p. 135 et 136, lettre de Bussy, du 19 novembre 1687. — Monsieur le Prince était alors Henri-Jules de Bourbon, fils du grand Condé.
4. Puisque nous rencontrons ici le souvenir de l'un des personnages avec lesquels vivait la Bruyère, achevons de le faire connaître en reproduisant en-

Louis Petit avait encore, avant la Bruyère, noté cette façon de s'anoblir par le changement d'une lettre dans son nom :

> Mais combien de maisons encore toutes neuves
> Sont illustres pourtant grâces aux fausses preuves !
> Le généalogiste est payé pour cela :
> Il tire d'un héros la fill' d'un Quinola ;
> D'un franc bourgeois enté sur une tige antique,
> Il cache adroitement et l'aune et la boutique.
> Un *de* que l'on ajoute à son nom inconnu,
> Qui sans cet ornement paroîtroit un peu nu,
> Une lettre à propos dans ce nom ménagée,
> Ou selon l'occurrence une lettre changée,
> Fonde sa qualité, lui prête des aïeux,
> Que l'on tire à plaisir des nobles les plus vieux.
>
> (*Discours satyriques et moraux*, 1686, satire XII, p. 89 et 90.)

V

Pages 167 et 168, n° 10. — *Le besoin d'argent a réconcilié la noblesse....* (1687.)

Une clef manuscrite cite le mariage du maréchal de Tourville avec Mlle Laugeois (voyez tome I, p. 488 et 489, note XVIII); une autre celui du maréchal de Lorges avec Mlle Frémont (*ibidem*, p. 478, note 1). A ces deux exemples combien d'autres eût-on pu ajouter!

tièrement les deux passages que lui consacre Saint-Simon, et qui montrent en lui un compagnon fort peu aimable :

« C'étoit, dit-il (tome VIII, p. 122), un homme sage, avec de l'esprit, fort mêlé dans la meilleure compagnie, mais qui l'avoit gâté en l'élevant au-dessus de son petit état, et qui l'avoit rendu important jusqu'à l'impertinence. C'étoit un gentilhomme tout simple et brave, mais qui n'étoit rien moins que Poton qui est le nom du fameux Saintrailles. » Et en mentionnant sa mort (1713, tome XI, p. 24) : « C'étoit un homme d'honneur et de valeur, le meilleur joueur de trictrac de son temps, et qui possédoit aussi tous les autres (jeux) sans en faire métier. Il avoit l'air important, le propos moral et sentencieux, avare, et avoit accoutumé à des manières impertinentes tous les princes du sang et leurs amis particuliers, qui étoient devenus les siens. Il n'étoit ni Poton ni Saintrailles, mais un très-petit gentilhomme, et point marié. »

VI

Pages 168 et 169, n° 13. — *Il n'y a rien à perdre à être noble....*
(1690.)

« La richesse de certains hommes qui se disent pauvres est connue, dit Brillon paraphrasant la pensée de la Bruyère ; elle fait du bruit, cause même de l'indignation ; les places publiques, les marchés, les foires sont une légère partie de leur domaine. Il y a à s'étonner que sous un nom emprunté ils n'aient pas mis une enchère aux cinq grosses fermes.

« Des pauvres qui sont obligés de se servir du titre de nobles [1] pour augmenter impunément leurs acquisitions méritent d'autres mouvements que ceux de la pitié. A quoi tient-il ici que je m'emporte ? » (*Théophraste moderne*, p. 326 et 327.)

Plus tard, Brillon se rétracta : « J'ai fait, » écrit-il au mot *Célestins*, dans son *Dictionnaire des arrêts* (tome II, p. 44, édition de 1727), « une ridicule critique dans mon *Théophraste moderne* de l'association des Célestins avec les secrétaires du Roi. Je pensois après la Bruyère que c'étoit un trait d'avarice de leur part. A vingt ans on n'est pas aussi expérimenté qu'à cinquante ; mais à ce dernier âge on doit au moins se faire honneur de rétracter ses préjugés de la jeunesse. Je consens volontiers que les Célestins, que le voisinage de l'Arsenal a rendus mes amis, prennent ceci pour une nouvelle réparation de l'injure faite à leur vœu de pauvreté. »

VII

Pages 169 et 170, n° 16. — *Il y a des choses qui ramenees....* (1689.)

Plusieurs clefs manuscrites citent comme l'un des abbés désignés « le chevalier de Lorraine, abbé de Saint-Jean des Vignes à Soissons, » le célèbre favori du duc d'Orléans.

La réflexion ne s'applique pas au chevalier de Lorraine, homme d'épée, auquel plusieurs traits ne conviennent point. Il n'en est pas moins vrai que le chevalier de Lorraine, maréchal de camp, était « le père et le chef » de plusieurs abbayes : l'abbaye de Tiron, qu'il avait eue en 1672 ; celle de Saint-Jean des Vignes, qu'il reçut en 1678 ; enfin celles de Saint-Père en Vallée et de Fleury-sur-Loire, qui lui furent données en 1679.

---

1. « Religieux qui ont les privilèges des secrétaires du Roi. »

En velours gris et à ramages comme une éminence....

La Bruyère fait-il allusion au costume que prenait le cardinal de Bouillon « pour se donner une distinction? »

« Il portoit, dit Saint-Simon (tome XII, p. 28), des habits *gris*, doublés de rouge, avec des boutons d'or d'orfévrerie à pointe, d'assez beaux diamants; jamais vêtu comme un autre, et toujours d'invention, pour se donner une distinction. »

VIII

Page 171, n° 18. — *Les belles choses le sont moins hors de leur place....*
L'on ne voit pas d'images profanes dans les temples.... (1687.)

« A une église de Paris, fait dire Monteil à l'un de ses Parisiens du dix-septième siècle, je vis une tenture où étaient représentés les amours de Vénus et d'Adonis parer, un jour de fête, le pourtour de la chaire d'un prédicateur qui parla avec beaucoup de chaleur contre les désordres des passions et les mauvaises mœurs. Je le demande : y a-t-il rien de plus curieux que d'entendre un prédicateur prêcher une chose sur une chaire qui en prêche une autre? » (*Histoire des Français des divers états*, tome IV, p. 419, 4ᵉ édition, 1853.) Et l'auteur ajoute en note, à l'appui de ce passage : « On mettait vraisemblablement cette tenture à la chaire de l'église de Saint-Roch dans ce temps (*dix-septième siècle*), et dans celui qui a précédé la Révolution, car on l'y a mise depuis. Elle y était à la Fête-Dieu de 1822. » (Même volume, *notes*, p. 120.)

IX

Pages 171 et 172, n° 19. — *Déclarerai-je donc ce que je pense de ce qu'on appelle dans le monde un beau salut....* (1694.)

Clef manuscrite : « La musique des pères théatins, dont ils ont fait tant de différents concerts. C'étoit Lorenzani qui étoit auteur de cette musique, qui a scandalisé tout Paris. Les places étoient louées comme à la Comédie et à l'Opéra. »

Les saluts en musique des théatins qui ont eu le plus de succès sont ceux qu'ils disaient pour les morts. Ils semblent avoir commencé en septembre 1685. Le *Mercure galant* de ce mois, après avoir mentionné celui du 26, annonce qu'il y en aura tous les mercredis dans l'église des théatins, avec musique du « fameux M. Laurenzani, maître de musique de la Reine, » et le *Mercure* d'octobre (p. 272) rend compte de ces cérémonies dans les termes suivants :

« Les théatins continuent tous les mercredis leurs prières pour les morts, selon leur usage en Italie. Elles commencent par un *De profundis* que ces pères chantent; ensuite on chante un psaume ou un motet qui convient à cette pieuse institution. Un prédicateur monte après en chaire, et fait une petite exhortation d'un peu plus d'un quart d'heure. Elle est suivie d'un autre motet, après quoi l'on donne la bénédiction du saint sacrement. Il y a de grandes indulgences accordées par le saint-siége à ceux et à celles qui y assistent. Les prédicateurs sont tous des gens choisis, et celui qui fait la musique, et qui a pris ce qu'il y a de plus excellents musiciens dans Paris, est ce fameux romain M. Lorenzani, qui étoit maître de la musique de la feue Reine.... Le grand monde qui se trouve à ces prières marque mieux que toutes sortes d'éloges combien on est satisfait de cette musique. »

Ce genre de spectacle, ainsi annoncé à grand bruit, produisit quelque scandale, ainsi que l'indique la lettre suivante de Seignelay, adressée à l'archevêque de Paris, sous la date du 6 novembre 1685 :

« On s'est plaint au Roi que les théatins, sous prétexte d'une dévotion aux âmes du purgatoire, faisoient chanter un véritable opéra dans leur église, où le monde se rend à dessein d'entendre la musique; que la porte en est gardée par deux suisses, qu'on y loue les chaises 10 s.[1], qu'à tous les changements qui se font, et à tout ce qu'on trouve moyen de mettre à cette dévotion, on fait des affiches comme à une nouvelle représentation. Sur quoi Sa Majesté m'ordonne de vous écrire pour savoir de vous s'il y a quelque fondement à cette plainte, et pour vous dire que dans le mouvement où sont les religionnaires pour leur conversion, il seroit peut-être à propos d'éviter ces sortes de représentations publiques[2] que vous

---

1. Les théatins avaient commencé en 1662 la construction « d'une église si grande, qu'elle ne convenoit ni à leurs facultés ni à l'emplacement » qu'ils occupaient (*Dictionnaire historique de Paris*, par Hurtaut et Magny, tome IV, p. 696). Longtemps interrompus, les travaux ne purent être repris qu'en 1714 « au moyen d'une loterie. » Le P. Alexis de Buc, supérieur des théatins, avait sans doute compté sur le produit des concerts payants pour l'achèvement de l'église.

2. Un couplet d'une chanson du temps, qui ne porte point de date, mais qui est placée au milieu de chansons de 1680, dans le *Chansonnier Maurepas* (tome II, p. 217), nous apprend que les théatins avaient déjà eu recours à d'autres sortes de représentations :

Allons voir les machines
Des pères théatins

savez leur faire de la peine, et qui peuvent augmenter l'éloignement qu'ils ont de la religion. » (*Correspondance administrative sous le règne de Louis XIV*, tome II, p. 602.)

La lettre de Seignelay dut mettre fin à « ces sortes de représentations, » ou du moins à l'appel que les théatins faisaient publiquement aux amateurs de musique : il n'est plus question dans le *Mercure*, ni ailleurs, que nous sachions, de leurs saluts hebdomadaires.

La remarque de la Bruyère, bien que publiée en 1694, semble donc se rapporter aux saluts de 1685. Dans son *Théophraste moderne*, imprimé en 1699, Brillon rappelle aussi les cérémonies musicales des théatins, et en parle comme de souvenirs lointains : « Alors j'étois jeune, » nous dit-il[1] ; et la clef du *Théophraste* imprimée pour l'édition de 1701 explique ainsi les deux initiales T.T. de Brillon : « *Théatins*, où l'on exécutoit *autrefois de belles musiques*. »

Les théatins cependant n'avaient pas abandonné dès 1685 la pensée de donner de beaux saluts, et ils saisirent en 1686 l'occasion d'une grande cérémonie, dont l'éclat et la pompe ne pouvaient déplaire au Roi. Le 26 juin 1686, il y eut dans leur église un salut « pour rendre grâces à Dieu du retour de la santé du Roi. » On y chanta le *Te Deum* de Lorenzani; le nonce du pape y officia et donna la bénédiction du saint sacrement. « Le bruit qui s'étoit répandu de cette cérémonie, ajoute le *Mercure* (juin 1686, p. 297), attira quantité de personnes de la première qualité, du nombre desquels étoient M. le prince de Meckelbourg[2] et M. le duc de Saint-Aignan. Il y eut le soir une grande illumination, au milieu de laquelle parut un soleil très-brillant. Cette illumination fut accompagnée d'un feu d'artifice, et le P. Alexis de Buc, supérieur de ce couvent, n'oublia rien de tout ce qui dépendoit de ses soins pour augmenter l'éclat de la fête. » On annonçait la célébration d'une messe solennelle tous les ans « pour la conservation du Roi ; » mais nous ne retrouvons plus aucune mention de salut avec des motets mis en musique par Lorenzani.

>Qui font danser leurs saints
>Comme les feuillantines.
>Il n'est rien si charmant....

1. « Dois-je avouer une chose ? Alors j'étois jeune. Le bruit d'une musique m'avertit qu'il y avoit une cérémonie aux T. T.... J'entre ; mon oreille est charmée des voix, mon cœur est peu ému à la présence des saints mystères ; l'exemple d'un clergé nombreux ne m'y porte point encore.... » (*Théophraste moderne*, p. 285, édition de 1701.) En 1685 Brillon avait quinze ans.

2. Ce même personnage que les commentateurs ont reconnu dans le *spectateur de profession* dépeint par la Bruyère : voyez tome I, p. 517, note IX.

Les places retenues et payées....

Ainsi qu'on vient de le voir (p. 383), les places se payaient dix sols aux saluts des théatins pour les morts. Peut-être est-ce à la suite de cette augmentation dans le prix des places, et pour en empêcher le retour, que l'on fit mettre « aux principales portes du temple » des « défenses solennellement écrites » d'exiger pour une chaise plus d'un sol [1]. Mais malgré ces affiches le prix s'en élevait souvent, et même très-haut : « *Circus*, dit Brillon [2], attiroit la foule à ses discours; l'église étoit remplie d'amphithéâtres; il falloit, pour trouver place, s'y rendre de bonne heure et donner un louis.... »

Des livres distribués comme au théâtre....

Ce n'étaient point seulement les livrets de ballets que l'on vendait dans les théâtres, et nous avons eu tort, p. 172, note 1, de ne parler que de ces livrets.

« Une tragédie nouvelle, écrit Brillon [3], est annoncée : les acteurs qui se préparent à la faire valoir espèrent de l'impression un double gain; la pièce se débite dans le parterre et dans les loges; quelques-uns l'achètent, et suivent le comédien qui récite, prêts à le reprendre s'il manque de mémoire, anticipant les moments d'applaudir, relisant les beaux endroits. Comment les *Tiphènes* qui apportent dans la chaire tant d'usages profanes ne se sont-ils point avisés de celui-ci, qui pourroit les enrichir? Il ne reste, en effet, qu'à imprimer leurs discours et à les mettre dans la nef une heure avant qu'on ne les prononce; le profit du débit ira au déclamateur, et en tout il aura imité ce qui se pratique au théâtre. »

X

Page 173, n° 22. — *Dans ces jours qu'on appelle saints, le moine....* (1687.)

Cette remarque est-elle une réflexion générale sur les démêlés du clergé séculier avec le clergé régulier, une dénonciation des sentiments que l'ordre des barnabites professait sur quelque point de doc-

1. Brillon, *Théophraste moderne*, chapitre *des Prédicateurs*, p. 350.
2. *Ibidem*, p. 366.
3. *Ibidem*, p. 344 et 345.

trine, ou une attaque contre un barnabite en particulier? La troisième explication est la plus vraisemblable, à notre avis. En 1687, point de désaccord, que nous sachions, entre les deux clergés sur la doctrine; l'ordre des barnabites n'est accusé d'aucune dissidence; mais il est deux barnabites pour le moins dont les enseignements sont, pour des motifs divers, considérés comme dangereux. L'un est moliniste, l'autre quiétiste. Parlons d'abord du premier, qui ne nous semble pas devoir être celui de la Bruyère.

« On a arrêté, écrit Dangeau, le 31 janvier 1688 (tome II, p. 102), un barnabite à Paris, accusé d'être un peu moliniste; il y a quelques docteurs en fuite, soupçonnés d'être tombés dans des erreurs très-approchantes de celle-là, et qu'on accuse d'avoir des commerces secrets avec la cour de Rome. » Quel est le nom de ce barnabite? Était-ce un directeur accrédité? Nous ne savons rien de lui, et l'ignorance où nous sommes de tout ce qui se rattache à ce personnage, assurément peu connu, nous dispose mal à voir en lui le barnabite de la Bruyère. Remarquons qu'il s'agit d'un *moliniste*, bien que dans *la Comédie de la Bruyère*[1] M. Fournier présente comme *molinosiste* le moine de Dangeau : d'une part le texte donné par les éditeurs de Dangeau contredit M. Fournier; de l'autre la mention que fait Dangeau de docteurs qui professent, ou à peu près, la même doctrine, et qui de plus sont accusés de relations secrètes avec Rome, nous paraît démontrer qu'il n'y a point de faute d'impression. Si c'était d'un molinosiste ou quiétiste que Dangeau voulût annoncer l'arrestation, la seconde nouvelle s'accorderait mal avec la première : quelles relations secrètes auraient pu entretenir des molinosistes avec la cour de Rome, alors qu'elle venait de condamner la doctrine de Molinos? D'ailleurs il n'y avait pas, en 1687, de docteurs en théologie qui fussent des molinosistes ou des quiétistes assez compromis pour avoir la pensée de s'enfuir.

Laissons donc de côté, jusqu'à meilleure information, le moliniste de Dangeau, et passons au barnabite quiétiste dont les menées ont pu provoquer la remarque de la Bruyère. Revenant un peu plus loin sur le barnabite des *Caractères*, M. Fournier reconnaît en lui le confesseur de Mme Guyon, et M. Fournier, ce nous semble, a raison. Il ne reste plus qu'à nommer ce confesseur, ou plutôt ce directeur de Mme Guyon[2] : c'est le P. la Combe, auteur de l'*Analyse de l'Oraison mentale*, livre condamné par l'Inquisition le 9 septembre 1688.

1. Tome II, p. 355 et 356, note.
2. « Ce barnabite, dit M. Fournier dans sa seconde note sur le même passage de la Bruyère (tome II, p. 542, note), n'était autre qu'un moine savoyard du couvent de Montargis, dont Mme Guyon avait fait son confesseur et son confident (*Annales de la Cour et de Paris*, tome I, p. 246). » — Fran-

Le P. la Combe était venu à Paris en compagnie de Mme Guyon, au mois de septembre 1686, et les « deux premiers auteurs du Quiétisme en France, » suivant l'expression de Phelipeaux, avaient aussitôt commencé une active propagande. « Mme Guyon, dit-il dans sa *Relation de l'origine.... et de la condamnation du Quiétisme* (p. 26), prit soin de procurer des connoissances à son ami, dont elle fit valoir le mérite et la spiritualité. Sa réputation fut bientôt établie, et en peu de temps il devint un fameux directeur chez les barnabites. L'un et l'autre faisoient de fréquentes conférences aux dévotes, qui y étoient puissamment attirées par l'espérance d'arriver en peu de temps à la plus haute et plus sublime contemplation. »

Ne semble-t-il pas cette fois que nous soyons en présence du barnabite des *Caractères* ?

Si ce sont les conférences de la Combe et leur succès qui ont été l'occasion de la remarque de la Bruyère, hâtons-nous de dire que cet appel aux sévérités de l'Archevêché fut, sinon imprimé, du moins publié trop tard pour que l'on puisse accuser la Bruyère d'avoir provoqué l'arrestation du P. la Combe et de son amie : arrêtés dans les derniers mois de 1687, l'un et l'autre étaient déjà emprisonnés quand la première édition des *Caractères* fut mise en vente[1].

Mais le supérieur lui-même des barnabites, le P. Dominique de la Mothe, frère de Mme Guyon[2], n'était-il pas acquis à sa doctrine, et ne pourrait-il être, tout aussi bien que le P. la Combe, le moine confesseur que nous cherchons? Trop prudent pour s'exposer aux rigueurs ecclésiastiques, l'était-il assez pour ne pas exciter les impatiences des curés par ses prédications et ses directions? Le passage suivant des *Mémoires* de le Gendre, qui fut, comme on sait, chanoine de Notre-Dame et secrétaire de l'archevêque de Paris, pourrait à la

çois la Combe (car il s'agit bien de lui) n'appartenait pas au couvent de Montargis; mais c'est en traversant cette ville, dans l'un de ses voyages, qu'il fit la connaissance de Mme Guyon, par l'entremise du confesseur de cette dame, et qu'il devint son directeur.

1. « En 1687, pendant qu'on examina à Rome la doctrine de Michel Molinos, qui fut censurée le 20 novembre de la même année, François de Harlay de Chanvalon, archevêque de Paris, informé du commerce scandaleux qui étoit entre Mme de Guyon et le P. la Combe, aussi bien que des pernicieux dogmes, semblables à ceux de Molinos, qu'ils osoient répandre, crut devoir y remédier; et pour en arrêter les progrès, il les fit arrêter par ordre du Roi. La Combe fut enfermé chez les pères de la doctrine de Saint-Charles.... Après un séjour de cinq à six semaines à Saint-Charles, il fut transféré à la Bastille. » (*Relation de l'origine, du progrès et de la condamnation du Quiétisme*, p. 29.) Il passa ensuite en diverses prisons du Midi, et fut enfermé à Vincennes en 1698. Il se rétracta et mourut fou.

2. Mme Guyon se nommait Jeanne Bouvier de la Mothe.

rigueur, j'en conviens, inspirer quelque doute sur sa parfaite orthodoxie.

« Parmi les barnabites, dit-il (p. 17), il y avoit un P. de la Mothe, qui par le crédit de ses amis prêchoit depuis longtemps dans les endroits les plus célèbres, sans y avoir d'autres auditeurs que ses pénitents et dévotes ; je n'ai guère ouï dire de discours plus secs que les siens, et prononcés moins agréablement. C'étoit un mystique, qui paroissoit toujours en contemplation. »

Appliquée au P. de la Mothe, la réflexion de la Bruyère ne s'adresserait plus à un directeur quiétiste enfermé déjà le jour où elle est publiée, mais à un prédicateur que suit et suivra longtemps, dans les églises où il prêche[1], un troupeau fidèle de pénitents et de dévotes. Ce prédicateur nous représente assez mal le moine que la Bruyère nous montre, non pas en chaire, mais au confessionnal, non pas prêchant, mais dirigeant et confessant les paroissiennes du curé. La doctrine de la Mothe d'ailleurs, quelle qu'elle fût, ne se séparait pas assez nettement de celle du curé pour que ce dernier pût la déclarer hérétique et sacrilège, et pour que ses pénitents fussent appelés ses « adhérents : » le Gendre l'eût accusé de tout autre chose que de sécheresse, de mysticisme et de contemplation, s'il avait fait ouvertement profession de quiétisme. Aussi pensons-nous que le *barnabite* de la Bruyère est bien plus vraisemblablement la Combe, « le Molinos de France, » suivant une expression de le Gendre, que le P. de la Mothe.

Au surplus, s'il peut y avoir doute sur la personne du barnabite signalé par la Bruyère, du moins est-il presque certain pour nous que c'est déjà le quiétisme que poursuit ici l'auteur des *Caractères*, près de neuf années avant d'écrire les *Dialogues sur le Quiétisme*.

XI

Page 173, n° 23. — *Il y a plus de rétribution dans les paroisses....* (1687.)

Les rétributions dont parle la Bruyère furent l'objet d'une réglementation, quatre ans plus tard : voyez le *Règlement de Monseigneur l'archevêque de Paris pour l'honoraire des curés et des ecclésiastiques de la ville et des faubourgs de Paris* (in-4°, 1693, F. Muguet). Aucune taxe

---

1. Son nom se retrouve assez fréquemment parmi les prédicateurs désignés pour prêcher les carêmes et les avents dans les paroisses de Paris : c'est ainsi qu'il est annoncé pour prêcher le carême de 1684 à l'église Saint-Leu et Saint-Gilles, le carême de 1685 à l'église Saint-Barthélemy, le carême de 1687 à l'église Saint-Benoît, le carême de 1688 à Saint-Germain l'Auxerrois, etc.

n'y est indiquée pour la confession, il est superflu de le dire. Voltaire a cité dans son *Dictionnaire philosophique*, au mot *Taxe*, les chapitres de ce *Règlement* qui sont intitulés : *Mariages* et *Convois*.

XII

Pages 173 et 174, n° 24. — *Un pasteur frais et en parfaite santé....* (1691.)

Clef de 1696 : « Le curé de Saint-Merry. » — Clef Cochin : « M. de Blampignon, curé de Saint-Médéric, homme à bonnes fortunes et qui a toujours sous sa direction les plus jolies femmes de la paroisse[1]. » — Clefs du dix-huitième siècle : « M. de Blampignon, curé de Saint-Médéric, ou feu M. Hameau, curé de Saint-Paul[2]. » — Clef manuscrite : « M. de Lamet, curé de Saint-Eustache. »

Les auteurs de clefs ont cru voir tout particulièrement dans les deux premières lignes le portrait d'un ou deux curés; mais la « censure » de la Bruyère s'étend à presque tous les curés de Paris, qui se déchargeaient sur d'autres du soin de prêcher l'avent ou le carême. Voyez à la Bibliothèque impériale le recueil factice contenant les listes des prédicateurs de Paris de 1646 à 1700 (L, 7, k, 6743, Réserve).

XIII

Page 175, n° 25. — *Tite, par vingt années....* (1689.)

Clefs du dix-huitième siècle : « *Tite*, Parceval (*ou* Perceval), vicaire de Saint-Paul[3]. — Un *autre clerc*, M. le Sourd (*ou* le Seur), qui n'étoit pas prêtre quand il fut curé de Saint-Paul. » M. le Sourd, dit une clef, est le successeur de M. Hameau dans la cure de Saint-Paul.

1. M. de Blampignon prêchait du moins quelquefois le carême ou l'avent hors de son église, s'il ne les prêchait à Saint-Merry ; car il prêcha devant les carmélites de la rue du Bouloy pendant les avents de 1672 et de 1673, et le carême de 1675. Il fut l'un des deux docteurs qui signèrent l'approbation des *Dialogues sur le Quiétisme*. C'est le même Blampignon sans doute qui, simple bachelier en théologie, prêchait l'avent de 1660 aux religieuses de Saint-Thomas.

2. « André Hameau, conseiller du Roi en la cour de parlement, docteur en théologie de la maison et société de Sorbonne, et curé de l'église et paroisse Saint-Paul, » figure dans un contrat passé en 1677 entre la veuve de Molière et les marguilliers de Saint-Paul. (E. Soulié, *Recherches sur Molière*, p. 299.) Une note du *Chansonnier Maurepas* (tome VI, p. 418) le donne pour peu savant et peu intelligent.

3. Ce vicaire serait-il le même que Perceval, docteur en théologie, aumônier et prédicateur du Roi, qui figure en 1660 et les années suivantes sur la liste des prédicateurs ?

M. Hameau vivait encore quand parut la remarque de la Bruyère : il figure sur la liste des membres du Parlement contenue dans l'*État de la France* de 1689.

Une clef manuscrite ajoute au vicaire de Saint-Paul ceux de Saint-Nicolas des Champs et de Saint-Eustache.

XIV

Page 178, n° 28. — *La fille d'Aristippe....* (1689.)

Clefs des éditions Coste et clefs manuscrites : « Mlle Fodel [1], fille de M. Morel, de la chambre aux deniers. »

Il a déjà été question plus haut (p. 358) de Zacharie Morel, maître de la chambre aux deniers. Une clef manuscrite, qui nous a été communiquée par M. Ch. Livet, fait de « Mme Faudel » la femme d'un président.

XV

Page 179, n° 30. — *Un homme joue et se ruine.... Un Ambreville....* (1691.)

Ambreville était un personnage célèbre.

Le 1er juillet 1683, Seignelay écrivait au procureur du Roi Robert : « Sa Majesté veut aussi que vous fassiez prendre tous les bohémiens qui sont à la suite d'Ambreville, et que si vous pouvez connoître que ledit d'Ambreville soit coupable de quelque crime, vous le fassiez prendre lui-même et lui fassiez faire son procès. » (*Correspondance administrative sous le règne de Louis XIV*, tome II, p. 591.) — Dangeau annonce en ces termes l'exécution de d'Ambreville à la date du vendredi 19 juillet 1686 : « On brûla à Paris Ambleville, fameux bohémien, pour avoir dit des impiétés abominables; le Roi lui avoit donné grâce pour plusieurs crimes, mais il n'a pas voulu lui en pardonner un si atroce. » Il avait une sœur du nom de Léance, qui, éloignée de Paris, ou du moins exilée à Saint-Germain en 1683, fut enfermée à l'Hôpital général en juin 1686. « Sa Majesté m'ordonna en même temps de vous écrire, dit Seignelay dans une lettre adressée au procureur général de Harlay, que son intention est qu'elle soit soigneusement gardée audit hôpital, en sorte que le public soit déchargé de cette femme, qui attire un si grand nombre de bohèmes à Paris. » (*Correspondance administrative, ibidem*, p. 596.)

« D'Ambreville que l'on a brûlé (lisons-nous enfin dans le *Mena-*

---

1. Les imprimeurs des clefs ont mal lu ce nom, et ont écrit *Fodet*.

giana, tome IV, p. 176) étoit un merveilleux pantomime. Il contrefaisoit un homme sans en omettre le moindre trait, et le rendoit remarquable à ceux qui ne l'auroient vu qu'une fois. Il étoit fort souple et fort adroit de son corps. A l'entreprise de Gigery, il étoit forçat sur les galères du Roi : un Maure bien monté venoit souvent insulter les François, et faire le coup de pistolet aux gardes avancées ; d'Ambreville se cacha derrière une masure, où il attendit le Maure, et quand il fut passé, il lui sauta en croupe, et le renversa mort de deux coups de poignard. »

XVI

Page 179, n° 31. — *Il s'est trouvé des filles qui avoient de la vertu.…*
(1689.)

La question que touche la Bruyère était l'une de celles qui occupaient le plus les esprits, et sur laquelle le clergé et la magistrature avaient peine à s'accorder. Un passage de l'abbé le Gendre (*Mémoires*, p. 168-171), que nous reproduisons en entier, résume les discussions qui s'agitaient, exprime les sentiments du clergé, et rappelle les décisions qui mirent fin au débat.

« Une des plus grandes (*affaires*) qu'il y eût alors, dit-il, et sur laquelle depuis vingt ans le Roi, le clergé et le Parlement n'avoient pu s'accorder, étoit la dot et les pensions des religieuses. Le Parlement en 1667, sur le réquisitoire de M. l'avocat général Talon, le fléau des moines et moinesses, avoit défendu sous très-rigoureuses peines ces dots et ces pensions, comme contraires au bien public, comme simoniaques et prohibées par les canons. Il appartient aux magistrats d'interpréter les lois civiles, parce qu'ils sont les dépositaires autant des intentions que de l'autorité du Prince; pour l'explication des canons, qui sont les lois ecclésiastiques, elle n'est point de leur ressort, et elle est réservée particulièrement aux prélats. Qui peut mieux pénétrer l'esprit de ces lois et en développer le sens, que ceux à qui est confié le dépôt de la foi et des mœurs?

« Cet arrêt fit beaucoup crier; aussi intéressoit-il autant les bonnes familles que les couvents d'hommes et de filles. Si ces monastères sont des écoles de vertu, si ce sont des asiles contre la corruption du siècle, ce sont aussi des décharges pour les familles. A-t-on un grand nombre d'enfants, on est bien soulagé de pouvoir à un juste prix en placer honorablement une partie en des couvents. Pourquoi, disoit-on, s'élever contre les pensions? Elles sont si modiques qu'elles ne peuvent faire ni grand bien à ceux qui en jouissent, ni grand mal à ceux qui les donnent. D'ailleurs, ces pensions étant viagères, le fonds en demeure à la famille. En quoi sont-elles illicites, en quoi sont-elles simoniaques ? La simonie consiste dans la tradition de quelque chose de temporel pour une chose spirituelle : qu'y a-t-il d'approchant dans les pensions, puisqu'elles ne sont destinées qu'à nourrir la religieuse ou qu'à lui fournir ses petites commodités, ce qui soulage le couvent d'autant ?

« A l'égard des dots, il y avoit plus de difficultés, l'esprit de l'Église et son ancienne discipline étant que dans les couvents on ne reçoive de religieuses qu'autant qu'on en peut nourrir. Les canons leur défendent de prendre de l'argent ou de stipuler des conditions dotales pour admettre à la profession. Ceci ne doit s'entendre que des anciennes abbayes, qui sont suffisamment rentées, ou de ces grosses communautés qui, quoique beaucoup plus modernes, disputent avec les abbayes de faste et d'opulence.

« En des maisons aussi puissantes, à quoi peuvent servir des dots, sinon à entretenir le luxe et les plaisirs d'une abbesse mondaine, ou à élever mal à propos des bâtiments superbes, dont la magnificence fait plus de honte que d'honneur aux maisons religieuses, où doit régner la modestie, si recommandée par leurs règles ? Aujourd'hui l'abus est si grand que plus un couvent a de bien, plus il en faut pour y entrer ; quelque vocation qu'ait une fille, dès qu'elle est pauvre, elle n'est plus censée en avoir. Chose étrange, qu'on ne puisse, sans être riche, être admis en aucun couvent à faire vœu de pauvreté ! et à renoncer à ses biens, qu'il n'en coûte une partie ! A l'égard des maisons qui n'ont pas de bien et qui ont peine à subsister, c'est une nécessité de prendre des dots, non pour admettre la novice à faire profession, mais en fin de pourvoir à sa nourriture et de fournir sa quote-part des frais communs du monastère. Cette coutume, qui insensiblement a passé en loi, paroît d'autant moins odieuse qu'elle est autorisée par des papes, par des saints, et d'ailleurs fondée en raison. Saint Charles Borromée, dont on a une si grande idée, étoit si fort persuadé qu'il est permis dans ces couvents de stipuler des dots, que lui-même a dressé un modèle de ces contrats.

« Quelque différence que l'on mette entre les couvents pauvres et les couvents riches, l'arrêt indistinctement avoit proscrit toutes les dots, et Louis XIV, par un édit, avoit confirmé l'arrêt, desirant si fort de le voir bien exécuter, que l'assemblée du clergé de 1675, et, dix ans après, celle de 1685, firent inutilement les remontrances les plus vives pour vaincre cette résistance ; ce ne fut même qu'en 1693 que parut la déclaration qui modifioit l'édit. Monsieur de Paris[1] eut grande part à cette déclaration, et n'en fut point loué ; la raison, c'est

---

1. François de Harlay.

que, déférant trop aux sollicitations de dames puissantes qui protégeoient les monastères, et trop peu aux représentations que lui firent les magistrats, il tourna les choses de manière qu'on accordoit aux religieuses plus qu'elles n'eussent osé espérer. Il leur étoit permis par cette nouvelle jurisprudence, dans les villes où il y a parlement, de prendre huit mille francs de dot et cinq cents livres de pension, et dans les autres villes, trois cent cinquante livres de pension et deux mille écus pour dot. Est-il couvent en province où les religieuses, quelque intéressées qu'elles soient, osassent demander et se flattassent d'obtenir autant que par cette déclaration on leur permet de recevoir? »

XVII

Page 180, n° 33. — *Faire une folie..., c'est épouser Mélite....* (1689.)

Clefs des éditions Coste : « M. le marquis de Richelieu, Mlle de Mazarin, fille du duc de ce nom. »

Le marquis de Richelieu[1] avait enlevé d'un couvent, en 1682, la fille du duc de Mazarin[2], et l'avait épousée en Angleterre. Il l'avait épousée sans dot[3]; mais Mlle de Mazarin ne ressemblait nullement à *Mélite*. Une clef manuscrite applique cette remarque à Armand-Jean du Plessis, duc de Richelieu, et à Anne-Marguerite d'Acigné, qu'il épousa en secondes noces dans l'année 1684, et qui mourut en 1698. « Elle étoit Acigné, dit Saint-Simon (tome II, p. 177), de très-bonne maison de Bretagne. »

XVIII

Page 180, n° 34. — *Il étoit délicat autrefois de se marier....* (1687.)

Les clefs des éditions Coste citent, comme maris auxquels la Bruyère pouvait opposer les maris d'autrefois : « M. le prince de Montauban, M. de Pons, M. de la Salle, M. Belot. »

---

1. Louis-Armand du Plessis, marquis de Richelieu, né en 1654, mort en 1730, neveu d'Armand-Jean duc de Richelieu, nommé ci-après.

2. Marie-Charlotte de Mazarin, fille d'Armand-Charles duc de Mazarin et de la Meilleraye, et d'Hortense Mancini, née en 1662, morte en 1729.

3. Deux ans plus tard, Mazarin accorda son pardon, et donna cent mille francs et le gouvernement de la Fère à son gendre, à condition qu'il épouserait une seconde fois sa fille, et que ce second mariage se ferait en France. Le Roi accorda des lettres de grâce. « C'étoit la première grâce, dit Dangeau (tome I, p. 62), que le Roi eût accordée pour un enlèvement. »

Le nom du prince de Montauban[1] était bien choisi. « C'étoit, dit Saint-Simon (tome IV, p. 360 et 361), un homme obscur et débauché que personne ne voyoit jamais, et qui pour vivre avoit épousé la veuve[2] de Rannes, tué lieutenant général, et mestre de camp général des dragons[3].... C'étoit une bossue, tout de travers, fort laide, pleine de blanc, de rouge et de filets bleus pour marquer les veines, de mouches, de parures et d'affiquets, quoique déjà vieille, qu'elle a conservés jusqu'à plus de quatre-vingts ans qu'elle est morte. Rien de si effronté, de si débordé, de si avare, de si étrangement méchant que cette espèce de monstre, avec beaucoup d'esprit et du plus mauvais, et toutefois de l'agrément quand elle vouloit plaire. Elle étoit toujours à Saint-Cloud et au Palais-Royal quand Monsieur y étoit, à qui on reprochoit de l'y souffrir, quoique sa cour ne fût pas délicate sur la vertu. Elle n'approchoit point de la cour, et personne de quelque sorte de maintien ne lui vouloit parler quand rarement on la rencontroit. Elle passoit sa vie au gros jeu et en débauches, qui lui coûtoient beaucoup d'argent. A la fin Monsieur fit tant que sous prétexte de jeu, il obtint un voyage de Marly[4]. Les Rohans, c'est-à-dire alors Mme de Soubise, l'y voyant parvenue, la soutint de son crédit ; elle joua, fit cent bassesses à tout ce qui la pouvoit aider, s'ancra à force d'esprit, d'art et de hardiesse. Le jeu l'appuya beaucoup. Son jargon à Marly amusa Mme la duchesse de Bourgogne ; la princesse d'Harcourt la protégea chez Mme de Maintenon, qu'elle vit quelquefois. Le Roi la faisoit causer quelquefois aussi à table ; en un mot, elle fut de tous les Marlys, et bien que l'horreur de tout le monde, il n'y en eut plus que pour elle, en continuant la licence de sa vie, ne la cachant pas, et sans se donner la peine du mérite des repenties. »

Au moment où la Bruyère publiait ses *Caractères*, les querelles de M. et de Mme de Montauban avaient déjà occupé le public : « Il y eut, écrit Dangeau à la date du 16 février 1686 (tome I, p. 296), un grand fracas entre M. et Mme de Montauban, et elle s'enfuit la nuit de son logis ; elle veut se séparer, et lui veut la ravoir. »

La famille de Pons était fort nombreuse, sans parler des personnages qui, en dehors de cette famille, portaient le même nom, tel

---

1. Jean-Baptiste-Armand de Rohan, prince de Montauban. Il mourut en 1704.
2. Charlotte de Bautru. Elle se maria le 2 août 1682 avec le prince de Montauban, et mourut en 1725.
3. Nicolas d'Argouges, marquis de Rannes, tué en Allemagne en 1678.
4. Suivant une note du *Chansonnier Maurepas* (tome XXVII, p. 207), on prétendait que la princesse d'Harcourt avait reçu d'elle cinq cents écus pour lui obtenir ce voyage.

que le fils du comte de Marans[1]. Peut-être les clefs font-elles allusion à M. de Pons, guidon de la gendarmerie de la garde du Roi, de « cette grande et illustre maison de Pons, » comme dit Saint-Simon, qui épousa en 1710 une riche héritière, « fille unique de Verdun » et veuve de M. de la Baume, fils aîné du maréchal de Tallart. « La femme, dit Saint-Simon (tome XVII, p. 375), étoit aussi dépiteusement laide que le mari étoit beau, et aussi riche qu'il étoit pauvre; d'ailleurs autant de gloire, d'esprit, de débit et d'avarice l'un que l'autre.... Elle étoit très-méchante, très-difficile à vivre, maîtresse absolue de son mari, dont l'humeur étoit pourtant dominante, et qui régnoit tant qu'il pouvoit sur tous ceux qu'il fréquentoit. »

Quant au personnage que les clefs indiquent sous le nom de M. de la Salle, il nous semble assez difficile de reconnaître en lui, comme on l'a fait, Louis Caillebot, marquis de la Salle, ancien maître de la garde-robe du Roi[2], qui, à soixante-six ans, épousa en 1712 une fille de vingt ans, belle et bien faite[3], et sans dot. Ce mariage, dont Saint-Simon conte les détails (tome X, p. 260 et 261), occupa beaucoup la cour : « il a été très-heureux, dit Saint-Simon, et cette jeune femme a vécu avec lui à merveilles; vertu, complaisance, soin d'attirer du monde, et pourtant avec économie. » On pourroit mettre le nom de Mme de la Salle à côté de celui de *Mélite* un peu plus haut (p. 393, note XVII), si elle ne s'était mariée si tard.

Le nom de la Salle au surplus n'était pas rare. Un Antoine Monet de la Salle, qui vivait à cette époque et qui mourut en 1724, doyen des maîtres des requêtes et conseiller d'État ordinaire, est vraisemblablement le personnage auquel il est fait allusion, car ce personnage est qualifié « maître des requêtes » sur un exemplaire du temps.

Nous avons déjà rencontré le nom de Belot (ou *Blot*, suivant l'orthographe de plusieurs clefs manuscrites) : voyez tome I, p. 471, note XII. Ce nom était alors porté par un avocat célèbre, cité dans la *Requête des Dictionnaires* de Ménage[4]; mais il ne peut être question de lui, car il était né en 1605 et avait alors quatre-vingt-deux ans.

---

1. *Mémoires* de Saint-Simon, tome XI, p. 41. — Une clef manuscrite porte : *de Pont*, au lieu de : « de Pons. »

2. Louis Caillebot, marquis de la Salle, sous-lieutenant de la compagnie des chevau-légers de la garde en 1674, brigadier de cavalerie en 1677, maître de la garde-robe du Roi en 1679. Il vendit cette charge en 1712. Nous l'avons nommé plus haut, p. 376, note II; voyez son histoire et son portrait dans Saint-Simon, tome X, p. 257-261; conférez le *Mercure galant* de mars 1682.

3. Voyez le *Journal* de Dangeau, tome XIV, p. 239 et 244.

4. Voyez l'*Histoire de l'Académie*, édition de M. Livet, tome I, p. 135 et 482.

XIX

Page 181, n° 36. — *Ce n'est pas une honte....* (1690.)

Clefs du dix-huitième siècle : « *Une femme avancée en âge :* Mme la présidente le Barois. »

Il faut sans doute lire : « de la Barroire. »

Mme de la Barroire, qui était veuve d'un conseiller de Paris lorsqu'elle épousa le président de la Barroire, mourut au mois de septembre 1691, ainsi que nous l'apprend la notice que lui consacre le *Mercure* de ce mois (p. 236-238). « Monsieur le président son mari étant fort connu, y est-il dit, nous ne vous parlerons que de la défunte. Elle n'en a point eu d'enfants, et laisse de grands biens, auxquels il a beaucoup de part à cause des avantages considérables qu'elle lui a faits par leur contrat de mariage. »

Le président de la Barroire[1] ne survécut à sa femme que quelques semaines : le *Mercure* d'octobre 1691 (p. 221) enregistre la mort de « Messire Gabriel Bizet de la Barroire, seigneur de la Cour et de Senlis, bailli de Soissons, président en la cinquième chambre des enquêtes. » Nous ne savons quelle différence d'âge séparait les deux époux; mais M. de la Barroire n'était plus jeune quand il mourut, car il était entré au Parlement comme conseiller le 19 décembre 1653. Il avait été l'un des jeunes gens qui, sans « honte » ni « faute, » épousent par « prudence, » par « précaution, » une femme « avancée en âge, » si l'on en croit une clef manuscrite; il avait eu « l'infamie de se jouer de sa bienfaitrice par des traitements indignes, » si l'on en croit une autre[2].

Celle qui lui fait l'application de la première phrase place en sa compagnie Scarron, en souvenir de son mariage avec Mlle d'Aubigné, la future Maintenon, et nomme, comme exemple de l'hypocrisie que censure la Bruyère dans la seconde partie de l'alinéa, Louis Saladin d'Anglure de Bourlemont, duc d'Atri, déjà cité dans le tome I, p. 501.

---

1. Il a déjà été question de ce président au tome I, p. 545.
2. Cette remarque eût été plus justement appliquée peut-être à la mère du président de la Barroire : à l'âge de soixante et un ans elle avait épousé en troisièmes noces Pierre Perrin, alors fort jeune, médiocre poëte, que l'on nomme habituellement l'abbé Perrin, et qui obtint le privilége de l'Opéra en 1669 : voyez les *Historiettes* de Tallemant des Réaux, tome VI, p. 489-491, et le *Dictionnaire critique* de M. Jal. Cette Mme de la Barroire ne porta jamais le nom de son troisième mari, et resta Mme de la Barroire, quoiqu'elle fût très-régulièrement Mme Perrin.

CLEFS ET COMMENTAIRES. 397

XX

Pages 181 et 182, n° 37. — *Il y a depuis longtemps
dans le monde....* (1687.)

« Ceux qui déclament contre les billets[1], » dit Brillon dans une remarque où il reprend et développe la pensée de la Bruyère, « sont ceux qui n'ont point d'argent à placer. Le financier, le marchand ne jugent pas ces cas usuraires; la Sorbonne le décide autrement : à qui est-il permis d'appeler de cette décision? » (*Théophraste moderne*, p. 644.)
Si l'on veut se rendre compte du genre de discussions que les questions relatives au prêt à intérêt soulevaient au moment même où écrivait la Bruyère, on peut ouvrir le traité publié en 1688 par l'abbé Gaitte, auteur d'un premier livre sur le même sujet, qui avait paru quelques années plus tôt. Son second ouvrage, qui a pour titre : *Tractatus de usu et fœnore* (Paris, in-4°), a été analysé dans le *Journal des Savants*, année 1689, p. 25-28. Quelques pages plus loin (p. 333-335), ce journal rend compte d'un traité sur l'*Usure*, publié en 1689 par le P. Thorentier, de l'Oratoire.

XXI

Page 182, n° 38. — *On a toujours vu dans la republique....* (1689.)

Clef de 1696 : « La surintendance des finances. » — Clefs du dix-huitième siècle : « Le receveur des confiscations, ou la charge de surintendant des finances. » — Des clefs manuscrites ajoutent : « Le prévôt des marchands ou les intendants des finances. »
La Bruyère a donné lui-même, dans une note imprimée dans la 9ᵉ édition (voyez p. 182, note 2), la véritable interprétation de sa réflexion ; les meilleures clefs manuscrites la répètent.

XXII

Pages 182 et 183, n° 39.—*Le fonds perdu, autrefois si sûr....* (1691.)

Clefs du dix-huitième siècle : « Allusion à la banqueroute faite par les hôpitaux de Paris et les Incurables en 1689[2], qui a fait perdre

---

1. « Qui produisent intérêt sans aliénation. »
2. Une clef manuscrite ajoute à la banqueroute des hôpitaux de Paris celle de la banque de Lyon.

aux particuliers qui avoient des deniers à fonds perdu sur les hôpitaux, la plus grande partie de leurs biens : ce qui arriva par la friponnerie de quelques-uns des administrateurs, que l'on chassa, dont un nommé André le Vieux, fameux usurier, père de le Vieux, conseiller à la cour des aides[1], étoit le principal. Cet administrateur devoit être fort riche ; mais sa femme l'a ruiné. [Elle devint amoureuse d'un nommé Ponsange[2], qui étoit mousquetaire, auquel elle acheta une charge de lieutenant aux gardes, et lui donna ensuite un gros équipage, et moyen de tenir table ouverte à la plaine d'Ouïlles[3], où ledit le Vieux, qui ne savoit rien de cette intrigue, alloit souvent faire bonne chère, qu'on ne lui refusoit pas, puisqu'il la payoit bien. La femme voulut lui faire épouser sa fille ;... mais le Vieux s'y opposa, et fit décréter contre Ponsange, et enfin l'obligea, moyennant dix mille livres qu'il lui donna, de quitter sa fille, laquelle s'amouracha ensuite d'un nommé Férillart[4], maître des comptes à Dijon, qui l'enleva et l'épousa.] Le fils du susdit (*le Vieux*), de concert avec la mère, voloit le père, qui le surprit. Il y eut plainte, qui fut retirée. L'on dit que ce le Vieux étant à l'extrémité, et le curé de Saint-Germain l'Auxerrois l'exhortant à la mort, il lui présenta un petit crucifix de vermeil qu'il l'engagea à adorer, à quoi l'autre ne répondit rien ; mais le curé le lui ayant approché de la bouche pour le lui faire baiser, le Vieux le prit à sa main, et l'ayant soupesé, il dit qu'il n'étoit pas de grand prix, qu'il ne pouvoit pas avancer beaucoup d'argent dessus. »

Pavillon, qui avait perdu deux mille livres de rente viagère par suite de l'insolvabilité des hôpitaux, a composé « sur les hôpitaux insolvables » des stances qui ont été publiées dans ses *OEuvres* (p. 129-131, édition de Paris, 1720), et recueillies dans le *Chansonnier Maurepas* (tome VII, p. 371-373), où elles sont accompagnées de notes. « L'an 1689, lit-on dans une de ces notes, l'hôpital des Incurables fit banqueroute, et l'Hôpital général et celui de l'Hôtel-Dieu de la même ville furent sur le point d'en faire autant la même année[5]. » Les administrateurs des hôpitaux, qui étaient les premiers présidents du Parlement, de la chambre des comptes et de la cour des aides, le prévôt des marchands « et plusieurs notables bourgeois et mar-

1. André-Georges le Vieux, conseiller au nouveau Châtelet, puis, en 1683, conseiller à la cour des aides.
2. *Dousange*, dans le manuscrit Cochin.
3. Voyez tome I, p. 287, note 1.
4. *Terillart*, dans le manuscrit Cochin.
5. Il y est également dit que Pavillon avait « de l'argent à fonds perdu sur l'Hôtel-Dieu : » c'est dans une note de l'édition de ses *OEuvres* que l'on estime à deux mille livres de rente la perte qu'il subit.

chands, disoient que les hôpitaux ne pouvoient subsister qu'en retranchant les rentes des particuliers, et qu'il valoit mieux que ceux-ci perdissent leur bien que de priver le public, par la ruine des hôpitaux, du bien que les pauvres en retiroient. »

Pavillon répondait :

.... Ce n'est pas du bien d'autrui
Qu'un chrétien doit faire l'aumône.

La charité doit tout embraser de ses feux ;
Mais ses soins, pour tous équitables,
Ne font jamais des malheureux
Pour secourir des misérables.

XXIII

Page 183, n° 40. — *Vous avez une pièce d'argent....* (1692.)

Les clefs Coste citent, à l'appui de cette remarque, l'un des plus riches partisans de cette époque, Bourvalais[1], « qui même dans sa prospérité, dit Walckenaer (*Remarques*, etc., p. 742), passa toujours pour ignorant et stupide. » - , Des clefs manuscrites nomment : « Brunet, Frémont, de l'Isle, et les autres qui s'enrichissent dans les fermes aux dépens du peuple. »

XXIV

Pages 186 et 187, n° 48. — *Il n'y a aucun métier.... Où est l'école du magistrat?...* (1689.)

Décider souverainement des vies.... Cette expression a rappelé le Châtelet à la pensée des auteurs de diverses clefs; mais la Bruyère parle aussi bien des jeunes magistrats du Parlement, et peut-être même pense-t-il uniquement à eux. La *pourpre*, en effet, désigne plus particulièrement les magistrats du Parlement, dont l'habit de cérémonie était, pour les présidents, le manteau d'écarlate fourré, et pour les conseillers , la robe d'écarlate. Au Châtelet, les lieutenants civil, de police, criminel et particulier, les avocats et procureurs du Roi portaient aussi la robe d'écarlate; mais les conseillers avaient la robe noire.

La réflexion de la Bruyère, que tant d'autres déjà avaient dû faire,

---

1. Voyez tome I, p. 481 et 482, note VIII.

peut rappeler ces vers de Petit où se trouve le même souvenir de la *férule* :

> Quoi? donner hardiment les dix mille louis
> Pour s'asseoir sur un banc semé de fleurs de lis!...
> Souvent Thémis en gronde, et hautement se plaint
> Que l'on mette en trafic son ministère saint,
> Qu'on place sur les bancs, chose bien ridicule,
> Des enfants dont la main sent encor la *férule*,
> Et qui sans concevoir ni le droit ni le fait,
> Sur des cas importants opinent du bonnet.
>   (*Discours satyriques*, satire IV, p. 31 et 32.)

En marge de ces diverses réflexions sur la magistrature, nous lisons, dans un exemplaire du temps, l'annotation suivante, écrite à la main : « Les juges font un métier de leur profession, et leurs épices sont excessives. On peut dire qu'ils achètent la justice en gros et la vendent en détail. »

XXV

Page 187, n° 49. — *La principale partie de l'orateur....* (1689.)

Clefs des éditions Coste : « *Il déguise ou il exagère les faits :* M. Fautrier, avocat. » — Clefs manuscrites : « M. Vautrier, avocat. » — Autres clefs : « M. Vautier (*ou* Vaultier), avocat. »

Plusieurs clefs manuscrites semblent faire hommage à l'avocat Fautrier ou Vautier des premiers mots de l'alinéa, au lieu de le reconnaître dans le déclamateur dont la Bruyère fait le portrait.

« Vaultier, l'avocat le plus déchirant (*c'est-à-dire le plus satirique*) qui ait peut-être paru au Palais, dit le Gendre (*Mémoires*, p. 28), y attiroit un monde infini, quand principalement il plaidoit une cause grave. »

XXVI

Pages 188 et 189, n°ˢ 51 et 52. — *La question est une invention merveilleuse....* (1689.)

Il avait paru en 1682, à Amsterdam, un livre intitulé : « *Si la torture est un moyen seur de verifier les crimes secrets*, dissertation morale et juridique par laquelle il est complètement traité des abus qui se commettent partout en l'instruction des procez criminels et particulierement en la recherche du sacrilege, ouvrage necessaire à tous juges tant souverains que subalternes, et tous avocats consultants et patrocinaux, par maistre Augustin Nicolas, conseiller du Roy et maistre des requestes ordinaire de son hostel au parlement de la Franche-Conté. »

Une condition lamentable est celle d'un homme.... (1691.)

Clefs du dix-huitième siècle :

« M. le marquis de Langlade, mort innocent aux galères; le Brun, appliqué à la question, où il est mort. Le premier avoit été accusé d'un vol fait à M. de Montgommery, et le voleur, qui avoit été son aumônier, fut trouvé depuis et pendu. Le second fut accusé d'avoir assassiné Mme Mazel, et pour cela mis à la question. L'assassin, nommé Berry, qui étoit fils naturel de ladite dame Mazel [1], a paru depuis et a été roué en place de Grève. »

C'est sur l'accusation du comte de Montgommery et de sa femme que le marquis et la marquise de Langlade, qui habitaient la même maison et qui étaient leurs amis, furent, en septembre 1687, soupçonnés d'avoir commis un vol. Langlade, après avoir courageusement subi la question ordinaire et extraordinaire, fut condamné aux galères pour neuf ans en février 1688, et mourut à l'hôpital des forçats, à Marseille, le 4 mars 1689. Mme de Langlade avait été bannie pendant neuf ans de la prévôté de Paris, et condamnée à la prison jusqu'à ce qu'elle eût remis à M. de Montgommery les dix mille écus qui lui avaient été volés, et payé les frais du procès. Les véritables auteurs du vol ayant été découverts, M. et Mme de Langlade furent réhabilités par un arrêt du Parlement en 1693; M. de Montgommery fut obligé de restituer les sommes qu'il avait reçues, et l'on recueillit, par une quête faite à la cour, cent mille francs, que l'on offrit à Mlle de Langlade.

Mme Mazel, qui recevait grande compagnie, et donnait à jouer [2] et à souper deux fois par semaine, avait été assassinée le 27 novembre 1689 : Jacques le Brun, son domestique, fut condamné à mort par le Châtelet. L'arrêt ayant été infirmé, on commençait de nouvelles enquêtes, quand le Brun, brisé par la torture, mourut dans les premiers jours du mois de mars 1690. Le vrai coupable, Gerlat, dit Berry, fut arrêté le 27 mars. Un arrêt du Parlement réhabilita en 1691 la mémoire de le Brun.

1. Ce n'est pas lui, mais l'abbé Poulard, son complice, disait-on, qui passait pour être fils naturel de Mme Mazel.
2. Elle était l'une des femmes dont parle la Bruyère dans son *Discours sur Theophraste* : voyez tome I, p. 22, note 4. Elle avait, au moment où elle fut assassinée, deux cent soixante-dix-huit livres dans la bourse où elle enfermait l'argent des cartes.

XXVII

Page 189, n° 53. — *Si l'on me racontoit qu'il s'est trouvé autrefois....* (1691.)

Clef de 1696 : « *Un prévôt*, Lasnier Grand-Maison, prévôt de l'Ile. — *Un homme de crédit*, M. de Saint-Pouange, à qui l'on prit un diamant au sortir de l'Opéra. » — Dans les clefs imprimées du dix-huitième siècle, le prévôt qui fait rendre à M. de Saint-Pouange « une boucle de diamants » dérobée à l'Opéra se nomme simplement Grand-Maison, et il est qualifié soit grand prévôt de l'hôtel, soit grand prévôt de la connétablie.

La confusion que l'on fait entre deux personnages et entre les fonctions diverses qui portaient l'appellation commune de prévôtés, montre que l'aventure dont il s'agit était assez peu connue. Une clef manuscrite nous avertit que Lasnier, dont elle fait un « prévôt de l'Ile, » et Grand-Maison, qu'elle qualifie « lieutenant de robe courte [1], » sont deux personnages distincts. Une autre [2] nous donne le véritable nom et le titre officiel de Grand-Maison : « Le sieur Francine de Grand-Maison, prévôt général des connétables et maréchaux de France aux gouvernements de Paris et de l'Ile de France, y est-il dit, fit rendre à M. de Saint-Pouange un diamant de prix, etc. »

Les prévôts des maréchaux étaient chargés de la sûreté des chemins et de la répression des délits qui s'y commettaient. Celui qui avait cette mission dans l'étendue de l'Ile de France se nommait simplement prévôt de l'Ile, et tel était le titre habituel de Francine de Grand-Maison, qui mourut en décembre 1688 [3].

1. Clef de l'exemplaire de M. Danyau : « Lasnier, lieutenant de robe courte, *ou* de Grandmaison, prévôt de l'Ile. »
2. Voyez l'exemplaire souvent cité de la Réserve de la Bibliothèque impériale.
3. En annonçant sa mort, le *Mercure* (décembre 1688, p. 303) lui donne les titres suivants : « M. de Francine, seigneur de Grand-Maison, prévôt général de l'Ile de France, intendant général des eaux de Sa Majesté, maréchal de bataille de la milice de Paris et major de la même ville. » Était-il le fils de Pierre Francine, mort en avril 1686, avec les titres de maître d'hôtel ordinaire du Roi, et d'intendant des eaux et fontaines? S'il en est ainsi, il eût reçu de celui de ses frères qui épousa la fille de Lulli[*], l'intendance des eaux et fontaines, car c'est le gendre de Lulli qui en avait la survivance : ce dernier l'aurait abandonnée quand il prit soin de l'Opéra, après la mort de Lulli. Francine

[*] Voyez tome I, p. 422. — Il y avait un autre Francine dans l'armée (*Journal* de Dangeau, tome II, p. 189).

CLEFS ET COMMENTAIRES. 403

A défaut des annotations des clefs, le *Mercure historique et politique* nous eût donné le commentaire de la réflexion de la Bruyère. « Il s'est vu autrefois à Paris, est-il dit dans le numéro d'août 1688 (tome V, p. 843 et 844), que les voleurs avoient pour protecteurs les principaux officiers de la justice. Que ne conte-t-on point de ceux qu'on appelle communément *Coupeurs de bourses*, etc. ? D'abord que l'on avoit un ami auprès de celui-ci[1], il vous faisoit retrouver tout ce que vous aviez perdu, et le commerce étoit si étroit entre eux, qu'il les apostoit lui-même pour vous déniaiser, principalement lorsque l'on se faisoit fort d'être au-dessus de leurs ruses. Mais enfin toutes ces galanteries, qui sentoient beaucoup *le fripon*, ne sont plus à la mode il y a déjà quelque temps. Le Roi, après en avoir purgé Paris, a fait tout son possible pour mettre le même ordre dans tout son royaume. Mais enfin le moyen d'oublier les bonnes coutumes? Comme on devient forgeron à force de manier le fer, de même un lieutenant criminel, ou quelque autre juge semblable, à force d'avoir communication avec les voleurs, devient voleur lui-même. Chacun sait les tours de passe-passe qu'a joués......; et c'est pour cela qu'un homme qui par sa naissance faisoit honneur à cette charge n'a pas jugé à propos de la garder longtemps.

« Si cela se fait donc encore quelquefois à Paris, nonobstant la présence du soleil dont les rayons ne souffrent point de pareils monstres, » ajoute le *Mercure*, on ne doit point s'étonner que de pareils abus se produisent au loin, et il cite un exemple d'un scandale, du même genre, dont le récit vient de Lyon et n'a aucun rapport avec la remarque de la Bruyère.

XXVIII

Page 190, n° 54. — *Combien d'hommes qui sont forts....* (1689.)

Clefs des éditions Coste : « M. le président de Mesmes, et le lieutenant civil. »

Nous avons parlé (tome I, p. 511, note III) du président de Mesmes[2], dont les galanteries étaient fort connues, et (p. 480, note VI) du lieutenant civil Jean le Camus[3].

---

de Grand-Maison laissa la prévôté de l'Ile à un fils, qui la céda en 1718 : voyez le *Journal* de Dangeau, tome XVII, p. 416, où il faut corriger « prévôt de *Lille* » en « prévôt de l'*Ile*. »

1. Il y a ici une faute d'impression, ou plutôt de rédaction ; il s'agit de l'un des protecteurs que les voleurs avaient parmi les officiers de la justice.

2. Jean-Antoine de Mesmes, président à mortier en 1688, membre de l'Académie française en 1710, premier président en 1712, est mort en 1723, âgé de soixante et un ans.

3. Jean le Camus, frère puîné du cardinal le Camus et du premier président

XXIX

Pages 190 et 191, n° 57. — *Il est vrai qu'il y a des hommes....* (1690.)

Clefs des éditions Coste : « L'abbé de la Rivière, évêque de Langres. »

Louis Barbier de la Rivière, évêque de Langres en 1656, mort le 30 janvier 1670, est cet abbé de la Rivière, aumônier et favori de Gaston d'Orléans, frère de Louis XIII, dont il est question dans les mémoires antérieurs à l'époque où nous plaçons les *Caractères* (voyez les *Historiettes* de Tallemant des Réaux, tome II, p. 98 et 99, note de M. P. Paris; la *Correspondance de Bussy*, tome I, p. 267, etc.). Nous ne savons rien qui justifie l'allusion qu'indiquent les clefs.

XXX

Pages 191 et 192, n° 58. — *S'il n'y avoit point de testaments....* (1690.)

Clefs des éditions Coste : « La princesse de Carignan; le président Larché. » — Clefs manuscrites : « Les héritiers de M. le Boultz, conseiller au Parlement. »

Marie de Bourbon, fille de Charles comte de Soissons, femme de Thomas-François de Savoie, prince de Carignan, qu'elle avait épousé en 1624 (et qui mourut en 1656), belle-mère de la comtesse de Soissons (Olympe de Mancini), était morte le 4 juin 1692. Son testament, où elle avait déshérité trois de ses enfants, donna lieu à quelques discussions de famille, dont la fin est ainsi annoncée par Dangeau (tome VI, p. 205), à la date du 8 octobre 1697 : « J'appris que M. le prince de Carignan s'est accommodé avec Mme la comtesse de Soissons la mère, et ses enfants, de tous les biens qu'ils avoient en France. Il donne à Mme la comtesse de Soissons quarante mille écus d'argent comptant pour payer ses dettes et quarante mille francs de pension; il donne à Mlle de Carignan et à Mlle de Soissons chacune dix mille écus d'argent comptant et vingt mille francs de pension; à M. le comte de Soissons et à M. le prince Eugène [1], son frère, cinq mille francs de pension chacun; ils ont beaucoup moins que leurs sœurs, parce que Mme la princesse de Carignan, leur grande mère, les avoit deshérités [2]. » — On dit, écrit ailleurs Dangeau

---

de la cour des aides, était lieutenant civil depuis 1684, et mourut en 1710, âgé de soixante-treize ans.

1. Eugène-Maurice de Savoie, mari d'Olympe Mancini.
2. Conférez les *Lettres de Mme de Sévigné*, tome VII, p. 199.

(tome VI, p. 460), que le prince de Carignan « aura en France plus de quatre cent mille livres de rente. »

Le président Larcher que nomment les clefs est-il Michel Larcher, marquis d'Esternay, etc., président de la chambre des comptes, mort en 1654, dont il est souvent question dans Tallemant? ou son fils Pierre Larcher, marquis d'Esternay, etc., qui devint président à la chambre des comptes en 1651, sur la démission de son père, et qui mourut en 1712[1]?

La famille le Boultz se composait, quelques années avant la publication des *Caractères*, de quatre frères et de deux sœurs: 1° Noël le Boultz, seigneur de Chaumot, conseiller en la grand'chambre du Parlement; 2° Luc le Boultz, maître des comptes; 3° Louis le Boultz, seigneur de Roncerey, maître des requêtes; 4° François le Boultz, conseiller à la troisième chambre des requêtes; 5° Mme Blondeau, veuve d'un président à la chambre des comptes; et 6° Mme du Tronchey, femme d'un président à l'une des chambres des enquêtes[2]. Des quatre frères, il ne restait plus en 1685 que le Boultz de Roncerey, qui déjà ne figure plus sur l'*État de la France* de 1692. Les deux frères aînés pour le moins[3] avaient eu des enfants. Le Boultz de Chaumot avait laissé deux fils : l'un était en 1685 conseiller à la troisième chambre des enquêtes (le même sans doute qui figure dans l'*État de la France* de 1692, sous le nom de François le Boultz, seigneur de Chaumot, conseiller depuis 1658, et alors conseiller de la grand'chambre); l'autre était aumônier du Roi.

Nous ignorons si les annotateurs font allusion à la succession qu'eurent à se partager les quatre frères le Boultz et leurs sœurs, ou à l'un des héritages qu'ils laissèrent à leur mort.

---

1. Le fils de Pierre-Michel Larcher, troisième du nom, devint aussi président à la chambre des comptes en 1700, sur la démission de son père, et mourut en 1715. Il y a une autre branche de cette famille qui a compté plusieurs intendants. Celle des deux branches à laquelle s'allia en 1719 un fils du marquis d'Argenson était fort riche : voyez le *Journal* de Dangeau, tome VII, p. 178.

2. Voyez le *Mercure galant* du mois de février 1685, p. 133.

3. Nous ne savons de qui était fils Jean-François le Boultz, qui devint en 1691 conseiller de la troisième chambre des enquêtes.

APPENDICE.

XXXI

Pages 192-195, n°ˢ 59 et 60. — *Titius assiste à la lecture d'un testament....* (1690.) — *La loi qui défend.... La loi qui ôte aux maris....* (1690.)

Clefs du dix-huitième siècle : « M. Hennequin, procureur général au grand conseil [1], avoit été fait légataire universel par le testament de Mme Falentin [2], femme de l'avocat au conseil, qui n'avoit fait faire ce testament au profit du sieur Hennequin que dans la vue qu'il remettroit les biens, comme étant un fidéicommis. Mais le sieur Hennequin ne l'ayant pas pris sur ce ton, et voulant s'approprier les biens, même ayant pris le deuil et fait habiller tous ses domestiques, M. Falentin fit paroître un autre testament en faveur de M. de Bragelogne [3], qui révoquoit le premier, et qui a été confirmé, celui-ci ayant mieux entendu l'intention de la défunte. »

Le *Chansonnier Maurepas*, où se trouve un *Conte* sur la mésaventure de M. Hennequin (tome VII, p. 137-142), lui donne la date de 1687, et fait un récit dont tous les détails s'accordent avec l'hypothèse où se place la Bruyère dans la remarque 60. Mme Falentin, qui ne laissait pas d'enfants, n'avait mis dans sa confidence que son mari ; ni M. Hennequin, ni M. de Bragelogne n'avaient été instruits de son désir. Le public n'hésita pas cependant à condamner l'indélicatesse de M. Hennequin, qui avait voulu « s'approprier cette succession, au lieu de la laisser au mari, son ancien ami, comme tout honnête homme auroit fait, jugeant bien que c'étoit l'intention de la testatrice.... Cela fit grand bruit, ajoute-t-on dans la note du *Chansonnier*, et pensa désespérer M. Hennequin, qui fut déshonoré et vilipendé partout. »

« Dans la coutume de Paris, lisons-nous dans une autre note du même recueil, les femmes ne peuvent faire de dons à leurs maris,

---

1. Louis-François Hennequin, sieur de Charmont, d'abord conseiller, puis procureur général au grand conseil en 1668 ou 1671. Il était beau-frère de l'Hôte, célèbre avocat, et avait deux frères : l'un était chanoine de Notre-Dame, conseiller au Parlement (François Hennequin, mort en 1709); l'autre avait été secrétaire de l'assemblée du clergé en 1685.

2. *Valentin* dans les clefs imprimées; *Falentin*, qui doit être la meilleure leçon, dans le manuscrit Cochin et dans le *Chansonnier Maurepas*, tome VI, p. 136.

3. Une clef manuscrite fait de Bragelogne un président de Bretagne; mais il s'agit, suivant le *Chansonnier Maurepas*, de Jérôme de Bragelogne, conseiller à la cour des aides de Paris (à laquelle il appartenait depuis 1658, année où il avait cessé d'être conseiller au parlement de Metz).

les maris à leurs femmes, à moins d'un don mutuel *ou d'un fidéicommis.* » C'est résoudre sans hésitation la question que pose la Bruyère, et qu'il laisse indécise.

Si…. la propriété d'un tel bien est dévolue au fidéicommissaire, pourquoi perd-il sa réputation à le retenir? M. Hennequin avait perdu la sienne, comme nous venons de le voir. — *Sur quoi fonde-t-on la satire et les vaudevilles ?* La « satire » et les « vaudevilles » sont sans nul doute le *Conte* qui a été recueilli dans le *Chansonnier Maurepas.*

XXXII

Page 195, n° 62. — *Typhon fournit un grand de chiens….*
(1689.)

Clef de 1696 : « *Typhon*, M. de Baric, maître des requêtes. — *Un grand :* M. de Louvois. » — Clefs des éditions Coste : « *Typhon*, M. de Bercy, maître des requêtes. » — Clefs manuscrites : « *Typhon*, Borie, Baric. »

Les copistes et les imprimeurs ont sans doute mal lu ce nom sur la première liste où il a figuré. Quoique les occupations de Louvois lui laissassent peu de loisirs, il aimait la chasse, et prenait soin d'avoir une belle meute (voyez l'*Appendice* de l'*Histoire de Louvois*, par M. C. Rousset, tome IV); peut-être en effet Bercy[1], que nomment les clefs Coste, l'a-t-il « fourni » de chiens et aussi de chevaux. Mais quelle autre ressemblance pourrait-il avoir avec *Typhon ?*

Quelques clefs manuscrites ont remplacé le nom énigmatique de Borie, Baric ou Bercy, par celui de Charnacé, qui avait été page du Roi et lieutenant des gardes, et qui, retiré en Anjou, y avait commis plusieurs crimes et fabriqué de la fausse monnaie.

« De Charnacé, autrefois lieutenant des gardes du corps, écrit

---

1. Anne-Louis-Jules Malon de Bercy, fils d'un président au grand conseil, tenu sur les fonts de baptême par la reine Anne et par le cardinal Mazarin, a été conseiller au parlement de Metz, conseiller au parlement de Paris (1667), maître des requêtes (1674), commissaire pour les affaires des aides, puis intendant. Nommé à l'intendance de Berri en 1674, il n'en accepta ou du moins n'en remplit pas les fonctions. En 1683, il devint intendant d'Auvergne ; en 1684, il fut nommé intendant à Moulins, puis intendant à Lyon. Ayant eu de graves démêlés avec l'archevêque de Lyon, qui était le cardinal de Villeroy, il perdit en 1686 son intendance, et reçut en dédommagement le titre d'inspecteur général des ports de mer. Il devint en 1687 premier directeur de la compagnie des Indes orientales, et enfin commissaire pour la réformation des justices maritimes. Il mourut en 1706, doyen des maîtres des requêtes, à l'âge de soixante-trois ans. C'est lui qui a fait construire Bercy.

Dangeau le 1er juin 1689 (tome II, p. 404 et 405), a eu une lettre de cachet pour s'en aller en Béarn. Il y a beaucoup d'accusations contre lui, et l'intendant de la province a envoyé des informations fort fâcheuses pour lui. Avant que de partir, il a épousé Mlle de Bouille, et a fait mettre un enfant qu'il avoit d'elle, sous le poêle. Il plaide contre M. de Roquelaure et M. de Foix pour la succession du duc du Lude, prétendant que tout le bien de la feue duchesse du Lude doit revenir à la fille qu'il vient d'épouser. Cette Mlle de Bouille avoit déjà été mariée avec M. de Pomenart, et depuis avoit fait casser son mariage et avoit repris son nom. »

Charnacé ne fut chassé d'Anjou que plusieurs mois après la publication de ce caractère; mais on savait déjà sans doute une partie de ses méfaits. Saint-Simon a plaisamment raconté le mauvais tour qu'il avait joué à un tailleur dont la maison « bouchoit tout l'agrément de son avenue, » et fut un jour transportée plus loin par son ordre. « Il veut plaider, dit Saint-Simon en parlant du tailleur, il veut demander justice à l'intendant, et partout on s'en moque. Le Roi le sut, qui en rit aussi, et Charnacé eut son avenue libre. S'il n'avoit jamais fait pis, il auroit conservé sa réputation et sa liberté. » (*Mémoires*, tome II, p. 169-171.)

Il fut emprisonné en 1698.

XXXIII

Pages 195 et 196, n° 63. — *Ragoûts, liqueurs, entrée, entremets*....
(1691.)

Clef de 1696 : « Le maréchal de Duras. » — Clefs des éditions Coste : « *Où est-il parlé de la table*...? » Il prétend parler du combat de Valcourt, ou de M. le maréchal d'Humières. »

Le maréchal d'Humières[1], qui fit le siége de Valcourt au mois d'octobre 1689, subit un échec le 27, et fut repoussé après un combat où il perdit mille ou douze cents hommes. Les auteurs des clefs ont vu dans la réflexion de la Bruyère une allusion à cette défaite du maréchal d'Humières, l'officier général dont la somptuosité était le plus souvent célébrée. Il avait depuis bien longtemps transporté au camp le luxe des villes, car c'est au siége d'Arras, en 1654, que nous reporte le passage suivant de Gourville, rappelé ci-dessus, p. 196, note 1 : « Étant fort connu de M. le marquis d'Humières, depuis maréchal de France, j'allai à son quartier.... Je fus bien surpris le soir, quand

---

1. Louis de Crevan*, duc d'Humières, maréchal de France en 1668, mort en 1694.

on lui servit à souper, de voir que c'étoit avec la même propreté et la même délicatesse qu'il auroit pu être servi à Paris. Jusque-là personne n'avoit porté sa vaisselle d'argent à l'armée, et ne s'étoit avisé de donner de l'entremets et un fruit régulier ; mais ce mauvais exemple en gâta bientôt d'autres ; et cela s'est poussé si loin jusqu'à présent, qu'il n'y a aucuns officiers généraux, colonels ni mestres de camp, qui n'aient de la vaisselle d'argent, et qui ne se croient obligés de faire, autant qu'ils peuvent, comme les autres.... Le lendemain j'allai voir M. de Turenne, et j'eus l'honneur de dîner avec lui : il n'avoit que de la vaisselle de fer-blanc, avec une grande table servie de toutes sortes de grosses viandes en grande abondance : il y avoit plus de vingt officiers à la grande table, et encore quelques autres petites ; il y avoit des jambons, des langues de bœuf, des cervelas et du vin en quantité. »

Le maréchal de Duras[1] méritait-il une mention particulière à côté du maréchal d'Humières? plutôt que le maréchal de Créqui par exemple, qui se faisait suivre en 1674 de sa vaisselle d'argent, plutôt même qu'aucun des autres chefs d'armée, qui sans doute avaient la même coutume ?

Voici, d'après M. C. Rousset (*Histoire de Louvois*, 1862, tome I, p. 347), l'analyse de l'ordonnance rendue en 1672 « pour la modération » des tables des officiers généraux et majors et autres servant dans les armées : Défense d'avoir plus de deux services de viande et un de fruit ; nulles assiettes volantes ; des plats de pareille grandeur, ne contenant que des mets d'une même sorte, excepté pour les rôtis ; encore les viandes ne seront-elles pas l'une sur l'autre.

XXXIV

Pages 196 et 197, n° 64. — *Hermippe est l'esclave de ce qu'il appelle....*
(1691.)

Clef de 1696 : « M. d'Hermenonville[2]. » — Clef Cochin : « M. Damfreville, chef d'escadre[3]. C'est (*a-t-on ajouté, pour rectifier sans doute ce que l'on pensait devoir être une erreur de lecture*) M. d'Allervillers, ou de Denonville, sous-gouverneur de M. le duc de Bourgogne, ci-

---

1. Jacques-Henri de Durfort, duc de Duras, maréchal de France en 1675, mort en 1704, âgé de soixante-quatorze ans.
2. Il y avait un intendant des finances de ce nom.
3. Lieutenant général de la marine, mort en 1692, laissant un fils qui a été colonel.

devant gouverneur de Madagascar[1]. » — Clefs manuscrites : « M. de Renonville[2], d'Allonville, d'Alleville, d'Asserville, de Noinville, d'Angervilliers[3]. »

Chacun, comme l'on voit, s'est évertué à déchiffrer sur la liste qu'il copiait un nom mal écrit et peu connu. Il est possible que ce nom, qui finit presque partout en *ville*, et quelquefois en *villers* ou *villiers*, soit le nom défiguré, et précédé de je ne sais quel autre mot mal lu, de Villayer, doyen du conseil et membre de l'Académie française, qui mourut l'année même où parut le caractère d'*Hermippe*[4]. Le portrait de Villayer est ici parfaitement ressemblant, comme le montre la note suivante de Saint-Simon, qui est l'une de ses additions au *Journal* de Dangeau (tome III, p. 295), et qu'y a déjà relevée M. Fournier dans *la Comédie de la Bruyère* (tome II, p. 559 et 560) :

« Ce bonhomme Villayer étoit plein d'inventions singulières, et avoit beaucoup d'esprit. C'est peut-être à lui qu'on doit celle des pendules et des montres à répétition pour en avoir excité le desir. Il avoit disposé à sa portée dans son lit une horloge avec un fort grand cadran, dont les chiffres des heures étoient creux et remplis d'épices différentes, en sorte que conduisant son doigt le long de l'aiguille sur l'heure qu'elle marquoit ou au plus près de la division de l'heure, il goûtoit ensuite, et par le goût et la mémoire connoissoit la nuit l'heure qu'il étoit. C'est lui aussi qui a inventé ces chaises volantes, qui par des contre-poids montent et descendent seules entre deux murs à l'étage qu'on veut, en s'asseyant dedans, par le seul poids du corps, et s'arrêtant où l'on veut. Monsieur le Prince s'en est fort servi à Paris et à Chantilly. Madame la Duchesse, sa belle-fille

---

1. Sur Denonville, mort en 1710, voyez Saint-Simon, tome VIII, p. 416.
2. Un des fils de Berrier, celui qui a été secrétaire du conseil à la place de son père, se faisait appeler Berrier de Renonville.
3. Ce dernier nom a été porté par le fils du partisan Bauyn, qui a été secrétaire d'État en 1726, et peut-être par Bauyn lui-même.
4. Jean-Jacques Renouard, comte de Villayer, conseiller du Parlement, maître des requêtes, membre de l'Académie (1658), mourut le 8 mars 1691, et fut remplacé à l'Académie par Fontenelle, qui dans son discours de réception ne rappela point le souvenir de son prédécesseur immédiat. Du moins Thomas Corneille, qui fit la réponse, parla-t-il de lui : « L'Académie, dit-il à son neveu,... vous choisit pour vous donner, non-seulement une place dans son corps, mais celle d'un magistrat éclairé, qui dans une noble concurrence, ayant eu l'honneur d'être déclaré doyen du conseil d'État par le jugement même de Sa Majesté, faisoit son grand plaisir de se dérober à ses importantes fonctions, pour nous venir quelquefois faire part de ses lumières. » Comme Corneille, comme Dangeau, le *Mercure* se tut sur les talents de Villayer en mécanique, lorsqu'il annonça sa mort (mars 1691, p. 129). Voyez encore sur lui Tallemant des Réaux, tome VI, p. 58, et tome VII, p. 441 et 442.

et fille du Roi, en voulut avoir une de même pour son entre-sol à Versailles, et voulant y monter un soir, la machine manqua et s'arrêta à mi-chemin, en sorte qu'avant qu'on pût l'entendre et la secourir en rompant le mur, elle y demeura bien trois bonnes heures engagée. Cette aventure la corrigea de la voiture, et en a fait passer la mode [1]. »

XXXV

Pages 197 et 198, n° 65. — *Il y a déjà longtemps que l'on improuve les médecins....* (1687.)

Clefs du dix-huitième siècle : « *Ils placent leurs fils au Parlement et dans la prélature :* Les Daquin. »

Daquin (ou d'Aquin) avait à cette époque un fils conseiller, mais son fils Louis ne fut évêque qu'après la disgrâce de sa famille. Le nom de Daquin, premier médecin du Roi jusqu'en 1693, était au surplus fort bien choisi comme exemple de la fortune à laquelle pouvaient prétendre les médecins. Voyez ci-après la note xxxvi.

Avec Daquin, plusieurs clefs manuscrites citent Vallot, premier médecin du Roi avant Daquin [2], et Brayer, médecin dont le nom se retrouve dans les *Lettres de Mme de Sévigné*.

XXXVI

Pages 198-201, n° 68. — *Carro Carri débarque....* (1694.)

Clefs du dix-huitième siècle : « *Caretti*, Italien, qui a fait quelques cures qui l'ont mis en réputation : il a acquis beaucoup de bien, et vend fort cher ses remèdes; ou Helvétius, Hollandois, qui avec la racine d'hypécacuanha pour le flux de sang, a gagné beaucoup de bien. »

Nous avons déjà parlé du premier (tome I, p. 520 et 521), auquel la Bruyère fait certainement allusion.

---

1. « Parmi les inventions de notre *Hermippe*, dit M. Fournier, il ne faut pas oublier celle de la *petite poste*, et surtout son complément le plus curieux, l'invention des *billets de port payé*, premier type des *timbres-poste* en plein dix-septième siècle. Le recueil inédit des lettres de Mlle de Scudéry, possédé par M. Feuillet de Conches, où il est parlé de ces *billets*, nomme l'inventeur « M. de Valayer. » C'est sans nul doute notre très-ingénieux *Hermippe*-Villayer. » (*La Comedie de la Bruyère*, tome II, p. 560, note 1.)

2. Il fut l'un des partisans de l'usage du quinquina et de l'émétique. Il mourut en 1678.

APPENDICE.

.... Il n'hésite pas de s'en faire payer d'avance.... Commencez par lui livrer quelques sacs de mille francs....

En 1684, Caretto avait exigé de M. Legras douze cents livres avant de donner ses soins à Mme Legras : la malade était morte au troisième breuvage, et M. Legras plaida (inutilement sans doute) pour obtenir la restitution des douze cents livres. « Caretto, » écrit le médecin Bourdelot au grand Condé, le 6 novembre 1684, en lui donnant ces détails,... « commence à se décrier.... Néanmoins il se dispose à retourner en Flandre, emportant cinquante mille livres de ce pays. » (*Archives de Mgr le duc d'Aumale.*)

Adrien Helvétius est le grand-père du philosophe. Voici le portrait qu'en fait Saint-Simon (tome III, p. 82 et 83) :

« C'étoit un gros Hollandois qui, pour n'avoir pas pris les degrés de médecine, étoit l'aversion des médecins, et en particulier l'horreur de Fagon, dont le crédit étoit extrême auprès du Roi, et la tyrannie pareille sur la médecine et sur ceux qui avoient le malheur d'en avoir besoin. Cela s'appeloit donc un empirique dans leur langage, qui ne méritoit que mépris et persécution, et qui attiroit la disgrâce, la colère et les mauvais offices de Fagon sur qui s'en servoit. Il y avoit pourtant longtemps qu'Helvétius étoit à Paris, guérissant beaucoup de gens rebutés ou abandonnés des médecins, et surtout les pauvres, qu'il traitoit avec une grande charité. Il en recevoit tous les jours chez lui à heure fixée tant qu'il y en vouloit venir, à qui il fournissoit les remèdes et souvent la nourriture. Il excelloit particulièrement aux dévoiements invétérés et aux dyssenteries. C'est à lui qu'on est redevable de l'usage et de la préparation diverse de l'ipécacuanha pour les divers genres de ces maladies, et le discernement encore de celles où ce spécifique n'est pas à temps ou même n'est point propre. C'est ce qui donna la vogue à Helvétius, qui d'ailleurs étoit un bon et honnête homme, homme de bien, droit et de bonne foi. Il étoit excellent encore pour les petites véroles et les autres maladies de venin. D'ailleurs médiocre médecin. »

Page 199. — *Vos médecins, Fagon....*

Clefs du dix-huitième siècle: « M. Fagon, premier médecin du Roi, qui a succédé à M. Daquin, qui fut disgracié en 1693 par trop d'ambition, et pour avoir demandé au Roi la place de président à mortier, vacante par la mort de M. de Nesmond, pour son fils, intendant à Nevers [1], et outre cela l'archevêché de Bourges pour un

---

1. Ce fils fut conseiller au Parlement, puis secrétaire du cabinet du Roi (1684),

autre fils, simple agent du clergé [1]. Il passoit aussi pour fort intéressé, et faisant argent de tout, jusque-là qu'il tira de du Tarté, chirurgien, vingt mille livres pour lui permettre de saigner le Roi dans une petite indisposition, où il s'en seroit bien passé. Mais le principal sujet de sa disgrâce[2] fut qu'il étoit créature de Mme de Montespan, et que Mme de Maintenon vouloit le faire sortir pour y mettre son médecin Fagon. Daquin enveloppa dans sa disgrâce toute sa famille. L'intendant fut révoqué, et obligé de se défaire de sa charge de maître des requêtes; son fils qui étoit capitaine aux gardes[3], eut le même ordre. [L'abbé[4] fut nommé, pour ses bonnes qualités, évêque de Fréjus à la place de son oncle [5], disgracié et exilé à Quimper-Corentin, remercia le Roi et eut l'évêché de Séez en Normandie, pour lors vacant, où il est mort de la peste en visitant un de ses neveux.] Daquin n'étoit pas fort habile dans sa profession. Il est mort d'apoplexie aux eaux de Vichy, où il étoit allé, le 18 mai 1696. »

L'énumération des faveurs que reçut la famille Daquin n'est pas complète, car il n'y est parlé ni de celles qu'obtinrent les frères de Daquin, ni des sommes d'argent, souvent considérables, qui lui furent données à lui-même. Pour en citer un exemple, il reçut, en juin 1687, un don de cent mille livres.

XXXVII

Pages 201 et 202, n° 70. — *Que penser de la magie...?* (1689.)

Choisy, ami de la Bruyère, exprime à peu près le même sentiment sur les « faits embarrassants, » si toutefois le passage qui a été publié

et intendant de Nevers. Rappelé au mois de janvier 1694, à la suite de la disgrâce de son père, il vendit sa charge de secrétaire du cabinet, et en acheta une de président au grand conseil.

1. C'est l'archevêché de Tours, suivant Dangeau et Saint-Simon, qu'il demandait pour son fils Louis, le même sans doute qui avait une abbaye dans le diocèse de Luçon, et qui l'échangea en 1687 contre une abbaye à Reims, tout en obtenant une pension sur l'abbaye qu'il délaissait. Voyez ci-après, note 4.

2. Voyez le récit de cette subite disgrâce, arrivée le 2 juin 1693, dans le *Journal* de Dangeau, tome IV, p. 388 et 389; et dans les *Mémoires* de Saint-Simon, tome I, p. 109 et 110. Conférez les *Mémoires* de Choisy, p. 355.

3. Il avait été reçu capitaine aux gardes en 1690.

4. On lit dans les clefs Coste : « Et l'abbé est demeuré ce qu'il étoit. » C'est une inexactitude, et nous remplaçons cette phrase par celle que donne la clef de 1720. Louis Daquin a été nommé évêque de Fréjus en 1697, et de Séez en 1699. Il était, dit Saint-Simon, « de très-bonnes mœurs, de beaucoup d'esprit et de savoir. » Conférez les *Mémoires* de le Gendre, p. 212-214.

5. Luc Daquin, évêque de Fréjus, de 1680 à 1697.

dans ses *Mémoires* sur ce sujet est authentique[1]: « Je ne crois pas *autrement* aux sorciers et aux diseurs de bonne aventure, dit-il : je n'ai jamais rien vu d'extraordinaire.... » Puis, après cette déclaration, il note quelques faits extraordinaires, dont l'un pour le moins lui paraît constant : « les trois personnes présentes le content à qui veut l'entendre. »

XXXVIII

Page 216, n° 73, 3ᵉ alinéa. — *Laurent payé pour ne plus écrire....*
(1692.)

Parmi les personnages de la cour que Laurent fait figurer à la suite du Dauphin dans la *Relation de la fête Dauphine* (p. 14), parmi

.... Tous les grands héros d'élite
Qu'Alexandre (*le Dauphin*) avoit à sa suite,

et qu'il désigne par des surnoms, un seul est inconnu : c'est *Aristophane*, le seul dont l'auteur ne dise point le vrai nom dans la clef des noms imprimée page 2. Laurent se désignait-il lui-même sous ce pseudonyme? était-il donc, dans cette circonstance, de la suite du prince? Aristophane ne peut être la Bruyère, car ce n'est pas à la suite du Dauphin qu'il assista à la fête.

DE LA CHAIRE.

I

Page 220, n° 1. — *Le discours chrétien est devenu un spectacle....*
(1687.)

Dans le chapitre *des Prédicateurs* de son *Théophraste moderne*, auquel nous avons déjà fait plusieurs emprunts (p. 384 et suivante), et dont nous donnerons divers autres extraits, Brillon a plus d'une fois développé cette remarque. La lecture de ce chapitre est parfois un intéressant commentaire du chapitre de la Bruyère sur le même sujet.

1. Voyez ses *Mémoires*, collection Petitot, tome LXIII, p. 323-326.

II

Page 221, n° 3. — *Jusqu'à ce qu'il revienne un homme....* (1687.)

Clefs du dix-huitième siècle : « M. Letourneur, grand prédicateur, qui a fait *l'Année sainte* (lisez : *l'Année chrétienne*[1]), qui ne prêchoit que par homélies, et qui a été fort suivi dans Paris, » — « surtout dans la paroisse de Saint-Benoît, où il prêcha un carême[2], » ajoute le manuscrit Cochin.

Suivant toutes les clefs, moins celle de 1700, l'abbé le Tourneux ou le Tourneur, prieur de Villiers-sur-Fère en Tardenois, est le prédicateur que regrette la Bruyère. Il est mort le 26 novembre 1686, plus d'une année avant la publication des *Caractères*, à l'âge de quarante-six ans.

« M. le Tourneur, dit une note du *Chansonnier Maurepas*, tome IV, p. 360, étoit un simple prêtre, boiteux et sans aucun extérieur, et peu éloquent. Il fut d'abord peu suivi ; mais sa doctrine, claire, intelligible à expliquer la sainte Écriture, sa morale sensée et sa solide piété le firent bientôt connoître et préférer à tous les autres prédicateurs, excepté le P. Bourdaloue.... Les jésuites furent jaloux de la réputation que M. le Tourneur s'étoit acquise ; ils eurent le crédit de lui faire défendre de prêcher par François de Harlay, archevêque de Paris, sous prétexte qu'il débitoit les dogmes et la morale des jansénistes. Il se retira dans un prieuré qu'il avoit dans le diocèse de Soissons, où il a vécu exemplairement et sans faste, et où il commença et composa l'excellent livre de *l'Année chrétienne*, qui est un extrait de ses sermons. »

Parmi les traits de franchise de Boileau, Louis Racine a cité le suivant : « Le Roi lui disoit un jour : « Quel est un prédicateur qu'on « nomme le Tourneux ? On dit que tout le monde y court : est-il si « habile ? » — « Sire, reprit Boileau, Votre Majesté sait qu'on court « toujours à la nouveauté : c'est un prédicateur qui prêche l'Évan« gile. » Le Roi lui demanda d'en dire sérieusement son sentiment. Il répondit : « Quand il monte en chaire, il fait si peur par sa laideur « qu'on voudroit l'en voir sortir ; et quand il a commencé à parler, « on craint qu'il n'en sorte[3]. » (*Mémoires sur la vie de Jean Racine*, dans les *OEuvres de Racine*, édition de M. Mesnard, tome I, p. 338.)

---

1. Cet ouvrage, composé de treize volumes, parut de 1685 à 1701.
2. Celui de 1682. Il y avait à cette époque un autre prédicateur du même nom à Paris : ce dernier était principal du collége de Boncours.
3. Voyez encore sur Nicolas le Tourneux, l'*Histoire de Port-Royal* de M. Sainte-Beuve, tome V, p. 209 et suivantes, édition de 1867.

III

Page 221, n° 4. — Les citations profanes, les froides allusions, le mauvais pathétique, les antithèses.... (1687.)

Clefs du dix-huitième siècle : « Manière de prêcher de l'abbé Boileau. »

Charles Boileau, curé de Vitry, puis abbé de Beaulieu, membre de l'Académie française, prêchait à Paris depuis 1679[1].

« Anselme[2] et Boileau, dit le Gendre (*Mémoires*, p. 12), portés sur les ailes de la protection puissante, l'un de Mme de Montespan, l'autre de M. Bontems, s'élevèrent bien haut tout d'un coup. Étoient-ce des orateurs parfaits? Non sans doute : aucun d'eux n'en avoit les grâces; leurs gestes à l'un et à l'autre n'étoient ni beaux ni naturels; Anselme avoit la mine d'un pédant, et Boileau l'air d'un paysan.... Ils ne persuadoient point, parce qu'il y avoit trop d'art dans leur prédication. Les discours de Boileau n'étoient qu'un tissu de fleurs; on n'y trouvoit que portraits, antithèses et allusions. Il y avoit moins de clinquant dans les discours d'Anselme; mais la morale étoit si vague, que ne caractérisant personne, personne n'en étoit touché; l'un et l'autre avoient peu de théologie. »

La Bruyère a un peu trop vite annoncé la fin des « antithèses » et prévu celle des « portraits; » car Brillon, plusieurs années plus tard, se plaindra de l'abus qu'on fait en chaire des portraits et des antithèses. (*Théophraste moderne*, p. 334, 339, 340, etc.)

IV

Pages 221-223, n° 5. — Cet homme que je souhaitois impatiemment.... est enfin venu.... (1694.)

L'éloge que fait la Bruyère de la manière de prêcher du P. Séraphin[3] a été publié en 1694, mais a dû être écrit dès 1692.

---

1. Il avait prêché, en 1679, le carême au couvent de Sainte-Madeleine, et l'avent au couvent de Notre-Dame de la Merci; l'avent de 1680 aux Carmélites de la rue du Bouloi; l'avent de 1681 aux Nouvelles Catholiques; en 1683, le carême à Saint-Germain l'Auxerrois, et l'avent à Saint-Louis; le carême de 1687 à Notre-Dame, etc. — Charles Boileau est mort en 1704. Il a été publié de lui, en 1712, deux volumes d'homélies et de sermons.

2. Le nom d'Anselme est aussi l'un de ceux que donnent les clefs : voyez ci-après, p. 424, note x.

3. Il y avait à cette époque plusieurs prédicateurs qui portaient le nom de P. Séraphin. A s'en tenir aux capucins, nous trouvons dans les listes des prédi-

CLEFS ET COMMENTAIRES. 417

Le P. Séraphin, qui depuis longtemps prêchait dans les paroisses de Paris, était venu prêcher le carême de 1692 dans l'église paroissiale de Versailles, et comme le dit la Bruyère, son éloquence y avait attiré les courtisans, tout en déplaisant aux paroissiens : l'alinéa semble écrit sous l'impression toute récente encore de l'un de ces sermons où la cour et la ville de Versailles se montraient d'un avis si différent. Le P. Séraphin ne revint à Versailles que quatre ans plus tard, pour prêcher cette fois au château et devant la cour. Le Roi déclara que ses sermons étaient « plus de son goût qu'aucun qu'il *eût* jamais entendu » (*Mémoires* de Dangeau, tome V, p. 376) : et Saint-Simon, de son côté, nota comme il suit ses succès (*Mémoires*, tome I, p. 322) :

« Le P. Séraphin, capucin, prêcha cette année (1696) le carême

cateurs de ce temps : le P. Séraphin* ; le P. Séraphin de Paris** ; le P. François Séraphin de Paris, capucin*** ; le P. André Séraphin de Paris**** ; et le P. Séraphin de Saint-André*****. Nous pouvons sans doute mettre au compte du P. Séraphin de la Bruyère les sermons prononcés par « le P. Séraphin, » et certainement tous ceux du « P. Séraphin de Paris. » Il a été publié en 1694 et 1695 six volumes, en 1697 deux volumes, en 1703 quatre volumes d'homélies du P. Séraphin de Paris. Il était fils, dit-on, d'un parfumeur de la rue Saint-Honoré, nommé Lemaire.

* « Le P. Séraphin, capucin, » prêche l'avent de 1684 à l'hôpital Sainte-Catherine ; le carême de 1694 à Saint-André des Arts, etc.
** « Le P. Séraphin de Paris, capucin, » prêche l'avent de 1671 à Saint-Barthélemy ; l'avent de 1672 et les carêmes de 1673, de 1681 et de 1682, aux Capucins de la rue Saint-Honoré et aux Capucines ; l'avent de 1675 et le carême de 1676 à Saint-Marcel ; l'avent de 1681 à Saint-Médard ; l'avent de 1684 à Saint-Jacques du Haut-Pas ; le carême de 1685 à Saint-Sauveur ; l'avent de 1685 et le carême de 1688 à Saint-Étienne du Mont ; l'avent de 1687 à Saint-Séverin ; l'avent de 1688 à Saint-Nicolas des Champs ; en 1689, le carême aux capucins du Marais et l'avent à Saint-Eustache ; en 1690, e carême aux Quinze-Vingts et l'avent à Saint-Gervais ; en 1691, le carême ux Saints-Innocents et l'avent à Saint-Merry ; en 1692, le carême à la paroisse de Versailles et l'avent à Saint-Nicolas des Champs ; en 1693, le carême à Saint-Séverin et l'avent à Saint-Eustache ; l'avent de 1695 à Saint-Germain l'Auxerrois ; le carême de 1696 à la chapelle du Roi à Versailles, etc.
*** « Le P. François Séraphin de Paris, capucin, » ancien professeur en théologie, prêche l'avent de 1676 et le carême de 1677 à Saint-Martin ; l'avent de 1681 au couvent de Sainte-Élisabeth ; le carême de 1685 au couvent de Sainte-Madeleine ; une partie du carême de 1689 aux Capucins du Marais, etc.
**** « Le P. André Séraphin, de Paris, capucin, » prêche l'avent de 1680 à Saint-Barthélemy ; le carême de 1685 aux Prémontrés de la rue Hautefeuille ; le carême de 1687 aux Capucins ; le carême aux Prémontrés et l'avent au couvent de Sainte-Élisabeth, en 1690 ; le carême de 1691 aux religieuses de Sainte-Madeleine ; l'avent de 1692 aux Bénédictines de la rue de la Ville-l'Évêque ; l'avent de 1693 aux Capucins, etc.
***** « Le P. Séraphin de Saint-André, capucin, » prêche l'avent de 1678 aux Capucins du Marais.

à la cour. Ses sermons, dont il répétoit souvent deux fois de suite les mêmes phrases, et qui étoient fort à la capucine, plurent fort au Roi, et il devint à la mode de s'y empresser et de l'admirer, et c'est de lui, pour le dire en passant, qu'est venu ce mot si répété depuis : *Sans Dieu point de cervelle*. Il ne laissa pas d'être hardi devant un prince qui croyoit donner les talents avec les emplois. Le maréchal de Villeroy étoit à ce sermon ; chacun, comme entraîné, le regarda. Le Roi fit des reproches à M. de Vendôme, puis à M. de la Rochefoucauld de ce qu'il n'alloit jamais au sermon, pas même à ceux du P. Séraphin. M. de Vendôme lui répondit librement qu'il ne pouvoit aller entendre un homme qui disoit tout ce qu'il lui plaisoit sans que personne eût la liberté de lui répondre, et fit rire le Roi par cette saillie. M. de la Rochefoucauld le prit sur un autre ton, en courtisan avisé. Il lui dit qu'il ne pouvoit s'accommoder d'aller, comme les derniers de la cour, demander une place à l'officier qui les distribuoit.... Là-dessus et tout de suite, le Roi lui donna pour sa charge une quatrième place derrière lui, auprès du grand chambellan. »

Quelques semaines avant sa mort, la Bruyère put entendre le P. Séraphin dans la chapelle de Versailles. Demeura-t-il aussi content de sa manière de prêcher? Ne l'avait-il pas opposé avec trop d'empressement aux déclamateurs et aux énumérateurs du jour? Du moins l'enthousiasme des courtisans se refroidit-il singulièrement, si l'on en croit Brillon [1], et l'appréciation que l'abbé le Gendre fait de ses sermons nous empêche de nous en étonner. La Bruyère, il est vrai, n'avait point fait l'éloge de son talent, mais de la simplicité « apostolique » avec laquelle il expliquait « uniment et familièrement » l'Évangile [2], et le P. Séraphin continua d'annoncer ainsi la parole de Dieu. Remarquons de plus que le Gendre avait une rancune personnelle contre le P. Séraphin : il était chanoine de Notre-Dame, et l'on verra que le P. Séraphin avait mal parlé des chanoines. Ajoutons encore que ce dernier fut accusé de quiétisme, et que le quiétisme était odieux à l'abbé le Gendre.

1. « Cet homme tant souhaité, dont la mission réjouit les amateurs de la simplicité évangélique, cet homme venu pour consoler les auditeurs, jusque-là indignés de la profanation de l'apostolat, fait déserter la Chapelle, où il ne prêche point. Les grands se mêlent avec les paroissiens, et l'accablent d'éloges que le peuple osoit lui refuser. Des suffrages aussi illustres lui méritent un royal auditoire : le courtisan, qui se montre enfin de l'avis du peuple, souhaite le retour des hommes éloquents. Prêt d'abandonner une seconde fois la Chapelle, il se réconcilie avec les déclamateurs auxquels il rougit d'avoir préféré le missionnaire ; s'il continue de l'entendre, la bienséance l'y force, mais son goût le porte ailleurs. » (*Théophraste moderne*, p. 336.)

2. Conférez, p. 221, les remarques 3 et 5.

CLEFS ET COMMENTAIRES.

« S'il y avoit dans le clergé, dit-il dans ses *Mémoires* (p. 13-15), des prédicateurs qui brilloient, il n'y en avoit pas moins parmi les ordres religieux. Je ne mets point au nombre de ces prédicateurs le P. Séraphin, capucin, quoique Mme de Maintenon, qui peut-être appréhendoit la langue trop libre de ce bonhomme, lui ait fait, pour le contenter, prêcher deux carêmes au Louvre. De talent, il n'en avoit point, que celui de crier bien fort et de dire crûment des injures. Prêchant devant le Roi, le premier médecin présent, et se demandant à soi-même si Dieu n'a pas en ce monde des exécuteurs de sa justice : « Qui en doute, s'écria-t-il, et qui sont ces exécuteurs? ce sont les médecins qui par leurs ordonnances données à tort et à travers tuent la plupart des gens. » Prêchant le carême dans l'église de Paris (*Notre-Dame*), ce père dit en face à Messieurs les chanoines qu'ils menoient une vie molle et ne faisoient point leur devoir. Il avoit grand tort : ce reproche ne convient point à des gens qui à minuit chantent *matines* aussi pieusement que les capucins récitent les leurs. Au reste, tout Diogène que ce bonhomme étoit en chaire [1], il ne l'étoit nullement à table : c'étoit un beau dîneur, et lorsqu'il étoit hors du couvent, il ne vouloit manger ni boire que du meilleur. Devant prêcher à Saint-Benoît, une des paroisses de Paris, il dit aux marguilliers, un mois et demi avant les Cendres, que voulant passer le carême dans la chambre du prédicateur, il les prioit de lui avancer, sur l'honoraire qu'il ne devoit toucher qu'à Pâques, de quoi avoir du vin en cave et payer son traiteur. Cet honoraire, quoique pourtant de cinq cents francs, étoit mangé avant le dimanche de la Passion. Le marguillier en charge, homme peu disposé à mettre du sien, dit au père, d'un ton assez sec, qu'il ne pouvoit plus rien lui fournir. Le père, sans se déconcerter, répliqua : « Si le fonds manque, qu'on fasse une quête dans la paroisse; autrement je ne prêche plus. » Il en coûta mille francs au cardinal de Noailles pour régaler ce capucin, qui dans le carême qu'il nous prêcha eut toujours à sa table quatre capucins d'aussi bon appétit que lui. »

Le P. Séraphin devint en 1700 suspect de quiétisme, comme nous l'avons dit, et l'archevêque de Paris lança contre lui un interdit [2].

---

1. On raconte que le P. Séraphin apostropha un jour du haut de la chaire, dans la chapelle de Versailles et devant toute la cour, l'abbé de Fénelon, le futur archevêque de Cambrai, que son sermon avait endormi.

2. Voyez la *Correspondance* de Fénelon, tome IX, p. 12, et tome XI, p. 25 et suivantes.

Depuis trente années on prête l'oreille aux rhéteurs,
.... aux énumérateurs....

« .... Les auditeurs éclairés, dit Brillon (p. 339), ne confient pas indifféremment le soin de leur salut : ils veulent de l'esprit dans la morale, de l'éloquence dans le ministre. Un C.... (*capucin*) ne leur prêcheroit que l'Évangile : ils le laissent au peuple. Bientôt le peuple n'en voudra plus[1]. Il donne déjà dans le portrait, aime l'antithèse, ambitionne enfin de se sauver à la manière des nobles et des beaux esprits. Les marguilliers veulent à leur tour *des énumérateurs;* par précaution on les retient pour le carême de 1703, pour l'avent de 1704. L'église est étroite, bornée à des marchands; au reste la chaire est bonne, elle est lucrative; sur cela *Théocrite* se détermine, il se promet, engage sa parole, fût-il curé ou prélat[2].... »

V

Page 225, n° 8. — *C'est avoir de l'esprit....* (1687.)

Clefs de 1696 et de 1700 : « *C'est avoir de l'esprit....* Feu M. l'abbé Bouin, le P. Soanen, le P. de la Roche, de l'Oratoire, et autres. »

Les clefs du dix-huitième siècle appliquent la première phrase à l'abbé Fléchier ou aux pères Senaut, la Roche et autres; la seconde au P. Soanen, « grand prédicateur, prêtre de l'Oratoire, évêque de Senez en 1695. »

Sur l'abbé Bouin, voyez ci-après, note vi, p. 421 et 422.

Le P. Soanen[3] était, au dire de le Gendre[4], « le plus éloquent » des prêtres de l'Oratoire. « Très-éloquent, mais peu solide, dit-on de lui dans une note du *Chansonnier Maurepas* (tome V, p. 302), d'ailleurs agréable prédicateur, et fort suivi à cause de l'agrément de ses sermons. Sa morale étoit sévère, de même que celle de M. le Tour-

---

1. On verra dans la note suivante que déjà en 1692 les paroissiens de Versailles estimaient peu les sermons *à la capucine* du P. Séraphin.

2. Brillon écrivait ce passage en 1699.

3. Jean Soanen, né à Riom en 1647, mourut en 1740, à la Chaise-Dieu, où l'avait fait exiler son attachement au jansénisme. Il avait prêché le carême de 1682 à Saint-Benoît, celui de 1684 à Saint-André des Arts, celui de 1685 à Notre-Dame, ceux de 1686 et de 1688 devant le Roi, celui de 1687 à Saint-Merry.

4. « Des prêtres de l'Oratoire, qui faisoient bonne figure parmi les prédicateurs, le P. de la Tour passoit pour le plus touchant, le P. de la Roche pour le plus brillant, ... Soanen pour le plus éloquent. » (*Mémoires*, p. 17.)

CLEFS ET COMMENTAIRES.

neur; aussi la congrégation de l'Oratoire, dans laquelle il étoit, est-elle attachée au parti des jansénistes. »

Jean de la Roche, « le plus brillant » des prédicateurs de l'Oratoire, selon l'abbé le Gendre, était fort goûté par Racine[1].

Fléchier, qui dès ses premiers sermons avait obtenu de grands succès oratoires, et qui depuis longtemps déjà avait prononcé ses plus belles oraisons funèbres, était évêque depuis deux ans, quand parurent les *Caractères*.

Le P. Senaut, supérieur général de l'Oratoire, dont on rappelle ici le souvenir, était mort depuis 1672. Il est l'auteur du traité de l'*Usage des passions*. Ses panégyriques des saints et ses oraisons funèbres ont été imprimés; mais ses sermons n'ont pas été publiés.

VI

Page 225, n° 9. — *L'orateur fait de si belles images....* (1687.)

Clef de 1696 : « Le P. de la Boissière, le P. de la Roche, de l'Oratoire, et le P. Gonnelieu. » — Clefs du dix-huitième siècle : « L'abbé Bouin, grand faiseur de portraits en chaire, habile prédicateur, et grand joueur: ce qui l'a empêché de parvenir aux dignités ecclésiastiques, où il auroit eu bonne part sans cela. »

Joseph de la Fontaine de la Boissière, oratorien[2], prêcha en 1685 l'avent à l'Oratoire: c'était sans doute son début ; il y prêcha encore le carême en 1686.

Nous avons parlé du P. de la Roche dans la note précédente.

Le P. Gonnelieu, jésuite[3], était, dit l'abbé le Gendre (*Mémoires*, p. 18), l'un de « ces prédicateurs populaires qui en croyant mieux inculquer quelques vérités effrayantes, tonnent et tempêtent à tout moment. Le pieux tintamarre, ajoute-t-il, de ces hommes de feu qui déchirent leur surplis en chaire n'est tonnerre que pour le peuple : il n'y a que lui qui s'en effraye; et bien loin de faire impression sur

---

1. Il avait prêché l'avent de 1682 à l'Oratoire, en 1684 le carême à Saint-Barthélemy et l'avent aux Carmélites, le carême de 1686 à Saint-Jean en Grève, le carême de 1687 à Saint-Gervais, les carêmes de 1691 et de 1692 à la chapelle du Roi, etc. Il mourut en 1711, âgé de cinquante-sept ans.

2. Il y avait un homonyme qui était cordelier et prêchait depuis 1682.

3. Jérôme Gonnelieu, né en 1640, est mort en 1715. Il avait déjà prêché le carême de 1683 à Saint-André des Arts, l'avent de la même année et le carême de 1684 au couvent des jésuites, l'avent de 1685 à Saint-Germain l'Auxerrois, le carême de 1686 à Saint-Merry, le carême de 1687 à Saint-Roch, l'avent de 1687 à la paroisse de Versailles, etc.

l'esprit des personnes graves, elles (*sic*) les font rire souvent.... Quand on se possède si peu, on ne mérite point le nom de prédicateur. »

« Un religieux de Saint-Victor, et le seul de cette maison qui ait fait du bruit par ses sermons, dit l'abbé le Gendre en parlant de Bauïn (p. 16), étoit frère de M. Bauïn, le trésorier de la chambre aux deniers. Il disoit de fort bonnes choses. S'il avoit eu des manières plus réservées et plus de gravité dans ses mœurs, il auroit été loin. Quelque réputation et quelque mérite qu'il eût, il se faisoit si peu valoir que quand des gens de métier le prioient de prêcher leur saint, il le faisoit volontiers, à la condition, bien entendu, qu'ils lui donnassent ce qui lui convenoit de leurs marchandises. Il taxa les chapeliers à deux castors, les marchands de vin à vingt-cinq bouteilles de vin, et les pâtissiers à dix tourtes [1]. »

VII

Page 225, n° 10. — *Un beau sermon est un discours oratoire....* (1689.)

Clefs du dix-huitième siècle : « Le P. Gonnelieu. »

S'il faut juger le P. Gonnelieu sur le témoignage de l'abbé le Gendre (voyez ci-dessus, note VI), il est difficile d'admettre qu'il ait été l'un des prédicateurs auxquels il est fait allusion. C'est le nom de Bourdaloue que Walckenaer a proposé d'inscrire à côté de cette phrase.

1. « L'abbé Bauin, vulgairement appelé l'abbé Bouin, avoit été religieux de l'abbaye de Saint-Victor de Paris, et par conséquent chanoine régulier de Saint-Augustin. C'étoit un débauché et un libertin, qui ne pouvant s'accommoder de la régularité avec laquelle on vit dans cette abbaye, songea à changer d'ordre pour en sortir. Il entra dans l'ordre de Cluny par permission du pape, et depuis demeura à Paris, d'où il étoit, vivant comme un bandit, passant sa vie à jouer et à piper, à boire.... Avec tout cela il étoit bon prédicateur, solide, touchant, savant, éloquent; mais en sortant de la chaire, il se jetoit dans la débauche. » (*Chansonnier Maurepas*, tome V, p. 359.) — Il a prêché, en 1665, l'avent à Saint-Jean en Grève et aux Nouveaux Convertis de la Foi, et le carême à l'abbaye de Saint-Victor; l'avent de 1666 au couvent de Saint-Victor; le carême de 1667 aux Carmélites de la rue du Bouloi; le carême de 1668 à Saint-Jacques la Boucherie; le carême de 1670 à Saint-Nicolas des Champs; en 1671, le carême à Saint-Séverin et l'avent à Saint-Jacques la Boucherie; le carême de 1672 à Saint-Barthélemy; en 1673, le carême à Saint-Paul et l'avent à Saint-Germain l'Auxerrois; le carême à Saint-Merry et l'avent aux religieuses carmélites de la rue Chapon en 1674; l'avent de 1677 aux Prémontrés de la rue Hautefeuille; l'avent de 1679 à Saint-Benoît et à l'hôpital de la Charité; le carême de 1680 à Saint-Roch. Il était docteur de Sorbonne, et avait les titres de conseiller, aumônier et prédicateur du Roi.

VIII

Page 226, n° 12. — *La morale douce et relâchée*.... (1687.)

Clef de 1696 : « L'abbé Boileau. » — Clefs du dix-huitième siècle : « L'abbé Boileau et l'abbé Fléchier. »

IX

Pages 226 et 227, n° 13. — *L'on peut faire ce reproche*.... (1689.)

Clefs diverses : « Contre les oraisons funèbres. »

Il s'en est trouvé quelques-uns....

Annotation de toutes les clefs, sauf quelques différences de rédaction : « L'abbé de Roquette, neveu de l'évêque d'Autun, devant prêcher le sermon de la Cène en présence du Roi, avoit composé un discours tout à la louange de ce prince; mais Sa Majesté ne pouvant s'y trouver, l'abbé n'osa prononcer un discours où il étoit parlé beaucoup du Roi et peu de Dieu. »

Cette mésaventure de l'abbé de Roquette est parfaitement authentique. Le jeudi saint, 15 avril 1688, Louis XIV, retenu par la goutte, ne put assister à la cérémonie de la Cène : l'abbé de Roquette, « qui s'étoit préparé à prêcher devant le Roi, dit Dangeau, s'excusa, » et la cérémonie s'accomplit sans qu'il y eût de sermon (*Journal*, tome II, p. 130; sur cet abbé, voyez de plus, au même tome, p. 369).

Le manuscrit Cochin confond à tort cet abbé et son oncle Gabriel de Roquette, évêque d'Autun[1], auprès duquel il vivait, dans l'espoir d'obtenir sa coadjutorerie. « L'abbé Roquette, dit Saint-Simon (tome V, p. 347 et 348), avec ses sermons, son intrigue, ses cheveux blancs et tant d'espérance, n'a pu parvenir à l'épiscopat. Il a fini chez Mme la princesse de Conti, fille de Monsieur le Prince, dont il se fit aumônier, et son frère son écuyer. »

1. Voyez tome I, p. 539 et 540, note IV.

X

Page 227, n° 14. — *Théodule a moins réussi....* (1687.)

Clefs du dix-huitième siècle : « L'abbé Fléchier. » — Clefs manuscrites : « L'abbé Anselme [1]. »

Sur l'abbé Anselme, qui avait prêché en 1686 à Versailles, et dont le nom, aussi bien que celui de Fléchier, vient ici mal à propos, voyez ci-dessus, p. 416, note III.

XI

Page 227, n° 16. — *Si vous êtes d'une certaine qualité....* (1687.)

Clefs de l'exemplaire de M. Danyau : « L'abbé d'Étampes et autres. »

Théodat a été payé....

Même clef et autres clefs manuscrites : « M. de la Broue, évêque de Mirepoix. »

Pierre de la Broue, « ami et créature de Monsieur de Meaux, » c'est-à-dire de Bossuet, suivant l'abbé Phelipeaux, a été nommé en 1679 à l'évêché de Mirepoix. « Ce prélat, ajoute Phelipeaux (*Relation sur l'origine... du Quiétisme*, p. 34), avoit prêché avec réputation; il étoit bon théologien, et avoit du goût pour les belles-lettres; il étoit d'un naturel doux et modeste.... » Il eût désiré être nommé précepteur du duc de Bourgogne; mais Fénelon l'emporta sur lui. Il mourut dans son diocèse en 1720, âgé de soixante-dix-sept ans.

XII

Page 228, n° 18. — *Le nom de ce panégyriste semble gémir....* (1687.)

Clef manuscrite : « L'abbé de Jarry. »

Laurent Juilhard du Jarry, prédicateur et poëte, prêtre prieur de Notre-Dame du Jarry, né en 1658, mort en 1730, a laissé plusieurs volumes de sermons, de panégyriques et d'oraisons funèbres, et un ouvrage sur le *Ministère évangélique* (1726). Il n'avait encore composé, si je ne me trompe, qu'une seule oraison funèbre qui eût été imprimée, celle du grand Condé, prononcée en l'abbaye de Maubuisson le 3 mai 1687. Il fit en 1690 celles de la Dauphine,

---

1. Les sermons d'Antoine Anselme (1652-1737) ont été imprimés en 1721.

Marie-Anne-Christine de Bavière, et du duc de Montausier; en 1712 celles du grand Dauphin et de sa femme.

Cette réflexion lui a été, ce nous semble, très-injustement appliquée; car sur le titre de l'*Oraison funèbre du prince de Condé*, il s'est simplement nommé : « M. l'abbé du Jarry, » sans autres qualités.

.... *De vastes affiches qui....*

Brillon, après la Bruyère, s'est plaint des moyens auxquels recouraient les prédicateurs, et aussi les marguilliers de chaque paroisse, pour attirer la foule aux sermons de l'avent ou du carême :

« Ne dites point, écrit-il dans son *Théophraste moderne* (p. 340 et 341), qu'il y a de l'injustice à s'élever contre l'ambition du ministère évangélique : tout nous y porte. Une liste publiquement criée prévient en faveur du ministre; une affiche, répandue et multipliée sur les portiques du temple, contient son éloge; le ministre lui-même, à la fin d'un discours fleuri, invite agréablement ses auditeurs a le venir entendre. Usages vains et orgueilleux!... »

Cette « liste publiquement criée[1], » c'est celle où l'on a réuni, aux approches de chaque carême et de chaque avent, le tableau de tous les prédicateurs engagés par chaque fabrique : lorsqu'une église n'est pas en mesure de donner d'avance les noms de tous les orateurs qu'elle a soin de promettre « d'illustres prédicateurs. » La Bibliothèque impériale possède une collection de ces listes, réunies en deux volumes : voyez ci-dessus, p. 389, note XII, l'indication du premier.

Les églises, de plus, avaient soin de faire imprimer des affiches où le dénombrement des titres et des dignités des prédicateurs annoncés se faisait plus longuement que sur le tableau général : ce sont les « vastes affiches » dont parle la Bruyère, et qu'il nous montre distribuées ou collées de tous côtés, tandis que Brillon se contente de les multiplier « sur les portiques[2]. »

Les panégyriques étaient souvent d'excellentes occasions de se faire apprécier : « Certains panégyriques *où accourent les connoisseurs*, des vêtures, des professions, me mirent en vogue de bonne heure, » dit le Gendre dans ses *Mémoires* (p. 7 et 8).

---

1. Il en est aussi question dans un autre passage du *Théophraste moderne* (p. 340) : « De riches offres, » dit Brillon à la suite d'un morceau cité plus haut (p. 420, note IV), « le consolent du chagrin de n'avoir qu'un très-simple auditoire : il espère que la liste le rendra célèbre, et qu'à force d'être annoncé aux grands, il n'y aura point de place dans l'église pour les paroissiens, ni même dans l'œuvre pour les marguilliers. »

2. Brillon parle encore de ces affiches dans le même ouvrage, p. 355 et 356.

XIII

Pages 229 et 230, n° 23. — *Tel tout d'un coup, et sans y avoir pensé la veille....* (1692.)

Clef de 1696 et clefs suivantes : « Le sieur Gédéon Pontier, auteur du *Cabinet des Princes*. »

Dans *la Comédie de la Bruyère*, M. Fournier a démontré par un heureux rapprochement que les auteurs des clefs ont ici rencontré le nom véritable de *Dioscore*, ou du moins de l'un des *Dioscore* qui ont posé devant la Bruyère. Nous citons M. Fournier (tome II, p. 292 et 293) :

« Ils ont joint les lettres avec les armes, et ont une belle biblio-
« thèque, où il y a des manuscrits rares, grecs et latins. Le père et
« le fils sont des bibliothèques vivantes. » C'est Gédéon Pontier qui parle ainsi du grand Condé et de son fils, dans son bizarre ouvrage, *le Cabinet des Grands*[1]. Il n'eut pas le profit de son éloge. Ayant dit ailleurs[2], à propos de Paris : « L'agréable fleuve de la Seine passe
« par le milieu, et ne fait que serpenter à sa sortie comme s'il avoit
« de la peine à le quitter, » la Bruyère saisit la phrase au bond pour en faire un des ridicules de son *Dioscore*, dont il dit : « Il écriroit
« volontiers que la Seine coule à Paris[3]. »

XIV

Page 235, n° 29. — *Il me semble qu'un prédicateur devroit....
abandonner toutes ces divisions....* (1689)

Clefs du dix-huitième siècle : « Le P. de la Rue, jésuite. »

« Le P. de la Rue[4] étoit un bon humaniste, dit l'abbé le Gendre (p. 20); il avoit régenté la rhétorique avec éclat. Cette haute répu-

---

1. 1681, in-12, tome I, p. 191.
2. *Ibidem*, p. 111 et 112.
3. « Tout le monde, dans ce trait, reconnut Gédéon Pontier. » (Camusat, *Histoire critique des journaux*, tome II, p. 36 et 37. Voyez aussi les *Pièces fugitives d'histoire et de littérature*, 1704, in-12, 3ᵉ partie, p. 517.) — (*Note de M. Fournier.*)
4. Charles de la Rue (1643-1725) avait déjà prêché l'avent de 1678 et l'avent de 1684 au couvent des jésuites; le carême de 1686 à Saint-Eustache; l'avent de la même année à Saint-Sulpice; l'avent de 1687 devant le Roi, etc. On a de lui quatre volumes de sermons, et quatre volumes de panégyriques ou d'oraisons funèbres.

tation qu'il s'étoit acquise au collége déclina insensiblement quand il se fut mis à prêcher. Les connoisseurs ne le trouvèrent pas à beaucoup près aussi éloquent en françois qu'il l'avoit paru en latin. Il ne laissa pas de faire du bruit et de se soutenir, tant par la prévention que l'on avoit en sa faveur que par les intrigues de sa compagnie, celles de ses amis et les grandes louanges qu'ils lui donnèrent. Sa physionomie d'honnête homme, sa voix forte, quoique un peu rude, et sa science, attiroient grand monde à l'entendre. Lorsqu'il se fut avisé d'imprimer ses sermons, croyant se mettre par là sur la ligne du P. Bourdaloue, on les trouva si ordinaires qu'on eut honte de les avoir applaudis. »

DES ESPRITS FORTS.

I

Pages 238 et 239, n° 4. — *Quelques-uns achèvent de se corrompre....*
(1690.)

La Bruyère ne pensait-il pas à François Bernier, le célèbre voyageur, qui après avoir publié ses *Voyages* (1670 et 1671), fit paraître en 1678 un *Abrégé de la philosophie de Gassendi*, bientôt suivi (1682) de ses *Doutes sur quelques chapitres de l'Abrégé de la philosophie de Gassendi?*

Bernier était mort en 1688. Il avait visité en 1654 l'Assyrie, l'Égypte et l'Inde, et il était resté douze ans auprès du Grand Mogol.

II

Page 240, n° 8. — *Toute plaisanterie dans un homme mourant...* (1687.)

Clefs des éditions Coste : « M. le comte d'Olonne dit au lit de la mort, quand on vint l'avertir que M. de Cornouaille, vicaire de Saint-Eustache, entroit pour le confesser : « Serai-je encornaillé « jusqu'à la mort ? »

Le comte d'Olonne reçut les derniers sacrements le 18 janvier 1686 et mourut le 3 février. L'auteur des *Jeux d'esprit et de mémoire* (1694, p. 27), J. Brodeau, prétend avoir entendu conter cette anecdote à

Chantilly devant Condé, alors que d'Olonne vivait encore. La Bruyère n'assistait pas à la conversation; mais il dut entendre répéter, soit à Versailles, soit à Chantilly, la méchante plaisanterie que l'on prêtait à d'Olonne. Dans les *Jeux d'esprit*, le président de Champlâtreux fait à Condé le récit qui suit :

« Je crois que Votre Altesse, dit le président, sait que le comte de .... est à l'extrémité et abandonné des médecins ; vous savez avec toute la cour qu'il est du nombre de ceux à qui leur femme ne leur a pas gardé longtemps la fidélité. Comme ce malade a connu le péril de son mal, il envoya prier Monsieur le curé de Saint-Eustache, son pasteur, de vouloir bien avoir la bonté de lui venir administrer les sacrements de l'Église. Ce curé, se trouvant incommodé, envoya à sa place M. de Cornouaille, son vicaire, qui fit au malade le compliment dont il étoit chargé; ce malade demanda au vicaire comment il s'appeloit : il lui dit que son nom étoit *Cornouaille, à son service;* le comte répondit : « Ah! mon Dieu! des « cornes peuvent-elles servir de quelque chose à un honnête homme? « c'est la grandeur des miennes qui m'accablent, et me font mourir « de chagrin de les porter. »

« Il existe, dit Walckenaer (*Remarques*, etc., p. 751), un petit ouvrage de Deslandes, sur les *Grands hommes qui sont morts en plaisantant*[1], auquel la Bruyère fait probablement allusion dans ce caractère. » Cette conjecture est inadmissible, André-François Boureau Deslandes étant né en 1690, et ayant fait paraître ce volume en 1712.

III

Page 243, n° 18. — *Un grand croit s'évanouir....* (1692.)

Clef de 1696 : « *Un grand*, M. de Louvois. — *Un autre grand*, M. de Seignelay. » — Clefs des éditions Coste : « Feu M. de la Feuillade, M. de Louvois ou M. de Seignelay. »

IV

Page 247, n° 26. — *Deux sortes de gens fleurissent.... Une troupe de masques entre dans un bal....* (1694.)

« Ceux qui ont la conduite du bal, dit Compan dans son *Dictionnaire de la Danse* (p. 24 et 25), doivent être attentifs que chacun

---

[1]. *Reflexions sur les grands hommes, etc.*, Amsterdam, 1712. Ce livre a été plusieurs fois réimprimé.

danse à son tour, afin d'éviter la confusion et le mécontentement. Lorsqu'il arrive des masques, il faut les faire danser les premiers, pour qu'ils puissent prendre de suite ceux de leur compagnie. »

Il était d'usage que les masques fussent reçus dans un bal, dès qu'ils s'y présentaient. Grâce à la règle de politesse qui faisait inviter immédiatement l'un des masques ainsi introduits, il leur était facile de prendre la danse pour eux seuls, dans le menuet particulièrement, qui se dansait à deux, et où danseurs et danseuses se succédaient, choisis par la personne qui avait la main : c'est-à-dire la danseuse du second menuet par le danseur du premier menuet, qui dansait encore le second; le danseur du troisième par la danseuse du second, qui dansait encore le troisième; et ainsi de suite. On trouvera dans le *Dictionnaire* de Compan (p. 22-24) les règles d'étiquette ou de bon goût que l'on devait suivre pour les invitations, et dans les *Mémoires* de Saint-Simon (tome II, p. 65 et p. 378 et 379) deux passages qui peuvent servir de commentaire aux explications de Compan et à la scène décrite par la Bruyère.

Une troupe de danseurs inconnus, même non masqués, qui serait accourue, ainsi que les usages le permettaient, à l'assemblée où quelque bourgeois galant donnait les violons, eût pu de même empêcher quelque temps les gens du bal de danser; mais le masque donnait des immunités particulières et rendait plus facile la prolongation de ce mauvais tour.

Il arrivait parfois à des sociétés rivales, à des cabales, d'essayer de s'exclure de la danse les unes les autres. En voici pour preuve un passage des *Mémoires* de Mademoiselle de Montpensier (tome I, p. 44, édition de M. Cheruel) :

« Je fus encore aux assemblées et aux comédies que Mme la comtesse de Soissons faisoit donner : ce n'étoit plus à l'hôtel de Brissac, c'étoit à l'hôtel de Créqui. Madame la Princesse, à son imitation, en faisoit à l'hôtel de Ventadour. Il y avoit dans Paris des brigues perpétuelles pour ces deux assemblées, à qui s'attireroit plus de gens, c'est-à-dire plus d'hommes ; quant aux femmes, le nombre en étoit toujours réglé. Nous n'avions point de plus grand divertissement que lorsqu'il venoit quelqu'un de ceux de l'hôtel de Ventadour, comme MM. de Beaufort, Coligny, Saint-Mesgrin, que je nomme comme les tenants de l'assemblée et les plus galants qui donnoient les comédies et les violons. Quand ils venoient à l'hôtel de Créqui, nous nous donnions le mot l'une à l'autre pour ne les point faire danser.... S'il y avoit quelques grandes assemblées où toutes nos deux bandes fussent mêlées, c'étoient des intrigues inconcevables pour s'empêcher de danser les unes les autres : c'étoient là nos affaires d'État et nos occupations. »

V

Page 248, n° 29. — *Si l'on nous assuroit que le motif secret de l'ambassade des Siamois...* (1687.)

L'ambassade des Siamois dont il s'agit est certainement celle qui était arrivée en France à la fin de 1686, et à laquelle la Bruyère a déjà fait allusion (voyez ci-dessus, p. 88, n° 22). Suivant les clefs imprimées cependant (s'il n'y a pas de faute d'impression dans le dernier chiffre de l'année qu'elles indiquent), il serait question de l'ambassade envoyée en « 1680; » mais celle qui partit de Siam vers cette époque périt en mer : on apprit sa perte à Versailles, en 1684, par le récit de Siamois qui vinrent à la cour et furent reçus par les ministres. Cette première ambassade siamoise eut toutefois pour résultat l'envoi dans le royaume de Siam d'une ambassade française, qui avait pour mission d'obtenir la conversion du Roi au catholicisme. Le chevalier de Chaumont en était le chef, et l'abbé de Choisy était « son coadjuteur, » comme le disait Louis XIV [1]. — Voyez sur la réponse que l'on prêtait au roi de Siam, recevant l'ambassade de Louis XIV, la *Correspondance de Madame, duchesse d'Orléans*, tome I, p. 94.

1. *Mémoires* de Choisy, collection Petitot, tome LXIII, p. 321.

DISCOURS
PRONONCÉ DANS
L'ACADÉMIE FRANÇOISE
PAR LA BRUYÈRE
LE 15 JUIN 1693
JOUR DE SA RÉCEPTION

NOTICE.

La Bruyère avait jugé sévèrement dans ses *Caractères* le *Mercure galant*[1], et s'était ainsi fait un ennemi du rédacteur de cette gazette, Donneau de Visé. Son *Discours* à l'Académie, où il semblait sacrifier la gloire de Corneille à celle de Racine, avait blessé Thomas Corneille, associé de Visé depuis quelques années, et Fontenelle, neveu des deux Corneille et ami du *Mercure*. De là les injurieuses critiques qui furent faites de son livre et de son *Discours* dans l'article où le *Mercure* rendit compte de sa réception à l'Académie[2].

Tandis que l'on y comblait d'éloges l'abbé Bignon, reçu le même jour à l'Académie, on y accusait la Bruyère d'avoir « voulu faire réussir son livre à force de dire du mal de son prochain, » d'avoir mis à profit « le desir empressé qu'on a de voir le mal que l'on dit d'une infinité de personnes distinguées, » d'avoir « calomnié toute la terre, » et obtenu son admission à l'Académie « par les plus fortes brigues qui aient jamais été faites. » Son livre, disait-on, était un « amas d'invectives. » Quant à son *Discours*, on déclarait que « toute l'assemblée » avait « jugé qu'il étoit *directement au-dessous de rien.* » C'était retourner contre lui les termes dont il s'était servi à l'égard du *Mercure*.

L'article du *Mercure* ne fut point la seule vengeance des ennemis de la Bruyère : on le chansonna, et avec lui Racine et Regnier Desmarais, qui avaient soutenu sa candidature. Article et chansons, nous donnerons ces documents dans les *Pièces justificatives*.

1. Voyez tome I, p. 132 et 133, n° 46.
2. *Mercure galant* de juin 1693, p. 259 et suivantes.

La *Préface* du *Discours* de la Bruyère répond tout à la fois à la diatribe du *Mercure*, aux méchants propos de ses adversaires, les *Théobaldes*, et même un peu aux chansons. Les *Théobaldes*, nous les avons déjà nommés, du moins les principaux : *Théobalde* est Fontenelle ; les *Théobaldes*, Fontenelle, Thomas Corneille et Visé. « Il est évident, dit justement l'abbé Trublet dans ses *Mémoires* sur Fontenelle (p. 225), qu'en plus d'un endroit l'auteur (*de la Préface*) a en vue M. de Fontenelle, aussi bien que M. de Visé et Thomas Corneille[1]. »

Les *Théobaldes* n'étaient pas les seuls mécontents : « Il est vrai, dit l'abbé d'Olivet[2], que le discours de la Bruyère déplut beaucoup. Ceux même qu'il avoit le plus loués s'en plaignirent, par considération pour ceux qu'il avoit laissés dans l'oubli. » Tel est le souvenir que d'Olivet recueillait au dix-huitième siècle, et les lettres que, peu de jours après la séance, Bourdelot et Galland écrivaient à l'abbé Nicaise[3] montrent que d'Olivet était bien renseigné : « Vous aurez appris, dit Bourdelot, la réception à l'Académie de M. l'abbé Bignon, qui fit assez bien, et de M. de la Bruyère, auteur des *Caractères*, qui fit très-mal, à ce que tout le monde dit. »

Entre autres accusations, les critiques de la Bruyère prétendaient voir une allusion satirique dans le quatrième alinéa :

1. « Dans son discours, dit encore l'abbé Trublet (p. 225), M. de la Bruyère loua, peignit et caractérisa parfaitement bien tous ceux des académiciens qui avoient alors quelque réputation. Il n'y a pas un mot pour M. de Fontenelle. Cependant, je le répète, ce discours fut prononcé en 1693, et dès lors M. de Fontenelle avoit fait ses *Dialogues*, ses *Églogues*, l'*Histoire des oracles*, la *Pluralité des mondes*, etc. Dans le temps ce silence fit peut-être quelque tort à M. de Fontenelle ; aujourd'hui il n'en peut faire qu'à M. de la Bruyère. » Ainsi donc, s'il faut voir en Trublet l'interprète fidèle des rancunes de son oncle, Fontenelle ajoutait un grief personnel à celui qu'il tirait du parallèle de Corneille et de Racine. A la vérité, Fontenelle n'a pas eu son *caractère* dans le *Discours*, mais il est inexact de dire qu'il n'y ait pas un mot pour lui : voyez ci-après, p. 465.

2. *Catalogue de la vente des autographes de M. Parison* (1864), p. 68, n° 491, lettre du 16 mars 1736.

3. *Lettres* du 24 et du 26 juin 1693 (Bibliothèque impériale, Manuscrits, *Fonds français*, n° 9360, lettre 83, n° 9363, lettre 90).
— Voyez toutefois ci-après, p. 452, note 4.

« Comparez-vous, si vous l'osez, au grand Richelieu, hommes dévoués à la fortune, qui par le succès de vos affaires particulières, vous jugez dignes que l'on vous confie les affaires publiques ; qui vous donnez pour des génies heureux et pour de bonnes têtes ; qui dites que vous ne savez rien, que vous n'avez jamais lu, que vous ne lirez point.... » Nous ne saurions dire à qui l'on faisait les « applications délicates et dangereuses » dont se plaint la Bruyère dans la *Préface*[1]. Serait-ce à Louvois ? Les auteurs des clefs le nomment en regard d'une remarque datée de 1689, où la Bruyère parle des *bonnes têtes* et des *fermes génies* qui ne lisent jamais (voyez ci-dessus, p. 33 et 34, n° 67) ; mais lors même que la remarque de 1689 serait une allusion à Louvois (et la conjecture des clefs est peu vraisemblable devant l'explication toute naturelle que l'auteur donne ici d'une réflexion du même genre), comment admettre que cinq ans plus tard, et trois ans après la mort de Louvois, la Bruyère vienne répéter la même accusation en présence de l'Académie ? Ne cherchons pas, à défaut de Louvois, de quel autre homme d'État il peut être question. A notre avis, il ne faut voir dans cette apostrophe qu'une protestation faite au nom de la littérature contre les dédains des gens d'affaires.

Sans anticiper sur les détails que contient la *Préface* du *Discours*, sans revenir sur ceux que donne la *Notice biographique*, rappelons seulement que l'Académie refusa d'accéder au désir de ceux qui voulaient qu'elle empêchât la Bruyère de publier son discours *in extenso*, suivant l'usage académique : le parallèle de Corneille et de Racine, qui était le passage dont l'on demandait la suppression, fut imprimé sans changement dans l'édition qui parut en juillet 1693, chez Coignard, libraire de l'Académie[2], aussi bien que dans celle que Michallet, libraire de la Bruyère, mit en vente la même an-

1. Voyez ci-après, p. 448, et p. 458 et 459.
2. *Discours prononcés dans l'Académie françoise à la réception de M. l'abbé Bignon et de M. de la Bruyère, le lundi quinzième juin MDCLXXXXIII.* Paris, veuve J. B. Coignard et J. B. Coignard fils, 1693, in-4°. — Cinq ans plus tard, la même librairie réimprima le *Discours* de la Bruyère dans le *Recueil des harangues prononcées par Messieurs de l'Académie françoise*, Paris, 1698 (p. 638-648). — C'est

née[1]. L'une et l'autre de ces éditions donnaient le discours sans aucun commentaire. La *Préface* ne parut qu'en 1694, dans la 8ᵉ édition des *Caractères*, c'est-à-dire dans la première réimpression qui en ait été faite après la réception de la Bruyère à l'Académie.

Le *Mercure* avait menacé la Bruyère d'une réplique terrible s'il répondait à ses attaques : il garda néanmoins le silence sur la *Préface* du *Discours*. Cette *Préface*, au surplus, ne modifia point le sentiment général. Aux citations déjà faites, qui montrent combien le *Discours* eut peu de succès, nous pouvons encore ajouter le témoignage de l'abbé Trublet, témoignage impartial, car, bien que neveu de Fontenelle, Trublet parle avec estime de la Bruyère, et même il juge favorablement son *Discours* : « En général, dit-il (*Mémoires* sur Fontenelle, p. 223 et 224), ce discours, quoique très-beau, fut peu goûté lorsqu'il fut prononcé. Il ne s'est même pas relevé à la lecture, pas même auprès de la génération présente, et j'entends encore tous les jours citer la Bruyère lorsqu'on parle d'académiciens célèbres par d'excellents ouvrages et qui pourtant n'ont fait à leur réception qu'un discours médiocre ou même mauvais. Je suis bien éloigné, ajoute Trublet, de penser ainsi de celui de la Bruyère. Je n'en connois guère d'aussi beaux, et je n'ai point craint de le dire plus d'une fois à M. de Fontenelle même. J'avoue qu'il n'étoit pas de mon avis ; mais il avoit ses raisons, ou plutôt ses motifs. »

Nous publions la *Préface* et le *Discours* d'après le texte de la 9ᵉ édition des *Caractères*, et nous donnons dans les notes les variantes, peu importantes d'ailleurs, qu'offrent la 8ᵉ édition pour la *Préface* et le *Discours*, et de plus, pour le *Discours*, les éditions détachées de Coignard et de Michallet.

à la première édition du *Discours*, à celle de 1693, que nous renvoyons, quand nous citons dans les notes l'édition Coignard.

1. *Discours prononcé dans l'Académie françoise, par M. de la Bruyère, le lundi quinzième juin* M.DC.XCIII, *jour de sa réception*, Paris, Michallet, 1693, in-4°. — C'est cette édition que nous désignons dans les notes par les mots : « édition Michallet. »

PRÉFACE.

Ceux qui interrogés sur le discours que je fis à l'Académie françoise le jour que j'eus l'honneur d'y être reçu, ont dit sèchement que j'avois fait des caractères, croyant le blâmer, en ont donné l'idée la plus avantageuse que je pouvois moi-même desirer; car le public ayant approuvé ce genre d'écrire où je me suis appliqué depuis quelques années, c'étoit le prévenir en ma faveur que de faire une telle réponse. Il ne restoit plus que de savoir si je n'aurois pas dû renoncer aux caractères dans le discours dont il s'agissoit; et cette question s'évanouit dès qu'on sait que l'usage a prévalu qu'un nouvel académicien compose celui qu'il doit prononcer, le jour de sa réception, de l'éloge du Roi, de ceux du cardinal de Richelieu, du chancelier Seguier, de la personne à qui il succède, et de l'Académie françoise. De ces cinq éloges, il y en a quatre de personnels; or je demande à mes censeurs qu'ils me posent si bien la différence qu'il y a des éloges personnels aux caractères qui louent, que je la puisse sentir, et avouer ma faute. Si chargé de faire quelque autre harangue, je retombe encore dans des peintures, c'est alors qu'on pourra écouter leur critique, et peut-être me condamner; je dis peut-être, puisque les caractères, ou du moins les images des choses et des personnes, sont inévitables dans l'oraison, que tout écrivain est peintre, et tout excellent écrivain excellent peintre.

J'avoue que j'ai ajouté à ces tableaux, qui étoient de commande, les louanges de chacun des hommes illustres qui composent l'Académie françoise; et ils ont dû me le pardonner, s'ils ont fait attention qu'autant pour ménager leur pudeur que pour éviter les caractères, je me suis abstenu de toucher à leurs personnes, pour ne parler que de leurs ouvrages, dont j'ai fait des éloges publics[1] plus ou moins étendus, selon que les sujets qu'ils y ont traités pouvoient l'exiger. — J'ai loué des académiciens encore vivants, disent quelques-uns. — Il est vrai; mais je les ai loués tous: qui d'entre eux auroit une raison de se plaindre? — C'est une coutume[2] toute nouvelle, ajoutent-ils, et qui n'avoit point encore eu d'exemple. — Je veux en convenir, et que j'ai pris soin de m'écarter des lieux communs et des phrases proverbiales usées depuis si longtemps, pour avoir servi à un nombre infini de pareils discours depuis la naissance de l'Académie françoise. M'étoit-il donc si difficile de faire entrer Rome et Athènes, le Lycée et le Portique, dans l'éloge de cette savante compagnie[3]? *Être au comble de ses vœux de se voir académicien; protester que ce jour où l'on jouit pour la première fois d'un si rare bonheur est le jour le plus beau de sa vie*[4]; *douter si cet honneur qu'on vient de rece-*

---

1. Var. (édit. 8) : des éloges critiques.
2. Var. (édit. 8) : C'est une conduite.
3. La plupart des récipiendaires parlaient en effet de Rome et d'Athènes; et le jour même où la Bruyère avait prononcé son discours, on avait entendu l'abbé Bignon, reçu comme lui le 15 juin 1693, s'écrier : « Désormais je me verrai assis au milieu de cette élite de savants, nouveaux héros de l'empire des lettres, qui font revivre en nos jours ce qu'Athènes et Rome ont eu de plus merveilleux. » Dans la réponse aux discours de Bignon et de la Bruyère, Charpentier avait fait aussi intervenir les Grecs et les Romains.
4. « Voici le jour heureux où il m'est permis d'entrer dans le temple de Minerve.... Jour plein de gloire! jour remarquable entre tous les jours de ma vie! » (*Discours de réception de l'abbé Testu de*

voir est une chose vraie ou qu'on ait songée[1]; espérer de puiser désormais à la source les plus pures eaux de l'éloquence françoise[2]; n'avoir accepté, n'avoir desiré une telle place que pour profiter des lumières de tant de personnes si éclairées[3]; promettre que tout indigne de leur choix qu'on se reconnoît, on s'efforcera de s'en rendre digne[4] : cent autres formules de pareils compliments

Mauroy, 8 mars 1688.) — « Permettez-moi, en ce jour le plus beau de ma vie, de ne penser qu'à ce qui peut exciter mon courage et redoubler ma joie. » (*Discours de réception de Pavillon*, 17 décembre 1691.)

1. « Je doute si je veille ou si je dors, et si ce n'est point ici un de ces beaux songes qui sans nous faire quitter la terre, nous persuadent que nous sommes dans le ciel. » (*Discours prononcé par Pellisson*, lorsque l'Académie lui donna le droit d'assister à ses séances et d'y opiner, en lui promettant la première place vacante, 30 décembre 1652.) — « L'honneur que je reçois aujourd'hui est quelque chose pour moi de si grand, de si extraordinaire, de si peu attendu..., que dans le moment même où je vous en fais mes remerciements, je ne sais encore ce que je dois croire. Est-il possible, est-il bien vrai que vous m'avez en effet jugé digne d'être admis dans cette illustre Compagnie?... » (*Discours de réception de Boileau Despréaux*, 3 juillet 1684.)

2. « .... Si le public doit tirer tant d'avantages de vos savantes leçons, que n'en doivent point attendre ceux qui, étant reçus dans ces conférences où vous répandez vos lumières si abondamment, peuvent les puiser jusque dans leur source? » (*Discours de réception de Thomas Corneille*, 2 janvier 1685.)

3. « .... Aussi n'ai-je souhaité d'obtenir la grâce que vous m'accordez que pour acquérir parmi vous la perfection qui me manque, et les lumières dont j'ai besoin. » (*Discours de réception de Quinault*, 1670.) — « .... Ainsi, Messieurs, il n'y a point d'esprit si obscur qui ne s'éclaire à vos lumières.... Que j'avois d'impatience d'être en état de profiter de ces belles instructions ! » (*Discours de réception de l'abbé de Montigny*, depuis évêque de Léon, janvier 1670.) — Combien d'autres encore parlent des lumières de l'Académie ! Mais s'il est rare que les récipiendaires omettent de parler des lumières de l'Académie, ou des savants éclairés qui la composent, nous n'en connaissons pas qui ait réuni les deux expressions dans la même phrase.

4. « Pour moi, Messieurs, je m'efforcerai, avec le secours de vos

sont-elles si rares et si peu connues que je n'eusse pu les trouver, les placer, et en mériter des applaudissements ?

Parce donc que j'ai cru que quoi que l'envie et l'injustice publient de l'Académie françoise, quoi qu'elles veuillent dire de son âge d'or et de sa décadence, elle n'a jamais, depuis son établissement, rassemblé un si grand nombre de personnages illustres pour[1] toutes sortes de talents et en tout genre d'érudition, qu'il est facile aujourd'hui d'y en remarquer; et que dans cette prévention où je suis, je n'ai pas espéré que cette Compagnie pût être une autre fois plus belle à peindre, ni prise dans un jour plus favorable, et que je me suis servi de l'occasion, ai-je rien fait qui doive m'attirer les moindres reproches ? Cicéron a pu louer impunément Brutus, César, Pompée, Marcellus, qui étoient vivants, qui étoient présents : il les a loués plusieurs fois; il les a loués seuls dans le sénat, souvent en présence de leurs ennemis, toujours devant une compagnie jalouse de leur mérite, et qui avoit bien d'autres délicatesses de politique sur

---

doctes conférences, de vous suivre de loin et de mériter avec le temps la place qu'il vous a plu me donner aujourd'hui dans cette illustre Compagnie. » (*Discours de réception de Perrault*, 23 novembre 1671.) — « Je sais bien, Messieurs, qu'en me recevant parmi vous, vous ne m'avez pas rendu digne de vous.... Animé par votre présence, ravi de l'honneur que je reçois, j'oublie ma foiblesse dans ce glorieux moment, et j'ose même espérer de marcher un jour sur vos traces, quand vos lumières, votre exemple et vos leçons m'auront donné assez de force pour vous suivre. » (*Discours de Pavillon*, déjà cité.) — Cette phrase est presque toujours, sous une forme ou sous une autre, la péroraison des récipiendaires, avant la Bruyère. L'abbé Bignon avait dit, dans le cours de sa harangue, quelques minutes avant que la Bruyère prît la parole : « C'est en ces lieux où je me vois admis que je puise, pour la perfection des beaux-arts, l'esprit qui les anime, les trésors qui les enrichissent, des lumières fécondes, etc. »

1. VAR. (édit. 8) : par.

PRÉFACE.
441

la vertu des grands hommes que n'en sauroit avoir l'Académie françoise. J'ai loué les académiciens, je les ai loués tous, et ce n'a pas été impunément : que me seroit-il arrivé si je les avois blâmés tous?

Je viens d'entendre, a dit Théobalde[1], *une grande vilaine harangue qui m'a fait bâiller vingt fois, et qui m'a ennuyé à la mort.* Voilà ce qu'il a dit, et voilà ensuite ce qu'il a fait, lui et peu d'autres qui ont cru devoir entrer dans les mêmes intérêts. Ils partirent pour la cour le lendemain de la prononciation de ma harangue; ils allèrent de maisons en maisons; ils dirent aux personnes auprès de qui ils ont accès que je leur avois balbutié[2] la veille un discours où il n'y avoit ni style ni sens commun, qui étoit rempli d'extravagances, et une vraie satire. Revenus à Paris, ils se cantonnèrent en divers quartiers, où ils répandirent tant de venin contre moi,

---

1. Le *Théobalde* du chapitre *de la Conversation et de la Société*, avons-nous dit*, est Benserade; mais il ne s'agit plus de Benserade, mort depuis trois ans. *Théobalde* est maintenant Fontenelle, que dans l'édition même où il publiait cette préface, la Bruyère raillait déjà sous le nom de *Cydias***. Il ne pouvait répéter ici le même surnom sans confesser publiquement que le caractère de *Cydias* était le portrait satirique de Fontenelle. S'il ne voulait dire qui était *Cydias*, il ne devait pas, en effet, avertir les lecteurs que *Cydias* était le même personnage que le « chef des mécontents*** » dont il repousse les attaques, et qui était connu de toute l'Académie, de beaucoup de gens de la cour et d'une partie de la ville.

2. Nous trouvons dans une clef manuscrite le souvenir d'un méchant propos sur la manière dont la Bruyère prononça son discours. En marge de la remarque 100 du chapitre *des Jugements* (voyez ci-dessus, p. 119), un annotateur a écrit : « L'auteur s'attaque lui-même. Il manqua trois fois dans le discours qu'il prononça à l'Académie le jour de sa réception. » Étrange accusation, puisque la Bruyère lisait son discours, comme le faisaient tous les récipiendaires!

* Voyez tome I, p. 237, n° 66, et p. 473 et 474, note XVI.
** *Ibidem*, p. 241, n° 75, et p. 474-477, note XVIII.
*** Voyez ci-après, p. 451, ligne 16.

s'acharnèrent si fort à diffamer cette harangue, soit dans leurs conversations, soit dans les lettres qu'ils écrivirent à leurs amis dans les provinces, en dirent tant de mal, et le persuadèrent si fortement à qui ne l'avoit pas entendue, qu'ils crurent pouvoir insinuer au public, ou que les *Caractères* faits de la même main étoient mauvais, ou que s'ils étoient bons, je n'en étois pas l'auteur, mais qu'une femme de mes amies m'avoit fourni ce qu'il y avoit de plus supportable[1]. Ils prononcèrent aussi que je n'étois pas capable de faire rien de suivi, pas même la moindre préface : tant ils estimoient impraticable à un homme même qui est dans l'habitude de penser, et d'écrire ce qu'il pense, l'art de lier ses pensées et de faire des transitions[2].

Ils firent plus : violant les lois de l'Académie françoise, qui défend aux académiciens d'écrire ou de faire écrire contre leurs confrères, ils lâchèrent sur moi deux auteurs associés à une même gazette[3] ; ils les animèrent, non

---

1. Nous ne connaissons jusqu'ici que deux des amies de la Bruyère : l'une est Mme de Belleforière ; l'autre, Mme d'Aligre de Boislandry, qui n'était sans doute pas encore la maîtresse de Chaulieu au moment où parut cette *Préface**. Il n'a jamais été dit que Mme de Belleforière sût écrire ; mais Mme de Boislandry avait renom d'écrivain. S'agit-il de Mme de Boislandry ?

2. Ils l'avaient presque dit dans le *Mercure* : « Ce n'est (*il s'agit des* Caractères) qu'un amas de pièces détachées, qui ne peut faire connoître si celui qui les a faites auroit assez de génie et de lumières pour bien conduire un ouvrage qui seroit suivi. » (*Mercure* de juin 1693, p. 271.)

3. *Merc. gal.* (*Note de la Bruyère*). — Lisez : *Mercure galant*. — Les deux auteurs associés à cette gazette étaient Donneau de Visé et Thomas Corneille, qui lui-même était membre de l'Académie ; leur association s'était faite en 1690. « Thomas Corneille, » dit l'abbé d'Olivet à la suite de l'extrait d'une de ses lettres que nous avons

* Voyez la *Notice biographique*, et ci-dessus, p. 322 et suivantes, la note ix.

pas à publier contre moi une satire fine et ingénieuse, ouvrage trop au-dessous des uns et des autres, *facile à manier, et dont les moindres esprits se trouvent capables*[1], mais à me dire de ces injures grossières et personnelles, si difficiles à rencontrer, si pénibles à prononcer ou à écrire, surtout à des gens à qui je veux croire qu'il reste encore quelque pudeur et quelque soin de leur réputation.

Et en vérité je ne doute point que le public ne soit enfin étourdi et fatigué d'entendre, depuis quelques années, de vieux corbeaux croasser autour de ceux qui d'un vol libre et d'une plume légère, se sont élevés à quelque gloire par leurs écrits. Ces oiseaux lugubres semblent, par leurs cris continuels, leur vouloir imputer le décri universel où tombe nécessairement tout ce qu'ils exposent au grand jour de l'impression : comme si on étoit cause qu'ils manquent de force et d'haleine, ou qu'on dût être responsable de cette médiocrité répandue sur leurs ouvrages. S'il s'imprime un livre de mœurs assez mal digéré pour tomber de soi-même et ne pas exciter leur jalousie, ils le louent volontiers, et plus volontiers encore ils n'en parlent point; mais s'il est tel que le monde en parle, ils l'attaquent avec furie. Prose, vers, tout est sujet à leur censure, tout est en proie à une haine implacable, qu'ils ont conçue contre ce qui ose paroître

---

cité p. 434, « Thomas Corneille, associé avec de Vizé pour le *Mercure galant*, donna des griffes à la Bruyère. » C'est donc à Thomas Corneille que l'on attribuait l'article du *Mercure;* mais il est vraisemblable que Visé y mit aussi la main : l'apologie du *Mercure* doit être de lui. Voyez l'article aux *Pièces justificatives.*

1. « Rien n'est plus aisé que de faire trois ou quatre pages d'un portrait, qui ne demande point d'ordre, et il n'y a point de génie si borné qui ne soit capable de coudre ensemble quelques médisances de son prochain, et d'y ajouter ce qui lui paroît capable de faire rire. » (*Mercure de juin 1693, p. 272.*)

dans quelque perfection, et avec les signes d'une approbation publique. On ne sait plus quelle morale leur fournir qui leur agrée : il faudra leur rendre celle de la Serre ou de des Marets[1], et s'ils en sont crus, revenir au *Pédagogue chrétien*[2] et à *la Cour sainte*[3]. Il paroît une nouvelle satire écrite contre les vices en général, qui d'un vers fort et d'un style d'airain, enfonce ses traits contre l'avarice, l'excès du jeu, la chicane, la mollesse, l'ordure et l'hypocrisie, où personne n'est nommé ni désigné, où nulle femme vertueuse ne peut ni ne doit se reconnoître[4]; un BOURDALOUE en chaire ne fait point de peintures du crime ni plus vives ni plus innocentes[5] : il n'importe, *c'est médisance, c'est calomnie.* Voilà depuis quelque temps leur unique ton, celui qu'ils emploient contre les ouvrages des mœurs[6] qui réussissent : ils y prennent tout littéralement, ils les lisent comme une histoire, ils n'y

1. Jean Puget de la Serre (1606-1665), dont les tragédies en prose avaient le plus grand succès, et qui n'est plus guère connu que par les railleries de Boileau, avait publié, parmi ses très-nombreux ouvrages, quelques livres de morale, tels que : *les Délices de la mort, l'Entretien des bons esprits sur les vanités du monde, l'Esprit de Sénèque et de Plutarque,* etc. Son ouvrage le plus souvent réimprimé est un recueil de formules épistolaires qui a pour titre *le Secrétaire de la cour;* ce livre a eu, dit-on, cinquante éditions. — Sur des Marets, voyez ci-dessus, tome I, p. 284, note 5.

2. *Le Pédagogue des familles chrétiennes, contenant un recueil de plusieurs instructions chrétiennes sur diverses matières,* par un prêtre du séminaire de Saint-Nicolas du Chardonnet (*Cerné,* suivant Barbier), Paris, 1662, in-8°.

3. *La Cour sainte, ou l'Institution chrestienne des grands avec les exemples de ceux qui dans les cours ont fleury en saincteté,* par le R. P. Nicolas Caussin, de la Compagnie de Jésus, Paris, 1623, in-8°. — Le P. Caussin, né en 1583, mort en 1651, confesseur de Louis XIII, disgracié en 1637.

4. La Xe *satire* de Boileau, sur les femmes, achevée en 1693, publiée en 1694, peu de temps avant cette *Préface.*

5. Voyez au tome I, p. 10, note 2.

6. VAR. (édit. 8) : les ouvrages de mœurs.

entendent ni la poésie ni la figure; ainsi ils les condamnent; ils y trouvent des endroits foibles : il y en a dans Homère, dans Pindare, dans Virgile et dans Horace; où n'y en a-t-il point? si ce n'est peut-être dans leurs écrits. BERNIN n'a pas manié le marbre ni traité toutes ses figures d'une égale force; mais on ne laisse pas de voir, dans ce qu'il a moins heureusement rencontré, de certains traits si achevés, tout proche de quelques autres qui le sont moins, qu'ils découvrent aisément l'excellence de l'ouvrier : si c'est un cheval [1], les crins sont tournés d'une main hardie, ils voltigent et semblent être le jouet du vent; l'œil est ardent, les naseaux soufflent le feu et la vie; un ciseau de maître s'y retrouve en mille endroits; il n'est pas donné à ses copistes ni à ses envieux d'arriver à de telles fautes par leurs chefs-d'œuvre : l'on voit bien que c'est quelque chose de manqué par un habile homme, et une faute de PRAXITÈLE.

Mais qui sont ceux qui si tendres et si scrupuleux, ne peuvent même supporter que sans blesser et sans nommer les vicieux, on se déclare contre le vice? sont-ce des chartreux et des solitaires? sont-ce les jésuites, hommes pieux et éclairés? sont-ce ces hommes religieux qui habitent en France les cloîtres et les abbayes? Tous au contraire lisent ces sortes d'ouvrages, et en particulier, et en public, à leurs récréations; ils en inspirent la lecture à leurs pensionnaires, à leurs élèves; ils en dépeuplent les boutiques, ils les conservent dans leurs bibliothèques. N'ont-ils pas les premiers reconnu le plan et l'économie

---

1. Il était arrivé, en 1668, à Versailles, une statue équestre du Bernin, qui avait été l'objet des plus vives critiques. Louis XIV, qu'elle représentait, avait failli la faire briser. C'est du cheval de cette statue que parle la Bruyère. Le Roi ayant chargé Girardon de la modifier, elle devint une statue de Marcus Curtius, et fut placée à l'extrémité de la pièce d'eau des Suisses à Versailles.

du livre des *Caractères?* N'ont-ils pas observé que de seize chapitres qui le composent, il y en a quinze qui s'attachant à découvrir le faux et le ridicule qui se rencontrent dans les objets des passions et des attachements humains, ne tendent qu'à ruiner tous les obstacles qui affoiblissent d'abord, et qui éteignent ensuite dans tous les hommes la connoissance de Dieu ; qu'ainsi ils ne sont que des préparations au seizième et dernier chapitre, où l'athéisme est attaqué, et peut-être confondu ; où les preuves de Dieu, une partie du moins de celles que les foibles hommes sont capables de recevoir dans leur esprit, sont apportées ; où la providence de Dieu est défendue contre l'insulte et les plaintes des libertins ? Qui sont donc ceux qui osent répéter contre un ouvrage si sérieux et si utile ce continuel refrain : *C'est médisance, c'est calomnie?* Il faut les nommer : ce sont des poëtes ; mais quels poëtes ? Des auteurs d'hymnes sacrés ou des traducteurs de psaumes, des Godeaux ou des Corneilles[1] ? Non, mais des faiseurs de stances et d'élégies amoureuses, de ces beaux esprits qui tournent un sonnet sur une absence ou sur un retour, qui font une épigramme sur une belle gorge, et un madrigal sur une jouissance[2].

---

1. Antoine Godeau (1605-1672), évêque de Grasse et de Vence, a traduit les *Psaumes* en vers français ; Corneille, *l'Imitation de Jésus-Christ.*

2. Voyez *les Précieuses ridicules* de Molière, scène IX. — Il y a plusieurs pièces de Fontenelle « sur un retour ou sur une absence*; » quelques-unes, sinon toutes, étaient sans doute composées à cette époque. — Pavillon, que l'Académie avait préféré à la Bruyère en 1691, a fait, non pas des sonnets, mais pour le moins un madrigal sur une absence, une pièce de vers sur un retour, une autre sur le mot *jouissez*** : il est probablement aussi

* Voyez ses *OEuvres*, tome IV, p. 364, 397-399, et tome X, p. 462 et 463, édition de 1766.
** Voyez ses *OEuvres*, édition de 1720, p. 53, 55 et 163.

Voilà ceux qui par délicatesse de conscience, ne souffrent qu'impatiemment qu'en ménageant les particuliers avec toutes les précautions que la prudence peut suggérer, j'essaye, dans mon livre des *Mœurs*, de décrier, s'il est possible, tous les vices du cœur et de l'esprit, de rendre l'homme raisonnable et plus proche de devenir

l'un des beaux esprits que raille la Bruyère. — Chaulieu pourrait être encore l'un d'eux, puisqu'il a fait des stances et des élégies amoureuses, des madrigaux sur des absences, et une pièce qu'il a intitulée : *Jouissance;* cette dernière pièce, il est vrai, doit être postérieure à la *Préface;* car, bien que publiée une seconde fois à part et sans date dans plusieurs éditions des OEuvres de Chaulieu, elle fait partie d'une fable écrite en 1702*. Cette fable même nous donne le nom du poëte qui semble avoir fait le plus souvent des vers sous le titre de *Jouissance:* « .... Au lieu qu'avant eux, dit Chaulieu en parlant de certains habitants de l'*Ile des Bergers*, on ne faisoit que des *Madrigaux* et des *Élégies* dans l'Ile fortunée, un d'eux commença à y faire la première *Jouissance*, que voici. Sur quoi Catulle, Pétrone, Martial, et l'*abbé Testu* en ont fait depuis. » Il y avait deux abbés Testu à l'Académie : il s'agit de Testu de Mauroy, qui, sur la recommandation pressante du duc d'Orléans, avait été reçu en 1688 par acclamation et sans scrutin; il avait été aumônier de la duchesse d'Orléans, et le duc d'Orléans l'avait donné pour précepteur à sa fille. Nous ne connaissons point de poésies galantes de lui. Pavillon avait été le rival, dans une élection académique, et le rival heureux de la Bruyère; déjà peut-être Chaulieu était-il, à son gré, trop lié avec Mme de Boislandry; pour l'abbé Testu, nous ne savons rien qui ait pu susciter une inimitié personnelle entre lui et l'auteur des *Caractères;* mais il était vraisemblablement allié à ses adversaires; ce n'est sans doute point sans malice que la Bruyère a fait plus haut une allusion qu'il put prendre pour lui : voyez p. 438, note 4. Mme Deshoulières, elle aussi, avait composé en 1688 une épître sur une absence, celle de Benserade**; elle ne devait pas être l'amie de la Bruyère, n'étant point l'amie de Racine : avait-elle sa part dans la phrase que nous commentons?

* *La Perfection d'amour*, fable, à S. A. R. Mgr le Duc, servant de réponse à sa lettre, au nom de Mme de Lassay, dans les OEuvres de Chaulieu, tome I, p. 284-301, et tome II, p. 77, édition de 1774.
** OEuvres de Mme Deshoulières, tome II, p. 230, édition de 1747.

chrétien. Tels ont été les Théobaldes, ou ceux du moins qui travaillent sous eux et dans leur atelier.

Ils sont encore allés plus loin ; car palliant d'une politique zélée le chagrin de ne se sentir pas à leur gré si bien loués et si longtemps que chacun des autres académiciens, ils ont osé faire des applications délicates e dangereuses de l'endroit de ma harangue[1] où m'exposant seul à prendre le parti de toute la littérature contre leurs plus irréconciliables ennemis, gens pécunieux, que l'excès d'argent ou qu'une fortune faite par de certaines voies, jointe à la faveur des grands, qu'elle leur attire nécessairement, mène jusqu'à une froide insolence, je leur fais à la vérité à tous une vive apostrophe, mais qu'il n'est pas permis de détourner de dessus eux pour la rejeter sur un seul, et sur tout autre.

Ainsi en usent à mon égard, excités peut-être par les Théobaldes, ceux qui se persuadant qu'un auteur écrit seulement pour les amuser par la satire, et point du tout pour les instruire par une saine morale, au lieu de prendre pour eux et de faire servir à la correction de leurs mœurs les divers traits qui sont semés dans un ouvrage, s'appliquent à découvrir, s'ils le peuvent, quels de leurs amis ou de leurs ennemis ces traits peuvent regarder, négligent dans un livre tout ce qui n'est que remarques solides ou sérieuses réflexions, quoique en si grand nombre qu'elles le composent presque tout entier, pour ne s'arrêter qu'aux peintures ou aux caractères ; et après les avoir expliqués à leur manière et en avoir cru trouver les originaux, donnent au public de longues listes, ou, comme ils les appellent, des clefs : fausses clefs, et qui leur sont aussi inutiles qu'elles sont injurieuses aux personnes dont les noms s'y voient déchif-

---

1. Voyez ci-après, p. 458 et 459, le quatrième alinéa du *Discours*.

PRÉFACE.

frés, et à l'écrivain qui en est la cause, quoique innocente.

J'avois pris la précaution de protester dans une préface[1] contre toutes ces interprétations, que quelque connoissance que j'ai des hommes m'avoit fait prévoir, jusqu'à hésiter quelque temps si je devois rendre mon livre public, et à balancer entre le désir d'être utile à ma patrie par mes écrits, et la crainte de fournir à quelques-uns de quoi exercer leur malignité. Mais puisque j'ai eu la foiblesse de publier ces *Caractères*, quelle digue élèverai-je contre ce déluge d'explications qui inonde la ville, et qui bientôt va gagner la cour? Dirai-je sérieusement, et protesterai-je avec d'horribles serments, que je ne suis ni auteur ni complice de ces clefs qui courent; que je n'en ai donné aucune; que mes plus familiers amis savent que je les leur ai toutes refusées; que les personnes les plus accréditées de la cour ont désespéré d'avoir mon secret? N'est-ce pas la même chose que si je me tourmentois beaucoup à soutenir que je ne suis pas un malhonnête homme, un homme sans pudeur, sans mœurs, sans conscience, tel enfin que les gazetiers dont je viens de parler ont voulu me représenter dans leur libelle diffamatoire?

Mais d'ailleurs comment aurois-je donné ces sortes de clefs, si je n'ai pu moi-même les forger telles qu'elles sont et que je les ai vues? Étant presque toutes différentes entre elles, quel moyen de les faire servir à une même entrée, je veux dire à l'intelligence de mes *Remarques?* Nommant des personnes de la cour et de la ville à qui je n'ai jamais parlé, que je ne connois point, peuvent-elles partir de moi et être distribuées de ma main? Aurois-je donné celles qui se fabriquent à Romo-

---

1. Voyez tome I, p. 107.

rentin, à Mortaigne et à Belesme, dont les différentes applications sont à la baillive, à la femme de l'assesseur, au président de l'Élection, au prévôt de la maréchaussée et au prévôt de la collégiate[1]? Les noms y sont fort bien marqués; mais ils ne m'aident pas davantage à connoître les personnes. Qu'on me permette ici une vanité sur mon ouvrage : je suis presque disposé à croire qu'il faut que mes peintures expriment bien l'homme en général, puisqu'elles ressemblent à tant de particuliers, et que chacun y croit voir ceux de sa ville ou de sa province. J'ai peint à la vérité d'après nature, mais je n'ai pas toujours songé à peindre celui-ci ou celle-là dans mon livre des *Mœurs*. Je ne me suis point loué au public pour faire des portraits qui ne fussent que vrais et ressemblants, de peur que quelquefois ils ne fussent pas croyables, et ne parussent feints ou imaginés. Me rendant plus difficile, je suis allé plus loin : j'ai pris un trait d'un côté et un trait d'un autre; et de ces divers traits qui pouvoient convenir à une même personne, j'en ai fait des peintures vraisemblables, cherchant moins à réjouir les lecteurs par le caractère, ou comme le disent les mécontents, par la satire de quelqu'un, qu'à leur proposer des défauts à éviter et des modèles à suivre.

Il me semble donc que je dois être moins blâmé que plaint de ceux qui par hasard verroient leurs noms écrits dans ces insolentes listes, que je désavoue et que je condamne autant qu'elles le méritent. J'ose même attendre d'eux cette justice, que sans s'arrêter à un auteur moral qui n'a eu nulle intention de les offenser par son ouvrage, ils passeront jusqu'aux interprètes, dont la noirceur est inexcusable. Je dis en effet ce que je dis, et

1. *Collégiate* est le texte de la 8ᵉ et de la 9ᵉ édition. « Ce mot se dit peu, dit le *Dictionnaire de Trévoux*. Il est synonyme à *collégiale*. »

nullement ce qu'on assure que j'ai voulu dire ; et je réponds encore moins de ce qu'on me fait dire, et que je ne dis point. Je nomme nettement les personnes que je veux nommer, toujours dans la vue de louer leur vertu ou leur mérite ; j'écris leurs noms en lettres capitales, afin qu'on les voie de loin, et que le lecteur ne coure pas risque de les manquer. Si j'avois voulu mettre des noms véritables aux peintures moins obligeantes, je me serois épargné le travail d'emprunter les noms[1] de l'ancienne histoire, d'employer des lettres initiales, qui n'ont qu'une signification vaine et incertaine, de trouver enfin mille tours et mille faux-fuyants pour dépayser ceux qui me lisent, et les dégoûter des applications. Voilà la conduite que j'ai tenue dans la composition des *Caractères*.

Sur ce qui concerne la harangue, qui a paru longue et ennuyeuse au chef des mécontents[2], je ne sais en effet pourquoi j'ai tenté de faire de ce remerciement à l'Académie françoise un discours oratoire qui eût quelque force et quelque étendue. De zélés académiciens[3] m'avoient déjà frayé ce chemin ; mais ils se sont trouvés en petit nombre, et leur zèle pour l'honneur et pour la réputation de l'Académie n'a eu que peu d'imitateurs. Je pouvois suivre l'exemple de ceux qui postulant une place dans cette compagnie sans avoir jamais rien écrit, quoiqu'ils sachent écrire, annoncent dédaigneusement, la veille de leur réception, qu'ils n'ont que deux mots à dire et qu'un moment à parler, quoique capables de parler longtemps et de parler bien[4].

J'ai pensé au contraire qu'ainsi que nul artisan n'est

1. Var. (édit. 8) : des noms. — 2. Voyez ci-dessus, p. 441, note 1.
3. Bossuet et Fénelon, par exemple.
4. Cette phrase semble contenir une allusion à l'abbé Bignon, dont le discours, prononcé avant celui de la Bruyère, avait été beaucoup moins long.

agrégé à aucune société, ni n'a ses lettres de maîtrise sans faire son chef-d'œuvre, de même et avec encore plus de bienséance, un homme associé à un corps qui ne s'est soutenu et ne peut jamais se soutenir que par l'éloquence, se trouvoit engagé à faire, en y entrant, un effort en ce genre, qui le fît aux yeux de tous paroître digne du choix dont il venoit de l'honorer. Il me sembloit encore que puisque l'éloquence profane ne paroissoit plus régner au barreau, d'où elle a été bannie par la nécessité de l'expédition[1], et qu'elle ne devoit plus être admise dans la chaire, où elle n'a été que trop soufferte[2], le seul asile qui pouvoit lui rester étoit l'Académie françoise ; et qu'il n'y avoit rien de plus naturel, ni qui pût rendre cette Compagnie plus célèbre, que si au sujet des réceptions de nouveaux académiciens, elle savoit quelquefois attirer la cour et la ville à ses assemblées, par la curiosité d'y entendre des pièces d'éloquence d'une juste étendue, faites de main de maîtres et dont la profession est d'exceller dans la science de la parole[3].

Si je n'ai pas atteint mon but, qui étoit de prononcer un discours éloquent, il me paroît du moins que je me suis disculpé de l'avoir fait trop long de quelques minutes ; car si d'ailleurs Paris, à qui on l'avoit promis mauvais, satirique et insensé, s'est plaint qu'on lui avoit manqué de parole ; si Marly[4], où la curiosité de l'en-

1. Voyez ci-dessus, p. 184 et 185, n° 42, et p. 220, n° 2.
2. Voyez ci-dessus, p. 220, n° 2, p. 221, n° 4, et p. 224 et 225, n°s 6-10.
3. Les séances de l'Académie étaient déjà publiques, les jours où elle recevait un nouveau membre.
4. « Je ne sais si vous avez lu le remerciement de M. de la Bruyère à l'Académie ; il a fait ici du bruit. Il a été lu à un dîné du Roi à Marly. Il y a quelques portraits assez vivement touchés. » (*Lettre* de Bourdelot à l'abbé Nicaise, du 25 juillet 1693, Bibliothèque impériale, Manuscrits, *Fonds français*, n° 9360.) — La même

PRÉFACE.   453

tendre s'étoit répandue, n'a point retenti d'applaudissements que la cour ait donnés à la critique qu'on en avoit faite ; s'il a su franchir Chantilly, écueil des mauvais ouvrages[1] ; si l'Académie françoise, à qui j'avois appelé comme au juge souverain de ces sortes de pièces, étant assemblée extraordinairement, a adopté celle-ci, l'a fait imprimer par son libraire, l'a mise dans ses archives ; si elle n'étoit pas en effet composée *d'un style affecté, dur et interrompu*[2], ni chargée de louanges fades et outrées, telles qu'on les lit dans les *prologues d'opéras*, et dans tant d'*épîtres dédicatoires*[3], il ne faut plus s'étonner

nouvelle se trouve, nous apprend M. Fournier (*la Comédie de la Bruyère*, tome I, p. 202, note 3), dans les *Dépêches du Parnasse* ou la *Gazette des savants*, par V. Minutoli, Genève, 1693, IIIe dépêche, 1er octobre 1693, p. 39.

1. Henri-Jules de Bourbon, auquel la Bruyère, comme cette phrase semble l'indiquer, avait soumis son *Discours* avant de le lire à l'Académie, était homme de goût, « capable, » au besoin, « de marquer aux écrivains le ridicule de leurs écrits, » comme le dit Bouhier dans une lettre déjà citée : voyez la *Notice biographique*.

2. Ces expressions ne se trouvent pas dans l'article du *Mercure* : il s'agit sans doute de quelque propos rapporté à la Bruyère.

3. C'est la seconde fois que la Bruyère parle des louanges excessives que contiennent les prologues d'opéras et les épîtres dédicatoires : voyez ci-dessus, p. 226, n° 13. Fontenelle et Thomas Corneille avaient composé des prologues, remplis des louanges de Louis XIV, en tête de leurs opéras de *Psyché* (1678) et de *Bellérophon* (1679); Thomas Corneille et Visé, en tête de leur opéra de *Circé* (1675), et le second en tête de divers opéras, tels que *les Amours de Vénus et d'Adonis* (1670), *les Amours du Soleil* (1671), et *le Mariage de Bacchus et d'Ariane* (1672). Quant aux épîtres dédicatoires, tant de gens en publiaient que la remarque ne peut être une allusion personnelle. Fontenelle, je crois, n'en a pas composé qu'il ait signée de son nom. Thomas Corneille en avait mis à toutes ses comédies jusqu'en 1660, à toutes ses tragédies jusqu'en 1665; Visé à la plupart de ses romans; mais leurs épîtres n'ont rien, au milieu de tant d'autres, qui appelle l'attention. La Bruyère place-t-il dans les épîtres chargées « de louanges fades et outrées » celle du *Dictionnaire de l'Académie*, publiée la même année que cette préface? Elle

qu'elle ait ennuyé Théobalde. Je vois les temps, le public me permettra de le dire, où ce ne sera pas assez de l'approbation qu'il aura donnée à un ouvrage pour en faire la réputation, et que pour y mettre le dernier sceau, il sera nécessaire que de certaines gens le désapprouvent, qu'ils y aient bâillé.

Car voudroient-ils, présentement qu'ils ont reconnu que cette harangue a moins mal réussi dans le public qu'ils ne l'avoient espéré, qu'ils savent que deux libraires ont plaidé[1] à qui l'imprimeroit, voudroient-ils désavouer leur goût et le jugement qu'ils en ont porté dans les premiers jours qu'elle fut prononcée? Me permettroient-ils de publier, ou seulement de soupçonner, une toute autre[2] raison de l'âpre censure qu'ils en firent, que la persuasion où ils étoient qu'elle le méritoit[3]? On sait que cet homme, d'un nom et d'un mérite si distingué, avec qui j'eus l'honneur d'être reçu à l'Académie françoise[4], prié,

était de Charpentier, dont l'Académie avait préféré la plume à celle de Regnier Desmarais (voyez le tome V du *Racine* de M. Mesnard, p. 408). Malgré les compliments échangés dans la séance de réception, la Bruyère et Charpentier appartenaient à des camps ennemis.

1. L'instance étoit aux Reqûetes de l'Hôtel. (*Note de la Bruyère.*) — On lit dans la 10ᵉ édition, imprimée après la mort de la Bruyère : « L'instance étoit aux Requêtes du Palais. » — La Bruyère était-il mal informé lorsqu'il écrivait la note; ou l'instance, engagée d'abord aux Requêtes de l'Hôtel, a-t-elle été portée ensuite aux Requêtes du Palais? Nous ne savons; nous avons vainement cherché, aux Archives, dans les sentences des Requêtes de l'Hôtel et dans celles des Requêtes du Palais, les documents qui doivent s'y trouver sur cette affaire. Les deux libraires étaient Michallet et Coignard, l'un libraire de la Bruyère, l'autre libraire de l'Académie, qui l'un et l'autre ont imprimé en 1693 le *Discours* de la Bruyère : voyez la *Notice bibliographique*, et ci-dessus, p. 435, note 2, et 436, note 1.

2. Il y a bien : « toute autre, » dans les éditions originales.

3. Var. (édit. 8) : qu'elle la méritoit.

4. L'abbé J. B. Bignon (petit-fils du savant Jérôme Bignon), élu à l'Académie en place de Bussy Rabutin, et reçu le même jour que la Bruyère.

PRÉFACE.   455

sollicité, persécuté de consentir à l'impression de sa harangue, par ceux mêmes qui vouloient supprimer la mienne et en éteindre la mémoire, leur résista toujours avec fermeté. Il leur dit *qu'il ne pouvoit ni ne devoit approuver une distinction si odieuse qu'ils vouloient faire entre lui et moi; que la préférence qu'ils donnoient à son discours avec cette affectation et cet empressement qu'ils lui marquoient, bien loin de l'obliger, comme ils pouvoient le croire, lui faisoit au contraire une véritable peine; que deux discours également innocents, prononcés dans le même jour, devoient être imprimés dans le même temps.* Il s'expliqua ensuite obligeamment, en public et en particulier, sur le violent chagrin qu'il ressentoit de ce que les deux auteurs de la gazette que j'ai cités avoient fait servir les louanges qu'il leur avoit plu de lui donner à un dessein formé de médire de moi, de mon discours et de mes *Caractères*[1]; et il me fit, sur cette satire injurieuse, des explications et des excuses qu'il ne me devoit point. Si donc on vouloit inférer de cette conduite des Théobaldes, qu'ils ont cru faussement avoir besoin de comparaisons et d'une harangue folle et décriée pour relever celle de mon collègue, ils doivent répondre, pour se laver de ce soupçon qui les déshonore, qu'ils ne sont

---

1. « M. l'abbé Bignon, avait dit le *Mercure*,... fit un discours où l'on n'admira pas moins l'ordre, et la liaison ingénieuse de chaque matière*, que la beauté de l'expression et le tour agréable des pensées.... (p. 259). L'on n'y trouva pour tout défaut que celui d'être trop court.... Quelle différence des deux discours qui ont été prononcés en même jour, et des manières des deux nouveaux académiciens ! M. l'abbé Bignon témoigne beaucoup de reconnoissance.... M. de la Bruyère se croit si digne du choix qu'on a fait de lui, que, etc..., exagère son mérite, etc. »

* Il faut se rappeler ici qu'il avait été dit et répété partout, et dans le *Mercure* particulièrement, que l'auteur des *Caractères* ne savait pas faire une transition.

ni courtisans, ni dévoués à la faveur, ni intéressés, ni adulateurs; qu'au contraire ils sont sincères, et qu'ils ont dit naïvement ce qu'ils pensoient du plan, du style et des expressions de mon remerciement à l'Académie françoise. Mais on ne manquera pas d'insister et de leur dire que le jugement de la cour et de la ville, des grands et du peuple, lui a été favorable. Qu'importe? Ils répliqueront avec confiance que le public a son goût, et qu'ils ont le leur : réponse qui ferme la bouche et qui termine tout différend. Il est vrai qu'elle m'éloigne de plus en plus de vouloir leur plaire par aucun de mes écrits; car si j'ai un peu de santé avec quelques années de vie, je n'aurai plus d'autre ambition que celle de rendre, par des soins assidus et par de bons conseils, mes ouvrages tels qu'ils puissent toujours partager les Théobaldes et le public.

DISCOURS

PRONONCÉ DANS

L'ACADÉMIE FRANÇOISE

LE LUNDI QUINZIÈME JUIN 1693.

Messieurs,

Il seroit difficile d'avoir l'honneur de se trouver au milieu de vous, d'avoir devant ses yeux l'Académie françoise, d'avoir lu l'histoire de son établissement, sans penser d'abord à celui à qui elle en est redevable[1], et sans se persuader qu'il n'y a rien de plus naturel, et qui doive moins vous déplaire, que d'entamer ce tissu de louanges qu'exigent le devoir et la coutume, par quelques traits où ce grand cardinal soit reconnoissable, et qui en renouvellent la mémoire.

Ce n'est point un personnage qu'il soit facile de rendre ni d'exprimer par de belles paroles ou par de riches figures, par ces discours moins faits pour relever le mérite de celui que l'on veut peindre, que pour montrer tout le feu et toute la vivacité de l'orateur. Suivez le règne de Louis le Juste : c'est la vie du cardinal de Richelieu, c'est son éloge et celui du prince qui l'a mis en œuvre. Que pourrois-je ajouter à des faits encore récents et si

---

1. Le cardinal de Richelieu.

mémorables? Ouvrez son *Testament politique*[1], digérez cet ouvrage : c'est la peinture de son esprit; son âme toute entière s'y développe; l'on y découvre le secret de sa conduite et de ses actions; l'on y trouve la source et la vraisemblance de tant et de si grands événements qui ont paru sous son administration : l'on y voit sans peine qu'un homme qui pense si virilement et si juste a pu agir sûrement et avec succès, et que celui qui a achevé de si grandes choses, ou n'a jamais écrit, ou a dû écrire comme il a fait.

Génie fort et supérieur, il a su tout le fond et tout le mystère du gouvernement; il a connu le beau et le sublime du ministère; il a respecté l'étranger, ménagé les couronnes, connu le poids de leur alliance; il a opposé des alliés à des ennemis; il a veillé aux intérêts du dehors, à ceux du dedans. Il n'a oublié que les siens : une vie laborieuse et languissante, souvent exposée, a été le prix d'une si haute vertu; dépositaire des trésors de son maître, comblé de ses bienfaits, ordonnateur, dispensateur de ses finances, on ne sauroit dire qu'il est mort riche.

Le croiroit-on, Messieurs? cette âme sérieuse et austère, formidable aux ennemis de l'État, inexorable aux factieux, plongée dans la négociation, occupée tantôt à affoiblir le parti de l'hérésie, tantôt à déconcerter une ligue, et tantôt à méditer une conquête, a trouvé le loisir d'être savante, a goûté les belles-lettres et ceux qui en faisoient profession. Comparez-vous, si vous l'osez, au grand Richelieu, hommes dévoués à la fortune, qui par le succès de vos affaires particulières, vous jugez dignes que l'on vous confie les affaires publiques; qui vous donnez pour des génies heureux et pour de bonnes têtes; qui

1. *Testament politique* d'Armand du Plessis, cardinal de Richelieu, etc. Amsterdam, 1688.

dites que vous ne savez rien, que vous n'avez jamais lu, que vous ne lirez point, ou pour marquer l'inutilité des sciences, ou pour paroître ne devoir rien aux autres, mais puiser tout de votre fonds[1]. Apprenez que le cardinal de Richelieu a su, qu'il a lu : je ne dis pas qu'il n'a point eu d'éloignement pour les gens de lettres, mais qu'il les a aimés, caressés, favorisés, qu'il leur a ménagé des priviléges, qu'il leur destinoit des pensions, qu'il les a réunis en une Compagnie célèbre, qu'il en a fait l'Académie françoise. Oui, hommes riches et ambitieux, contempteurs de la vertu, et de toute association qui ne roule pas sur les établissements et sur l'intérêt, celle-ci est une des pensées de ce grand ministre, né homme d'État, dévoué à l'État, esprit solide, éminent, capable dans ce qu'il faisoit des motifs les plus relevés et qui tendoient au bien public comme à la gloire de la monarchie ; incapable de concevoir jamais rien qui ne fût digne de lui, du prince qu'il servoit, de la France, à qui il avoit consacré ses méditations et ses veilles.

Il savoit quelle est la force et l'utilité de l'éloquence, la puissance de la parole qui aide la raison et la fait valoir, qui insinue aux hommes la justice et la probité, qui porte dans le cœur du soldat l'intrépidité et l'audace, qui calme les émotions populaires, qui excite à leurs devoirs les compagnies entières ou la multitude. Il n'ignoroit pas quels sont les fruits de l'histoire et de la poésie, quelle est la nécessité de la grammaire, la base et le fondement des autres sciences ; et que pour conduire ces choses à un degré de perfection qui les rendît avantageuses à la République, il falloit dresser le plan d'une compagnie où la vertu seule fût admise, le mérite placé, l'esprit et le savoir rassemblés par des suffrages.

1. Voyez ci-dessus, p. 434 et 435, et p. 466.

N'allons pas plus loin : voilà, Messieurs, vos principes et votre règle[1], dont je ne suis qu'une exception.

Rappelez en votre mémoire, la comparaison ne vous sera pas injurieuse, rappelez ce grand et premier concile où les Pères qui le composoient étoient remarquables chacun par quelques membres mutilés, ou par les cicatrices qui leur étoient restées des fureurs de la persécution ; ils sembloient tenir de leurs plaies le droit de s'asseoir dans cette assemblée générale de toute l'Église : il n'y avoit aucun de vos illustres prédécesseurs qu'on ne s'empressât de voir, qu'on ne montrât dans les places, qu'on ne désignât par quelque ouvrage fameux qui lui avoit fait un grand nom, et qui lui donnoit rang dans cette Académie naissante qu'ils avoient comme fondée. Tels étoient ces grands artisans de la parole, ces premiers maîtres de l'éloquence françoise ; tels vous êtes, Messieurs, qui ne cédez ni en savoir ni en mérite à nul de ceux qui vous ont précédés.

L'un[2], aussi correct dans sa langue que s'il l'avoit apprise par règles et par principes, aussi élégant dans les langues étrangères que si elles lui étoient naturelles, en

---

1. VAR. (édition et recueil Coignard et édition Michallet) : voilà vos principes, Messieurs, et votre règle.
2. Tous les commentateurs disent que la Bruyère parle ici de l'abbé de Choisy, traducteur des *Psaumes* et de *l'Imitation de Jésus-Christ* ; nous-même l'avons répété dans notre tome I (p. 532, note XVIII) ; mais l'éloge ne peut convenir à Choisy, qui tout en comprenant le portugais et en sachant quelques mots siamois, ne devait parler correctement d'autre langue étrangère que l'italien, si je ne me trompe, et qui d'ailleurs n'a jamais écrit qu'en français. Il s'agit évidemment du secrétaire perpétuel de l'Académie, l'abbé Regnier des Marais (1632-1713), qui était l'un des principaux auteurs du *Dictionnaire de l'Académie* et devait bientôt commencer la préparation de sa *Grammaire françoise*, savait parfaitement l'italien et l'espagnol, et avait traduit de cette dernière langue (1676) la *Pratique de la perfection chrétienne* du P. Rodriguez. Il fut poëte en diverses langues : un re-

DE L'ACADÉMIE FRANÇOISE.

quelque idiome qu'il compose, semble toujours parler celui de son pays : il a entrepris, il a fini une pénible traduction, que le plus bel esprit pourroit avouer, et que le plus pieux personnage devroit desirer d'avoir faite.

L'autre[1] fait revivre Virgile parmi nous, transmet dans notre langue les grâces et les richesses de la latine, fait des romans qui ont une fin, en bannit le prolixe et l'incroyable, pour y substituer le vraisemblable et le naturel.

Un autre[2], plus égal que Marot et plus poëte que Voiture, a le jeu, le tour, et la naïveté de tous les deux ; il instruit en badinant, persuade aux hommes la vertu par l'organe des bêtes, élève les petits sujets jusqu'au sublime : homme unique dans son genre d'écrire ; toujours original, soit qu'il invente, soit qu'il traduise ; qui a été au delà de ses modèles, modèle lui-même difficile à imiter.

Celui-ci[3] passe Juvénal, atteint Horace, semble créer les pensées d'autrui et se rendre propre tout ce qu'il manie ; il a dans ce qu'il emprunte des autres toutes les grâces de la nouveauté et tout le mérite de l'invention. Ses vers, forts et harmonieux, faits de génie, quoique travaillés avec art, pleins de traits et de poésie, seront lus encore quand la langue aura vieilli, en seront les derniers débris : on y remarque une critique sûre, judicieuse et innocente, s'il est permis du moins de dire de ce qui est mauvais qu'il est mauvais.

cueil de ses poésies parut en 1707 et en 1708 sous ce titre : *Poésies françoises, italiennes, espagnoles et latines*. Il avait composé en 1667 une *canzone* que l'abbé Strozzi réussit à faire passer en Italie pour une pièce nouvellement découverte de Pétrarque.

1. Jean Renaud de Segrais (1624-1701), traducteur de l'*Énéide* et des *Géorgiques*. Il n'avait encore paru que sa traduction de l'*Énéide*. Ses romans étaient intitulés : *Athis* (sans date) ; *Berenice* (1648) ; *Nouvelles françoises ou les Divertissemens de la princesse Aurelie* (1656 et 1657) ; *le Toledan ou Histoire romanesque de don Juan d'Autriche* (1659).

2. La Fontaine. — 3. Boileau.

Cet autre[1] vient après un homme loué, applaudi, admiré, dont les vers volent en tous lieux et passent en proverbe, qui prime, qui règne sur la scène, qui s'est emparé de tout le théâtre. Il ne l'en dépossède pas, il est vrai; mais il s'y établit avec lui : le monde s'accoutume à en voir faire la comparaison. Quelques-uns ne souffrent pas que Corneille, le grand Corneille, lui soit préféré; quelques autres, qu'il lui soit égalé : ils en appellent à l'autre siècle; ils attendent la fin de quelques vieillards qui touchés indifféremment de tout ce qui rappelle leurs premières années, n'aiment peut-être dans *OEdipe* que le souvenir de leur jeunesse[2].

Que dirai-je de ce personnage[3] qui a fait parler si longtemps une envieuse critique et qui l'a fait taire; qu'on admire malgré soi, qui accable par le grand nombre et par l'éminence de ses talents? Orateur, historien, théologien, philosophe, d'une rare érudition, d'une plus rare éloquence, soit dans ses entretiens, soit dans ses écrits, soit dans la chaire; un défenseur de la religion,

---

1. Racine.
2. La tragédie d'*OEdipe* a été jouée en 1659. La Bruyère semble, au nom de ses amis, répondre au discours prononcé par Fontenelle à l'Académie le 5 mai 1691, jour de sa réception : « Je tiens par le bonheur de ma naissance, avait-il dit, à un grand nom, qui dans la plus noble espèce des productions de l'esprit, efface tous les autres noms.... » Thomas Corneille avait eu plus de réserve dans son discours de réception, prononcé le 2 janvier 1685 : « .... Songez, Messieurs, avait-il dit en parlant de son frère, que lorsqu'un siècle a produit un homme aussi extraordinaire qu'il étoit, il arrive rarement que ce même siècle en produise d'autres capables de l'égaler. Il est vrai, ajoute-t-il, que celui où nous vivons est le siècle des miracles;... d'heureux génies.... se sont élevés avec tant de gloire, que tout ce qui a paru d'eux a été le charme de la cour et du public. Cependant, quand même l'on pourroit dire que quelqu'un l'eût surpassé, lui qu'on a mis tant de fois au-dessus des anciens, il seroit toujours très-vrai que le théâtre françois lui doit tout l'éclat où nous le voyons. »
3. Bossuet.

une lumière de l'Église, parlons d'avance le langage de la postérité, un Père de l'Église. Que n'est-il point? Nommez, Messieurs, une vertu qui ne soit pas la sienne.

Toucherai-je aussi votre dernier choix, si digne de vous[1]? Quelles choses vous furent dites dans la place où je me trouve! Je m'en souviens; et après ce que vous avez entendu, comment osé-je parler? comment daignez-vous m'entendre? Avouons-le, on sent la force et l'ascendant de ce rare esprit, soit qu'il prêche de génie et sans préparation, soit qu'il prononce un discours étudié et oratoire, soit qu'il explique ses pensées dans la conversation : toujours maître de l'oreille et du cœur de ceux qui l'écoutent, il ne leur permet pas d'envier ni tant d'élévation, ni tant de facilité, de délicatesse, de politesse. On est assez heureux de l'entendre, de sentir ce qu'il dit, et comme il le dit; on doit être content de soi, si l'on emporte ses réflexions et si l'on en profite. Quelle grande acquisition avez-vous faite en cet homme illustre! A qui m'associez-vous!

Je voudrois, Messieurs, moins pressé par le temps et par les bienséances qui mettent des bornes à ce discours, pouvoir louer chacun de ceux qui composent cette Académie par des endroits encore plus marqués et par de plus vives expressions. Toutes les sortes de talents que l'on voit répandus parmi les hommes se trouvent partagés[2] entre vous. Veut-on de diserts orateurs, qui aient semé dans la chaire toutes les fleurs de l'éloquence, qui avec une saine morale, aient employé tous les tours et toutes les finesses de la langue, qui plaisent par un beau choix de paroles, qui fassent aimer les solennités, les temples, qui y fassent courir? qu'on ne les cherche pas

1. Fénelon, reçu le 31 mars 1693.
2. Les participes *répandus* et *partagés* s'accordent ainsi avec *talents* dans les éditions originales.

ailleurs, ils sont parmi vous[1]. Admire-t-on une vaste et profonde littérature qui aille fouiller dans les archives de l'antiquité pour en retirer des choses ensevelies dans l'oubli, échappées aux esprits les plus curieux, ignorées des autres hommes; une mémoire, une méthode, une précision à ne pouvoir dans ces recherches s'égarer d'une seule année, quelquefois d'un seul jour sur tant de siècles? cette doctrine admirable, vous la possédez; elle est du moins en quelques-uns de ceux qui forment cette savante assemblée[2]. Si l'on est curieux du don des langues, joint au double talent de savoir avec exactitude les choses anciennes, et de narrer celles qui sont nouvelles avec autant de simplicité que de vérité, des qualités si rares ne vous manquent pas et sont réunies en un même sujet[3]. Si l'on cherche des hommes habiles, pleins d'esprit et d'expérience, qui par le privilége de leurs emplois, fassent parler le Prince avec dignité et avec justesse[4]; d'autres qui placent heureusement et avec succès, dans les négociations les plus délicates, les talents qu'ils ont de bien parler et de bien écrire[5]; d'autres encore qui prêtent leurs soins et leur vigilance aux affaires publiques, après les avoir employés aux judiciaires, toujours avec une égale réputation[6] : tous se trou-

1. Bossuet, Fénelon, Fléchier, et peut-être aussi l'archevêque de Paris, François de Harlay.
2. Hors Daniel Huet, évêque d'Avranches, et peut-être Renaudot, nous ne savons à qui peut s'adresser ce compliment.
3. Eusèbe Renaudot (1646-1720), qui savait l'arabe, le syriaque et le copte, préparait depuis longtemps les ouvrages qu'il a laissés sur les origines de l'histoire ecclésiastique, et rédigeait la *Gazette de France*.
4. Allusion à Toussaint Rose, secrétaire du cabinet du Roi. — Saint-Simon a aussi loué en lui la dignité et la justesse avec laquelle il faisait parler le Roi : voyez ses *Mémoires*, tome III, p. 58-63.
5. Le cardinal d'Estrées, le comte de Crécy, François de Callières.
6. Bergeret, ancien avocat général à Metz, qui était alors se-

vent au milieu de vous, et je souffre à ne les pas nommer.

Si vous aimez le savoir joint à l'éloquence, vous n'attendrez pas longtemps : réservez seulement toute votre attention pour celui qui parlera après moi[1]. Que vous manque-t-il enfin? vous avez des écrivains habiles en l'une et en l'autre oraison ; des poëtes en tout genre de poésies, soit morales, soit chrétiennes, soit héroïques, soit galantes et enjouées[2] ; des imitateurs des anciens[3] ; des critiques austères[4] ; des esprits fins, délicats, subtils, ingénieux, propres à briller dans les conversations et dans les cercles. Encore une fois, à quels hommes, à quels grands sujets m'associez-vous !

Mais avec qui daignez-vous aujourd'hui me recevoir[5] ? Après qui vous fais-je ce public remerciement ? Il ne doit pas néanmoins, cet homme si louable et si modeste, appréhender que je le loue : si proche de moi[6], il auroit autant de facilité que de disposition à m'interrompre. Je vous demanderai plus volontiers : A qui me faites-vous succéder ? A un homme QUI AVOIT DE LA VERTU[7].

crétaire du cabinet du Roi et premier commis de Colbert de Croissy.

1. François Charpentier (1620-1702), membre de l'Académie française et de l'Académie des inscriptions, auteur d'une *Vie de Socrate* (1650), d'une traduction de la *Cyropédie* de Xénophon (1659), etc. Il répondit à la Bruyère, comme doyen de l'Académie, en l'absence du directeur et du chancelier : voyez le *Mercure*, p. 282.

2. Thomas Corneille, Segrais, Regnier Desmarais, Boyer, Ch. Perrault, Testu de Mauroy, Fontenelle, Pavillon.

3. Fontenelle, qui pouvait encore se ranger parmi les poëtes, et de plus parmi les « esprits fins » dont il est parlé à la ligne suivante.

4. L'abbé Gallois sans doute, qui avait rédigé le *Journal des savants* de 1665 à 1674.

5. Avec l'abbé Bignon.

6. Les récipiendaires prenaient place, pendant la séance, à l'une des extrémités de la table de l'Académie.

7. Les mots imprimés ici en capitales, comme dans les éditions 8

Quelquefois, Messieurs, il arrive que ceux qui vous doivent les louanges des illustres morts dont ils remplissent la place, hésitent, partagés entre plusieurs choses qui méritent également qu'on les relève. Vous aviez choisi en M. l'abbé de la Chambre un homme si pieux, si tendre, si charitable, si louable par le cœur, qui avoit des mœurs si sages et si chrétiennes, qui étoit si touché de religion, si attaché à ses devoirs, qu'une de ses moindres qualités étoit de bien écrire. De solides vertus, qu'on voudroit célébrer, font passer légèrement sur son érudition ou sur son éloquence ; on estime encore plus sa vie et sa conduite que ses ouvrages. Je préférerois en effet de prononcer le discours funèbre de celui à qui je succède, plutôt que de me borner à un simple éloge de son esprit. Le mérite en lui n'étoit pas une chose acquise, mais un patrimoine, un bien héréditaire, si du moins il en faut juger par le choix de celui qui avoit livré son cœur, sa confiance, toute sa personne, à cette famille, qui l'avoit rendue comme votre alliée, puisqu'on peut dire qu'il l'avoit adoptée, et qu'il l'avoit mise avec l'Académie françoise sous sa protection.

Je parle du chancelier Seguier[1]. On s'en souvient comme

---

et 9 des *Caractères*, sont en caractère romain dans l'édition Coignard et dans l'édition Michallet. — Il s'agit de Pierre Cureau de la Chambre, docteur en théologie, curé de la paroisse de Saint-Barthélemy, fils de l'auteur des *Charactères des passions*, Marin Cureau de la Chambre. Il avait été reçu à l'Académie à la place de Racan, le 24 mars 1670, quoiqu'il n'eût jamais rien écrit, et il était mort en avril 1693, ne laissant que quelques sermons et trois discours prononcés à l'Académie.

1. Le chancelier Seguier avait le titre de protecteur de l'Académie française. Il s'était attaché, comme médecin et comme homme de lettres, le père de l'abbé de la Chambre, qui avait été, lui aussi, membre de l'Académie française, et était mort le 29 novembre 1669, fort peu de temps avant la réception de son fils. Celui-ci, dans son discours de réception, attribue son élection au duc de Coislin,

de l'un des plus grands magistrats que la France ait nourris[1] depuis ses commencements. Il a laissé à douter en quoi il excelloit davantage, ou dans les belles-lettres, ou dans les affaires; il est vrai du moins, et on en convient, qu'il surpassoit en l'un et en l'autre tous ceux de son temps. Homme grave et familier, profond dans les délibérations, quoique doux et facile dans le commerce, il a eu naturellement ce que tant d'autres veulent avoir et ne se donnent pas, ce qu'on n'a point par l'étude et par l'affectation, par les mots graves ou sentencieux, ce qui est plus rare que la science, et peut-être que la probité, je veux dire de la dignité. Il ne la devoit point à l'éminence de son poste; au contraire, il l'a anobli : il a été grand et accrédité sans ministère, et on ne voit pas que ceux qui ont su tout réunir en leurs personnes l'aient effacé.

Vous le perdîtes il y a quelques années, ce grand pro-

membre de l'Académie française, qui avait pour mère Marie Seguier, fille aînée du chancelier, et pour bisaïeule paternelle Louise du Plessis Richelieu, tante de l'illustre cardinal. Le passage où le récipiendaire adresse ses remercîments à son noble patron est un frappant commentaire de ce que dit la Bruyère : « Il se rencontre heureusement pour moi, que c'est l'héritier et le successeur de l'illustre sang et des incomparables vertus des Richelieus et des Seguiers (*le duc de Coislin*) qui m'a ouvert la barrière dans cette lice d'honneur où j'entre aujourd'hui. Je ne pouvois jamais arriver par une plus belle porte dans cette vaste carrière où je vas courir, y étant conduit par la main d'une personne en qui se confondent la splendeur des dignités et l'éclat des vertus civiles et militaires.... Il étoit aussi de sa bonté qu'après avoir bien voulu conduire la pompe funèbre de mon père dans les derniers devoirs que nous lui avons rendus, qu'après avoir essuyé les larmes d'une famille éplorée et abîmée de douleur, il eût encore assez de générosité pour nous aider à faire revivre son nom et sa mémoire, en me mettant en possession de ce que mon père a le plus chéri et estimé pendant sa vie. » (*Recueil des harangues prononcées par Messieurs de l'Académie françoise*, Paris, J. B. Coignard, 1698, p. 100.)

1. *Ait nourri*, sans accord, dans l'édition Coignard et dans les éditions des *Caractères*; *nourrie*, dans l'édition Michallet, mais l'*e* est effacé à la main dans nos exemplaires.

tecteur. Vous jetâtes la vue autour de vous, vous promenâtes vos yeux sur tous ceux qui s'offroient et qui se trouvoient honorés de vous recevoir ; mais le sentiment de votre perte fut tel, que dans les efforts que vous fîtes pour la réparer, vous osâtes penser à celui qui seul pouvoit vous la faire oublier et le tourner à votre gloire¹. Avec quelle bonté, avec quelle humanité ce magnanime prince vous a-t-il reçus ! N'en soyons pas surpris, c'est son caractère : le même, Messieurs, que l'on voit éclater dans toutes les actions de sa belle vie, mais que les surprenantes révolutions arrivées dans un royaume voisin et allié de la France ont mis dans le plus beau jour qu'il pouvoit jamais recevoir.

Quelle facilité est la nôtre pour perdre tout d'un coup le sentiment et la mémoire des choses dont nous nous sommes vus le plus fortement imprimés ! Souvenons-nous de ces jours tristes que nous avons passés dans l'agitation et dans le trouble, curieux, incertains quelle fortune auroient courue² un grand roi, une grande reine, le prince leur fils, famille auguste, mais malheureuse, que la piété et la religion avoient poussée³ jusqu'aux dernières épreuves de l'adversité⁴. Hélas ! avoient-ils péri sur

1. A la mort du chancelier Seguier (28 janvier 1672), l'Académie pria Louis XIV d'accepter le titre de protecteur.
2. Il y a *couru*, sans accord, dans toutes les anciennes éditions.
3. *Avoient poussées*, dans les éditions détachées de Coignard et de Michallet et dans le *Recueil* de 1698.
4. Allusion à la révolution d'Angleterre et à la fuite du Roi et de la Reine. Sur les inquiétudes que le sort de Jacques II inspirait à la cour, voyez les *Lettres de Mme de Sévigné*, du 29 décembre 1688 jusqu'au 4 janvier 1689, jour où l'on apprit qu'il s'était embarqué. Elle écrit le 29 décembre (tome VIII, p. 366 et 367) : « Jamais il ne s'est vu un jour comme celui-ci. On dit quatre choses différentes du roi d'Angleterre, et toutes quatre par de bons auteurs : il est à Calais ; il est à Boulogne ; il est arrêté en Angleterre ; il est péri dans son vaisseau ; un cinquième dit à Brest ; et tout cela tellement brouillé qu'on ne sait que dire.... Les laquais vont et viennent à tous moments ; jamais je n'ai vu un jour pareil. »

la mer ou par les mains[1] de leurs ennemis? Nous ne le savions pas : on s'interrogeoit, on se promettoit réciproquement les premières nouvelles qui viendroient sur un événement si lamentable[2]. Ce n'étoit plus une affaire publique, mais domestique ; on n'en dormoit plus, on s'éveilloit les uns les autres pour s'annoncer ce qu'on en avoit appris. Et quand ces personnes royales, à qui l'on prenoit tant d'intérêt, eussent pu échapper à la mer ou à leur patrie, étoit-ce assez? ne falloit-il pas une terre étrangère où ils pussent aborder, un roi également bon et puissant qui pût et qui voulût les recevoir? Je l'ai vue, cette réception, spectacle tendre s'il en fut jamais ! On y versoit des larmes d'admiration et de joie[3]. Ce prince n'a pas plus de grâce, lorsqu'à la tête de ses camps et de ses armées, il foudroie une ville qui lui résiste, ou qu'il dissipe les troupes ennemies du seul bruit de son approche.

S'il soutient cette longue guerre[4], n'en doutons pas, c'est pour nous donner une paix heureuse, c'est pour l'avoir à des conditions qui soient justes et qui fassent honneur à la nation, qui ôtent pour toujours à l'ennemi l'espérance de nous troubler par de nouvelles hostilités. Que d'autres publient, exaltent ce que ce grand roi a exécuté, ou par lui-même, ou par ses capitaines, durant le cours de ces mouvements dont toute l'Europe est

---

1. « Et par les mains, » etc., dans la 9e édition.

2. Le 5, au moment où le Roi n'attendait plus que la nouvelle de la mort de Jacques II, on apprit qu'il était débarqué près de Boulogne.

3. La reine d'Angleterre et le prince de Galles étaient arrivés à Saint-Germain le 6 janvier 1689 ; Jacques II les avait rejoints le lendemain. Louis XIV avait reçu, entouré de sa cour, la Reine et le Roi.

4. La guerre contre la ligue d'Augsbourg. Elle avait commencé en 1689.

ébranlée : ils ont un sujet vaste et qui les exercera longtemps. Que d'autres augurent, s'ils le peuvent, ce qu'il veut achever dans cette campagne. Je ne parle que de son cœur, que de la pureté et de la droiture de ses intentions : elles sont connues, elles lui échappent. On le félicite sur des titres d'honneur dont il vient de gratifier quelques grands de son État : que dit-il ? qu'il ne peut être content quand tous ne le sont pas, et qu'il lui est impossible que tous le soient comme il le voudroit. Il sait, Messieurs, que la fortune d'un roi est de prendre des villes, de gagner des batailles, de reculer ses frontières, d'être craint de ses ennemis ; mais que la gloire du souverain consiste à être aimé de ses peuples, en avoir le cœur, et par le cœur tout ce qu'ils possèdent. Provinces éloignées, provinces voisines, ce prince humain et bienfaisant, que les peintres et les statuaires nous défigurent, vous tend les bras, vous regarde avec des yeux tendres et pleins de douceur ; c'est là son attitude : il veut voir vos habitants, vos bergers danser au son d'une flûte champêtre sous les saules et les peupliers, y mêler leurs voix rustiques, et chanter les louanges de celui qui avec la paix et les fruits de la paix leur aura rendu la joie et la sérénité.

C'est pour arriver à ce comble de ses souhaits, la félicité commune, qu'il se livre aux travaux et aux fatigues d'une guerre pénible, qu'il essuie l'inclémence du ciel et des saisons, qu'il expose sa personne, qu'il risque une vie heureuse : voilà son secret et les vues qui le font agir ; on les pénètre, on les discerne par les seules qualités de ceux qui sont en place, et qui l'aident de leurs conseils. Je ménage leur modestie : qu'ils me permettent seulement de remarquer qu'on ne devine point les projets de ce sage prince ; qu'on devine, au contraire, qu'on nomme les personnes qu'il va placer, et qu'il ne fait que confirmer la voix du peuple dans le choix qu'il fait de ses ministres. Il ne se décharge pas entièrement sur eux du poids de ses affaires ; lui-même, si je l'ose dire, il est son principal ministre. Toujours appliqué à nos besoins, il n'y a pour lui ni temps de relâche ni heures privilégiées : déjà la nuit s'avance, les gardes sont relevées aux avenues de son palais, les astres brillent au ciel et font leur course; toute la nature repose, privée du jour, ensevelie dans les ombres; nous reposons aussi, tandis que ce roi, retiré dans son balustre, veille seul sur nous et sur tout l'État. Tel est, Messieurs, le protecteur que vous vous êtes procuré, celui de ses peuples.

Vous m'avez admis dans une Compagnie illustrée par une si haute protection. Je ne le dissimule pas, j'ai assez estimé cette distinction pour desirer de l'avoir dans toute sa fleur et dans toute son intégrité, je veux dire de la devoir à votre seul choix ; et j'ai mis votre choix à tel prix, que je n'ai pas osé en blesser, pas même en effleurer la liberté, par une importune sollicitation[1]. J'avois d'ailleurs une juste défiance de moi-même, je sentois de la répugnance à demander d'être préféré à d'autres qui pouvoient être choisis. J'avois cru entrevoir, Messieurs, une chose que je ne devois avoir aucune peine à croire, que vos inclinations se tournoient ailleurs, sur un sujet digne, sur un homme rempli de vertus, d'esprit et de connoissances, qui étoit tel avant le poste de confiance qu'il occupe, et qui seroit tel encore s'il ne l'occupoit plus[2]. Je me

---

1. C'est peut-être, de tout le discours, le passage que le *Mercure* relève avec le plus d'aigreur (p. 273) : « Après avoir tâché de prouver que les places de l'Académie ne se donnoient qu'au mérite, il a dit que la sienne ne lui avoit coûté aucunes sollicitations, aucune démarche, quoiqu'il soit constant qu'il ne l'a obtenue que par les plus fortes brigues qui aient jamais été faites. »

2. Simon de la Loubère (1642-1729), gouverneur du fils de Pontchartrain. Il s'était occupé de mathématiques, et avait composé

sens touché, non de sa déférence, je sais celle que je lui dois, mais de l'amitié qu'il m'a témoignée, jusques à s'oublier en ma faveur. Un père mène son fils à un spectacle : la foule y est grande, la porte est assiégée ; il est haut et robuste, il fend la presse ; et comme il est près d'entrer, il pousse son fils devant lui, qui sans cette précaution, ou n'entreroit point, ou entreroit tard. Cette démarche d'avoir supplié quelques-uns de vous, comme il a fait, de détourner vers moi leurs suffrages, qui pouvoient si justement aller à lui, elle est rare, puisque dans ses circonstances[1] elle est unique, et elle ne diminue rien de ma reconnoissance envers vous, puisque vos voix seules, toujours libres et arbitraires, donnent une place dans l'Académie françoise.

Vous me l'avez accordée, Messieurs, et de si bonne grâce, avec un consentement si unanime, que je la dois et la veux tenir de votre seule magnificence. Il n'y a ni poste, ni crédit, ni richesses, ni titres, ni autorité, ni faveur qui aient pu vous plier à faire ce choix : je n'ai rien de toutes ces choses, tout me manque. Un ouvrage qui a eu quelque succès par sa singularité, et dont les fausses, je dis les fausses et malignes applications pouvoient me nuire auprès des personnes moins équitables et moins éclairées que vous, a été toute la médiation que j'ai employée, et que vous avez reçue. Quel moyen de me repentir jamais d'avoir écrit ?

quelques poésies. Chargé de diverses missions, dont l'une l'avait conduit à Siam en 1687, il fit paraître en 1691 un livre intitulé : *du Royaume de Siam*. Il publia la même année un *Traité de l'Origine des jeux floraux de Toulouse*. L'admission de la Bruyère à l'Académie retarda peu la sienne : il fut reçu, à la place de Tallemant l'aîné, au mois d'août 1693.

1. « Ses circonstances » est le texte de toutes les anciennes éditions. La plupart des éditeurs modernes ont substitué *ces* à *ses*.

LETTRES

NOTICE.

Il n'a été imprimé jusqu'ici que cinq lettres attribuées à la Bruyère : de ces cinq lettres nous en considérons deux comme apocryphes.

L'une, adressée à Fontenelle, et publiée à titre de *fac-simile* de l'écriture de la Bruyère dans la *Galerie française*, a été faite par un faussaire qui ne connaissait ni sa signature ni son écriture[1]. C'est à cette pièce mensongère qu'un autre faussaire a emprunté la signature placée au bas de diverses pièces inédites que l'on attribue à la Bruyère, et dont l'authenticité ne pourrait être victorieusement soutenue.

La seconde des lettres que nous écartons de la correspondance authentique de la Bruyère a été publiée en italien par Gregorio Leti : nous dirons ci-après (p. 520 et 521) les raisons qui nous l'ont rendue suspecte.

Aux trois lettres qui restent (n°s xviii, xix et xxi), nous ajoutons dix-sept lettres inédites, dont les originaux appartiennent à Mgr le duc d'Aumale (n°s 1 à xvii)[2]. Toutes sont adressées au grand Condé, et sont relatives à l'éducation du jeune duc de Bourbon. Une dix-huitième lettre, que nous donnerons en note (p. 502), est de la main de la Bruyère ; mais il n'était en l'écrivant que le secrétaire de Mme de Langeron, qui la lui dictait.

Hors ces dix-huit lettres, nous ne connaissons de lui qu'une

1. Voyez ci-après, à la suite de la correspondance authentique, les pages 520 et suivantes, où l'on trouvera le texte de cette lettre et celui de la lettre italienne dont il est question dans l'alinéa qui suit.

2. Voyez l'*Avertissement* qui est en tête de notre tome I, et ci-après, p. 489, la première note de la lettre vii.

lettre autographe : c'est la lettre à Ménage, qui appartient à M. le comte d'Hunolstein (voyez ci-après, p. 508, n° xviii).

Si jusqu'à présent ses lettres sont si rares, les signatures qu'on a de lui sont assez nombreuses : on en trouve quelques-unes sur les registres des paroisses de Paris, et un plus grand nombre au bas d'actes notariés. Partout, sur les registres des paroisses, sur les minutes des notaires, comme sur les lettres authentiques, la signature est la même : Delabruyère, en un seul mot. Comme évidemment les faussaires n'avaient pas vu cette signature authentique, ils ont omis jusqu'à l'heure présente la particule *de* dans les signatures apocryphes qu'ils ont jetées sur le marché. La signature Labruyère est donc à nos yeux leur marque de fabrique, et nous nous croyons en droit de rejeter, soit comme apocryphe, soit comme émanant d'un homonyme de l'auteur des *Caractères*, toute pièce manuscrite qui la porte. Ainsi ne ferons-nous, dans cette édition de la Bruyère, aucun usage de la lettre que M. Édouard Fournier a lue à Londres, et dont il cite des fragments dans *la Comédie de la Bruyère*[1].

Il a été dit[2] que la Bruyère avait d'abord signé : la Bruyère, et que « devenu gentilhomme de Monsieur le Duc, peut-être par ses ordres, » il prit la particule *de*. Cette distinction entre deux signatures différentes, selon l'âge et la fortune de la Bruyère, ne peut être admise; toujours et partout, notre auteur signait Delabruyère. Pour lui, la véritable initiale de son nom était un D, non pas une L, ainsi qu'on peut le voir dans la première rédaction de la remarque 14 du chapitre *de Quelques usages*[3].

1. Voyez *la Comédie de la Bruyère*, tome I, p. 31 et 32, 117, 219, et tome II, p. 465 et 588.
2. *Ibidem*, tome I, p. 177, note 1.
3. Voyez ci-dessus, p. 169, n° 14 et note 3. — Nous reviendrons sur la signature de la Bruyère, quand nous publierons les *Pièces justificatives*.

LETTRES.

I

LA BRUYÈRE A CONDÉ.

Monseigneur,

Comme mon unique application est d'avancer les études de Monsieur le duc de Bourbon, et que je travaille à cela à Versailles du matin au soir sans nul relâchement, ma plus grande joie aussi est d'en rendre compte à Votre Altesse Sérénissime. Je m'abstiens souvent de lui écrire afin de ne point tomber en des redites, et j'attends quelquefois que nous ayons passé à des choses nouvelles, afin qu'elle en soit exactement informée, et de tout le chemin que nous faisons. J'entrerai demain dans l'histoire de Charles VIII; la vie de Louis XI nous a menés[1] au delà de ce que je pensois, soit par le nombre et l'importance des événements, soit aussi faute de temps, que je partage avec bien des maîtres. Je fais voir l'Italie à Son Altesse, pour la mener de là en Hongrie, en Pologne et dans les États du Turc en Europe; je lui ai appris ces derniers jours la Suède, le Danemarck, la Scandinavie, et l'Angleterre avec l'Écosse et l'Irlande, assez scrupuleusement. Nous avons achevé de M. Descartes ce qui concerne le mouvement[2]. J'ai rebattu les généalogies

---

1. *Mené*, sans accord, dans l'autographe.
2. C'est-à-dire la seconde partie des *Principes de philosophie* : voyez

que je lui ai déjà enseignées, et vais entrer dans celles des maisons de Saxe, Lorraine, Hostein, Savoie, et peu d'autres qui sont entrées dans votre branche de Bourbon. Des fables, nous en sommes au huitième livre[1], et il les retient avec la facilité ordinaire. Il avance aussi beaucoup dans la connoissance de la maison du Roi, du moins par la lecture de l'*État de la France*[2]. L'on marche également dans toutes ces différentes études, et nulle n'est privilégiée, si ce n'est peut-être l'histoire, depuis que vous me l'avez recommandée; car quelque idée qui me vienne, et quelque nouvel établissement que je fasse au sujet des études[3] de Monsieur le duc de Bourbon[4], je déménage sans peine pour aller où il plaît à Votre Altesse.

ci-après, p. 483, lettre III. Cet ouvrage, publié pour la première fois en 1644, avait d'abord paru en latin. La traduction en a été faite par Picot et revue par Descartes en 1647 ; on l'a souvent réimprimée dans les années suivantes.

1. Il s'agit des *Métamorphoses* d'Ovide : voyez ci-après, p. 496 et note 2.

2. L'*État de la France* était alors publié en deux volumes. Dans le premier, qui parfois était réimprimé séparément et formait ainsi un ouvrage complet, on trouvait sur la maison du Roi tous les renseignements qu'il importait de connaître à ceux qui devaient vivre à la cour. L'éditeur de l'*État de la France* (dont il paraissait à peu près tous les deux ans une édition nouvelle) était alors un abbé Besogne, de la chapelle du Roi, qui eut un instant, en 1696, la pensée de solliciter la place de la Bruyère à l'Académie. Il était l'un des prédicateurs dont parle la Bruyère dans la remarque 100 du chapitre *des Jugements* (ci-dessus, p. 119); car il lui était arrivé, en 1675 environ, de demeurer court dans un sermon prêché devant le Dauphin.

3. La Bruyère a oublié de mettre le mot *étude* au pluriel.

4. Après un séjour de trois mois à Chantilly, où sans doute ses maîtres l'avaient accompagné, le duc de Bourbon était revenu à Versailles dans les premiers jours de janvier 1685. Il s'était aussitôt installé, ainsi que les Pères jésuites qui prenaient part à son éducation, dans l'hôtel de Condé; nous ne savons si la Bruyère y avait aussi trouvé place dès son arrivée à Versailles. L'établissement définitif des maîtres du jeune duc dans l'hôtel n'eut lieu que dans le cou-

Une lettre qu'elle a écrite il y a bien quinze jours à Monsieur le Duc a fait ici le mieux du monde : je m'en suis trouvé soulagé par un renouvellement d'attention qui m'a fait deviner, Monseigneur, que vous aviez parlé sur le ton qu'il faut, et Monsieur le Duc me l'a confirmé. Dès que l'application tombera, je vous en avertirai ingénument, car je sens de la peine à tromper ceux qui se reposent sur moi de quelques soins, et je ne commencerai point par Votre Altesse Sérénissime[1] à faire un effort qui me coûte et qui lui déplaise. Je voudrois de toute mon inclination avoir six grandes heures par jour à bien employer auprès de Son Altesse : je vous annon-

rant de février, quelques jours après celui où fut écrite cette lettre. On enleva de l'hôtel tout ce qui appartenait au prince de la Roche-sur-Yon, et les jésuites choisirent leurs chambres parmi celles que laissait libres ce déménagement. La Bruyère prit une chambre à côté des leurs*. S'il n'avait pas habité l'hôtel de Condé dès son retour de Chantilly, c'était son troisième déplacement dans l'espace de six semaines. Encore n'avait-il pas l'entière possession de sa chambre, puisqu'il fallait qu'il la cédât à l'une des personnes de la suite de Condé, pendant les séjours de Monsieur le Prince à Versailles.

1. Ici, comme très-souvent, surtout sur les adresses de ses lettres, la Bruyère écrit *Sérénissime* en abrégé : *S.S.*

* « S. A. Mgr le Duc, » écrit le P. du Rosel à Condé, le 18 février, « a passé une grande partie de l'après-dîner dans l'hôtel de Condé avec S. A. S. la Duchesse. Comme il n'y a plus rien ici de ce qui étoit à M. le prince de la Roche-sur-Yon, Son Altesse est venue régler toutes choses pour les chambres et offices de Mgr le duc de Bourbon. Elle a tout visité avec Mgr son fils. Nous avons bien de l'obligation à Son Altesse, qui nous a donné le choix de tout ce qui s'est trouvé de meilleur; nous avons pris les chambres de M. le chevalier d'Angoulême (*au bout de la galerie, dit-il plus loin*), et une autre qui est voisine, afin d'être près l'un de l'autre, avec une garde-robe pour un valet. M. de la Bruyère a aussi pris une chambre auprès des nôtres.... J'oubliois de dire à Votre Altesse que Mgr le Duc a déclaré à tous ces Messieurs pour qui il a fait marquer des chambres, que quand Votre Altesse viendra à Versailles, ils céderont leurs appartements à ceux qui viendront avec elle. » (*Lettre du P. du Rosel à Condé, du 18 février 1685, Archives de Mgr le duc d'Aumale.*)

cerois d'étranges progrès, du moins pour mon fait et sur les choses qui me regardent. Et si j'avois l'honneur d'être chargé de tout, comme j'ai eu le plaisir de le croire, j'en répondrois aussi sûrement; mais j'ai des collègues, et qui font mieux que moi et avec autant de zèle. Vous devez du moins être très-persuadé, Monseigneur, que le peu de temps que j'use auprès de Monsieur le duc de Bourbon lui est fort utile, qu'il sait très-bien ce que je lui ai appris, qu'il n'est pas aisé même de le mieux savoir, et que je viserai toujours à ce qu'il emporte de toutes mes études ce qu'il y a de moins épineux et qui convient davantage à un grand prince. Je suis avec toute la soumission et tout le respect que je dois,

 Monseigneur,
  de Votre Altesse Sérénissime
   le très-humble et très-obéissant serviteur,

      DELABRUYÈRE[1].

Ce 9. janvier[2] [1685], à Versailles.

Au dos : *A Son Altesse S. S. Monseigneur le Prince;* et de la main d'un secrétaire : *M. de la Bruyère, 9 février* 1685.

 1. Ce nom, comme nous l'avons dit, est toujours écrit en un seul mot par la Bruyère.
 2. La Bruyère, sans nul doute, a écrit par distraction *janvier*, au lieu de *février*, et la date exacte est celle qui a été donnée par le secrétaire à sa lettre. « Je n'ai point manqué, écrit le 10 février le P. Alleaume à Condé, de dire à M. de la Bruyère ce que Votre Altesse Sérénissime m'avoit ordonné de lui dire, et je dirai la même chose à M. Sauveur, dès que je le verrai. Le premier me répondit qu'il avoit prévenu l'ordre de Son Altesse Sérénissime et qu'il avoit eu l'honneur de lui écrire *ce même jour.* »

II

LA BRUYÈRE A CONDÉ.

Monseigneur,

C'est aujourd'hui un jour de géographie; nous en sommes encore à l'Italie; j'essayerai de la finir avec la Sicile cette après-dînée, et j'espère qu'il en rendra un jour bon compte à Votre Altesse Sérénissime, aussi bien que de la Flandre et du cours du Rhin, qu'il avoit un peu oublié la dernière fois. Je le rendrai prêt aussi sur les généalogies, dont je lui retrace celles qu'il a déjà vues, avant de lui apprendre les maisons de Saxe, d'Hostein, de Savoie et de Lorraine, qu'il me semble que Monsieur le duc de Bourbon ne doit pas ignorer; j'y puis ajouter l'ancienne maison[1] d'Angleterre, et celle d'Écosse Stuart qui règne présentement : cela avec toute la maison de France, celle de Bavière et les deux Autriches, qu'il sait déjà, est précisément ce qui[2] lui faut de généalogies, si j'y ajoute surtout quelques maisons de femmes qui sont entrées par mariages dans votre branche de Bourbon. Charles VIII est fort avancé; les guerres de Bretagne sont sur leur fin, et je vais mener ce roi en Italie : ce règne est court, et celui de son successeur Louis XII. Ainsi nous touchons à François I.

J'ai mis au net ce que j'ai traduit par vos ordres du petit livre allemand : c'est une suite des affaires des Hongrois, et la succession de leurs rois, que l'on voit rarement ailleurs avec tant d'ordre et d'exactitude. Cela sera utile à Son Altesse pour ce qui concerne l'histoire.

---

1. La Bruyère a écrit : *l'ancien maison*.
2. Il y a bien *qui*, pour *qu'il*, dans l'autographe.

Ce qui suit ce que je vous envoie, Monseigneur, et que j'ai laissé sans le traduire, c'est quelque chose du comte de Serin[1], le siége de Candie[2], celui de Vienne[3], un mot du Tekehli[4] et du siége de Bude[5], mais moins en détail que ce que vous en avez lu dans les gazettes et toutes les relations.

Je suis avec un profond respect,
    Monseigneur,
        de Votre Altesse Sérénissime
            le très-humble et très-obéissant serviteur,

                  DELABRUYÈRE.

Mardi, 3. avril [1685], à Versailles.

Au dos : *A Son Altesse Monseigneur le Prince.*

1. Pierre comte de Serin, vice-roi ou ban de Croatie, l'un des principaux chefs de l'une des révoltes de la Hongrie contre l'empereur d'Allemagne, et comme tel exécuté en 1671.

2. Prise de Candie par les Turcs en septembre 1669, malgré le secours de six mille Français conduits par le duc de Beaufort, et après un siége de vingt-neuf mois.

3. Siége soutenu par Vienne en 1683 contre les Turcs.

4. Le comte Emeric Tœkœly, chef de l'insurrection hongroise contre l'Autriche depuis 1672, était prisonnier des Turcs, ses alliés, au moment où la Bruyère écrivait cette lettre.

5. Siége commencé le 14 juillet 1684 par les troupes impériales, et levé le 1er novembre suivant. Bude resta au pouvoir des Turcs jusqu'au 2 septembre 1686.

III

LA BRUYÈRE A CONDÉ.

Monseigneur,

J'ai été présent aux trois dernières leçons de M. Sauveur[1], et je puis assurer Votre Altesse Sérénissime qu'elles se passèrent avec assez d'application de la part de Monsieur le duc de Bourbon, et qu'il me parut entrer aisément dans toutes les choses dont il s'agissoit : il entendra toujours sans peine tout ce qui est de pure pratique, ou du moins ce où il y a plus de pratique que de spéculation. Il étoit question la dernière fois de la proportion des figures planes entre elles prise de leur hauteur et de leur base, et il verra la première fois quelle est la mesure des figures planes. Il me paroît que la méthode de M. Sauveur est la bonne, qu'il n'y a rien de superflu, et que tout y tend à une connoissance exacte de tout ce qui prépare à la fortification. Sur mon fait, je suis content de l'attention de Son Altesse; la distraction diminue de jour à autre, et elle m'a promis aujourd'hui de s'en corriger entièrement et de ne pas perdre le moindre moment destiné à nos études : c'est sur quoi je m'opiniâtre et ne me rends point. Nous lûmes hier les *Principes* de M. Descartes, où nous marchons lentement. Je n'oublie point la fable, ni les gouvernements, que je mêle toujours avec la géographie, et ne rêve du matin au soir

---

1. Joseph Sauveur, célèbre géomètre, né en 1653, mort en 1716. Condé, qui l'avait vu en 1681, à Chantilly, où il était venu pour assister Mariotte dans ses expériences hydrostatiques, l'avait pris en affection. Sauveur devint en 1686 professeur au Collége royal, et entra en 1696 à l'Académie des sciences.

qu'aux moyens de lui être utile, et à lui rendre ses études moins amères, prévenu d'ailleurs que ce sont là vos intentions ; car je suis avec toute la soumission et la déférence que je vous dois,

Monseigneur,
    de Votre Altesse Sérénissime
        le très-humble et très-obéissant serviteur,
                Delabruyère.

Ce 6. avril [1685], à Versailles.

Au dos : *A Son Altesse Sérénissime Monseigneur le Prince;* et de la main d'un secrétaire : *M. de la Bruyère.*

IV

LA BRUYÈRE A CONDÉ.

Monseigneur,

Je continue, selon vos ordres, de vous écrire des études de Monsieur le duc de Bourbon : elles vont de manière que Votre Altesse peut en être contente ; je le suis assez de son application, surtout à l'histoire, où il me semble qu'il prend quelque goût et s'intéresse plus que jamais aux événements. Il en est, sur Charles VIII, à ses guerres d'Italie, que nous finirons bientôt ; je lui fais redire de suite les choses qu'il a écrites et que je lui ai expliquées, comme vous faisiez les soirs à Chantilly. J'espère qu'il vous rendra aussi bon compte des vies de ce roi et de Louis XII son successeur, comme il a fait de celle de Louis onzième, et que vous serez encore satisfait de lui sur ce qui concerne la géographie et ses autres études ; car son esprit s'ouvre et se forme de jour à autre, comme sa taille, qui s'embellit extraordinairement : il croît beaucoup, et tout le monde le remarque[1].

Je viens de trouver une méprise dans l'exemplaire de la traduction dont j'ai envoyé une copie à Votre Altesse, qui a dû l'y apercevoir mieux que personne du monde ; car c'est dans l'article de Ferdinand III, où par une transposition de mots qui est échappée[2] à ma plume, je fais la bataille de Nortlingue que ce prince gagna, en 1634, contre les Suédois et les princes protestants, postérieure à une autre qui est de votre connoissance[3]. Je demande mille pardons à Votre Altesse de cette négligence qui lui convient si peu, et vous proteste que je ne laisse pas d'être avec toute l'attention et tout le respect imaginable,

  Monseigneur,
   de Votre Altesse Sérénissime
    le très-humble et très-obéissant serviteur,

       Delabruyère.

Ce 14 avril [1685], à Versailles.

1. Le duc de Bourbon était alors très-petit, et il devait rester « très-considérablement plus petit que les plus petits hommes, » suivant l'expression de Saint-Simon (*Mémoires*, tome VIII, p. 122). On savait faire plaisir à Condé en lui annonçant que son petit-fils grandissait, ou encore en lui faisant un compliment sur sa taille. Le P. Alleaume, lui rendant compte, le 7 janvier 1685, de la visite qu'avait faite le P. la Chaise au duc de Bourbon, n'oubliait pas de lui répéter ce que ce Père avait dit à ce sujet en l'emmenant dîner avec lui : « Pendant tout le chemin, il ne nous parla (*le P. du Rosel était de la partie*) que des bonnes qualités de M. le duc de Bourbon, disant qu'il le trouvoit *crû, bien fait*, honnête et judicieux. » (*Archives de Mgr le duc d'Aumale.*)

2. La Bruyère a écrit : « qui est échappé, » sans accord.

3. C'est sous le règne de son père Ferdinand II que Ferdinand III,

Au dos : *A Son Altesse Sérénissime Monseigneur le Prince, à Chantilly;* et de la main d'un secrétaire : *M. de la Bruyère, 14 avril 1685.*

V

LA BRUYÈRE A CONDÉ.

Monseigneur,

Nous sommes tout à fait hors de l'Italie, que Monsieur le duc de Bourbon a vue[1] fort en détail et sait par cœur, ainsi que j'ai eu l'honneur de le mander à Votre Altesse Sérénissime. Il verra lundi, mardi et mercredi[2] prochain, les États du duc de Savoie avec une pareille exactitude, et de là nous irons en Hongrie par les pays héréditaires, qu'il saura parfaitement comme tout ce qui est géographie : c'est dont je réponds à Votre Altesse. La vie de Louis XII peut être présentement à la moitié. Les autres études ne sont pas aussi négligées. Je lui ferai bientôt apprendre les maisons de Saxe, d'Holstein, de Lorraine, de Savoie, de Médicis, de Stuart et de Montmorency. Je ménage avec soin tout le temps qui m'est accordé sans en rien perdre, et profite le mieux que je puis de l'application de Monsieur le duc de Bourbon, dont je suis assez content. Quand je le serai moins, je ne vous le dissimulerai pas : je le lui ai déclaré nettement, et cela fait un

futur empereur d'Allemagne et déjà roi de Bohême et de Hongrie, gagna la bataille de Nordlingue. La victoire de Condé est postérieure de onze ans à celle de Ferdinand III.

1. Dans l'autographe de la Bruyère, il y a *vu*, sans accord.
2. Ici, et ci-après, *lettre* vi, p. 487, la Bruyère écrit *mecredi*.

très-bon effet. Je suis avec tout l'attachement et tout le respect que je dois,
 Monseigneur,
  de Votre Altesse Sérénissime
   le très-humble et très-obéissant serviteur,

DELABRUYÈRE.

Ce samedi 7. juillet [1685], à Versailles.

Au dos : *A Son Altesse Sérénissime Monseigneur le Prince;* et d'une autre main : *M. de la Bruyère, 7 juillet* 1685.

VI

LA BRUYÈRE A CONDÉ.

MONSEIGNEUR,

Conformément au dernier projet de Votre Altesse Sérénissime, je fais voir à Monsieur le duc de Bourbon, les lundi, mardi et mercredi, la géographie jointe aux gouvernements; le jeudi, vendredi et samedi, l'histoire avec les généalogies; le dimanche, l'histoire encore et la fable. Je lui ferai connoître, aujourd'hui lundi, les pays héréditaires de la maison d'Autriche, que nous avions laissés pour passer plus vite au royaume d'Hongrie, dont vous m'aviez commandé de l'instruire préférablement à tout le reste : il le sait assez bien; il est capable d'entendre parler des nouvelles de ce pays-là et d'en parler lui-même. Je lui ferai lire encore ces trois premiers jours-ci tout ce qui concerne la maison du Roi dans le petit livre de l'*État de la France*, pour passer ensuite à la connois-

sance des cercles de l'Allemagne, des divers colléges, de
la chambre de Spire, du conseil aulique, et de tout ce qui
regarde le gouvernement de l'Empire, dont j'essayerai de
le rendre fort instruit ; il a vu et écrit de Louis XIIe sa
conquête de l'État de Milan, celle du royaume de Na-
ples, et est ainsi précisément à la moitié de la vie de ce
prince. Les maisons de Saxe, d'Holstein, de Stuart, de
Lorraine, de Savoie, de Luxembourg, de Montmorency,
sont celles à mon gré qui lui sont encore nécessaires à
savoir, et auxquelles je m'appliquerai dès jeudi prochain.
La fable va grand train à l'ordinaire, et l'application de
Son Altesse est telle que je crois devoir vous assurer que
j'en suis content ; toutes les études commencent à marcher comme à l'ordinaire. J'assiste aux leçons de M. Sauveur, et il me semble que Monsieur le duc de Bourbon entendra fort bien la fortification : il en est encore
aux principes.

Si j'assistois aux fêtes, je vous en rendrois un compte
exact, et de la danse de Son Altesse et de tout le reste ;
je n'en ai vu aucune, et crois ainsi être disculpé, à l'égard
de Votre Altesse, des plaintes que l'on me dit qu'elle fait
sur cela [1] : je voudrois de tout mon cœur avoir mille en-

1. Les fiançailles du duc de Bourbon et de Mademoiselle de Nantes
s'étaient faites le 23 juillet ; le mariage, le 24. Sans parler du divertissement qui eut lieu le 25 chez Condé, venu à Versailles pour
plusieurs jours à l'occasion du mariage, il y avait eu le jeudi souper
chez le Dauphin, le samedi 28 petit ballet à Marly, le dimanche 29
une grande fête à Saint-Cloud chez le duc d'Orléans, avec bal, comédie, etc. Mais ces fêtes ne sont peut-être pas celles dont parle la
Bruyère, puisque Condé était à Versailles quand elles eurent lieu. S'il
s'agit de fêtes données au mois d'août, la Bruyère, qui avait perdu sa
mère le 3 août, n'avait pu y assister à cause de son deuil. — Le mariage du duc de Bourbon ne mit pas fin à ses leçons, et la duchesse
de Bourbon prit aussi, mais à des heures différentes, des leçons auprès
des maîtres de son mari. Les jeunes époux, en raison de leur âge,
continuèrent d'ailleurs à vivre séparément jusqu'au 25 avril 1686.

droits par où marquer avec quel zèle, quel attachement et quel profond respect je suis,
   Monseigneur,
    de Votre Altesse Sérénissime
     le très-humble, très-fidèle et très-obéissant serviteur,
         Delabruyère.

Lundi 13. août [1685], à Versailles.

Au dos, d'une autre main : *M. de la Bruyère, 13 août 1685.*

VII

LA BRUYÈRE A CONDÉ[1].

Monseigneur,

Je viens de finir avec Monsieur le duc de Bourbon l'expédition de Louis XII à Naples et la conquête de tout ce royaume. Comme je sais que Votre Altesse Sérénissime veut que je l'instruise des motifs des guerres [et[2]] des fautes des princes ou de leur bon conseil, et que sans cela même l'histoire n'est qu'une simple gazette, je lui ai fait voir aujourd'hui comment le parti que ce roi

---

1. Cette lettre est la seule que nous ayons transcrite nous-même. Guidé par une indication de M. Floquet, nous l'avons trouvée, il y a quelques mois, dans les archives de Mgr le duc d'Aumale, pendant un voyage que nous avons fait en Angleterre. Il a déjà été dit, dans l'*Avertissement* qui est en tête du tome I, comment nous avions reçu de Son Altesse Royale la copie des autres, revisée avec un tel soin que toute collation nouvelle eût été superflue.
2. Les mots que nous mettons ici entre crochets sont ceux qui, placés à la fin des lignes, n'ont guère pu être que devinés, la reliure du volume ne permettant pas de les lire entièrement.

prit d'entreprendre cette guerre avec Ferdinand, roi des Espagnes, à frais communs, et de partager avec [lui] la conquête de Naples, où il pouvoit réussir lui seul, après celle [de] l'État de Milan, qu'il venoit de faire, et la ruine de Ludovic, qu'il tenoit prisonnier à Loches, a attiré les Espagnols dans l'Italie, et a fait dans la suite qu'ils en sont demeurés les maîtres et le sont encore, après en avoir chassé les François, Son Altesse a paru entrer dans ces raisons, qu'il a toujours aimées[1] autant ou plus même que les simples [faits]. Son attention est toujours de manière à devoir vous écrire, Monseigneur, que j'en suis content et que vous devez l'être. Nous continuerons demain l'histoire avec la fable, où je suis d'avis de le faire beaucoup avancer parce que l'usage en est toujours présent et ordinaire. Les trois jours suivants nous verrons la *géographie*, et je suivrai inviolablement la méthode de lui faire apprendre les noms par cœur. Rien enfin ne sera oublié de ce que je sais que Votre Altesse exige de moi, n'ayant point à cette heure de passion en la tête plus violente que celle de vous contenter.

Je n'ai pu entendre l'oraison funèbre de Monsieur de Meaux, à cause de l'enterrement de ma mère, qui se rencontra le jour même de cette cérémonie[2]. Je vous

1. Le participe est écrit sans accord dans l'autographe.
2. L'oraison funèbre dont parle la Bruyère est celle de la princesse Palatine, prononcée le jeudi 9 août 1685 par Bossuet, dans l'église des Carmélites du grand couvent du faubourg Saint-Jacques : l'unanimité des témoignages contemporains ne permet d'élever aucun doute sur cette date. Or d'après le registre de la paroisse Saint-Nicolas des Champs, la mère de la Bruyère fut inhumée dans l'église Saint-Nicolas le samedi 4 août. Comment concilier cette seconde date avec la déclaration de la Bruyère? Le corps fut sans doute déposé le 3 dans un caveau provisoire, et transporté le 9 dans un autre lieu de sépulture. Nulle mention toutefois d'une seconde cérémonie dans le registre de la paroisse.

fais, Monseigneur, mes remerciements très-humbles, et avec un très-grand respect, des bontés que Votre Altesse daigne me marquer sur cette perte dans sa dernière lettre. Pour l'action de Monsieur de Meaux, elle a passé ici et à Paris pour l'une des plus belles qu'il ait faites et même que l'on puisse faire. Il y eut de très-beaux traits, fort hardis, et le sublime y régna en bien des endroits ; elle fut prononcée en maître et avec beaucoup de dignité[1]. Elle sera imprimée : c'est Monsieur le Duc et Madame la Duchesse qui l'ont souhaité[2]. J'ai marqué à Monsieur de Meaux l'endroit de votre lettre où vous vous y intéressez[3]. J'ai mené un vrai deuil d'avoir échappé au plaisir d'entendre une si belle pièce, faite d'ailleurs sur un sujet où j'entre si fort et par devoir et par inclination. Les Révérends Pères[4] sont très-satisfaits de cette action de Monsieur de Meaux, et personne d'ailleurs ne m'en a parlé avec plus d'éloge qu'ils ont fait : je le lui ai dit comme cela, et il a été fort aise de leur approbation.

Je suis,
    Monseigneur,
        de Votre Altesse Sérénissime
            le très-humble, très-fidèle et très-obéissant serviteur,

DELABRUYÈRE.

Ce samedi 18. août [1685], à Versailles.

1. Gourville, de son côté, écrit à Condé, le 10 août 1685 : « Monsieur de Meaux fit hier une fort belle oraison funèbre, et tout ce qu'il dit de lui me parut extrêmement beau et touchant ; mais les mémoires qu'on lui avoit donnés ne m'édifièrent pas tant : peut-être est-ce ma faute. » (*Archives de Mgr le duc d'Aumale.*)

2. Elle a été imprimée en effet chez Mabre-Cramoisy en 1693.

3. Ce dernier mot a été écrit à la place d'un autre, que la Bruyère a gratté.

4. Les Révérends Pères jésuites du Rosel et Alleaume, chargés avec

Au dos, d'une autre main : *M. de la Bruyère*, 18 *août* 1685.

VIII

LA BRUYÈRE A CONDÉ.

Ce 2 octobre [1685], à Fontainebleau.

Monseigneur,

Hier lundi, le matin et le soir, je fis étudier Monsieur le duc de Bourbon ; j'ai fait la même chose aujourd'hui. Ainsi depuis dimanche au soir j'ai eu avec Son Altesse quatre longs entretiens sur l'histoire de Louis XII, qui s'achemine par là vers sa fin. Elle m'envoie querir dès qu'elle a le moindre intervalle qu'elle peut donner à ses études, et me tient fidèlement la parole que j'ai eue[1] d'elle à Chambord, qu'elle remplaceroit ici le temps perdu à la chasse et aux divertissements, en m'accordant toutes les heures qu'elle auroit de libres à Fontainebleau[2]. Je dois donc assurer Votre Altesse Sérénissime que tout commence fort bien ici, et qu'il y a même lieu d'espérer

---

la Bruyère de l'éducation du duc de Bourbon. Ici la Bruyère écrit : « les R. P. » ; plus loin (*lettre* x, p. 496) il écrira : « les RR. Pères. »

1. Il y a : « que j'ai *eu* d'elle, » sans accord, dans l'autographe.

2. La cour avait passé vingt jours du mois de septembre à Chambord, du 7 au 27. La Bruyère y suivit son élève ; mais la plupart des journées étaient données à la chasse, et les leçons étaient rares. Aussi Condé, qui, le 13 septembre, avait écrit de Chantilly à son fils pour le féliciter d'avoir réglé les études de son petit-fils et lui dire son contentement de l'application de ce dernier, écrivait-il, trois jours plus tard, à Monsieur le Duc : « Je ne puis m'empêcher de vous témoigner qu'il me revient de tous les côtés que votre fils va tous les jours à la chasse. J'appréhende que ce violent exercice, et particulièrement la chasse du loup, qui est la plus violente du monde, ne le fasse malade. Prenez-y

que la fin répondra au commencement. Nous en sommes présentement à la révolte des Génois, à leur punition et à l'entrée du roi Louis XII dans leur ville : cela me donne l'occasion d'entretenir Monsieur le duc de Bourbon de la république de Gênes, de lui en faire l'histoire dès son premier établissement jusques à ses dernières soumissions à Versailles, dont nous avons été les témoins[1]. Si ces sortes

garde, [cela*] l'empêche d'étudier. Il deviendra un fort bon veneur, mais ignorant dans tout ce qu'il faut qu'il sache. C'est à vous à y remédier et à songer à sa vie, à sa santé et à sa bonne éducation. Je vous prie de n'attendre pas à y remédier quand il ne sera plus temps. » Puis le 23 septembre : « J'ai reçu votre lettre du 20. septembre.... Je vois bien que ce qu'on vous mande sur votre fils ne vous plaît pas. Je me dispenserai à l'avenir de vous en rien mander, jusqu'à ce que vous le trouviez bon. Vous me mandez qu'il n'a été qu'une fois à la chasse du loup. On m'avoit mandé qu'il y a été deux fois, et au cerf et au sanglier quatre jours de suite. Je n'ai rien trouvé à redire à celles du Roi, au contraire; mais à celles du loup beaucoup. Je sais bien qu'il peut lui arriver des accidents aussi bien qu'à vous, mais il en peut arriver plutôt quand on y va plus souvent, et quand ce sont des chasses au courre depuis le matin jusques au soir. Je sais bien aussi que quand on y va tous les jours on n'étudie point**, et qu'outre les accidents, il est bien difficile de ne pas tomber malade. Mais comme cela vous regarde de plus près que moi, aussi bien que le soin de son éducation, vous ferez de vous-même les réflexions que vous jugerez à propos, et je me dispenserai de vous en rien dire jusqu'à ce que vous m'en priiez. » (*Archives de Mgr le duc d'Aumale.*) — Les chasses du loup (ou du sanglier) étaient les chasses que faisait presque tous les jours le Dauphin. Le Roi d'ordinaire courait le cerf le matin; il suivait la chasse en calèche, et les princes étaient à cheval. Après dîner, Louis XIV tirait dans le parc. — La cour, partie de Chambord le 27 septembre, arriva le 30 à Fontainebleau. Le Roi donna au duc de Bourbon le logement qu'avait précédemment occupé M. de Bouillon, et la Duchesse fut placée dans celui du maréchal de Villeroy. (*Journal* de Dangeau, tome I, p. 225.)

1. C'est au mois de mai 1685 que le doge de Gênes, accompagné

* Nous suppléons ce pronom, qui est très-probablement le mot que la reliure du volume empêche de lire.

** *Ne* est omis. L'autographe porte : « on étudie point. » — Quatre lignes plus bas, il y a *priez*, pour *priiez*.

de digressions ne déplaisent point à Votre Altesse, je continuerai de faire ainsi de chaque État, royaume ou république, que je lui expliquerai en détail, mais pourtant fort succinctement et sans retarder le cours de notre histoire ordinaire et qui fait la marche de nos études. Il a présentement assez d'application, et telle que j'en suis content. Dès que je le serai moins, vous en serez aussitôt averti; je le lui fais entendre ainsi de temps en temps pour me faire écouter. Je ne desire rien au monde plus fortement que de pouvoir lui être utile par mes soins, et vous persuader que je suis avec tout le respect que je dois,

    Monseigneur,
        de Votre Altesse Sérénissime
            le très-humble et très-obéissant serviteur,

                      DELABRUYÈRE.

Au dos : *A Son Altesse Sérénissime Monseigneur le Prince, à Chantilly.*

de quatre sénateurs, était venu faire à Versailles les soumissions qu'avait exigées Louis XIV. Le duc de Bourbon était à côté de son père, le jour où ce dernier reçut la visite du Doge : cette visite eut lieu le 14 mai.

IX

LA BRUYÈRE A CONDÉ.

Ce ....[1] au soir, à Fontainebleau.

Monseigneur,

Il y a trois jours que nous avons achevé d'écrire la vie de Louis XII; je la répète encore une fois à Monsieur le duc de Bourbon, afin qu'il la sache mieux. Je ne le ferai plus écrire et commencerai à lui faire lire les mémoires à François I, pour suivre cette pratique dans les suivants jusqu'à celui-ci. J'assure Votre Altesse Sérénissime qu'il est appliqué et que j'en suis content. Il apprend par cœur les généalogies et la géographie. Je suis avec un profond respect,

Monseigneur,
    de Votre Altesse Sérénissime
      le très-humble et très-obéissant serviteur,

Delabruyère.

Au dos : *A Son Altesse Sérénissime Monseigneur le Prince, à Chantilly.*

1. Une déchirure a enlevé une partie de la date.

X

LA BRUYÈRE A CONDÉ.

Monseigneur,

Je crois que Votre Altesse Sérénissime est informée que les études de Monsieur le duc de Bourbon sont fort régulières à Fontainebleau. M. Sauveur travaille avec lui tous les matins, depuis dix heures jusques à onze ; les Révérends Pères[1] et moi alternativement tous les matins, depuis onze heures jusques à midi et demi. J'ai outre cela toutes les après-dînées, où je travaille deux heures, depuis trois jusques à cinq, avec Son Altesse : ces après-dînées sont consacrées à l'histoire ; et les matins, un jour à la géographie jointe aux gouvernements, l'autre jour aux généalogies et à la fable : cela sans interruption, ainsi que Monsieur le Duc l'a ordonné. Nous parlâmes hier, dans notre entretien de l'après-dînée, de la bataille de Ravenne, et ainsi nous voilà à la fin de la vie de Louis XII. Je lui fais toujours répéter la Flandre, l'Allemagne, la France, la Hongrie, afin qu'il retienne mieux des choses si essentielles et qu'il sache les noms par cœur. Il saura à la fin de ce mois les généalogies des maisons de haute Bavière, Palatine, et les deux Autriches, et ira bien avant dans les *Métamorphoses*[2]. Il a pour tout cela une application dont je suis content, qui va encore s'accroître par le desir qu'a Son Altesse Monsieur le Duc[3] de lui faire répéter de temps en temps : la

1. Le P. du Rosel et le P. Alleaume.
2. Ce passage montre que ce sont les *Métamorphoses* d'Ovide que la Bruyère désigne ailleurs par cette expression : « la fable. »
3. Monsieur le Duc était Henri-Jules de Bourbon, père du jeune duc de Bourbon ; sa femme, dont il sera question ci-après (*let-*

nécessité de rendre compte l'intéressera beaucoup à bien étudier et me sera de quelque soulagement. Je suis avec tout le respect que je dois,
 Monseigneur,
  de Votre Altesse Sérénissime
   le très-humble et très-obéissant serviteur,
    DELABRUYÈRE.

Au dos : *A Son Altesse Sérénissime Monseigneur le Prince, à Paris.*

XI

LA BRUYÈRE A CONDÉ.

Ce jeudi [8 novembre (?) 1685], à Fontainebleau.

MONSEIGNEUR,

Je dispose Monsieur le duc de Bourbon à pouvoir vous rendre compte, à votre retour à Versailles, de toute la vie de Louis XII, dont je lui fais une répétition qui sera terminée à peu près dans le temps que l'on partira de Fontainebleau. Je me trouve toujours obligé à repasser par tous les endroits de la carte qu'il a déjà vus et qui sont les plus indispensables à savoir, à faire la même chose de ce que l'on a appelé gouvernements, et ainsi des gé-

---

tres XII, XIII et XIV), était de même simplement appelée Madame la Duchesse : après la mort de Condé, on les nomma Monsieur le Prince et Madame la Princesse. Les appellations : « M. le duc de Bourbon et Mme la duchesse de Bourbon » désignaient, à l'époque où nous placent les lettres, leur fils et leur belle-fille, élèves l'un et l'autre de la Bruyère.

néalogies : je ne vois point d'autre moyen de lui rendre tout cela propre et familier. La fable avance assez, et il la retient avec la facilité ordinaire. Je lui ferai revoir à Versailles quelque chose du blason, les principes et la pratique : j'ai peur qu'il ne l'ait un peu oublié. Il apprend par cœur ce qu'il a intérêt de mieux savoir dans toutes ses différentes études. Elles sont interrompues par la chasse du loup, les autres chasses, et par les plaisirs de la cour[1]; je dois seulement assurer Votre Altesse que le temps que nous avons libre est utilement employé, et que je réveille l'attention de Monsieur le duc de Bourbon par tout ce que je puis, et que j'en suis assez content. Je suis avec un profond respect,

Monseigneur,

de Votre Altesse Sérénissime

le très-humble et très-obéissant serviteur,

DELABRUYÈRE.

Au dos : *A Son Altesse Sérénissime Monseigneur le Prince, à Chantilly;* et d'une autre main : *M. de la Bruyère.*

---

1. Il y avait chasse presque tous les jours à Fontainebleau. Quand le Roi n'allait pas « tirer, » il courait le cerf ou encore prenait des sangliers. Monseigneur chassait d'ordinaire le loup. Le duc de Bourbon, qui devait assister le plus souvent aux chasses du Roi, accompagna Monseigneur, c'est-à-dire le Dauphin, dans la chasse qu'il fit à Valery, chez Monsieur le Duc, le lundi 5 novembre, et d'où l'on ne revint que le lendemain; il y eut au retour de cette chasse un grand dîner donné par Monseigneur. La date de cette chasse au loup, à laquelle la Bruyère fait sans doute allusion en mentionnant « la chasse du loup » parmi les plaisirs qui interrompent ses leçons, permet peut-être d'assigner avec quelque certitude à cette lettre celle du jeudi 8 novembre, le dernier jeudi que la cour ait passé à Fontainebleau. Il y avait eu la veille comédie française.

XII

LA BRUYÈRE A CONDÉ.

Monseigneur,

Hier dimanche, à six heures du soir, Madame la Duchesse envoya querir Monsieur le duc de Bourbon ; il entra dans son cabinet au château[1], je l'accompagnai ; je lui fis rendre compte de la généalogie de François premier, et comment il avoit succédé à Louis XII, quelles prétentions il avoit sur le duché de Milan contre la famille des Sforces usurpateurs, son entreprise sur le Milanez, le passage des Alpes, l'opposition des Suisses, la surprise de Villefrance[2], où étoit Prosper Colonne avec les troupes du Pape, tout le détail[3] de la bataille de Marignan, les fruits de cette victoire, l'abouchement du Roi avec Léon X, la mort de l'empereur Maximilien, les brigues de François I et de Charles roi d'Espagne, pour être élevés à l'Empire, les fautes du premier dans le cours de la négociation, les motifs et les raisons des électeurs et des princes allemands pour l'exclure et lui préférer Charles-Quint. Voilà, Monseigneur, les choses sur lesquelles j'interrogeai Monsieur le duc de Bourbon, qui répondit fort bien à tout, en bons termes, parla bien trois petits quarts d'heure de suite avec beaucoup de netteté et de jugement. Madame la Duchesse lui fit de son côté quelques questions, auxquelles il satisfit sans hésiter. Je crois que Son Altesse vous a mandé qu'elle

1. Au château de Versailles, où Monsieur le Duc et Madame la Duchesse avaient un appartement.
2. Villafranca, en Piémont.
3. La Bruyère a écrit : « tout de détail. »

est contente de lui et de ses réponses. Cela s'est passé sérieusement dans le cabinet, où il n'y avoit personne que Leurs Altesses et moi. Madame la Duchesse a remis la partie à dimanche prochain, dont j'ai une fort grande joie. Cela me fait souvenir des projets de Chantilly. Il faut, Monseigneur, persévérer dans cette méthode, si Votre Altesse veut absolument que Monsieur le duc de Bourbon soit savant : il le deviendra par là, et sans cela jamais. Quand vous m'aurez donné la permission de vous rendre compte des études de Madame la duchesse de Bourbon, je le ferai avec la même exactitude. Je me fais un devoir étroit et un sensible plaisir de les avancer tous deux. Je suis très-respectueusement,

 Monseigneur,

  de Votre Altesse Sérénissime

   le très-humble et très-obéissant serviteur,

    Delabruyère.

Lundi au soir [7 janvier 1686], à Versailles.

Au dos : *A Son Altesse Sérénissime Monseigneur le Prince, à Chantilly;* et d'une autre main : *M. de la Bruyère, 7 janvier* 1686[1].

1. Condé avait passé à Versailles une partie de novembre et de décembre. Il y était venu le 15 novembre et y était resté pour le moins huit à dix jours ; il y était revenu le 2 décembre, et s'y trouvait encore le 10, jour où il vit danser dans un opéra la jeune duchesse de Bourbon (Dangeau, tome I, p. 253, 255, 261, 264) : ces séjours nous donnent la raison de l'interruption de la correspondance de la Bruyère pendant deux mois.

XIII

LA BRUYÈRE A CONDÉ.

Ce lundi [14 janvier 1686], à Versailles.

Monseigneur,

La répétition fut hier continuée dans le cabinet de Madame la Duchesse et en sa présence. Tout se passa comme la dernière fois, c'est-à-dire fort bien, avec netteté et une grande mémoire. Il rendit compte de la jalousie de François I sur l'élévation de Charles V[1] à l'Empire, de sa conférence avec Henri VIII entre Ardres et Guynes, de celle de l'Empereur avec le même Henri VIII en Angleterre; le résultat des deux conférences; de la ligue que fit le roi de France avec Léon X, de sa rupture avec Charles-Quint, qui éclata par l'entreprise sur la Navarre et par la protection qu'il donna à Robert de la Marck; de la médiation du roi d'Angleterre pour prévenir une guerre entre les deux nations; de la mort du cardinal Bibiena, ami de François I et ministre de Léon X, suivie d'une rupture entière entre le Roi et le Pontife; de la nouvelle liaison de ce dernier avec l'Empereur, et des préparatifs de guerre en France et en Allemagne; de la conférence de Calais entre les plénipotentiaires des deux nations, ménagée par les soins d'Henri VIII, toujours médiateur; de son inutilité. Son Altesse Sérénissime expliqua toutes ces choses avec beaucoup d'exactitude, quoique il y entre bien des intrigues et du cabinet. Il satisfit

---

1. La Bruyère écrit les noms de nombre qui accompagnent les noms propres tantôt en toutes lettres (voyez 5 lignes plus bas, et p. 484, ligne dernière, p. 499, lignes 7 et 8, etc.), tantôt en chiffres, soit romains soit arabes.

encore à des questions que lui fit Madame la Duchesse. Dimanche prochain, il rendra compte de la géographie et des autres études avec l'histoire. Je suis avec tout le respect que je dois,

 Monseigneur,

  de Votre Altesse Sérénissime

   le très-humble et très-obéissant serviteur,

    Delabruyère.

Au dos : *A Son Altesse Sérénissime Monseigneur le Prince ;* et d'une autre main : *M. de la Bruyère,* 14 *janvier* 1686[1].

1. Le même jour, la Bruyère écrivit la lettre suivante sous la dictée de Mme de Langeron, dame d'honneur de Mme la duchesse de Bourbon * :

    Ce lundi [14 janvier 1686], à Versailles.

« Son Altesse Sérénissime m'a commandé de me servir d'une autre main ** que la mienne quand je ne pourrois avoir l'honneur de lui écrire ; je me trouve un peu mal depuis quelques jours, et la bonne Mme de Moreuil *** est encore plus malade que moi ; je ne me puis donner de repos autant qu'il me seroit nécessaire. Madame la duchesse de Bourbon a écrit à Votre Altesse Sérénissime ; elle a donné sa lettre à M. de Mortemar, qui devoit aller à Chantilly et qui remet tous les jours son voyage depuis dix ou douze jours. Son Altesse Sérénissime fut hier chez Mme de Maintenon ; le Roi y étoit, et elle demeura près de trois quarts d'heure. Le Roi fit venir Madame la princesse de Conti ; au retour Madame la duchesse de Bourbon alla souper chez elle ; elle y a passé aujourd'hui une grande partie de la journée, et je crois que désormais elles seront souvent ensemble,

---

* Mme de Langeron mourut le 2 décembre 1696. Elle avait été dame d'honneur de Mme de Guise, puis de la princesse de Bourbon, belle-fille du grand Condé, et enfin de la jeune duchesse de Bourbon dès son mariage.

** *D'un autre main*, écrit la Bruyère ; plus bas : *depuis quelque jours ;* plus loin encore : *trois quart d'heure.*

*** Mme de Moreuil avait remplacé en 1685 Mme de Langeron, comme dame d'honneur, auprès de Madame la Princesse. Elle se retira en 1697, et mourut peu de temps après.

XIV

LA BRUYÈRE A CONDÉ.

Ce dimanche [27 janvier 1686], à Versailles.

MONSEIGNEUR,

Un voyage de Madame la Duchesse à Paris fit que Monsieur le duc de Bourbon ne rendit point compte il y a aujourd'hui huit jours. Il s'en est acquitté cette après-dînée, et comme il lui falloit parler des leçons sur l'histoire de quinze jours entiers, et que la traite étant un peu longue, il étoit moins ferme qu'à l'ordinaire, j'ai remis l'histoire à dimanche prochain, dans le dessein de repasser les quatre derniers jours de cette semaine sur ce qu'il a vu ces derniers quinze jours, et de lui faire voir peu de choses nouvelles d'ici à la première répétition. Il a donc aujourd'hui rendu compte de la géographie, et parcouru tout le Rhin depuis sa source jusques à la mer, tous les États[1] qu'il coupe ou qu'il traverse, les villes situées sur ce fleuve, les différentes rivières qui s'y jettent, et les villes qui y sont assises depuis leur source jusques au Rhin, les divers canaux que forme le Rhin, leurs noms,

c'est l'intention du Roi. On danse aujourd'hui un ballet, et on commence à en répéter un nouveau. Madame la duchesse de Bourbon fera demain au soir une mascarade chez Mme de Montespan pour divertir le Roi *. »

(*Signature illisible.*)

Au dos : *Monseigneur le Prince, à Chantilly ;* et d'une autre main : *Madame de Langeron, 14 janvier* 1686.

1. Ces trois mots à la place de : « toutes les provinces », mots rayés.

* Cette mascarade, à laquelle prirent part le duc et la duchesse de Bourbon, eut lieu le jeudi 17.

ceux des villes qui sont situées sur ces canaux, et comme ce grand fleuve dégénère en un petit ruisseau au-dessus de Leyden avant de se perdre dans la mer : voilà ce dont il a rendu compte assez bien à mon gré, vu la grande mémoire qu'il faut pour arranger tant de noms et les mettre chacun dans leur ordre. Il aime peu à apprendre par cœur. Il me faut pour le réduire une mutinerie qui ne se comprend pas sans l'avoir vue. Son Altesse a besoin que vous lui déclariez, Monseigneur, que vous voulez très-absolument qu'il sache très-bien la géographie : cela peut-être me soulagera. Je suis avec un profond respect,

Monseigneur,

de Votre Altesse Sérénissime

le très-humble et très-obéissant serviteur,

DELABRUYÈRE.

Au dos : *A Son Altesse Sérénissime Monseigneur le Prince, à Chantilly;* et d'une autre main : *M. de la Bruyère, 27 janvier 1686. Nouvelles de la dernière répétition que Mgr le duc de Bourbon a fait* (sic) *de la géographie; qu'il est bon que Son Altesse lui témoigne qu'elle veut absolument qu'il sache bien la géographie.*

XV

LA BRUYÈRE A CONDÉ.

MONSEIGNEUR,

D'autres auront mandé à Votre Altesse Sérénissime que Monsieur le duc de Bourbon se porte fort bien, qu'il va toutes les après-dînées au manége, où il s'exerce fort longtemps pour le carrousel[1]. Cela diminue un peu le temps destiné aux études, mais il n'y a point de remède : je me réduis à employer utilement auprès de Son Altesse les heures que cet exercice nous laisse, et fais choix des choses dont il a plus besoin d'être instruit, sur lesquelles j'insiste fort et ne lui fais point de quartier. Je l'ai entretenu trois différentes fois des circonstances de la bataille de Pavie, afin qu'il fût plus prêt à vous en rendre compte ; je lui fais revoir le détail des provinces de France, qu'il avoit un peu oubliées, et j'observe la même conduite sur toutes les autres études. Je suis toujours avec le même attachement et avec un profond respect,

 Monseigneur,
  de Votre Altesse Sérénissime
   le très-humble et très-obéissant serviteur,

      DELABRUYÈRE.

Ce mardi, 26 mars [1686], à Versailles.

Au dos : *A Son Altesse Sérénissime Monseigneur le Prince, à Chantilly;* et d'une autre main : *M. de la Bruyère, 26 mars 1686. Nouvelles des études de Mgr le duc de Bourbon.*

1. « Le Roi, avec Monseigneur et Madame la Dauphine, écrit Dangeau à la date du 4 mars (tome I, p. 306), a réglé qu'il y auroit après Pâques un carrousel de quarante hommes et de quarante dames. »

XVI

LA BRUYÈRE A CONDÉ.

Ce mercredi, [24] avril [1686], à Versailles.

Monseigneur,

Je voudrois aller si vite dans les études de Monsieur le duc de Bourbon qu'il y eût tous les jours quelques nouvelles choses à vous mander sur le progrès qu'il y fait. Elles ont été un peu interrompues par la dévotion des dernières fêtes[1] et par les répétitions du carrousel[2]. Nous sommes cependant depuis quelques jours dans le bon train, et fort avant dans la vie de François premier, qu'il écoute avec assez d'application. J'apporte tout le soin dont je suis capable pour l'en rendre instruit, et des autres études dont Votre Altesse m'a chargé et dont j'espère lui en rendre compte à l'ordinaire. Je suis avec un profond respect,
    Monseigneur,
        de Votre Altesse Sérénissime
            le très-humble et très-obéissant serviteur,

                Delabruyère.

Au dos : *A Son Altesse Sérénissime Monseigneur le Prince, à Chantilly;* et d'une autre main : *M. de la Bruyère, 24 avril 1686*[3].

1. La fête de Pâques avait été, cette année, célébrée le 14 avril.
2. Il y avait eu répétition le 16 et le 21 avril; il y en eut encore le 28, le 1er mai, le 8 et le 13. Le carrousel, plusieurs fois ajourné, eut lieu le 28 mai.
3. C'est le lendemain, 25 avril, que les jeunes époux furent réunis : voyez Dangeau, tome I, p. 325.

XVII

LA BRUYÈRE A CONDÉ.

Ce 4 juillet [1686], à Versailles.

Monseigneur,

Comme nous nous sommes réglés sur l'abrégé de M. de Mezeray[1] pour la vie du roi Henri second, qui est d'ailleurs fort courte, cela est cause que nous l'avons déjà achevée; je m'attache présentement a en faire récapitulation à Son Altesse, afin qu'elle la sache plus parfaitement, et j'observerai cette méthode dans toutes les vies qui suivent. Et parce que Monsieur le duc de Bourbon a toujours un peu de peine à s'appliquer, et que cela retarde le projet de ses études, je ne sais autre chose que lui inculquer fortement et souvent les endroits de l'histoire, de la géographie et des généalogies, dont il est tout à fait nécessaire qu'il soit instruit; ainsi je ne sors presque point de l'Allemagne, la Hongrie, l'Italie, la France, les Pays-Bas, qu'il oublieroit dès que je passerois à d'autres connoissances et m'y arrèterois trop longtemps. Je ménage le temps selon que je le dois, et tâche de réparer ses inapplications par mon opiniâtreté et par mille répétitions, car je n'ai rien plus à cœur que de vous contenter. Madame la duchesse de Bourbon étudie régulièrement et avec fruit. Je suis avec un profond respect,

    Monseigneur,
       de Votre Altesse Sérénissime
          le très-humble et très-obéissant serviteur,

Delabruyère.

---

1. *Abrégé chronologique* ou *Extrait de l'histoire de France*, publié en 1667 et très-souvent réimprimé.

Au dos : *A Son Altesse Sérénissime Monseigneur le Prince, à Chantilly;* et d'une autre main : *M. de la Bruyère, 4 juillet* 1686.

XVIII

LA BRUYÈRE A MÉNAGE[1].

Περὶ Ἀδολεσχίας, περὶ Λαλιᾶς, περὶ Λογοποιΐας. Ces trois chapitres des *Caractères* de Théophraste paroissent d'abord rentrer les uns dans les autres, et ne laissent pas au fond d'être très-différents. J'ai traduit le premier titre : *du Diseur de rien;* le second, *du Grand parleur* ou *du Babil;* et le troisième, *du Débit des nouvelles*[2]. Il est vrai, Monsieur, que dans la traduction que j'ai faite du second de ces trois chapitres, intitulé : *du Babil,* je n'ai fait aucune mention des Dionysiaques parce qu'il n'en est pas dit un seul mot dans le texte; j'en parle dans

---

1. Cette lettre, trouvée, dit-on, parmi les papiers de Ménage, et vendue à Sens, en 1849, parmi les autographes qui avaient formé la collection de M. Th. Tarbé, appartient aujourd'hui à M. le comte d'Hunolstein. M. Destailleur l'a publiée, avec le fac-simile de la signature, dans les deux éditions qu'il a données de la Bruyère (p. xvii et p. xxvii du tome I). Nous voyons dans les notes qu'ont bien voulu nous communiquer sur cette lettre M. d'Hunolstein d'une part, et M. Édouard Fournier de l'autre, que la Bruyère a écrit, au commencement et dans le cours de la lettre : ἀδολεσχίας*, au lieu de ἀδολεσχίας, et qu'il a remplacé partout les θ par des τ. Deux fois aussi il a mis, déplaçant l'y, *Dyonisiaques.* — Suivant une annotation manuscrite que porte la lettre, elle a été écrite « en 1690 ou 1691, vers le mois de septembre. »

2. Voyez tome I, p. 39; p. 48, et note 1; p. 50.

* N'aurait-on pas confondu avec χ l'abréviation du groupe σχ, qui ne diffère du χ que par une petite boucle initiale ? Ou bien est-ce la Bruyère que cette abréviation a trompé ?

celui *du Diseur de rien*, en grec περὶ Ἀδολεσχίας, où ma
traduction, si vous prenez la peine de la lire, doit vous
paroître conforme à l'original; car étant certain que les
grandes Bacchanales ou les Dionysiaques se célébroient
au commencement du printemps, qui est le temps propre
pour se mettre en mer, il me semble que j'ai pu traduire : *Il dit qu'au printemps, où commencent les Bacchanales, la mer devient navigable,* d'autant plus que ces
mots : τὴν θάλατταν ἐκ Διονυσίων πλώϊμον εἶναι, peuvent fort
bien signifier que la mer s'ouvroit, non pas immédiatement après que les Dionysiaques étoient passées, mais
après qu'elles étoient commencées, et je crois lire ce
même sens dans le commentaire de Casaubon et dans
quelques autres scoliastes[1] : de sorte, Monsieur, que
je crois vous faire ici un long verbiage ou tomber moi-
même dans le babil, et que vous vous êtes déjà aperçu
que le chapitre où vous avez lu pour titre : *du Babil* ou
du Grand parleur, et que vous avez pris pour celui περὶ
Ἀδολεσχίας, a fait toute la méprise.

Pour ce qui regarde Socrate[2], je n'ai trouvé nulle part

1. Nous comprenons que ce passage de la traduction : « *Il dit
qu'au printemps, où commencent les Bacchanales*, etc., » n'ait pas
entièrement satisfait Ménage. Le sens est bien entendu, mais le tour
employé pour le rendre ne l'exprime pas avec une très-nette exactitude. L'addition du mot *printemps*, qui n'est point dans le grec, est
conforme à l'explication donnée par Casaubon, qui parle dans son
commentaire des deux fêtes de Bacchus, célébrées l'une au commencement du printemps, l'autre à l'automne, et qui dit que c'est de la
première évidemment qu'il est ici question. La version latine de Casaubon : *Mare statim a Dionysiis patere navibus*, est bien conforme à ce
qu'il ajoute dans son commentaire sur la valeur de la préposition ἐκ
et à ces mots de notre lettre (où la Bruyère se rapproche plus du
grec que dans sa traduction) : « Que la mer s'ouvroit.... après qu'elles
(*les Dionysiaques*) étoient commencées. »

2. Voyez ci-dessus, p. 107 et 108, n° 66, la réflexion à laquelle
s'appliquait la critique de Ménage. Il lui avait déplu que la Bruyère

qu'on ait dit de lui en propres termes que c'étoit un fou tout plein d'esprit : façon de parler à mon avis impertinente, et pourtant en usage, que j'ai essayé de décréditer en la faisant servir pour Socrate, comme l'on s'en sert aujourd'hui pour diffamer les personnes les plus sages, mais qui s'élevant au-dessus d'une morale basse et servile, qui règne depuis si longtemps, se distinguent dans leurs ouvrages par la hardiesse et la vivacité de leurs traits et par la beauté de leur imagination. Ainsi *Socrate* ici n'est pas *Socrate* : c'est un nom qui en cache un autre. Il est vrai néanmoins qu'ayant lu l'endroit de Diogène que vous citez [1], et l'ayant entendu de la manière que vous

---

semblât n'avoir pas tenu compte, en écrivant cette remarque, de l'une de ses observations sur Diogène de Laërte. Les *Observations* de Ménage, imprimées à Paris en 1663, à un très-petit nombre d'exemplaires, avaient paru en 1664 à Londres dans l'édition in-folio des *OEuvres* de Diogène de Laërte (grec et latin). Augmentées par l'auteur, elles furent réimprimées dans l'édition de Diogène de Laërte qui fut publiée à Amsterdam en 1692 (2 volumes in-4°). Cette édition, longuement préparée, était peut-être déjà sous presse lorsque Ménage fit part à la Bruyère des critiques auxquelles ce dernier répond dans cette lettre.

1. L'endroit dont il s'agit est celui-ci : Ἐρωτηθεὶς ὑπό τινος· « Ποῖός τίς σοι, Διόγενες, δοκεῖ Σωκράτης; » εἶπε, « Μαινόμενος. » (Diogène de Laërte, *Vie de Diogène*, VI, 54.) Voici la remarque que Ménage écrivit sur cette phrase, et qui était répétée dans la lettre à laquelle répond la Bruyère : *Cum primum in hunc locum incidi, existimabam hoc de Socrate dictum Diogenis* εἰρωνικῶς *accipiendum : absit enim ut credam Diogenem serio locutum, cum Socratem, omnis philosophiæ parentem, quique hominum sapientissimus ab oraculo est judicatus, furentem appellavit. Deinde cum hæc verba in editione Basileensi, in regio codice et in Florentino desiderari animadvertissem, additamentum esse non dubitavi. Et profecto ita est. Ea ad oram horum verborum :* Πλάτωνος περὶ ἰδεῶν, *etc., quæ proxime præcessere, sciolus quidam adnotaverat, sed non ut hodie leguntur. Scripserat quippe :* Ἐρωτηθεὶς ὑπό τινος, *Plato scilicet,* « Ποῖός τίς σοι Διογένης δοκεῖ; — Σωκράτης, εἶπε, « μαινόμενος. » *Ex quo postea imperiti librarii, qui hæc verba in textum recepere, fecerunt :* « Ποῖός τίς σοι, Διόγενες, δοκεῖ Σωκράτης; » *cum de Diogenis, non de Platonis dictis hic ageretur. Habuit autem sciolus ille*

dites vous-même que vous l'avez expliqué d'abord, et ayant encore, dans la *Vie de Socrate* du même Diogène Laërce, observé ces mots : Πολλάκις δὲ βιαιότερον ἐν ταῖς ζητήσεσι διαλεγόμενον κονδυλίζεσθαι καὶ παρατίλλεσθαι, τὸ πλέον τε γελᾶσθαι καταφρονούμενον[1], et ayant joint ces deux endroits avec cet autre : Ἦν δ'ἱκανὸς καὶ τῶν σκωπτόντων αὐτὸν ὑπερορᾶν[2], j'ai inféré de là que Socrate passoit du moins dans l'esprit de bien des gens pour un homme assez extraordinaire, que quelques-uns alloient même jusqu'à s'en moquer, ainsi qu'Aristophane l'a fait publiquement et presque ouvertement dans ses *Nuées*; et que je pouvois par ces raisons faire servir le nom de Socrate à mon dessein. Voilà, Monsieur, tout le mystère, où je vous prie surtout de convenir que selon même votre observation, quoique très-belle, le μαινόμενος reste toujours un peu équivoque, puisque le grec dit ou que Diogène étoit comme Socrate qui deviendroit fou, ou comme Socrate lorsqu'il n'est pas en son bon sens[3], et cette dernière traduction me seroit favorable. Voilà, Monsieur, toute la réponse que je sais faire à votre critique, dont je vous remercie comme d'un honneur singulier que vous avez

hoc Platonis de Diogene dictum ab Æliano, cujus hæc sunt verba (Variæ historiæ, *lib. XIV, cap.* 33) : Εἰώθει δέ, φασίν, ὁ Πλάτων περὶ Διογένους λέγειν ὅτι μαινόμενος οὗτος Σωκράτης ἐστίν : *solebat enim, ut vulgo fertur, de Diogene Plato dicere, illum esse Socratem furentem.*

1. Diogène de Laërte, *Vie de Socrate*, VI, 21. « Souvent, lorsqu'il discutait vivement, on lui donnait des coups de poing, on lui tirait les cheveux, et d'ordinaire on riait de lui avec mépris. »

2. *Ibidem*, XI, 27. « Il était homme à négliger les railleries dont il était l'objet. »

3. Ceci n'est-il pas fort subtil, et peut-on dire qu'il y ait équivoque? Le vrai sens du passage grec, tel que Ménage le corrige, est, ce nous semble, que Diogène est « un Socrate en délire, un Socrate fou. » C'est la première signification proposée, mais d'une manière un peu louche, par la Bruyère : « comme Socrate qui deviendroit fou. »

fait à mon ouvrage des *Caractères*. M. l'abbé Reynier[1], à qui je dois l'avantage d'être connu de vous, a bien voulu se charger de vous dire la raison qui m'a empêché de vous faire plus tôt cette réponse; il vous aura dit aussi combien j'ai été sensible aux termes civils et obligeants dont vous avez accompagné vos observations, comme au plaisir de connoître que j'ai su par mon livre me concilier l'estime d'une personne de votre réputation. Je tâcherai de plus en plus de m'en rendre digne et de la conserver chèrement, et j'attends avec impatience l'occasion de mon retour à Paris, pour aller chez vous, Monsieur, vous continuer mes très-humbles respects.

Delabruyère.

Vendredi au soir, à Versailles.

XIX

LA BRUYÈRE A BUSSY[2].

A Paris, ce 9 décembre 1691.

Si vous ne vous cachiez pas de vos bienfaits, Monsieur, vous auriez eu plus tôt mon remerciement. Je vous le dis sans compliment, la manière dont vous venez de m'obliger m'engage toute ma vie à la plus vive reconnoissance dont je puisse être capable. Vous aurez bien de la peine à me fermer la bouche : je ne puis me taire sur cette circonstance qui me dédommage de n'avoir pas été

---

1. Regnier des Marais. Voyez ci-dessus, p. 460, note 2.
2. Cette lettre et la suivante ont été publiées dans la *Correspondance de Bussy Rabutin*, édition de M. Ludovic Lalanne, tome VI, p. 515 et 516, d'après les éditions antérieures des *Lettres de Bussy*.

reçu dans un corps à qui vous faites tant d'honneur[1]. Les Altesses à qui je suis seront informées de tout ce que vous avez fait pour moi, Monsieur. Les sept voix qui ont été pour moi, je ne les ai pas mendiées, elles sont gratuites; mais il y a quelque chose à la vôtre qui me flatte plus sensiblement que les autres. Je vous envoie, Monsieur, un de mes livres des *Caractères*, fort augmenté[2], et je suis avec toutes sortes de respects et de gratitude, etc.

XX

BUSSY A LA BRUYÈRE.

A Chaseu, ce 16 décembre 1691.

Quand je vous ai voulu faire plaisir sans me faire de fête, Monsieur, ce n'est pas que j'eusse honte de vous servir, mais c'est qu'il m'a paru qu'un service annoncé avant qu'il soit rendu a perdu son mérite. Les voix que vous avez eues n'ont regardé que vous : vous avez un mérite qui pourroit se passer de la protection des Altesses, et la protection de ces Altesses pourroit bien, à mon avis, faire recevoir l'homme du monde le moins recommandable. Jugez combien vous auriez paru avec elles et avec

---

1. Bussy avait donné sa voix à la Bruyère lorsqu'il s'était présenté à l'Académie, en novembre 1691, comme candidat à la place que la mort de Benserade laissait vacante. L'élection avait eu lieu le 22, et Pavillon avait été nommé. Sa réception se fit le 17 décembre.

2. La 6ᵉ édition sans doute, dont l'*Achevé d'imprimer* est du 1ᵉʳ juin 1691. Il ne serait pas impossible toutefois que ce fût la 7ᵉ, qui n'a point d'*Achevé d'imprimer* et est simplement datée de 1692 : les livres publiés à la fin d'une année portent souvent, au dix-septième siècle comme aujourd'hui, la date de l'année suivante.

vous-même, si vous les aviez employées. Pour moi, je vous trouve digne de l'estime de tout le monde, et c'est aussi sur ce pied-là que je suis votre ami sincère et votre, etc.

XXI

LA BRUYÈRE A SANTEUL[1].

Ce jeudi matin, à Paris.

Voulez-vous que je vous dise la vérité, mon cher Monsieur? Je vous ai fort bien défini la première

---

1. Cette lettre a été publiée, en 1708, à la Haye, dans le *Santeüilliana* (2⁰ partie, p. 40 et 41), et reproduite dans les *Lettres choisies de Messieurs de l'Académie françoise sur toutes sortes de sujets, avec la traduction des fables de Faerne par M. Perrault de l'Académie françoise* (Paris, J. B. Coignard, édition de 1708, p. 171; édition de 1725, p. 214); dans les *Nouvelles lettres familières et autres sur toutes sortes de sujets, etc.*, par René Milleran (édition de Bruxelles, 1709, p. 190 et 191); dans *la Vie et les bons mots de M. Santeuil, etc.* (Cologne, 1722, tome II, p. 44); dans le *Santoliana* publié par Dinouart en 1764 (p. 255), etc. Après avoir comparé le *Santeüilliana* de 1708 et les *Lettres choisies*, achevées d'imprimer le 31 janvier 1708, il nous a paru certain que la publication du *Santeüilliana* est antérieure à celle des *Lettres*, et que l'éditeur de ces dernières a extrait du *Santeüilliana* une partie des lettres adressées à Santeul qui y étaient contenues. L'édition de 1708 des *Lettres choisies* semble être annoncée comme une seconde édition, puisque l'*Achevé d'imprimer*, placé à la fin du volume, porte cette mention : « pour la seconde fois »; mais nulle part nous n'avons trouvé la trace d'une édition antérieure. La traduction des *Fables de Faerne* avait été imprimée une première fois en 1699; une partie des lettres insérées dans le recueil des *Lettres choisies* avait paru soit dans l'édition de 1705 des *Nouvelles lettres familières* publiées par Milleran, soit dans le *Santeüilliana* : on peut s'expliquer ainsi que Coignard ait présenté comme une seconde édition celle qui réunissait, dans un même volume, une traduction déjà imprimée et un recueil de lettres qui n'étaient pas toutes inédites. L'édition de 1709 des *Nouvelles lettres familières* est également annoncée comme une « nouvelle édition : » il avait bien paru en 1705,

fois[1] : vous avez le plus beau génie du monde et la plus fertile imagination qu'il soit possible[2] de concevoir ; mais pour les mœurs et les manières, vous êtes un enfant de douze ans et demi. A quoi pensez-vous de fonder sur une méprise ou un[3] oubli, ou peut-être encore sur un malentendu, des soupçons injustes, et qui ne convenoient point aux personnes de qui vous les avez ? Comptez[4]

sous le même titre, un recueil de lettres préparé par Milleran ; mais cette édition de 1705, à laquelle ressemble fort peu celle de 1709, ne contient pas la lettre de la Bru ère, non plus qu'aucune autre qui soit adressée à Santeul. — C'est d'après le *Santoliana* que MM. Walckenaer et Destailleur ont reproduit la lettre de la Bruyère : le premier, en ajoutant aux fautes du texte, altéré en plusieurs endroits ; le second, en intercalant quelques mots pour le rendre intelligible. M. Fournier en a donné dans sa *Comédie de la Bruyère*, tome I, p. 239 et 240, un texte rectifié d'après le *Santeüilliana* de 1708 et les *Lettres choisies* (édition de 1725). Nous publions, sauf indication contraire, le texte du *Santeüilliana*, c'est-à-dire celui que nous jugeons le plus ancien.

1. La Bruyère fait-il allusion au caractère de *Théodas* *, publié dans la 6ᵉ édition ? On l'a dit, et cette interprétation, si elle est exacte, assigne à la lettre une date postérieure à celle de la 6ᵉ édition, dont l'*Achevé d'imprimer* est du 1ᵉʳ juin 1691. Mais en rappelant la définition qu'il a faite « la première fois », la Bruyère ne semble-t-il pas se reporter à quelque conversation, ou plutôt à quelque lettre antérieure ? Et le caractère de *Théodas* ne serait-il pas le développement de cette première définition de Santeul donnée à Santeul lui-même ? S'il en était ainsi, la lettre serait antérieure à la publication de la 6ᵉ édition. Quoi qu'il en soit, elle a été écrite après la mort du grand Condé, alors que son fils prenait le titre de Monsieur le Prince, et que sa femme était appelée Madame la Princesse.

2. On lit dans toutes les anciennes impressions : « *qui* soit possible de concevoir ; » il est vraisemblable que la Bruyère a écrit ainsi.

3. Tel est le texte des deux ana. Les autres éditions anciennes répètent *sur* après *ou*.

4. Dans le *Santeüilliana*, et dans toutes les réimpressions de la *lettre*, cet endroit est inintelligible. On lit dans les diverses éditions du *Santeüilliana*, dans le *Santoliana*, dans l'édition de 1708 des *Lettres choisies* et dans *la Vie, etc. de M. Santeuil* : « aux personnes de qui

* Voyez ci-dessus, p. 101-103, et p. 345-347.

que Monsieur le Prince et Madame la Princesse sont très-contents de vous, qu'ils sont très-incapables[1] d'écouter les moindres rapports; qu'on ne leur en a point fait, qu'on n'a point[2] dû leur en faire sur votre sujet, puisque vous n'en avez point fourni de prétexte; que la première chose qu'ils auroient faite[3] auroit été de condamner les rapporteurs : voilà leur conduite; que tout le monde[4] est fort content de vous, vous loue, vous estime, vous admire : et vous reconnoîtrez que je vous dis vrai. La circonstance du pâté[5] est foible contre les assu-

vous les avez contés (*ou* contez), que Monsieur le Prince, etc.; » dans les recueils de Coignard et de Milleran : « aux personnes de qui vous les avez contées. Que Monsieur le Prince, etc. » — C'est à M. Édouard Fournier qu'est due la rectification que nous adoptons.

1. Dans les deux ana : « qui sont très-incapables. » L'éditeur du recueil de Coignard (1708) et Milleran ont imprimé : « qu'ils sont, etc. »

2. Dans le *Santeüilliana*, dans *la Vie, etc. de M. Santeuil*, dans le recueil de Coignard et dans celui de Milleran : « qu'on a point. »

3. Le participe est au pluriel masculin dans toutes les anciennes impressions de la *lettre* (le *Santoliana* excepté) : « qu'ils auroient faits. » Dinöuart a imprimé : « qu'ils auroient faite. »

4. La phrase est ainsi coupée dans les recueils de Coignard et de Milleran : « voilà leur conduite. Tout le monde, etc. »

5. « La circonstance du *pâté*, » telle est la leçon du *Santeüilliana* et du *Santoliana*. L'éditeur des *Lettres* publiées en 1708 par Coignard y a sans doute vu, comme en 1866 M. Édouard Fournier, « une bizarre faute d'impression; » aussi a-t-il corrigé *pâté* en *passé*. Milleran, qui donne la lettre d'après le recueil de Coignard, reproduit cette correction, et M. Fournier l'adopte comme la seule leçon qui soi acceptable. Nous conservons cependant celle du *Santeüilliana*, ne sachant rien qui justifie la correction arbitraire que l'éditeur du recueil de Coignard introduit ici dans le texte donné par le *Santeüilliana*. « La circonstance du *pâté* » nous semble même une leçon préférable à : « la circonstance du *passé*. » Comment peut-il être ainsi question du *passé* entre gens qui se voient aussi souvent que le faisaient Santeul et les Altesses de Chantilly? D'ailleurs les rancunes du poëte, celles surtout qu'il ressentait à Chantilly, n'étaient pas d'assez longue durée pour que l'on parlât du *passé* lorsque venait l'heure de la réconciliation. Quant à l'histoire du *pâté* au sujet duquel il y

rances que vous donne¹ avec plaisir et avec une estime infinie,
 Monsieur,
  Votre très-humble et très-obéissant serviteur,
   De la Bruyère².

XXII

PHÉLYPEAUX, COMTE DE PONTCHARTRAIN³,
A LA BRUYÈRE⁴.

Du 5ᵉ juillet 1694.

Il me semble, Monsieur, si je ne me trompe, d'avoir

eut « méprise, oubli ou malentendu, » nous confessons ne la point connaître. Mais ce « pâté » n'a rien qui nous surprenne dans les relations de Monsieur le Prince avec Santeul, l'un des convives les plus habituels de Chantilly, et l'un des familiers dont la présence y était le plus nécessaire. Il se peut fort bien qu'un pâté, promis à Santeul, ait été vainement attendu par lui à l'abbaye de Saint-Victor, et que cette vaine attente ait mis le poëte en colère : il s'est parfois fâché pour de moindres griefs.

1. Dans le *Santoliana* : « que je vous donne ; » et plus loin : « avec une estime possible. »

2. Cette lettre a toutes les apparences de l'authenticité, et elle est bien conforme aux relations qui existaient entre Santeul et la Bruyère, ainsi qu'on peut le voir dans la *Notice biographique*.

3. Jérôme Phélypeaux ne porta ce titre qu'après la mort de son père (1727). Reçu conseiller au Parlement le 28 mars 1692, il n'avait pas encore vingt ans lorsqu'il devint, le 27 décembre 1693, survivancier de la charge de secrétaire d'État de la marine, alors occupée par Pontchartrain. — « Son père, dit Saint-Simon (*Note* sur le *Journal* de Dangeau, tome V, p. 248), l'avoit envoyé faire une tournée par les ports du royaume pour apprendre, où il fut reçu partout en fils de France. » C'est pendant cette tournée, où l'accompagnait M. de la Loubère (voyez ci-dessus, p. 471, note 2), qu'il écrivit à la Bruyère. Il mourut le 8 février 1747. Voyez son portrait dans les *Mémoires* de Saint-Simon, tome IV, p. 377 et 378.

4. Cette lettre et la suivante, tirées de l'un des registres qui con-

lu dans votre excellent livre des *Mœurs de ce siècle* que l'amour-propre nous expose souvent à de grands inconvénients[1]. Il faut assurément que vous ne vous souveniez pas de ce passage, ou que vous ne le preniez pas pour vous, et que vous soyez aussi amoureux de vous-même que le Narcisse de Chantilly[2], pour croire que lorsque nous sommes seuls, M. de la Loubère et moi, nous ne passons pas un seul moment sans songer à vous : il faudroit que nous n'eussions guère de choses à faire. Je vous dirai, moi, pour rabattre un peu de votre vanité, que sans votre lettre nous n'aurions peut-être pas fait réflexion que vous fussiez au monde, et que notre voyage se seroit passé sans qu'il eût été fait mention de vous. Sérieusement parlant, vous êtes un grand paresseux depuis près de deux mois que je suis parti[3]. Vous ne m'avez donné aucun signe de vie, et vous méritez bien[4] les reproches que je vous fais. Cependant je me sens trop de penchant à vous pardonner, pour ne pas excuser volontiers vos fautes passées, à la charge que vous vous corrigerez à l'avenir. J'ai lu avec un extrême plaisir toutes les nouvelles que vous m'écrivez de Chantilly. Il y en a telles qui m'ont

tiennent les copies des lettres de Phélypeaux fils, aux archives du ministère de la marine, ont été publiées pour la première fois par M. Depping, dans le *Bulletin du comité historique des monuments écrits de l'histoire de France*, tome II, p. 55 et 56, et réimprimées, en 1867, par M. A. Jal, dans son *Dictionnaire critique de biographie et d'histoire*, article LA BRUYÈRE, p. 715 et 716. La première lettre a été écrite de Brest. Elle est aux folios 25 et 26 du registre.

1. Phélypeaux ne confond-il pas ici les *Maximes* de la Rochefoucauld et les *Caractères* de la Bruyère?
2. Allusion à une statue de Chantilly.
3. Nous suivons la ponctuation du registre.
4. « Et vous ne méritez que trop les reproches, etc., » dans le texte donné par M. Depping. La fin de cette phrase est ainsi défigurée dans le registre : « et vous ne *mérité* pas bien les reproches que vous *faits*. » Faut-il lire : « et voyez si vous ne méritez pas bien les reproches que je vous fais » ?

fait trembler, et surtout l'aventure de la demoiselle avec son ..... [1], et de ce que vous êtes un [des] rudes joueurs de lansquenet qui soit au monde. Il ne vous faut plus que cela pour devenir tout à fait fou, et si vous faites encore plusieurs voyages à Chantilly, je ne doute pas qu'avant qu'il soit un an, on ne vous mène haranguer aux Petites-Maisons. Ce seroit une fin assez bizarre pour le Théophraste[2] de ce siècle; et je trouve que cela conviendroit mieux au.... moderne[3] dont il est tant fait

---

1. « Un mot effacé par le grattoir, qui n'a pas tellement enlevé l'écriture, dit M. Jal, qu'on ne puisse encore lire : *edducque*. » — Nous ne pouvons imprimer, avec M. Jal : « l'aventure de la demoiselle avec son heiduque; » car, au lieu de : *edducque*, nous lisons sur le manuscrit : *et de ce que*. Le copiste a évidemment passé un mot, et mis deux fois *et de ce que*, après les mots : *avec son*. S'étant aperçu de la répétition, il l'a fait disparaître en grattant les mots où M. Jal a cru pouvoir déchiffrer *edducque*.

2. Le copiste, qui n'a pas pu lire *Théophraste*, a écrit *Troph*....

3. Le copiste a omis un mot : il y a un blanc avant *moderne*, dans le manuscrit. M. Depping a proposé de lire soit « au Timon moderne, » c'est-à-dire au duc de Montausier, soit « au Phèdre moderne, » c'est-à-dire à la Fontaine. « Un mot oublié par le copiste, écrit de son côté M. Jal. Il est évident, ajoute-t-il, que c'est le nom d'un fou de l'antiquité, et que le fou moderne auquel Jérôme Pontchartrain le compare est l'Angeli, que le prince de Condé avait, dit-on, donné au Roi. » Aucune de ces explications ne nous paraît satisfaisante. Montausier était mort depuis quatre ans, et d'ailleurs quel homme s'exposait moins à ce qu'on le menaçât de le conduire aux Petites-Maisons, c'est-à-dire à l'hôpital des fous? Nous ne comprendrions pas mieux qu'il pût être question de la Fontaine, alors malade, et vivant dans la retraite. A supposer enfin que la lacune dût être remplie par le nom de je ne sais quel fou de l'antiquité, que viendrait faire ici le souvenir de l'Angeli, qui était depuis bien des années éloigné de la cour, s'il vivait encore? Aux conjectures inadmissibles de M. Depping et de M. Jal, nous n'en pouvons substituer aucune qui doive être accueillie avec confiance. Nous noterons toutefois que le personnage qu'on accusait le plus souvent de folie à cette époque, était Santeul[*]. « Si j'étois roi de France, je vous ferois

---

[*] Les Suisses de la porte d'une église le nomment : « le poëte fou; » chacun de ses amis parle de sa folie, en prose et en vers. Voyez

mention. Si pourtant par cas fortuit cela arrivoit, ne doutez pas [que] je ne vous y aille rendre visite, et qu'en quelque état que vous soyez, je ne vous [mette[1]] toujours au rang de mes amis, quoique l'homme le moins sage qui soit sur la terre.

mettre aux Petites-Maisons : » ce propos, que l'on place dans la bouche de Bossuet parlant à Santeul, n'a rien que de très-vraisemblable. Mais s'il s'agit ici de Santeul, quel peut être le mot qu'il faut suppléer? Les contemporains de Santeul l'ont souvent comparé à Virgile, à Horace, jamais à Pindare, que je sache : or « le Virgile moderne » (*l'Horace* n'est pas possible, à cause de l'article *au*) serait une désignation trop vague pour que Phélypeaux l'eût employée. Nous n'osons proposer de lire : « au Théodas moderne. » *Théodas* est le surnom que Santeul a reçu de la Bruyère; mais s'il est le Théodas moderne, qui serait le Théodas de l'antiquité? Ce nom propre *Théodas* ou (forme identique) *Theudas* se trouve dans les *Actes des apôtres* (chapitre v, verset 36), dans les *Lettres familières* de Cicéron (livre VI, *lettre* x), dans Diogène de Laërte (livre IX, § 116), plusieurs fois chez Galien, mais partout il s'applique à des personnages obscurs. Il nous semble à peu près impossible que la Bruyère ni Phélypeaux aient, à propos de Santeul, songé à aucun d'eux, pas même à celui des *Actes des apôtres*. Ce dernier est qualifié d'une façon qui conviendrait assez à l'extrême vanité de l'auteur des hymnes : *Theodas dicens se esse aliquem*; mais, encore une fois, il est trop inconnu pour que le rapprochement paraisse probable et naturel. Puis, cette lacune du nom propre fût-elle comblée, il resterait à rendre compte du membre de phrase : « dont il est tant fait mention. » Le tour serait singulier, de la part surtout de Phélypeaux, qui devait être en relation avec Santeul. Voudrait-il dire qu'une aventure, qu'un acte quelconque a mis récemment en évidence le personnage dont il parle? Nous ne savons rien qui appelle particulièrement l'attention sur Santeul au moment où cette lettre est écrite. C'est un peu plus tard qu'il composa, sur le cœur d'Arnauld, l'épitaphe qui devait exciter tant de colères.

1. Encore un mot sauté. Faut-il lire *mette* ou *compte*?

la Vie et les bons mots de M. Santeuil, etc., édition de 1722, tome I, p. 138; tome II, p. 184, 185, 187, etc., et ci-dessus, p. 345-347.

XXIII

PHÉLYPEAUX A LA BRUYÈRE.

Du 28 août [1694[1].]

Si par hasard vous avez, Monsieur, quelqu'un de vos amis qui vous connoisse assez peu pour vous croire sage, je vous prie de me le marquer par nom et par surnom, afin que je le détrompe à ne pouvoir douter un moment du contraire. Je n'aurai pour cela qu'à lui montrer vos lettres : si après cela il ne demeure pas d'accord que vous êtes un des moins sensés de l'Académie françoise, il faut qu'il le soit aussi peu que vous. Je n'ai pu encore bien discerner si c'est la qualité d'académicien, ou les honneurs que vous recevez à Chantilly, qui vous font tourner la cervelle. Quoi qu'il en soit, je vous assure que c'est dommage; car vous étiez un fort joli garçon, qui donniez beaucoup d'espérances. Si j'arrive devant vous à Paris, je ne manquerai pas de vous faire préparer une petite chambre bien commode à l'Académie du faubourg Saint-Germain[2]. J'aurai bien soin qu'elle soit séparée des autres, afin que vous n'ayez communication qu'avec vos amis particuliers, et que les Parisiens, naturellement curieux, ne soient pas témoins du malheur qui vous est arrivé. En attendant, vous pouvez penser, faire et écrire autant d'extravagances que vous voudrez : elles ne feront que me réjouir; car les folies, quand elles sont

---

1. Phélypeaux était ce jour-là, nous apprend M. Jal, « entre Paris et Abbeville, d'où il était parti le 27 pour rejoindre son père, qui l'attendait. » — La copie de cette lettre est aux folios 60 et 61 du registre.

2. C'est-à-dire aux Petites-Maisons.

aussi agréables que les vôtres, divertissent toujours et délassent du grand travail dont je suis accablé. Je suis, Monsieur, entièrement à vous.

LETTRES APOCRYPHES.

Nous donnons ci-après les deux lettres que nous n'avons pas cru devoir admettre dans la correspondance authentique de la Bruyère.

Le fac-similé de la première a paru dans la *Galerie française ou Collection de portraits des hommes et des femmes qui ont illustré la France dans les XVIe, XVIIe et XVIIIe siècles, avec des notices et des fac-similé...*, par une société d'hommes de lettres et d'artistes (Paris, Firmin Didot, 1821-1823, in-4°) : il vient à la suite d'une notice de M. Boissy-d'Anglas sur la Bruyère (tome II, p. 351 et suivantes). La fausseté de cette pièce ne peut être douteuse : écriture, signature, style, rien n'en est de la Bruyère. Elle a été citée comme un document authentique dans quelques pages de *la Comédie de la Bruyère* (tome I, p. 177, 200 et 219); mais averti qu'elle a paru « dans une vente d'autographes le 31 janvier 1864[1], sous le n° 69 du Catalogue, et qu'elle en a été « retirée comme douteuse, » M. Fournier l'a considérée vers la fin de son ouvrage (tome II, p. 548 et 549) comme « d'une authenticité un peu douteuse. » Plus loin cependant (p. 589 et 590), il incline encore à la croire authentique, et s'y renseigne sur la santé de la Bruyère et les dangers qu'il suppose l'avoir menacée dès 1687; mais nulle argumentation ne peut prévaloir contre la comparaison du fac-similé qui accompagne notre édition et du fac-similé de la *Galerie française*. Eût-il souffert de la paralysie au bras droit dont il est question dans cette lettre apocryphe, la Bruyère n'aurait jamais écrit ni signé comme l'a fait pour lui le faussaire qui en est l'auteur. Tout aussi bien d'ailleurs que l'écriture et la signature du fac-similé de la *Galerie française*, le style de la lettre en trahit l'origine.

Nous ne pouvons combattre l'authenticité de la seconde lettre par des raisons aussi péremptoires; car nous n'en connaissons qu'un texte imprimé, ou plutôt qu'une traduction, insérée dans l'ouvrage intitulé : *Lettere di Gregorio Leti* (Amsterdam, 1701, tome II, p. 392). Mais bien qu'elle n'ait point paru suspecte à l'érudit qui le premier l'a signalée à l'attention des éditeurs de la Bruyère[2], elle nous semble presque aussi certainement fausse que la première. Elle est datée de 1678 : or à cette époque, où la Bruyère était un avocat obscur, et n'avait pas encore publié une seule ligne, quelle raison aurait eue Leti de solliciter sa protection et son amitié? Comment eût-il déjà pu lui

---

1. Est-ce bien le 31 janvier, qui est un dimanche?
2. M. G. Brunet, dans le *Bulletin du Bouquiniste* du 15 janvier 1865, p. 26.

parler, et cela dans les termes qu'on va lire, de sa réputation littéraire? La réponse attribuée à la Bruyère porte d'ailleurs en elle-même la preuve qu'elle n'est pas de lui. Elle est sans doute de celles que Leti présentait comme traduites par lui du français en italien[1], et l'on ne doit pas s'attacher au style même; mais quel air de fausseté dans le ton général de la lettre! Non, ce n'est pas la Bruyère, même en 1678, qui peut marquer une si grande et si bruyante joie d'avoir reçu une lettre de Leti, et qui veut que « le monde entier » soit instruit de l'honneur qui lui est fait. Les considérations historiques et politiques ne sont pas davantage dans la manière de la Bruyère. On reconnaît, à chaque ligne, la main de Leti, louant ses ouvrages comme il eût voulu qu'ils fussent loués par les critiques du temps. Sommes-nous seuls à tenir en suspicion le recueil des lettres de Leti? Nullement; car on lit dans le *Dictionnaire* de Moreri (édition de 1749), à l'article *Leti* : « En 1700, on imprima un recueil de lettres italiennes sur différents sujets qui sont de M. Leti lui-même. » Dans ses travaux historiques, Leti faisait une part plus large à l'imagination qu'à la vérité, et il ne s'en cachait point[2]. Au moment où il entreprit la publication de sa correspondance, il était vivement attaqué par Pierre Ricotier : il crut opportun et habile de se prévaloir auprès du public d'amitiés illustres, et livra sans aucun scrupule à l'impression des copies de lettres qui ne lui avaient jamais été écrites.

Nous croyons devoir publier la lettre de la *Galerie française* qui est censée écrite par la Bruyère à Fontenelle, et qui d'ailleurs est très-courte : comme il en a été fait plusieurs fois usage, il est utile que l'on sache quels détails elle contient, afin qu'on puisse les reconnaître et les écarter lorsqu'on les rencontrera dans une biographie. Il convient plus encore de publier la lettre italienne, puisque la meilleure preuve de sa fausseté en est le texte même. Nous la faisons précéder de la lettre à laquelle elle répond et que Leti prétend avoir écrite en 1678 à la Bruyère. M. G. Brunet a traduit en français, dans le *Bulletin du Bouquiniste* du 15 janvier 1865, p. 26 et 27, la lettre italienne que Leti a signée du nom de notre auteur.

1. « Ti dò aviso in tanto, lettore, » écrit-il dans l'avertissement au lecteur, « che molte lettere sono state da me tradotte dall' originale francese, nel quale mi sono state scritte, e che in breve vedranno la luce li due volumi delle stesse lettere in francese, cioè con li originali, e con le traduttioni dell' italiane in francese. » — Leti mourut en 1701 et ne put mettre à exécution ce projet de publication, que peut-être il n'eut jamais sérieusement.
2. « Real Prencipessa, » dit-il un jour, si on l'en croit, à la Dauphine, au sujet de sa peu véridique histoire de Sixte-Quint, « quel ch' è ben trovato, benchè falso, piace più che una relatione mal composta, benchè vera. » (*Lettere di Gregorio Leti*, tome I, p. 485 et 486.)

I

LETTRE APOCRYPHE DE LA BRUYÈRE A FONTENELLE.

Versailles, ce 11 décembre 1687.

J'ai été bien sensible à l'hommage de votre livre des *Oracles*[1]. Vous venez de montrer[2], Monsieur, poëte philosophe et écrivain du premier mérite. Je ne fais pas difficulté de croire qu'il ne vous attire les éloges mérités des gens de goût, l'estime des esprits supérieurs et l'accueil plus flatteur encore d'un public reconnoissant. J'aurois répondu plus tôt à l'obligeante lettre qui l'accompagnoit, sans une paralysie au bras droit que j'ai eue ces jours passés, qui me cause de grandes douleurs, et qui me fait regretter de ne pouvoir vous écrire plus longtemps. Vous assurant, Monsieur, des vœux que je fais pour votre gloire, et de l'amitié avec laquelle je suis bien sincèrement

Votre très-affectionné serviteur,

LABRUYÈRE.

II

LETTRE APOCRYPHE DE G. LETI A LA BRUYÈRE.

All' Illustrissimo Signore, padrone colendissimo, il Signor de la Bruyere, Parigi[3].

Mio Signore,

Nè io saprei ambire la padronanza e l'amicitia d'un letterato, e d'un Francese di nome più accreditato, e verso di cui maggiore sia l'inclinattione d'acquistar la gratia d'un tanto sogetto; nè V. S. I. trovare huomo alcuno nel mondo che habbia maggior zelo nell' honorarla, e nel stimarla. Molti sono li litterati che m'hanno scritto del suo singolar merito nel cielo litterario con i dovuti elogi; ed infiniti quei che m'hanno fatto honorevoli raporti delle sue gentilissime maniere di procedere con tutti. Dopo haver voluto la mia buona fortuna, che di tali informationi s'arricchisse il mio spirito, troverà forse strano la sua cortese humanità, che io riccorra alla sorsa ed al fondo de' tesori?

---

1. La première édition de l'*Histoire des Oracles*, de Fontenelle, parut, sans nom d'auteur, en 1687.

2. Soit par distraction, soit à dessein et pour donner un air de vérité à la lettre, le faussaire a omis un mot, à la fin de la seconde ligne : « de *vous* montrer. » — Quatre lignes plus loin, *droit* est en interligne, et le participe *eue* est sans accord (*que j'ai eu*).

3. Nous suivons, dans ces lettres italiennes, l'orthographe de l'édition originale : *Lettere di Gregorio Leti*, Amsterdam, 1701, tome II, *lettres* CXIX et CXX, p. 390-394.

Sò che non hò merito per l'acquisto d'una corrispondenza d'un gentil' huomo letterato, alla quale aspirano con sommo desio gli stranieri, e ne godono il possesso con infinitissimo piacere i cittadini. Ma *Ubi abundat iniquitas, ibi superabundat et gratia*[1].

Confido dunque che V. S. I. non troverà strano questo mio ardire di consegrarle in cotesto mio primo, ma tanto più reverente foglio, una servitù delle più humili, con la certezza che a' defetti de' miei talenti si farà innanzi per dissiparli la virtù pretiosissima del suo animo nobile. Sò che la mià servitù gli sarà del tutto inutile, sia nello spirito, sia nel corpo, e per la debolezza delle mie forze, e per la mancanza di quelle lumiere che alimentano il comercio trà letterati; ma sò ancora che nella generosità del suo cuore non regna interesse, ma affetto, ed una sincera inclinattione d'accogliere tutti, e di non disprezzare nissuno. Non stimo bene d'avanzar più oltre le mie importunità con altre espressioni, sino che haverò la fortuna d'intendere che mi farà la gratia d'aggradire che io viva,

Di V. S. I.

Humilissimo ed ubbidientissimo servidore,

GREGORIO LETI.

Geneva, 18 maggio 1678.

RÉPONSE APOCRYPHE DE LA BRUYÈRE.

Al Signor Gregorio Leti, Geneva.

Mio Signore,

Il suo nome ed il suo spirito m'erano pienamente conosciuti, e sarebbe cosa difficile di non esser del tutto straniere nella Republica di lettere, per poter ignorare il luogo che V. S. tiene in questa. Ma ben si questo è vero, che io ignorava sino a qual grado arrivasse la sua amorevolissima bontà, e la mia sorte hà voluto che ne venissi instrutto dalla lettera amorevolissima che m'hà fatto la gratia di scrivermi. Bisogna che tal sua bontà sia straordinaria per poter giungere sino alla mia persona, e posso ben' assicurarla di questo, che nel corso della mia vita, non sono stato mai nè più sorpreso nè più sodisfatto. Se pure è vero che V. S. consente che io entri nel numero de' suoi amici, darò principio ad haver qualche picciola stima di me stesso già che infinitamente la stimo.

Ma, carissimo mio Signore, io non devo in maniera alcuna dubitare della sua sincerità, che però da questo momento istesso entro a considerar la sua amicitia, come una particolar beneficenza che da Lei ricevo, la quale m'accusarebbe d'una estrema ingratitudine, se io non procurassi di metter tutte le mie applicattioni maggiori per rendermene degno ed a ben conservarmela. Stimo a mia somma gloria, che a tutto il mondo sia noto l'honore che

---

[1]. Voyez l'*Épître* de saint Paul *aux Romains*, chapitre v, verset 20.

V. Signoria si è degnata di farmi, e pretendo che di tutto ne venga instrutto da me stesso.

Del resto, mio Signore, sono stato informato che và al presente scrivendo la vita del famoso Rè Filippo Secondo[1]. Questo Rè veramente è stato un gran politico, se per esser tale, sia sufficiente d'esser furbo, senza fede, senza humanità, senza tenerezza, senza sangue, e senza religione. Non hò minima difficoltà di persuadermi che non sia dalla sua penna scoperto alla svelata, senza maschera e senza colori, e senza ombre le sue virtù et suoi vizi. Son più che certo, che non è possibile di trovar penna alcuna più propria per una tale opera della sua.

Francesco Primo, del quale intendo che V. S. si è proposto di scriver ancora la vita[2], era un prencipe nel quale vi era di che condannare, e di che ammirare. Un' huomo particolare del carattere di questo Rè sarebbe un heroe. Uno de'miei amici[3] hà scritto la sua vità sopra le memorie, delle quali io ne hò visto una gran parte nella bibliotheca del Signor Primo Presidente di Lamoignon; ma non hanno voluto permettergli di darla al publico, e la ragione di ciò è che ne porta delle verità che gli sono poco favorevoli; e non si vuol consentire che si dechiari indegno del titolo di Grande. Se V. S. crede che io sia capace d'aintarla in qualche cosa, la prego di non risparmiarmi, e d'esser persuasa che io sono perfettamente,

D. V. S.

Humilissimo ed ubbidientissimo servidore,

DE LA BRUYÈRE.

Parigi, 4 giugno 1678.

1. La *Vie de Philippe II*, par Leti, a paru en 1679 à Genève sous ce titre : *Vita del catolico Re Filippo II*, *monarca delle Spagne*.

2. Leti n'a pas écrit la vie de François Ier, mais celle de son fameux rival, l'empereur Charles-Quint, sous le titre de *Vita del invitissimo Imperadore Carlo V, Austriaco*, Amsterdam, in-12. Cet ouvrage, où les événements du règne de François Ier tiennent nécessairement une grande place, ne parut qu'en 1700. Il serait possible que Leti eût formé dès 1678 le projet de raconter l'histoire de cette époque; mais est-il bien vraisemblable que ce projet ait été dès lors connu de la Bruyère?

3. Ainsi que le dit très-justement M. Fournier, dont nous nous séparons d'ailleurs encore ici, car il admet l'authenticité de cette lettre (*la Comédie de la Bruyère*, tome I, p. 21, 32, 33, etc.), il s'agit de Varillas et de son *Histoire de François Ier*. La première édition de cet ouvrage, composé d'après les manuscrits de la bibliothèque du Roi, de la bibliothèque de Lamoignon, etc., parut à la Haye en 1684, sans l'aveu de l'auteur. On reprochait à Varillas, comme on le fait dire à la Bruyère, d'avoir porté atteinte à la réputation de François Ier, et l'impression de l'ouvrage ne fut permise en France qu'en 1686.

DIALOGUES POSTHUMES
SUR LE QUIÉTISME

NOTICE.

Avec la plupart des éditeurs de la Bruyère, Walckenaer refusait d'admettre l'authenticité des *Dialogues sur le quiétisme :* aussi les a-t-il écartés de l'édition qu'il présente comme celle des œuvres complètes de l'auteur des *Caractères.* Nous leur donnons place dans la nôtre, n'ayant pas été convaincu par son argumentation qu'ils soient apocryphes. Quelques libertés qu'ait prises l'éditeur des *Dialogues,* on ne peut affirmer sans témérité, nous dirons même sans inexactitude, qu'il ne nous ait pas transmis les *Dialogues* de la Bruyère : tel est notre sentiment, et nous essayerons de le justifier.

La Bruyère a composé des *Dialogues sur le quiétisme* dans les derniers temps de sa vie : il n'y a du moins aucun doute sur ce point. Antoine Bossuet, frère aîné de l'évêque de Meaux, écrivait dans la lettre où il annonçait à son fils la mort de la Bruyère : « J'avois soupé avec lui le mardi.... Il m'avoit fait boire à votre santé.... Il m'avoit lu des dialogues qu'il avoit faits sur le quiétisme, non pas à l'imitation des *Lettres provinciales,* car il étoit toujours original, mais des dialogues de sa façon[1]. » C'est deux jours après ce souper et cette lecture, le 10 mai 1696, que la Bruyère mourait frappé d'apoplexie.

Il n'est pas très-surprenant que la Bruyère ait eu la pensée de s'associer à la croisade dirigée par Bossuet contre les quiétistes. On sait comment l'évêque de Meaux s'était mis à l'étude de leurs ouvrages sur la prière de Fénelon et de Mme Guyon elle-même, et quel adversaire Mme Guyon et Fénelon avaient trouvé dans cet

---

1. Cette lettre a été publiée en 1836 par M. Monmerqué dans la *Revue rétrospective,* tome XIII, p. 139. L'original n'étant pas signé, M. Monmerqué n'en nomme point l'auteur ; mais elle se rapporte si bien à d'autres lettres d'Antoine Bossuet, possédées par M. A. Floquet, qu'il n'est pas douteux qu'elle soit de lui : telle est l'opinion de M. Floquet, et nous l'adoptons avec confiance. Ce n'est point d'ailleurs la seule de ses lettres qu'Antoine Bossuet n'ait pas signée. — Nous reproduisons en entier dans la *Notice biographique* le passage de cette lettre qui est relatif à la Bruyère : elle est datée de Paris, 21 mai 1696.

éloquent et ferme défenseur de la pure orthodoxie. La conférence d'Issy, les mandements de l'archevêque de Paris (16 octobre 1694), de l'évêque de Meaux (16 avril 1695), de l'évêque de Châlons (25 avril 1695), et de l'évêque de Chartres[1] (21 novembre 1695), où fut condamnée la nouvelle spiritualité, l'emprisonnement de Mme Guyon[2], et les conférences que tint Bossuet dans la maison de Saint-Cyr pour en « déraciner entièrement le quiétisme, » suivant l'expression de l'abbé Phélypeaux[3], avaient appelé l'attention publique sur les livres quiétistes. Que de fois, dans les réunions qui se formaient autour de Bossuet, et auxquelles la Bruyère était fort assidu, la conversation dut revenir sur le quiétisme, sur la nécessité d'en arrêter les progrès, et sur les discussions qui s'élevaient à ce sujet entre Bossuet et Fénelon, discussions dont l'amertume se dissimulait malaisément sous la bienveillance de l'un et l'apparente soumission de l'autre! Moraliste et satirique, la Bruyère fut tenté de discuter à sa manière le quiétisme, et de décrier, en les raillant, les prédications si souvent ridicules de Mme Guyon et de ses amis. Sans entrer bien avant dans la théologie, il pouvait faire œuvre de littérature et de bon sens : c'est ce qu'il entreprit.

Malheureusement il mourut avant d'avoir livré son travail à l'imprimeur. Deux ans et demi s'écoulèrent sans que l'on entendît parler des *Dialogues* : ce fut seulement vers la fin de 1698 que le libraire Osmont, en vertu d'un privilége obtenu le 30 juin 1698, mit en vente les *Dialogues posthumes du sieur de la Bruyère*, dont l'*Achevé d'imprimer* est du 5 décembre[4]. « Il avoit fait, avant que de

---

1. Ce mandement, auquel ont été empruntées diverses citations faites au-dessous du texte des *Dialogues*, est intitulé : « Ordonnance et instruction pastorale de Monseigneur l'évêque de Chartres pour la condamnation des livres intitulés : *Analysis orationis mentalis*, etc., *Moyen court*, etc..., et d'un manuscrit qui a pour titre *les Torrents*. » (Paris, 1695, in-4°.)

2. Enfermée dans un couvent en 1687 (voyez ci-dessus, p. 387, note 1), Mme Guyon signa un acte de soumission et fut bientôt remise en liberté. Elle fut réemprisonnée en décembre 1695.

3. *Relation de l'origine, des progrès et de la condamnation du quiétisme*, p. 161. La première conférence se fit le 5 février 1696.

4. Le privilége avait été obtenu au nom d'Antoine Desprez. Il fut cédé par Desprez, le 12 septembre, à Osmont, qui le fit enregistrer, le 16 septembre, au syndicat de la librairie (Manuscrits de la Bibliothèque impériale, *Enregistrement des priviléges au syndicat de la librairie*, de 1688 à 1700, n° 2194 du *Fonds français*). Le livre porte la date de 1699; mais il avait paru en 1698. Basnage, qui dès le mois de septembre en avait annoncé la prochaine impression dans son *Histoire des ouvrages des savants* (p. 425), en signale la publication dans le numéro de décembre (p. 550); le *Journal des savants* en rend

mourir, disait l'éditeur anonyme en parlant de la Bruyère[1], sept dialogues sur le quiétisme.... Quoiqu'il n'y eût pas mis la dernière main, ils se sont trouvés, au jugement des connoisseurs, en état d'être imprimés. C'est ce qui a déterminé à les donner au public. Mais comme l'ouvrage n'étoit pas encore achevé, on a cru y devoir ajouter deux dialogues, pour remplir le dessein de l'auteur, conformément au plan qu'il en avoit fait. On a tâché d'imiter son style et ses manières.... »

Il ne semble pas que l'impression des *Dialogues* ait été fort remarquée du public; mais elle ne put échapper à l'attention des amis de la Bruyère. Aucun d'eux, que nous sachions, n'a mis en doute l'authenticité de cet ouvrage. Seul parmi les contemporains, Brillon la contesta[2], sans donner toutefois aucune raison de sa défiance. Nous avons dit[3] comment Brillon se fit tout à la fois le critique et l'apologiste de la Bruyère: son sentiment a peu de valeur sur ce point, comme sur bien d'autres. S'il y avait eu fraude, l'abbé de la Bruyère aurait-il gardé le silence? Il avait quelque souci de la gloire de son frère; car il vit avec déplaisir, avec colère même, la publication de la *Suite des Caractères*, qu'on attribuait audacieusement à l'illustre écrivain[4]. Combien eût été plus coupable, et plus faite pour le mécontenter, la publication de dialogues apocryphes! La *Suite des Caractères* était l'œuvre d'un faussaire

---

compte dans le numéro du 5 janvier 1699. Le titre imprimé au haut de la page 1 ne donne que l'initiale de la Bruyère: *Dialogues posthumes du sieur de la B*** sur le quiétisme*; mais son nom est écrit en toutes lettres sur le titre placé en tête du volume.

1. Voyez ci-après, l'*Avis au lecteur*, p. 543.

2. Il écrivait en 1701 dans les *Sentiments critiques sur les Caractères de Monsieur de la Bruyère* (p. 447), en commentant la réflexion 26 du chapitre de la Mode (voyez ci-dessus, p. 160): *La devotion et la geometrie ont leurs façons de parler, ou ce qu'on appelle les termes de l'art, etc...* : « Les gens qui n'approfondissent pas les choses, et qui ne sont pas vrais connoisseurs, prétendent décider par ce caractère que Monsieur de la Bruyère est l'auteur des *Dialogues sur le quietisme*. On a voulu lui attribuer cet ouvrage, afin d'en infatuer le public; mais nous pouvons assurer que ces *Dialogues*, qui ont paru après sa mort, ont aussi été faits depuis. Ce n'est pas là le seul ouvrage qu'on lui attribuera, témoin les *Caractères posthumes*, dont je vous parlerai quelque jour. » Puis revenant sur les *Dialogues* dans son *Apologie de Monsieur de la Bruyère* (p. 357), le même Brillon disait encore: « Je ne sais point par où l'on prouveroit que cet ouvrage est de lui.... Comment permet-on que les grands noms servent à couvrir le foible de tant d'ouvrages médiocres? C'est abuser de la réputation des habiles gens. »

3. Voyez notre tome I, p. 99 et 100, et p. 432-434.

4. Voyez la *Notice bibliographique*.

dont la grossière imposture ne pouvait induire personne en erreur : les *Dialogues sur le quiétisme* devaient être, au contraire, accueillis avec confiance, puisque la Bruyère avait laissé un manuscrit qui portait ce titre. L'abbé de la Bruyère ne protesta point cependant contre l'impression que l'on en fit. Son silence est au surplus tout ce que nous pouvons constater : nous ignorons s'il prit part à la publication [1].

L'édition avait été préparée par l'abbé Ellies du Pin, docteur en théologie, professeur au Collége royal, qui avait déjà publié une partie de la *Bibliothèque des auteurs ecclésiastiques*[2]. L'éditeur a gardé l'anonyme; mais son nom nous est révélé par quantité d'écrivains du dix-huitième siècle. L'abbé d'Olivet, entre autres, le donne dans son *Histoire de l'Académie*[3], à la fin de sa notice sur la Bruyère : « On trouva, dit-il, parmi ses papiers des *Dialogues sur le quiétisme*, qu'il n'avoit qu'ébauchés, et dont M. du Pin, docteur de Sorbonne, procura l'édition. »

Tels sont les termes mêmes de l'abbé d'Olivet, et nous sommes un peu surpris de l'interprétation que Walckenaer en donne à l'appui de sa thèse : « Ces expressions ambiguës de d'Olivet, écrit-il, démontrent qu'il était dans le secret de cette publication pseudonyme[4]. » L'opinion de Walckenaer sur l'authenticité des *Dialogues* a entraîné celle de M. Livet, qui, dans son édition de l'*Histoire de l'Académie,* annote comme il suit la phrase de l'abbé d'Olivet : « Ce livre, où l'on ne reconnaît pas la Bruyère, est attribué à

---

1. C'est sous les yeux de l'abbé de la Bruyère que fut fait l'inventaire, après décès, des objets qui appartenaient à son frère, et c'est lui qui recueillit ses papiers; mais il n'est pas certain que le manuscrit des *Dialogues* se trouvât chez la Bruyère lorsqu'il mourut. Voyez ci-après l'*Avis au lecteur*, p. 543.

2. Les premiers volumes de cet ouvrage, commencé en 1686, furent condamnés en 1693, « avec apparat », dit le Gendre, par l'archevêque de Paris. Bossuet, que Saint-Simon nomme justement « le dictateur de l'épiscopat et de la doctrine », n'avait pas été étranger à cette condamnation. L'ouvrage fut supprimé et condamné, écrit le Gendre (*Mémoires,* p. 162), « comme contenant des propositions scandaleuses, fausses et téméraires, injurieuses au Saint-Siége et aux Pères de l'Église. » On peut voir dans les *Mémoires* de le Gendre comment on amena l'auteur à se rétracter, et dans le *Dictionnaire* de Moreri, dans les lettres de Bourdelot à l'abbé Nicaise (Bibliothèque impériale, *Manuscrits, Fonds français,* n° 9360), etc., comment il put, malgré la condamnation de l'archevêque de Paris, faire paraître en 1696 une nouvelle édition de la *Bibliothèque des auteurs ecclésiastiques,* et continuer cet immense ouvrage, en modifiant simplement le titre.

3. Tome II, p. 322, édition de 1729, in-4°.

4. *Étude sur la Bruyère,* p. 77.

M. du Pin lui-même, qui, pour certains motifs, n'aurait pu publier l'ouvrage de la Bruyère tel qu'on l'avait trouvé. »

Nous croyons être plus fidèle à la pensée de l'abbé d'Olivet, en n'admettant point qu'une œuvre entièrement nouvelle ait été substituée à celle de la Bruyère. Si le manuscrit contenait des allusions et des railleries que les amis de la Bruyère n'ont pas voulu imprimer, ne suffisait-il pas de les effacer? Quels *motifs* auraient pu empêcher l'éditeur de conserver au moins la plus grande partie du travail de la Bruyère, travail dont le frère de Bossuet avait entendu la lecture et que l'auteur sans doute comptait soumettre à Bossuet lui-même? Pourquoi supposer que l'éditeur ait refait entièrement l'ouvrage, de façon que le titre seul fût de l'auteur annoncé?

L'abbé du Pin n'était pas riche, et l'on peut être assuré qu'il consentit à publier les *Dialogues* pour gagner quelque argent. Il ne ressemblait pas toutefois à ces aventuriers littéraires que l'on voyait sans cesse en quête d'un titre qui pût tromper le public, et d'un libraire qui se fît complice d'un mensonge. Janséniste, et l'un des moins respectueux pour le Pape et la cour de Rome, indulgent aux hérétiques, aimé des protestants, auteur d'un ouvrage condamné par l'archevêque de Paris, il n'avait aucun titre à la bienveillance de le Gendre, qui nous a laissé son portrait [1], et

---

1. « Je ne sache point d'homme de nos jours qui ait été plus odieux au Pape et à la cour de Rome que ce docteur (*l'abbé du Pin*) l'étoit; aussi ne cessoit-il de mordre et de se déchaîner, le plus souvent mal à propos, toujours de gaieté de cœur. C'est ce qui lui attira, au moins autant que son mérite, l'affection et l'estime, non-seulement des protestants, mais de quantité d'autres gens qui ne laissent pas de se dire catholiques, quoique témoignant pour le Pape et pour le siège apostolique, qui est le centre et la source de la catholicité, moins de respect et plus d'aversion que n'en ont bien des hérétiques.

Ce docteur ne manquoit ni d'esprit ni d'érudition : ce n'étoit pas un génie sublime, ni ce qui s'appelle un beau génie; mais dans la sphère du docteur, il étoit homme de mérite et des plus distingués de la Faculté de Paris; à la vérité, ce n'est pas beaucoup dire.... Le talent du docteur du Pin n'étoit point de parler en public, il ne faisoit que piailler dans les assemblées; son talent étoit une grande fécondité, beaucoup de facilité à écrire. Du reste, il avoit peu d'exactitude dans les faits, peu de justesse dans les jugements, encore moins de correction dans le langage, ni d'élégance ni de délicatesse de style.

« Le principal ouvrage de ce docteur ennemi de Rome, et celui qui lui fit un nom, est la *Nouvelle Bibliothèque des auteurs ecclesiastiques*, noble et vaste dessein, qui demandoit, pour être bien traité, une connoissance profonde de ces écrivains, et le docteur n'en avoit qu'une superficielle; un grand discernement, il s'en falloit beaucoup que l'auteur l'eût excellent : un cœur et un esprit entièrement impartiaux, c'est ce que le docteur n'avoit pas. Frondeur d'inclination, et voulant faire du bruit par la singularité de ses sentiments, il ne jugeoit des hommes et des choses que selon ses préventions, et affectoit de

le Gendre le traite assez mal ; mais encore ne nous le présente-t-il nullement comme un malhonnête homme : la probité de l'abbé du Pin, non contestée par un juge prévenu, et de plus attestée par Saint-Simon, qui reconnaît en lui « de la droiture et de la vérité[1], » peut être l'un des arguments sur lesquels s'appuie la confiance que sa parole nous inspire[2].

Quand il se détourna de ses études, en 1698, pour « procurer l'édition » des *Dialogues*, l'abbé du Pin n'avait sans doute jamais eu la pensée d'écrire un livre sur le quiétisme. Le Gendre l'accusait de vouloir « faire du bruit par la singularité de ses sentiments, » d'affecter « de s'écarter des opinions communes, » et d'avoir pour les hérétiques la plus grande compassion. Il n'avait donc rien de l'ardeur passionnée qui entraînait un Bossuet à se faire en toute circonstance le champion des doctrines orthodoxes. On cherche vainement quelle raison l'eût décidé à intervenir dans un débat commencé depuis six ans, pour réfuter des livres plu-

---

s'écarter des opinions communes. Parle-t-il des hérétiques, il les épargne, il augmente leur mérite, il les représente comme des gens sincères qui ne demandoient qu'à s'éclairer, et gémit de ce qu'on ne les a pas ménagés. Parle-t-il, au contraire, des Pères de l'Église, il les critique tous.... Si cette conduite aussi injuste qu'impudente le rendit célèbre en Hollande parmi les sociniens et les déistes, elle souleva en France et ailleurs les catholiques contre lui.... » (*Mémoires* de le Gendre, p. 160-162.)

1. Voici la note écrite par Saint-Simon au-dessous de la mention que le *Journal* de Dangeau fait de la mort de *M. Dupin, fameux docteur de Sorbonne* (tome XVIII, p. 59, 7 juin 1719) : « Dupin, docteur de Sorbonne et de plus infiniment docte et laborieux, est un étrange exemple de la conduite de notre cour, qui dans des temps de brouilleries avec Rome se servit très-avantageusement de sa plume, puis le laissa manger aux poux. Il fut réduit à imprimer pour vivre : c'est ce qui a rendu ses ouvrages si précipités, peu courus, et ce qui enfin le blasa de travail et d'eau-de-vie, qu'il prenoit en écrivant, pour se ranimer et pour épargner d'autant sa nourriture. Bel et bon esprit, juste, judicieux quand il avoit le temps de l'être, et un puits de science et de doctrine, avec de la droiture et de la vérité, et des mœurs. » — Le seul acte de sa longue vie littéraire qui ait été, ce nous semble, entaché d'indélicatesse, est la publication, en 1710, d'une édition française de l'*Histoire des Juifs* de H. Basnage, imprimée sans l'agrément de l'auteur, sans mention de son nom, et avec des modifications nombreuses. — Ellies du Pin était un parent de Racine.

2. Dans l'*Avis au lecteur* des *Dialogues*, du Pin dit être l'auteur des deux derniers, et de ceux-là uniquement. Nous trouvons la même déclaration dans l'édition de 1759 du *Dictionnaire* de Moreri, article *du Pin*, où l'on donne une liste de ses ouvrages, composée en grande partie d'après une liste que lui-même avait publiée. L'abbé du Pin avait collaboré à l'une des éditions antérieures de ce *Dictionnaire*.

sieurs fois condamnés déjà par les autorités les plus compétentes[1]. Au reste, si quelque raison qui nous échappe l'y eût décidé, comment ne l'aurait-il pas fait sous son nom, lui qui prenait plaisir à le livrer à la publicité, et à s'exprimer sans détour sur toutes choses.

Se couvrir en 1698 du nom de la Bruyère, c'eût été d'ailleurs s'imposer l'obligation de s'abstraire complétement des événements au milieu desquels vivait le clergé, d'oublier ce qui s'était passé depuis 1696, et de revenir en arrière de deux ans, au risque d'avoir fort peu de lecteurs. A l'exception de quelques fidèles et rares amis de Mme Guyon, et d'un petit nombre de quiétistes de province attardés, qui donc parlait encore du *Moyen facile?* qui se souciait des livres de Malaval et de l'abbé d'Estival? La Combe et Mme Guyon s'étaient rétractés; emprisonnés l'un et l'autre, ils ne faisaient plus de prosélytes. Le seul quiétisme dont l'on s'occupât alors était celui de Fénelon; le seul livre suspect de quiétisme qui eût quelques lecteurs était le livre des *Maximes des saints*, imprimé en 1697, peu de temps avant la publication de l'*Instruction* de Bossuet *sur les États d'oraison*. Louis XIV en pressait vivement la condamnation à Rome; et les abbés Bossuet et Phélypeaux l'y sollicitaient avec le plus grand zèle au nom de Bossuet. Cette période nouvelle de l'histoire du quiétisme était la plus intéressante : je doute qu'un théologien, écrivant d'un bout à l'autre un volume sur le quiétisme en 1698, eût réussi à en faire abstraction. Or quel que soit le nombre des pages qu'il a écrites, l'abbé du Pin paraît l'ignorer entièrement : il ne s'y est jamais écarté des livres dont l'on verra la liste ci-après (p. 545 et 546), et ne s'est point souvenu de ceux qui ont paru après la mort de la Bruyère. Je vois encore là une preuve qu'il a fait œuvre d'éditeur, et non point d'auteur.

Les premiers dialogues, au surplus, portent une date, implicitement renfermée dans le texte, et qui n'est guère de celles auxquelles un faussaire eût songé. Il est maintes fois question dans les *Dialogues* de la coïncidence des fêtes de Pâques et des fêtes du jubilé[2] : or le seul jubilé de la dernière partie du dix-septième siècle qui se soit ouvert, comme il est dit dans les *Dialogues*, un lundi saint est

---

1. L'abbé du Pin est au nombre des deux cent cinquante docteurs qui signèrent la déclaration de censure de douze propositions extraites des *Maximes des saints* ; mais il fut, si je ne me trompe, non pas l'un des soixante qui la signèrent les premiers, au mois d'octobre ou de novembre 1698, mais l'un de ceux dont on recueillit les adhésions peu à peu, et avec quelque peine, dans les mois suivants. Il n'eut aucun empressement à prendre place parmi les adversaires du quiétisme.

2. Voyez ci-après, p. 606-609, et p. 622.

celui qui fut inauguré le 5 avril 1694¹. C'est sans doute bien peu de temps après cette époque que la Bruyère commença ses *Dialogues*. Il y travailla lentement, puisqu'ils étaient encore inachevés lorsqu'il en fit la lecture, deux ans plus tard, à Antoine Bossuet.

Ce dernier n'est point d'avis que la Bruyère ait imité les *Provinciales*, et cette opinion est l'un des arguments qu'on a fait valoir contre l'authenticité des *Dialogues* qui ont été publiés. Walckenaer les déclare « strictement imités des fameuses lettres de Pascal. Le cadre est le même, ajoute-t-il; le mode d'argumentation le même². » Cela est-il bien vrai? nos *Dialogues* sont-ils une pure imitation des *Provinciales?* La négative pourrait être soutenue sans paradoxe; mais lors même qu'il y aurait un rapport étroit entre les deux ouvrages, que conclure de la phrase d'Antoine Bossuet, sinon qu'il aurait, avec trop de bienveillance, accordé à son ami le mérite de l'originalité?

Arrivons à une objection plus grave. On ne reconnaît pas la Bruyère dans ce livre, dit-on. Que l'on n'y trouve point de portraits, ni d'allusions satiriques aux événements du temps, cela est certain : si l'on y a fait des suppressions, il est vraisemblable qu'elles ont précisément porté sur les morceaux qui rappelaient la manière de l'auteur des *Caractères*; mais est-on bien sûr que la Bruyère ne se soit pas justement proposé de renoncer dans les *Dialogues* à ses habitudes, et d'écrire ce nouvel ouvrage sur un ton nouveau? Il est un passage de la préface des *Caractères*, écrit en 1690, où la Bruyère exprime la crainte de faire dire à quelques-uns : « Ne finiront-ils point, ces *Caractères*, et ne verrons-nous jamais autre chose de cet écrivain³? » Ainsi qu'il le prévoyait, on l'accusa en effet de ne jamais faire que des caractères : on l'en accusa quand il prononça son discours de réception à l'Académie; on l'en accusa plus vivement encore lorsqu'il publia la *Préface* de ce *Discours*. N'aurait-il point voulu montrer cette fois qu'il pouvait composer un ouvrage sans y mettre la moindre personnalité? Je le crois très-fermement pour ma part.

Il faut convenir que le style des *Caractères* et celui des *Dialogues* se ressemblent peu. Aussi ferons-nous à la collaboration de l'abbé du Pin, si l'on veut, une part plus grande que celle qu'il avoue. Mais avant d'aborder ce point, reconnaissons que le style ne pouvait être le même en l'un et l'autre ouvrage. Dans les *Dia-*

---

1. Voyez la *Gazette de France* du 10 avril 1694, p. 200, où il y a une légère erreur de date, qu'il est aisé de corriger.
2. *Étude sur la Bruyère*, p. 76.
3. Voyez notre tome I, p. 108.

logues, il ne s'agit plus de remarques longuement méditées et lentement élaborées, où l'auteur avait dû, variant ses tours à l'infini, exprimer sa pensée sous la forme la plus saisissante et la plus originale : il s'agit d'une conversation facile et courante, rapidement écrite, et que l'auteur n'a pas eu le temps de reviser. D'ailleurs il y a du talent dans ces dialogues et beaucoup plus, je crois, que n'en aurait pu mettre l'abbé du Pin, réduit à ses propres forces. Le Gendre lui accorde « une grande fécondité, beaucoup de facilité à écrire, » mais peu « de correction dans le langage, ni d'élégance ni de délicatesse de style. » Les premiers dialogues ne manquent en général ni de correction, ni même d'élégance et de délicatesse.

On y reconnaît tantôt une pensée qui se rapproche de celles qu'on a lues dans les *Caractères*[1], tantôt une expression qui est bien de la langue de la Bruyère. Sans attendre le rapide examen que nous nous proposons de faire du style des *Dialogues* dans la préface du *Lexique*, signalons, p. 155 de l'édition originale et ci-après, p. 611 (note *a*), un mot qui porte la marque de notre auteur : « les oraisons les plus *triviales*. » Si peu irrévérencieuse que soit l'expression *trivial* dans le sens où la Bruyère l'emploie le plus souvent[2], est-ce un ecclésiastique qui l'eût ainsi placée? J'en doute, et l'abbé du Pin semble me donner raison, puisqu'il a substitué dans son *Errata* le mot *communes* à *triviales*[3].

Cette substitution d'un mot à un autre n'est probablement pas la seule que l'éditeur se soit permise. M. Édouard Fournier, qui a rejeté les conclusions de Walckenaer[4], et avant lui le rédacteur du *Journal des savants*[5], font deux parts bien distinctes dans les *Dialogues*, l'une appartenant à la Bruyère, l'autre à du Pin : d'un côté les

---

1. Voyez par exemple divers traits sur les femmes, sur leurs directeurs, sur les faux dévots, sur les charlatans (p. 576, 583, 584, 600, 605), etc.
2. Voyez le tome I de cette édition, p. 249, n° 12; le tome II, p. 59, n° 125; et le *Lexique*.
3. Cette expression avait-elle échappé à son attention? Ou lui avait-elle paru innocente, et serait-ce la censure qui en aurait demandé la suppression? — L'approbation des docteurs en théologie a été donnée le 2 décembre 1698; l'*Achevé d'imprimer* est du 5. Les censeurs ont donc lu l'ouvrage sur les feuilles d'imprimerie, et non dans le manuscrit. L'*Errata* ne relève pas d'autres corrections qui puissent avoir été demandées par eux.
4. *La Comedie de la Bruyère*, tome II, p. 498.
5. Année 1699, p. 9 ou 10 selon l'édition. — Le sentiment de l'auteur de l'article sur l'authenticité des *Dialogues* n'est point sans importance. Du Pin n'était pas encore l'un des rédacteurs du *Journal des savants*; mais il avait sans doute quelques relations avec le président Cousin, qui le rédigeait alors et qui rendait très-exactement compte de ses ouvrages. Il n'est pas nommé

sept premiers, de l'autre les deux derniers. Nous avons plus de timidité, et n'osons revendiquer pour la Bruyère les sept premiers dialogues tels absolument qu'ils sont imprimés. En les revisant, du Pin ne les a-t-il pas quelquefois remaniés et affadis? n'a-t-il pas effacé çà et là les marques du génie original de la Bruyère[1]? « Quoique l'auteur des deux derniers dialogues parle dans l'Avertissement de son travail avec beaucoup de modestie, » écrit en 1699 le rédacteur du *Journal des savants*, « on peut dire, en lui rendant justice, qu'ils ne cèdent point aux premiers pour l'agrément et la politesse du style, *et qu'ils sont plus forts pour le dogme.* » Est-ce bien dans les deux derniers dialogues seulement que le docteur en théologie fait usage de sa science, et ne serait-on pas tenté de lui attribuer, dans les précédents, diverses pages plus théologiques que littéraires? Ce serait une entreprise bien délicate et bien téméraire que de chercher à distinguer, dans les sept premiers dialogues, ce qui revient à la Bruyère et ce qui appartient à son collaborateur : nous ne l'essayerons pas. Il est pour le moins vraisemblable que dans les derniers de ces dialogues l'éditeur a rempli quelques lacunes et introduit quelques transitions. A mesure que l'on approche de la fin, on sent de plus en plus que la « dernière main » de l'auteur a manqué. Ainsi mettrons-nous, sans nulle hésitation, au compte de l'abbé du Pin l'arrangement d'une partie du VII° *dialogue*, qui est évidemment le moins achevé.

En résumé, si l'on considère que les *Dialogues sur le quiétisme* ne pouvaient être une œuvre de circonstance, à la date où ils ont paru; que la publication n'en pouvait être profitable à l'homme de mérite qui s'en est fait l'éditeur anonyme et peu attentif; qu'il s'y trouve des pages dignes de la Bruyère et empreintes du tour de son esprit; que plusieurs morceaux y sont en quelque sorte datés de l'époque où la Bruyère écrivait, on sera sans doute dis-

---

dans l'article consacré aux *Dialogues*, et n'y est désigné que par son titre : « Un docteur en théologie de la Faculté de Paris, assez connu par le grand nombre des ouvrages qu'il a donnés au public. » L'auteur de l'article dit au sujet de l'ouvrage : « Non-seulement il est plein de traits agréables et plaisants, mais il contient aussi des principes et des maximes de la morale chrétienne, traités avec force et avec éloquence. Les caractères des personnages y sont bien dépeints et bien soutenus. » Et quelques lignes plus loin, sur les deux derniers dialogues : « C'est le dénouement de la pièce bien inventé et bien exécuté. » *Bien inventé*, est-ce à dire que l'on fasse honneur à du Pin de l'invention du dénouement? Ainsi qu'on l'a vu, il déclare, dans son *Avis au lecteur*, avoir suivi le plan de la Bruyère.

1. Notons comme exemples d'expressions qui ne semblent pas pouvoir appartenir à la Bruyère le verbe *impossibiliter* (p. 609), et la locution *reconnoissance sur* (p. 629).

posé à croire avec nous que la première partie du livre publié par du Pin nous offre les *Dialogues* de la Bruyère, sinon tels exactement qu'il les a composés, du moins assez respectés encore par l'éditeur pour que nous ne puissions les rejeter des œuvres de la Bruyère.

Dans tout ce qui précède, nous n'avons eu en vue que le texte des *Dialogues sur le quiétisme*. Ce texte est accompagné d'annotations nombreuses, qui consistent en extraits de dix ou douze ouvrages quiétistes, et dont le *Journal des savants* attribue le choix à l'éditeur anonyme des *Dialogues* : « Les passages, dit-il, des livres des quiétistes qui servent de preuves à ce qui est avancé dans les *Dialogues* ont aussi été recueillis par le même auteur, » c'est-à-dire par le docteur en théologie qui s'est chargé de l'achèvement des *Dialogues*. Cette allégation a reçu de l'abbé du Pin une sorte de démenti, dont nous avons fait la rencontre en comparant divers exemplaires de son édition. Il n'était pas question de l'annotation des *Dialogues* dans la première rédaction de l'*Avis au lecteur*, telle qu'on peut la voir en tête d'un certain nombre d'exemplaires ; mais se ravisant bientôt, l'éditeur, pendant le tirage sans doute, inséra dans le même *Avis* deux lignes qui contredisent l'assertion du *Journal*. Dans l'*Avis* des premiers exemplaires on lisait seulement : « Il (la Bruyère) avoit fait, avant que de mourir, sept dialogues sur le quiétisme ; » du Pin ajouta : « *qu'il avoit confiés à un ami particulier pour confronter les passages des livres des quiétistes*[1]. »

Quel est précisément l'objet de cette insertion tardive, qui exigea un remaniement dans l'impression ? Nous ne saurions le dire. Il y a du reste quelque ambiguïté dans ce membre de phrase ajouté après coup : s'agit-il tout à la fois des citations qui composent l'annotation, et de celles que l'on rencontre dans le texte des *Dialogues* ? ou s'agit-il exclusivement soit des premières soit des secondes ? A s'en tenir aux termes qu'emploie l'abbé du Pin : *les passages des livres des quiétistes*, on pourrait croire qu'il veut parler des citations des notes, et de celles-là uniquement ; dans le *Journal des savants* en effet, ces mêmes expressions désignent exclusivement les citations du bas des pages, et il semble que du Pin les reproduise à dessein. Je doute cependant qu'il faille restreindre ainsi, dans l'*Avis*

---

1. Voyez ci-après, p. 543, et la note *. — Quand du Pin ajouta cette phrase, probablement le tirage des douze pages qui contiennent le titre, l'*Avis au lecteur*, la *Préface*, la *Table*, l'*Errata*, etc., n'était pas achevé. Du moins l'aspect de ces pages démontre-t-il que c'est la même *composition* qui a servi à les imprimer dans tous les exemplaires : on a simplement remanié, pour y faire l'addition que nous avons signalée, les pages 2 et 3 de l'*Avis*, qui chacune ont reçu une ligne de plus. On a mis à profit cette correction pour redresser dans l'une des pages suivantes quelques lettres retournées.

de l'abbé du Pin, le sens de ces mots : *les passages des livres des quiétistes*. Une chose tout au moins est certaine : c'est qu'ils comprennent les citations des notes, s'ils ne les désignent exclusivement ; l'« ami particulier » de la Bruyère, quel que fût l'objet principal de sa révision, ne pouvait, en la faisant, les laisser de côté.

Si du Pin a été bien renseigné, si la Bruyère a désiré qu'une collation fût faite des citations qui sont placées au bas des pages, il suit de là que l'impression des extraits justificatifs, tels que nous les voyons dans l'édition posthume de ses *Dialogues*, a été faite conformément au plan conçu par la Bruyère. A vrai dire, nous n'apprenons pas sans surprise que c'est de lui que vient la pensée d'alourdir l'argumentation de ce cortége de notes. Combien un tel procédé s'éloignait des habitudes de l'auteur des *Caractères!* Ces notes mêmes, semble-t-il bien qu'elles aient été recueillies pour être publiées ? Supposez un instant que nous ayons le droit de ne pas tenir compte de l'allégation de l'abbé du Pin : avec quelle vraisemblance nous pourrions prétendre qu'elles ont été tirées, après la mort de la Bruyère, des matériaux qu'il avait assemblés avant de commencer la rédaction des *Dialogues*, et mis en ordre pour marquer le plan de sa composition ! Nous donnerions pour preuves de notre hypothèse : 1º la teneur des extraits, qui ont l'aspect de notes recueillies par l'auteur en vue de son travail, plutôt que de citations prises en vue de l'impression, car ce sont très-souvent des analyses et non des transcriptions ; 2º la répétition fréquente de diverses citations, parfois reproduites sans nécessité et comme pour grossir le volume ; 3º le retour habituel des mêmes inexactitudes dans les extraits plusieurs fois réimprimés, retour qui montre que la copie n'a pas été prise directement dans les livres ; 4º les inexactitudes qui se sont glissées dans l'indication des sources, et qui donnent lieu de croire que l'éditeur a dû écrire en toute hâte, un peu au hasard et selon la vraisemblance, les renvois qui manquaient dans quelques notes ; 5º les infidélités volontaires que l'on peut distinguer en certains extraits : les premières imputables à la Bruyère, prenant des notes pour lui-même ; les secondes à l'éditeur, essayant d'interpréter des notes mal écrites, et n'ayant pas sous les yeux le livre ou la page qui contenait le fragment dont le sens lui échappait[1]. Nous ferions remarquer enfin que le système de l'annotation est le même sous les dialogues de l'abbé du Pin que sous ceux de la Bruyère, et que les extraits y présentent les mêmes irrégularités. Mais revenons sur nos pas. Il ne nous est point permis d'écarter le témoignage de l'éditeur, et ce témoignage nous oblige à modifier un peu nos conjec-

---

1. Voyez ci-après, p. 680.

tures. Admettons donc, puisqu'il le faut, que la Bruyère avait résolu d'ajouter à ses *Dialogues* les notes justificatives qu'a publiées son éditeur : nous maintiendrons du moins que, selon toute apparence, il les recueillit sans prévoir qu'elles seraient imprimées ; c'est sans doute dans le cours de son travail, sur le conseil peut-être d'un ami, qu'il s'est promis de mettre sous les yeux du lecteur des extraits des ouvrages dont il résumait les doctrines.

Quel que soit, du reste, l'ami que la Bruyère chargea de reviser ses notes, aucune collation n'en a été faite : le texte même des notes, l'inexactitude ou l'insuffisance des renvois le démontrent surabondamment. Ne nous en étonnons pas. Si la Bruyère, après avoir écrit sept dialogues, a livré son manuscrit à un ami, ce ne put être que du 8 au 10 mai 1696, puisqu'il en faisait la lecture le 8 au soir[1], et que la mort le frappa dans la nuit du 10 au 11. En présence de cette mort imprévue, l'ami dut mettre en doute que la publication de ce manuscrit inachevé pût jamais avoir lieu, et penser que la révision dont il était chargé devenait inutile.

Les citations insérées dans le texte du vii⁰ *dialogue* (le seul des sept premiers dialogues qui en contienne un assez grand nombre) n'ont pas été mieux revues : divers renvois sont inexacts, et des fragments de chapitres différents, parfois même d'ouvrages distincts, sont juxtaposés sans que le lecteur soit averti qu'il n'a pas sous les yeux un seul et même morceau. Peut-être la Bruyère a-t-il été arrêté dans la composition de ce vii⁰ *dialogue* par l'état défectueux des notes dont il faisait usage, et n'ayant pas à sa disposition la collection complète des ouvrages quiétistes, a-t-il jugé utile, avant d'achever ce dialogue, de reviser ses extraits : de là cet appel à l'obligeance d'un ami, au milieu même de son travail.

Le devoir de l'abbé du Pin, au défaut de l'ami qu'il met en cause sans nous dire clairement ce qu'il avait à faire et ce qu'il a fait, était de reviser lui-même les citations qu'il publiait ; mais ce contrôle de passages dépourvus le plus souvent de renvois aux pages ou aux chapitres, quelquefois même au livre, était, nous en avons fait l'expérience, un long et pénible labeur, pour lequel il eût fallu un éditeur moins affairé que l'abbé du Pin. Le Gendre et Saint-Simon, et avec eux tous les critiques, nous disent quelle hâte il apportait à ses travaux. Il ne se départit pas de ses habitudes dans la préparation de l'édition des *Dialogues*, et le soin très-insuffisant avec lequel il s'est acquitté du travail qu'il avait accepté s'ajoute encore aux raisons qui nous empêchent de lui attribuer une grande part de collaboration dans les *Dialogues sur le quiétisme*.

1. Voyez ci-dessus, p. 529.

Nous donnons ci-après le texte de l'édition publiée par du Pin à la date de 1699, la seule que nous ayons eu à consulter[1].

Quant aux notes disposées au-dessous du texte, nous ajoutons à presque toutes des renvois aux chapitres et aux pages[2], renvois assez rares dans l'édition originale. Le texte des citations, comme nous l'avons dit, est souvent altéré : afin que le lecteur puisse distinguer ce qui est une citation textuelle et ce qui est une libre reproduction, nous imprimons en italique les phrases ou les expressions qui ne sont pas conformes au texte de l'auteur indiqué; de plus, nous insérons entre crochets les mots qu'il nous a paru utile d'introduire dans les citations, d'après l'ouvrage d'où elles viennent, pour en compléter le sens. Des membres de phrase ont été passés sans que le lecteur en soit averti par aucun signe; des extraits tirés de passages divers ont été très-souvent rapprochés dans une même citation, sans qu'on les ait séparés par des points : nous avons réparé ces omissions. Enfin nous devons avertir que toutes les notes qui, appartenant à l'édition originale, ont été simplement collationnées et complétées par nous, sont précédées dans la nôtre de chiffres arabes, et que toutes celles que nous avons ajoutées sont marquées par des lettres italiques ou par des astérisques : les lettres italiques sont affectées aux notes qui portent sur le texte; les astérisques à celles qui se rattachent aux notes de l'édition originale.

1. Il en a été publié la même année une seconde édition ou plutôt une contrefaçon; mais il n'y a été introduit d'autres modifications que la correction des fautes indiquées dans l'*Errata* de l'édition de l'abbé du Pin. On a fait cette réimpression d'après l'un des premiers exemplaires reliés et mis en vente, car on n'y trouve ni l'addition dans l'*Avis au lecteur*, que nous avons signalée plus haut, ni la correction dont il est parlé ci-après, p. 548, note *a*. Elle porte toutefois, au commencement du ixe *dialogue*, la leçon que nous avons admise, p. 688, dans notre texte, la considérant comme la seconde rédaction de l'abbé du Pin.

2. Voyez, pour plus ample explication, les notes des pages 545 et 546. Les extraits, peu nombreux d'ailleurs, qui ne sont pas accompagnés de renvois aux pages ou aux chapitres ont échappé à nos recherches.

AVIS AU LECTEUR.

On a lieu d'espérer que cet ouvrage ne sera pas désagréable au public. On ne prétend point le prévenir en sa faveur, et on lui laisse une entière liberté d'en juger. On le soumet même volontiers à sa critique. Il est bon néanmoins qu'il sache que ce sont les derniers efforts des veilles d'un illustre académicien, qui s'est acquis une réputation immortelle par ses fameux *Caractères*, et dont tout le monde a regretté la mort précipitée. Il avoit fait, avant que de mourir, sept dialogues sur le quiétisme, qu'il avoit confiés à un ami particulier pour confronter les passages des livres des quiétistes. Quoiqu'il n'y eût pas mis,* la dernière main, ils se sont trouvés au jugement des connoisseurs en état d'être imprimés. C'est ce qui a déterminé à les donner au public. Mais comme l'ouvrage n'étoit pas encore achevé, on a cru y devoir ajouter deux dialogues pour remplir le dessein de l'auteur, conformément au plan qu'il en avoit fait; on a tâché d'imiter son style et ses manières. Cependant on ne se flatte point de l'avoir fait si parfaitement, qu'il n'y ait bien de la différence entre les sept premiers dialogues et les deux derniers. Il seroit assez inutile que le nom de l'auteur de ceux-ci fût connu, puisqu'il n'a fait qu'achever l'ouvrage du sieur de la Bruyère, à qui tout l'honneur en appartient. Voilà le détail de la fortune de cet ouvrage, dont on a cru qu'il étoit à propos d'informer le public.

PRÉFACE**.

Il y a eu de tout temps des erreurs, et c'est, selon saint Paul, une espèce de nécessité qu'il y en ait***. Plusieurs ont mérité d'être réfutées sérieusement, parce qu'elles paroissoient plus importantes; et d'autres n'ont point été relevées, parce qu'elles sont tombées dans le mépris dès leur naissance. L'erreur des quiétistes étoit de nature à avoir ce dernier sort, si ses partisans n'avoient fait goûter le poison de cette doctrine, en la rendant spécieuse sous l'apparence d'une sublime perfection et d'une profonde piété. En effet, quoique cette doctrine n'ait que des principes frivoles, elle a frappé tant d'esprits par sa nouveauté, qu'il a fallu nécessairement y remédier, en la détruisant par des raisons également solides et sérieuses. Plusieurs prélats, par leurs savantes et chrétiennes ordonnances****, ont heureusement découvert la plaie que ces nouveautés pouvoient faire à l'Église, et les suites fâcheuses qui en seroient arri-

---

* Variante que présentent certains exemplaires : « Il avoit fait, avant que de mourir, sept dialogues sur le quiétisme, et quoiqu'il n'y eût pas mis, etc. » — Voyez ci-dessus, p. 539.
** Cette préface est de l'éditeur, c'est-à-dire de l'abbé du Pin.
*** Ire *épître aux Corinthiens*, chapitre XI, verset 19.
**** Voyez ci-dessus la *Notice*, p. 530.

vées. Mais pendant que ces prélats, animés d'un saint zèle, et revêtus de l'autorité que leur donne leur caractère, s'efforcent de détruire un monstre si dangereux, en combattant ses erreurs par les principes de l'Écriture sainte et de la tradition, l'auteur de ces *Dialogues* a cru qu'il étoit à propos de les tourner en ridicule, en les exposant au public d'une manière agréable et naturelle. Pour y réussir, il n'a eu qu'à faire parler les quiétistes comme ils parlent dans leurs écrits, et à découvrir l'extravagance de leurs discours par des réflexions aussi solides que divertissantes. C'est ce qu'il a heureusement exécuté, en introduisant d'abord un directeur quiétiste, bien instruit de la doctrine de ses auteurs, qui en entretient sa pénitente : elle croit aveuglément tout ce qu'il lui enseigne ; pleine de ces maximes, elle en confère avec un docteur de Sorbonne, son beau-frère. Le docteur, justement indigné contre des impiétés cachées sous de captieux principes, reproche à sa sœur sa foiblesse et son dévouement aux rêveries de ce pernicieux maître. Elle s'offense des raisons de son beau-frère, et court en diligence chez son directeur, lui rend compte de sa conversation, et le fait consentir à une entrevue dans laquelle le docteur n'a pas de peine à convaincre ce directeur de la fausseté de ses principes et de ses maximes. Pour achever de le confondre, on propose une autre conférence avec un homme du monde, qui ayant été autrefois dans les mêmes erreurs, dont il étoit revenu, en tire exprès des conséquences pour autoriser une vie toute mondaine, et les faire servir d'excuse à toute sorte de déréglements. La pénitente, voyant son directeur confus et embarrassé, et comme contraint d'avouer les suites pernicieuses de cette infâme doctrine, la déteste, et prend le parti de rentrer pour jamais dans les sentiments d'une véritable catholique.

Voilà le sujet des neuf dialogues dont cet ouvrage est composé. L'auteur s'est principalement appliqué à rapporter avec sincérité les maximes des quiétistes dans leurs propres termes. Quelqu'un pourra peut-être l'accuser d'être plagiaire de leurs ouvrages ; mais s'ils lui en savent mauvais gré, ce ne sera pas pour avoir dérobé leurs maximes, afin de s'en faire honneur : ce sera pour les avoir exposées trop naïvement à la vue du public. Il pourroit aussi venir dans l'esprit de quelques personnes de piété, qu'il est à craindre que les maximes erronées que l'on fait débiter au directeur quiétiste ne soient capables de scandaliser les foibles et de corrompre la foi ; mais on peut les assurer que si les erreurs des quiétistes ne font d'autre impression sur les esprits que celles qu'elles feront dans cet ouvrage, elles ne corrompront personne. Elles y sont représentées d'une manière qui les rend dignes d'horreur ou de mépris. On leur oppose les principes les plus purs de l'Évangile, dont la lumière fait paroître toute la difformité des erreurs contraires. Enfin l'auteur a eu soin de prendre toutes les précautions nécessaires pour ne pas donner atteinte à la piété chrétienne, à la vie intérieure, et aux maximes raisonnables des vrais mystiques ; s'il plaisante en quelques endroits, c'est que la matière le demande ; s'il raille un peu vivement le directeur, ce qu'il en dit ne convient qu'à un quiétiste qui abuse de son ministère, et ne peut en aucune manière être appliqué à ceux dont la foi, la vertu et la piété sont connues.

OUVRAGES DES AUTEURS QUIÉTISTES

D'OÙ SONT TIRÉES LES PREUVES DE CE QUI EST AVANCÉ
DANS CES DIALOGUES.

La Guide spirituelle de Molinos, prêtre espagnol, en italien, à *Rome, en* 1685; en latin, à *Leipsich, en* 1685; en françois, à *Amsterdam, en* 1688[a].
Lettres du même[b].
Lettre de Jean Falconi, de l'ordre de la Merci, à une fille spirituelle[c].
Moyen court de Mme Guyon, à *Lyon, en* 1686 [d].
Explication du Cantique des cantiques, de la même, à *Lyon, en* 1688 [e].

a. C'est de cette dernière édition que sont tirées les citations que l'on trouvera au bas des pages. Le livre a pour titre : *Recueil de diverses pièces concernant le quiétisme et les quiétistes, ou Molinos, ses sentimens et ses disciples*, Amsterdam, chez A. Wolfgang et chez P. Savouret, 1688. — Ce livre a été condamné par l'Inquisition le 19 mars 1692, et par la conférence d'Issy, dans l'une des trente-quatre propositions signées à Issy le 10 mars 1695 par Bossuet, l'évêque de Châlons (Louis-Antoine de Noailles, futur archevêque de Paris), M. Tronson, directeur de Saint-Sulpice, et Fénelon. Ces propositions ont été publiées, au mois d'avril 1695, par Bossuet et par l'évêque de Châlons en deux ordonnances pastorales distinctes. Auparavant soixante-huit propositions, représentant les doctrines de Molinos, avaient été condamnées par un décret de l'Inquisition du 28 août 1687, confirmé par une bulle d'Innocent XII, du 20 novembre 1687. — *La Guide spirituelle* de Molinos se compose de deux parties : *Introduction à la Guide spirituelle* ou système abrégé de *la Guide*, et *la Guide spirituelle*.
b. Voyez ci-après, p. 700, note c.
c. *Lettre d'un serviteur de Dieu à une de ses filles spirituelles.* — Cette lettre de quelques pages, publiée en espagnol l'an 1657, réimprimée à Rome en italien, et à Paris en françois, a été jointe au *Moyen court* de Mme Guyon dans toutes les éditions de cet opuscule, ainsi que dans les éditions des *Opuscules spirituels de Mme Guyon*. Elle a été condamnée par l'Inquisition, une première fois le 1er avril 1688, en même temps que l'*Alphabet pour savoir lire en Jésus-Christ*, du même religieux, et une seconde fois le 30 novembre 1689. — Les renvois dont nous accompagnons les citations de la *Lettre* de Falconi s'appliquent à l'édition du *Moyen court* qui est citée dans la note suivante.
d. *Moyen court et très-facile de faire oraison, que tous peuvent pratiquer très-aisément, et arriver par là dans peu de temps à une haute perfection.* — La première édition a été publiée à Grenoble en 1685. Ce livre a été condamné le 30 novembre 1689 par l'Inquisition, le 16 octobre 1694 par l'archevêque de Paris, le 10 mars 1695 par la conférence d'Issy, et le 21 novembre 1695 par l'évêque de Chartres. — Nos renvois sont faits sur l'édition de Lyon, 1686.
e. *Le Cantique des cantiques de Salomon, interprété selon le sens mystique et la vraie représentation des états intérieurs*, Lyon, 1688; à Paris, chez Coustelier. — Livre condamné par l'archevêque de Paris le 16 octobre 1694, et par la conférence d'Issy le 10 mars 1695. — Dans les *Dialogues*, cet ouvrage est désigné sous ce titre : *Explication du Cantique des cantiques*.

546 OUVRAGES DES AUTEURS QUIÉTISTES.

Traité des Torrents, *manuscrit*[a].
Analyse de l'oraison mentale du P. de la Combe, *à Verceil, en 1686*[b].
Pratique facile pour élever l'âme à la contemplation, par Malaval de Marseille, *imprimée plusieurs fois*[c].
Lettre du même à M. Foresta de Colongue, pour répondre aux propositions de Molinos, *à Marseille, en 1695*[d].
Conférences mystiques d'Epiphane, abbé d'Estival en Lorraine, de l'ordre de Prémontré, *à Paris, en 1676*[e].
Règle des Associés à l'enfance de Jésus, *imprimée plusieurs fois*[f].

a. Les Torrents spirituels. — Ce traité, dont il circulait un certain nombre de copies manuscrites, sous ce simple titre : *les Torrents*, à l'époque où la Bruyère écrivit les *Dialogues* (voyez ci-après, p. 649), a été condamné le 21 novembre 1695 par l'évêque de Chartres. Il n'a été publié qu'en 1704 dans les *Opuscules spirituels de Mme Guyon.* — Nos renvois s'appliqueront à l'édition de Cologne, 1720, des *Opuscules*, où le livre des *Torrents* a été pour la première fois publié en entier. Des ouvrages cités dans les notes, celui-ci est le seul pour lequel nous ayons eu à recourir à une édition que la Bruyère n'a pu voir. Ainsi que nous le faisons pour tous les extraits cités dans les *Dialogues* (voyez ci-dessus la *Notice*, p. 542), nous imprimons en italique, dans les extraits des *Torrents*, ce qui n'est pas la reproduction exacte du texte de l'édition que nous avons consultée; mais il convient de faire remarquer que le manuscrit des *Torrents* d'où sont tirés les extraits cités dans les *Dialogues* a pu être un peu différent de ceux qui ont servi à l'impression des éditions du dix-huitième siècle. Dans les extraits des *Torrents*, et par exception, les italiques n'indiquent donc pas nécessairement des altérations du texte original.

b. Orationis mentalis analysis, deque variis ejusdem speciebus judicium, ex divini Verbi, sanctorumve patrum sententiis concinnatum, per Patrem don Franciscum de la Combe, Tononensem, presbyterum professum congregationis clericorum regularium S. Pauli, Vercellis, 1636. — Ce livre a été condamné par l'Inquisition le 9 septembre 1688, par l'archevêque de Paris le 16 octobre 1694, par la conférence d'Issy le 10 mars 1695, et par l'évêque de Chartres le 21 novembre 1695.

c. Pratique facile pour élever l'âme à la contemplation, en forme de dialogue, Paris, 1670. — La traduction italienne de ce livre a été condamnée par l'Inquisition le 1er avril 1688; le texte original, par la conférence d'Issy, le 10 mars 1695.

d. Lettre de Monsieur Malaval à Monsieur l'abbé de Foresta-Colongue, prévôt de l'église cathédrale, vicaire général et official de Monseigneur l'évêque de Marseille, Marseille, 1695.

e. Conférences mystiques sur le recueillement de l'âme pour arriver à la contemplation du simple regard de Dieu par les lumières de la foi, par le R. P. Épiphane Louis, docteur en théologie, abbé régulier d'Estival, procureur général de la réforme de Prémontré, Paris, 1676.

f. Règle des Associés à l'enfance de Jésus, modèle de perfection pour tous les états, Lyon, 1685. — Livre condamné le 30 novembre 1689 par l'Inquisition, le 10 mars 1695 par la conférence d'Issy, et le 21 novembre par l'évêque de Chartres.

Dans les notes qui précèdent, nous n'avons cité que les réfutations et les censures antérieures à la mort de la Bruyère.

DIALOGUES POSTHUMES

DU SIEUR DE LA B***

SUR LE QUIÉTISME.

DIALOGUE PREMIER.

Que l'oraison de simple regard dispense et tient lieu, selon les quiétistes, de toutes les autres prières, et même des bonnes œuvres. Qu'elle empêche de faire le bien auquel on se sent porté et qu'on a la volonté de faire. Que sous prétexte de n'écouter que Dieu, et de suivre ses mouvements, on omet les devoirs les plus essentiels. Différence de la doctrine des catholiques et des quiétistes sur les motions divines. Contradictions des derniers sur ce sujet.

Le directeur. Ah! Madame, quelle consolation pour moi de vous voir aujourd'hui! Je songeois à vous lorsqu'on vous a annoncée, et il me sembloit qu'on ne vous avoit point vue depuis ce jour que je vous dressai un plan de toute notre doctrine, que vous comprîtes si bien, et en si peu de temps. Je commençois tout de bon à être fort inquiet de votre santé, qui m'est très-chère, comme vous savez : il y a dans ma chambre un billet tout écrit que j'allois envoyer ce matin chez vous par le petit saint, pour apprendre de vos nouvelles.

La pénitente. Il ne vous en auroit pas rapporté de fort bonnes, mon Père : on ne peut être plus languissante que je l'ai été ces jours-ci.

Le directeur. Vous m'affligez, Madame ; mais levez un peu vos coiffes, que je vous voie mieux. Comment? Vous avez le meilleur visage du monde, l'œil fort sain, un teint frais, et votre embonpoint ordinaire. Vous verrez, Madame, que ce sont quelques légers accès de fièvre tierce, auxquels vous êtes si sujette : il y paroît à vos mains.

La pénitente. Trouvez-vous, mon Père? Cependant je vous dirai que la fièvre est le moindre des maux que j'ai soufferts depuis la dernière visite que je vous ai rendue : j'ai bien eu d'autres peines que celles-là.

Le directeur. Quoi donc?

La pénitente. Ah! mon Père, j'ai essuyé des tracasseries et des humeurs de mon mari, qui m'ont pensé faire tourner l'esprit.

Le directeur. Des leçons de l'indigne homme?

La pénitente. Ma belle-mère....

Le directeur. Encore?

La pénitente. Plus ignorante et plus dogmatisante que jamais, mon Père. Elle a remarqué que depuis quelque temps je me dispensois de la prière que l'on fait régulièrement le soir et le matin chez moi[1]; que je négligeois d'aller au sermon, et comme elle dit, d'entendre la parole de Dieu. (Si je vous vois rarement, mon Père, je profite du moins de vos instructions.) Elle a su aussi que je m'étois enfermée tout un dimanche matin, et elle s'est doutée que j'avois perdu la messe.

Le directeur. Ne feignîtes-vous pas du moins, sur le midi, d'en aller chercher quelqu'une à l'église la plus proche? car il faut prévenir les grands scandales par bienséance.

La pénitente. Oh! oui, mon Père.

Le directeur. Vous n'entendîtes donc pas la messe[a]?

La pénitente. Non, Dieu merci, car on n'en disoit plus.

Le directeur. Vous aviez vos raisons?

La pénitente. Et de pressantes, mon Père. J'étois ce jour-là exposée à entendre la messe sans goût, sans attrait, sans la moindre motion divine. Ce fut le jour qu'en suivant votre conseil, je me livrai à Dieu pour la première fois de ma vie, par le parfait abandon; et après trois bonnes heures de simple regard, j'en sortis comme j'y étois entrée, c'est-à-dire

1. « L'âme n'est pas plus tôt appelée au silence intérieur, qu'elle ne doit pas se charger de prières vocales.... » (*Moyen court*, § xvi, p. 67.)

a. Tel est le texte d'un certain nombre d'exemplaires. D'autres portent : « Et vous entendîtes la messe? »

dans une sécheresse et une dureté de cœur pour le sacrifice, telle que je me crus fort heureuse de trouver toutes les messes dites ; car autrement, étant à l'église toute portée, je pouvois succomber, ce qui m'auroit fort éloignée de Dieu.

Le directeur. Hélas! oui, ma chère Dame, et vous êtes au contraire une âme bien chérie de Dieu, d'avoir, comme on dit, perdu la messe ce dimanche-là, en l'état où vous étiez, sans motion divine, et sans aucune inspiration extraordinaire[1]. Hé bien! ils vous diront, ces bons catholiques, ces diseurs de prières vocales, ces gens qui récitent leurs psaumes et leurs matines (je parle de Monsieur votre mari et de Madame votre belle-mère), ils vous diront que toute bonne pensée et toute bonne action vient de Dieu, et est un effet de la grâce prévenante, qui tantôt agit sur le cœur des hommes et leur fait vouloir le bien par voie de douceur et d'insinuation, tantôt va jusqu'à vaincre en eux la résistance qu'ils apportent aux saints mouvements et aux bonnes inspirations, quelquefois aussi fortifie leur volonté contre le mal et contre les occasions du péché ; car voilà leur doctrine. Et qui ne diroit pas, Madame, qu'elle approche fort de la pureté de la nôtre, lors surtout qu'ils veulent bien appeler cette grâce prévenante un mouvement divin, et même une motion divine, si la phrase étoit plus françoise? car ils avouent que l'homme n'étant point naturellement et de lui-même porté au bien, capable au contraire de tout mal, cette grâce qui le dispose à la vertu et qui la lui fait pratiquer, est surnaturelle ; que c'est un mouvement qui ne vient point de la nature, mais qui est extraordinaire et divin.

La pénitente. En quoi donc, mon Père, différons-nous en ce point de ces bons catholiques? que je le sache enfin une fois pour toutes.

Le directeur. Les plus parfaits d'entre eux, avec ces dépendances absolues de la grâce, où ils se croient être, au lieu

---

1. « L'âme.... doit se laisser mouvoir.... par l'esprit vivifiant qui est en elle, *en* suivant le mouvement de son action, et n'en suivant point d'autre.... Il faut nécessairement entrer dans cette voie, qui est la motion divine.... Il faut donc demeurer en paix, et ne nous mouvoir que *quand Dieu* nous meut. » (*Moyen court*, § XXI, p. 80 et 81 ; p. 92 ; et p. 87.)

de l'attendre paisiblement, sans trouble et sous le nom de motion divine[1], et de Dieu seul, ils la demandent à Dieu sous ce seul nom de grâce, par des prières ferventes et continuelles, dans les larmes, dans les gémissements; ils jeûnent, veillent, psalmodient, usent leur corps par des austérités extérieures, s'excitent à la vertu, font de grands efforts vers la sainteté, ignorant parfaitement en quoi elle consiste. Chez nous au contraire, sans s'arrêter à toutes ces minuties[2] (mais vous le savez comme moi, et c'est, ma chère fille, me faire

1. « S'il faut que l'esprit qui est en nous, à la motion duquel nous nous abandonnons, le demande pour nous, ne devons-nous pas le laisser faire?... Pourquoi, après cela, nous accabler de soins superflus, et nous fatiguer dans la multiplicité de nos *actes*, sans jamais *demeurer en repos?* » (*Moyen court*, § XXI, p. 95 et 96.)

« .... Elle ne sauroit... rien demander ni rien desirer de lui, à moins que ce ne fût lui-même qui lui en donnât le mouvement. » (*Explication du Cantique des cantiques*, chapitre VIII, verset 44, p. 208.)

2. « Lorsque l'âme.... s'élève jusqu'au Créateur, alors Dieu la prend par la main..., et la *mène*, sans l'aide du raisonnement, par le chemin de la pure foi. Alors il fait que l'entendement abandonne toutes les réflexions et tous les raisonnements; il fait avancer l'âme, et la retire de l'état sensible et matériel où elle étoit, par le moyen de la connoissance obscure d'une foi simple,... sans qu'elle ait besoin, pour l'aimer, de la persuasion ni de l'instruction de l'entendement : parce que de cette manière son amour seroit fort imparfait, *et* qu'il dépendroit trop des créatures.... » (Molinos, *Introduction à la Guide spirituelle*, section 1, n° 2, p. 2.)

« .... L'âme.... *dans* la contemplation doit laisser là tous les raisonnements, demeurer.... dans le silence,... repousser.... toutes les imaginations, *et se fixer toute à Dieu.* » (*Ibidem*, section II, n° 13, p. 7.)

« Il y a deux sortes de spirituels, des intérieurs et des extérieurs : ceux-ci cherchent Dieu au dehors par le secours du raisonnement, de l'imagination et des réflexions; ils tâchent d'acquérir la vertu à force d'abstinences, de macérations et d'austérités; ils revêtent le cilice, se donnent la discipline, se tiennent dans le silence, et se mettent en la présence de Dieu, en se le figurant tantôt sous l'idée d'un pasteur, tantôt sous celle d'un médecin, quelquefois sous celle d'un père *ou* d'un maître.... C'est le chemin extérieur et la voie de ceux qui commencent.... *Mais les vrais spirituels*, retirés dans le fond

parler plus d'une fois sur le même sujet), chez nous, dis-je, il n'en coûte autre chose que de se mettre en la présence de Dieu, se plonger dans l'oraison de simple regard, écouter Dieu dans le regard intérieur, dans un saint et doux repos et dans une quiétude parfaite, sans plus l'importuner par des prières vocales, sans s'user l'esprit par des mentales, sans se perdre les yeux par des lectures de l'Ancien et du Nouveau Testament. Encore une fois, on écoute Dieu lui-même, on est attentif à sa parole ; et les choses que l'on sent dans la suite de sa vie qu'il nous commande ou qu'il nous défend, sont celles sans aucun doute qu'il faut faire ou laisser. Sans cette précaution, ma fille, tenez pour une chose assurée que plus vous vous sentirez de pente à faire une bonne action, je dis très-bonne et très-vertueuse action, conforme à la loi de Dieu et aux préceptes de l'Église, plus vous devez vous défier de vous-même, et regarder cette sorte d'inclination à une telle pratique chrétienne comme un écueil de votre perfection et comme un piége dangereux que le démon tend à votre sainteté.

Ainsi en use le commun des chrétiens : ils sont tentés de jeûner au pain et à l'eau, ils jeûnent ; de donner l'aumône, ils la donnent ; de visiter les pauvres dans les hôpitaux, ils les visitent. Ont-ils consulté Dieu dans l'oraison de simple regard ? jamais. Ont-ils attendu qu'il leur ait parlé plus sensiblement que si c'étoit une voix articulée ? point du tout. Ils vous disent froidement qu'il leur suffit en cette rencontre de savoir que ces choses sont de l'esprit de Jésus-Christ, selon la doctrine de l'Évangile et selon la pratique des saints, pour s'y abandonner de tout leur cœur et y trouver, avec la grâce de Dieu, leur sanctification. Voilà comme ils raisonnent.

LA PÉNITENTE. Pauvres gens, et bien à plaindre, mon Père, à la vérité !

LE DIRECTEUR. Encore plus, ma fille, que vous ne pouvez penser, puisque dans toutes ces pratiques si pénibles et si spécieu-

---

de leur âme, *se recueillent sans tout cela.* » (Molinos, *Guide spirituelle*, livre III, chapitre I, nos 1 et 2, p. 132 et 133.)

« Il n'y a plus rien pour *l'âme*, plus de règlements, plus d'austérités. » (*Livre des Torrents*, partie I, chapitre VIII, n° 13, p. 224.)

ses, n'attendant point pour se remuer que Dieu les remue¹, ne songeant point à faire mourir leur propre action, remplis au contraire, comme nous disons, de propriété et d'activité, ils ne font toutes choses, les meilleures du monde, si vous le voulez, et les plus vertueuses actions, que parce qu'ils les veulent faire ; ils n'évitent le péché, que parce qu'ils ont résolu de l'éviter. Ainsi, comme ils ne se vident jamais de leur propre esprit, ils sont toujours fort éloignés de se remplir de l'esprit de Dieu.

LA PÉNITENTE. En un mot, mon Père, ils travaillent beaucoup pendant toute leur vie à ne rien faire.

LE DIRECTEUR. Justement, ma fille.

LA PÉNITENTE. Vous dites donc, mon Père, que la propriété et l'activité qui se mêlent dans nos actions en font toute l'impureté² ?

LE DIRECTEUR. Je le dis ainsi.

LA PÉNITENTE. C'est-à-dire que plus nous nous affectionnons à une telle vertu, à un certain exercice de piété, plus nous péchons ?

---

1. « L'âme.... doit se laisser mouvoir et porter par l'esprit vivifiant qui est en elle, *en* suivant le mouvement de son action, et n'en suivant point d'autre. » (*Moyen court*, § xxi, p. 81.)

« Marthe faisoit de bonnes choses, mais parce qu'elle les faisoit par son propre esprit, Jésus-Christ l'en reprit : ... « Marie, dit-il*, « a choisi la meilleure part » : la paix, la tranquillité et le repos ; elle cesse d'agir en apparence pour se laisser mouvoir par l'esprit de Jésus-Christ,... *et* c'est pourquoi il est nécessaire de renoncer.... à ses opérations propres pour suivre Jésus-Christ. » (*Ibidem*, § xxi, p. 90 et 91.)

« Il faut donc demeurer en paix, et ne nous mouvoir que lorsqu'il nous meut. » (*Ibidem*, § xxi, p. 87.)

2. « .... Rien n'est opposé à Dieu que la propriété, et toute la malignité de l'homme *y est posée*. » (*Ibidem*, § xxiv, p. 122.)

« *L*'impureté, si opposée à l'union *divine*, est la propriété et l'activité. » (*Ibidem*, § xxiv, p. 124.)

« La seule propriété peut causer le péché. » (*Livre des Torrents*, partie II, chapitre II, n° 2, p. 253.)

* Nous corrigeons *dit-on* en *dit-il* : la faute d'impression est évidente.

Le directeur. Sans doute.

La pénitente. Que s'il m'arrivoit, par exemple, d'être portée violemment à donner l'aumône à un pauvre, ce seroit alors que je devrois m'abstenir de la lui donner?

Le directeur. Continuez.

La pénitente. Que je devrois regarder cela comme une tentation?

Le directeur. Vous concluez juste.

La pénitente. Il semble donc, mon Père, que si je sentois quelque répugnance à secourir ce pauvre, ce seroit une raison pour lui ouvrir ma bourse?

Le directeur. Il le semble en effet.

La pénitente. Car, mon Père, je ne saurois soupçonner dans une pareille action le moindre attachement, ni la moindre propriété?

Le directeur. Cela est vrai, ma fille.

La pénitente. Oh! mon Père, cela est vrai. Pardonnez-moi, s'il vous plaît, mais vous me jetez dans d'horribles scrupules.

Le directeur. Comment donc?

La pénitente. Viens-je pas de vous dire que dimanche dernier je n'entendis pas la messe?

Le directeur. Hé bien?

La pénitente. Parce que je ne me sentois nulle inclination, nulle pente, rien au contraire que de la répugnance à entendre la messe, et même à me trouver à l'église ce dimanche-là?

Le directeur. Je l'ai compris de cette manière.

La pénitente. J'ai donc commis devant Dieu un grand péché?

Le directeur. Point du tout.

La pénitente. Ah! mon Père, ne me flattez point; rassurez-moi, je vous en conjure.

Le directeur. Ne m'avez-vous pas dit, ma chère fille, que ce fut le jour que vous entrâtes dans l'oraison de simple regard?

La pénitente. Hélas! oui.

Le directeur. Que Dieu, dans le silence de votre oraison, ne vous mut point sensiblement[1] pour sortir de votre oratoire et aller entendre la messe?

---

1. « Saint Paul veut que nous nous laissions mouvoir par l'es-

La pénitente. Je vous l'ai dit ainsi, et il est vrai.

Le directeur. Demeurez en repos, ma fille, c'est moi, et par conséquent c'est Dieu qui vous le dit : vous n'avez rien fait en cela que n'ait dû faire une âme parfaitement résignée aux ordres divins. J'admire même à quel point vous avez la conscience tendre et timorée.

La pénitente. Je respire, mon cher Père, et me voilà instruite là-dessus pour toute ma vie.

Quand donc à l'église, dans les rues d'une ville, dans un voyage ou ailleurs, un pauvre se présentera à moi, qui me conviera même au nom de Jésus-Christ de le secourir, quelque grande que me paroisse sa misère, si je reconnois en moi une grande pente à le soulager, je prendrai le parti de n'en rien faire?

Le directeur. Assurément, et donnez-vous-en bien de garde, sur peine de propriété et d'activité.

La pénitente. Et s'il me prend quelque dégoût de lui, si ses demandes réitérées m'importunent, je l'aiderai contre mon gré, quelque éloignement que j'en aie?

Le directeur. Quoi? sans attrait et sans motion divine?

La pénitente. Ah! dans quelle distraction je suis! Je m'en souviens, mon Père ; je l'aiderai encore moins, et le renvoierai sans aumône.

Le directeur. Vous songez à autre chose, ce n'est pas tout à fait comme il en faudroit user. Il faut, ma fille, sur un fait aussi important qu'est celui de faire l'aumône ou de ne la pas faire, consulter Dieu, c'est-à-dire éprouver si l'on a en soi une motion divine de faire l'aumône.

La pénitente. Comme j'ai fait sur le sujet de la messe?

---

prit de Dieu.... L'âme.... doit se laisser mouvoir et porter par l'esprit vivifiant qui est en elle, *en* suivant le mouvement de son action, et n'en suivant point d'autre. » (*Moyen court*, § xxi, p. 80.)

« Il faut nécessairement entrer dans cette voie, qui est la motion divine et l'esprit de Jésus-Christ.... Saint Paul.... prouve la nécessité de cette motion divine* : « Tous ceux, dit-il*, qui sont poussés « *de l'Esprit de Dieu, sont enfants de Dieu.* » *Qui n'est point dans cette oraison, n'est ni juste ni enfant de Dieu.* » (*Ibidem*, p. 92 et 93.)

* *Épître aux Romains*, chapitre viii, verset 14.

Le directeur. Précisément.

La pénitente. Mais, mon Père, pendant tout le temps de la consultation, où Dieu peut faire attendre sur la réponse, et quelquefois n'en donner aucune, que deviendra le pauvre ?

Le directeur. Ce n'est pas, ma fille, ni votre affaire ni la mienne : vous ne serez pas au moins exposée à rien faire par propriété et par activité, et sans aucune motion divine.

La pénitente. Cela est bien, mon Père, et j'espère à l'avenir que je ne serai pas assez malheureuse pour exercer la moindre vertu sans toutes les circonstances requises, et celles surtout que vous me prescrivez; mais comme ce principe que vous venez de toucher est d'une conséquence infinie dans la pratique, ne trouvez pas mauvais, je vous prie, que dans le premier entretien que nous aurons ensemble, je vous en demande encore quelque éclaircissement.

Le directeur. Quand vous ne m'auriez pas, Madame, prévenu par cette demande, mon dessein étoit d'approfondir avec vous une matière de cette importance pour votre salut : ce sera quand vous me ferez l'honneur de me venir revoir; car je vois par ce que vous m'avez dit d'abord de l'état de votre domestique, que lui étant suspect, je ne puis que difficilement mettre le pied chez vous à l'avenir.

La pénitente. J'en ai, mon Père, un regret si sensible, que c'est ce qui me rend ainsi malade. Je me recommande à vos prières.

Le directeur. N'abandonnerez-vous jamais cette petite formule de se quitter ?

La pénitente. Je le dis par habitude.

Le directeur. Qu'il faut perdre, Madame, je vous en conjure, et dire : « Je me recommande à vous. »

DIALOGUE II.

Vue confuse et indistincte de Dieu comme présent partout, seul objet de l'oraison de simple regard. Elle exclut toute autre connoissance, toute autre pensée, tout autre acte, tout autre objet. Elle bannit la crainte des jugements de Dieu, l'espérance en sa miséricorde, et toutes les autres considérations. Sainte Thérèse opposée à cette doctrine. Stupidité dangereuse où elle conduit.

La Pénitente. Je vous suppliai, mon Père, la dernière fois, de me permettre de vous faire souvenir de tout ce que vous aviez encore à m'expliquer sur la propriété et l'activité : sources, comme vous dites, de toute la malice des actions humaines, et que vous regardiez, ce me semble, comme le plus grand obstacle que l'homme pouvoit former au progrès de l'oraison de simple regard, et ensuite à la motion divine qui en est l'effet.

Le Directeur. Le simple regard[1], ma fille, est quelque chose de si élevé au-dessus de toute prière, de toute action sainte, et de tout exercice de religion, que je me sens obligé de

---

1. « .... En cette oraison de simple regard, nous pratiquons hautement la vertu sans la pratiquer : nous faisons tout sans rien faire, et nous le * faisons d'une manière si élevée, que cent autres n'en *feroient* pas tant en vingt années avec leurs actes redoublés et multipliés avec tant de ferveur. Une œillade simple qui nous ramasse de l'épanchement que nous pourrons ** avoir parmi la diversité des créatures, sous le rayon *** obscur de la Foi, qui ne laisse aucune clarté pour nous joindre à Dieu, dit plus, comprend plus, que tout ce que la méditation et l'oraison affective peuvent dire ou comprendre. » (L'abbé d'Estival, *Conférences mystiques*, p. 93 et 94.)

* Il y a : *nous la faisons*, dans l'ancienne édition des *Dialogues* : faute d'impression sans nul doute.

** On a imprimé *pouvons* dans l'ancienne édition des *Dialogues*.

*** *Mur*, au lieu de *rayon*, dans l'ancienne édition. On comprend aisément que l'imprimeur ait lu *mur*, au lieu de *raion* : l'écriture souvent longue et serrée du dix-septième siècle (telle qu'était par exemple celle de la Bruyère) pouvait rendre fréquentes ces sortes de méprises.

vous instruire de tout ce qui peut tout à la fois vous en faciliter l'idée et la pratique : d'autant plus que par certaines formules ou manières de parler qui vous échappèrent la dernière fois en nous séparant, il m'a paru que vous aviez besoin d'être entièrement désabusée de la prière, je dis de toute autre prière, puisqu'elle est suppléée par cette haute et sublime oraison de contemplation acquise, que vous avez eu le bonheur de pratiquer lorsque vous y fûtes attirée.

La pénitente. Comment attirée, mon Père, par une motion divine ? cela ne pouvoit être, car vous venez de dire qu'elle n'est que l'effet du simple regard. Par ma détermination propre ? ce seroit propriété et activité : à Dieu ne plaise ! et ce ne sont point là les voies qui conduisent à une oraison si parfaite.

Je vous avoue qu'il y a là je ne sais quoi d'embarrassant et qui me fait de la peine ; car si on a besoin d'une inspiration extraordinaire pour psalmodier, d'une encore pour jeûner, d'une autre pour donner l'aumône, d'une autre pour porter la haire, ou se donner la discipline, combien à plus forte raison paroît-elle nécessaire pour la plus excellente action qu'il y ait dans le christianisme ? Il semble néanmoins qu'il faille s'en passer, puisque cette motion extraordinaire devant être précédée, dites-vous, du simple regard, elle n'en peut être ni la préparation ni la cause[1].

Le directeur. Cela est vrai en quelque façon, et je suis ravi de vous voir déjà instruite de toutes ces choses.

---

[1]. « Vous croirez peut-être que vous ne sortez de la prière aussi stérile que vous y étiez entrée, que par manque de préparation.... Persévérer..., en la présence du Seigneur..., est l'unique préparation, et la seule disposition nécessaire pour ce temps-là. » (Molinos, *Guide spirituelle*, livre I, chapitre XI, n° 70, p. 46 et 47.)

« *Malaval* ne permet *cet acte (par lequel on se met en présence de Dieu au commencement de l'oraison)* que trois ou quatre jours au plus, parce qu'une âme qui est entrée dans le simple regard, comprend bientôt qu'il y a un langage muet, par lequel nous nous faisons entendre à Dieu beaucoup mieux que par les paroles sensibles et même par les actes intérieurs réfléchis, et elle auroit honte de chercher le secours de quelque chose de sensible contre l'attrait qu'elle sent. » (L'abbé d'Estival, *Conférences mystiques*, p. 40.)

LA PÉNITENTE. Vous êtes mon maître et mon apôtre, et j'attends ce que vous direz avec une humble soumission.

LE DIRECTEUR. Ceci, ma fille, est une matière délicate, qui pour être bien sue à fond demande des connoissances qui vous manquent : profitons du temps que j'ai à vous donner, et parlons seulement de votre conduite dans l'oraison de simple regard, de quelque manière que vous y ayez été attirée.

LA PÉNITENTE. J'en suis contente.

LE DIRECTEUR. En étiez-vous encore, ma fille, sur la lecture de votre *Nouveau Testament* de Mons, ou de quelque autre livre spirituel[1]? Vous prépariez-vous enfin à la grande oraison par la méditation de quelque mystère de Jésus-Christ, ou de quelque précepte de la loi de Dieu? Vous occupiez-vous de la haine du péché, de l'amour pour la vertu? Songiez-vous à la mort, au jugement de Dieu? Le craigniez-vous? Espériez-vous en lui?

LA PÉNITENTE. Rien de tout cela, mon Père.

LE DIRECTEUR. Fort bien.

LA PÉNITENTE. Il faudroit que j'eusse la tête bien dure pour n'avoir pas compris par tous vos discours qu'on ne peut se défaire trop tôt de toutes ces choses, quand on tend à la perfection.

---

1. « Il est sûr que la fréquente lecture des livres mystiques, qui.... ne donnent point de lumière pour la conduite de la vie, fait plutôt du mal que du bien; qu'elle brouille l'esprit au lieu de l'éclairer. » (Molinos, *Guide spirituelle*, livre II, chapitre II, n° 9, p. 80.)

« .... Cet acte consiste à *envisager* Dieu *seul* en lui-même, ce* qui comprend tout.... On *n'a pas besoin de* lectures, ni *de* méditations; mais *il suffit de se* reposer doucement en Dieu *avec ce regard* d'une foi vive. » (Malaval, *Pratique facile*, partie I, p. 50.)

« Les livres même et les bonnes lectures en cet état (*d'oraison de simple regard*) sont nuisibles, dit un grand spirituel**. Cela appuie et maintient la manière ordinaire d'opérer, et fortifie l'ancienne habitude. » (L'abbé d'Estival, *Conférences mystiques*, p. 187.)

* Il faut sans doute supprimer *ce*, et lire plus bas : « avec *le* regard. » Voyez ci-après, p. 601, note*, le texte exact.

** Dans les *Conférences mystiques*, on lit en marge de ce passage : « *Chrétien intérieur*, livre VII, chapitre XIX. » Cet ouvrage, l'un de ceux que la Bruyère place dans la chambre d'*Onuphre* (voyez ci-dessus, p. 155 et 372), est de Jean de Bernières Louvigny.

Le directeur. Oh merveilles ! Vous vous jetâtes donc d'abord sur votre fauteuil, ou sur votre prié-Dieu *a* ?

La pénitente. Le fauteuil m'est plus commode.

Le directeur. Et là sans autre préparation, vous envisageâtes, vous regardâtes Dieu présent partout [1], c'est-à-dire, qu'il est sur la terre, dans les eaux, dans les éléments, dans les métaux, dans les pierres, dans tous les corps, dans les âmes, dans l'homme, dans le cheval, dans le reptile ?

La pénitente. Je ne fis pas même cette longue énumération : je songeai seulement qu'il est présent partout.

Le directeur. Encore mieux ; et cela dans une vue confuse et indistincte de Dieu [2], par un pur acte, un simple acte, je dirois volontiers par une indifférence à tout acte ?

La pénitente. Quoi ? à celui même qui nous fait regarder la simple présence de Dieu [3] ?

Le directeur. Oui, ma fille, s'il étoit possible ; car le malheur

---

a. Voyez ci-dessus, p. 9, et note 1.

1. « L'oraison de quiétude consiste à se mettre en la présence de Dieu par un acte de foi, qui nous fait concevoir Dieu présent à nous-mêmes ; après quoi il faut bannir toutes sortes de pensées, d'affections, de prières, et attendre tout le reste de Dieu. » (Malaval, *Pratique facile* *.)

2. « .... L'entendement ne *connoît* pas Dieu par des idées, des réflexions, et des raisonnements ;... *mais* par une foi obscure, générale et confuse. » (Molinos, *Introduction à la Guide spirituelle*, section 1, n° 7, p. 4.)

« Une âme fidèle se donne bien de garde de rien ajouter à la simple vue de Dieu, si elle n'y est obligée par quelque pressante nécessité.... Car tout ce qu'on y ajoute fait connoître l'amour propre, qui ne se contentant pas de Dieu, se veut appuyer sur les choses de Dieu. » (Malaval, *Pratique facile***.)

3. « *Quand une âme considère* que Dieu est présent *en elle, c'est une bonne chose, quoique ce soit* l'imaginer d'une manière limitée, *et*

---

* Nous ne trouvons pas ces mots mêmes, mais souvent cette pensée, dans la *Pratique facile* : voyez p. 4, 16, 50, 56, 58, 61, etc. de la Iʳᵉ partie.

** Cette citation ne nous paraît pas non plus textuelle. Mais on trouve la première pensée un peu partout dans la *Pratique facile* : voyez p. 26, 32 de la Iʳᵉ partie, etc. La seconde pensée est familière aussi aux auteurs quiétistes, mais nous la croyons tirée d'un autre ouvrage que la *Pratique facile*.

des hommes est de se multiplier dans les actes[1], de chercher dans l'oraison un acte par d'autres actes, au lieu de s'attacher par un acte simple à Dieu seul. Je m'explique : il y a des chrétiens qui dans l'oraison ne croient jamais assez haïr le péché ; qui se persuadent ne pouvoir jamais assez aimer Dieu....

LA PÉNITENTE. Ils ont grand tort, car il est si bon et si aisé à contenter.

LE DIRECTEUR. .... Qui s'excitent à des mouvements de foi et d'espérance ; qui se sentent touchés de l'amour du prochain dans la vue de Dieu, tous actes intérieurs multipliés, non-seulement inutiles à l'oraison de simple regard, mais qui lui sont très-pernicieux, puisqu'ils en altèrent la simplicité et la pureté. Elle est appelée par nos maîtres l'oraison de silence, l'oraison de simple présence de Dieu, l'oraison de repos[2]. Ju-

---

non plus le croire assez simplement*. » (Falconi, Lettre à une fille spirituelle, p. 150.)

1. « Dieu purifie.... l'âme de toutes opérations propres et distinctes, aperçues et multipliées, qui font une dissemblance très-grande,... relevant la capacité passive de la créature, l'élargissant et l'ennoblissant.... » (Moyen court, § XXIV, p. 131.)

« Rien n'est plus opposé à l'oraison parfaite que l'attache à son propre esprit : et afin que l'âme soit admise à l'union divine, elle doit réduire toutes les fins en une, toutes les vues en une, et exclure toute sorte de multiplicité. » (La Combe, Analyse de l'oraison mentale**.)

2. « Oraison de foi, oraison de repos, recueillement intérieur et contemplation. » (Molinos, Introduction à la Guide spirituelle, section II, n° II, p. 6.)

« Oraison de simplicité ou d'unité, oraison de pure foi, oraison de silence, oraison de recueillement, oraison de présence de Dieu, oraison de repos, d'oisiveté, de paix, de dormir. » (La Combe, Analyse de l'oraison mentale***.)

* On avait abrégé et dénaturé ce passage de manière à le rendre inintelligible. Nous avons, d'après le sens de Falconi, substitué imaginer à imagination, et non plus à n'est plus.

** Hinc apertum relinquitur maxime obesse orationi, præsertim provectæ, duriorem proprii spiritus tenacitatem.... Hæc causa est propter quam, ut animus noster in divinam unionem admittatur, sensim omnes suos fines, in unicum finem,... et omnes suos intuitus in unicum intuitum, ac tandem multiplicitatem omnem.... ad unum necessarium reducere debeat ac colligere. (Pages 45-47.)

*** Dicitur namque primo oratio simplicitatis seu unitatis.... Tum vo-

DIALOGUE II.

gez par là, ma fille, combien tant de différents mouvements, tant de diverses réflexions, qui n'aboutissent à rien, sont capables de la troubler, de la changer et de l'anéantir.

Le plus court donc et le meilleur, je le répète encore, est de faire mourir notre propre action pour souffrir l'action de Dieu[1] : plus d'idées saintes et profanes, plus d'autres images[2] dans l'entendement que celle de la présence de Dieu ; et après s'être, comme un limaçon, recourbé, pour ainsi parler, dans l'enveloppe de son intérieur, se ramasser en Dieu, s'y absorber et laisser contre-tirer en nous son image quand il lui plaît, et comme il lui plaît : alors dans ce triple silence de paroles, de pensées et de desirs[3],

---

1. « Notre action doit être de souffrir l'action de Dieu, et de donner lieu au Verbe de retracer en nous son image. Une image qui se *remue*, empêcheroit le peintre de contre-tirer un tableau sur elle. Tous les mouvements que nous faisons par notre propre esprit empêchent cet admirable peintre de travailler, et font faire de faux traits. Il faut donc demeurer en paix *et en repos*, et ne nous mouvoir que lorsqu'il nous meut. » (*Moyen court*, § xx, p. 87.)

2. « L'acte de la pure contemplation est parfaitement vide de toutes représentations et images, espèces sensibles ou intelligibles, distinctes et aperçues. » (La Combe, *Analyse de l'oraison mentale**.)

3. « L'âme qui, après les fatigues de la méditation, se trouve dans le calme et la tranquillité de la contemplation, doit laisser là tous les raisonnements, demeurer dans le repos et dans le silence, jeter sur Dieu des regards simples et amoureux,... se contenter de la connoissance générale et confuse.... Il faut *qu'abandonnant* ce qui est et ce qui n'est pas,... vous vous jetiez entre les bras amoureux de Dieu,... qui par la force de son amour, vous conservera dans ce saint et bienheureux silence.... Pour se mettre en cet état, il faut que l'âme se retire dans elle-même, comme dans son centre : c'est là que se trouve l'image de Dieu, l'attention amoureuse, le silence, l'oubli de toutes choses. » (Molinos, *Introduction à la Guide spirituelle*, section II, n°s 13, 15 et 17, p. 7 et 8.)

« Il y a trois sortes de silence. Le premier est celui des paroles ;

catur oratio fidei.... Dicitur quoque oratio silentii...; item oratio collectionis.... Plerumque etiam oratio præsentiæ Dei, quietis, otii, pacis, dormitionis et somni vocitatur. (Pages 64-69.)

* Deinde ex eo quod actus puræ contemplationis sit ab omnibus formis, imaginibus, phantasmatibus, et sensibilibus aut intelligibilibus speciebus (ut distinctis et animadversis) perfecte denudatus. (Page 74.)

se trouvant dans un sommeil spirituel, dans une ivresse mys-

le second, celui des desirs; et le troisième, celui des pensées. Le premier est parfait; le second l'est davantage; et le troisième l'est extrêmement. Celui des paroles sert à acquérir la vertu; celui des desirs, à trouver le repos; et celui des pensées met dans le recueillement intérieur. C'est à ne point parler, à ne desirer rien, et à ne penser à quoi que ce soit, qu'on reconnoît le vrai silence mystique.... Si vous ne vous détachez de tout desir et de toute pensée, en vous reposant dans ce silence mystique, et ouvrant la porte à Dieu, afin qu'il se communique, qu'il s'unisse à vous, et qu'il se transforme, pour ainsi dire, en vous-même.... » (Molinos, *Guide spirituelle*, livre I, chapitre XVII, n°s 128 et 129, p. 72 et 73.)

« *N'ayons point d'autre* intention *que* d'écouter *Dieu* intérieurement *sans rien dire, ni avec l'esprit, ni avec la langue*.... Silence donc, et de l'esprit et de la langue, pour écouter Dieu. » (Malaval, *Pratique facile*, partie I, p. 3 et 4.)

« La première disposition d'une âme qui *veut s'adonner à la contemplation*, est *d'avoir un vrai* desir d'écouter Dieu, *et d'imposer silence à* toutes pensées. » (*Ibidem*, p. 4.)

« C'est un silence par lequel on rend à Dieu un hommage parfait. » (*Ibidem* *.)

« L'oraison contemplative est un simple regard libre de Dieu ou des choses divines, joint à une admiration religieuse, ou une méthode d'oraison par laquelle l'esprit, sans s'arrêter à des actes multipliés et particuliers, par lesquels il cherchoit auparavant Dieu, ayant commandé le silence aux puissances intérieures, est uni à Dieu par un simple acte de l'entendement, et confirmé en lui par un embrassement étroit de foi et d'amour, et se repose en lui par une tranquille jouissance. » (La Combe, *Analyse de l'oraison mentale***.)

« .... La contemplation, dont nous traitons,... est une vue simple

---

* Peut-être, cette citation, qui ne nous paraît pas textuelle, est-elle un souvenir du passage suivant : « .... Notre silence.... honore plus une telle action ou une telle parole du Sauveur que tout ce que nous en saurions dire ni penser. » (*Pratique facile*, partie I, p. 65 et 66.) — Cette pensée, très-fréquemment exprimée d'ailleurs, se retrouve encore dans la seconde partie (p. 123) : « .... L'indignité de pareilles expressions dont les hommes, pour parler humainement, sont forcés de se servir, leur fit connoître sensiblement qu'il n'y avoit rien de plus digne de Dieu que leur silence. »

** *Contemplativa (oratio) est simplex et liber Dei vel divinorum intuitus, cum religiosa admiratione conjunctus : hoc est ea orandi ratio qua mens, omissis multiplicibus ac particularibus actibus, quibus antea Deum*

tique¹, ou plutôt dans une mort mystique, toutes les puissances

et amoureuse de Dieu, appuyée sur la foi qu'il est partout.... Nous voyons Dieu et *nous* le contemplons par ce simple regard en un très-profond silence, dans une vue très-simple et suréminente d'un être impénétrable et ineffable, en la foi qui *nous ôte* toute autre conception et expression.... Qu'on se taise en l'admirant en son fond abyssal et suréminent, ou que l'on en parle par admiration; et.... toutes les puissances *demeureront* interdites en l'étonnement d'un Être infini. » (L'abbé d'Estival, *Conférences mystiques*, p. 15, 16 et 17.)

1. « C'est alors que le divin Époux, suspendant ses facultés, l'endort d'un sommeil doux et tranquille : c'est dans cet assoupissement qu'elle jouit avec un calme inconcevable, sans savoir en quoi consiste sa jouissance. » (Molinos, *Guide spirituelle*, livre III, chapitre XIII, n° 127, p. 174.)

« La contemplation infuse a trois degrés. Le premier est le rassasiement, où l'âme se trouve si remplie de Dieu, qu'elle n'a que du dégoût pour les choses mondaines, et si tranquille que le seul amour de Dieu lui suffit. Le second degré est l'ivresse spirituelle, qui est une extase ou une élévation de l'âme, produite par l'amour divin et par le rassasiement qu'il donne. Le troisième degré est l'assurance qui bannit toute frayeur, et qui se fait lorsque l'âme est si enivrée de l'amour divin, et si soumise aux ordres de Dieu, qu'elle iroit de bon cœur en enfer pour lui obéir. Elle sent alors que les nœuds de l'union divine sont si étroitement serrés, qu'il lui paroit impossible d'être séparée de son amant, et de perdre ce trésor infini. Il y a six autres degrés de contemplation : le feu, l'onction, l'élévation, l'illumination, le goût et le repos. D'abord elle est enflammée ; ensuite cette flamme la remplit d'onction; cette onction l'élève; dans cette élévation elle contemple; en contemplant elle goûte ; en goûtant elle se repose. C'est par ces degrés que l'âme devient abstraite et expérimentée dans la vie spirituelle et intérieure. Dans le premier degré, qui est le feu, un rayon ardent et céleste éclaire l'âme, allume en elle des affections divines, et consume les humaines. Le second, qui est l'onction, est une liqueur douce et spirituelle, qui se répand dans l'âme, qui l'instruit, qui la fortifie, et qui la dispose à recevoir et contempler la vérité divine : souvent elle pénètre jusque dans la constitution naturelle du contemplatif, qu'elle rend vigoureuse par la tolérance, et par une douceur si

quærebat, et silentio etiam interioribus potentiis imperato, simplici intelligentia uni Deo adhæret, atque in eo, stricto fidei et amoris quasi amplexu stabilita, placida fruitione conquiescit. (Pages 19 et 20.)

suspendues sont rappelées de la circonférence au centre : Dieu, qui est ce centre, se fait sentir à l'âme par des touches divines, par des goûts, par des illaps[a], par des suavités ineffables.

Ses affections étant ainsi émues, elle les laisse reposer doucement, elle avale ce qu'elle a goûté, ce qu'elle a mâché. L'Être infini de son côté mâche et remâche cette âme, savoure ce parfait intérieur. Cette bienheureuse âme trouve un délicieux repos qui l'établit au-dessus des délices et des extases, au-dessus des plus belles manifestations, des notions et des spéculations divines : on ne sait ce qu'on sent, on ne sait ce qu'on est. Je ne sais pourquoi moi-même je puis et

sensible, qu'elle lui paroît céleste. Le troisième degré est une élévation de l'homme intérieur au-dessus de lui-même, par laquelle il monte jusqu'à la source inaltérable du pur amour. Le quatrième degré, qui est l'illumination, est une science infuse, par laquelle l'âme contemple avec douceur et délectation la vérité divine, et passe, sous la conduite du Saint-Esprit, de clarté en clarté, de lumière en lumière, et de connoissance en connoissance. Le cinquième degré est un goût savoureux des douceurs divines, qui coulent du Saint-Esprit, comme d'une source féconde. Le sixième degré est une douce tranquillité, qui naît de la victoire qu'on a remportée dans la guerre intérieure, et des oraisons fréquentes : calme aussi admirable qu'il est rare, où se trouve le comble de la paix, et où l'âme est comme endormie dans le sein amoureux de la Divinité. Il y a plusieurs autres degrés de contemplation, comme les extases, les ravissements, la liquéfaction, l'évanouissement, les baisers, les embrassements, l'allégresse, l'union, la transformation, les noces, le mariage... : *toutes lesquelles* choses sont pour ceux qui ne les ont pas éprouvées, ce que les couleurs sont aux aveugles, et l'harmonie aux sourds. » (Molinos, *Guide spirituelle*, livre III, chapitre xv, n°s 140-149, p. 180-182.)

« L'amour intime produit quatre effets. Le premier s'appelle illumination, et c'est une connoissance savoureuse et expérimentale de la grandeur de Dieu et de notre néant. Le second est l'embrasement, ou le desir ardent de brûler comme une salamandre dans le feu de l'amour divin. Le troisième est la suavité, qui est une jouissance intime, douce, paisible et pleine de joie. Le quatrième est l'immersion et l'engloutissement de toutes les facultés en Dieu, pendant lequel l'âme se remplit et se rassasie si fort *en* Dieu, qu'elle ne peut plus ni desirer ni chercher que le bien souverain et infini. » (*Ibidem*, chapitre xvi, n° 153, p. 183 et 184.)

a. Sorte d'extase, où l'on tombe par des degrés insensibles.

j'ose vous l'expliquer : les paroles, les voix et les langues intellectuelles, comme les corporelles, cessent et cèdent au plus profond, plus amoureux et plus intime silence où les hommes puissent arriver en la présence de Dieu. Tout se fait et s'admire en son fond abyssal et suréminent[a], ce sont les paroles de l'abbé d'Estival; et aussitôt il parle, il se fait entendre sensiblement, on l'écoute, on suit sa voix et ses ordres divins; et voilà la motion divine qui naît de l'incomparable oraison de simple regard, et qui est nécessaire et préalable à toute action, quelque bonne en elle-même qu'elle puisse paroître.

La pénitente. Ô mon Père, mon cher Père, dans quels ravissements venez-vous de me jeter par la sublimité de vos discours, sur les avantages de l'oraison de simple présence de Dieu! Voilà en effet l'état à peu près où je me trouvai le jour du simple regard. Il me semble y être encore, tant vous représentez vivement comment cela se passe.

Par quelle fatalité arrive-t-il que ni les curés dans leurs prônes, ni les prédicateurs en chaire, ni les évêques dans leurs instructions, ne tracent pas à tous les fidèles l'idée d'une oraison si parfaite et si essentielle au salut? Pourquoi n'en pas faire un catéchisme aux petits enfants? Pourquoi ne les pas façonner de bonne heure au simple regard? Ils n'auroient presque pas besoin, dans la suite de leur vie, de bonnes œuvres et de sacrements.

Je vous ai ouï dire une fois qu'un seul acte de simple regard l'emportoit en mérite sur je ne sais combien d'actes de charité qu'on pouvoit produire pendant sa vie[1] : vous m'en

---

a. *Conférences mystiques*, p. 17 (voyez ci-dessus, p. 563, lignes 5 et 6 des notes). — Ce membre de phrase : « ce sont les paroles de l'abbé d'Estival, » n'a pas été imprimé dans la 1re édition des *Dialogues;* il se trouve dans l'*Errata*, et doit être l'une des additions de l'éditeur. On l'a introduit dans le texte de la contrefaçon.

1. « Tous les actes.... de charité *unis* ensemble ne sont pas comparables à *cet acte par lequel on regarde Dieu vivement et fixement....* Tous *ces* actes ne sont que des moyens, et *nous trouvons heureusement en Dieu* la fin que nous *cherchons par ce moyen.* » (Malaval, *Pratique facile*, partie I, p. 35.)

« Ceux qui ne sont pas instruits veulent se tirer de là pour former un acte de contrition, parce qu'ils ont ouï dire que cela est nécessaire :

fîtes l'appréciation, je m'en souviens, et vous m'assuriez qu'il valoit tout juste cinq jours entiers de mortification extérieure [1], et toute la plus rigoureuse qu'il étoit possible de s'imposer; et même vous comptiez les nuits. Encore ne s'agissoit-il pas du simple regard renforcé ou suivi de motion divine [2]. Que veut donc dire que depuis plus de vingt-huit ans que je suis au monde, depuis vingt ans du moins que j'ai l'usage de la raison, je n'avois jamais entendu parler d'une telle merveille, ni à mon confesseur, ni à mon curé, qui est un vieillard fort savant et grand homme de bien, suivant le sentiment de tout le monde? Je n'ai rien lu d'approchant dans aucun livre spirituel, dans aucune traduction des Pères, dans les *Épîtres* de saint Paul, ni, je crois, dans mon *Testament* de Mons : les jansénistes en auroient-ils retranché cette doctrine? c'est apparemment, mon Père, quelques nouvelles et pieuses découvertes de nos jours [3]. Quel trésor pour nous! quel extrême bonheur pour notre siècle!

Ah! que ces grands saints qui sont canonisés auroient eu de joie et de consolation dans leur cœur, s'ils avoient eu

il est vrai, mais ils ne voient pas qu'ils ont un acte éminent qui comprend les autres avec plus de perfection, quoiqu'ils n'aient pas ceux-ci comme distincts et multipliés. » (*Moyen court*, chapitre xv, n° 3, p. 41.)

1. « Dieu lui révéla (*à Françoise Lopez*).... qu'un quart d'heure d'oraison *de simple regard* vaut *mieux* que cinq jours d'exercices pénibles, de cilices, de discipline, de jeûnes et de coucher sur la dure, parce que *tout cela* ne mortifie que le corps, et que le recueillement purifie l'âme *. » (Molinos, *Guide spirituelle*, livre I, chapitre xii, n° 80, p. 51.)

2. Ce terme est de l'abbé d'Estival, *Conférence* xi, p. 121, quand l'âme est entièrement absorbée en Dieu **.

3. « .... L'Église augmente tous les jours en lumières et en connoissances ;... elle continue à recevoir les anciennes avec plus de clarté, et aussi elle en reçoit de nouvelles. » (Malaval, *Pratique facile*, partie I, *Avertissement*.)

* Molinos cite ce passage comme tiré de la vie de la vénérable mère Françoise de Lopez de Valence, religieuse du tiers ordre de Saint-François, et renvoie au tome II de la *Chronique des religieux déchaussés de Saint-François*, par Giov. Battista, fol. 687.
** Le renvoi est inexact.

dans leur temps cette oraison éminente ! Et y auroit-il de ces saints contenus dans nos légendes, qui fussent damnés faute d'avoir pratiqué l'oraison de simple regard ?

Le directeur. Cela est trop fort, ma fille ; mais tenez pour sûr, avec un de nos auteurs, que « toute âme qui ne parviendra pas dès cette vie, à l'union divine, et à la pureté de sa création, doit brûler longtemps dans le purgatoire[1]. »

La pénitente. C'est-à-dire, mon cher Père, que ces longues prières, ces longues lectures, ces longs travaux, ces longues abstinences des saints, sont des matières très-propres à brûler longtemps dans le feu du purgatoire ? Malheureux ceux qui les ont pratiquées ! ils croyoient éviter les souffrances de l'autre vie, en expiant en celle-ci par des mortifications volontaires les peines dues à leurs péchés : qu'ils ont été trompés, si cela n'a fait qu'augmenter leur souffrance en l'autre vie, bien loin de la diminuer !

Le directeur. Ce sont des profondeurs, ma fille, où nous ne devons point entrer et dont la connoissance est réservée à Dieu seul : contentons-nous de bien user de ses dons, et de tirer par notre fidélité envers lui, tous les secours qu'il a bien voulu attacher à l'oraison de simple regard. Vous m'avez dit, ce me semble, que par un regard fixe vous y contempliez Dieu partout ?

La pénitente. Je vous l'ai dit, et il est très-vrai.

Le directeur. Sans vous détourner vers aucun de ses différents attributs[2] ?

La pénitente. Oui, mon Père, de peur de multiplier les actes.

Le directeur. Du moins vous pensiez à la Trinité, à Dieu

---

1. Ces paroles sont tirées du *Moyen court*, chapitre XXIV, p. 133 et 134.

2. « *La considération* de la bonté, de la sagesse et de la puissance de Dieu sont des moyens pour nous élever à Dieu, et quand nous y sommes, il faut nous arrêter là, et quitter les considérations particulières de ces perfections divines, distinctes et abstraites, qui ne nous font pas voir Dieu comme il est en lui-même, mais comme il est dans la foiblesse de notre entendement ; et quand nous nous arrêtons avec fermeté par la foi toute nue sur l'infinité de son essence, nous le regardons comme il est en lui-même avec.... ses perfections.... » (L'abbé d'Estival, *Conférences mystiques*, p. 157.)

seul à la vérité, mais à Dieu comme Père, comme Fils et comme Saint-Esprit[1]?

La pénitente. Non, non, mon Père, et je vois que votre charité me tend un piége pour me faire tomber dans des réponses qui vous donnent occasion de me rendre plus instruite : je n'ai point pensé à tout cela, pas même à la Trinité en général, mais à Dieu présent partout.

Le directeur. Du moins vous est-il venu en pensée qu'il est immense et infini?

La pénitente. C'est ce qui résulte, je crois, de sa présence en tous lieux; mais je n'ai pas été jusque-là.

Le directeur. Cela en est mieux. Et de sa toute-puissance, rien?

La pénitente. Rien du tout, je vous assure.

Le directeur. J'en suis ravi; mais vous avez été quelque peu touchée de sa bonté infinie?

La pénitente. Presque point, mon Père, et vous pouvez me croire.

Le directeur. C'est encore trop, ma chère fille.

La pénitente. Il est si naturel d'y penser un peu.

Le directeur. Ce n'est pas une excuse : au contraire; car ceci est tout surnaturel et tout extraordinaire.

Mais étiez-vous dans ce vaste néant, ce total néant que je vous ai recommandé comme la base de l'oraison de simple présence, et qui mène droit au repos central?

La pénitente. Oui, mon Père, j'étois comme une femme tout à fait perdue et anéantie.

Le directeur. Comme un corps mort?

La pénitente. Et enterré[2], ainsi que je me l'imaginois. Je

---

1. « Dans l'oraison, on doit demeurer dans une foi obscure et universelle, avec quiétude, avec un oubli de toutes autres pensées, particulières et distinctes, des attributs de Dieu et de la sainte Trinité. » (*Proposition 21 de Molinos condamnée* [*].)

2. « *Une âme qui s'abandonne* sans réserve, et sans prendre garde à elle[-même], à *la* sainte et spirituelle inaction, *peut dire* avec saint Augustin : « Que mon âme se taise, et ne veuille rien faire ni penser

[*] *In oratione opus est manere in fide obscura et universali, cum quiete et oblivione cujuscumque cogitationis particularis ac distinctionis attributorum Dei ac Trinitatis....*

n'étois plus sur la terre, je n'étois plus[1]. Je me suis aussi appliqué, mon Père, ces paroles du Psalmiste que vous m'avez apprises : « J'ai été comme une bête, comme une jument devant vos yeux[a]; » et aussi cet autre endroit : « Comme un cheval et un mulet, qui sont privés d'entendement[b]; » enfin je tâchois à devenir comme une statue ou comme une souche.

Le directeur. Vos intentions sont droites : il manque là une certaine stupidité, une évacuation de l'esprit d'Adam jusqu'à un certain point[2], on le voit bien ; cependant voilà des efforts, des actes réfléchis pendant l'oraison : des péchés, ma chère fille, des péchés, ou peu s'en faut. Vous êtes morte, dites-vous, et comme enterrée, cela est bien ; mais vous ne deviez pas être en état de connoître que vous étiez telle, et de pouvoir jamais m'en rendre un si bon compte[3].

quoi que ce soit [*]; qu'elle s'oublie elle-même et se submerge dans *la* foi obscure, puisqu'elle sera d'autant plus en sûreté qu'elle sera plongée plus avant dans le néant et comme perdue. » (Molinos, *Guide spirituelle*, livre I, chapitre XIII, n° 94, p. 57.)

« Cela ne se peut faire que par la mort de nous-mêmes et de notre propre action, afin que l'action de Dieu soit substituée *à* sa place. » (*Moyen court*, § XXI, p. 89.)

« La fidélité de l'âme *dans* cet état consiste à se laisser ensevelir, enterrer, écraser, marcher sans se remuer non plus qu'un mort. » (*Livre des Torrents*, partie I, chapitre VIII, n° 17, p. 226.)

1. « Qui réveillera l'âme de son sommeil doux et paisible, si elle est endormie dans le néant, d'où David tomba sans le savoir dans le parfait anéantissement ? *Ad nihilum redactus sum, et nescivi*[**]. » (Molinos, *Guide spirituelle*, livre III, chapitre XX, n° 201, p. 199.)

a. *Psaume* LXXII, verset 23.
b. *Tobie*, chapitre VI, verset 17.

2. « Il faut donc donner lieu à cette vie (*du Verbe*) de s'écouler en nous : ce qui ne se peut faire que par l'évacuation et la perte de la vie d'Adam. » (*Moyen court*, § XXI, p. 89.)

3. « Dans le temps de la contemplation passive, on ne doit point prendre garde à ce que Dieu opère *en nous;*... car ce seroit mettre un obstacle aux opérations divines. » (Molinos, *Guide spirituelle*, livre III, chapitre XIV, n° 137, p. 178.)

« .... Une personne *qui* n'a aucun sentiment de ce qu'elle fait, *et*

[*] Il y a : « penser *à* quoi que ce soit » dans *la Guide spirituelle*.
[**] *Psaume* LXXII, verset 22.

Dans le fort de la contemplation, ne vous êtes-vous point sentie un peu touchée de la crainte des jugements de Dieu? Je vous fais, ma fille, cette demande, parce que je vous connois la conscience tendre et sujette à s'ébranler par les scrupules, et que je me souviens que vous me jetâtes, je ne sais à quel propos, ce passage qui dit que le commencement de la sagesse est la crainte de Dieu*a*.

La pénitente. Cela est vrai; mais il me souvient aussi que vous me répondîtes que cette leçon étoit bonne à faire à des enfants, ou tout au plus à un commençant, qu'il étoit permis de craindre Dieu une fois en sa vie lorsqu'on ne faisoit qu'entrer dans les voies mystiques et extraordinaires, mais qu'il n'y avoit rien ensuite de plus fatal à la perfection, que de réitérer cet acte de crainte de Dieu. D'ailleurs, comment aurois-je pu me laisser aller à la crainte de Dieu, si je n'ai pas songé le moins du monde à le considérer comme juste?

Le directeur. Comme miséricordieux, ma fille?

La pénitente. Sur cela, mon Père, je vous dirai que j'ai fait les derniers efforts pour ne point recevoir dans mon esprit l'idée de la miséricorde divine, et pour mettre en sa place celle de la seule présence de Dieu.

Le directeur. Hé bien?

La pénitente. Voulez-vous que je vous dise la vérité?

Le directeur. C'est ce que je demande.

à qui, au contraire, il semble qu'elle ne fait rien, ne pouvant voir ce qu'elle fait, s'humilie à plein [fonds], *et* confesse qu'elle n'est propre à quoi que ce soit, et que ce qu'elle a de bon vient de Dieu. » (Falconi, *Lettre à une fille spirituelle*, p. 146.)

« *Une âme spirituelle ne doit point s'amuser à réfléchir sur ce qu'elle opère*, ni à penser si *elle met* en pratique ou non les vertus.... » (*Ibidem*, p. 151.)

« *L'âme spirituelle, dans l'oraison, doit garder* un profond silence et *s'abandonner* toute à Dieu, comme si elle ne pensoit plus à soi, *parce qu'une* personne qui prie doit s'oublier [et] tout ce qu'elle fait, *et que* la parfaite oraison est celle où celui qui prie ne se souvient pas qu'il est actuellement en prière. » (*Ibidem*, p. 153.)

« *Quand l'âme* agit par dépendance.... de la grâce, *elle agit sans qu'elle s'en aperçoive et n'est point oisive*. (*Moyen court*, § xxi, p. 81.)

a. *Psaume* cx, verset 10.

La pénitente. Je n'y ai réussi qu'à force de ne penser ni à l'un ni à l'autre, ni à chose qui fût au monde. Je tombai dans une espèce de défaillance au milieu de mon oraison, lassée d'avoir été deux heures de suite à faire mes efforts pour ne penser à rien, et je demeurai en cet état dans une inaction, comme il me sembloit, et dans une stupidité parfaite[1].

Le directeur. Sans qu'aucunes images vous passassent par l'esprit[2] ? auriez-vous été assez heureuse pour cela ?

La pénitente. Je me ressouvins, malgré moi, d'un tableau de sainte Thérèse que j'avois vu autrefois aux Petites Carmélites.

Le directeur. Ô Iconoclastes, que vous aviez raison !

La pénitente. Quel grand mot dites-vous là, mon Père ?

Le directeur. Poursuivez, ma fille.

La pénitente. Elle jetoit de sa bouche un rouleau de papier où étoient écrits ces mots : *Misericordias Domini in æternum cantabo*[a], qu'on m'a dit signifier en françois : *Je chanterai dans toute l'éternité les miséricordes du Seigneur*. Ce verset pendant quelque temps ne pouvant sortir de ma pensée, je le récitois comme du fond du cœur sans rien articuler, et sans remuer les lèvres.

Le directeur. Mais vous délectiez-vous à cette idée ? y consentiez-vous ?

1. « Quand *une âme entre dans* l'oraison, *elle doit se remettre* entre les mains de Dieu avec une parfaite résignation, *faire* un acte de foi, *croire qu'elle est* en *la* présence *de Dieu, demeurer* dans cette sainte inaction, pleine de tranquillité et de silence, et *tâcher* de continuer par la foi et par l'amour, tout le jour, toute l'année, et même durant toute la vie, ce premier acte de contemplation. » (Molinos, *Guide spirituelle*, livre I, chapitre xiii, n° 85, p. 53*.)

« *Oraison*, mort volontaire de *toutes les actions, de toutes les affections, de tous les raisonnements, de tous les actes de la mémoire*, de tout ce qui n'est point Dieu, et qui [ne] *conduit* [pas] à Dieu. » (Malaval, *Pratique facile*, partie II, p. 188.)

2. « Ce n'est rien de Dieu que tout ce que l'on se figure ; la vive foi de sa présence suffit, afin de ne se former nulle image de lui. » (*Moyen court*.)

a. *Psaume* lxxxviii, verset 2.

* Voyez ci-après la même citation textuellement faite, p. 673, note 1.

La pénitente. Je crains que cela ne me soit arrivé ; car j'ai appris, il y a longtemps, que cette grande sainte avoit souvent ces paroles-là dans la bouche, et que c'étoit pour cette raison qu'on la peignoit de la manière que je vous ai dite. Ainsi je demeurai un instant à goûter ce pieux mouvement de sainte Thérèse, et à trouver de l'onction dans cette vive espérance qu'elle a de chanter dans tous les siècles les miséricordes de Dieu à son égard.

Le directeur. Voilà qui va mal, ma chère fille, vous le voyez bien vous-même. Il n'y a point là de simplicité d'acte, point de cessation de propre action : rien au contraire que multiplicité, que propriété et qu'activité, qu'espérance de salut, que confiance aux miséricordes de Dieu[1]. Ah! que l'image de sa présence en tous lieux est infiniment élevée au-dessus de telles idées ! qu'il est vrai qu'il n'est pas donné à tous de renoncer à sa propre opération, et d'entrer dans le bienheureux dépouillement de toute connoissance positive !

---

1. « *Quand on est avancé dans la voie spirituelle, il faut se défaire* peu à peu des mouvements sensibles des actes redoublés, et de la réflexion volontaire dans l'oraison, *parce qu'en se* débarrassant de toutes ces choses, *on monte* au plus sublime état de l'esprit. » (Falconi, *Lettre à une fille spirituelle*, p. 163.)

« *Les saints, après qu'ils sont parvenus à l'acte* continuel de foi, d'abandon, et d'amour..., ne se *permettent* ni soupirs, ni oraisons jaculatoires, ni quoi que ce soit de sensible. » (*Ibidem*, p. 162.)

« Les signes de l'oraison de contemplation active sont : le recueillement de l'âme dans son intérieur, le silence, la quiétude, la simplification du cœur, le regard tranquille des choses de Dieu, la vive foi en Dieu présent, l'omission de sa recherche, la rareté des affections,... le mépris de soi, etc. » (La Combe, *Analyse de l'oraison mentale**.)

« *Quand votre âme concevroit des pensées et des affections propres à* vous élever à Dieu, vous *ne les devez recevoir que* comme une simple disposition pour vous recueillir *en Dieu*, et non comme une matière pour vous occuper : c'est-à-dire qu'aussitôt *qu'il vous vient*

---

* *Activæ contemplationis signa sunt : sensuum ac facultatum animi ad interiora collectio, silentium, quies, et simplificatio cordis, tranquillus divinorum intuitus,... viva fides Dei præsentis..., inquisitionis dimissio..., affectuum, seu rara, seu crebra, intermixtio.... Fructus vero sunt : superna illuminatio, ex qua oritur vilipensio sui....* (Pages 125 et 126.)

DIALOGUE II.

Ce sont des regards, ma fille, que vous avez eus, mais des regards obliques, circulaires : il les faut simples, droits, fixes, pour avoir l'expérience de Dieu ; ils ont souvent manqué à votre sainte Thérèse. Ne nous faisons point, je vous prie, un capital de la croire dans nos principes, encore moins de la choisir pour notre modèle : il s'en faut beaucoup que toutes ses heures se soient passées dans l'état sublime de la contemplation acquise ; les plus pénétrants d'entre nous ne reconnoissent point le simple regard dans sa manière d'oraison. Sa vie est un continuel usage de confessions et de communions : on voit dans cette Espagnole une soif démesurée de croix, de tribulations, de mortifications ; presque point de suavité, de sommeil spirituel et de quiétude. Elle se plaisoit à entendre prêcher ; elle faisoit des lectures spirituelles, se répandoit en affections et en aspirations, se servoit de prières vocales, ne parloit que d'amour de Dieu, que de crainte de sa justice ; enfin elle étourdissoit tout le monde de l'amour du prochain.

On assure à la vérité qu'elle est parvenue à des états extraordinaires ; mais comment, pensez-vous ? sans les desirer, sans les chercher, sans pouvoir se les procurer, sans être maîtresse de ne les pas éprouver, ou de les faire finir.

une pensée, ou *une* affection, *vous devez la* laisser *sans vous y arrêter, afin de vous affermir* en Dieu seul, sans *avoir recours*, *ni* à l'entendement, ni à la mémoire, ni à la volonté, comme si vous n'aviez point *ces puissances.* » (Malaval, *Pratique facile*, partie I, p. 7 et 8.)

« Contemplation consiste à aimer Dieu sous une idée universelle de tout ce qu'il est, et de tout ce qui le rend aimable. » (*Ibidem.*)

Dans sa réponse il soutient que c'est la différence de la contemplation d'avec la méditation *.

Sitôt que quelque pensée de piété, comme celle que Dieu a créé le ciel et la terre, aura fait naître l'idée de Dieu, aussitôt *jetez* un regard amoureux *vers* Dieu présent, qui étant partout, est aussi par conséquent dans votre âme, et *arrêtez* ce simple regard sur lui autant de temps qu'il vous *sera* possible, sans rien penser ni rien desirer pendant ce temps-là, parce qu'ayant Dieu, vous avez tout. » (Malaval, *Pratique facile*, partie I, p. 8**.)

* Voyez la *Lettre de M. de Malaval à M. l'abbé de Foresta-Colongue,* p. 151 et suivantes.
** Cette citation est indiquée à tort dans les éditions des *Dialogues* comme tirée des *Conférences mystiques* de l'abbé d'Estival.

Encore, puisqu'il faut tout dire, ces choses lui sont arrivées rarement, et elle les a cachées avec tout le soin imaginable.

Avoit-elle, comme nous, une méthode infaillible, et comme une mécanique sûre pour cheminer droit et sans broncher dans cette vie intérieure ? Auroit-elle pu donner, comme je fais par la grâce de Dieu[1], des règles invariables pour porter tout d'un coup les personnes de l'un et de l'autre sexe, un enfant, un valet, un paysan, un maçon, jusqu'à la sublimité de l'oraison ineffable[2], et cela toutes les fois qu'il leur en prend fantaisie ? Non, Madame, soyez-en persuadée : semblable à ceux qui vivent au jour la journée, elle souffroit ses ravissements et ses extases, quand ils lui arrivoient, sans en pouvoir jamais régler ni les commencements, ni le progrès, ni la fin.

Demandez, demandez, ma fille, à Madame votre belle-mère, à Monsieur votre mari, à Monsieur votre beau-frère (il est docteur), s'ils croient que les coups dont ils cherchent quelquefois à vous atteindre portent le moins du monde sur leur sainte Thérèse, et si les admirateurs de cette fille, je dis ses plus grands panégyristes, ont jamais appréhendé, dans tout ce qu'ils ont publié à son avantage, de flatter nos intérêts, ou d'appuyer notre doctrine ?

Je vous parle ainsi, ma chère fille, pour vous détromper une bonne fois de l'erreur où sont la plupart de vos com-

---

1. Molinos donne ces instructions dans son *Introduction à la Guide spirituelle*, section III, p. 9 et suivantes, et dans le livre III, chapitres XIV et XV, p. 176 et suivantes.

2. « Ce don excellent de la contemplation a été souvent accordé, dès le commencement, à de petits enfants et à de petites filles de quatre ans, à des gens grossiers, et à des femmes de village. » (La Combe, *Analyse de l'oraison mentale**.)

Falconi y appelle aussi tout le monde dans sa *Lettre à une fille spirituelle***.

* *Quin et quadrimulis nonnunquam pueris puellisve, et rudioribus ex plebe, ac rusticanis mulierculis concessum fuisse non raro, statim ab initio, eximium contemplationis donum..., compertum habebunt.* (Pages 41 et 42.) — La traduction de la phrase latine est empruntée au mandement de l'évêque de Chartres. Voyez ci-dessus, p. 530, note 1.

** Falconi ne dit rien de semblable; on l'a confondu avec Mme Guyon : voyez le titre et le § 1 du *Moyen court*.

mençants, et dont je ne puis assez m'étonner ; car ils ne voient en nous ni vie purgative, ni illuminative, ni unitive ; nulle affectation de la prière et des bonnes œuvres ; point de méditations sur les attributs divins ; et cependant je ne sais par quelle foiblesse ou pusillanimité, ils croient faire beaucoup pour notre association, d'y ranger la plupart des saints modernes, et surtout les contemplatifs de réputation. Mais l'heure presse : je voudrois, Madame, savoir de vous, avant de nous séparer, si Dieu vous a parlé dans votre oraison.

La pénitente. Je n'ai, mon Père, entendu aucune voix.

Le directeur. Aucune voix ?

La pénitente. Non, mon Père.

Le directeur. Mais dans ce profond ravissement où vous étiez, Dieu ne vous disoit-il pas, quoique intérieurement : « Faites ceci, » ou : « Ne faites pas cela » ? car vous savez que c'est ce qu'on appelle motion divine.

La pénitente. Il y a apparence qu'elle m'a manqué dans mes dernières oraisons.

Le directeur. Vous l'avez donc éprouvée quelquefois ?

La pénitente. Pour vous dire, mon Père, sans déguisement ce qui en est, je suis persuadée que j'ai été privée par mon indignité de cette divine faveur, hors peut-être cette unique fois que je perdis la messe un dimanche par inspiration.

Le directeur. Depuis celle-là, ma fille, vous ne vous souvenez point d'en avoir eu d'autres, ni que Dieu vous ait fait entendre sa voix ?

La pénitente. Je n'ai rien dissimulé de la vérité.

Le directeur. Les miséricordes de Dieu vous perdront, Madame, si vous n'y remédiez, et je voudrois pour beaucoup que vous n'eussiez jamais entré aux Petites Carmélites. On devroit une bonne fois bannir les images du temple de Dieu, puisqu'elles sont si funestes à la simplicité de l'acte dans l'oraison.

La pénitente. J'aurai toujours, mon Père, beaucoup de peine à ne penser à rien[1], ou à si peu de chose que ce que vous me prescrivez.

---

1. « C'est un grand effort pour une âme *que* de passer des heures entières dans l'oraison, muette, humble et soumise, sans agir, sans connoître, ni tâcher même de comprendre quoi que ce soit. » (Molinos, *Guide spirituelle*, livre I, chapitre vii, n° 46, p. 37.)

Mon Père, je vous prie de m'écouter. Je connois des gens à qui il ne coûte rien d'avaler des pilules : ils nous disent qu'elles passent sans se faire sentir, que ce n'est rien ; et c'est justement ce rien qui m'est insupportable ; car il me semble que le gosier est fait pour avaler un aliment que les dents ont broyé, que le palais a savouré, et qui se fait sentir en son passage.

Le directeur. Que voulez-vous dire, Madame, avec vos pilules ?

La pénitente. Je veux dire, mon Père, que l'homme est fait pour recevoir dans son entendement des choses que son imagination lui fournit, que sa mémoire lui rappelle, ou qu'il connoît de lui-même : en un mot, qu'il est fait pour penser ; que c'est sa nature, et que ce ne peut être que par des secours bien extraordinaires qu'il se réduit à ne penser à rien, c'est-à-dire à ne point penser.

Les femmes surtout souffrent beaucoup dans ce pénible exercice que vous appelez une suspension de toutes les facultés, et un total anéantissement : elles sont vives et inquiètes ; il faut qu'elles pensent à quelque chose : si vous leur défendez les bonnes pensées, elles en auront de mauvaises, plutôt que de n'en avoir aucunes.

Un esprit vif à qui l'on défend toute pensée, toute image, et toute vérité vive et distincte, n'appréhendez-vous point, mon Père, qu'il ne tombe dans le vide, dans la sécheresse, et dans les tentations sur de certaines choses bien fâcheuses et humiliantes ? Vous m'entendez bien.

Le directeur. Ce n'est pas de vous, ma fille, que vous entendez parler ?

Le pénitente. De moi, mon Père, comme des autres, et je voudrois bien, après l'oraison de simple regard, en être quitte à un grand vide de cerveau, à des sécheresses, à des rompements de tête et à de fâcheuses migraines qui ne me manquent jamais ; mais n'importe, je suis résolue de passer par toutes ces épreuves pour devenir une parfaite abandonnée.

Le directeur. Ce mot, Madame, me fait souvenir du parfait abandon de l'âme, qui suppose en elle le retranchement de toute propriété et activité : matière en vérité bien importante, et celle dont vous demandiez particulièrement d'être instruite dès le commencement de cet entretien. Je ne sais comment il est arrivé que nous avons passé d'un discours à un autre, sans avoir rien touché de ce que j'avois préparé sur cela pour contenter votre curiosité. Ne vous en repentez pas néanmoins, et reconnoissez devant Dieu que vous aviez besoin de cette dernière leçon sur l'oraison de simple regard, pour plier votre entendement à ne penser non plus que si vous n'en aviez point.

Tenez, Madame, j'ai connu une jeune fille de dix-huit ans (je la dirigeois et la disposois à la contemplation acquise). Elle m'ouvrit un jour son cœur sur toutes les petites peines qu'elle éprouvoit dans les voies de Dieu, et surtout dans l'oraison. C'étoit un esprit libre, enjoué ; elle me dit brusquement : « Voulez-vous, mon Père, que je vous dise franchement ce qui en est ? je ne saurois penser à la Suisse[a] : quand je pense, il faut que ce soit à quelque chose. » Je lui repartis qu'elle ne pensât à rien : « C'est, me dit-elle, ce qui est absolument impossible, et n'osant point penser à de bonnes choses, je pense à des sottises : c'est tout ce qui me reste ; car votre vue confuse et indistincte de Dieu, cela est bientôt expédié, et je n'en ai pas pour deux instants. » Elle me fit un peu rire. Hélas ! présentement, Madame, je voudrois que vous la connussiez, c'est une souche, c'est une poutre, c'est un corps mort[1] ; elle est si fort vidée de son propre esprit,

a. « *Rêver à la Suisse*, c'est ne penser à rien. » (*Dictionnaire de Trévoux.*)

1. « Vouloir agir activement, c'est offenser Dieu, lequel veut être le seul agent ; et pour cela il faut s'abandonner à lui et demeurer ensuite comme un corps mort. La nature agissante empêche l'opération de Dieu et la vraie perfection, parce que Dieu veut agir en nous sans nous. » (*Propositions de Molinos condamnées**.)
— « .... Il y en a qui sont élevés par une grâce extraordinaire, de sorte que l'âme se trouve quasi dans une pure passiveté ; elle

* *Velle operari active est Deum offendere, qui vult esse ipse solus agens ; et ideo opus est seipsum in Deo totum et totaliter derelinquere, et postea permanere velut corpus exanime. — Activitas naturalis est gratiæ inimica, impeditque Dei operationes et veram perfectionem, quia Deus vult operari in nobis sine nobis.* (Propositions 2 et 4.)

on l'a si fort accoutumée à ne plus faire aucune opération, qu'on diroit qu'elle l'a perdu. Ses parents et ses amis, qui n'étant point des nôtres, ne peuvent approuver son genre de vie, font malicieusement courir le bruit que les excès qu'elle a faits dans la prière ont altéré sa raison, et l'ont rendue imbécile. Je vous la ferai connoître, c'est une bonne âme. Mais adieu, je vous chasse; il est heure indue.

La pénitente. Je ne m'en apercevois pas en votre compagnie, mon Père; il faut pourtant s'en priver et se recommander à vous.

Le directeur. A moi, fort bien, et non pas à mes prières.

n'agit plus, elle ne fait que pâtir, recevant.... *les lumières divines* en leur entendement, et les transports amoureux, et les ardeurs sacrées en leur volonté; d'elles-mêmes elles ne s'appliquent à quoi que ce soit. » (L'abbé d'Estival, *Conférences mystiques*, p. 186.) — *Demande de Philothée*, dans les mêmes *Conférences mystiques* de l'abbé d'Estival : « J'opinerois pourtant de ce qui a été dit pour les actes, et que vous nous donnerez permission de descendre de temps en temps à la méditation affective, ou comme vous avez dit, aux aspirations amoureuses *. Et en vérité, ce ne seroit pas une petite consolation pour la pauvre nature, qui est si souvent accablée dans les sécheresses et dans les distractions. Notre esprit naturel auroit.... un peu plus de liberté; il est extrêmement resserré dans le simple regard, où l'on restreint son activité à ne rien faire; et quoique les aspirations affectives soient des actes de volonté, l'entendement pourtant y a toujours grande part. » — *Réponse du directeur :* « Tous ces moyens de nature que vous proposez, Philothée, ne sont pas fort propres pour me porter du côté des actes et des aspirations; je préférerai toujours la pure passiveté, la mort et le néant de l'entendement,... à toutes les plus belles aspirations. » (Page 273.)

* Il y a dans les *Conférences* : « inspirations amoureuses; » mais ce doit être une faute d'impression.

DIALOGUE III.

Propriété et activité, source de tout le mal selon les quiétistes. Obscurité, embarras et contradictions de cette doctrine. Qu'elle ruine la liberté de l'homme et sa coopération à la grâce ; erreur condamnée d'anathème par le concile de Trente.

La pénitente. Que j'ai perdu, mon Père, de ne vous avoir pas encore entendu discourir à fond de ce principe corrompu de toutes nos actions, que vous appelez propriété et activité !

Le directeur. Pourquoi, Madame ?

La pénitente. Parce, mon Père, que ce que vous m'en auriez appris m'auroit été d'un grand secours dans une conversation que j'eus avant-hier avec mon beau-frère.

Le directeur. Qui ? Monsieur l'abbé ?

La pénitente. Lui-même, le docteur de Sorbonne.

Le directeur. Voilà, Madame, un nom fort respectable. N'êtes-vous point encore toute émue, quand vous pensez que vous avez osé tenir contre un docteur ? Que seroit-ce si vous aviez disputé contre votre curé, ce personnage si éclairé, cet homme de bien ? Mais contre votre évêque, quelle rébellion !

Apprenez, ma fille, que chez nous on ne fait aucune acception[a] du plus ou du moins des dignités ecclésiastiques, et que la mesure de notre estime, de nos déférences et de notre vénération est celle de l'union plus intime et plus essentielle d'une âme avec Dieu par l'oraison de simple regard.

Mais sans sortir de notre sujet, sachons, je vous supplie, ma chère fille, quelle a été l'occasion, le progrès et les suites de l'entretien que vous avez eu avec Monsieur le docteur ?

La pénitente. Ce fut, mon Père, jeudi dernier, qu'on apporta le chanteau au logis, pour rendre demain le pain bénit.

Le directeur. Comment cela nous mènera-t-il à la propriété et à l'activité ?

La pénitente. Vous le verrez, mon Père. Nous venions de

---

a. Il y a ici, et plus loin, p. 583, *acceptation*, au lieu d'*acception*, dans les anciennes impressions.

dîner quand les bedeaux entrèrent. Ils furent à peine sortis, que mon beau-frère me souriant : « Hé bien! ma sœur, me dit-il, vous rendrez le pain bénit dimanche prochain? — Il y a apparence, lui dis-je. — Si l'on en juge par les apparences, repartit-il, j'oserois bien assurer que vous ne le rendrez pas. — Que voulez-vous dire, mon frère? lui répondis-je; dans quelle pieuse distraction êtes-vous? hé! ne voyez-vous pas le chanteau que les bedeaux de notre paroisse ont laissé sur la table? — Le chanteau n'est rien, continua-t-il, et les bedeaux encore moins. — Oh, oh! lui dis-je, à qui en avez-vous donc? cela est fort plaisant, je vous assure. — Plus plaisant, reprit mon beau-frère, que vous ne pensez, et que vous ne sauriez dire ; mais je persiste à vous soutenir que vous ne rendrez pas dimanche le pain bénit. — Vous avez donc révélation que je mourrai avant dimanche ? — Vous ne mourrez point pour cela, me dit-il ; mais vous serez à la vérité fort embarrassée. — Hé, de quoi? lui dis-je, embarrassée : c'est vraiment un grand embarras que de rendre un pain bénit! — Vous avez donc, me demanda-t-il, une grande envie de le rendre ? — Fort grande, lui dis-je. — Vous songerez à l'ordonner dès aujourd'hui ? — Moi, ou mes gens, ajoutai-je. — Et s'ils y manquoient, vous en seriez fâchée ? — Oui, en vérité. — Et dimanche, poursuivit-il, vous vous préparerez à aller à l'église, vous choisirez votre offrande selon votre dévotion, et vous rendrez votre pain bénit? — Qui en doute? — Moi, me dit-il en riant; et ma raison est que je ne saurois me persuader que ma belle-sœur s'expose à faire un péché, plutôt que de manquer à une pure cérémonie, et où il n'y a au plus qu'une obligation de bienséance. — Comment, mon frère, un péché? je suis bien simple et je m'aperçois bien tard que vous plaisantez, sans voir néanmoins, je vous l'avoue, sur quoi peut rouler la plaisanterie. — Je parle, dit-il, fort sérieusement, ma sœur; et je vous soutiens, que songer à faire un pain bénit, songer à l'aller présenter à l'autel avec une pièce d'or, telle que vous la jugez convenable, se soumettre soi et son offrande à la bénédiction du prêtre, que tout cela est une action qui part de notre volonté pure; que l'on n'en useroit pas ainsi, si l'on ne s'y étoit absolument déterminé soi-même; qu'il n'y a donc point là d'évacuation de notre propre action ; que l'esprit d'Adam se retrouve là tout entier ; et que si vous en étiez tout à fait dépouillée, vous demeureriez sur cela dans une parfaite indifférence, et ne feriez jamais la démarche de rendre le pain bénit. »

Le directeur. Ne trouvâtes-vous pas, ma fille, aisément ce qu'il falloit lui répondre ?

La pénitente. Je vous avoue, mon Père, que je ne m'attendois pas à cette subtilité de mon beau-frère : je demeurai assez interdite ; mais ayant un peu repris mes esprits, je crus que je pouvois lui répondre ; et afin que je connoisse si j'ai parlé juste, dites-moi, mon Père, ce que vous lui auriez répondu vous-même.

Le directeur. Que la coutume, la qualité de paroissienne, l'usage, votre tour qui revenoit, le chanteau, étoient des raisons plus que suffisantes pour s'acquitter de ce devoir envers votre curé et votre paroisse ; qu'il ne vous falloit point d'autre indice de la volonté de Dieu que celui-là : qu'ainsi ce genre de détermination, surtout pour une action de petite importance, ne pouvoit que très-injustement et même très-ignoramment (vous pouviez aller jusque-là) être qualifié de péché.

La pénitente. Je ne lui ai presque pas, mon Père, répondu autre chose.

Le directeur. Cela lui devoit fermer la bouche.

La pénitente. Au contraire, il prit occasion de ce que j'avois dit que rendre le pain bénit étoit une action presque indifférente, et qui ne méritoit point, pour s'y résoudre, de mouvement extraordinaire, de me dire que je reconnoissois donc dans les hommes plusieurs genres d'actions ; et il m'expliqua sa pensée, en me demandant si je ne savois pas bien distinguer les actions nécessaires et naturelles, comme manger, dormir, tousser, faire digestion, d'avec les actions libres mais indifférentes, comme parler de nouvelles, de la pluie et du beau temps, se promener dans une allée plutôt que dans une autre ; et celles-ci d'avec les actions libres et mauvaises, comme parler mal de quelqu'un, voler, tuer, s'enivrer ; et ces dernières encore d'avec les actions vertueuses, comme prier Dieu, donner l'aumône, empêcher la médisance, s'humilier, entendre la messe, communier. Je lui dis que je connoissois ces différences. Il me demanda si je croyois que les actions vertueuses se pouvoient faire sans la grâce de Dieu. Je n'avois garde, mon Père, de parler contre nos principes, en lui répondant que la grâce n'y étoit pas nécessaire. Je m'avançai de lui dire que j'ignorois quelle grâce restoit encore à un pécheur qui commet une action mauvaise, mais qu'il me sembloit qu'il ne falloit nulle grâce particulière pour les actions purement indifférentes, encore moins pour les naturelles, pour manger, par exemple, si ce n'est, lui dis-je en riant, la grâce du bon appétit, et pour dormir, celle du louable exercice. Il parut content de mes réponses, et me pria de m'en souvenir dans l'occasion.

Il revint après cela comme sur ses pas. « Trouvez-vous, me dit-il, votre propriété et activité dans les actions nécessaires et naturelles ? » Je lui répondis par un sourire.

« Est-elle dans les actions indifférentes ? — Non, lui dis-je, car elle les rendroit mauvaises, et vous parlez des indifférentes. »

LE DIRECTEUR. Ce que vous dites, ma fille, est très-vrai par la seule énonciation des termes.

LA PÉNITENTE. Il continua de m'interroger sur les mauvaises : savoir, si elles n'étoient pas telles parce qu'elles partoient d'un principe corrompu, qu'elles se faisoient sans droites intentions, et que le fond même souvent n'en valoit rien, ou pour n'être pas selon l'esprit de Dieu, ou pour être formellement contraires à sa loi et à ses préceptes. Je convins de tout cela. « Reconnoissez-vous, me dit-il, de la propriété et de l'activité dans ces actions mauvaises ? — Et où seroient-elles donc, lui repartis-je ? n'est-ce pas ce principe de corruption qui attire sur toutes les actions des hommes le propre esprit dont il faut se vider, cette propre action, ce vieil Adam qu'il faut évacuer[1] ? — Fort bien, dit-il ; mais s'il se trouvoit des actions qui partissent d'un bon principe, qui se fissent avec des in-

---

1. « …. Rien n'est opposé à Dieu que la propriété, et toute la malignité de l'homme est dans cette propriété, comme dans la source de sa malice…. Cette impureté, si opposée à l'union, est la propriété et l'activité : la propriété, parce qu'elle est la source de la réelle impureté, qui ne peut être alliée avec la pureté essentielle ;… l'activité, parce que Dieu étant dans un repos infini, il faut que l'âme, *pour* être unie à lui, participe à son repos :

tentions droites, qui fussent contraires à la loi de Dieu et à l'esprit de l'Évangile, seroient-elles selon vous des actions mauvaises ? » Je lui dis que non. — « Ni indifférentes ? » J'y consentis. Il conclut de là qu'elles étoient bonnes. Je croyois qu'il me demanderoit si j'admettois aussi dans ces actions vertueuses de la propriété, et je songeois à lui répondre ; mais voulant me donner des exemples, il parla ainsi : « Un prédicateur annonce la parole de Dieu, pour avoir occasion d'y mêler la sienne ; ou bien il prêche pieusement et apostoliquement, afin que tous lui rendent ce témoignage, qu'il est un homme apostolique ; il fait des conversions, afin de passer pour convertisseur : pèche-t-il ? ne pèche-t-il point ? agit-il ou non par propriété ou activité ? » Je lui dis que ce prédicateur péchoit, qu'il étoit rempli de propriété ; que c'étoit un homme vain et hypocrite. — « Et celui, poursuivit-il, qui prêche uniquement pour exciter les grands et le peuple à la componction et à la pénitence, sans autre soin que de rendre nûment les paroles et la doctrine de l'Évangile ? — Il ne pèche pas, » lui dis-je. Comment aurois-je pu lui répondre autrement ? — « Un directeur, continua-t-il, dirige des femmes, et ne dirige qu'elles ; il n'a d'attraits que pour ces sortes de directions ; il aime ce sexe ; il est touché du son de leur voix, et des sottes confidences qu'elles lui font ; elles l'amusent, elles remplissent sa curiosité ; il ne conduit pas néanmoins ses pénitentes au déréglement…. — Il ne laisse pas de pécher, m'écriai-je ; il est tout plein de propriété. — Et le directeur, me dit-il, qui touché de l'horreur du péril où s'exposent ces âmes chrétiennes par leurs crimes, reçoit indifféremment et sans acception de sexe tous ceux qui se confient à sa charité, conduite et éclairée par la science, quel péché, ma sœur, commet-il ? et de quelle propriété l'accusez-vous ? » Je ne sus en vérité lui répondre. — « Ne vous lassez pas, ajouta-t-il. Un homme qui s'étant éprouvé, selon la règle de saint Paul[a], communie pour communier, pour cueillir et goûter le fruit de ce sacrement, pèche-t-il ? » Je n'hésitai point : « Il fait,

---

sans quoi il ne peut y avoir d'union, à cause de la dissemblance. » (*Moyen court*, § XXIV, p. 122-124.)

a. Voyez la Ire épître aux *Corinthiens*, chapitre XI, verset 28, et la IIe, chapitre XIII, verset 5.

mon frère, la plus grande chose qu'il y ait dans la religion, après l'oraison de simple regard. — Vous êtes folle, » me dit mon mari, qui étoit présent à toute cette conversation. Je ne lui répondis pas un mot, de peur de lui en trop dire; car il est vrai que j'ai une antipathie pour cet homme-là, qui ne me permet pas de me modérer sur son chapitre.

Le directeur. Mais, ma fille, il ne faut haïr personne, pas même son mari, quelque déraisonnable qu'il soit.

La pénitente. Je le hais, mon Père, en Jésus-Christ, et je ne voudrois pour rien au monde lui nuire; je ne lui veux aucun mal.

Le directeur. Continuez, ma fille.

La pénitente. « Un chrétien, poursuivit-il, qui communie au contraire pour communier, et aussi afin que quelqu'un, dont il ne peut autrement se concilier l'estime et la bienveillance, le voie communier ? — Il pèche, il pèche, lui dis-je : c'est ce qu'on appelle un hypocrite, un faux dévot, et c'est pour ces sortes de gens que les mots de propriété et d'activité ont été faits. — Fort bien, dit-il; mais aussi convenez-vous par vos réponses qu'il y a des gens, ou plutôt qu'il y a de telles actions si épurées, si louables par les principes, par l'intention, encore par leur nature, qu'on peut assurer que la propriété et l'activité n'y ont nulle part, celles du moins que vous qualifiez de principe corrompu, de vieil Adam, qui n'est autre chose apparemment que ce que, nous autres docteurs, nous appelons une pente, une foiblesse pour le péché, un vieux levain, en un mot la concupiscence. Si je tombe donc d'accord avec vous qu'elle est très-vive et très-forte dans les grands pécheurs, qu'elle subsiste encore dans les personnes fragiles, et qui commettent les moindres péchés; qu'elle se fait même un peu sentir dans les personnes pieuses, et qui évitent de déplaire à Dieu : avouez aussi de bonne foi qu'elle est presque éteinte dans les âmes saintes qui l'ont combattue et comme atterrée, pendant leur vie, par des œuvres de charité et de pénitence ? — Quoi ? mon frère, lui dis-je, voudriez-vous prétendre qu'il y a des gens impeccables ? Le juste ne pèche-t-il pas sept fois le jour ? — Je suis bercé de cela. Mais, ma chère sœur, s'écria-t-il, entendez ce qu'on vous dit, et qu'une concupiscence presque éteinte et comme atterrée n'emporte point pour les saints qui sont encore en vie ou sur la terre une impeccabilité parfaite, semblable à celle des saints qui sont dans le terme, et qui jouissent de Dieu : j'ai pensé dire, ajouta-t-il, semblable à celle qu'on acquiert, selon vos docteurs, par l'union essentielle. Quoi donc? ma sœur, continua-t-il (car il en faut une fois revenir à ce point), n'admettez-vous pas de bonnes actions, des actions vertueuses? — Sans doute, lui dis-je, et je vous l'ai déjà passé. — Des actions saintes? Et ceux qui les font, ne les appelez-vous pas des saints? — Je veux bien l'avouer, lui dis-je. — Dites, reprit-il, que vous ne pouvez le nier; car je vous combattrois par les livres de vos docteurs; je n'en ai pas perdu la mémoire. « Les actions faites par un principe divin sont « des actions divines, au lieu que les actions de la créature, « quelque bonnes qu'elles paroissent, sont des actions hu- « maines, ou tout au plus vertueuses, lorsqu'elles sont faites « avec la grâce*a*. » Que dites-vous de cela ? » Je lui répondis tranquillement que ce qui étoit de nos livres appuyoit mon sentiment : que j'entendois par les actions vertueuses celles qui ne laissoient pas d'être des actions humaines, quelque bonnes qu'elles parussent, parce qu'elles étoient toujours des actions de la créature, sujettes par conséquent à la propriété et à l'activité. — « Comment? reprit-il un peu en colère, des actions vertueuses, et faites avec la grâce de Jésus-Christ, remplies de propriété et d'activité ? — Il en est ainsi, mon frère, lui dis-je. — Donc remplies de péché; car propriété chez vous est un péché qu'on doit expier ou en cette vie ou en l'autre. Voilà donc (mais, ma pauvre sœur, vous n'y songez pas), voilà, entendez-vous bien ce que vous dites? voilà selon vous des actions vertueuses qui ne sont pas vertueuses, de bonnes œuvres qui sont œuvres de Satan, incapables, indignes des récompenses que Jésus-Christ a promises et aux mérites et aux bonnes œuvres. En vérité, ma sœur, tandis qu'on a du bon sens et qu'il nous reste une étincelle de raison, il faut dire des choses qui ne soient pas du moins entièrement contradictoires, et par là dignes de la risée publique, et comme c'est une matière de religion, dignes peut-être de

---

a. Cette citation est répétée à la page 587, note 1.

châtiment. » Il ajouta qu'il n'entendoit pas parler de moi, qu'il croyoit dans la bonne foi, mais de mes directeurs, qui m'avoient si mal instruite.

Le directeur. Mon étonnement, ma chère fille, est que vous le soyez au point d'avoir su lui résister sur cet article fort délicat, et où il vous a dit ce qu'il y a de passable selon les principes de la Sorbonne.

La pénitente. Je vous souhaitois aussi de tout mon cœur à cette conférence.

Le directeur. Je lui aurois expliqué notre doctrine sur les actions divines, qu'ils ne connoissent point, faute d'être initiés dans les mystères du simple regard et de l'union essentielle, d'où nos actions, qui ne sont plus nos actions, mais uniquement celles de Dieu, tirent leur divinité, comme je vous l'expliquai dernièrement par occasion, et dont je vous donnerai quelque jour une connoissance plus parfaite.

La pénitente. Vous me ferez, mon Père, un extrême plaisir; mais il faut achever de vous rendre compte de la suite de cet entretien. Il ajouta que ce n'étoit pas là tout ce qu'il avoit à me dire sur ce sujet, et qu'il vouloit me pousser à bout, sans me laisser même de quoi répondre. Il s'enquit de moi si la différence que je mettois entre les actions divines et les vertueuses, accompagnées de la grâce, ne consistoit pas en ce que les premières étoient de Dieu seul, qui agissoit pour et dans la créature; et que dans les autres, au contraire, la grâce de Jésus-Christ concouroit seulement avec l'action de la créature, qui en faisoit l'impureté et l'imperfection. J'en demeurai d'accord, admirant en moi-même combien il étoit instruit de nos dogmes. « Il faut donc, dit-il, pour exempter du péché de propriété ces actions vertueuses, et les élever à la qualité de divines, que la grâce seule agisse sur la créature, qui demeure passive, qui fait, comme vous dites, cessation de propre action, qui laisse faire Dieu tout seul[1]. — Vous l'entendez

---

1. « L'âme coopère *avec Dieu*, en recevant volontairement et sans résistance les effets de Dieu en elle. » (Malaval, *Pratique facile*, partie I, p. 104.)

« *L'âme est appelée passive lorsqu'elle reçoit* quelque chose en soi, de telle sorte qu'*elle ne contribue en rien à la production, mais seule-*

à cette heure. — J'entends, répondit-il, que vous voulez que la créature ne corresponde, ne concoure, ne coopère en rien à la grâce qui agit en elle[1]. — C'est ce que je vous dis. — J'en-

ment à la réception.... Dans les choses de Dieu, l'âme peut être considérée passive en deux manières : *l'une* quant au principe, *l'autre* quant à l'action.... L'âme est passive au regard de la grâce qui la fait agir, *comme* un principe *non* acquis, mais infus; elle est *aussi* passive au regard de la foi, parce que la foi est une lumière infuse, et non produite par *l'*opération.... » (Malaval, *Pratique facile*, partie II, p. 78 et 79.)

1. « Les actions faites par un principe divin sont des actions divines, au lieu que les actions de la créature, quelque bonnes qu'elles paroissent, sont des actions humaines, ou tout au plus vertueuses, lorsqu'elles sont faites avec la grâce.... » (*Moyen court*, § XXI, p. 88 et 89.)

« *L'homme est réparé*, non en agissant, mais en souffrant l'action de celui qui *le* veut réparer. » (*Ibidem*, p. 88.)

« *Une âme ne se doit mouvoir que quand* l'Esprit de Dieu *la remue.* » (*Ibidem*, p. 80.)

« Il suffit que l'*homme ait* un consentement passif *à sa propre destruction*, afin qu'il ait une entière et pleine liberté. » (*Ibidem*, § XXIV, p. 130.)

« *Il suffit que l'homme** concoure passivement à toutes *les* opérations *actives de Dieu.* » (*Ibidem*, p. 131.)

« Dieu ne se communique à l'*homme*** qu'autant que sa capacité passive est grande, noble et étendue. » (*Ibidem*, § XXIV, p. 134.)

« *L'homme* ne peut être uni à Dieu sans la passiveté. » (*Ibidem*, p. 134.)

« Il reste à résoudre une difficulté ignorée des siècles passés, savoir s'il y aura une contemplation acquise, comme une infuse, et la différence entre l'une et l'autre. » (La Combe, *Analyse de l'oraison mentale****.)

« La passive se fait par des actes très-simples infus, qui ne dépendent pas du libre arbitre, à laquelle les puissances de l'âme concou-

---

* *L'âme*, dans les éditions du *Moyen court*.
** *A l'âme*, dans les mêmes éditions.
*** *Superest explanandum dubium illud circa contemplationem, nostro ævo acriter exagitatum, sed ignoratum superioribus sæculis : eo quod de mox adducendo discrimine minime fuerat dubitatum : nimirum deturne aliqua contemplatio acquisita; perinde ac infusam apud omnes in confesso est divino arbitrio plerisque concedi : tum quænam inter utramque differentia intercedat.* (Pages 82 et 83.)

tends donc, ma sœur, et comprends très-clairement que vous êtes hérétique. Vous en fieriez-vous au concile de Trente ? » Puis, en s'interrompant lui-même : « Pour moi, j'admire comment de certaines gens, gâtés par leurs adulateurs et par leurs sectaires, se croyant plus fins ou plus profonds que le reste des fidèles, dédaignant par un fond d'orgueil de penser comme eux, et comme on a toujours pensé dans le christianisme, ne parviennent enfin, par tous les raffinements de leur esprit, et par une affectation de découverte et de nouveauté, qu'à imaginer une vieille erreur déjà condamnée par toute l'Église, qu'à devenir calvinistes ou luthériens, frappés d'anathème dans le concile de Trente. » Et passant dans son cabinet, qui est proche de la salle où nous mangeons, il en revint avec cette traduction du concile : « Si quelqu'un dit (vous voilà, « ma sœur), si quelqu'un dit que le libre arbitre de l'homme, « mû et attiré de Dieu, ne doit point prêter son consentement, « ni coopérer avec Dieu, qui l'excite et qui l'appelle, pour ob- « tenir la grâce de sa justification, mais qu'il doit demeurer « comme quelque chose d'inanimé (voilà le corps mort), sans « nulle action, et dans un état purement passif, qu'il soit ana- « thème[a]. » Ce canon fut fait contre les luthériens, qui soutenoient que toute coopération étoit mauvaise, et qu'il falloit s'en abstenir ; et contre les calvinistes, qui trouvoient de l'impureté dans les actions les plus saintes, et nioient le concours nécessaire de la volonté. Choisissez, ma sœur, de l'un ou de l'autre dogme, ou plutôt l'un et l'autre vous appartiennent. Et en effet, poursuivit-il, quand on croit une fois avec l'Église qu'il y a un péché originel, soit que Dieu ait regardé tous les hommes dans Adam, leur père, et qu'il lui ait plu d'imputer à tous son péché, comme il leur auroit imputé sa jus-

rent. L'âme, sans qu'elle le sache et y pense, se trouve enlevée vers Dieu. » (La Combe, *Analyse de l'oraison mentale*[*].)

[a]. Canon IV du *Décret de la justification*, daté du 13 janvier 1547 (6ᵉ session du concile).

[*] *Contemplatio passiva seu infusa dicitur, quæ per simplicissimos quidem et unitissimos actus in divina erigitur, verum divinitus infusos, nec in hominis arbitrio relictos.... Sed ideo passivæ nomen obtinuit, quia summo divini luminis excessu, vel inscia anima, et incogitans, seu rapitur in divina, seu Deo adhæret.* (Pages 84, 86 et 87.)

tice, soit que le venin de sa désobéissance coule, par la voie de la chair ou par quelque autre voie mystérieuse, dans toutes les générations qui sortent de lui; quand on est persuadé que le baptême est le remède spécifique que Dieu applique à cette maladie contagieuse; que le péché de ce premier homme est réellement, actuellement et formellement effacé par les eaux salutaires; quand on sait néanmoins, par sa propre expérience, qu'il ne laisse pas de rester de cette blessure une certaine foiblesse qu'on appelle concupiscence, qui sans être un péché, nous rend le mal plus facile à pratiquer que le bien; quand on admet ensuite la venue de Jésus-Christ, sa mission, sa grâce, de quel usage, de quel secours, je vous prie, peuvent-ils être à l'homme, s'ils ne fortifient sa foiblesse? si le trouvant incliné au vice, ils ne le redressent et ne le plient à la vertu? s'ils ne le rendent fort et persévérant dans les voies de la justice? Mais quand il est vrai qu'il y a eu de ces hommes foibles et fragiles, qui prenant le dessus de la concupiscence, ont tenu ferme contre toutes les tentations, ont résisté à leur naturel et à leur complexion, ont fait de continuels efforts pour vaincre leurs passions, et ont terminé une vie sainte par une mort plus sainte, où aller chercher la source de ces merveilles plus loin que la grâce qui justifie? que leur falloit-il davantage? dites, imaginez. Le dépouillement de la propriété? la vue distincte et indistincte de Dieu présent en tous lieux? des motions extraordinaires, sans fin, sans relâche? des voix de Dieu articulées à la fin de chaque oraison de simple regard? Ouvrez les yeux, ma chère sœur; consultez votre raison; souvenez-vous seulement de votre catéchisme : que vous faut-il davantage? Je vais vous l'apprendre : notre consentement à la grâce, notre concours avec la grâce : c'est nous que Dieu récompense, c'est donc nous qui devons agir; notre coopération à la grâce, qui est encore une autre grâce, mais qui suppose et qui aide l'action, le mouvement et la détermination de notre volonté. »

Il disoit, mon Père, toutes ces choses d'un ton fort passionné, mais qui ne m'irritoit en aucune manière : mon frère le docteur est le meilleur homme du monde, et qui m'a rendu auprès de ma belle-mère et de mon mari tous les bons offices dont il s'est pu aviser. Je sais qu'il est catholique de bonne foi; il passe d'ailleurs, comme vous savez, pour fort savant sur la religion, qu'il sait accommoder à la portée de ceux à qui il en parle. Tout cela, je l'avoue, me donnoit une grande attention pour tout ce qu'il me disoit; je n'en perdois pas une seule parole, et ayant, Dieu merci, de la mémoire....

Le directeur. Oh! prodigieuse.

La pénitente. Avec ce que j'avois envie de vous rendre un fidèle compte de tout l'entretien, pour avoir sur cela des éclaircissements avec vous qui me pussent affermir dans notre doctrine, il ne faut pas s'étonner qu'il ne me soit presque rien échappé : jusque-là, mon cher Père, qu'il m'en reste des scrupules et bien de petites peines sur la plupart des choses qui m'ont été dites. Je ne sais, mon Père, si ma mémoire me les pourra fournir sans un nouveau recueillement qui m'en rappelle l'idée.

Le directeur. C'est bien dit, Madame : remettons le reste à demain, s'il vous plaît, à la même heure qu'aujourd'hui; car il n'y a rien à perdre d'une conversation aussi curieuse.

La pénitente. A demain, puisque vous le voulez ainsi, et je serai exacte au rendez-vous.

DIALOGUE IV.

Vie et actions d'un saint opposées aux maximes et aux pratiques des quiétistes. Qu'il n'attend point des motions et des inspirations extraordinaires pour faire le bien. Examen de conscience devient un péché de propriété selon les quiétistes. Célébration des fêtes, prières, assistance à la messe. Réception des sacrements et autres pratiques de piété commandées par l'Église, indifférentes ou nuisibles selon les mêmes principes.

Le directeur. J'ai renvoyé le comte de ***, et Mme la marquise de ***, et Mme la présidente de ***, pour vous tenir ma parole. Je vous avoue que je souffre beaucoup dans leurs fades conversations : ce sont des gens ennuyeux qui ne font que des questions grossières et embarrassées. Si je leur propose quelques-unes de nos maximes, ils me répondent avec un froid et une insipidité qui marque le peu de progrès qu'ils font dans nos mystères. Croiriez-vous la présidente, depuis un an, ne peut comprendre l'évacuation de l'esprit d'Adam? Cependant on veut dans le monde qu'elle ait de l'esprit.

La pénitente. De l'esprit! ce sont des gens qui jugent bien légèrement, et qui ne la voient guère : pour moi, je vous avoue qu'en trois différentes visites, elle m'a paru fort bornée. Convenez d'ailleurs, mon Père, qu'elle n'a ni vivacité ni mémoire.

Le directeur. Il vous est fort aisé, ma fille, de trouver qu'on manque de mémoire, vous qui en êtes un prodige : il faut vous l'avouer, j'ai repassé toute la nuit avec admiration le récit fidèle que vous me fîtes hier de la longue et docte conversation de Monsieur votre beau-frère.

La pénitente. Il est vrai, mon Père, que j'ai la mémoire assez heureuse; je n'en ai jamais tant senti le besoin que dans ce qui me reste à vous dire de tout notre entretien.

Le directeur. Je serai ravi d'en apprendre la suite.

La pénitente. La suite est qu'après y avoir un peu pensé, j'ai dit à mon beau-frère que quelque homme saint qu'il voulût choisir à sa fantaisie, il n'auroit pu être tel sans le dépouillement de toute propriété, c'est-à-dire de propre action, et sans motion divine qu'il auroit sentie en soi en conséquence de l'oraison de simple regard, et qui l'auroit réglé dans toute sa conduite. Il me dit sur cela que j'avançois cette proposition en l'air et sans preuve, et ajouta qu'il m'alloit convaincre que les mouvements extraordinaires n'étoient pas plus nécessaires à un homme né dans le christianisme, qu'à moi une motion divine pour me faire rendre mon pain bénit : en un mot, qu'il feroit vivre et mourir son saint, sans qu'on pût, avec le moindre fondement, relever aucune circonstance de sa vie où il eût besoin des conditions que je proposois : ni de dépouillement de propre action, ni de ce que j'appelois contemplation acquise, ni de motion divine, et continua de cette manière : « Je suppose seulement que mon saint est baptisé ; je n'appréhende pas, dit-il, que vous me souteniez d'abord qu'il eût besoin, quelques heures après sa naissance, de simple regard et de motion divine, pour se préparer à recevoir ce sacrement : peut-être me direz-vous que le simple regard a été nécessaire à ses parrain et marraine[a], avant qu'ils aient répondu pour lui de sa foi au prêtre et à l'Église ? Cet enfant, dis-je, à peine a l'usage de raison, qu'il entend parler de Dieu, d'Église, de religion. Dans l'âge de l'adolescence, et ensuite dans sa jeunesse, il apprend de ses parents et de ses maîtres les cérémonies, les mystères, les maximes de cette religion ; il sait ce que Dieu ordonne et ce qu'il défend, ce qui lui plaît et ce qui lui déplaît ; bientôt il sent, il goûte les preuves de cette religion ; l'y voilà confirmé par la lecture de l'Évangile, qu'il trouve dans une Église qui porte en soi les caractères de vérité et de sainteté, par la doctrine unanime de tous les fidèles, par la tradition ; il est plein de la connoissance de ses devoirs ; il est prévenu qu'il faut éviter le péché ; il sait où est le péché et où il n'est pas ; il connoît la grâce, son efficacité ; il n'ignore pas qu'elle lui est nécessaire pour fuir le péché et pratiquer la vertu, qu'il faut vouloir cette grâce, la desirer, la demander, y acquiescer, y coopérer. — Prenez garde, lui dis-je, mon frère, que pour la coopération, vous la supposez, et elle est en question entre nous.

a. Dans l'ancienne édition : « ses parrains et marraines; » et sept lignes plus loin : « ce qu'il lui plait et ce qu'il lui déplait. »

DIALOGUE IV.

— « Je la suppose, me répondit-il, comme la doctrine de l'Église universelle, déclarée dans le concile de Trente, au canon 4. de la 6. session : vous ne vous en souvenez plus, mais ayez patience, s'il vous plaît : suivons le saint et ne le perdons pas de vue. Que voulez-vous qu'il fasse pendant le cours de sa vie ? Lui défendrons-nous la prière ? Je n'en serois pas le maître, ni vous non plus : il s'abstiendroit aussitôt de croire en Dieu, que de le prier ; il sait par mémoire tout l'Évangile et tout saint Paul ; les livres divins ne lui parlent que de foi en Jésus-Christ, que de soumissions de l'entendement sous le joug de la foi, que de justifications par la foi ; il a été allaité, il est nourri de ces maximes ; il ne délibère point s'il croira ou s'il ne croira pas : il croit, et parce qu'il croit, il prie. La prière lui est marquée aussi souvent, aussi expressément que la foi : *Veillez, priez, pour ne point entrer en tentation*[a] ; *cherchez, et vous trouverez, etc. ; frappez, et on vous ouvrira*[b], *etc.* Bien plus, il trouve dans les livres saints une prière toute faite, l'oraison dominicale, le *Pater noster*, que Jésus-Christ a dictée et composée pour notre usage, pour nous être la formule ou le modèle de toute prière. Voulez-vous, ma sœur, tant qu'elle subsistera, que mon saint la néglige pour l'oraison de simple regard ? qu'il suive une motion extraordinaire pour la prononcer dans son cœur ? qu'il attende que Dieu lui dise formellement : « Dites mon oraison, » ou : « Ne la dites pas ?... Priez-moi de la manière que mon « Fils vous a prescrite ; » ou : « N'ayez seulement qu'une vue « confuse et indistincte de mon être, ou tout au plus de ma « présence en tous lieux, comme l'enseignent les quiétistes ? »

« Il en est de même de l'aumône. Quel besoin d'inspiration extraordinaire pour la faire ? Un pauvre la demande à notre saint : il la lui donne comme à Jésus-Christ lui-même, qui a dit qu'il réputeroit ce que le chrétien aura fait pour le pauvre, comme s'il étoit fait à sa personne[c]. Ailleurs il dit :

---

[a]. *Saint Matthieu*, chapitre xxvi, verset 41 ; *saint Marc*, chapitre xiv, verset 38.

[b]. *Saint Matthieu*, chapitre vii, verset 7 ; *saint Luc*, chapitre xi, verset 9.

[c]. *Saint Matthieu*, chapitre xxv, verset 40.

J'avois faim, vous m'avez donné à manger ; j'avois soif, vous m'avez donné à boire. Venez, le royaume des cieux est à vous[a].

« Quand Jésus-Christ pourra-t-il et voudra-t-il mieux s'expliquer, plus nettement, dans l'oraison de simple regard ?

« Ç'auroit été, sans mentir, une action bien édifiante dans ces derniers temps de misère publique causée par la stérilité de la terre[b], de remettre un misérable qui mouroit de faim, après la motion divine, de peur de le secourir par propriété et par activité, c'est-à-dire par des mouvements de pure charité chrétienne ! Ne voyez-vous pas, ma sœur, jusqu'à quel point de ridicule et d'absurdité vos principes vous peuvent conduire ?

« Revenons au saint homme. Il n'ignore pas, il est vrai, que vos directeurs vous insinuent que l'austérité réveille la concupiscence, qu'elle met les sens en vigueur loin de les amortir ; mais il ignore encore moins que la vie de Jésus-Christ n'a été qu'un tissu d'austérités, d'humiliations, de pauvreté, de jeûnes, de mortifications, de souffrances, qui s'est enfin terminée à une mort infâme et douloureuse ; qu'il doit y avoir au moins une grande conformité de la vie des membres à celle de leur chef, à moins de vouloir faire de la religion chrétienne un tout informe, et un composé monstrueux de pièces tout à fait désassorties ; que le précepte du législateur y est formel : *Celui qui veut venir après moi doit renoncer à soi-même, porter sa croix et me suivre*[c] ; et dans un autre endroit : *Le royaume des cieux souffre de la violence* ; c'est-à-dire, comme il est expliqué ensuite, qu'il n'y a que ceux qui se font violence à eux-mêmes qui soient capables de l'emporter[d]. Ces paroles seules, à votre avis, ne sont-elles pas assez précises et assez claires pour imposer au saint homme la loi du jeûne, de la haire, du cilice, des veilles, des austérités, pour le régler ensuite sans aucune motion divine dans toutes les actions de sa vie et dans la manière de

---

a. *Saint Matthieu*, chapitre xxv, versets 34 et 35.
b. Sur la famine de 1693, et sur la misère publique dans les années qui suivirent, voyez *la France sous Louis XIV*, par M. Eugène Bonnemère, tome II, livre II.
c. *Saint Marc*, chapitre VIII, verset 34 ; *saint Luc*, chapitre IX, verset 23.
d. *Saint Matthieu*, chapitre XI, verset 12.

sa mort? Je veux vous dire davantage : le saint qui se croit pécheur n'ira-t-il point à confesse[1] ? » Je répondis que cela lui étoit aussi permis qu'à un autre.

Le directeur. Cela n'est pas, ma fille, tout à fait comme vous le dites ; mais poursuivez.

La pénitente. Il me dit que non-seulement cela lui étoit permis, mais qu'il le devoit faire. « Oui, lui dis-je, si après avoir consulté Dieu dans l'oraison de vue confuse et indistincte, il en sort avec un mouvement extraordinaire d'aller se jeter aux pieds du prêtre. »

Il s'échauffa un peu sur ma réponse, et me dit que je me moquois de lui et de toute la compagnie, de parler de la sorte : qu'à un homme éclairé dans les voies de Dieu, comme nous supposions lui et moi qu'étoit le saint homme, le sentiment seul de sa conscience, qui lui reprochoit le moindre péché de vanité par exemple, et de complaisance sur son état, ou de relâchement dans ses exercices de piété, lui étoit une détermination, une raison pour s'en confesser ; que faire dépendre cette démarche d'une inspiration extraordinaire, c'étoit s'exposer à n'user pas une seule fois en toute sa vie du sacrement de la pénitence. Et en élevant sa voix : « Que seroit-ce, me dit-il, des grands pécheurs, s'ils attendoient une inspiration pour aller à confesse? Sont-ils sûrs d'être inspirés à la mort d'appeler leur confesseur ? Et s'ils le font, ne sera-ce point par l'appréhension des jugements de Dieu, que vous appelez une action de la créature, une vraie propriété et activité ? Mais, poursuivit-il, ce n'est pas où j'en veux venir. Le pieux personnage que nous supposons, s'il songe à se confesser, il se préparera à une action si sainte par toutes les pratiques que sa piété lui pourra suggérer, il n'oubliera pas l'examen de sa conscience, qui est le plus nécessaire.

1. « Si l'on dit *à ces âmes abandonnées* de se confesser, elles le font; car elles sont très-soumises; mais elles disent de bouche ce qu'on leur fait dire, comme à un petit enfant à qui *l*'on diroit : « Il faut vous confesser de cela. » Il le dit sans connoitre ce qu'il dit, sans savoir si cela est ou non. » (*Livre des Torrents*, partie II, chapitre II, n° 3, p. 253.)

« *Ces* âmes dont je parle *ne peuvent presque jamais* se confesser. » (*Ibidem*, p. 253.)

— « Dites, mon frère, le moins nécessaire et souvent même le plus préjudiciable à une bonne confession. — Bon, reprit-il, voilà où je voulois vous amener. » Et en s'adressant à la compagnie : « Préparez-vous à entendre d'étranges choses, mais fort curieuses, et qui ont été oubliées dans vos formules de confession. » A ce mot, il se lève, et en me regardant de travers : « Je ne puis, me dit-il, tenir davantage contre de telles sottises; je veux qu'on me berne, si votre extravagant de directeur ne vous fait courir les rues*a* avant qu'il soit deux mois. » Et après cette belle décision, il sortit.

Ma belle-mère demeura, et après m'avoir dit qu'il falloit être un turc ou un huguenot pour se confesser sans faire son examen, elle ajouta qu'elle ne partiroit point de là que son fils le docteur, qu'elle rappela, ne m'eût rendu muette comme une carpe.

Je continuai, et je dis qu'il n'y avoit point d'occasions dans toute la vie du chrétien, où il fût plus exposé à agir par propriété et activité que dans celle de l'examen; que ce n'étoit que contentions d'esprit, qu'efforts de mémoire pour se ressouvenir de l'espèce, du nombre et des circonstances de ses péchés.

— « Dites, ma sœur, une torture, une bourrellerie de conscience. Pourquoi ne parleriez-vous pas comme les calvinistes? Vous avez déjà assez de choses communes avec eux. »

Je lui dis qu'il tenoit de Madame sa mère, quand il parloit ainsi.

Il se radoucit, et me dit agréablement que l'examen étoit une chose aussi facile que nécessaire; qu'on n'étoit obligé de rendre compte au prêtre dans le tribunal de la pénitence que des péchés mortels; que ceux-là, pesant sur la conscience, sautoient aux yeux dès qu'on pensoit seulement à se confesser; et que pour ce qui est des péchés véniels, que les âmes pieuses éprouvoient dans l'habitude de la confession qu'un médiocre soin suffisoit pour en faire la revue et les rappeler presque tous à la mémoire.

Je lui répondis du même ton que pour les péchés grands et petits, le meilleur souvent étoit de les oublier, par deux raisons[1] : la première, parce que cet oubli étoit une marque

---

a. « *Courir les rues, c'est être fou.* » (*Dictionnaire de Richelet.*)

1. « *L'âme* oubliera ses défauts et aura peine à s'en souvenir, *mais*

DIALOGUE IV.

de la purification de sa faute ; la seconde, parce que Dieu, quand il se faut confesser, ne manque point de faire voir à l'âme ses plus grandes fautes, et voulant bien alors le faire lui-même, il n'y auroit rien de mieux pour elle, que de s'abandonner à sa providence.

— « Si Dieu, ma sœur, s'en veut mêler tout seul, je conçois fort bien qu'une âme éclairée de la lumière divine verra plus clair dans son intérieur que par ses propres lumières.
— Vous voyez bien, mon frère. — Et si, continua-t-il, Dieu vouloit rendre présent à la mémoire d'un pénitent tous les péchés de sa vie passée, avec leur nombre et leurs circonstances, et lui mettre en même temps dans le cœur une contrition parfaite, ce seroit bien de la peine épargnée, et je ne vois pas quel besoin il auroit d'effort pour faire son examen, sans lequel assurément je trouverois sa confession fort bonne, et meilleure qu'il n'eût su en faire en toute sa vie.

— « N'est-il pas vrai, lui dis-je, que nous ne sommes pas l'un et l'autre si éloignés de sentiments ?

— « Vous le verrez, me dit-il ; mais pour vous faire une règle de conduite dans un sacrement le plus nécessaire au salut pour les pécheurs*a* qu'il y ait dans l'Église, il faut con-

---

il ne faut *pas* qu'elle s'en fasse aucune peine, pour deux raisons : la première, parce que cet oubli est une marque de la purification de la faute, et que c'est le meilleur, *dans* ce degré, d'oublier tout ce qui nous concerne, pour ne se souvenir que de Dieu ; la seconde raison est que Dieu ne manque point, lorsqu'il se faut confesser, de faire voir à l'âme ses plus grandes fautes ; car alors il fait lui-même son examen. » (*Moyen court,* § xv, p. 65 *.)

a. Les mots : « pour les pécheurs » ont été omis dans l'ancienne édition. Se conformant à une indication de l'*Errata*, l'imprimeur de la contrefaçon les a introduits dans le texte.

* Dans l'ancienne édition des *Dialogues*, ce passage est précédé des mots suivants : « S'exposer devant Dieu, qui ne manquera pas de l'éclairer et de lui faire connoître la nature de ses fautes. » C'est la fin d'une phrase du § xv (p. 61), mal à propos placée par l'éditeur en tête de la citation, et qui devait faire par elle-même une citation distincte : « L'examen, dit Mme Guyon en commençant ce chapitre, doit toujours précéder la confession ; mais l'examen doit être conforme à l'état des âmes. Celles qui sont ici doivent s'exposer devant Dieu, qui ne manquera pas de les éclairer et de leur faire connoître la nature de leurs fautes. »

clure de ce principe-ci que l'oubli des péchés est une marque qu'ils sont pardonnés, parce que Dieu lui-même en fera l'examen, ou que sa parole y soit engagée, ou que vous ayez droit de compter sur cette lumière divine, qui sans que vous vous en mettiez autrement en peine, vous découvrira vous-même à vous-même. Je vous demande donc sur quoi vous établissez ce droit. Qui vous a révélé que vous l'aviez? En quel endroit de l'Évangile Dieu vous a-t-il promis de suppléer à votre négligence les propres soins de sa providence et de sa charité infinie? Nommez-moi vos garants : saint Pierre? saint Paul? dites, parlez. Si vous me demandez, ma sœur, pourquoi nous faisons notre examen, je ferai ici paroître mon filleul votre fils : il n'a pas huit ans accomplis ; vous lui avez appris les commandements de Dieu et de l'Église ; il les récitera devant vous, et entre autres articles celui-ci qui dit : *Tous tes péchés confesseras*, et le reste. Pour confesser ses péchés, il faut s'en souvenir ; pour s'en ressouvenir, il faut les avoir sus ; pour les savoir, il faut faire une sérieuse recherche des actions de sa vie. Cette recherche est un examen ; donc cet examen est nécessaire. Mais pour faire une confession de nos péchés qui les efface entièrement, et qui nous réconcilie avec Dieu, il faut qu'elle soit accompagnée et précédée d'une grande contrition : pour sentir cette douleur amère de nos fautes, il faut en avoir connu profondément et le nombre et l'énormité ; cette connoissance a dû dépendre d'une exacte revue de ces mêmes fautes : une telle revue est l'examen de la conscience ; donc un examen est nécessaire, et préalable à la confession. Nous raisonnons ainsi.

— « Mais direz-vous, mon frère, qu'un chrétien qui, au sortir de l'oraison de simple regard, où Dieu lui aura fait connoître la grandeur de ses péchés, ira par une motion divine se jeter aux pieds d'un prêtre, s'il en oublie un considérable dans la confession, direz-vous que ce péché ne lui est pas pardonné?

— « Je dirai plus, ma sœur, me répondit-il : c'est que votre chrétien ajoute à son péché, qui ne lui est point pardonné (parce qu'il ne l'a pas confessé), un autre péché très-grief, qui est celui d'une paresse criminelle dans un homme dont la conscience, chargée de crimes, ne l'excite point à examiner l'état de son âme avant que de l'exposer au ministre de Jésus-Christ.

— « Vous comptez donc pour rien le simple regard, mon frère ?

— « Au contraire, dit-il, je le compte pour beaucoup, pour une illusion grossière, et pour une ignorance très-coupable. Car que voulez-vous que je pense d'un chrétien qui, pour toutes précautions avant une confession qui sera peut-être suivie d'une communion, se contentant de regarder dans son oraison Dieu présent en tous lieux, présume par là assez de la sainteté de son état pour attendre de Dieu, ou qu'il lui révèle tous les péchés qu'il a commis, ou qu'il lui pardonne ceux qu'il ne lui aura pas révélés ? Si ce n'est pas là tenter Dieu, je ne sais plus ni quand ni comment on le peut tenter. Je reviens à mon saint, et je le fais, avec votre permission, solenniser les mystères de Jésus-Christ tous les jours des fêtes qui lui sont consacrées.

— « Si cela se passe, lui dis-je, sans action vivante de sa part, sans activité et sans propriété, votre saint est le mien de tout mon cœur; mais autrement, il n'est pas mon saint, et ne le peut être de personne.

— « Vous parlez bien affirmativement, me dit-il ; mais, ma sœur, croyez-vous en Jésus-Christ ?

— « Voilà une belle question !

— « Et en son Église ?

— « Tout de même !

— « Et au pouvoir de son Église....

— « Après ? lui dis-je.

— « Émané de Jésus-Christ ?

— « Je le crois.

— « Vous croyez donc, poursuivit-il, que les fêtes que nous trouvons établies dans l'Église pour célébrer chacun des mystères de la religion, sont bien et religieusement instituées, autorisées même par le Saint-Esprit, qui gouverne l'Église depuis l'Ascension de Jésus-Christ ?

— « Je l'ai appris ainsi.

— « Où voit-on, dans les jours qu'on appelle des fêtes solennelles, réciter de certaines leçons, de certains psaumes et de certaines homélies, dire de certaines messes, faire de certaines cérémonies, s'appliquer à certaines prières et certaines méditations sur tel et tel mystère ?

— « Dans l'Église, mon frère.
— « Qui l'a ordonné ainsi ?
— « L'Église, lui dis-je.
— « Prenez garde, ma sœur, gouvernée par Jésus-Christ, inspirée par le Saint-Esprit. » Et continuant son discours : « Celui donc qui dans ces jours récite un tel psaume, s'applique à une telle messe, médite un tel mystère, ne fait-il pas ce que le Saint-Esprit lui dicte par l'organe de l'Église, qui a ses usages, ses lois, sa tradition? et s'il suit le mouvement du Saint-Esprit, s'il se laisse aller à la pratique de toute l'Église, où il a reçu le baptême, et dont il fait partie, hé! ma sœur, pouvez-vous dire qu'il suit sa propre détermination? qu'il agisse par propriété et par activité? que ce soient là des actions vivantes, des actions d'Adam, des péchés qu'il faille confesser? Quand s'est-on jamais confessé de pareils péchés? Quelles sortes de pénitences, à votre avis, lui pourroit-on imposer selon l'esprit de cette même Église? des jeûnes? des psaumes? des prières? des méditations sur les mystères? Ses propres péchés pour pénitences, qu'il faudra expier jusqu'à l'infini par pénitences qui sont d'autres péchés : de sorte que cela se perpétuant jusqu'à la fin de sa vie, vous faites mourir mon saint dans l'impénitence finale.

— « Il y a un bon remède à cela, mon frère.
— « Hé! quel peut-il être ?
— « Le simple regard.
— « Le simple regard, ma sœur ? Vous me faites souvenir des charlatans qui n'ont jamais manqué d'un remède à tous maux, et qui ne guérit d'aucun en particulier.
— « Ah! mon frère, repris-je, si vous saviez, si vous pouviez expérimenter une fois ce que c'est qu'une âme fervente, élevée par la contemplation acquise jusqu'à la vue confuse et indistincte de l'essence de Dieu, si vous compreniez le plaisir de cette âme dans les renoncements à sa propre action, dans les plongements qu'elle fait dans l'océan de la volonté divine, quelle paix, quel repos, quelles nuits resplendissantes pour cette âme, de ne plus voir en elle qu'un dénuement parfait de toute opération, pour ne plus souffrir

que l'action de Dieu! Combien alors la distinction des jours lui paroît frivole et mal entendue! combien les fêtes les plus solennelles lui sont peu de chose! quelle insipidité elle trouveroit dans le récit des psaumes, quelle inutilité dans les prédications, et pour ceux qui les font, et pour ceux qui les écoutent! quelle froideur même souvent, et quelle indifférence pour une messe de paroisse! quelle sécheresse pour elle de méditer sur la justice de Dieu, ou sur ses miséricordes! Ah! mon frère, Dieu présent partout, Dieu présent en tous lieux [1].

— « Vous vous emportez, ma sœur, mais je vais m'emporter à mon tour, et ma patience est enfin poussée à bout par tout ce que je viens d'entendre. » Et en élevant sa voix : « Quoi? pendant que toute l'Église de Jésus-Christ verse des larmes de tendresse sur la naissance d'un enfant qui est Dieu et qui se manifeste aux hommes pour leur salut, dans le temps et de la manière qu'il a été prédit et annoncé ; ou pendant qu'elle est transportée d'une joie sainte sur une résurrection qu'elle regarde comme le fondement inébranlable de sa foi, de son

---

1. « *Cet acte :* « Je suis ici, *Seigneur, dans le dessein de ne* vouloir « *que vous,* » *peut être bon les premiers jours,* lesquels étant passés, vous vous contenterez de la pure foi *de* Dieu présent, et de la simple intention que vous avez de vous abandonner à lui, *sans en faire aucuns* nouveaux actes. » (Malaval, *Pratique facile*, partie I, p. 26 et 27.)

« Présence de Dieu sous une idée abstraite consiste à regarder Dieu seul en lui-même, *ce* qui comprend tout *. » (*Ibidem.*)

« Quand *nous regardons* Dieu *seul* en lui-même, *en concevant* sa simple présence, *nous l'envisageons* alors avec toutes ses perfections. *C'est pour lors qu'on* voit Dieu tel qu'il est en *lui-même*, et non pas tel qu'il est *représenté par nos idées.* » (*Ibidem,* partie I, p. 69.)

* Peut-être cette citation est-elle mal reproduite, et vient-elle d'une phrase en partie imprimée p. 558, note 1 : « .... Et si la contemplation est le plus parfait exercice de la foi, unissant en un seul acte toutes les vérités divines, puisque cet acte consiste à regarder Dieu en lui-même, qui comprend tout et qui unit tout en soi, il ne faut plus ici ni lectures, ni méditations, mais reposer doucement en Dieu par la vue d'une vive foi.... » (Partie I, p. 50.)

espérance et de sa sanctification; qu'elle s'assemble dans les temples pour y faire retentir au loin les louanges de Dieu, les mêmes louanges qui ont été autrefois dictées à son prophète par le Saint-Esprit; pour y solenniser des messes publiques; pour y ouvrir les tribunaux de la pénitence, où l'on trouve la rémission de ses péchés; pour y dresser des tables des sacrés mystères, où sont admis tous les fidèles : le concours du peuple y est universel, le son des cloches, qui s'est fait entendre pendant la nuit, a réveillé la piété des chrétiens, leur a annoncé la grande solennité et les y a invités; tous perdent le sommeil, courent aux églises, y adorent Dieu dans ses mystères : vous seuls, par singularité, ou par un faux sentiment de la sublimité de votre état, dédaignant la maison du Seigneur et ceux qui la fréquentent en ces saints jours, vous présumez que c'est agir par l'esprit de Dieu et par des vues surnaturelles, que de vous renfermer dans un coin de vos maisons, et là sans y penser, ou à un Dieu fait chair, ou à un Dieu ressuscité[1], de vous borner seulement à ne penser à rien, ou tout au plus à Dieu présent en tous lieux; vous estimez au contraire que ceux qui suivent l'esprit de Dieu et de son Église, en s'unissant aux cérémonies et aux prières de sa liturgie, accommodées à la célébrité du jour, n'agissent que par un principe corrompu, ne font que des actions vivantes, ou (selon votre Père) mortes en effet pour le salut et pour votre justification? Cela est si ridicule et si absurde, ma sœur, je ne vous le dissimule point, que tout autre que moi, sans y répondre, hausseroit les épaules et s'en moqueroit.

— « Je ne sais, mon frère, lui répliquai-je, si vous m'avez

---

1. « Lorsque le Seigneur conduit l'âme à la contemplation[*], ... l'esprit devient incapable de méditer la passion de Jésus-Christ; parce que la méditation n'étant autre chose que l'action de chercher Dieu, dès que l'âme l'a trouvé une fois, elle s'accoutume à ne le chercher que par le moyen de la volonté, et ne veut plus s'embarrasser de l'entendement. » (Molinós, *Introduction à la Guide spirituelle*, section III, n° 24, p. 11.)

« Après que nous avons médité tant d'années sur l'humanité du Sauveur du monde, il faut enfin apprendre à nous reposer en Dieu,

[*] Il y a ici dans le texte de Molinos : « dit sainte Thérèse. »

écoutée quand j'ai dit que les voies extraordinaires n'étoient que pour les parfaits.

— « Vous vous moquez, me dit-il; je sais que vos docteurs en font des leçons aux enfants, aux valets, aux artisans; mais j'empêcherai bien que vous ne gâtiez mes domestiques, et si j'en suis le maître, mon filleul aussi, qu'on m'a dit que vous vouliez, à huit ans au plus, jeter dans la vue confuse et indistincte de Dieu : je crois avec cela que c'est l'âge où il saura mieux s'en tirer qu'en nul autre temps de sa vie.

— « Mon fils, lui dis-je, n'est pas encore assez parfait pour cela. Quoi? lui, connoître Dieu confusément et indistinctement?

— « Je vous entends, ma sœur : quand vous le jugerez assez parfait, ce sera alors qu'il faudra songer à le tirer de la déférence qu'il doit aux usages de l'Église, et à le dégoûter des pratiques chrétiennes. Ainsi la négligence sur ses devoirs sera une induction de la perfection de son état, et il pourroit même par vos soins monter à un tel degré, que votre directeur le dispenseroit pour toujours d'aller à confesse et de communier. »

Le directeur. C'est selon, deviez-vous lui dire; car, ma fille, si l'on sentoit en sa conscience que l'on fût dans de telles dispositions à l'égard de ces sacrements, qu'on ne pût

---

à qui elle nous conduit. » (Malaval, *Pratique facile*, partie I, p. 58.)

« .... Pour ceux qui.... sont arrivés par la grâce à la pure contemplation, où il n'y a plus de méditation, ni d'actes raisonnés, ce souvenir de Jésus-Christ est de pure foi et conçoit Jésus-Christ homme et Dieu* d'une seule vue d'esprit, sans pensée quelconque qui soit distincte, si ce n'est que le Saint-Esprit nous applique quelquefois aux considérations sur la sainte humanité par la volonté divine, et non par la nôtre, qui n'agit plus, ni par notre choix. » (Malaval, *Pratique facile*, partie I, p. 59 et 60.)

* Cette citation est l'une de celles qui semblent faites d'après une copie mal écrite, mal lue et mal interprétée par l'éditeur. Au lieu du texte que nous avons reproduit d'après la *Pratique facile*, on lit dans l'ancienne édition des *Dialogues* : « Ceux qui sont arrivés par la grâce à la pure contemplation, où il n'y a plus de méditation, ni d'actes raisonnés, *de* souvenir de Jésus-Christ *à l'état* de pure foi, *conçoivent* Jésus-Christ homme-Dieu, etc. » Ces altérations ne sont évidemment point de pures fautes d'impression.

les desirer, s'y préparer et les recevoir sans propriété et activité, et qu'on fût ainsi exposé à participer aux mystères de Dieu sans motion divine, je tiens, et tous nos docteurs avec moi, qu'il n'y a point de circonstances tirées du jour, du précepte, de la bienséance ou de la nécessité, qui puissent obliger une âme fidèle à commettre un péché en usant de la confession et de la communion, et qu'elle fait mieux de s'en abstenir. Mais vous aurez, Madame, le loisir et l'occasion peut-être d'épuiser cette importante matière. Achevons l'entretien avec votre docteur.

LA PÉNITENTE. Un des Messieurs de Sorbonne se fit annoncer, comme il en étoit où je vous ai dit.

LE DIRECTEUR. Hé bien?

LA PÉNITENTE. Il ne voulut pas poursuivre en présence de son ami, et je crois par des égards pour moi; je le voulois encore moins que lui, car comme il est né éloquent et beau parleur, il rend les choses qu'il dit assez plausibles et capables de faire impression. Je voudrois, mon Père, vous le faire connoître : vous lui répondriez beaucoup mieux que moi, et je vous avouerai qu'avant de nous séparer, je lui proposai, le plus honnêtement que je pus, de vous venir voir et de vous aboucher ensemble quelque part.

Un plaisant mot de ma belle-mère là-dessus : « Vous ne sauriez mieux faire, ma fille, que de les faire trouver ensemble. Voulez-vous que ce soit ici? J'aurois le plaisir de voir mon fils l'abbé vous rendre tous deux chrétiens, vous et votre directeur. »

LE DIRECTEUR. Nous parlerons, Madame, de cette entrevue la première fois.

LA PÉNITENTE. J'y consens, mon Père; aussi bien je crains que le récit de cette conversation ne nous ait menés [a] trop loin, et qu'il ne vous ait peut-être un peu ennuyé.

LE DIRECTEUR. Point du tout, Madame; mais puisque vous le voulez ainsi, je vous laisse partir, pourvu que vous vous engagiez à ne me rien cacher à l'avenir de telles aventures.

a. L'accord des participes est souvent négligé dans l'ancienne édition. Il y a ici *mené;* plus haut, p. 603, ligne 1, *écouté;* ci-après, p. 606, ligne 17, *mis;* p. 703, ligne 25, *commis*.

DIALOGUE V.

Les maximes des quiétistes détournent de la confession et de la pénitence. L'abandon parfait qu'ils enseignent jette dans l'indifférence pour le salut, pour les bonnes œuvres, pour les biens spirituels, pour les vices et les vertus; il fait consentir l'âme à l'extinction de la charité et de la foi, à aimer l'état de péché, le désespoir et la damnation. Affreuses conséquences de cette indifférence absolue : qu'elle renverse les premiers principes du christianisme; qu'elle est directement opposée à toutes les demandes que l'on fait dans l'oraison dominicale.

LE DIRECTEUR. Mon Dieu, Madame! j'appréhende bien que vous ne vous soyez un peu ennuyée dans ce mauvais poste, et que le froid que vous avez souffert en m'attendant n'ait causé cet abattement et cette pâleur que je vous vois. Où sont donc ces yeux vifs et riants, ces belles couleurs qui relevoient votre teint? Je ne suis pas au moins édifié de cet air languissant que vous nous apportez : vous étiez si vive et dans une si parfaite santé la dernière fois! Donnez-moi vos deux mains, que je vous fasse jurer que vous prendrez plus de soin de vous à l'avenir. Que vous est-il donc arrivé, ma chère Dame, depuis huit jours que nous ne nous sommes pas vus? Est-ce toujours ce mari? est-ce moi? votre belle-mère? ou Monsieur son fils le docteur? Vous plaindriez-vous de moi? Car vous êtes triste, et point du tout dans votre naturel. Seroit-ce notre doctrine qui vous inquiéteroit? Est-ce que nos pratiques surpassent vos forces? Cela seroit bien extraordinaire, car pour une âme qui éprouve des peines, des langueurs et des sécheresses dans nos exercices, il y en a mille que Dieu conduit par le repos, par la douceur, et j'oserois dire, par une divine nonchalance. Y a-t-il rien de plus agréable à une jeune femme d'une complexion délicate, que de demeurer passive toute sa vie, et d'avoir même scrupule de faire pour Dieu et pour le paradis la moindre action qui puisse l'émouvoir le moins du monde, que de ne se plus tourmenter ni du passé ni de l'avenir, et pour le présent, prendre le temps comme il vient¹, sans d'autre parti sur les actions bonnes ou mauvaises que nous faisons, que de nous en remettre pour l'événement à la volonté divine, maîtresse de nous forcer à tout le bien et à tout le mal qu'il lui plaît, suivant la diversité de ses voies et la profondeur de ses jugements? Imaginez-vous, Madame, un système de religion le plus accommodé à la portée des hommes, et qui semble fait exprès pour leur aplanir le chemin du ciel, afin qu'ils y pussent entrer doucement et sans violence : seroit-il de bonne foi comparable aux suavités ineffables, aux inactions, à la paix, aux célestes voluptés dont notre doctrine est toute remplie? Ne faudroit-il pas se haïr soi-même, je veux dire son âme, son corps, ses plaisirs, sa joie, pour, connoissant nos principes et toutes leurs suites, refuser d'en profiter, et de se sauver comme en se jouant? Je vois ce que c'est, Madame : nous sommes à peine sortis de la quinzaine de Pâques, chargée encore d'un jubilé*; la prière, le jeûne, les stations, les sacrements vous auront mise en l'état où vous voilà.

LA PÉNITENTE. Vous dites vrai, mon Père, en quelque manière, mais qui n'est pas celle dont vous l'entendez.

LE DIRECTEUR. Comment, ma chère fille? hé! je vous avoue

1. « L'abandon est ce qu'il y a de conséquence dans toute la voie*, et c'est la clef de [tout] l'intérieur. Qui sait bien s'abandonner sera bientôt parfait.... Pour la pratique, elle doit être de perdre sans cesse toute volonté propre dans la volonté de Dieu, *de* renoncer à toutes inclinations particulières, quelque bonnes qu'elles paroissent, sitôt qu'*on* les sent naître, pour se mettre dans l'indifférence, et ne vouloir que ce que Dieu a voulu dès son éternité; être indifférent à toutes choses, soit pour le corps, soit pour l'âme, pour les biens temporels et éternels; laisser le passé dans l'oubli, l'avenir à la Providence, et donner le présent à Dieu; nous contenter du moment actuel, qui nous apporte avec soi l'ordre éternel de Dieu sur nous, et qui nous est une déclaration autant infaillible de la volonté de Dieu, comme elle est commune et inévitable pour tous. » (*Moyen court*, § VI, p. 26, et p. 28 et 29.)

a. Le jubilé s'était ouvert, à Paris, dans l'église Notre-Dame, le lundi saint, 5 avril 1694 : voyez ci-après, p. 608, lignes 4 et 5; et ci-dessus, la *Notice*, p. 535.

* On a imprimé : *vie;* il y a *voie* dans le *Moyen court*.

que je n'y entends plus rien. Auriez-vous trouvé quelque ignorant de confesseur qui vous auroit refusé l'absolution?

La pénitente. Cela ne pouvoit pas être, mon Père.

Le directeur. Pourquoi non, ma fille? Je vais vous montrer que cela étoit très-possible. Il ne faut pour cela que s'être adressé à un homme scrupuleux, qui aura pénétré par votre manière de vous confesser que vous n'avez pas fait votre examen de conscience.

La pénitente. Hélas! mon cher Père, j'aurois grand tort de m'en prendre à un confesseur!

Le directeur. Tant mieux, Madame, et ce n'est pas une chose si ordinaire que de bien rencontrer en ce point, et d'avoir sujet de se louer de ces gens-là.

La pénitente. Je ne m'en loue pas aussi, mon Père, et je ne suis pas en cet état-là.

Le directeur. C'est-à-dire, Madame, que vous n'avez pas usé ces Pâques-ci de la confession?

La pénitente. Non, mon Père.

Le directeur. Je l'ai vu d'abord. Et pour la communion, ma fille, comment cela s'est-il passé? Êtes-vous contente?

La pénitente. Point du tout.

Le directeur. Croyez-vous que vous eussiez mieux fait de vous confesser cette année avant que de communier? Mais quoi? vous pleurez, ce me semble, et vous avez quelque chose sur le cœur que vous ne me dites pas.

La pénitente. Je n'ai rien, mon Père; je crois seulement que j'aurois mieux fait d'approcher des sacrements de l'Église dans cette solennité de Pâques, comme j'y ai été élevée dès ma plus tendre jeunesse, comme ont fait mon mari, mon beau-frère et ma belle-mère, qui toute simple qu'elle est, a peut-être pris un meilleur parti que je n'ai fait, et qui fera sans doute son salut plus sûrement que moi, seulement à cause qu'elle suit aveuglément et sans examen toutes les pratiques de l'Église, qu'elle croit comme un enfant tous les articles de foi, et qu'elle ne se rapporte de toutes choses qu'à son curé. Enfin, mon Père, je voudrois qu'il m'eût coûté cette main-là, et avoir fait mes Pâques, et ensuite gagné le jubilé comme les autres.

Le directeur. Mais il n'y auroit pas eu en effet grand

mal à cela ; d'où vient, Madame, que vous n'avez pas fait l'un et l'autre, si votre santé vous le permettoit?

LA PÉNITENTE. Je vous le dirai. Je savois, mon Père, comme les autres, que le Pape avoit accordé un jubilé général, qu'il s'ouvriroit dès la semaine sainte : je formai la résolution de le gagner, je m'en ouvris même à vous dès le commencement du carême, et vous me dites que vous me le permettiez. Je n'ai rien rabattu, comme vous avez vu depuis ce temps-là, de la sublime oraison ; j'ai écouté toutes les motions divines ; j'ai renoncé de cœur à toute propriété et à toute activité. Il est vrai que la fête de Pâques venant à s'approcher, j'entrai un matin par ancienne habitude dans une profonde considération de la grandeur du mystère, de l'importance qu'il y avoit pour moi de le bien solenniser. Je songeai quel bien infini c'étoit pour une âme qui communioit dignement, quelle source, quels trésors de grâces étoient renfermés dans les indulgences que l'Église vouloit bien octroyer dans ces saints jours, par le pouvoir qu'elle en avoit de Jésus-Christ. Je me préparai donc d'ajouter à l'acte de simple présence de Dieu, des réflexions vives sur sa bonté infinie, sur ses miséricordes inépuisables ; je récitai ensuite le psaume *Miserere :* j'y trouvai du goût, je le récitai une seconde fois ; je choisis les jours que je ferois des stations.

LE DIRECTEUR. Des stations ?

LA PÉNITENTE. Oui, mon Père, des stations. Je me taxai à une telle somme pour mes aumônes ; je m'efforçai de me souvenir de mes péchés, comptant d'en faire une plus exacte recherche lorsqu'il s'agiroit de les confesser avant que d'approcher des mystères. Enfin mon plan étoit dressé, ma résolution prise, suivant en cela les vues que j'avois eues dès le jour des Cendres, comme je vous l'ai dit. Hélas ! mon Père, ou heureusement, ou malheureusement pour moi, je m'allai souvenir d'avoir lu dans un de nos livres, que les vues qu'on a de faire une chose sont des obstacles à la perfection[1], et je me dis à moi-même : « Je serois bien malheureuse,

1. « *Dieu* ôte encore par là la réflexion et la vue que l'âme porte sur ce qu'elle fait : ce qui est l'unique obstacle qui la retient, *et*

si avec tous mes soins et toute mon application à m'acquitter de mes devoirs, l'abstinence, le jeûne, l'aumône, la prière, joints à l'usage des sacrements, bien loin de m'être utiles en aucune manière, ne servoient au contraire qu'à me faire tomber de plusieurs degrés de la perfection que j'avois atteinte ; je suis sans doute entraînée à toutes ces bonnes œuvres, et à ces apparences de vertu et de dévotion par une habitude contractée dès mon enfance ; ce ne sont que des suites des impressions qu'on m'a données dès mes premières années ; j'éprouve en moi un trop grand empressement d'aller à confesse et de communier, et parce que je veux cela trop déterminément, je n'en dois rien faire, et par conséquent je ne le dois pas vouloir. » Je me mis ensuite si fortement dans l'esprit que j'étois obligée à résister à cette volonté déterminée de faire mes Pâques et de gagner mon jubilé, que je me sentis dans l'impuissance de m'acquitter de l'un et de l'autre ; j'y avois même une résistance horrible, et il me sembloit que quelque chose surtout m'impossibilitoit la confession. Cet extrême éloignement pour les sacrements me convainquit assez néanmoins qu'il n'y avoit point de propriété à mon fait, et que c'étoit peut-être la vraie disposition où je devois en approcher ; mais ayant aussi retenu ce que nos livres enseignent, qu'il faut tout faire dans une grande paix, et avec cette douce impulsion qu'on appelle motion divine[1], je me trouvai dans cette perplexité de m'abstenir d'abord de faire mes dévotions, parce que je le voulois trop déterminément, et bientôt de ne pouvoir les faire faute d'attrait, et par l'extrême opposition que j'y avois.

Le directeur. En un mot, ma fille, vous ne pûtes aller à confesse ni à la communion, et parce que vous le vouliez, et parce que vous ne le vouliez pas.

---

qui empêche que Dieu ne se communique à elle.... » (Molinos, *Guide spirituelle*, livre I, chapitre iv, n° 29, p. 27.)

« *Souvenez-vous bien*, Philothée, *de la règle* générale que je vous ai prescrite, *de ne vous plus servir* à l'avenir de raisonnements dans *votre* oraison. » (Malaval, *Pratique facile*, partie I, p. 16.)

1. « Il faut donc demeurer en paix, et ne nous mouvoir que *quand* il nous meut.... C'est l'esprit de l'Eglise, que l'esprit de la motion divine, etc. » (*Moyen court*, § xxi, p. 87.)

La pénitente. Hélas! mon Père, il n'y a pas autre chose!

Le directeur. Tant mieux, ma chère fille, et je ne vous dissimule pas qu'à voir vos larmes et le désordre de votre visage, j'appréhendois fort qu'il ne vous fût arrivé pis. Dites-moi, je vous prie, dans cet effort que vous dites que vous avez fait pour vous ressouvenir de vos péchés, et qui est peut-être la cause du trouble qui vous est arrivé, vous êtes-vous trouvée coupable de quelque défaut? Avez-vous reconnu que vous fussiez tombée en quelque égarement?

La pénitente. Oui, mon Père, et c'est ce qui me portoit à recourir à la confession.

Le directeur. Étrange force de l'habitude et de la coutume, lors surtout qu'elles ont leurs racines dans notre première éducation! C'étoit précisément, Madame, à quoi vous ne deviez pas songer. Vous ne pouvez vous imaginer de quelle importance il est pour une âme qui tend à la perfection, de ne se point inquiéter de ses défauts. Il suffisoit[a] après cet examen de l'état de votre conscience, que vous auriez dû même vous épargner, de vous ramasser au dedans, attendre et souffrir la pénitence que Dieu vous auroit voulu imposer lui-même, et rien davantage, sans faire pendant cette semaine de Pâques aucunes prières vocales, sans vous imposer aucune mortification.

Apprenez, ma fille, que les prières qu'on se tue de dire, et les pénitences qu'on s'impose, ne sont point des causes naturelles de la grâce[1], mais seulement des instruments accommodés à notre foiblesse, qui amusent et soutiennent notre imagination plutôt qu'elles ne contribuent à la sanctification de notre âme. L'oraison de simple présence de Dieu est de mille degrés au-dessus du *Veni Creator* et du psaume *Mise-*

---

a. Il y a *suffiroit* dans l'ancienne édition; c'est très-probablement une faute d'impression.

1. « Sans une révélation, on ne peut savoir qu'il y ait un degré de grâce attaché [à] l'oraison. » (Malaval, *Pratique facile*.)

« .... Je dis *qu'il ne faut point* se fixer à telles et telles austérités; mais *suivre* seulement l'attrait intérieur *en* s'occupant de la présence de Dieu, sans penser en particulier à la mortification. » (*Moyen court*, § x, p. 40.)

rere et de toutes les oraisons les plus communes*a* et les plus consacrées dans l'Église ; il y a des moments où elle donne à une âme résignée du dégoût pour l'oraison dominicale ; il y a des conjonctures, comme celle, ma fille, où vous venez de vous trouver, où elle tient lieu non-seulement de toutes prières, de toutes mortifications, de toutes bonnes œuvres, mais aussi de sacrements, je dis de la confession et de la communion. Quelle est donc, Madame, votre inquiétude, et que cherchiez-vous ces fêtes dans les sacrements et dans le gain du jubilé? De l'indulgence pour les châtiments dus à vos péchés[1]? Ignorez-vous qu'il vaut mieux satisfaire à la justice de Dieu, que d'avoir recours à sa miséricorde? parce que le premier procède du pur amour qu'on a pour Dieu, et que le second, venant au contraire de l'amour que nous avons pour nous, et tendant à éviter la croix, ne peut être agréable à Dieu, et est indigne de sa miséricorde.

La pénitente. Qu'appelez-vous, mon Père, tendre à éviter la croix par le jubilé et par les indulgences? C'est bien tout le contraire ; car les chrétiens en se soumettant aux petites croix, c'est-à-dire à la pénitence et aux mortifications que le jubilé impose, tendent à éviter l'enfer qui seroit dû à leurs péchés.

Le directeur. Dites-moi, ma fille, Monsieur votre mari et Monsieur le docteur, son frère, ont-ils fait vœu de passer leur vie ensemble?

La pénitente. Ils s'aiment assez, mon Père, pour ne pas songer sitôt à se séparer.

Le directeur. Vous pourriez donc, Madame, dans la suite, être obligée en conscience de les abandonner tous deux ; car je ne vous le cache plus, un plus long commerce avec ces personnes-là seroit capable de vous pervertir. Quelle est en effet cette appréhension des peines et des châtiments de l'autre vie, dont vous me paroissez toute trou-

---

a. L'édition originale porte : « et de toutes les oraisons les plus triviales ; » mais le mot *communes* doit être substitué au mot *triviales*, suivant une indication de l'*Errata* : « triviales, *lisez* : communes. »

1. « C'est alors qu'elle commence à ne pouvoir gagner des indulgences, et l'amour ne lui permet pas de vouloir abréger ses peines. » (*Livre des Torrents*.)

blée? Où est au contraire cette totale résignation à la volonté de Dieu, que vous prêchiez vous-même aux autres avec tant de force? Ignorez-vous encore que l'abandon parfait, qui est la clef de tout l'intérieur[a], n'excepte rien, ne réserve rien, ni mort, ni vie, ni perfection, ni salut, ni paradis, ni enfer? Que craignez-vous, cœur lâche? Vous craignez de vous perdre ; hélas! pour ce que vous valez, qu'importe[1]?

LA PÉNITENTE. Mais, mon Père, comme âme rachetée par le sang de Jésus-Christ, il me semble que je puis dire que je vaux quelque chose, et que je commettrois un péché horrible de ne pas songer à me sauver, et de ne pas espérer mon salut, après que Dieu même a fait des choses si extraordinaires, a daigné passer par des états si humiliants, seulement pour me le procurer. Peut-on avoir de l'indifférence pour la venue de Jésus-Christ sur la terre, pour ses travaux, pour sa mort?

LE DIRECTEUR. Oui, ma fille, cela n'est pas impossible.

LA PÉNITENTE. Ah! mon Père, que dites-vous là? Quoi? sachant quelles ont été les vues de Dieu sur moi par la mission de son Fils, je ne ferai pas tout ce qui est en moi pendant tout le cours de ma vie, pour y correspondre et pour achever par mes actions l'ouvrage de ma rédemption?

LE DIRECTEUR. Non, ma fille, et cela mérite explication en un certain sens.

LA PÉNITENTE. Je ne m'exciterai pas à augmenter ma foi de

---

a. C'est sans doute ainsi qu'il faut lire, comme dans le *Livre des Torrents* (voyez ci-après, note 1). L'ancienne édition porte : « de tout intérieur. »

1. « L'abandon parfait, qui est la clef de tout l'intérieur, n'excepte rien, ne réserve rien, ni mort, ni vie, ni perfection, ni salut, ni paradis, ni enfer.... Que craignez-vous, cœur lâche? Vous craignez de vous perdre? Hélas! pour ce que vous valez, qu'importe? » (*Livre des Torrents*, partie II, chapitre 1, n° 9, p. 258 et 259.)

« L'indifférence de cette amante est *telle*, qu'elle ne peut pencher, ni du côté de la jouissance *de Dieu*, ni du côté de la privation *de Dieu*. La mort et la vie lui sont égales ; et quoique son amour soit incomparablement plus fort qu'il n'a [jamais] été, elle ne peut néanmoins desirer le Paradis. » (*Explication du Cantique des cantiques*, chapitre VIII, verset 14, p. 209.)

jour en jour, à m'embraser d'une plus grande charité pour Dieu, à fortifier et renouveler mon espérance ?

Le directeur. Point du tout, Madame.

La pénitente. Je ne m'étudierai pas dans toute ma conduite à discerner la volonté de Dieu, afin de l'accomplir le plus exactement qu'il me sera possible ?

Le directeur. Vous n'y êtes point encore.

La pénitente. Je ne vivrai pas dans la crainte de Dieu et dans le tremblement, incertaine comme je suis si j'ai la grâce de Dieu ou si je ne l'ai pas ?

Le directeur. Encore moins.

La pénitente. Mon beau-frère, en effet, m'auroit-il trompée ? Je ne puis me le persuader.

Le directeur. Rien n'est plus certain, ma chère fille, que qui sait bien s'abandonner, sera bientôt parfait[1] sans toutes ces attentions. Voilà tout le secret : il faut se perdre et s'abîmer entièrement dans la volonté de Dieu, sans se soucier le moins du monde de savoir quelle est actuellement cette volonté. Il ne faut point s'embarrasser non plus si l'on a en soi la grâce de Jésus-Christ, ou si elle nous manque : qu'im-

---

1. « Qui sait bien s'abandonner, sera bientôt parfait. » (*Moyen court*, § vi, p. 26.)

« *Le* fidèle abandon *dans*** tout, ne voulant rien que ce que Dieu veut, et ne pouvant douter que ce qui arrive de moment en moment, ne soit l'ordre visible de Dieu, qui *dispose*** tout cela, soit *pour sa justice*, *soit pour* sa miséricorde.... Qui pourroit dire jusqu'où se doit porter cet abandon ?... Jusqu'à agir sans connoissance,... ainsi qu'une personne qui n'est plus.... Ce qui est le plus nécessaire est également le plus aisé, savoir de connoître la volonté de Dieu ; et c'est sans nécessité que l'on se met si fort en peine de la découvrir. La volonté de Dieu n'est autre chose, que ce qu'il permet nous arriver à chaque *moment*. » (*Règle des Associés à l'enfance de Jésus*, p. 88 et 89, et p. 95 et 96.)

* « Dans tout » peut signifier « en toutes choses ; » mais nous sommes bien tenté de croire qu'il y a là une faute de copie ou d'impression, et qu'il faut lire, comme dans l'ouvrage d'où cette citation est tirée : « Le fidèle abandon dévore tout. »

** Ce mot a peut-être aussi été imprimé par méprise, au lieu de : *dispense*, que donne le texte de la *Règle des Associés*.

porte? et que quelqu'un la possède en un degré plus éminent que nous? Il faut aller jusqu'à être ravi qu'il donne aux autres toutes ses grâces, que nous en soyons entièrement dépouillés, et que nous ne fassions*a* que de l'horreur. Vous parlez, ma fille, de foi, d'espérance et de charité : vous êtes à cent lieues de ce qu'il faut être ; vous parlez de vertus et de bonnes œuvres : tout de même. L'indifférence au plus ou au moins de toutes ces choses, voilà en quoi consiste la perfection[1].

La pénitente. Quoi? mon Père, la perfection pourroit con-

a. Les anciennes impressions portent *faisions*, au lieu de *fassions*.
1. « Vous ressentirez au dedans une sécheresse passive, des ténèbres, des angoisses, des contradictions, une répugnance continuelle, des abandonnements intérieurs, des désolations horribles, des suggestions importunes et perpétuelles, des tentations véhémentes de l'ennemi. Enfin vous trouverez votre cœur si resserré et si plein d'amertume, que vous ne pourrez l'élever vers Dieu, ni faire un seul acte de foi, d'espérance ou d'amour. Dans cet abandonnement, vous voyant en proie à l'impatience, à la colère, à la rage, aux blasphèmes, aux appétits désordonnés, vous vous croirez la plus misérable, la plus criminelle, et la plus détestable de toutes les créatures, dénuée de toutes les vertus, éloignée de Dieu, et condamnée à des tourments presque égaux aux peines infernales. Mais quoique dans cette oppression il vous semble d'être orgueilleuse, impatiente et colère, ces tentations néanmoins ne remportent aucun avantage sur vous, la vertu cachée et le don efficace de la force intérieure qui règnent en vous étant capables de surmonter les assauts les plus vigoureux et les plus terribles. » (Molinos, *Guide spirituelle*, livre III, chapitre IV, nos 28, 29 et 30, p. 145 et 146.)

« Ame bien heureuse, si vous saviez combien le Seigneur vous aime et vous protége au milieu de ces tourments.... Quelque affreuse que vous paroissiez à vos yeux, l'auteur de tout bien vous aimera. » (*Ibidem*, chapitre v, n° 38, p. 149.)

« L'abandon *d'une âme spirituelle à Dieu* est un dépouillement de tout soin de nous-même pour nous laisser entièrement à *sa* conduite.... *Pour l'abandon que l'âme spirituelle fait à Dieu tant de son intérieur que de son extérieur*,... *son cœur demeure*.... libre, content et dégagé. Pour la pratique, elle *consiste à perdre sans cesse toute sa volonté propre dans la volonté de Dieu, à renoncer* à toutes *les inclinations particulières, quelque bonnes qu'elles paroissent, sitôt qu'on les sent naître, afin de se* mettre dans l'indifférence et ne

sister à n'aimer Dieu que médiocrement, et à ne presque plus espérer en lui?

LE DIRECTEUR. Je ne dis pas cela, mais à ne se plus inquiéter de l'aimer peu ou beaucoup, comme d'espérer en lui ou fermement ou foiblement. Voilà ce que je dis.

LA PÉNITENTE. Mais, mon Père, si je ne sentois plus de charité, ni aucun amour pour Dieu?

LE DIRECTEUR. Il faudroit, ma fille, s'y résoudre et prendre patience.

LA PÉNITENTE. Si je n'espérois plus en lui, et que je tombasse dans le désespoir? Cela est horrible, ce que je vous dis.

LE DIRECTEUR. Il faudroit, Madame, non-seulement supporter cet état horrible, mais l'aimer[1].

LA PÉNITENTE. L'aimer? Aimer le désespoir?

LE DIRECTEUR. L'aimer, ma chère enfant, si du moins vous vouliez être une parfaite abandonnée.

LA PÉNITENTE. Mais, mon Père, je pourrois donc par la même raison consentir à l'extinction entière de ma foi?

LE DIRECTEUR. Vous y êtes, ma fille, et vous commencez à voir les conséquences dans leurs principes.

LA PÉNITENTE. Je les vois si bien, que je conclus qu'on peut se résigner à la perte de toute la perfection et de toute la sainteté où l'on peut parvenir en cette vie.

LE DIRECTEUR. Comment l'entendez-vous?

LA PÉNITENTE. Ne m'avez-vous pas parlé ainsi de l'état sublime où une âme se trouve élevée par l'oraison du simple regard?

LE DIRECTEUR. Oh! sans doute.

---

vouloir que ce que Dieu a voulu dès son éternité. » (*Moyen court*, § VI, p. 27 et 28.)

« Il n'y a plus d'amour, de lumières, ni de connoissances. » (*Livre des Torrents*, partie I, chapitre IX, n° 6, p. 231.)

1. « Vouloir bien être rien aux yeux de Dieu, demeurer dans un entier abandon, dans le désespoir même, se donner à lui lorsqu'on est le plus rebuté, s'y laisser et ne se pas regarder soi-même lorsqu'on est sur le bord de l'abime, c'est ce qui est très-rare, et.... qui fait l'abandon parfait.... Cette pauvre âme *est obligée*, après avoir tout perdu, *de* se perdre elle-même par un entier désespoir.... » (*Livre des Torrents*, partie II, chapitre I, n° 10, p. 251; et partie I, chapitre VII, § 4, n° 39, p. 214.)

La pénitente. Ne l'appelez-vous pas oraison de foi, nudité de foi, un acte de foi pure?

Le directeur. Jamais autrement, ma fille.

La pénitente. N'est-ce pas, mon Père, dans ce premier et seul acte, que l'on ne réitère plus, et dont les autres actes qui pourroient échapper à l'âme ne sont que la continuation, que consiste le parfait abandonnement et l'entière résignation à la volonté de Dieu?

Le directeur. Cela est ainsi.

La pénitente. Concluez donc vous-même que c'est une conséquence de ce premier acte d'un parfait abandonnement, qui n'est autre chose que l'oraison de foi pure et de nudité de foi, que l'âme peut non-seulement consentir à l'extinction de sa charité et de son espérance, mais même de sa propre foi, et qu'il arrive en elle que c'est par la foi du simple regard, je veux dire, que c'est à force de foi qu'elle est même contente de n'en avoir plus, qu'elle est indifférente à en avoir ou à n'en avoir pas.

Le directeur. Hé bien! ma fille, quelle merveille y a-t-il à cela?

La pénitente. La merveille, mon Père, est que par nos propres principes, cette sublimité de notre état, sans laquelle nous sommes réduits à rien, nous la perdons gaiement et avec la dernière indifférence, et qu'à force d'abandonnement, nous pourrions déchoir aux complaisances de l'abandonnement même, et tomber dans le vice opposé : ce qui me paroît obscur et impliqué, je vous l'avoue.

Le directeur. Est-ce là, Madame, tout ce que Monsieur le docteur vous a appris sur ce sujet? Je vais le mener plus loin, et s'il étoit ici, je lui ferois bien voir du pays.

La pénitente. Je vous l'amènerai, mon Père; je vous l'ai promis.

Le directeur. Qui lui diroit, Madame, qu'il faut que l'âme qui tend à la plus haute perfection[1] se résolve de perdre ab-

---

1. « Pour la pratique, elle doit être de perdre sans cesse *sa* volonté propre..., *de* renoncer à toutes *les* inclinations particulières, quelque bonnes qu'elles paroissent, sitôt qu'*elle* les sent naître, pour se mettre dans l'indifférence. » (*Moyen court*, § VI, p. 28.)

« Il n'y a *point pour cette âme abandonnée* de malignité en quoi que

solument toute volonté propre ; qu'elle renonce à toutes inclinations particulières, quelque bonnes qu'elles soient, sitôt

ce soit.... *Elle est tellement* anéantie, *que cet abandonnement* ne lui laisse aucune propriété, et* la seule propriété peut causer le péché ; car *quiconque* n'est plus ne peut *plus* pécher. » (*Livre des Torrents*, partie II, chapitre II, nos 1 et 2, p. 252 et 253.)

« Notre Seigneur commence à dépouiller l'âme peu à peu, à lui ôter ses ornements, tous ses dons, grâces et faveurs.... Ensuite il lui ôte *toute facilité* au bien.... Après quoi il lui ôte la beauté de son visage, qui sont *comme les* divines vertus qu'elle ne *sauroit plus* pratiquer.... Tout pouvoir lui est ôté.... C'est une chose horrible qu'une âme ainsi nue des dons de Dieu.... Mais c'est encore peu, si elle conservoit sa beauté ; mais il la fait devenir laide, et la fait perdre. Jusques ici l'âme s'est bien laissé dépouiller des dons, grâces, faveurs, facilité au bien ; elle a perdu toutes les bonnes choses, comme les austérités, le soin des pauvres, la facilité à aider le prochain ; mais elle n'a pas perdu les divines vertus. Cependant ici *il* les faut perdre quant à l'usage. » (*Livre des Torrents*, partie I, chapitre VII, § I, n° 13 ; § II, nos 21 et 24 ; § III, n° 25, p. 195 et 196, p. 201, 202 et 203**.)

« L'âme, bien loin d'être oisive, *fait* un acte universel et très-excellent *et suspend ses* actes particuliers pour s'absorber en Dieu seul. Si Dieu, par un secours surnaturel, *la met dans l'état passif* au regard de *lui-même*, elle se trouve encore plus élevée. » (Malaval, *Pratique facile*, partie II, p. 258.)

« Il faut vous détacher de quatre choses pour parvenir à une cinquième, qui est la fin de la science mystique : 1° des créatures ; 2° des choses temporelles ; 3° des dons du Saint-Esprit ; 4° de vous-même ; 5° et vous perdre enfin en Dieu. » (Molinos, *Guide spirituelle*, livre III, chapitre XVIII, n° 183, p. 192.)

« Elle ne sauroit lui rien demander ni rien desirer de lui, à moins que ce ne fût lui-même qui lui en donnât le mouvement ; non qu'elle méprise et rejette les.... consolations divines,... mais c'est que ces sortes de grâces ne sont plus guère de saison pour une âme aussi anéantie qu'elle l'est, et qui est établie dans la jouissance du centre, et *qui* ayant perdu toute volonté dans la volonté de Dieu, ne peut plus rien vouloir. » (*Explication du Cantique des cantiques*, chapitre VIII, verset 14, p. 208.)

« *Une âme spirituelle doit être indifférente* à toutes choses, soit pour

* Dans l'ancienne édition des *Dialogues :* « et que, » faute évidente.
** Cette citation est indiquée à tort dans les *Dialogues* comme tirée de l'*Explication du Cantique des cantiques*.

qu'elle les sent naître, pour se mettre dans l'indifférence; qu'elle ne doit pas affecter la pratique d'aucune vertu choisie entre plusieurs; qu'elle doit être indifférente à toutes vertus, le corps, soit pour l'âme, *ou* pour les biens temporels et éternels; laisser le passé dans l'oubli, *et* l'avenir à la providence *de Dieu*, et *lui* donner* le présent. » (*Moyen court*, § vi, p. 28.)

« Une âme spirituelle ne doit point s'amuser à réfléchir sur ce qu'*elle opère*, ni à penser *si elle met* en pratique ou non les vertus.... (Falconi, *Lettre à une fille spirituelle*, p. 151.)

« Dans le vide volontaire de la contemplation, il y a un détachement de tout ce qui n'est pas Dieu, et même de ses grâces et de ses faveurs, pour s'attacher inviolablement à lui seul. » (Malaval, *Pratique facile*.)

« Si l'on dit *à ces âmes abandonnées* de se confesser, elles le font, car elles sont très-soumises; mais elles disent de bouche ce qu'on leur fait dire, comme un petit enfant à qui l'on diroit : « Il faut « vous confesser de cela. » Il le dit sans connoître ce qu'il dit, sans savoir si cela est ou non, sans reproches, *sans* remords; car ici l'âme ne peut [plus] trouver de conscience, et tout est tellement perdu en *elle***, qu'il n'y a plus chez elle d'accusateur; elle demeure contente sans en chercher. » (*Livre des Torrents*, partie II, chapitre ii, n° 3, p. 253.)

« L'âme qui est arrivée à ce degré entre dans les intérêts de la divine justice, et à son égard et à celui des autres, d'une telle sorte, qu'elle ne pourroit vouloir *d'*autre sort pour elle, ni pour autre quelconque, que celui que cette divine justice lui voudroit donner pour le temps et pour l'éternité. » (*Explication du Cantique des cantiques*, chapitre viii, verset 14, p. 206.)

« Qui pourroit dire jusqu'où se doit porter cet abandon?... Jusqu'à agir sans connoissance,... ainsi qu'une personne qui n'est plus. » (*Règle des Associés à l'enfance de Jésus*, p. 89.)

« .... Il*** ne leur laisse pas l'ombre d'une chose qui se puisse

---

* Dans les éditions des *Dialogues*, on a imprimé à tort : « dénier. »

** *En elle* est le texte de l'ancienne édition des *Dialogues;* mais il y a *en Dieu* dans les éditions imprimées des *Torrents*, et peut-être le mot *elle* est-il une faute de copie ou d'impression. Voyez ci-après, p. 666, la seconde citation du directeur, où se trouve exprimée la même pensée, et qui est tirée du même passage du *Livre des Torrents*.

*** *Elle*, dans les éditions des *Dialogues;* mais le texte imprimé des *Torrents* donne *il*, c'est-à-dire « le Seigneur. »

flotter entre la vertu et le vice, et attendre le bon plaisir de Dieu, à qui seul il appartient d'en ordonner; qu'elle doit porter cette indifférence jusques aux choses qui concernent son âme, aux biens spirituels, à sa prédestination, à son éternité; qu'elle ne doit point demander à Dieu d'être délivrée des tentations, d'éviter le mal et de persévérer dans le bien; qu'elle doit être franche de tout remords d'avoir péché, sans être le moins du monde alarmée de ses chutes, ni inquiète des scandales qu'elle a pu donner, parce qu'elle a oublié le passé, qu'elle remet l'avenir à la Providence, contente de l'état bon ou mauvais où elle se trouve actuellement, et à chaque moment de sa vie, par la volonté infaillible de Dieu, à laquelle elle est parfaitement résignée.... Ô mystère ineffable de cette résignation totale aux décrets divins et irrévocables, serez-vous toujours si peu connu des hommes? Ne concevront-ils jamais que le rien est disposé à tout ce que Dieu voudra; que qui ne desire rien ne fait élection de rien, ne refuse rien; que le rien est rien, encore rien et toujours rien! Voilà l'état de l'âme dans le parfait anéantissement où elle est entrée depuis qu'elle a abandonné à Dieu son libre arbitre : elle ne doit plus, elle ne peut plus rien penser, rien vouloir et rien faire; elle laisse tout faire à Dieu. Plus de retour sur elle-même, plus d'attention à la récompense ou à la punition. C'est à elle une grâce singulière de ne plus penser à ses défauts. Elle agit alors sans connoissance, elle oublie Dieu et soi-même.... Que diroit à tout cela Monsieur le docteur?

LA PÉNITENTE. Hélas! mon Père, je ne sais pas précisément ce qu'il pourroit dire; mais je suis assurée que s'il étoit en ma place, il seroit bien moins embarrassé que je ne le suis; car après vous avoir entendu parler tous deux, je conclurois presque qu'il faut qu'il y ait deux religions chrétiennes, que Jésus-Christ ait laissées aux hommes avant que de quit-

nommer en Dieu ni hors de Dieu. » (*Livre des Torrents*, partie II, chapitre II, n° 1, p. 252.)

« .... L'âme ne se sent plus, ne se voit plus, ne se connoit plus; elle ne voit rien de Dieu, n'en comprend rien, n'en distingue rien : il n'y a plus d'amour, de lumières, ni de connoissances. » (*Ibidem*, partie I, chapitre IX, n° 6, p. 231.)

ter la terre; que mon frère le docteur enseigne l'une, et vous l'autre. Vous me permettrez pourtant de vous dire que la doctrine de mon beau-frère me paroît avoir un très-grand rapport avec celle des prédicateurs que j'ai entendus depuis que je suis au monde, et avec celle aussi que j'ai lue dans tous les livres qui ont passé par mes mains.

Le directeur. Cela peut être, Madame; mais cela ne prouve rien.

La pénitente. Comment? mon Père, une telle différence de créance et de sentiments sur des choses de religion, ne prouve-t-elle pas du moins que l'un des deux se trompe? Et que si, comme je le veux croire, vous ne vous trompez pas, il faut que mon frère le docteur et toute la Sorbonne dont il suit la doctrine, et la plupart des catholiques qui n'en ont pas d'autre, à ce que j'apprends, soient dans un prodigieux égarement.

Le directeur. Ah! ma fille, cela fait trembler en effet, et comme vous dites fort bien, si c'est une erreur de croire qu'il ne faut pas renoncer absolument à toutes sortes d'inclinations bonnes ou mauvaises, et n'avoir pas, par exemple, plus de disposition à l'adultère qu'à la chasteté conjugale, ni à la chasteté qu'à l'adultère, mais se tenir dans l'indifférence entre tous vices et toutes vertus, que deviennent ces âmes[1]?

La pénitente. Mais, mon Père....

Le directeur. Patience, Madame, s'il vous plaît: que de-

---

1. « Une âme de ce degré (*c'est une âme parfaitement abandonnée*) porte un fond de soumission à toutes les volontés de Dieu, de manière qu'elle ne voudroit rien lui refuser. Mais lorsque Dieu explique ses desseins particuliers, et qu'usant* des droits qu'il a acquis sur elle, il lui demande les derniers renoncements et les plus extrêmes sacrifices, ah! c'est alors que toutes ses entrailles sont émues et qu'elle trouve bien de la peine.... » (*Explication du Cantique des cantiques*, chapitre v, verset 4, p. 115.)

« De dire les épreuves étranges que *Dieu* fait de ces âmes (*de l'abandon parfait*) qui ne lui *résistent* en rien**, c'est ce qui ne se peut,

* *Et qui sont*, faute d'impression évidente dans l'ancienne édition des *Dialogues*.
** Ce membre de phrase est ainsi imprimé dans l'édition des *Opuscules* de Mme Guyon que nous avons comparée au texte des

viennent, dis-je, ces pauvres âmes, qui ne peuvent entrer dans un parfait abandonnement au bon plaisir de Dieu ?

La pénitente. Pardonnez-moi, mon Père, si je vous interromps; vous me faites parler à votre gré sur cette indifférence entre la chasteté et un péché que je n'oserois nommer : je ne connois pas cet état-là, dans lequel vous faites consister la perfection la plus haute. J'avoue ingénument que je n'y suis pas encore parvenue ; j'ai toujours cru jusqu'à présent, selon que la conscience et la pudeur me l'ont inspiré, qu'une femme doit éviter le désordre, et être chaste et fidèle à son mari. Si j'ai eu quelquefois des tentations du contraire, je n'ai point balancé à y résister de tout mon pouvoir. Pour les bonnes inspirations que j'ai eues du côté de mon devoir, je les ai écoutées et suivies aussi par la miséricorde de Dieu sans hésiter, parce que j'ai senti dans mon cœur que c'étoit sa volonté, à laquelle je devois m'abandonner, plutôt que de garder une dangereuse neutralité entre la vertu et le crime.

Le directeur. Mais, Madame, posant le cas que succombant à une forte tentation, vous fussiez tombée dans l'infidélité, qu'auriez-vous choisi ou du désespoir ou du saint abandonnement ?

La pénitente. Dans un tel malheur, je me serois résignée à la volonté de Dieu, qui en me défendant sévèrement cette mauvaise action et en la condamnant par la loi, auroit néanmoins permis que je l'eusse commise, peut-être pour m'humilier; mais avant de la commettre, il est bien certain, mon Père, que plus j'aurois entré dans le parfait abandonnement au bon plaisir de Dieu, moins j'aurois eu d'indifférence sur

et ne seroit pas compris. Tout ce *qu'on* peut dire *est* qu'il ne leur laisse pas l'ombre d'une chose qui puisse se nommer en Dieu *ou hors de Dieu.... Dieu fait voir en elles* qu'il n'y a point pour elles de malignité en quoi que ce soit, à cause de l'unité *essentielle* qu'elles ont avec Dieu, qui en concourant avec les pécheurs ne contracte rien de leur malice, à cause de sa pureté essentielle. Ceci est plus réel que l'on ne peut dire. » (*Livre des Torrents*, partie II, chapitre II, n°s 1 et 2, p. 252 et 253. Voyez aussi note 53 ci-dessus [*c'est-à-dire dans notre volume, p.* 616-619, *note* 1].)

Dialogues : « De dire les épreuves étranges qu'il (*le Seigneur*) fait de ces âmes dans l'abandon parfait, qui ne lui résiste, etc. »

l'inclination que je me serois sentie à éviter une telle chute. Quand le mal est fait, on n'est pas maître qu'il ne soit pas fait : c'est le cas de se résigner aux décrets de Dieu et d'en faire pénitence ; mais ce n'est pas celui que vous proposiez, puisqu'il s'agissoit au contraire de bonnes ou de mauvaises inclinations où vous vouliez que je fusse indifférente.

LE DIRECTEUR. Je le veux encore, ma fille, avant et après la chute : avant, parce que vous ne savez pas ce qui peut vous arriver ; après, parce que vous ne pouvez plus faire qu'elle ne soit pas arrivée. Car, ma chère fille, ouvrez les yeux, et rendez-vous à l'évidence de la raison : que voudriez-vous faire de mieux après que vous êtes tombée dans quelque faute ou grième ou légère ? En chercher la rémission par des indulgences ? Je vous l'ai dit, vous ne devez pas vouloir abréger vos peines[1]. Cherchez du moins, me direz-vous, à apaiser Dieu par un grand nombre de prières vocales ? Avez-vous oublié qu'elles ne font autre chose qu'interrompre Dieu par un babil importun, et vous empêcher de l'écouter s'il vouloit vous parler lui-même et se faire entendre ? Qui êtes-vous donc, pour oser parler à Dieu, ou lui demander le moindre avantage temporel ou spirituel pour vous et pour les autres ? Vous vouliez sans doute dans ce temps de Pâques et du jubilé célébrer les fêtes et fréquenter les églises ? ignorance, Madame, simplicité ! permettez-moi de le dire, et apprenez une bonne fois que Dieu en tout temps est présent partout, et qu'ainsi tous les jours sont également saints, et que tous les lieux sont lieux sacrés. Voyez après si la différence des temps ou des lieux est recevable.

Non, Madame ; et si vous me dites que vous êtes dans l'habitude d'aller certains jours visiter les temples pour y prier Dieu, la sainte Vierge et les saints, tant pis, Madame ; tant pis, du moins pour ce qui regarde la Vierge et les saints : ils sont créatures, et par conséquent vous ne les devez pas prier.

LA PÉNITENTE. Je ne saurois m'empêcher, mon Père, de vous interrompre encore sur ce que vous venez d'avancer touchant la prière de la Vierge et des saints, que vous con-

---

1. Voyez note 48 [*la note 48 des* Dialogues *est la note* 1 *de la page* 611 *de ce volume*].

damnez si ouvertement. Il faut que je vous témoigne la peine que cela me fait. Je suis élevée dans des sentiments bien différents : l'on ne m'a rien tant recommandé, dès mon enfance, que d'avoir de la dévotion envers la Vierge et les saints. L'on m'a enseigné qu'un chrétien devoit leur adresser ses prières, afin d'obtenir de Dieu par leur intercession les grâces dont il a besoin ; qu'il est bon d'avoir de la confiance dans leur intercession, et principalement dans celle de la Vierge auprès de son fils; qu'elle est notre patronne et notre avocate auprès de lui ; que les saints de l'Église triomphante, en louant et glorifiant Celui qui fait leur bonheur pour toujours, ne cessent de prier pour l'Église militante, et de lui demander que les mortels qui sont sur la terre soient participants du bonheur dont ils jouissent. Ce sont là les maximes que j'ai sucées[a] avec le lait, dans lesquelles j'ai été élevée : maximes que j'ai entendu annoncer à tous les prédicateurs de l'Évangile, et que je vois autorisées par la pratique universelle de l'Église. Que dites-vous à cela, mon Père? Croyez-vous qu'un raisonnement aussi foible que celui que vous m'apportez, que la Vierge et les saints sont des créatures, et par conséquent qu'il ne les faut pas prier, soit capable de m'ébranler? C'est une objection cent et cent fois répétée par les prétendus réformés, et détruite par les docteurs catholiques. Il faut que je vous raconte ce que j'entendis dire là-dessus dernièrement à mon frère le docteur : il recevoit l'abjuration d'un nouveau converti, qui convaincu de la vérité de tous les autres points de la créance de l'Église, avoit encore quelque difficulté sur celui du culte et de l'invocation de la Vierge et des saints, par la même raison que vous alléguez. Il avoit dans la tête que l'on ne pouvoit honorer les saints sans une espèce d'idolâtrie, parce que ce sont là des créatures, et qu'il n'y a que Dieu qu'on doive adorer. Il n'étoit pas encore revenu des préventions que les ministres lui avoient inspirées contre les catholiques, en les accusant de rendre à des créatures un culte qui n'est dû qu'à Dieu, d'adorer la Vierge et les saints; et il y avoit même été confirmé par les discours imprudents de quelques catholiques peu

---

a. Dans l'ancienne édition : *succées*.

éclairés, qui portent trop loin la vénération qu'on doit rendre à la Vierge et aux saints, et par les pratiques superstitieuses de quelques particuliers. Mais mon frère le docteur résolut aisément ses difficultés, dissipa ses doutes, et le fit bientôt revenir de son erreur, et convenir de la vérité, en lui exposant nettement la doctrine de l'Église. « Il y a bien de la différence, lui dit-il, entre le culte d'adoration qui n'est dû qu'à Dieu, et le culte que nous rendons à la Vierge et aux saints. Nous les honorons, comme dit saint Augustin[1], d'un culte de dilection et de société, et non pas d'un culte de latrie : nous les honorons, en les imitant, et non point en les adorant. La vierge Marie doit être honorée, dit saint Épiphane[2]; mais Dieu seul doit être adoré. Elle est le temple de Dieu, selon saint Ambroise[3], et non pas le Dieu du temple; on doit respecter le temple de Dieu, mais il ne faut adorer que Dieu seul. Nous honorons les martyrs et leurs reliques, comme le remarque saint Jérôme, mais c'est afin d'honorer le Dieu dont ils sont les martyrs. Il en est de la prière comme du culte : celle que nous adressons à la Vierge et aux saints est bien différente de celle que nous adressons à Dieu; nous prions Dieu comme la source et l'auteur des grâces et des biens que nous demandons, au lieu que nous n'invoquons la Vierge et les saints que comme des intercesseurs, qui prient Dieu comme nous et pour nous, mais dont les prières sont d'autant plus efficaces auprès de Dieu, qu'ils sont dans un état de perfection, de sainteté, et d'union avec lui, dont ils

---

1. Augustinus, *de Civitate Dei,* liber XX, cap. xxi*.
2. Epiphanius, *Hæresis Collyridianorum*** [§ vii, de l'édition du P. Petau].
3. Ambrosius, *de Spiritu Sancto* [liber III, cap. xi].

* Il y a dans ce renvoi un singulier mélange d'exactitude et d'erreur. C'est au livre XX, chapitre xxi, non *de la Cité de Dieu,* mais de l'écrit de saint Augustin *Contre Faustus,* qu'il est ainsi parlé du culte des saints. Il en est aussi question dans *la Cité de Dieu;* mais c'est au chapitre xxvii du livre VIII.

** Les Collyridiens offraient des sacrifices à la vierge Marie. C'étaient des hérétiques qui, de la Thrace et de la haute Égypte, s'étaient, dit saint Épiphane, répandus dans l'Arabie. L'écrit dirigé contre eux par ce père fait partie du livre III de son grand ouvrage *Contre les hérétiques.*

ne peuvent déchoir. Voilà, dit mon frère, ce que nous enseignons ; c'est la doctrine de l'Église, dont la clarté et les vives lumières sont capables de dissiper tous les nuages dont vos faux ministres l'ont voulu obscurcir. » Le nouveau converti, homme d'esprit, de bon sens et de bonne foi, n'eut pas de peine à se rendre à une instruction si solide : il reconnut aussitôt l'artifice dont on s'étoit servi tant de fois pour lui donner de l'horreur de la doctrine de l'Église, et détesta la mauvaise foi de ceux qui l'avoient trompé jusqu'alors.

LE DIRECTEUR. C'en est assez sur cette matière : elle n'est pas du nombre de celles dont je veux vous entretenir en particulier ; c'est un différend à démêler entre Monsieur le docteur et moi. Revenons à notre sujet. Vous me demanderez peut-être s'il ne vous sera pas permis d'entrer dans certaines pratiques de pénitence, et de vous imposer des mortifications ? Non, ma fille : elles nuisent au corps et ne profitent point à l'âme ; je vous l'ai déjà enseigné, demeurez en repos sur cet article[1]. A l'égard des saints mouvements et des bonnes inclinations, je vous les défends : ne vous les procurez point ; s'ils viennent sans qu'il y ait de votre faute, ne les cultivez point, ne les rejetez pas aussi, courez à l'asile de l'indifférence. Pour le choix d'une vertu particulière, je ne puis pas tolérer une affectation comme celle-là : c'est la ruine de toute spiritualité.

LA PÉNITENTE. Quoi ? mon Père, je ne pourrois pas aimer l'humilité ?

LE DIRECTEUR. Non vraiment, ma chère fille[2].

1. « L'*âme* étant appliquée directement à l'austérité et au dehors, elle est [toute] tournée de ce côté-là, de sorte qu'elle met les sens en vigueur loin de les *anéantir*[*].... Les austérités peuvent bien affoiblir le corps, mais *ne peuvent* émousser la pointe des sens ni leur vigueur. » (*Moyen court*, § x, p. 38 et 39.)

« Il n'y a plus rien pour elle, plus de règlement, plus d'austérités ;... tous les sens et.... les puissances sont dans *le désordre*. » (*Livre des Torrents*, partie I, chapitre VIII, n° 13, p. 224[**].)

2. « Lorsqu'elle (*l'âme parfaite*) voit quelques personnes dire des

[*] *Amortir*, dans le texte du *Moyen court*.
[**] L'ancienne édition des *Dialogues* donne à tort ce passage comme extrait du *Moyen court*.

626   DIALOGUES SUR LE QUIÉTISME.

La pénitente. La patience, la douceur, le pardon des injures?

Le directeur. Rien de tout cela, je vous prie; mais bien l'indifférence à toutes ces vertus et aux vices contraires.

La pénitente. Il s'ensuivroit donc, mon Père, de ce que vous dites, qu'aimer à être humble et à pardonner les injures seroit un péché?

Le directeur. Un péché? non; mais une imperfection, chose à la vérité dont les confesseurs et les casuistes ne conviendront pas : aussi faut-il avouer que la vie intérieure n'a rien de commun avec les confessions et les confesseurs, ni même avec les cas de conscience : ce sont choses toutes séparées. Ils vous exhorteront par exemple d'entrer dans le goût des choses spirituelles, ou bien ils approuveront que vous ayez un goût sensible dans l'oraison, qui est, à le bien prendre, une chose purement humaine, que dis-je? abominable. D'autres fois ils ne vous parleront que de la paix d'une bonne conscience et de la tranquillité qu'apporte avec soi la pratique de la loi de Dieu et des bonnes œuvres : écueils dangereux où cinglant à pleines voiles, comme il vous paroît, dans les routes salutaires de la haute perfection, on vient se briser et se perdre.

Le moyen sûr, ma chère fille, de les éviter, c'est d'entrer dans le port de la parfaite résignation à la volonté divine. Alors, ma fille, alors, vertus ou vices, piété ou sacriléges, grâces de Dieu ou réprobation, espérance ou désespoir de son salut, tout est indifférent à une parfaite abandonnée[1].

paroles d'humilité et s'humilier beaucoup, elle est toute surprise et étonnée de voir qu'elle [ne] pratique rien de semblable; elle revient comme d'une léthargie, et si elle vouloit s'humilier, elle en seroit* reprise comme d'une infidélité, et même elle ne le pourroit faire, parce que l'état d'anéantissement par lequel elle a passé, l'a mise au-dessous** de toute humilité; car pour s'humilier, il faut être quelque chose, et le néant ne peut s'abaisser au-dessous de ce qu'il est : l'état présent.... l'a mise au-dessus de toute humilité et de toutes vertus par la transformation en Dieu. » (*Livre des Torrents*, partie II, chapitre I, n° 4, p. 247.)

1. « L'indifférence de cette amante est si grande, qu'elle ne peut

* Il y a : *elle en est* dans l'ancienne édition des *Dialogues*.
** *Au-dessus*, dans l'ancienne édition des *Dialogues*.

Une seule chose lui convient, que les décrets immuables de Dieu soient accomplis en elle. Mais tandis que je vous parle, Madame, il me paroît que quelque chose vous passe par l'esprit : parlez hardiment et avec confiance, car il s'agit de votre salut.

La pénitente. Il s'agiroit de peu de chose, mon Père, puisque vous voulez que j'y sois si indifférente. Mais comme vous me permettez que sur les voies de mon salut, auquel je ne puis m'empêcher de prendre encore beaucoup d'intérêt, je vous expose mes doutes et mes scrupules, je vous avouerai que je faisois en moi-même une oraison dominicale à notre manière, je veux dire en l'ajustant à nos principes et à notre doctrine.

Le directeur. Dites, ma fille : le projet en est louable.

La pénitente. Écoutez ma composition.

Le directeur. J'écoute.

La pénitente. Dieu qui n'êtes pas plus au ciel que sur la terre et dans les enfers, qui êtes présent partout, je ne veux ni ne desire que votre nom soit sanctifié : vous savez ce qui nous convient ; si vous voulez qu'il le soit, il le sera, sans que je le veuille et le desire. Que votre royaume arrive ou n'arrive pas, cela m'est indifférent. Je ne vous demande pas aussi que votre volonté soit faite en la terre comme au ciel : elle le sera malgré que j'en aie ; c'est à moi à m'y résigner. Donnez-nous à tous notre pain de tous les jours, qui est votre grâce, ou ne nous la donnez pas : je ne souhaite de l'avoir ni d'en être privée. De même si vous me pardonnez mes crimes, comme je pardonne à ceux qui m'ont offensé, tant mieux ; si vous m'en punissez au contraire par la damnation, tant mieux encore, puisque c'est votre bon plaisir. Enfin, mon Dieu, je suis trop abandonnée à votre volonté pour vous prier de me délivrer des tentations et du péché.

pencher, ni du côté de la jouissance, ni du côté de la privation. La mort et la vie lui sont égales, et quoique son amour soit incomparablement plus fort qu'il n'a jamais été, elle ne peut néanmoins desirer le paradis, parce qu'elle demeure entre les mains de son époux, comme les choses qui ne sont point. Ce doit être là l'effet de l'anéantissement plus profond. » (*Explication du Cantique des cantiques*, chapitre VIII, verset 14, p. 209.)

Le directeur. Je vous assure, Madame, que cela n'est pas mal : le *Pater noster* ainsi réformé édifieroit sans doute toutes les âmes du parfait abandon, et j'ai envie de l'envoyer à nos nouvelles Églises pour être inséré dans la formule du simple regard. Qu'en dites-vous ?

La pénitente. En attendant, mon Père, que je sois aussi contente de mon oraison que je voudrois l'être, je suis bien aise que vous ne la désapprouviez pas, et encore plus d'avoir eu le loisir de vous la réciter avant que je vous souhaite le bon soir; car la nuit s'approche, et m'oblige à me séparer de vous.

Le directeur. J'y consens, ma chère Dame; mais il ne faut plus être si longtemps sans nous voir. Vous avez besoin d'être soutenue : la moindre chose vous feroit faire une grande chute. Vous devez regarder la maison de votre mari comme un piége qui vous est tendu, et dont vous ne sauriez trop vous défier. Je vous ai déjà exhortée à la quitter; il faut faire cela sagement, et abandonner votre mari avec une prudence chrétienne. Madame, Dieu aura soin de vous, sans que vous vous en mêliez.

DIALOGUE VI.

Les quiétistes abandonnent l'Évangile, l'Église et la tradition, pour suivre ce qu'ils appellent faussement *volonté de Dieu*. Béatitude et purgatoire des quiétistes en cette vie. État d'union essentielle selon eux, dans lequel l'âme, pour demeurer en Dieu, n'a plus besoin de Jésus-Christ médiateur.

La pénitente. Voilà, mon Père, cet excellent ami, dont je vous ai entretenu plusieurs fois : c'est mon beau-frère, de qui je vous ai promis la connoissance, l'homme du monde après vous à qui j'ai plus d'obligation. J'espère recevoir de vous deux de pareils remerciements, de vous avoir fait connoître l'un à l'autre, et par là mis en état de vous estimer réciproquement, comme vous le devez.

Le docteur. Je souhaite, mon Révérend Père, que cette entrevue soit utile à celle qui a bien voulu la ménager. Que ma sœur apprenne de vous ou de moi, ou de tous deux ensemble, si cela se peut, les choses les plus essentielles à son salut. Nous lui devons tous deux la vérité, et moi plus particulièrement, et par l'alliance que j'ai avec elle, et par la reconnoissance sur l'honneur qu'elle me procure aujourd'hui, en me présentant à un homme de votre mérite.

Le directeur. Votre réputation, Monsieur, est venue jusqu'à moi, et par Madame votre belle-sœur, et par d'autres endroits. Votre présence promet encore des choses au delà de votre réputation : il me semble qu'avec un peu de bonne foi de part et d'autre, on peut aller loin dans l'éclaircissement de la vérité, si on la préfère du moins aux sentiments communs et aux pratiques reçues, qui n'ont pour l'ordinaire d'autre avantage sur elle que le temps et le grand nombre.

Le docteur. Que voulez-vous dire, mon Père? qu'en matière de religion, ce n'est pas assez qu'une chose, par exemple un dogme ou une maxime, pour être vraie, ait été crue de tout temps, même dès l'établissement de la religion; qu'elle ait été crue de tous ceux qui jusqu'à présent ont professé la religion?

Le directeur. Non vraiment, ce n'est pas assez.

Le docteur. Je l'ai jugé ainsi, et qu'il falloit encore pour être vraie, qu'elle fût vraie en soi.

Le directeur. Vous y êtes, et il y a du plaisir à parler à des gens comme vous.

Le docteur. Je vous suis obligé; mais il faudroit pourtant que vous eussiez la bonté de me dire à quelle autre marque du moins vous connoissez *a* qu'une maxime de religion est vraie. Par exemple, ce que l'Église jusqu'à ce jour a appelé la joie du Saint-Esprit, la paix d'une bonne conscience, est, selon vous, quelque chose d'humain, et d'abominable devant Dieu : par où êtes-vous persuadé que cette doctrine est véritable? et dans cette persuasion, évitez-vous cette union céleste? vous refusez-vous à cette tranquillité de l'âme, suite si naturelle de la pratique de la vertu?

Le directeur. Je le sens mieux, Monsieur, que je ne le puis dire; ce n'est pas par entêtement, comme on pourroit se l'imaginer, que cela arrive, mais par impuissance de se mêler de soi, parce que l'on est dans un état où l'on ne se connoît plus, où l'on ne se sent plus[1]. Vous demanderez à une âme : « Qui vous porte à faire ou à éviter telle chose ? c'est donc que Dieu vous l'a dit? qui vous a fait connoître ou entendre ce qu'il vouloit? — Je n'entends rien, je ne pense à rien connoître; tout est Dieu et volonté de Dieu[2]. »

---

a. Il y a *connoissiez* dans le texte.

1. « .... L'âme ne se sent plus, ne se voit plus, ne se connoît plus; elle ne voit rien de Dieu, n'en comprend rien, n'en distingue rien; il n'y a plus d'amour, de lumières, ni de connoissance. » (*Livre des Torrents*, partie I, chapitre IX, n° 6, p. 231.)

« *Cette âme ne se sentant pas*, *n'est* pas en peine de chercher ni de rien faire : elle demeure comme elle est, cela *lui* suffit. Mais que fait-elle? Rien, rien et toujours rien. » (*Ibidem*, partie I, chapitre IX, n° 9, p. 233.)

2. « Toutes les créatures la condamneroient que *ce* lui seroit moins qu'un moucheron, non par entêtement et fermeté de volonté comme *on se* l'imagine, mais par impuissance de se mêler de soi, parce qu'elle ne se voit plus. Vous *demandez* à cette âme : « Mais qui vous « porte à faire telle ou telle chose? C'est donc que Dieu vous l'a dit, « vous a fait connoître *et* entendre ce qu'il vouloit? — Je ne con- « nois rien, n'entends rien ; je ne pense à rien connoître, tout est

Le docteur. Vous savez donc, mon Père, ce que c'est du moins que la volonté de Dieu ?

Le directeur. Point du tout, Monsieur : aussi ne suis-je pas capable d'entendre nulle raison, ni d'en rendre aucune de ma conduite.

Le docteur. Que vous soutenez pourtant excellente lors que vous fuyez la paix de la bonne conscience, comme une chose abominable aux yeux de Dieu.

Le directeur. Cela est vrai : j'agis en cela infailliblement, et je ne puis en douter, depuis que je n'ai pas d'autre principe que le principe infaillible.

Le docteur. Qui est la volonté de Dieu ?...

Le directeur. Cela s'entend.

Le docteur. Que vous ne connoissez néanmoins en aucune manière ?

Le directeur. Je vous l'ai dit : je ne sais ce que c'est que volonté de Dieu.

Le docteur. C'est trop le répéter, je l'ai bien retenu. Mais, mon Père, si les prélats de l'Église et les docteurs de la religion osoient vous apprendre cette volonté de Dieu que vous ignorez, vous enseigner la vérité, et vous détromper du mensonge ?

Le directeur. Vous n'y êtes pas, Monsieur : toutes les créatures me condamneroient, que ce me seroit moins qu'un moucheron[1].

Le docteur. Je vous entends, vous ne connoissez sur le fait de la religion nulle autorité sur la terre. Mais êtes-vous tous de ce sentiment ? J'ai de la peine à le croire.

Le directeur. Tous sans exception : vous pouvez vous fier à moi.

« Dieu et volonté de Dieu. Je ne sais ce que c'est que volonté de
« Dieu.... Aussi ne suis-je *pas* capable d'entendre* nulle raison, ni
« d'en rendre aucune de ma conduite.... J'agis cependant infailli-
« blement, *et ne puis douter*, depuis que je n'ai point d'autre prin-
« cipe que le principe infaillible. » (*Livre des Torrents*, partie II,
chapitre II, n° 7, p. 256.)

1. Voyez n° 60 ci-dessus. [*Le numéro* 60 *des* Dialogues *est la note précédente.*]

* *D'en rendre*, dans l'édition des *Dialogues*.

Le docteur. C'est-à-dire, mon Père, que vous faites tous dans l'Eglise un schisme secret et intérieur, avec le moins de scandale qu'il vous est possible. Comprenez-vous, ma sœur, la doctrine du Père ? Peut-être qu'il ne s'étoit pas encore ouvert à vous jusque-là.

Mais, mon Révérend Père, le moyen de raisonner avec un homme qui n'a pour règle dans ses sentiments et dans sa conduite que le principe infaillible de la volonté de Dieu, dont il n'a nulle connoissance, et qu'il ne veut apprendre de personne ? Vous en rapporteriez-vous aux décisions de la Sorbonne, dont je pourrois peut-être vous rendre compte sur quelque article que ce pût être ?

Le directeur. Demandez à Madame votre belle-sœur.

Le docteur. Hé bien ! Madame, vous me dites que non, je le vois bien. En croiriez-vous, mon Père, la doctrine des Pères, celle des conciles, celle des apôtres ?

Le directeur. Volonté de Dieu, mon cher Monsieur, Dieu même, principe infaillible, règle infaillible : voilà où je m'en tiens.

Le docteur. Mais, mon Père, vous en croyez donc la parole de Dieu, l'Evangile de Jésus-Christ ?

Le directeur. L'Évangile, Monsieur, n'est pas Dieu : c'est seulement ce qu'il a dit.

Le docteur. En effet, mon Père, pour connoître la volonté de Dieu, que vous ignorez, dites-vous, quoiqu'elle soit votre règle infaillible, c'est peu de lire le livre de la parole de Dieu, où il nous révèle ses mystères, nous donne sa loi et ses commandements, où il nous prescrit expressément tout ce que nous devons croire et tout ce que nous devons faire. Ce n'est donc pas, mon Père, dans l'Évangile que vous avez trouvé le plan de cette nouvelle doctrine, qui met aujourd'hui tant de différence entre vous et moi ? Comment, mon Père, entre autres rapports dont vous conviendrez, n'avons-nous pas cela de commun ensemble, que par le chemin des peines et par la voie des souffrances nous tâchons d'arriver à Dieu, dont la connoissance doit être notre souveraine félicité ?

Mon Père, parlons clairement, je vous prie, et sans équivoque : pour approuver ou pour réfuter votre doctrine, il est nécessaire de la bien entendre. Voulez-vous que je vous parle franchement? Si l'on me demandoit ce que c'est que le quiétisme, je répondrois : « C'est une imitation telle quelle du christianisme; c'est un enchérissement, un mauvais raffinement sur la religion de Jésus-Christ. » Quand il ne seroit pas Dieu, ce qu'on ne peut penser sans blasphème, et que sa loi ne seroit pas divine, il est le premier en date, sa religion est en possession de tous les cœurs et de tous les esprits, elle est celle de l'État.

Les esprits outrés, subtils, ambitieux viennent trop tard pour se faire valoir et s'attirer de la suite par une doctrine entièrement opposée à la chrétienne. Ils ont été obligés de retenir ses mystères, une partie de sa créance, ses termes et son style, les mêmes apparences dans la morale et dans la pratique. Il faut vous tâter et vous examiner de bien près pour vous connoître. Par exemple, vous ne niez pas le purgatoire?

Le directeur. Non.

Le docteur. Ni la nécessité de la pénitence en cette vie ou en l'autre pour faire son salut et posséder la gloire de Dieu?

Le directeur. Nous ne prêchons autre chose.

Le docteur. Nous de même. Écoutez cependant. Nous plaçons, mon Père, le purgatoire et l'autre vie dans l'autre vie. Vous autres, vous placez le purgatoire et l'autre vie dans la vie présente. Dites-moi, mon Père : par l'oraison éminente et le fidèle abandon, n'acquérez-vous pas l'impeccabilité, l'inamissibilité de la grâce?

Le directeur. Cela est vrai.

Le docteur. Ne vous trouvez-vous pas dans la même innocence qu'Ève avoit en sortant des mains de Dieu avant de s'être laissé séduire[1]?

---

1. « L'âme.... ne peut être unie à Dieu, qu'elle ne soit dans un repos central, et dans la pureté de sa création. » (*Moyen court*, § XXIV, p. 125.)

« C'est une chose étrange, que n'ignorant pas que l'on n'est créé que pour cela, et que toute âme qui ne parviendra pas dès cette vie à l'union divine et à la pureté de sa création, doit brûler longtemps dans le purgatoire pour acquérir cette pureté, l'on ne puisse

Le directeur. Ce sont nos propres termes.

Le docteur. Ce qui seroit péché dans les autres ne l'est plus pour vous?

Le directeur. Vous avez vu cela dans nos livres.

Le docteur. Vous voyez que je ne vous impose point. Car c'est au *Cantique des cantiques* que vous égalez cet état sublime à la gloire des bienheureux, avec cette seule différence que le quiétiste possède sans voir, et que les saints voient ce qu'ils possèdent; et vous ajoutez que la vue de Dieu n'est pas l'essentielle béatitude[1].

Le directeur. Tout cela est vrai.

Le docteur. Vous êtes, mon Père, de si bonne foi que nous aurons un extrême plaisir, ma sœur et moi, d'entendre de votre bouche le purgatoire du quiétisme, et de vous en croire sur votre parole.

Le directeur. Nous sommes persuadés, Monsieur, qu'une dévotion sensible et une vie animale[2] est la même chose;

néanmoins souffrir que Dieu y conduise dès cette vie. » (*Ibidem*, § xxiv, p. 133 et 134.)

1. « Il y a des personnes qui disent que cette union ne se peut faire que dans l'autre vie; mais je tiens.... qu'elle se peut faire en celle-ci, avec cette différence, qu'en cette vie l'on possède sans voir, et que dans l'autre on voit ce que l'on possède. Or je dis que quoique la vue de Dieu soit un avantage de la gloire, lequel est nécessaire pour sa consommation, elle n'est pas néanmoins l'essentielle béatitude, puisque l'on est heureux dès que l'on possède le bien souverain, et que l'on peut en jouir et le posséder sans le voir. L'on en jouit ici dans la nuit de la foi, où l'on a le bonheur de la jouissance, sans avoir le plaisir de la vue.... Mais cet aveuglement n'empêche ni la vraie *jouissance*, ni la très-réelle *possession* de l'objet, ni la consommation du mariage divin. » (*Explication du Cantique des cantiques*, chapitre i, verset 1, p. 4 et 5.)

2. « Vous devez savoir qu'il y a de deux sortes d'oraisons : l'une tendre, amoureuse et pleine de sentiments de douceur; l'autre obscure, sèche, solitaire et remplie de tentations et de ténèbres.... On peut appeler le premier chemin la vie des animaux, qui est celui de ceux qui suivent la dévotion sensible.... La seconde voie peut être justement appelée la vie de l'homme.... Soyez certain que la sécheresse vous est un bien.... Tenez pour indubitable que pour marcher dans la voie intérieure, il faut étouffer toute sensi-

qu'une âme au contraire ne se purifie entièrement que par les sécheresses, que par l'abandonnement de Dieu, par les tentations, par les ténèbres, par les angoisses mortelles, par les chagrins, par les afflictions, par les transes de la mort, par une privation de toute consolation, par de cruelles douleurs, par un martyre continuel, enfin par une agonie qui se renouvelle incessamment.

Le docteur. Mon Père, vous en oubliez la moitié ; car je vois bien qu'il ne s'agit que de trouver des termes, et surtout qui soient équivalents. Dites encore, mon cher Père, que l'âme se purifie par des doutes, par des scrupules, par des craintes et des défiances, par des rongements d'entrailles, par des sécheresses passives, par des contradictions, par une répugnance continuelle au bien, par des abandonnements intérieurs, par des désolations horribles, par des suggestions importunes, par des resserrements amers et perpétuels ; par être en proie à la colère, à l'impatience, à la rage, aux blasphèmes, au désespoir, aux appétits désordonnés ; par être dénuée de toutes les vertus, exposée à tous les crimes et à des tourments égaux aux peines infernales. N'ai-je rien oublié de tous les sentiments qui sont couchés dans vos livres comme sur une longue liste ? Dites-le-moi franchement, car il est difficile que la mémoire rappelle tout d'un coup un si grand nombre de termes, qui signifient presque la même chose, et qui ont peut-être coûté un jour entier à son auteur pour les chercher dans le creux de son imagination et les mettre ensuite dans un cadre qui puisse contribuer à la beauté et à l'énergie du style.

Le directeur. Vous badinez, mon cher Monsieur, de ce qui nous tire à tous les larmes des yeux.

Le docteur. En vérité, mon Père, je ne crois point qu'il y ait au monde des gens si malheureux que vous le dites ; il seroit, sans mentir, curieux d'en voir, et j'aime mieux présumer un peu de la bonté infinie de Dieu que de penser, sans un meilleur fondement, qu'il mette les âmes à une si terrible

bilité, et que le moyen dont Dieu se sert pour cela, est la sécheresse. » (Molinos, *Guide spirituelle*, livre I, chapitre iv, n°s 25, 26, 27 et 29, p. 26 et 27.)

épreuve. Chez nous, on y va plus rondement, et on parle avec moins d'exagération.

« Nul ne possédera Dieu tant qu'il sera vivant[a] : » c'est le langage de l'Écriture et le nôtre. Pour le posséder dans la vie future, il faut vivre dans celle-ci d'une vie très-pénitente et imitée de Jésus-Christ; et à cette vie crucifiée nous ne laissons pas d'accorder les consolations du Saint-Esprit, encore selon l'Écriture, qui nous invite de goûter et d'expérimenter combien le Seigneur est doux[b]; qui nous exhorte à nous réjouir au Seigneur ou avec le Seigneur[c]; qui nous proteste que son joug est doux, qu'il est léger[d]. Enfin, Monsieur, s'il manque encore quelque chose à expier par cette vie pénitente et crucifiée, nous croyons un lieu destiné à cette dernière expiation, et dans lequel l'âme achève de se rendre digne de la vue de Dieu. Voilà, mon Père, notre purgatoire et notre paradis, et sur ce modèle il est bien clair que vous avez formé votre système. C'étoit une riche invention de placer dans ce monde un purgatoire où tous les péchés fussent expiés, et qui fût suivi d'une béatitude parfaite : vous le trouvez dans votre martyre spirituel. C'étoit un merveilleux attrait que la possession de Dieu dès cette vie, donnée pour récompense aux âmes qui ont langui dans le prétendu martyre : vous l'avez dans l'union essentielle. Arriver à un état si sublime et à une si parfaite félicité par la pratique de la loi de Jésus-Christ, par les commandements de Dieu et de son Église, par la foi, l'espérance et la charité, c'étoit entrer dans d'importuns détails, ou dire des choses bien triviales : l'indifférence sur tout cela, et le parfait abandon aux décrets divins, sont au contraire une nouvelle découverte.

LE DIRECTEUR. Vous y êtes, voilà tout le mystère.

---

a. Nous n'avons pas trouvé textuellement cette proposition dans l'Écriture. Est-ce une allusion à la 1re *épître de saint Paul aux Corinthiens*, chapitre xv, verset 50?

b. Psaume xxxiii, verset 9; 1re *épître de saint Pierre*, chapitre ii, verset 3.

c. Épître de saint Paul aux Philippiens, chapitre iii, verset 1; et chapitre iv, verset 4.

d. Saint Matthieu, chapitre xi, verset 30.

DIALOGUE VI.

Le docteur. Mais, mon Père, permettez-moi de vous faire une petite question, nullement pour vous faire de la peine, mais pour m'éclaircir et m'instruire. Allez-vous à Dieu par Jésus-Christ? Car voilà, selon nous, l'essence de la religion chrétienne.

Le directeur. Vraiment, Monsieur, il faut débuter par là nécessairement : nous l'inspirons autant qu'il nous est possible à tous nos commençants.

Le docteur. Je le crois, mon Père, puisque vous le dites ; mais demeurez-vous en Dieu par Jésus-Christ?

La pénitente. Oh! mon frère, voilà une belle demande que vous faites là au Révérend Père! l'un ne suit-il pas de l'autre indispensablement?

Le directeur. Excusez-moi, Madame, la question est très-bien formée par Monsieur le docteur, et nos livres sont pleins de maximes et de décisions sur cette matière. Par exemple, Monsieur, sans aller plus loin, vous pouvez lire dans notre *Explication du Cantique des cantiques* une question presque semblable à la vôtre. On demande, savoir, si l'âme arrivée en Dieu parle de Jésus-Christ, et peut penser encore à sa divine personne. C'est à la page 6[a]. Et on répond : « Que l'union à Jésus-Christ a précédé d'un très-long temps l'union essentielle; mais que pour une âme parvenue à ce dernier et sublime état, celui d'être unie à Jésus-Christ, et de penser encore à sa divine personne, est absolument passé. » N'est-ce pas là ce que vous demandez? Mais voulez-vous rien de plus positif que ce que je vous montrerai écrit quelque part, en termes exprès : « Que l'idée de Jésus-Christ, après avoir éclipsé l'idée de toutes les créatures, s'éclipse insensiblement elle-même, pour laisser l'âme dans la vue confuse et générale de Dieu » ?

Bien plus, un de nos docteurs assure que dans l'oraison (il parle de la grande oraison), « il faut avoir seulement une foi obscure et universelle, et oublier toutes sortes de réflexions particulières : » on ne doit pas même, selon lui, penser à Jésus-Christ[1].

---

a. Voyez p. 5 et 6. La citation n'est pas textuelle.

1. « Quand nous sommes en Dieu, qui est ce que nous préten-

« L'âme est surprise, dit un autre[a], quand sans avoir pensé, en aucun état, aux inclinations de Jésus-Christ depuis les dix, les vingt, les trente années, elle les trouve imprimées en elle par état. Les inclinations sont la petitesse, la pauvreté, etc. » Il va plus loin et parle décisivement : « L'âme, poursuit-il, dans toute sa voie[b], n'a pas de vue distincte de Jésus-Christ[1] : » où vous remarquerez que voilà Jésus-Christ interdit, même aux commençants.

Le docteur. Et j'ajoute, mon Père, inutile au salut, à ceux du moins qui cherchent à se le procurer par votre méthode.

Le directeur. Il n'avance pas cela en l'air, et il n'est pas

dions en considérant la vie *et* la passion du Sauveur[*], il ne faut plus reculer en arrière, en retournant aux méditations ni aux considérations raisonnées sur sa vie et.... sa passion ; il ne faut pas quitter la fin pour les moyens. » (Malaval, *Pratique facile*, partie I, p. 58.)

a. Mme Guyon. — Cette phrase, extraite des *Torrents* (partie I, chapitre IX), forme le LXIe extrait de l'*Ordonnance* de l'évêque de Chartres, et y est reproduite telle qu'on vient de la lire[**]. Mais ce n'est pas tout à fait ainsi que l'a écrite Mme Guyon. Il faut sans doute lire : « sans avoir pensé *à* aucun état ni aux inclinations, etc. » Bossuet, qui en cite une partie d'après « un exemplaire très-bien avéré du manuscrit intitulé *les Torrents,* » dans ses *Instructions sur les états d'oraison* (livre II, § v, *OEuvres de Bossuet*, tome XXVII, p. 88, édition Lebel), a transcrit : « sans avoir pensé à aucun état de Jésus-Christ. » Voici d'ailleurs le texte que donne l'édition des *Opuscules* publiée en 1720 (p. 239, n° 20) : « L'âme est surprise que sans avoir réfléchi sur aucun état de Jésus-Christ, ni sur ses inclinations[***], depuis les dix, les vingt, les trente années, elle les trouve imprimées en elle par état. Ces inclinations de Jésus-Christ sont, etc.

b. Il y a dans les éditions des *Dialogues* : « dans toute la voie ; » les éditions imprimées des *Torrents* portent : « dans toute *sa* voie. » Voyez l'édition de 1720, p. 141, n° 25.

1. Dans le *Livre des Torrents*.

[*] Dans les éditions des *Dialogues* : « *qu*'est-ce que nous prétendions, etc., » sous forme interrogative.

[**] A une variante près toutefois : « Ces inclinations de Jésus-Christ sont, etc., » au lieu de : « Les inclinations sont, etc., » que donne l'édition des *Dialogues*.

[***] Il y a dans d'autres éditions : « sans avoir pensé à aucun état de Jésus-Christ ni à ses inclinations, » et plus bas : « elles se trouvent. »

seul de son sentiment, car vous lisez ailleurs*a* que dans la voie mystique, il ne faut pas de représentation du corps de Jésus-Christ.

Le docteur. C'est-à-dire, chez vous autres?

Le directeur. Sans doute, et que la foi suffit pour la justification, sans aucun souvenir de Jésus-Christ.

Le docteur. Je vous ai écouté, mon Père, avec toute la patience dont je suis capable; mais il me semble que vous n'avez pas encore répondu précisément à ma question, qui étoit de savoir, si comme on va à Dieu par Jésus-Christ, on demeure en Dieu par Jésus-Christ.

Le directeur. Premièrement, Monsieur, quand on vous dit que dans ce sublime état d'union essentielle, il n'est plus donné à l'âme de penser à Jésus-Christ, de recevoir l'idée et le souvenir de Jésus-Christ, c'est, ce me semble, vous répondre que cette âme n'est pas unie à Dieu par Jésus-Christ. Que voudriez-vous davantage? Seroit-ce d'être sûr que bien que cette âme ait commencé d'aller à Dieu par Jésus-Christ comme médiateur, elle est en Dieu, elle est avec Dieu sans médiateur? A cela ne tienne que vous ne soyez satisfait. Ce même auteur*b* vous apprendra, Monsieur, que « l'âme, dans cet état d'union essentielle, devient forte, immuable; qu'elle a perdu tout moyen; qu'elle est dans la fin*c*; » et ailleurs, que « cette union est non-seulement essentielle, mais immédiate et sans moyen, plus substantielle que l'union hypostatique*d*. » C'est, mon cher

---

a. Voyez la *Pratique facile*, partie II, *entretien* iv, p. 141 et suivantes (et aussi les *Conférences mystiques*, *conférence* x, p. 136 et suivantes).

b. C'est par méprise, croyons-nous, qu'il est dit ici : « ce même auteur. » La phrase qui suit est certainement de Mme Guyon, et ce qui précède ne nous semble pas tiré de ses ouvrages.

c. Livre des Torrents, partie I, chapitre ix, n° 5, p. 231.

d. Nous ne savons d'où sont tirées cette phrase et la suivante, qui est évidemment une citation, bien que l'éditeur des *Dialogues* ne l'ait point placée entre guillemets. Elles ne se trouvent ni l'une ni l'autre dans l'*Explication du Cantique des cantiques*. L'auteur croyait cependant les avoir tirées de ce livre, puisqu'il les a reliées à la citation qui est faite une ligne plus loin (*La voix de la tourterelle*, etc.), et qui cette fois vient bien de l'*Explication du Cantique*

Monsieur, que « l'union centrale avec Dieu tient lieu de Jésus-Christ son fils ; » vous savez la force des termes, il ne dit pas : « par Jésus son fils. » Et un peu plus bas : « La voix de la tourterelle de mon humanité vous invite à venir vous perdre et cacher avec elle (elle ne dit pas : « par elle ») dans le sein de mon père[1]. » Et ensuite : « La passion qu'elle a d'aller dans le sein de Dieu fait que sans considérer qu'elle y doit être avec lui, elle dit qu'elle veut l'y introduire[a]. » Mais plus clairement encore dans quelques pages suivantes : « Il faut, y est-il dit, monter plus haut (c'est Jésus-Christ que l'on fait parler à l'âme) et outre-passer toutes choses pour entrer avec moi (le paraphraste se donne bien de garde de dire : « par moi ») dans le sein de mon père, et vous y reposer sans milieu et par la perte de tout moyen[b]. » Voulez-vous, Monsieur, des termes plus clairs et des passages plus formels pour détruire la médiation de Jésus-Christ que ceux que je vous apporte ?

LE DOCTEUR. J'en suis content, mon Père, et je doute fort que si on en avoit lu de pareils dans saint Paul et dans les premiers docteurs de l'Église, la foi du médiateur eût pu parvenir jusqu'à nous aussi constante qu'elle me le paroît. Mais cela me donne la curiosité de connoître à fond cette union immédiate et essentielle que vous dites être la récompense du martyre spirituel, et l'heureux effet de l'abandon à la volonté divine.

LE DIRECTEUR. Ah! je vois bien, Monsieur, que vous voulez que je vous dise des nouvelles de notre parfaite béatitude, et comme vous disiez tantôt, de notre paradis. Ce sujet est grand, merveilleux, et par soi-même, et dans les suites ; et vous me permettrez de vous dire que si nous commencions si tard une matière si étendue et si importante, nous cour-

---

des cantiques. Bossuet, qui consacre le livre II de son *Instruction sur les états d'oraison* à combattre la doctrine dont il s'agit ici, ne cite aucune des phrases dont l'auteur ou les auteurs nous sont inconnus.

1. Dans l'*Explication du Cantique des cantiques*, chapitre II, verset 12, p. 57.

a. *Ibidem*, chapitre III, verset 4, p. 71. — Il y a dans l'édition des *Dialogues* : « s'y introduire; » nous suivons le texte des éditions de l'*Explication du Cantique des cantiques*.

b. *Ibidem*, chapitre IV, verset 8, p. 95.

rions risque de n'en pas voir la fin avant le temps que nous serons obligés de nous séparer. Ainsi, et pour notre commune satisfaction, et pour l'utilité de Madame votre belle-sœur, il la faut prier de nous ménager une seconde entrevue, où j'espère de vous renvoyer content sur les éclaircissements que vous desirez de moi. Vous voyez que je ne vous cache rien, et vous pourrez bientôt vous vanter de connoître le fond de nos mystères, autant du moins que je suis capable de vous les révéler; car il me paroît que vos intentions sont droites.

Le docteur. Elles ne peuvent l'être davantage, mon Père : e cherche le salut de ma sœur, et rien autre chose. Elle peut nous faire retrouver ensemble, et je suis prêt pour le jour et l'heure qu'elle voudra me conduire ici une seconde fois.

Le directeur. Je vous attends tous deux avec impatience.

DIALOGUE VII.

Oraison de foi pure, parfaite béatitude. Idée de Dieu présent partout, seul objet de cette foi. Baisers, attouchements, mariages, martyres spirituels. Propriété et activité opposées à l'union essentielle, et sources de tout dérèglement. Abandon parfait, mort spirituelle. Suites horribles de ces principes, découvertes et avouées en partie par les quiétistes, avec la réfutation de leurs explications. Compatibilité de l'état d'union essentielle avec les crimes les plus énormes.

LE DOCTEUR. Ce que nous dîmes hier, mon Père, a une trop intime liaison avec ce qui se doit traiter aujourd'hui, pour les séparer par un plus long intervalle de temps ; et sans autre préambule, souffrez que je commence par vous demander une chose.

LE DIRECTEUR. Vous êtes le maître, Monsieur, et je ne suis ici que pour vous répondre.

LE DOCTEUR. N'est-il pas écrit quelque part que l'oraison de foi pure fait la parfaite béatitude ?

LE DIRECTEUR. C'est au *Cantique des cantiques*, je veux dire dans l'explication que nous en faisons, et dans l'endroit où il est dit : Que « la vue de Dieu n'est pas l'essentielle béatitude, et que la foi pure suffit[1]. »

LE DOCTEUR. Distinguez-vous foi pure d'avec l'oraison de foi pure ?

LE DIRECTEUR. C'est la même chose.

LE DOCTEUR. Vous ne distinguez pas aussi, ce me semble, l'oraison de foi pure d'avec l'oraison de vue confuse et immédiate de Dieu, que vous appelez autrement la grande oraison, l'oraison de simple regard, de simple présence de Dieu en tous lieux[2].

---

1. Voyez ci-dessus, n° 63 [*c'est-à-dire ici p.* 634, *note* 1.]

2. « La *foi par laquelle on* croit que Dieu est partout.... sert à le rendre présent ; mais *l'idée de son existence et de ses perfections y demeure.* L'idée de Dieu qui est dans mon entendement n'est pas tout, *parce qu'elle* n'est *qu'en* moi, *et que* ce n'est pas la présence de Dieu que je contemple, c'est Dieu *le* Père, Fils et Saint-Esprit. *Selon la théologie,* si Dieu n'étoit *point* partout, il se trouveroit dans

DIALOGUE VII.   643

Le directeur. Tous ces mots sont synonymes.

Le docteur. Croyez-vous, mon Père, que dans cette oraison de simple présence, il y ait quelque chose d'assez surnaturel pour tenir lieu à l'âme de sa parfaite béatitude ?

Le directeur. Oui, par l'union essentielle qu'elle cause à cette âme [1].

l'âme du juste, *et ainsi par* proportion celui qui contemple Dieu, en l'adorant et en l'aimant, ne le contemple pas parce qu'il est partout où peut aller *le contemplateur*, mais parce qu'il est Dieu, qu'il est saint, qu'il est parfait, qu'il est tout.... L'idée de Dieu est le fondement de l'édifice,... *et* le souvenir de Dieu, que l'on entretient par un acte continuellement et suavement réitéré avec la grâce, est une toile d'attente pour recevoir tout ce que Dieu nous voudra inspirer tantôt seul, tantôt [opérant] avec nous. » (Malaval, *Réponse à Foresta*, p. 250-252.)

« .... Pour avancer *une âme* de plus en plus *dans* la perfection, il faut qu'elle s'engage moins que de coutume dans les opérations sensibles, *et* qu'elle s'éloigne de tout ce qui a quelque rapport aux puissances corporelles. — *Pour s'avancer dans la perfection, il faut avoir une foi vive* que Dieu remplit tout de son essence, de sa présence et de sa puissance. » (Falconi, *Lettre à une fille spirituelle*, p. 142.)

« Les philosophes connoissent Dieu, les chrétiens le croient, les gens de méditation le considèrent ; mais les contemplatifs le possèdent, parce qu'ils ne regardent fixement et invariablement que lui. » (Malaval, *Pratique facile*, partie I, p. 50 et 51.)

« Les perfections de Dieu, comme sa bonté, sa sagesse, sa toute-puissance, son éternité, sa science, et ainsi des autres, ne doivent être considérées, que.... pour nous élever à *lui*-même. » (*Ibidem*, partie I, p. 68.)

.... La contemplation.... est.... une simple vue.... de Dieu présent, appuyée sur la foi que Dieu est partout et qu'il est tout. » (*Ibidem*, p. 71 et 72.)

« Il y a deux manières d'aller à Dieu : l'une par la réflexion et le raisonnement, et l'autre par une foi simple et par une connoissance générale et confuse. On appelle la première méditation, et la seconde recueillement intérieur et contemplation acquise. La première est pour ceux qui commencent, la seconde est pour ceux qui sont avancés; la première est sensible et matérielle, et la seconde plus pure et plus spirituelle. » (Molinos, *Introduction à la Guide spirituelle*, section 1, p. 1.)

1. « L'oraison parfaite de contemplation met l'homme hors de

Le docteur. Mais, mon Père, parlons de bonne foi : croyez-vous que les païens n'eussent pas l'idée de Dieu, de Jupiter maître et souverain des Dieux et des hommes ?

Le directeur. Sans doute ; mais que concluez-vous de là ?

Le docteur. Patience, mon Père. Ne croyez-vous pas aussi que les païens ont eu attention à Dieu ? qu'ils lui ont fait des vœux ? qu'ils lui ont adressé des oraisons ? Vous faudroit-il rapporter ce qu'on lit encore dans leurs poëtes ?

Le directeur. Cela n'est pas nécessaire.

Le docteur. Je vous demande donc, mon Père, quelle idée de Dieu, quelle vue, quelle connoissance de ce souverain Être pouvoient-ils avoir ? Pensez-vous qu'elle fût bien claire et bien distincte ? Et si elle n'étoit pas telle, que pouvoit-elle être, je vous prie, que confuse et indistincte ?

Le directeur. Mais, Monsieur, vous me permettrez de vous interroger à mon tour : croyez-vous, vous autres, avoir une connoissance de Dieu bien nette et bien distincte ?

soi, le délivre de toutes les créatures, le fait mourir et entrer dans le repos de Dieu. Il est en admiration de ce qu'il est uni avec Dieu, sans douter qu'il soit distingué de Dieu. Il est réduit au néant et ne se connoît plus ; il vit et ne vit plus ; il opère et n'opère plus ; il est et n'est plus. » (La Combe, *Analyse de l'oraison mentale**.)

« L'union du Père avec le Fils, et du Fils avec le Père passera par transfusion dans notre esprit. » (*Ibidem***.)

« Il y a deux repos : l'un qui est la cessation de toute œuvre, l'autre [, qui est***] la jouissance de la fin. Tel est le repos du parfait contemplatif, qui sait s'élever à Dieu au-dessus de soi en esprit et se reposer en lui par fruition, *fruitive quiescere*. (*Ibidem*****.)

---

* *Denique cum valde provecta fuerit hæc eadem orandi ratio, excessum parit hominis a se ipso, et ab omnibus creaturis ;... tum feliciter in Domino mortuus, ingreditur in requiem Domini sui. Miratur se unum factum cum Deo, nec tamen dubitat quin sit a Deo vere distinctus. Redactus est ad nihilum, et se amplius nescit.... Fructus porro sunt...., vivere, et non vivere ; operari, et non operari ; esse et non esse.* (Pages 130 et 131.)

** *Illaque unitas, quæ nunc est Patris cum Filio, et Filii cum Patre, in nostrum fuerit sensum mentemque transfusa.* (Page 49.)

*** Il y a dans l'ancienne édition des *Dialogues* : « l'autre *en* la jouissance, etc. »

**** *Requies est duplex : alia cessatio ab omni opere ;... alia fruitio finis :... hujus modi est quies contemplantis, qui utique novit elevare se ad Deum supra seipsum in spiritu, ac in eo fruitive quiescere.* (Page 70.)

Le docteur. Non, mon Révérend Père, pendant que nous sommes sur la terre : aussi n'y établissons-nous pas de paradis, ni de parfaite béatitude; nous l'espérons pour l'autre vie, où nous plaçons une vue de Dieu assez claire et assez distincte pour contribuer à notre parfait bonheur.

Mais pour revenir aux païens, vous persuaderiez-vous, mon Père, qu'ils n'aient pas eu l'idée de la présence de Dieu en tous lieux ?

Le directeur. Ils l'ont eue sans difficulté, car elle est naturelle.

Le docteur. Prenez garde, mon Père, à ce que vous dites.

Le directeur. Je ne me rétracte point : la multiplicité de leurs dieux, leur Jupiter, leur Junon, leur Pluton, leur Neptune, leurs Nymphes, leurs Dryades, leurs Oréades et leurs Napées, leur Alphée et leur Aréthuse, tout cela n'est autre chose chez les païens que Dieu, agissant dans tous les lieux du monde, animant toutes les diverses parties de la nature; en un mot, que la présence continue de Dieu en tous lieux.

Le docteur. Et cette idée, dites-vous, est naturelle chez les païens ?

Le directeur. Sans doute.

Le docteur. Car chez vous elle est quelque chose de divin et de surnaturel; elle est un don éminent du Saint-Esprit; elle produit l'union essentielle, la parfaite jouissance de Dieu, la souveraine béatitude de l'âme, sans qu'il soit besoin qu'il lui en coûte sa dissolution d'avec son corps. Admirez, je vous prie, la nouveauté et les suites de vos principes : que n'accordoit-on plutôt à vos sectaires l'idée de la justice de Dieu ? ils le révéreroient, ils le craindroient; celle de la toute-puissance ? ils l'admireroient. La crainte, le respect, l'admiration sont des passions qui conviennent à l'homme par rapport à Dieu. Que ne leur passiez-vous l'idée de sa bonté et de sa miséricorde infinie ? ils l'aimeroient : l'amour tend à l'union; c'auroit été votre union essentielle. A quoi vous peut servir votre paradis anticipé, une idée sèche et obscure de Dieu présent en tous lieux, qui n'est que naturelle, et qui vous est commune avec les païens ? Où trouvez-vous là les dons de Dieu, et la grâce qui justifie ?

Le directeur. Vous êtes si peu dans le fait, mon cher Monsieur, que je ne sais comment et par quels moyens vous ramener d'aussi loin que votre imagination et vos raisonnements vous ont porté. Premièrement, Monsieur, nous n'aimons pas Dieu : apprenez-le une bonne fois. Voilà peut-être ce que vous ne saviez pas : qu'il n'y a pas parmi nous d'amour de Dieu, c'est-à-dire qui soit utile à l'âme. Souvenez-vous de me faire parler sur cet article dans quelque autre occasion; et pour l'idée de la miséricorde infinie de Dieu, demandez à Madame ce qu'il lui en a coûté de l'avoir reçue une seule fois dans son esprit. Qu'elle vous dise à quoi elle a été exposée, pour s'être malheureusement souvenue d'une image de sainte Thérèse, où il étoit question de miséricorde de Dieu[a], et si elle a envie de retourner aux Carmélites.

Quant à l'union essentielle, j'ose vous dire que vous n'avez pas les premiers éléments de notre doctrine sur cet article et sur tout ce qui en dépend. Si vous voulez même que je vous parle avec cette liberté que nous nous sommes laissée l'un à l'autre, votre ignorance sur ces matières me fait quelque sorte de compassion, et je croirois avoir beaucoup fait pour vous et pour Madame votre sœur, si je pouvois aujourd'hui vous en tirer.

Vous souviendroit-il de ce que je vous ai dit à propos du martyre spirituel dans la première conversation que nous avons eue ensemble? que la dévotion sensible que vous appelez charité, onction céleste, n'est rien moins qu'une disposition prochaine et immédiate à cette union ineffable de l'âme avec Dieu; qu'elle ne lui est jamais si intimement unie, que lorsqu'il lui semble en être tout à fait abandonnée et comme livrée au démon? Si elle commence à ne pouvoir plus parler ni entendre parler de Dieu, c'est une bonne marque; si elle sent un dégoût horrible des choses spirituelles, tant mieux encore : c'est alors que cette épouse fidèle est absolument résignée à son fidèle époux pour tous les états où il lui plaît de la mettre. Alors pour récompense de cette parfaite résignation, arrive le baiser de l'âme. Elle sent bien que cet attouchement lui fait de très-grands effets. Ici commence le mariage spirituel, et bientôt la consommation du mariage[1].

a. Voyez ci-dessus, p. 571.
1. « L'union essentielle.... est le mariage spirituel, où il y a....

La pénitente. Ah! mon Père, quels discours devant une femme de mon âge? Vous ne m'en avez jamais tenu de semblables, et je ne vous reconnois point.

Le directeur. Courage, ma fille, vous entrez dans le dégoût des choses saintes, vous n'êtes pas loin de l'union essentielle; mais permettez-moi d'achever. Cette âme ensuite devient féconde après l'union, et entre dans la vie apostoli-

communication de substance; où Dieu prend l'âme pour son épouse et se l'unit, non plus personnellement, ni par quelque acte ou moyen, mais immédiatement, réduisant tout à une unité.... » (*Explication du Cantique des cantiques*, chapitre I, verset 1, p. 3 et 4.)

« *Cela* n'empêche *pas* la vraie *jouissance* et la très-réelle *possession* de l'objet, ni la consommation du mariage *spirituel*.... *Cette âme devient ensuite* féconde *après l'union, et entre dans la vie* apostolique : *elle engendre d'autres âmes fidèles, qui sont comme autant de nouvelles épouses de son époux bien-aimé*. » (*Ibidem*, p. 5 et 4.)

« La distinction dont je veux parler est de Dieu et de l'âme. Ici l'âme ne doit plus et ne peut plus faire de distinction de Dieu et d'elle. Dieu est elle, et elle est Dieu, depuis que par la consommation du mariage elle est recoulée en Dieu et se trouve perdue en lui, sans pouvoir se distinguer ni se retrouver. La vraie consommation du mariage fait le mélange de l'âme avec son Dieu.... Le mariage des corps, par lequel deux personnes sont une même chair, n'est qu'une légère figure de celui-ci.... On est si fort en peine de savoir en quel temps se fait le mariage spirituel : cela est aisé à voir par ce qui a été dit. Les fiançailles ou promesses mutuelles se font dans l'union des puissances, lorsque l'âme se donne toute à son Dieu, et que son Dieu se donne tout à elle, à dessein de l'admettre à son union : c'est là un accord et une promesse réciproque. Mais hélas! qu'il y a encore *du* chemin à faire, et qu'il y a bien à souffrir, avant que cette union tant desirée soit accordée et consommée! Le mariage se fait lorsque l'âme se trouve morte et expirée entre les bras de l'époux, qui la voyant plus disposée, la reçoit à son union; mais la consommation du mariage ne se fait que lorsque l'âme est tellement fondue, anéantie et désappropriée, qu'elle peut toute sans réserve s'écouler en son Dieu. Alors se fait cet admirable mélange de la créature avec son Créateur, qui les réduit en unité.... Que si quelques saints ou quelques auteurs ont établi ce mariage divin dans des états moins avancés que n'est celui que je décris, c'est qu'ils prenoient les fiançailles pour le mariage, et le mariage pour la consommation. » (*Ibidem*, chapitre VI, verset 4, p. 145-148.)

que; elle engendre d'autres âmes fidèles, qui sont comme autant de nouvelles épouses de son époux bien-aimé.

LA PÉNITENTE. Permettez-moi de sortir ou de me boucher les oreilles.

LE DOCTEUR. Vous pourriez, mon Père, me renvoyer, aussi bien que Madame, au nombre de ceux qui sont à portée de l'union essentielle, s'il ne s'agit pour cela que d'avoir beaucoup d'aversion de vos choses saintes et de toutes vos spiritualités. Quel jargon, bon Dieu! ou plutôt quelles obscénités, pour vous expliquer sur le plus mystérieux point de toute votre doctrine! Et ma sœur a-t-elle tort d'en être scandalisée? Que voulez-vous que nous pensions de l'intérieur des gens qui détournant les paroles de leur sens ordinaire pour leur faire exprimer des choses spirituelles, jettent dans l'esprit des lecteurs l'idée des grossièretés qu'elles signifient naturellement et dans leur première institution? Quelle affectation, pour faire connoître à une jeune femme une béatitude qui est, selon vous, une union toute spirituelle, de lui parler de baisers, d'attouchements, de mariage et de consommation de mariage? Mettez-vous le souverain bonheur dans les plaisirs charnels, comme les mahométans, ou comme les épicuriens, dans la volupté? Que voulez-vous encore une fois que l'on pense de vous et de vos mœurs, si vous les avez du moins aussi peu chastes que vos paroles?

LE DIRECTEUR. Vous avez oublié, mon cher Monsieur, notre martyre spirituel, et combien il prouve notre éloignement de la volupté et des plaisirs sensuels.

LE DOCTEUR. C'est ce qui vous rend tous incompréhensibles, mon Père; car après avoir parlé des sécheresses passives, des rongements d'entrailles, de blasphèmes, de désespoirs, d'abandonnement de Dieu, vous y joignez immédiatement l'union même avec Dieu, union essentielle plus qu'hypostatique; et pour le faire entendre à vos élèves, vous employez des termes obscurs qui sentent la corruption de cent lieues. Un libertin, un homme dissolu n'en chercheroit pas d'autres pour tourner, s'il pouvoit, les choses saintes en ridicule. Appelez-vous cela un système, un plan de doctrine, une doctrine suivie? et croyez-vous de bonne foi y amener un seul homme à qui il reste encore une étincelle de foi et de raison?

Aussi est-ce une chose étonnante que les bruits qui courent de vous et de vos maximes. Les uns disent que selon vous, l'âme, par l'union avec Dieu, est si séparée d'intérêt d'avec son corps, que celui-ci peut s'abandonner à la mollesse et à toute sorte de péchés, sans que l'âme en soit le moins du monde coupable. Un livre quiétiste, disent les autres, remet à son chapitre de l'union essentielle avec Dieu, qui n'est autre chose que la parfaite béatitude, à traiter à fond de toutes les ordures qui peuvent salir le corps sans blesser l'âme, qui demeure cependant unie à Dieu, et souverainement heureuse dès cette vie. Voilà ce que l'on dit des quiétistes, mon Père, et qui me donne de l'indignation contre eux, je vous l'avoue. Vous mériteriez, sans mentir, d'avoir rompu avec eux et quitté des préventions qui sont indignes de vous.

Le directeur. J'ai bien vu, mon cher Monsieur, que vous-même étiez dans des préventions contre nous, qui vous empêcheroient de nous estimer autant peut-être que vous le feriez, si notre doctrine vous étoit parfaitement connue; et je suis surpris qu'un homme que je sais en avoir déjà pénétré une partie par ses propres lumières, semble s'en rapporter sur la principale à des bruits de peuple, et sur un si léger fondement former des accusations et des reproches avec tant d'emportement. Voudriez-vous m'en croire sur l'union essentielle, ou plutôt en croire nos livres? Nous n'en avons point de plus exprès sur cette matière que celui que son auteur, personne très-sublime, intitule *les Torrents*. Nous avons encore quelques autres livres qui en parlent pertinemment. Voulez-vous que je ne vous dissimule rien? car, pour me servir de vos paroles, vous méritez vous-même d'être détrompé et de vouloir être des nôtres.

Le docteur. Croyez-moi, mon Père, plus vous me donnerez d'éclaircissements sur cette matière, et plus je vous serai redevable. Sur tous les articles de votre doctrine, il n'y en a aucun que j'aie plus de curiosité de savoir, ou de vos livres, ou de votre bouche. Vous ne vous étonnerez plus que je sois moins instruit de celui-ci que des autres, quand vous ferez attention à la rareté du livre des *Torrents*, qui n'a pas encore été lu autrement qu'en manuscrit. Ainsi, mon cher Père, parlez, je vous en conjure, et soyez sûr d'être écouté.

Le directeur. « Rien, » Monsieur, « n'est opposé à Dieu que la propriété, et toute la malignité de l'homme est dans cette propriété, comme dans la source de sa malice : en sorte que plus une âme perd sa propriété, plus elle devient pure, parce qu'alors elle a perdu ce qui causoit de la dissemblance entre Dieu et elle[1]. »

Le docteur. Ma sœur, il est vrai, m'a entretenu quelquefois de cette propriété que vous faites le principe de tout péché, et même de la corruption qui se trouve dans les meilleures actions en apparence; mais si vous entendez autre chose par ce mot, que le levain du péché et le poids de la concupiscence, vous me ferez plaisir de me le dire.

Le directeur. « La propriété, Monsieur, c'est la volonté de l'homme qui se trouve mêlée dans toutes ses actions, même les plus vertueuses[a]. »

Le docteur. On m'en avoit déjà assuré, mais je ne pouvois le croire. Hé quoi, mon Père? peut-on faire des actions bonnes ou mauvaises sans les vouloir faire? N'est-ce pas dans cette détermination de la volonté que consiste la liberté de l'homme, son mérite et son démérite? Et cependant ces bonnes actions, dites-vous, parce que la volonté y a part, sont mauvaises : voilà qui est bien incompréhensible.

Le directeur. Il faut pourtant que vous compreniez que

---

1. « …. Rien n'est opposé à Dieu que la propriété, et toute la malignité de l'homme est dans cette propriété, comme dans la source de sa malice : en sorte que plus une âme perd sa propriété, plus elle devient pure; et ce qui seroit un défaut à une âme vivante à elle-même, ne l'est plus, à cause de la pureté et de l'innocence qu'elle a contractée, dès qu'elle a perdu ses propriétés, qui causoient la dissemblance entre Dieu et l'âme. » (*Moyen court*, § XXIV, p. 122 et 123 *.)

a. Nous ne retrouvons pas, dans les *Torrents*, la définition de la propriété qui est citée dans le texte entre guillemets, et donnée, en marge de l'ancienne édition des *Dialogues*, comme un passage des *Torrents*.

* C'est un fragment des *Torrents* que l'auteur annonce, et c'est de même aux *Torrents* que nous renvoie l'éditeur des *Dialogues*, tant en marge du texte qu'à la fin de la note 1, où la citation est textuelle et plus complète; mais le passage que l'on vient de lire est tiré du *Moyen court*, et non des *Torrents*.

DIALOGUE VII.   651

c'est la malignité de la volonté de la part du sujet qui fait le péché, et non l'action[1].

Le docteur. Quoi? de quelque nature innocente ou criminelle que soit cette action, ou selon Dieu, ou contre Dieu?

Le directeur. Oui, Monsieur; car si une personne qui n'auroit plus de volonté, parce qu'elle seroit perdue et comme abîmée et transformée en Dieu, étoit réduite par nécessité à faire les actions du péché, elle les feroit sans péché[2].

Le docteur. Comment entendez-vous cela?

Le directeur. Je vais vous l'expliquer. C'est, Monsieur, que tous les mouvements[a] de cette âme, qui n'a plus de volonté, sont de Dieu, et c'est sa conduite infaillible. C'est donc la conduite de cette âme, de suivre aveuglément et sans conduite les mouvements qui sont de Dieu, et sans réflexion[3].

Le docteur. Mais si elle remarquoit que ces mouvements la portassent au péché, à la corruption, par exemple, à la vengeance?

Le directeur. Il n'importe, Monsieur; car je vous dis qu'ici toute réflexion est bannie[4], outre que quand l'âme le

---

1. « C'est la volonté maligne de la part du sujet, qui fait l'offense, et non l'action. » (*Livre des Torrents*, partie II, chapitre IV, n° 11, p. 272*.)

2. « Car si une personne dont la volonté seroit perdue et *comme* abîmée et transformée en Dieu étoit réduite, par nécessité..., à faire les actions *de* péché, elle les feroit sans péché. » (*Livre des Torrents*, partie II, chapitre IV, n° 11, p. 272.)

a. Il y a dans le texte de l'édition des *Dialogues* : « Tous les premiers mouvements, » comme dans le texte des *Torrents* cité dans la note 3. Mais on lit dans l'*Errata* de l'édition des *Dialogues*, au sujet de ce passage : « *dele* premiers. »

3. « Tous les premiers mouvements de cette âme sont de Dieu, et c'est sa conduite infaillible.... C'est donc la conduite de cette âme, de suivre aveuglément et sans conduite les mouvements qui sont de Dieu, sans réflexion. » (*Livre des Torrents*, partie II, chapitre IV, n°s 1 et 2, p. 267.)

4. « Ici toute réflexion est bannie, et l'âme auroit peine même quand elle voudroit en faire. Mais comme, en s'efforçant, peut-être

* Cette citation accompagne, dans l'ancienne édition, la phrase précédente du Directeur (p. 650); mais sa véritable place doit être ici.

voudroit, elle auroit peine à en faire. Mais comme, en s'efforçant, peut-être en pourroit-elle venir à bout, il faut l'éviter plus que toute autre chose, parce que la seule réflexion a le pouvoir de faire entrer l'homme en lui et le tirer de Dieu. Or je dis que si l'homme ne sort point de Dieu, il ne péchera jamais, et s'il pèche, qu'il en est sorti, ce qui ne se peut faire que par la propriété, et l'âme ne peut la reprendre que par la réflexion.

Le docteur. Mais si la réflexion, mon Père, contribue à conduire cette âme au bien et à la détourner du mal, en quoi, je vous prie, lui pourroit-elle nuire?

Le directeur. En quoi, demandez-vous? Ce seroit pour elle un enfer semblable à ce qui arriva au premier ange au moment de sa rébellion. Concevez donc que la sagesse de Dieu, accompagnée de sa divine justice, comme un feu impitoyable et dévorant, ôte à l'âme tout ce qu'elle a de propriété, de terrestre, de charnel et de propre activité, et ayant ôté à l'âme tout cela, il se l'unit[1]. Y êtes-vous?

Le docteur. Pas encore, je vous l'avoue.

Le directeur. Vous n'entrez pas dans ces mystères, parce que la clef de l'abandon vous manque : je le vois par la nécessité de l'attention et de la réflexion que vous supposez dans les voies de Dieu.

Le docteur. Je connois, mon Père, une parfaite résignation

en pourroit-elle venir à bout, il faut les éviter plus que toute autre chose; parce que la seule réflexion a le pouvoir de faire entrer l'homme en lui, et le tirer de Dieu; *et* je dis que si l'homme ne sort point de Dieu, il ne péchera jamais, et que s'il pèche, il en est sorti : ce qui ne se peut faire que par la propriété; et l'âme ne peut la reprendre que par la réflexion, qui seroit pour elle un enfer *semblable* à ce qui arriva au premier ange. » (*Livre des Torrents*, partie II, chapitre IV, n° 2, p. 267 et 268.)

1. «.... *La* sagesse *de Dieu* accompagnée de la divine justice, comme un feu impitoyable et dévorant, ôte à l'âme tout ce qu'elle a de propriété, de terrestre, de charnel et de propre activité, et ayant ôté à l'âme tout cela, il se l'*unit*. » (*Moyen court*, § XXIV, p. 128 et 129*.)

* Ce passage est encore indiqué à tort comme extrait du *Livre des Torrents*.

aux ordres de la Providence divine, une soumission entière à la volonté de Dieu, une religieuse attention à la bien discerner, soit dans le livre de l'Évangile, soit dans ses commandements ou dans ceux de son Église ; une scrupuleuse attention sur la conduite qui me fait agir, si elle est conforme à la loi de Dieu ou non. Y a-t-il un autre abandon que celui-là ? Je serois curieux de l'apprendre.

Le directeur. Notre abandon, mon cher Monsieur, est un acquiescement à tout ce qui se passe en nous, de bon ou de mauvais, sans aucun discernement, regardant en toutes choses vertu ou crime indifféremment comme ordre et volonté de Dieu. Que naît-il de cette totale résignation ? Le voulez-vous savoir ? La mort de l'âme, son anéantissement parfait, son ensevelissement ; et c'est par ces degrés qu'elle monte au sublime état de l'union essentielle.

Le docteur. Mais, mon Père, quel moyen y a-t-il, je vous supplie, que les pratiques vertueuses qui font mourir le vieil homme et les œuvres du péché, que le sentiment de l'humilité chrétienne, qui est le parfait anéantissement, que l'ensevelissement de l'âme, cette sépulture du chrétien avec Jésus-Christ, puissent naître d'un acquiescement aveugle et mal entendu à tout ce qui se passe en nous, sans aucun discernement de la volonté de Dieu, qui seroit pourtant notre règle infaillible ?

Le directeur. Mon cher Monsieur, votre demande me fait connoître que vous n'êtes pas encore instruit de tous nos principes, pas même de la signification de nos termes. Sachez donc, s'il vous plaît, que par mort[1], nous entendons la

---

1. « La destruction de notre être confesse le souverain être de Dieu : il faut cesser d'être, afin que l'esprit du Verbe soit en nous.... *Comme par la consécration du prêtre*, il faut que la substance du pain cède la place *à la substance du corps de Jésus-Christ*,... *tout* de même il faut que nous cédions notre être à celui de Jésus-Christ. » (*Moyen court*, § xx, p. 75 et 76.)

« .... On agit plus fortement.... *par l'oraison de l'anéantissement*, que par toute autre. » (*Ibidem*, titre du § xxi, p. 79.)

« *Toutes les vertus* sont ôtées *à cette âme ;* elle reste nue et dépouillée de tout.... *Elle se* corrompt peu à peu. Autrefois c'étoient des foiblesses, des chutes, des défaillances ; ici *c'est une corruption*

perte des vertus, qui entraîne celle de la grâce de Dieu, et qui fait absolument mourir l'homme nouveau; par anéantis-

> *horrible, qui devient tous les jours plus forte et plus horrible.* O Dieu, quelle horreur pour cette âme! Elle est [même] insensible à la privation du soleil de justice; mais de sentir* sa corruption, c'est ce qu'elle ne peut souffrir........ Mais ce sont peut-être des péchés? Dieu a horreur de moi, mais que faire? il faut souffrir, il n'y a pas de remède........ La fidélité de l'âme *dans* cet état consiste à se laisser ensevelir, enterrer, écraser, marcher, sans remuer non plus qu'un mort; à souffrir sa puanteur..., et se laisser pourrir dans toute l'étendue de la volonté de Dieu, sans aller chercher de quoi éviter *la corruption*......Enfin cette âme commence à ne plus sentir** *la* puanteur, à s'y faire et à y demeurer en repos, sans espérance d'en sortir jamais, sans pouvoir rien faire pour cela.... C'est alors que commence l'anéantissement...... Autrefois elle se faisoit horreur : elle n'y pense plus; elle est dans la dernière misère, sans en avoir plus d'horreur. Autrefois elle craignoit encore la communion, de peur d'infecter Dieu : à présent elle y va *comme à table****, tout naturellement. » (*Livre des Torrents*, partie I, chapitre VIII, nos 4, 8, 17, 14 et 15, p. 221-226.)
>
> « Elle est même ravie que Dieu ne la regarde plus, qu'il la laisse dans la pourriture, et qu'il donne aux autres toutes ses grâces; que les autres soient l'objet de ses affections, et qu'elle ne cause que de l'horreur. » (*Ibidem*, n° 11, p. 223.)
>
> « *Il* n'arrive guère ici *qu'on déchée de cet état*, à cause de l'anéantissement profond où est l'âme, qui ne lui laisse aucune propriété; et la seule propriété peut causer le péché; car quiconque n'est plus ne peut plus pécher. » (*Ibidem*, partie II, chapitre II, n° 2, p. 253.)
>
> « Cette âme *abandonnée* participe à la pureté de Dieu, ou plutôt toute pureté propre, qui n'est qu'une *impureté***** grossière, ayant été anéantie, la seule pureté de Dieu en lui-même subsiste dans ce

---

* « On a substitué, dans l'ancienne édition des *Dialogues*, *toute* à *sentir* : c'est l'une des très-nombreuses fautes qui montrent avec quelle négligence les citations ont été préparées et imprimées.

** « A ne plus souffrir », dans l'ancienne édition des *Dialogues*.

*** Les mots *comme à table* ne se trouvent pas dans l'édition des *Torrents* que nous suivons; mais d'autres éditions et l'extrait LXI de l'*Ordonnance* de l'évêque de Chartres les reproduisent.

**** Il y a *pûreté* dans l'édition des *Opuscules* de 1720; mais l'extrait XL de l'*Ordonnance* de l'évêque de Chartres porte *impureté*, comme la note de l'ancienne édition des *Dialogues*.

sement, tout de même la privation de toutes les vertus, et même de celle de l'humilité; et par l'ensevelissement de l'âme, une pourriture, une puanteur, une corruption, qui fait horreur aux hommes et à Dieu même. Vous voilà, n'est-il pas vrai, bien éloigné de ce que vous pensiez ?

Le docteur. Au contraire, mon Père, je pense comme vous que la mort de l'âme, son anéantissement, son ensevelissement, de la manière que vous me le venez d'expliquer, que je n'avois jamais apprise, peut fort bien être l'effet de cette résignation aveugle et sans discernement à la volonté de Dieu, qu'on ne connoît point, et qu'on ne se met point en peine de connoître; mais que de tout cela, que je comprends fort bien, je vous assure, il résulte une union intime, immédiate, essentielle avec Dieu, voilà ce qui ne se conclut pas si naturellement[1]; et si vous vous ressouveniez par hasard de ce que vos livres enseignent là-dessus, vous m'obligeriez infiniment de m'en faire part.

Le directeur. Il faut qu'un bon contemplatif sache ses *Torrents* par cœur : c'est là où il voit le sublime de son état, le point essentiel et capital où aboutit toute la doctrine des mystiques. Écoutez : « Notre Seigneur commence à dépouiller l'âme peu à peu, à lui ôter ses ornements, tous ses dons, grâces et lumières, qui sont comme des pierreries qui la chargent; ensuite il lui ôte toute facilité au bien, qui sont comme les habits; après quoi il lui ôte la beauté de son visage, qui sont comme les divines vertus qu'elle ne peut plus

néant; mais d'une manière si réelle que l'âme est dans une parfaite ignorance du mal, et comme impuissante de le commettre. » (*Livre des Torrents*, partie II, chapitre ii, n° 2, p. 253.)

1. « .... C'est par une perte de volonté en Dieu, par un état de déification où tout est Dieu, sans *savoir* que cela est ainsi. *Mais* l'âme est établie par état dans son bien souverain, sans changement; elle est dans *sa* béatitude foncière, où rien ne peut traverser ce bonheur parfait, lorsqu'il est par état permanent.... Dieu donne l'état d'une manière permanente et y établit l'âme pour toujours. » (*Livre des Torrents*, partie II, chapitre iv, n° 7, p. 270*.)

* Cette note est l'extrait lv de l'*Ordonnance* de l'évêque de Chartres, textuellement reproduit.

pratiquer. Autrefois elle avoit des dégoûts, des peines, mais non des impuissances ; ici tout pouvoir lui est ôté[1]. »

Le docteur. Quel pouvoir, s'il vous plaît, lui est ôté ?

Le directeur. N'avez-vous pas entendu ? le pouvoir de pratiquer la vertu.

Le docteur. Et celui de suivre le vice ?

Le directeur. Il lui demeure sans doute; car le dénuement de toutes vertus emporte naturellement la pratique de tout vice.

Le docteur. Je l'entendois ainsi, et que cette âme se trouvât insensiblement surchargée de péchés.

Le directeur. De péchés, c'est-à-dire de choses qui seroient des péchés pour des imparfaits, mais non pour une parfaite abandonnée.

Le docteur. Je n'y suis plus, mon Père, et je ne vois pas que ce qui est péché en soi ne le soit pas pour tout le monde. J'ai cru jusqu'à cette heure que le péché dans les parfaits causoit de l'imperfection, comme il augmente l'imperfection dans les imparfaits.

Le directeur. Vous croyez fort mal ; car comment voulez-vous que le péché ait prise sur une âme qui n'est plus en soi ni par soi, qui est reculée, qui est abîmée en Dieu par une présence foncière et centrale ? il faut prendre garde à cela[2].

Le docteur. Expliquez-vous, s'il vous plaît.

Le directeur. « L'âme, » Monsieur, « dans ce bienheureux état d'union essentielle, qui est la récompense du parfait

---

1. *Livre des Torrents,* partie I, chapitre vii, §§ 1 et 2, n°s 13 et 21, p. 195 et 196, et p. 201*.

2. « L'âme peut sans cesse s'écouler en Dieu, comme dans son terme et son centre, et y être mêlée et transformée sans en ressortir [jamais], ainsi qu'un fleuve qui est une eau sortie de la mer, se trouvant hors de son origine, tâche, par diverses agitations, de se rapprocher [de la mer], jusques à ce qu'y étant enfin retombé, il se perd et se mélange avec elle. » (*Explication du Cantique des cantiques,* chapitre i, verset 1, p. 6 et 7.)

* Comparée au texte imprimé des *Torrents,* cette citation présente de légères variantes : *toutes facilités, ses habits, des divines vertus,* etc.

DIALOGUE VII.

abandon, se trouve associée à la sainte Trinité, participe aux attributs divins ; elle a les mêmes ornements dont le Roi est paré, c'est-à-dire, qu'elle est ornée des perfections de Dieu; elle entre dans une excellente participation de l'immensité de Dieu, notre mer, qui est l'essence divine. Voilà comme elle s'explique. Elle a en effet son repos en Dieu. Que dis-je? elle est le repos même, elle est Dieu[1]. Comme il ne peut jamais cesser de se regarder soi-même, aussi ne cesse-t-il point de regarder cette âme[a]. »

LE DOCTEUR. Quoique remplie de péchés? vous l'avez dit.

LE DIRECTEUR. C'est le mystère, mon cher Monsieur; cette âme n'est plus; elle a recoulé, vous dis-je, dans l'essence divine : comment voulez-vous qu'elle pèche même en faisant des actions de péché?

LE DOCTEUR. Et moi, je vous répète, cette âme n'est plus : comment peut-elle mériter? comment est-elle digne des hauteurs et des élévations où vous venez de la porter? Voilà sans mentir un abandon bien payé, pour être aussi aveugle et fait sans aucun discernement de la volonté de Dieu sur elle. On doit voir de terribles effets et d'étranges suites de cette âme qui n'est plus, mais qui est, dites-vous, toute perdue en Dieu.

LE DIRECTEUR. « C'est » en effet « une chose horrible, qu'une

---

1. « L'âme étant d'une nature toute spirituelle, elle est très-propre à être unie, mêlée et transformée en [son] Dieu. » (*Explication du Cantique des cantiques*, chapitre I, verset 1, p. 8.)

« Ici l'âme ne doit plus faire.... de distinction de Dieu et d'elle : Dieu est elle, et elle est Dieu. » (*Ibidem*, chapitre VI, verset 4, p. 145.)

« Mon bien-aimé.... m'a changée en lui-même, en sorte qu'il ne « sauroit plus me rejeter : aussi je ne crains plus d'être séparée de « lui. » O amour! Vous ne rejetez plus une telle âme, et l'on peut dire qu'elle est pour toujours confirmée en amour.... Le Bien-aimé, ne voyant [plus] rien en son épouse qui ne soit de lui,... n'en détourne plus ses regards *et* son amour, comme il ne peut jamais cesser de se regarder *et* de s'aimer soi-même. » (*Ibidem*, chapitre VII, verset 10, p. 175 et 176.)

a. L'ouvrage d'où est tiré cet alinéa, placé entre guillemets dans le texte, n'est pas indiqué dans l'édition des *Dialogues*, et nous avons vainement cherché à réparer l'omission.

âme ainsi nue des dons et des grâces de Dieu. On ne pourroit croire, à moins d'expérience, ce que c'est; mais c'est encore peu. Si elle conservoit sa beauté, il la lui fait perdre, et la fait devenir laide. Jusques ici l'âme s'est bien laissé dépouiller des dons, grâces, faveurs, facilité au bien; elle a perdu toutes les bonnes choses, comme les austérités, le soin des pauvres, la facilité à aider le prochain; mais elle n'a pas perdu les divines vertus. Cependant ici il les lui faut perdre quant à l'usage; car quant à la réalité, il l'imprime fortement dans l'âme : elle perd la vertu comme vertu, mais c'est pour la recouvrer toute en Jésus-Christ. Cette âme, dans le commencement de ce degré, a encore quelque figure de ce qu'elle étoit autrefois : il lui reste une certaine impression secrète et cachée de Dieu, comme il reste dans un corps mort une certaine chaleur qui s'éteint peu à peu. Cette âme se présente à l'oraison, à la prière; mais tout cela lui est bientôt ôté. Il faut perdre toute oraison, tout don de Dieu; elle ne la perd pas pour une, deux, ou trois années, mais pour toujours. Toute facilité au bien, toutes vertus lui sont ôtées; elle reste nue et dépouillée de tout. Le monde, qui l'estimoit tant autrefois, commence à en avoir horreur. L'âme se corrompt peu à peu. Autrefois c'étoit des foiblesses, des chutes, des défaillances : ici c'est une corruption horrible, qui devient tous les jours plus forte et plus horrible. Ô Dieu! quelle horreur pour cette âme! Elle est insensible à la privation du Soleil de justice; mais de sentir la corruption, c'est ce qu'elle ne peut souffrir : ô Dieu! que ne souffriroit-elle pas plutôt! C'est cependant un faire le faut; il faut expérimenter jusqu'au fond ce que l'on est. Mais ce sont peut-être des péchés? Dieu a horreur de moi; mais que faire? Il faut souffrir, il n'y a pas de remède[1]. »

1. *Livre des Torrents*, partie I, chapitre vii, § 2, n° 24, et § 3, n° 1, p. 202 et 203; chapitre viii, n°s 4 et 8, p. 220-222[*].

[*] Cette citation, exactement indiquée en marge comme extraite des *Torrents*, réunit, comme on le voit, des extraits de divers alinéas. Le texte imprimé présente quelques variantes. Ainsi, lignes 2 et 3 de notre page, la ponctuation est différente : « c'est encore peu si elle conservoit sa beauté; mais il la lui fait perdre, etc. ; » ligne 9 :

DIALOGUE VII.

Le docteur. J'écoute, mon Père, de toutes mes oreilles; mais je ne vois point, dans tout ce que vous m'avez dit, votre union de l'âme avec Dieu, ni rien même qui en approche, à moins que ce ne soit à l'endroit où elle est insensible à la privation du Soleil de justice, c'est-à-dire, à la grâce de Jésus-Christ.

Le directeur. N'avez-vous pas encore compris, Monsieur, que cette bienheureuse âme étant morte par la privation de toutes les vertus, comme nous avons dit, elle a perdu toute vertu propre, et ainsi toute propriété. « Elle n'est donc pure dorénavant que de la pureté divine; j'entends pure de la pureté du fond dans lequel elle est transformée au centre, par lequel elle est attirée : » cela est-il si incompréhensible[a]?

« La félicité de l'âme dans cet état consiste à se laisser ensevelir, enterrer, écraser, marcher, sans se remuer non plus qu'un mort; à souffrir sa puanteur, et se laisser pourrir dans toute l'étendue de la volonté de Dieu, sans aller chercher de quoi éviter la corruption. Non, non, laissez-vous telles que vous êtes, pauvres âmes, sentez votre puanteur : il faut que vous la connoissiez, et que vous voyiez le fond infini de corruption qui est en vous. Mettre du baume, est tâcher par quelque moyen vertueux et bon de couvrir la corruption et d'en empêcher l'odeur. Oh! ne le faites pas, vous vous feriez tort. Dieu vous souffre bien, pourquoi ne vous souffririez-vous pas[1]? »

---

a. Cette phrase et l'alinéa suivant sont indiqués en marge de l'ancienne édition comme tirés du *Livre des Torrents*; mais nous n'y retrouvons que l'alinéa suivant : « La félicité, etc. »

1. *Livre des Torrents*, partie I, chapitre viii, n° 17, p. 226*.

« elle s'imprime, » ou encore : « elles s'impriment, » au lieu de : « il l'imprime; » ligne 21 : « Le vieil homme se corrompt, » au lieu de : « L'âme se corrompt; » ligne 26 : « sa corruption, » au lieu de : « la corruption. »

* Dans le texte imprimé des *Torrents*, dans la note ci-dessus, p. 654, et dans l'extrait ix de l'*Ordonnance* de l'évêque de Chartres : « la fidélité », au lieu de : « la félicité » (ligne 14); — dans les éditions des *Torrents* et dans la même *Ordonnance* : « mettre du baume n'est autre chose que de tâcher, etc., » au lieu de : « mettre du baume est tâcher » (ligne 21). À la ligne 18, une phrase a été passée : « Il y en a qui voudroient mettre du baume ou des sen-

Le docteur. Cela est-il tiré de votre *Livre des Torrents?*

Le directeur. Mot pour mot, Monsieur : je ne vous dérobe rien.

Le docteur. Cet endroit-ci est clair, et défend bien formellement aux âmes souillées de péchés, même les plus sales et les plus honteux, d'appliquer à leurs plaies le baume des vertus, comme de la chasteté, de la continence, de la tempérance.

Le directeur. Vous frappez au but, et je ne sache pas qu'aucun de nous l'ait encore entendu d'une autre manière. Les mots de *corruption*, de *pourriture*, de *puanteur* mènent là tout droit. Voyez l'endroit qui suit : « Enfin cette âme commence à ne plus sentir sa puanteur, à s'y faire, à y demeurer en repos, sans espérance d'en sortir jamais, sans pouvoir rien faire pour cela[1]. »

Le docteur. Je vous suis : voilà cette âme qui croupit dans son péché.

Le directeur. « C'est alors que commence l'anéantissement[a]. »

Le docteur. Quoi? l'humilité chrétienne?

Le directeur. Non vraiment, mais la perte de toutes grâces et de toutes vertus : ne l'oubliez pas. « Autrefois, » en cet état, « elle se faisoit horreur : elle n'y pense plus ; elle est dans la dernière misère, jusques à n'en avoir plus d'horreur. Autrefois elle craignoit encore la communion, de peur d'infecter Dieu : à présent elle y va comme à table, tout naturellement[2]. »

Le docteur. Et sans craindre d'infecter Dieu par ses péchés et ses ordures, qui ne lui font plus d'horreur, qui ne lui font plus aucun scrupule, qui ne lui pèsent plus sur la conscience,

---

1. *Livre des Torrents*, partie I, chapitre VIII, n° 14, p. 225.

a. *Ibidem.* — Les guillemets ont été omis dans l'édition des *Dialogues*.

2. *Ibidem*, n° 15, p. 225 et 226*.

teurs, pour ne point sentir la puanteur de leur corruption. Non, non, laissez-vous, etc. »

* Voyez ci-dessus, p. 654, notes 1 et ***.

auxquels elle seroit fâchée de donner la plus petite attention. Suis-je dans le fait*a*?

LE DIRECTEUR. « Les autres ne la voient plus qu'avec horreur ; mais cela ne lui fait point de peine : elle est même ravie que Dieu ne la regarde plus ; qu'il la laisse dans la pourriture, et qu'il donne aux autres toutes ses grâces ; que les autres soient l'objet de ses affections, et qu'elle ne cause que de l'horreur[1]. Vouloir être rien aux yeux de Dieu, demeurer dans un entier abandon, dans le désespoir même ; se donner à lui lorsque l'on en est le plus rebuté, s'y laisser et ne se pas regarder soi-même lorsque l'on est sur le bord de l'abîme : c'est ce qui est très-rare, et qui fait l'abandon parfait[2]. De dire les épreuves étranges qu'il fait de ces âmes du parfait abandon qui ne lui résistent en rien*b*, c'est ce qui ne se peut, et ne seroit pas compris. Tout ce qu'on peut dire, c'est qu'il ne leur laisse pas une chose qui puisse se nommer, ni en Dieu, ni hors de Dieu[3]. »

LE DOCTEUR. Je remarque, mon Père, qu'après avoir plongé cette pauvre âme dans le désespoir, dans la corruption, et dans la pourriture, comme si ce ne devoit être que le commencement de ses souffrances, vous nous parlez d'épreuves si étranges et si inouïes qui doivent encore l'exercer, qu'il semble que vous les taisiez par la défiance où vous êtes qu'elles ne soient pas comprises. Je doute aussi, de ma part, que Madame et moi devions vous les demander avec plus d'instance, car enfin nous pourrions apprendre des choses abominables.

LE DIRECTEUR. Mais, Monsieur, faut-il s'expliquer plus clairement sur cette matière ? N'est-ce rien vous dire, quand on vous dit que *Dieu ne laisse pas à ces âmes l'ombre d'une chose qui se puisse nommer, ni en Dieu, ni hors de Dieu?* Com-

---

a. Cet alinéa est, comme le précédent et le suivant, marqué de guillemets, et a un *ibidem* à la marge, par erreur sans doute.

1. *Livre des Torrents*, partie I, chapitre VIII, n°s 10 et 11, p. 223.
2. *Ibidem*, partie II, chapitre I, n° 10, p. 251.

b. Il y a dans les *Opuscules* de 1720 : « de ces âmes dans l'abandon parfait qui ne lui résiste en rien ; » le texte de l'extrait XIII de l'*Ordonnance* est semblable au nôtre.

3. *Livre des Torrents*, partie II, chapitre II, n° 1, p. 252.

prenez, si vous pouvez, l'étendue de ces paroles : cela est immense.

Le docteur. Quoi? mon Père, plus d'amour de Dieu? plus de crainte de Dieu, et de ses jugements? plus de foi, plus d'espérance, plus de vertus, plus de bonnes œuvres, plus d'humilité, plus de continence, plus de chasteté, plus de grâces? Dieu est si bon, il est si miséricordieux! exigeroit-il d'une âme un si prodigieux abandonnement?

Le directeur. Lisez, Monsieur, nos *Torrents*[a]; vous y verrez « qu'une âme de ce degré porte un fond de soumission à toutes les volontés de Dieu, de manière qu'elle ne voudroit pas lui rien refuser ; mais lorsque Dieu explique ses desseins particuliers, et qu'usant des droits qu'il a acquis sur elle, il lui demande les derniers renoncements et les plus extrêmes sacrifices, ah! c'est pour lors que ses entrailles sont émues, et qu'elle souffre bien de la peine. »

Le docteur. Je vous l'avoue, mon Père, me voilà bien impatient de savoir quels peuvent être ces derniers renoncements, et ces plus extrêmes sacrifices; car ce doit être quelque chose de plus fort que tout le reste qui emporte si aisément le consentement et la soumission de cette âme. S'agiroit-il seulement pour cette âme du sacrifice de la virginité, ou en général de la chasteté?

Le directeur. Oh! Monsieur, il n'y a guère d'apparence; car dans notre *Cantique des cantiques*, à propos des lis de la chasteté, il est dit : « Que ceux de l'âme plaisent plus à Dieu que ceux du corps[b]. » On veut dire que la perte de la pro-

---

a. C'est le *Cantique des cantiques*, et non les *Torrents*, qu'il eût fallu dire; voyez en effet le passage suivant : « qu'une âme de ce degré, etc., » dans l'*Explication du Cantique des cantiques*, chapitre v, verset 4, p. 115. Aux lignes 3 et 4 de l'alinéa, au lieu de : « qu'elle ne voudroit pas lui rien refuser », le texte de Mme Guyon porte : « qu'elle ne voudroit rien lui refuser » ; à la dernière ligne, au lieu de : « qu'elle souffre, etc. », il y a dans le texte : « qu'elle trouve bien de la peine où elle ne croyoit plus en avoir. »

b. « Il se nourrit entre les lis de ma pureté : ceux de l'âme, qui lui plaisent beaucoup plus que ceux de la chair, sont la désappropriation générale. » (*Explication du Cantique des cantiques*, chapitre vi, verset 2, p. 140 et 141.)

priété, qui est la pureté de l'âme, est plus agréable à Dieu que la continence ou la pureté du corps. Ainsi vous voyez bien qu'il s'agit ici pour l'âme d'un plus grand sacrifice que celui de la chasteté.

Le docteur. S'agiroit-il pour elle du renoncement à la grâce de sa justification ? Dieu lui demanderoit-il pour dernière épreuve, qu'elle consentît à sa réprobation dernière ? Cela fait de la peine seulement à penser.

Le directeur. Mais quelle peine ?

Le docteur. Quoi ? mon Père, qu'elle consentît, cette âme, à être toujours privée de la gloire de Dieu ?

Le directeur. Pourquoi non ? et nos *Torrents* y sont formels. « Cette âme seroit aussi indifférente d'être toute une éternité avec les démons qu'avec les anges. Les démons lui sont Dieu comme le reste, et il ne lui est plus possible de voir un être créé hors de l'ordre incréé, étant tout et en tout Dieu[a], aussi bien dans un diable que dans un saint, quoique différemment[1]. Je crois que si une telle âme étoit conduite en enfer, elle en souffriroit les douleurs cruelles dans un contentement achevé, non contentement causé seulement par la vue du bon plaisir de Dieu, mais contentement essentiel à cause de la béatitude du fond transformé, et c'est ce qui fait l'indifférence de ces âmes pour tout état[2]. »

Le docteur. En vérité, mon Père, voilà des choses bien nouvelles, et d'étranges mystères : il n'y a au monde que vous autres qui puissiez trouver en enfer, et dans la compagnie des démons, une béatitude essentielle d'un fond transformé, et le reste, que je ne puis expliquer faute de l'entendre.

a. L'édition des *Opuscules* de 1720 donne : « Les démons lui sont comme le reste ; » et : « .... hors de l'être incréé, le seul être incréé étant tout et en tout, tout Dieu.... » Le texte ci-dessus imprimé est le même que celui de l'*Ordonnance* (extrait LII).

1. *Livre des Torrents*, partie II, chapitre II, n° 6, p. 255.
2. *Ibidem*, chapitre IV, n° 6, p. 269*.

* Le texte des *Dialogues* porte : « Et c'est ce qui fait la *béatitude* de ces âmes pour tout état. » Nous avons substitué au mot *béatitude*, qui semble répété à tort et par suite d'une faute d'impression, le mot *indifférence*, que donnent le texte imprimé des *Torrents* et l'extrait LI de l'*Ordonnance*.

Le directeur. Vous entendez peut-être aussi peu les précipices affreux où tombe cette âme par la moindre résistance qu'elle apporte à la volonté de Dieu, qui exige d'elle les extrêmes sacrifices ; cependant nos *Torrents*[a] ne parlent d'autre chose. « Combien êtes-vous jaloux, ô divin époux, que votre amante fasse toutes vos volontés, puisqu'une simple excuse qui paroît si juste[b] vous offense si fort ? Ne pouviez-vous pas empêcher une épouse si chère, si fidèle, de vous faire cette résistance ?

« L'époux permet cette faute dans son épouse, afin de la punir, et de la purifier en même temps de l'attache qu'elle avoit à sa pureté et à son innocence, et de la répugnance qu'elle sentoit au dépouillement de sa propre justice[c]. » Et dans un autre endroit vous lisez : « Cette amante affligée, oubliant ses blessures quoiqu'elles saignent encore, ne se souvient plus de sa perte; elle n'en parle pas même, et quand elle se verroit précipitée dans l'abîme, elle n'y feroit point de réflexion. Celle qu'elle venoit de faire par l'appréhension de se salir, lui a trop coûté, puisqu'elle lui a causé l'absence de son époux : de sorte qu'instruite par sa disgrâce, elle ne peut plus se regarder, et quand elle seroit aussi affreuse qu'elle est belle, elle ne pourroit pas y penser.

« Cette âme plus avancée n'est pas si bien établie dans son état en Dieu, qu'elle ne puisse encore jeter quelques regards sur elle-même : c'est une infidélité, mais qui est rare, et qui ne vient que de foiblesse. L'époux a permis que son épouse ait fait cette légère faute, afin de nous instruire par là du dommage que cause la propre réflexion dans les états les plus avancés. Elle est donc rentrée pour un moment en elle-même sous les meilleurs prétextes du monde : c'étoit pour y voir les fruits de l'anéantissement, si la vigne fleurissoit, si elle avan-

---

a. C'est à l'*Explication du Cantique des cantiques*, et non aux *Torrents*, comme il est dit dans le texte et dans la note marginale des éditions des *Dialogues*, que sont empruntées les citations suivantes.

b. Dans les éditions des *Dialogues* : « une simple excuse *qui passe si vite*. » Nous réparons l'erreur de lecture de l'imprimeur d'après le texte de l'*Explication du Cantique des cantiques*.

c. *Explication du Cantique des cantiques*, chapitre v, verset 5, p. 116 et 117.

çoit, si la charité étoit féconde : cela ne paroît-il pas juste et très-raisonnable*a*? »

Le docteur. Si raisonnable et si juste, mon Père, que cette attention sur nous-même est le principe de toute la conduite chrétienne, et qu'elle nous est expressément recommandée par saint Paul*b*, et après lui, par tous les Pères de l'Église.

Le directeur. « Je le faisois, dit-elle, sans y penser, et sans croire faire mal, ni déplaire à mon époux; cependant je n'ai pas plutôt fait cette faute, que mon âme a été troublée par mille et mille réflexions qui rouloient dans ma tête, qui m'alloient perdre*c*. Cette pauvre âme est obligée, après avoir tout perdu, de se perdre elle-même par un entier désespoir de tout; elle est comme une personne qui n'est plus et qui ne sera plus jamais : elle ne fait ni bien ni mal. »

Le docteur. Quoi? dans un entier désespoir de tout? Voilà qui est bien intelligible. Mais, mon Père, songez-vous bien aux dispositions préalables que vous imposez à une pauvre âme pour se rendre digne d'être unie à Dieu, comme de se livrer au démon, de se prostituer dans tous les désordres imaginables, de s'abandonner à toutes sortes d'excès, et de regarder comme une noire infidélité la moindre réflexion salutaire qui lui viendroit sur son état si misérable, et qui pourroit contribuer à l'en faire sortir? Encore une fois, mon Père, parlez-vous sérieusement? Est-ce un jeu d'esprit, est-ce un délire?

Le directeur. Je vous réponds, Monsieur, avec l'incompa-

---

a. *Explication du Cantique des cantiques*, chapitre vi, verset 10, p. 159 et 160. — Les mots : *plus avancée* (p. 664, ligne 23) ne se trouvent pas dans le texte de Mme Guyon; *paroît-il* (p. 665, ligne 1) a été substitué à *paroissoit-il*.

b. Le docteur a-t-il en vue la recommandation : *Attende tibi*, qui se lit dans la 1re épître à *Timothée*, chapitre iv, verset 16?

c. *Explication du Cantique des cantiques*, p. 160. — Les citations qui précèdent, depuis l'endroit où nous l'avons marqué (voyez p. 664, note *a*), sont à tort indiquées comme extraites des *Torrents*; mais ici, sans que le lecteur en soit averti, on passe d'un ouvrage à un autre, et c'est bien des *Torrents* qu'est tirée la phrase suivante : le commencement, jusqu'aux mots *par un entier désespoir de tout*, du chapitre vii (§ 4, n° 39, p. 214), et le reste, du chapitre viii (n° 14, p. 225) de la partie I.

rable auteur des *Torrents :* « Ne portez point de compassion à ces âmes, et laissez-les dans leurs ordures apparentes, qui sont cependant les délices de Dieu, jusqu'à ce que de ces désordres renaisse une vie nouvelle*a*. » Et un peu après : « Il n'y a point pour elles de malignité en quoi que ce soit, à cause de l'unité essentielle qu'elles ont avec Dieu, qui en concourant avec les pécheurs, ne contracte rien de leur malice, à cause de sa pureté essentielle. Ceci est plus réel qu'on ne peut dire, et cette âme participe à la pureté de Dieu ; ou plutôt toute pureté propre, qui n'est qu'une impureté grossière, ayant été anéantie, la seule pureté de Dieu en lui-même subsiste dans ce néant, mais d'une manière si réelle, que l'âme est dans une parfaite ignorance du mal, et comme impuissante de le connoître*b* : ce qui n'empêche pas qu'on ne puisse toujours déchoir ; mais cela n'arrive guère ici, à cause du profond anéantissement où est l'âme, qui ne lui laisse (prenez garde, Monsieur), qui ne lui laisse aucune propriété ; et la seule propriété peut causer le péché ; car quiconque n'est plus ne peut plus pécher. Et cela est si vrai, que les âmes dont je parle ne peuvent presque jamais se confesser, ne pouvant rien trouver en elles de vivant et qui puisse avoir voulu offenser Dieu, à cause de la perte entière de leur volonté en Dieu[1]. »

Le docteur. Si je l'ai bien compris, mon Père, il résulte littéralement de toute cette sublime théologie que vous venez de nous étaler, que les impuretés et les souillures du corps font la pureté de l'âme, qui n'a plus alors de vertu propre, et par conséquent de propriété ; qu'au contraire la pureté et les autres vertus du corps, qui procèdent de sa propre volonté, font l'impureté de l'âme.

Le directeur. Hé bien, Monsieur, cela n'est-il pas beau ? Et où avez-vous rien vu de plus creusé et de mieux imaginé ? « Il y a alors une séparation si entière et si parfaite des deux

---

a. Livre des Torrents, partie I, chapitre VIII, n° 18, p. 227. — Il y a dans notre édition des *Torrents :* « Jusqu'à ce que de *ces cendres* renaisse, etc. » D'autres éditions et l'extrait XXXVIII de l'*Ordonnance* donnent : « dans ces désordres renaisse, etc. »

b. De le commettre, dans les éditions des *Torrents,* et dans l'extrait XL de l'*Ordonnance* de l'évêque de Chartres.

1. *Livre des Torrents*, partie II, chapitre II, n°s 1-3, p. 252 et 253.

parties, l'inférieure et la supérieure, qu'elles vivent ensemble comme étrangères, qui ne se connoissent pas; et les maux les plus extraordinaires n'empêchent pas la parfaite paix, la tranquillité, la joie, l'immobilité de la partie supérieure[1]. » Voyez ce qu'en disent nos *Torrents* : « Dans les commencements Dieu presse de si près les pauvres sens, qu'il ne leur donne aucune liberté ; mais quand les sens sont suffisamment purifiés, Dieu, qui veut tirer l'âme d'elle-même par un mouvement tout contraire, permet que les sens s'extrovertissent.... »

Le docteur. *S'extrovertir :* voilà un mot bien noir et bien infernal.

Le directeur. Point tant : cela veut dire, *s'échappent, se débauchent, se dérèglent*[a], « .... ce qui paroît à l'âme une grande impureté. Cependant la chose est de saison, et en faire autrement, c'est se purifier autrement que Dieu veut, et se salir. Cela n'empêche pas qu'il ne se fasse des fautes dans cette extroversion ; mais la confusion que l'âme en reçoit, et la fidélité à en faire usage fait le fumier où elle pourrit plus vite, et hâte sa mort. *Tout coopère à ceux qui aiment*[b]. C'est aussi ici où l'on perd entièrement l'estime des créatures : elles vous regardent avec mépris[2].

« Ces âmes (continuons[c]) paroissent des plus communes, parce qu'elles n'ont rien à l'extérieur qui les différencie, qu'une liberté infinie, qui scandalise souvent les âmes resserrées et rétrécies en elles-mêmes[d].

---

1. *Livre des Torrents*, partie II, chapitre II, n° 4, p. 226.

a. Après les mots : « se dérèglent », notre édition ne met qu'une virgule, sans guillemets ; mais la citation reprend ici, et c'est à tort que l'éditeur des *Dialogues* n'a placé de guillemets que trois lignes plus bas.

b. Dans les *Torrents*: « Tout coopère en bien à ceux qui aiment. » Ces mots sont tirés de l'*Épître de saint Paul aux Romains*, chapitre VIII, verset 28.

2. *Livre des Torrents*, partie I, chapitre VII, § 4, n°s 44 et 45, p. 217 et 218.

c. Cette phrase n'est point la continuation de la citation précédente, bien qu'elle semble y être rattachée par le mot : *continuons*, et que l'éditeur n'ait pas mis ici d'alinéa. Elle est extraite du chapitre III de la partie II des *Torrents*, n° 3, p. 261.

d. Ici encore, bien qu'il n'y ait pas même un alinéa pour l'indi-

« Les âmes du second ordre, je veux dire les saints et les saintes, paroissent plus grandes que les âmes du troisième ordre, qui sont nos parfaites abandonnées, à ceux qui n'ont pas ce discernement divin ; car celles-là arrivent à une perfection éminente. Elles ont des unions admirables. Mais cependant ces personnes ne sont jamais véritablement anéanties, et Dieu ne les tire pas de leur être propre, pour l'ordinaire, pour les perdre en lui. Ces âmes font pourtant l'admiration et l'étonnement des hommes : elles sont les prodiges et les miracles de leur siècle. Dieu se sert d'elles pour en faire ses saints[a] ; il semble qu'il prenne plaisir d'accomplir tous leurs desirs. Ces âmes sont dans une grande mortification. On les croira dans les mêmes voies des dernières et plus avancées[b] : elles se servent des mêmes termes de *mort*, de *perte*, d'*anéantissement*, et il est bien vrai qu'elles meurent en leur manière, qu'elles s'anéantissent et se perdent ; elles portent leur perfection où elle peut aller ; elles sont détachées, elles aiment la pauvreté : cependant elles sont et seront toujours propriétaires de la vertu, mais d'une manière si délicate, que les seuls yeux divins le peuvent découvrir. La plupart des saints, dont la vie est si admirable, ont été conduits par cette voie. Ces âmes sont si chargées de marchandises, que leur marche est fort lente. Que faut-il donc faire ? Ces âmes ne sortiront-elles jamais de cette voie ? Non, sans un miracle et sans une conduite d'une direction toute divine, qui les porte à outre-passer toutes ces grâces. »

LE DOCTEUR. Vous devez être content, mon Père, de l'effort que vous venez de faire en faveur de vos âmes du parfait abandon et de l'union essentielle ; car les voilà au-dessus des

quer dans les éditions des *Dialogues*, on passe à un autre chapitre des *Torrents*. La citation suivante, évidemment empruntée à l'*Ordonnance* de l'évêque de Chartres (n° XLV), est composée de divers fragments du chapitre III de la partie I, n°s 4, 6, 9 et 10 (p. 146-149), qui ont été rapprochés les uns des autres. Elle devient textuelle trois lignes plus bas, aux mots : « A ceux qui n'ont pas le (*et non ce comme ici*) discernement divin. »

a. Les mots *ses saints* ne se trouvent pas dans le texte des *Torrents* ni dans l'extrait XLV de l'*Ordonnance*, et nous semblent une addition maladroite de l'éditeur des *Dialogues*.

b. C'est-à-dire, plus avancées que les âmes du troisième ordre.

martyrs et des confesseurs, des vierges, et de tous les saints que nous invoquons, qui sont nos intercesseurs auprès de Dieu, auxquels l'Église consacre des jours et des prières.

Le directeur. Je n'ai rien dit sur cela qui ne soit extrait fidèlement de notre livre des *Torrents*, et nous sommes tous d'un même sentiment. Aussi est-il admirable de lire dans nos mêmes *Torrents* les mystérieuses, sublimes et magnifiques paroles qu'ils emploient pour exprimer l'état de l'âme unie à Dieu dans cette vie, et pour donner l'idée de l'union essentielle, qui est la béatitude : « L'âme, après bien des morts redoublées, expire enfin dans les bras de l'amour ; mais elle n'aperçoit point ces mêmes bras. Elle n'est pas plus tôt expirée, qu'elle perd tout acte de vie, pour simple et délicat qu'il fût[1] : Ici toutes distinctions d'actions sont ôtées, n'ayant plus de vertu propre[a], mais tout étant Dieu à cette âme[2].

« L'âme, continue ce sublime livre, l'âme ne se sent plus, ne se voit plus, ne se connoît plus ; elle ne voit rien de Dieu, n'en comprend rien, n'en distingue rien ; il n'y a plus d'amour, de lumière, ni de connoissance[3]. »

Le docteur. Voilà en vérité, mon Père, une âme fort illuminée.

Le directeur. « L'âme, dit tout de suite le même auteur[4], a perdu toute volonté : ici l'âme n'en a plus de propre ; et si vous lui demandiez ce qu'elle veut, elle ne le pourroit dire : elle ne peut plus choisir ; tous ses desirs sont ôtés : parce qu'étant dans le centre et dans le tout, le cœur perd toute pensée[b],

---

1. *Livre des Torrents*, partie I, chapitre viii, n° 2, p. 219.
a. Il y a dans notre édition des *Torrents :* « les actions n'ayant plus, etc. »
2. *Livre des Torrents*, partie I, chapitre ix, n° 7, p. 232 *.
3. *Ibidem*, n° 6, p. 231.
4. *Ibidem*, n° 9, p. 233.
b. *Toute pente*, dans les éditions des *Torrents*.

* Ici, comme plus haut (p. 658, 661, 663, 667, etc.), ainsi qu'on peut le voir par les compléments de renvois que nous ajoutons, des extraits de passages différents des *Torrents* sont réunis sans que l'éditeur nous avertisse qu'ils ne se suivent point. Il se contente partout d'écrire une fois pour toutes à la marge : *Livre des Torrents*, en tête des citations composées de fragments divers.

tendance, et activité. Ce torrent n'a plus de pente ni de mouvement : il est dans le repos et dans la fin. »

Le docteur. Vous vous laissez insensiblement aller à nous entretenir du repos et de la félicité de l'autre vie, et vous en parlez même aussi affirmativement que si vous l'aviez vue.

Le directeur. Je ne parle, Monsieur, que de ce que chacun de nous expérimente pendant sa vie, et autant qu'il lui plaît : cela est trivial. « Cette âme, dit-il ailleurs[1], ne sent pas, n'est pas en peine de chercher[a], ni de rien faire ; elle demeure comme elle est, cela lui suffit. Mais que fait-elle ? Rien, et toujours rien. » — « L'âme, dit le *Moyen court et facile*[b], ne peut être unie à Dieu, qu'elle ne soit dans un repos central, et dans la pureté de sa création. » Et dans notre *Cantique des cantiques*[c] : « Il y a des personnes qui disent qu'une telle union ne se peut faire en cette vie ; mais je tiens pour certain qu'elle se peut faire en celle-ci. » Les *Torrents*[d] enseignent aussi « que c'est par une perte de volonté en Dieu » que l'union arrive jusques à « un état de déification, où tout est Dieu, sans savoir que cela est ainsi : l'âme est établie par cet état dans son bien souverain, sans changement ; elle est dans la béatitude foncière, où rien ne peut traverser ce bonheur parfait, lorsqu'il est par état permanent : Dieu donne l'état d'une manière permanente, y établit l'âme pour toujours. » Mais voulez-vous rien voir de plus précis, et en même temps de plus glorieux pour cette âme du parfait abandon ? C'est dans l'*Explication* de notre *Cantique des cantiques*[e]; retenez ces paroles-ci : « L'âme ne doit plus faire de distinction de Dieu et d'elle : Dieu est elle, et elle est Dieu. »

---

1. *Livre des Torrents*, partie I, chapitre ix, n° 9, p. 233.

a. Dans le texte imprimé des *Torrents* : « Cette âme ne se met pas en peine de chercher. » Il y a sans doute, dans nos *Dialogues*, une erreur de lecture, accompagnée d'une interprétation erronée.

b. § xxiv, p. 125.

c. Chapitre i, verset 1, p. 4 et 5. Voici le texte exact : « Il y a des personnes qui disent que cette union ne peut se faire que dans l'autre vie, etc. »

d. Partie II, chapitre iv, n° 7, p. 270.

e. Page 145.

Le docteur. Vraiment, mon Père, elles sont d'une nature à ne pouvoir pas sortir de la mémoire ; et comme je l'espère, Madame, qui l'a si excellente, ne les oubliera pas.

La pénitente. Je compte bien, mon frère, de ne les pas oublier ; mais souvenez-vous aussi que nous sommes entrés ici à près de quatre heures ; le Révérend Père a parlé longtemps, et a besoin de repos.

Le docteur. Je ne saurois me repentir sérieusement des peines que je lui ai attirées, quand je lui dois les découvertes qu'il m'a fait faire sur l'union essentielle, dont j'avoue que je n'avois eu jusqu'à présent qu'une connoissance assez imparfaite ; et véritablement il y a des notions sur cette matière qui ne se peuvent pas deviner.

Le directeur. Oui, oui, il y a quelque chose d'abstrait, d'impliqué, et qui n'entre pas d'abord sous les sens. Les choses fort mystiques sont comme cela.

Le docteur. Je ne vous quitte pas au reste, mon Révérend Père, de la conversation que vous m'avez promise sur l'amour de Dieu ; car il est étonnant que vous ne l'admettiez pas dans votre béatitude.

La pénitente. Vous allez, mon frère, recommencer, si vous n'y prenez garde. Je vous prie, laissons le Père ; je vous promets de vous ramener ici quand il vous plaira, pourvu qu'il veuille y consentir.

Le directeur. Vous ne sauriez trop tôt dégager votre parole.

Le docteur. J'aurai soin de l'en faire souvenir.

La pénitente. Je ne me ferai pas beaucoup prier d'une chose où j'ai plus d'intérêt que vous, et que je souhaite de même.

DIALOGUE VIII.

Acte permanent et perpétuel d'amour de Dieu selon les nouveaux mystiques. Essence de Dieu considérée sous l'idée la plus abstraite, objet de cet acte. Exclusion de tous les autres motifs d'amour et de charité. Contrariété de cette doctrine à l'Évangile et aux maximes fondamentales de la religion.

La pénitente. Voilà, mon Père, un homme que j'ai sur les bras depuis notre dernière entrevue, qui ne m'a donné ni repos ni trêve, jusqu'à ce que je l'aie amené ici une troisième fois. La curiosité qu'il a de vous voir, ou de vous entendre, augmente tous les jours; et comme la mienne n'est pas moindre, il n'est pas étonnant que vous nous revoyiez l'un et l'autre, plus tôt que vous ne l'aviez peut-être espéré.

Le docteur. Je vous ai entendu dire, mon Père, des choses si nouvelles la dernière fois que je vous vis, que je ne suis pas encore sorti de l'étonnement qu'elles m'ont causé; mais sur ce que vous me promîtes de m'expliquer votre sentiment sur l'amour de Dieu, je vous avoue que je brûle d'impatience que vous me teniez parole. Ma sœur, je crois, sera ravie de profiter de notre conversation; et puisqu'elle veut bien, toute instruite qu'elle est sur ces matières, me laisser parler pour moi et pour elle, il faut encore qu'elle me permette de vous rendre compte des choses qui me sont venues dans l'esprit sur ce qui vous échappa de dire, qu'il n'y avoit point d'amour de Dieu parmi vous, et que vous ne le considériez pas comme une chose qui fût aux hommes de quelque utilité. J'avoue que cette maxime m'a paru si étrange et si contraire aux premiers principes de la morale chrétienne, qu'à peine aurois-je pu me persuader que vous l'eussiez avancée, si vous ne me l'aviez fait bien remarquer, en m'avertissant de vous engager à parler sur cet article en quelque autre occasion. L'Écriture sainte ne nous recommande partout que la charité ou l'amour de Dieu : c'est en cela que consistent la vertu, la religion, l'accomplissement de la loi, la fin de l'Évangile, la perfection de la sainteté, le bonheur souverain. Comment donc un homme qui fait profession de conduire les âmes à un état

DIALOGUE VIII.

de perfection sublime, peut-il avancer sérieusement que l'amour de Dieu est inutile à l'âme? Il faut qu'il y ait quelque mystère caché là-dessous, que je ne comprends pas : ayez la bonté, mon Père, de me le développer.

Le directeur. Vous avez raison, Monsieur, de demander à être éclairci de nos principes sur cette matière ; elle a besoin d'explication : c'est le point le plus essentiel et le plus sublime de la doctrine des mystiques. Sachez donc que nous ne disons pas qu'il ne faut point aimer Dieu; mais au contraire nous soutenons que ceux qui sont parvenus à la contemplation l'aiment par un acte continu et perpétuel, qui subsiste toujours, et qu'il n'est jamais nécessaire de renouveler[1]. Cet acte a l'unique essence de Dieu même pour objet, et consiste

---

1. « Quand vous allez à l'oraison, remettez-vous entre les mains de Dieu avec une parfaite résignation, faisant un acte de foi, croyant que vous êtes en sa présence, demeurant dans cette [sainte] inaction *plein* de tranquillité et de silence, et tâchant de continuer par la foi et par l'amour, tous les jours, toute l'année, et même durant toute la vie, ce premier acte de contemplation. » (Molinos, *Guide spirituelle*, livre I, chapitre XIII, n° 85, p. 53.)

« La contemplation est une oraison qui *peut* être perpétuelle et se faire partout.... Par un seul desir, elle* se peut maintenir en acte, et y maintenir les autres facultés qu'elle domine.... Le contemplatif, par une simple résolution qu'il produit de ne point sortir de *devant* Dieu, il s'y conserve incessamment, quoi qu'il fasse. » (Malaval, *Pratique facile*, partie I, p. 72-75.)

« *Tant que l'âme ne révoque* point *la* foi et *son* intention de demeurer résignée, *elle* est toujours dans la foi et dans la résignation, et par conséquent dans une oraison et une contemplation virtuelle et acquise, quoiqu'*elle ne le sente* pas, et ne *fasse* point de nouveaux actes de réminiscence et de réflexion. » (Molinos, *Guide spirituelle*, livre I, chapitre XIV, n° 105, p. 62.)

« L'âme *spirituelle* qui a résolu de croire que Dieu est en elle, de ne vouloir et de ne rien faire que par *lui*, doit ** se contenter de cette foi et de cette intention dans toutes ses actions et dans tous ses exercices, sans former ni répéter de nouveaux actes de cette foi et de cette résignation. » (*Ibidem*, n° 106.)

* La citation est un peu tronquée; *elle*, c'est la volonté, et non la contemplation.
** *De*, au lieu de *doit*, dans les éditions des *Dialogues*.

à ne point sortir de sa présence, sans qu'il soit nécessaire de produire aucun acte particulier, ni d'avoir aucune idée particulière et distincte des attributs de Dieu, et sans faire aucune réflexion sur nous [1].

Le docteur. Je ne comprends pas encore bien ce que vous voulez dire par là : « Un acte continu et perpétuel. » C'est apparemment l'amour habituel dont vous voulez parler, la charité du Saint-Esprit répandue dans nos cœurs, qui produit en nous à tous moments des actes d'amour, qui se renouvellent à chaque action de vertu que nous faisons.

La pénitente. Mon frère, ce n'est pas là ce que veut dire le Révérend Père. Les âmes intérieures ne doivent point faire d'acte d'amour : leur propre activité seroit une marque qu'elles ne seroient pas encore mortes; il suffit que l'homme se soit une fois donné à Dieu par un consentement actif et général dans le commencement de la voie, afin qu'il fasse de lui, et en lui, tout ce qu'il veut. Il demeure ensuite dans un état passif [2]; il n'est pas nécessaire qu'il se donne à Dieu

---

1. « Une âme contemplative *s'étant* une fois déterminée à faire la volonté de Dieu et à demeurer en sa présence, elle y demeure actuellement, tant qu'elle ne *prend point de résolution contraire*, quoiqu'elle s'occupe *d'autres choses.* » (Molinos, *Guide spirituelle*, livre I, chapitre xv, n° 112, p. 65.)

« Il faut demeurer dans le simple regard autant de temps qu'il sera possible, sans rien penser, sans rien desirer, puisque ayant Dieu, nous avons tout. Quand vous feriez les plus beaux raisonnements dont l'esprit humain est capable sur la puissance de Dieu et la création du ciel et de la terre, et que vous vous représenteriez en votre oraison tout ce que les docteurs ont de plus beau sur ce sujet, que seroit-ce au regard d'avoir Dieu en soi-même? » (L'abbé d'Estival, *Conférences mystiques*, p. 41.)

« *Le* mouvement *de l'action divine* ne porte jamais l'*âme* à réfléchir sur la créature, ni à se recourber *sur* elle-même. » (*Moyen court*, § xxi, p. 81.)

2. « *L'homme* s'étant donné *une fois* à Dieu dans le commencement de *la* voie, *afin* qu'il fît de lui et en lui tout ce qu'il voudroit, il donna* dès lors un consentement actif et général pour tout ce que Dieu feroit. » (*Ibidem*, § xxiv, p. 130.)

* Dans le texte des *Dialogues :* « il donne. »

DIALOGUE VIII. 675

de nouveau : cet acte dure toujours, et n'est jamais interrompu, pas même par le sommeil.

Le directeur. Fort bien, ma chère, je vois bien que vous lisez nos mystiques : ce que vous dites là est tiré mot pour mot du *Moyen court* [a], et nos plus excellents auteurs l'expliquent par une belle comparaison d'un diamant donné à son ami : il ne faut plus, quand on lui en a fait présent, répéter tous les jours qu'on le lui a donné; il suffit de le laisser entre ses mains sans le reprendre. Il en est de même du don que vous avez fait à Dieu de vous-même par un amoureux abandon : il suffit de n'ôter plus à Dieu ce que vous lui avez donné; pourvu que cela n'arrive pas, l'essence et la continuation de votre abandon dure toujours[1].

a. La dernière phrase de la Pénitente n'est pas empruntée au *Moyen court*, mais cette doctrine paraît implicitement contenue dans une phrase de l'*Explication du Cantique des cantiques* (chapitre v, verset 2, p. 111). Voyez sur ce point l'*Instruction sur les états d'oraison* de Bossuet, livre I, chapitre xvi (*OEuvres*, édition Lebel, tome XXVII, p. 69), et de plus Malaval (*Pratique facile*, partie I, p. 37).

1. « .... Quand vous vous mettrez en prière, il ne sera pas toujours *nécessaire* de vous donner à Dieu de nouveau, puisque vous l'avez déjà fait. Comme si vous donniez un diamant à votre *ami*,... il ne faudroit plus lui dire et lui *répéter* tous les jours.... que vous lui en faites un présent; il ne faudroit que *le* laisser entre ses mains sans *le* reprendre, parce que pendant que vous ne *le* lui ôtez pas, et que vous n'en avez pas même le desir, il est toujours vrai de dire que vous lui avez fait ce présent, et que vous ne le révoquez pas. Ainsi quand une fois vous vous êtes *mis* entre les mains de Notre Seigneur par un amoureux abandon, vous n'avez qu'à demeurer là. Gardez-vous de l'inquiétude et des efforts qui tendent à faire de nouveaux actes, et ne vous amusez pas à redoubler vos affections [sensibles] : elles ne font qu'interrompre la pure simplicité de l'acte spirituel que produit *notre* volonté. » (Falconi, *Lettre à une fille spirituelle,* p. 159 et 160.)

« Il n'est pas nécessaire de multiplier ces actes par de certains mouvements sensibles, qui empêchent la pureté de l'acte spirituel et parfait de la volonté.... Ajoutez à cela qu'il y a d'autres raisons qui montrent qu'on n'a pas besoin de les renouveler : ce que Falconi, théologien mystique, fait voir par la comparaison suivante. Quand on veut donner un joyau à un ami, et qu'on l'a mis une

Le docteur. La comparaison est brillante, mon Père; mais je doute qu'elle soit juste, car il n'en est pas de même du cœur de l'homme, comme d'un diamant : l'un est une pierre insensible, qui demeure sans aucun mouvement et sans aucune action, entre les mains de celui à qui on l'a donnée; au lieu que l'autre, toujours actif, est continuellement en mouvement et en action; aucun de ses actes n'est subsistant et perpétuel : ils se succèdent les uns aux autres. L'amour ne cesse jamais d'agir et de faire agir : c'est un poids de la volonté qui entraîne la créature vers l'objet qu'elle aime, qui se fait sentir dans tous ses mouvements et dans toutes ses actions. La cha-

fois en son pouvoir, il n'est pas nécessaire de lui aller dire tous les jours : *Monsieur, je vous donne ce joyau; au moins, Monsieur, souvenez-vous qu'un tel jour je vous donnai un tel joyau*. Il suffit de le lui laisser, et de n'avoir pas envie de le lui ôter; puisqu'en le lui laissant ainsi librement, vous continuez à le lui donner. Ainsi, après avoir fait une offre et une résignation amoureuse de votre volonté à celle de Dieu, vous n'avez qu'à la continuer, sans faire de nouveaux actes sensibles, pourvu que cependant vous ne lui ôtiez point ce joyau, en péchant grièvement contre lui. » (Molinos, *Guide spirituelle*, livre I, chapitre XIII, n°s 86, 87 et 88, p. 53 et 54.)

« Il n'est pas besoin que l'homme qui veut bien Dieu renouvelle ses actes et ses directions, parce qu'il est d'autant mieux auprès de Dieu, qu'il y est par un acte plus simple.... Ils veulent renouveler leurs actes à tous coups, parce qu'ils estiment plus *la* ferveur dont leur acte peut être accompagné, que la simple contemplation où Dieu opère un solide amour.... Pourquoi voulez-vous faire un acte? Vous l'avez déjà fait.... L'esprit et la volonté sont actuellement appliqués à Dieu par le premier acte qui dure toujours.... Quand vous avez donné *quelque* chose à quelqu'un, il seroit importun de lui dire *tous les jours* que vous [la] lui donnez de nouveau : il suffit que vous en ayez fait une fois la donation et que vous ne la révoquiez pas.... L'importance est que vous ne révoquiez ni rétractiez cet acte; que vous ne vous repentiez pas de ce que vous avez fait, et que vous n'ôtiez pas à Dieu ce que vous lui avez donné, en faisant quelque chose *de* notable contre son divin [bon] plaisir; car pourvu que cela n'arrive pas, l'essence et la continuité de votre regard, de votre amour, de votre abandon et de votre conformité à la volonté de Dieu dure toujours, parce que les fautes légères que l'on fait sans y [bien] penser ne détruisent pas le point essentiel de ces actes. » (L'abbé d'Estival, *Conférences mystiques*, p. 331-333.)

rité est toujours active, comme la cupidité; et de même que *la chair convoite contre l'esprit*, pour me servir des termes de l'Apôtre[a], *l'esprit* combat *contre la chair*. C'est dans ce lieu d'exil l'occupation continuelle du chrétien.

Le directeur. Bon pour les imparfaits; mais pour les parfaits, ne vous ai-je pas dit qu'ils n'ont plus de propriété ni d'activité? Ne vous en souvenez-vous point?

Le docteur. Je vous demande pardon, mon Père : ces maximes sont si nouvelles qu'il est difficile de s'y accoutumer. Hé bien! je veux que les âmes parfaites perdent leur activité à l'égard de tout ce qui n'est point Dieu; qu'elles ne s'occupent plus des choses d'ici-bas; que semblables aux saints, elles soient dans une contemplation continuelle, qu'elles soient toutes remplies de Dieu, qui fait l'objet de leurs vœux et de leur félicité. Plus elles le contemplent, plus elles le connoissent, plus elles doivent avoir de vifs sentiments de respect, d'amour et d'adoration pour lui.

Le directeur. Vous vous trompez, Monsieur : la perfection de la contemplation ne consiste pas à connoître Dieu plus parfaitement que les autres, mais à ne le point connoître.

Le docteur. Vous me surprenez, mon Père. Je m'étois toujours imaginé que les contemplatifs avoient bien d'autres connoissances de Dieu que les autres hommes; qu'uniquement occupés de la considération des attributs et des perfections de cet Être souverain, ils pénétroient plus avant que les autres dans cet abîme impénétrable; que bannissant ces images sensibles et grossières sous lesquelles les simples se le représentent, et considérant ses véritables attributs, comme sa toute-puissance, sa bonté, sa justice, sa miséricorde, ils se formoient une idée de Dieu plus parfaite que les autres hommes.

Le directeur. Une idée de Dieu? Sachez, Monsieur, que le vrai contemplatif ne se forme point d'idée de Dieu; qu'il n'a de connoissance distincte d'aucun de ses attributs; qu'il ne le connoît point par des idées, par des réflexions, et par des raisonnements, mais par une foi obscure, générale, et confuse, sans distinction de perfections, d'attributs, ni de personnes. La vraie contemplation parfaite a pour seul objet

---

[a]. Saint Paul, *Épître aux Galates*, chapitre v, verset 17.

l'essence de Dieu, considérée sous l'idée la plus abstraite qu'il est possible[1]. Cette vue confuse et fixe de Dieu, présent partout, nous affermit en Dieu pour toujours, et tous les actes de charité unis ensemble ne sont pas comparables à l'acte de foi par lequel on regarde Dieu fixement. Cet acte de foi produit dans la volonté un acte amoureux, universel et permanent, de pareille nature, par lequel elle aime Dieu confusément, comme souverainement aimable, sans que l'esprit le lui fasse connoître comme tel, soit à cause de ses perfections, soit à cause de ses bienfaits. Ainsi, selon la pensée de Molinos, l'âme aime Dieu sans le connoître, à peu près comme un enfant qui n'auroit jamais vu son père l'aime sur le rapport des autres[2].

[1]. « .... L'entendement ne *connoît* pas Dieu par des idées, des réflexions, des raisonnements,... *mais* par une foi obscure, générale et confuse,... quoiqu'elle ne soit pas distincte. » (Molinos, *Introduction à la Guide spirituelle*, section 1, n° 7, p. 4.)

« Encore que l'âme ait acquis toutes les connoissances que la méditation et les objets sensibles peuvent donner, néanmoins lorsque Dieu la retire de cet état, en la privant du raisonnement, et la laissant dans les ténèbres divines, afin qu'elle marche par la voie directe et par la foi simple, qu'elle se laisse mener, et qu'elle ne veuille plus aimer avec l'imperfection et la foiblesse que ses sens lui avoient apprise.... » (*Ibidem*, n° 3, p. 2 et 3.)

« Dieu pur et ineffable, abstrait de toute pensée..., objet de la parfaite contemplation. » (Selon Malaval, *Pratique facile*, partie II, entretien IV[*]; le Père de la Combe, dans l'*Analyse de l'oraison mentale*, n° IV.)

[2]. « *L'âme doit se persuader* que les créatures sont trop grossières pour lui servir de maître et de guide dans la connoissance de son Dieu. Il faut donc que l'amour prenne les devants, et qu'elle laisse l'entendement derrière; que l'âme aime Dieu comme il est en lui-même, et non comme l'imagination le lui représente; que si elle

[*] Voici le titre exact de cet *entretien* de Malaval (partie II, p. 99) : « Que Dieu pur et ineffable, abstrait de toute pensée particulière, est l'objet de la parfaite contemplation, bien que quand on veut, on puisse contempler les autres objets divins. » — La copie sur laquelle a été imprimée cette note des *Dialogues* était sans doute fort mal écrite, car voici ce qu'on lit dans l'ancienne édition : « Dieu pur et ineffable *abîme* de toute pensée et de toute *contemplation*, objet de la parfaite contemplation. »

Le docteur. C'est donc bien inutilement que l'Écriture sainte nous propose si souvent ses perfections, sa bonté, et sa miséricorde pour motifs de respect, d'amour, et d'adoration. C'est en vain que Dieu dans ses commandements ordonne aux hommes de n'adorer que lui, parce qu'il est un Dieu puissant, un Dieu jaloux, un Dieu juste, et un Dieu qui fait miséricorde dans mille et mille générations à ceux qui l'aiment et qui gardent ses commandements. C'est en vain que le *Nouveau Testament* nous représente partout, comme le motif le plus efficace et le plus pur de la charité et de l'amour que nous devons avoir pour Dieu, la charité et l'amour qu'il a eus lui-même pour nous. Nous l'aimons, parce qu'il nous a aimés le premier, et qu'il nous a aimés jusqu'à donner son Fils unique pour nous; parce que ce Fils nous a aimés, et s'est livré lui-même pour nous. Cette charité de Jésus-Christ nous presse, considérant qu'il est mort pour tous, que nous étions tous morts, qu'il est venu pour nous donner la vie éternelle, qui consiste à connoître et à aimer le Père éternel, et Jésus-Christ son Fils, qu'il envoie. Voilà les maximes les plus pures et les plus sublimes de l'Évangile et des apôtres. Ces sentiments ont toujours été gravés dans les cœurs des chrétiens. Aujourd'hui vos mystiques veulent enlever aux chrétiens ces motifs si puissants d'amour et de charité : la bonté, la miséricorde, la charité infinie d'un Dieu, l'incarnation, la passion, la mort de son Fils pour les hommes ; et ils substituent à la place l'idée confuse et générale d'un être inconnu, qu'on ne considère ni comme vengeur, ni comme rémunérateur, dont on ne craint point la colère, de la bonté duquel on n'espère rien. Est-ce là un moyen d'inspirer aux chrétiens des sentiments d'amour ? ou plutôt n'est-ce pas le moyen de les jeter dans l'indifférence ?

Le directeur. Nos mystiques ont prévu ce que vous dites de l'Écriture, Monsieur. Ils ont bien connu le tort qu'elle pou-

---

ne peut le connoître tel qu'il est, qu'elle l'aime sans le connoître, sous le voile obscur de la foi, à peu près comme un enfant qui n'auroit jamais vu son père, et qui s'en rapportant à ceux qui lui en parlent, l'aimeroit autant que s'il l'avoit vu. » (Molinos, *Introduction à la Guide spirituelle*, section 1, nos 3 et 4, p. 3.)

voit faire au progrès des saints dans l'état de perfection, et afin qu'on n'y fût point trompé, ils ont eu soin d'avertir, que tant que l'âme méditeroit sur l'Écriture sainte[1], elle n'arriveroit jamais à cette grande union qu'elle doit avoir avec Dieu ; que

1. « *Ces beaux* ouvrages *parlent admirablement* de Dieu, *principalement* l'Écriture sainte, *dictée de Dieu même à ces* auteurs, comme à ses fidèles secrétaires. *Cependant tout cela ne peut passer que pour des fleurs, et s'y arrêter, c'est s'arrêter* à la superficie, *parce que Dieu ne pouvant se comprendre par l'esprit, ne peut aussi être expliqué par les paroles; et quand nous voulons par là nous élever à lui, nous nous abaissons.* » (Malaval, *Pratique facile* *.)

« .... Dieu.... n'a fait écrire *ces* livres ** que pour nous donner une haute opinion de sa grandeur, afin que si nous l'aimions en ce qu'on dit de lui, nous l'aimassions encore plus en lui-même. » (*Ibidem*, partie I, p. 40.)

« N'est-ce pas, *dit-il* ***, un beau masque qu'il se fait, et non pas son propre visage? » (*Ibidem*, p. 41.)

* Ce passage est singulièrement altéré. Voici le texte exact : « Ces excellents ouvrages disent merveilles de Dieu, et surtout l'Écriture sainte, que Dieu a eu la bonté de dicter lui-même aux auteurs qui nous l'ont laissée, comme à ses fidèles secrétaires : néanmoins ils ne font tous qu'effleurer, et ils demeurent à la superficie, parce que Dieu étant incompréhensible à nos esprits, est inexplicable à nos langues; et nous l'abaissons en le voulant relever. » (*Pratique facile*, partie I, p. 40.) — Il y a dans cette prétendue citation d'un passage de Malaval deux sortes d'altérations du texte. Les unes substituent aux mots et aux tours de l'auteur des mots synonymes et des tours équivalents; elles ne modifient pas le sens, et sont des infidélités volontaires dues à la personne qui, le livre sous les yeux, prend note du sentiment de Malaval sans tenir aux expressions mêmes, sans prévoir, ce semble, que la copie pourra être imprimée et donnée comme citation textuelle. Les autres sont du fait d'une personne qui n'a sous les yeux que cette copie, très-mal écrite sans doute, et qui, n'y trouvant pas l'indication de la page du livre où elle pourrait collationner les mots illisibles, corrige de son mieux ce qui lui semble peu intelligible ; de là : *passer pour des fleurs*, au lieu d'*effleurer*, et deux ou trois autres altérations. Cet exemple est l'un de ceux qui viennent à l'appui de l'hypothèse exprimée dans la *Notice*, p. 539-540. Nous attribuons à la Bruyère les premières altérations, les secondes à l'abbé du Pin, ou à tout autre collaborateur que les circonstances ont donné à l'auteur des *Dialogues*.

** Il y a *tant de livres*, dans Malaval.

*** Les mots *dit-il*, intercalés dans la citation et se rapportant les livres sacrés sont bien capables d'éclairer et d'échauffer tous ceux qui les lisent, mais que c'est toute autre chose de s'approcher de Dieu, qui est la vive source de la sagesse et de l'amour, qui n'a fait écrire tant de livres que pour nous donner une haute opinion de sa grandeur, afin que si nous l'aimions en ce qu'on dit de lui, nous l'aimassions encore plus en lui-même; mais que si l'âme aimoit Dieu tel qu'il est représenté dans les Écritures, elle n'aimeroit qu'un fantôme, ou que le masque de Dieu, et non pas Dieu tel qu'il est.

Le docteur. C'est donc à votre avis une espèce d'idolâtrie[1], d'aimer Dieu tel qu'il nous est représenté dans l'Écriture sainte?

Le directeur. N'en doutez point : c'est aimer une image et une similitude qui n'est point Dieu, et qui n'a aucune proportion avec lui.

Le docteur. Il faut donc l'aimer tel qu'il se représente lui-même intérieurement aux saints par des lumières et des connoissances surnaturelles?

Le directeur. Point du tout : tant que l'âme connoîtra quelque chose par des images ou par des similitudes, de quelque nature qu'elles soient, même infuses et surnaturelles, elle ne connoît point Dieu[2].

---

1. « Dieu.... n'est rien de ce que conçoit la raison, parce que tout ce que nous connoissons.... se peut comprendre, et Dieu [seul] est incompréhensible.... Quand.... nous voulons connoître Dieu..., nous changeons la créature en Dieu comme les idolâtres..., ou nous abaissons * Dieu à la créature. » (Malaval, *Pratique facile*, partie II, p. 305.)

2. « On ne se sert plus des moyens, lorsqu'on a obtenu la fin, et la navigation finit en arrivant au port. Ainsi l'âme qui, après les fatigues de la méditation, se trouve dans le calme et la tranquillité de la contemplation, doit laisser là tous les raisonnements, demeu-

à Malaval, dont il n'est pas question dans le texte, décèlent que la note n'a pas été prise pour être placée au-dessous de cette page des *Dialogues*. Comme nous l'avons déjà dit dans la *Notice*, et comme nous venons de le rappeler, il est vraisemblable que l'annotation des *Dialogues* a été puisée dans des notes recueillies par la Bruyère.

* Dans l'ancienne édition des *Dialogues* : « *et* nous abaissons », faute qui altère le sens.

682   DIALOGUES SUR LE QUIÉTISME.

Le docteur. A votre compte, mon Père, les Samaritains, qui adoroient ce qu'ils ne connoissoient point, étoient bien plus parfaits adorateurs que les Juifs, qui adoroient ce qu'ils connoissoient. Que dis-je, les Samaritains ? Les Athéniens, qui avoient dressé un autel au Dieu inconnu[a], étoient, selon vous, de parfaits contemplatifs : il ne leur manquoit rien de ce qui est nécessaire pour la connoissance que vous supposez être la seule connoissance parfaite de Dieu, ou plutôt ils n'avoient aucune de ces représentations et de ces idées qui la rendent fantastique selon vous ; ils avoient précisément tout ce qu'il faut avoir pour être de vrais adorateurs de Dieu ; ils adoroient un Dieu qu'ils ne connoissoient point, dont ils n'avoient jamais entendu parler, dont ils ne s'étoient formé aucune idée. Quel malheur pour eux, que saint Paul leur soit venu

rer dans le repos et dans le silence, jeter sur Dieu des regards simples et amoureux, repousser doucement toutes les imaginations qui se présentent à elle, apaiser tous les troubles à la présence de la Divinité, recueillir ses esprits et les fixer tous sur Dieu, se contenter de la connoissance générale et confuse que la foi lui en donne, tourner toute sa volonté à l'aimer, ce qui est l'unique fruit de la contemplation.

« Pour vous, mon cher Timothée, disoit saint Denis*, appliquez-
« vous sérieusement aux contemplations mystiques ; abandonnez vos
« sens, les opérations de votre esprit, tous les objets sensibles et in-
« telligibles, et généralement toutes choses qui sont et qui ne sont
« pas, afin que vous vous éleviez, autant que l'homme le peut, et
« que vous vous unissiez, d'une manière inconnue et inexprimable,
« à celui qui est au-dessus de tout être et de toute connoissance. »

« Il faut donc que vous abandonniez tous les objets créés, ceux des sens, ceux de l'esprit et ceux des passions ; en un mot tout ce qui est et ce qui n'est pas, et que vous vous jetiez entre les bras amoureux de Dieu, qui vous rendra infiniment plus que vous n'avez laissé, qui augmentera l'ardeur et le zèle avec lequel vous l'aimez, et qui par la force de son amour vous conservera dans ce saint et bienheureux silence, qui vaut infiniment plus que toutes les actions unies ensemble. » (Molinos, *Introduction à la Guide spirituelle*, section 1, n°s 13, 14 et 15, p. 7 et 8.)

a. Voyez les *Actes des apôtres*, chapitre XVII, verset 23.

* [De] *Mystica theologia*. [*Maxima Bibliotheca veterum patrum*, tome II, p. 339.]

dessiller les yeux, et leur représenter ce Dieu qu'ils ne connoissoient point, non-seulement comme un être spirituel et infini, mais encore comme l'auteur de l'être et de la vie de toutes les créatures, comme celui qui a un soin tout particulier des hommes, et qui doit un jour les récompenser et les punir! Pourquoi leur donner ces idées de Dieu? Pourquoi leur représenter ces motifs pour les porter à le chercher? Que ne les laissoit-il dans leur connoissance confuse et indistincte d'un Dieu inconnu? Pourquoi les exhortoit-il à le chercher, et à faire leurs efforts pour le trouver? Voilà une inquiétude et une activité bien contraire à la perfection que vous nous prêchez, mon Père. Que le culte tranquille et désintéressé qu'ils rendoient à ce Dieu étoit bien plus conforme à vos maximes!

Le directeur. Oui, mais ces maximes ne sont pas pour tout le monde : elles ne sont que pour ceux qui sont élevés à ce souverain degré de contemplation. La plupart de ceux à qui saint Paul parloit étoient des païens, qui se figuroient des dieux matériels d'or ou d'argent, renfermés dans des temples bâtis par la main des hommes. Pour leur ôter cette idée grossière, il falloit en substituer une autre qui les élevât au-dessus de ce qui est matériel, quoiqu'elle ne les élevât pas à ce qui est Dieu.

Le docteur. C'est-à-dire, mon Père, que vous supposez que saint Paul a combattu une illusion par une autre illusion, une erreur par une autre erreur. Car je vous demande, l'idée de Dieu que leur donne saint Paul est-elle véritable, ou ne l'est-elle pas? Leur représente-t-elle le vrai Dieu, ou un fantôme?

Le directeur. Comment me faites-vous cette demande? Ne savez-vous pas que la connoissance de l'homme, étant bornée, ne peut avoir d'idée parfaite d'un être infini?

Le docteur. Ce n'est pas ce que je vous demande. Je conviens qu'un être qui n'a qu'une connoissance bornée ne peut avoir une idée qui représente toutes les perfections d'un être infini dans toute leur étendue. Ce n'est pas de quoi il s'agit. Ce que je vous demande est si l'idée de Dieu que saint Paul nous donne en cet endroit[a] est véritable ou fausse?

---

[a]. *Actes des apôtres*, chapitre XVII, versets 24 et suivants.

Le directeur. Elle est fausse, en ce qu'elle ne représente pas Dieu comme il est ; car il ne peut être ni compris ni connu. On est obligé de se servir de termes proportionnés à notre foiblesse pour parler de lui ; mais ces expressions n'ont rien de digne de lui, et les idées qu'elles forment en nous ne sont pas la véritable idée de Dieu. Quand nous voulons par là nous élever à lui, nous l'abaissons.

Le docteur. Parlez précisément. Quand je dis que Dieu est juste, bienfaisant, rémunérateur, vengeur, tout-puissant, etc., ces propositions sont-elles vraies ou fausses ? Ces attributs conviennent-ils à Dieu, ou ne lui conviennent-ils pas ?

Le directeur. Tout cela se peut dire de Dieu ; mais tout cela n'est point Dieu. Ce n'est point de cette manière que la foi pure le regarde : elle n'a d'autre objet qu'un Dieu inconnu présent partout [1].

Le docteur. C'est-à-dire que tout l'objet de votre foi, de votre amour, de votre culte, de votre religion, est un être dans lequel vous ne concevez aucune perfection distincte ; au-

---

1. « *C'est une grâce de Dieu que d'avoir des tentations : une âme seroit heureuse si elle demeuroit tranquille au milieu de ses combats*, croyant que toutes ces tentations que le démon excite *en elle* concourent, par un effet de la Providence divine, à notre avancement spirituel. » (Molinos, *Guide spirituelle*, livre I, chapitre ix*.)

« Dieu y est tellement l'objet de la contemplation, et il faut bien se garder d'y rien ajouter à la simple vue de Dieu.... On y doit considérer Dieu sans attributs, sans aucune notion distincte, selon son essence. » (Malaval, *Pratique facile* **.)

« *Les* soixante.... forts d'Israël..., *ces vaillants guerriers qui gardent le lit de repos du véritable Salomon*, sont les attributs divins qui environnent ce lit royal et qui empêchent l'accès à ceux qui ne sont pas entièrement anéantis. » (*Explication du Cantique des cantiques*, chapitre III, verset 7, p. 74.)

* Voyez particulièrement n° 55, p. 41 ; et de plus, chapitre x, n° 61, p. 43.

** Cette citation est manifestement défigurée. Nous ne savons quel est le passage de la *Pratique facile* qu'elle a particulièrement pour objet de reproduire. L'idée qu'elle exprime est développée dans la Ire partie de la *Pratique*, p. 68-72, et dans l'*entretien* iv de la IIe partie, p. 99 et suivantes.

quel vous n'attribuez aucune providence, ni aucun soin des choses d'ici-bas ; que vous ne considérez ni comme rémunérateur ni comme vengeur. Voilà votre dieu : c'est le dieu d'Épicure, c'est le dieu de Spinosa.

Le directeur. Vous poussez les choses bien loin, Monsieur : nous ne nions ni la Providence, ni l'enfer, ni le paradis.

Le docteur. Non, vous ne les niez pas, mon Père ; mais vous faites consister la perfection de la religion à n'y faire aucune attention. Vous croyez la Providence, vous croyez un enfer et un paradis ; mais vous ne voulez pas que votre spirituel fasse entrer ces objets dans ses contemplations. Vous ne niez pas ces vérités ; mais vous voulez que l'on en fasse une précision et une abstraction qui les rend inutiles. Dieu est bon, juste et miséricordieux, vous n'osez le nier ; mais ce n'est pas ce Dieu bon, juste et miséricordieux qui est l'objet de votre foi, de votre culte et de votre amour : vous retranchez de l'idée de Dieu sa bonté, sa justice, sa miséricorde et la charité infinie qu'il a eue pour les hommes, en leur donnant son Fils unique. Vous n'avez plus pour objet de votre foi qu'un être inconnu ; pour objet de votre charité qu'un être qui ne vous fait ni bien ni mal ; car pour l'espérance, qui est la troisième partie du culte divin, elle est entièrement anéantie parmi vous. Quel étrange renversement de religion ! Jusques ici l'Église nous a enseigné qu'il falloit croire en un Dieu tout-puissant, créateur du ciel et de la terre, et en Jésus-Christ son fils unique, qui viendra juger les vivants et les morts ; et l'on nous vient enseigner que la foi pure n'a plus tous ces objets, et qu'elle se termine uniquement à l'existence de Dieu, ou à son immensité. Jusques ici l'Église nous a représenté comme des motifs d'une charité vraiment chrétienne, la bonté, la justice, la miséricorde d'un Dieu ; et l'on nous vient dire que l'amour parfait ne doit avoir aucune de ces considérations pour objet. Jusques ici l'on nous a enseigné que la fin à laquelle nous devions tendre, et que nous devions souhaiter et desirer par-dessus toutes choses étoit le salut et la vie éternelle ; et aujourd'hui de nouveaux docteurs, par des hypothèses impossibles, et par des précisions chimériques, nous viennent enseigner que le motif de la récompense éternelle, qui n'est autre chose que Dieu même, doit être exclu du pur amour. Jusques ici le plus puissant motif qui a soutenu les martyrs dans les tourments les plus cruels, et qui leur a fait affronter la mort sans crainte, a été l'espérance certaine de changer cette vie mortelle et misérable en une vie éternelle et bienheureuse : leur charité, que l'on a toujours considérée dans l'Église comme une vertu héroïque, n'est, à entendre parler vos mystiques, qu'un amour intéressé. Ils ont bien d'autres vues, ces mystiques : ils ont su inventer un nouveau genre de martyre inconnu à tous les martyrs de l'antiquité. Jusques ici les saints ont travaillé et combattu toute leur vie, comme des généreux athlètes, pour recevoir une couronne incorruptible : ce sont, selon ces nouvelles lumières, des mercenaires qui ont servi Dieu d'une manière servile et intéressée. Jusques ici les plus grands saints ont souhaité la mort avec ardeur, pour jouir de la béatitude, pour être avec Jésus-Christ, et pour entrer dans le royaume des cieux : aujourd'hui l'on vient nous enseigner qu'une sainte indifférence sur son salut est la souveraine perfection. Ouvrez enfin les yeux, mon Père : considérez les conséquences terribles de ces principes, qui ne vont pas moins qu'à l'extinction des vertus chrétiennes et des sentiments de piété ; qu'à l'établissement du libertinage, et au renversement entier de la morale et de la religion de Jésus-Christ. N'abusez pas davantage de la crédulité des simples de l'un et de l'autre sexe, que vous trompez par des termes obscurs et mystérieux, qui cachent sous une apparence extérieure de piété un poison mortel, que vous leur faites avaler insensiblement. Croyez-moi, il viendra un temps, ou plutôt ce temps est déjà venu, que tous vos mystères d'iniquité seront découverts, vos turpitudes dévoilées, et vos impiétés manifestées.

LA PÉNITENTE. Ah! mon frère, modérez un peu votre zèle. Je ne connois pas de meilleur chrétien, ni de plus saint homme que le Révérend Père : vous avez tort de lui faire ces reproches.

LE DOCTEUR. Ces reproches, ce n'est pas à lui personnellement que je les adresse : je le crois un fort homme de bien, et je me persuade qu'il a horreur en son particulier des conséquences terribles que l'on tire des principes dans lesquels il est malheureusement engagé ; mais je gémis de voir qu'il inspire une doctrine si pernicieuse à tant de personnes, qui étouffe dans le cœur des uns les véritables sentiments de piété, et jette les autres dans le libertinage. Je gémis pour vous, ma sœur, au salut de qui je dois m'intéresser, et comme chrétien, et comme votre frère, de vous voir engagée dans la voie de perdition. Je gémis pour une infinité d'autres chrétiens, que ces directeurs aveugles conduisent dans le précipice. Je gémis enfin de voir que des gens du monde se servent de la doctrine de ces faux mystiques pour autoriser leur libertinage. C'est là ce qui me cause une douleur et une indignation que je ne puis retenir. Vous-même, mon Père, si vous saviez les suites terribles de vos principes, si vous saviez l'usage qu'en font les libertins pour autoriser leurs déréglements, si vous saviez combien de gens, fondés sur vos maximes, vivent sans scrupule dans les plus grands désordres, peut-être reviendriez-vous de vos égarements. Je veux vous faire connoître un homme du monde bien instruit de votre doctrine, qui en a pénétré toutes les conséquences et toutes les suites : vous verrez jusqu'où il les pousse, et de quelle manière il s'en sert pour mettre sa conscience à couvert contre les scrupules incommodes, et pour allier la qualité de dévot et de chrétien avec une vie voluptueuse. Il a de l'esprit, il raisonne juste, et je me trompe fort s'il ne vous oblige, ou de désavouer vos principes, ou d'avouer les conséquences qu'il en tire. Je vous l'amènerai au premier jour. Nous verrons comme vous vous en démêlerez.

LE DIRECTEUR. Je le veux bien, Monsieur, pourvu que vous ne vous emportiez pas comme vous avez fait aujourd'hui.

DIALOGUE IX.

Oraison de simple regard, béatitude essentielle : compatible avec toutes sortes de plaisirs et de déréglements. Le spirituel, parvenu à l'état de contemplation, est déchargé des mortifications et des austérités; dispensé d'observer les lois humaines; exempt de peines et de remords; incapable d'être souillé par les mouvements sensibles; en un mot impeccable, d'une impeccabilité qui consiste à faire ce qui est péché sans pécher. Obstination des maîtres de cette doctrine dans leur erreur. Ces conséquences horribles de la doctrine des quiétistes, prouvées et découvertes, donnent de l'horreur à ceux qu'ils ont séduits.

LE DOCTEUR. Voilà, mon Père, le gentilhomme dont je vous parlai la dernière fois. J'ai cru vous faire plaisir de vous l'amener, et je ne doute point que vous ne me soyez obligé de vous avoir procuré la connoissance d'une personne de sa capacité et de son mérite. Il est bien instruit de votre doctrine et très-éclairé sur ces matières; il a pratiqué vos mystiques, et lu plusieurs fois tous vos livres, surtout le *Moyen court*, l'*Explication du Cantique des cantiques* et les *Torrents*[a].

LE DIRECTEUR, *adressant la parole au gentilhomme*. Que je

---

a. Dans un certain nombre d'exemplaires, le premier alinéa est un peu différent : « Voilà, mon Père, le gentilhomme dont je vous ai parlé. Son nom, sa qualité, ses actions lui donnent à la vérité un grand relief dans le monde; mais la science des mystiques, qu'il possède dans sa perfection, va faire auprès de vous le comble de son mérite. J'ai cru vous rendre un bon office en vous donnant la connoissance d'une personne aussi éclairée que lui sur ces matières, et aussi versée dans la lecture de vos livres. Le croiriez-vous, mon Père, qu'à vingt-sept ans Monsieur savoit par cœur le *Moyen court*, l'*Explication du Cantique des cantiques* et les *Torrents ?* » — La comparaison que nous avons faite de divers exemplaires nous permet de croire que la version que nous donnons dans notre texte est la seconde rédaction de l'abbé du Pin : d'une part, elle se trouve dans les exemplaires qui portent une correction que nous avons déjà adoptée (voyez ci-dessus, p. 548, note a); de l'autre, la page 333, qui contient la plus grande partie de cet alinéa, présente l'apparence, dans les exemplaires qui portent la version de notre texte, d'une page remaniée à l'imprimerie et tirée après les feuillets voisins.

suis ravi, Monsieur, de trouver une personne d'esprit et du monde avec qui je puisse converser de nos maximes! Oh! qu'elles sont relevées, et qu'il seroit difficile d'en bien pénétrer toute l'étendue, si l'auteur des ouvrages que vous venez de nommer ne les avoit rendues familières! Avouez-le-moi, on fait bien du chemin en peu de temps avec ces trois livres. On profite plus en un quart d'heure de lecture dans ces ouvrages, qu'on ne feroit en lisant des années entières d'autres livres mystiques. C'est un précis et un abrégé de toute notre doctrine, qui nous conduit par une voie courte et facile à la béatitude essentielle.

Le gentilhomme. Il faut avouer que ces livres donnent en peu de temps de grandes ouvertures et des vues bien étendues sur la vie spirituelle, et que les principes qu'on y apprend sont d'une utilité merveilleuse, quand on en sait faire un bon usage.

Le directeur. N'est-il pas vrai, Monsieur, que rien n'est plus propre à rendre les hommes heureux sur la terre, que l'oraison de simple regard, dont ces livres enseignent si parfaitement la pratique? Elle est seule capable de faire le bonheur de l'homme : elle le fait jouir dès cette vie de la béatitude que l'on croyoit jusqu'à présent être un bien particulier aux saints, et que l'on ne pouvoit posséder qu'après la mort.

Le gentilhomme. Oh! bénis soyez-vous à jamais, mystiques ingénieux, qui nous avez appris à mener une vie douce et agréable, à jouir de tous les plaisirs et à satisfaire nos passions sans scrupule, sans crainte, sans remords, sans perdre la vue de Dieu, et avec une certitude entière qu'on ne l'offense point, et qu'on n'en sera pas moins heureux en l'autre monde. On enseignoit autrefois que pour avoir droit d'espérer à la béatitude de l'autre vie, il falloit être malheureux en celle-ci; qu'on n'y parvenoit que par les croix, que par une vie pénitente et mortifiée; que le chrétien devoit fuir les plaisirs, veiller continuellement sur soi, travailler à son salut avec crainte et tremblement. Bénis soyez-vous, encore un coup, vous autres mystiques, qui êtes venus nous décharger de toutes ces pénibles pratiques, et nous montrer une voie facile et commode pour être heureux ici-bas et dans le ciel, sans qu'il en coûte rien à la nature, et sans que l'on soit obligé de se priver d'aucun plaisir.

Le docteur. Ma sœur, qu'est-ce que j'entends ? est-ce là le langage d'un chrétien ? Quel renversement affreux de la religion de Jésus-Christ !

Le directeur. Prenez bien garde à ce que vous avancez, Monsieur. Il ne faut pas dire que la béatitude essentielle consiste dans une vie douce, agréable et voluptueuse : Monsieur le docteur en pourroit tirer de fâcheuses conséquences.

Le docteur. Il n'est pas besoin de les tirer : il ne faut que vous faire remarquer que c'est là un pur épicuréisme, que c'est le souverain bien que se proposoit Épicure, que c'est la vie des épicuriens.

Le directeur. Ne vous le disois-je pas ? Il faut éviter ces sortes d'expressions, et dire que la béatitude essentielle consiste dans l'oraison de simple regard, dans la vue fixe et confuse de Dieu présent, dans l'union essentielle.

Le gentilhomme. Je ne subtilise pas tant, mon Père : je vas droit au but. Je fais consister la béatitude dans ce qui me fait le plus de plaisir. Votre oraison de simple regard, votre vue de Dieu, votre union essentielle sont des termes qui ont des idées bien minces. Les plaisirs au contraire, qui sont compatibles avec cet état, sont quelque chose de réel et de solide, qui fait mon bonheur.

Le directeur. Ce n'est pas néanmoins dans ces plaisirs que consiste la béatitude essentielle ; ce n'est que par accident qu'ils se trouvent joints à l'oraison de simple regard. C'est, comme je vous ai dit, l'union essentielle qui fait le souverain bien.

Le gentilhomme. Hé bien ! mon Père, nommez cette vie voluptueuse comme il vous plaira, car je ne dispute jamais des mots. Que m'importe que vous donniez le nom de béatitude à ce que vous appelez simple regard, ou union essentielle, et que vous le refusiez aux voluptés, pourvu que vous avouiez qu'en pratiquant votre oraison de simple regard, qui ne me coûte rien, je puis en sûreté de conscience m'abandonner à toutes sortes de plaisirs, et être délivré de toutes sortes de peines de corps et d'esprit ? C'est tout ce que je demande, c'est ce qui me rend heureux, c'est ce que je trouve de plus utile dans la doctrine des mystiques.

Le directeur. Ils ne parlent pas tout à fait comme vous les faites parler.

DIALOGUE IX.   691

Le gentilhomme. Je n'avance rien que je ne puisse prouver, quand je vous dis que suivant la doctrine des mystiques, pourvu que l'on soit parvenu à l'union essentielle, on est délivré de tout ce qui peut faire quelque peine en la vie, soit au corps, soit à l'esprit, et que l'on peut prendre toute sorte de plaisir, et s'abandonner à tout ce que l'on appelle déréglements, sans craindre d'offenser Dieu. Vous le savez aussi bien que moi, mon Père, et il est aisé de vous en faire convenir, quand vous ne le voudriez pas avouer. Car, dites-moi, n'enseignez-vous pas que quand on est parvenu à l'état de contemplation, il n'est plus nécessaire de pratiquer de jeûnes, d'austérités, et de mortifications corporelles[1] ?

Le directeur. Ce n'est point en cela que consiste la perfection du christianisme : c'est dans l'oraison de simple regard. Quand on est parvenu à ce degré de perfection, il ne faut plus pratiquer ces exercices corporels.

Le gentilhomme. Voilà donc déjà vos parfaits contemplatifs déchargés de ce qu'il y a de plus pénible. Ce n'est pas tout : il faut aussi les délivrer du joug des lois humaines, et des commandements de l'Église, dont l'observation est souvent incommode. Les mystiques y ont pourvu. Le contemplatif est au-dessus de ces lois : s'il fait ce qu'elles commandent, c'est seulement à l'extérieur, par usage, par habitude, nullement pour obéir à la loi, et s'acquitter de son devoir[2].

1. « Le travail qui se fait *au dehors* porte toujours l'âme plus au dehors dans les choses où elle s'applique plus fortement..., *en* sorte qu'elle met les sens en vigueur, *bien* loin de les amortir. » (*Moyen court*, § x, p. 38.)

« Il y a deux sortes de spirituels : des intérieurs et des extérieurs. Ceux-ci cherchent Dieu au dehors, par le secours du raisonnement, de l'imagination et des réflexions; ils tâchent d'acquérir la vertu à force d'abstinences, de macérations et d'austérités; ils revêtent le cilice, se donnent la discipline, se tiennent dans le silence, et se mettent en la présence de Dieu, en se le figurant tantôt sous l'idée d'un pasteur, tantôt sous celle d'un médecin, quelquefois sous celle d'un père *ou* d'un maître.... C'est le chemin extérieur et la voie de ceux qui commencent.... *Mais les* vrais spirituels..., retirés dans le fond de leur âme, *se recueillent sans tout cela.* » (Molinos, *Guide spirituelle*, livre III, chapitre I, nº 1, p. 132 et 133.)

2. « On doit obéir aux supérieurs quant à l'extérieur. L'étendue

LE DIRECTEUR. Mais il peut avoir des motions particulières, et des inspirations extraordinaires de faire ce qui est prescrit par la loi.

LE GENTILHOMME. Il peut en avoir, je l'avoue; mais il peut aussi n'en pas avoir. Il suffit qu'il se mette en la présence de Dieu. Il ne faut pas qu'il fasse aucune réflexion sur soi, ni aucune attention à la loi : il faut seulement qu'il écoute ce que Dieu lui dira, et encore qu'il attende qu'il lui parle plus sensiblement que si c'étoit une voix articulée [1]. Vous m'a-

des vœux d'obéissance que font les religieux n'est que pour l'extérieur ; car la connoissance de l'intérieur n'appartient qu'à Dieu seul et au directeur. » (*Proposition* 65 *condamnée* [*].)

« C'est une doctrine ridicule et nouvelle dans l'Église de Dieu, que l'âme doit se laisser gouverner quant à l'intérieur par son évêque. (*Proposition* 66 *condamnée* [**].)

1. « L'âme coopère *avec Dieu*, en recevant volontairement et sans résistance les effets de Dieu en elle. » (Malaval, *Pratique facile*, partie I, p. 104.)

« *L'âme est appelée passive, lorsqu'elle reçoit* quelque chose en soi, de telle sorte *qu'elle* ne contribue *en rien à la production, mais seulement à la réception*.... Dans les choses de Dieu, l'âme peut être considérée passive en deux manières : *l'une* quant au principe, *l'autre* quant à l'action.... L'âme est passive au regard de la grâce qui la fait agir, *comme* un principe *non* acquis,... mais infus;... elle est *aussi* passive au regard de la foi, parce que la foi est une lumière infuse et non produite par *l'*opération.... » (*Ibidem*, partie II, p. 78 et 79.)

« Les actions faites par un principe divin sont des actions divines, au lieu que les actions de la créature, quelque [***] bonnes qu'elles paroissent, sont des actions humaines, ou tout au plus ver-

---

[*] *Præpositis obediendum est in exteriore, et latitudo voti obedientiæ religiosorum tantummodo ad exterius pertingit : in interiore vero res aliter se habet, quo solus Deus et director intrant.*

[**] *Risu digna est nova quædam doctrina in Ecclesia Dei, quod anima quoad internum gubernari debeat ab episcopo.*

[***] Devant un adjectif pluriel, le mot *quelque*, dans ce sens, que nous considérons avec raison comme adverbial, prend constamment l'*s*, dans les anciennes éditions des *Dialogues* : ici par exemple, et ci-dessus, p. 585, 587, 606, 614, 616, 617. C'est un accord très-ordinaire dans les impressions du dix-septième siècle.

vouerez que ces sortes de motions et d'inspirations sont rares, et qu'un contemplatif peut passer une grande partie de sa vie sans en avoir. Il pourra donc être des années entières sans entendre la messe, sans s'approcher des sacrements, et sans observer aucun des commandements de l'Église.

Le directeur. Quel mal y a-t-il à cela ? Ce sont des lois humaines qui ne concernent point l'intérieur, et qui ne rendent pas plus saints ni plus parfaits ceux qui les observent[1].

tueuses, lorsqu'elles sont faites avec la grâce. » (*Moyen court*, § XXI, p. 88 et 89.)

« *L'homme est réparé, non* en agissant, mais en souffrant l'action de celui qui *le* veut réparer. » (*Ibidem*, p. 86 et 87.)

« *Une âme ne se doit mouvoir que quand* l'Esprit de Dieu *la remue*. » (*Ibidem*, p. 80.)

« Il faut donc demeurer en paix, et ne nous mouvoir que *quand* il nous meut.... C'est l'esprit de l'Église que l'esprit de la motion divine, etc. » (*Ibidem*, p. 87.)

« Il suffit que *l'homme ait* un consentement passif *à sa propre destruction*, afin qu'il ait une entière et pleine liberté. » (*Ibidem*, § XXIV, p. 130.)

« Il *suffit que l'homme* concoure passivement à toutes les opérations *actives de Dieu*. » (*Ibidem*, p. 131.)

« .... Dieu ne se communique à *l'homme*, qu'autant que sa capacité passive est grande, noble et étendue. » (*Ibidem*, p. 134.)

« *L'homme* ne peut être uni à Dieu sans la passiveté. » (*Ibidem* p. 134.)

« Il reste à résoudre une difficulté ignorée des siècles passés : savoir s'il y aura une contemplation acquise, comme une infuse, et la différence entre l'une et l'autre. » (La Combe, *Analyse de l'Oraison mentale* *.)

« La passive se fait par des actes très-simples infus, qui ne dépendent pas du libre arbitre, à laquelle les puissances de l'âme concourent. L'âme, sans qu'elle le sache et y pense, se trouve enlevée vers Dieu. » (*Ibidem*.)

1. « .... L'extérieur commun de ces âmes choisies scandalise même ceux qui ont part à leurs grâces : jusque-là qu'ils s'en séparent souvent après que Dieu en a tiré l'effet qu'il prétendoit. L'Époux traite en cela son épouse comme lui-même : tous ceux qu'il avoit

---

* Voyez ci-dessus, p. 587, note ***, le texte latin de cette note ; et p. 588, note *, celui de la note suivante.

Le gentilhomme. Tant mieux, mon Père : c'est ce que je trouve de merveilleux, que l'on puisse se dispenser de toutes ces pratiques, non-seulement sans commettre aucun péché, mais même sans perdre aucun avantage spirituel. La confession de ses péchés à un prêtre est une des choses les plus humiliantes de la religion : votre spirituel est déchargé de ce joug[1]. Pour les prières vocales ou même mentales, vous savez

gagnés à son Père ne furent-ils pas scandalisés en lui *? Que l'on examine un peu la vie de Jésus-Christ : rien de plus commun quant à l'extérieur. Ceux qui font des choses plus extraordinaires sont les copies des saints, desquels Jésus-Christ a dit qu'ils feroient de plus grandes œuvres que lui **. Ces âmes ici sont d'autres Jésus-Christ : c'est pourquoi l'on y remarque moins les traits des saints. Mais pour les caractères de Jésus-Christ, si on les examine de près, on les y verra très-clairement. Cependant Jésus-Christ est un sujet de scandale aux Juifs, et semble une folie aux Gentils ***. Ces personnes scandalisent souvent dans leur simplicité ceux qui, attachés aux cérémonies légales plutôt qu'à la simplicité de l'Évangile, ne regardent que l'écorce de la grenade, sans pénétrer le dedans. » (*Explication du Cantique des cantiques*, chapitre vi, verset 6, p. 152 et 153.)

1. « .... S'exposer devant Dieu, qui ne manquera pas de l'éclairer et de *lui* faire connoître la nature de *ses* fautes.... *L'âme* oubliera ses défauts et aura peine à s'en souvenir; *mais* il ne faut *pas* qu'elle s'en fasse aucune peine, pour deux raisons : la première, parce que cet oubli est une marque de la purification de la faute, et que c'est le meilleur, *dans* ce degré, d'oublier tout ce qui nous concerne, pour ne se souvenir que de Dieu. La seconde raison est que Dieu ne manque point, lorsqu'il se faut confesser, de faire voir à l'âme ses plus grandes fautes; car alors il fait lui-même son examen ****. » (*Moyen court*, § xv, p. 61 et 65.)

« Si l'on dit *à ces âmes abandonnées* de se confesser, elles le font, car elles sont très-soumises; mais elles disent de bouche ce qu'on leur fait dire, comme un petit enfant à qui *l'on* diroit : « Il faut vous confesser de cela »; il le dit sans connoître ce qu'il dit, sans savoir si cela est, ou non, sans reproches, *sans* remords; car ici l'âme ne peut trouver de conscience, et tout est tellement perdu en

---

* Voyez *saint Marc*, chapitre xiv, verset 27.
** Voyez *saint Jean*, chapitre xiv, verset 12.
*** Voyez la 1ʳᵉ *épître aux Corinthiens*, chapitre 1, verset 23.
**** Voyez ci-dessus, p. 596 et 597, notes 1 et *.

aussi bien que moi qu'elles sont incompatibles avec l'oraison de simple regard¹. Voilà donc les hommes délivrés de tout ce

elle*, qu'il n'y a plus chez elle d'accusateur; elle demeure contente sans en chercher. » (*Livre des Torrents*, partie II, chapitre 11, n° 3, p. 253.)

« Toutes les créatures la** condamneroient, que ce lui seroit moins qu'un moucheron, non par entêtement et fermeté de volonté, comme on se l'imagine, mais par impuissance de se mêler de soi, parce qu'elle ne se voit plus. Vous demandez à cette âme : « Mais « qui vous porte à faire telle ou telle chose? C'est donc que Dieu « vous l'a dit, vous a fait connoître et entendre ce qu'il vouloit? « — Je ne connois rien, n'entends rien; je ne pense à rien con- « noître; tout est Dieu et volonté de Dieu; je ne sais.... ce que c'est « que volonté de Dieu:... aussi ne suis-je pas capable d'en rendre « nulle raison, ni d'en rendre aucune de ma conduite.... J'agis ce- « pendant infailliblement, *et ne puis douter depuis* que je n'ai point « d'autre principe que le principe infaillible. » (*Ibidem*, n° 7, p. 256.)

1. « L'âme n'est pas plutôt appelée au silence intérieur, qu'elle ne doit pas se charger de prières vocales. » (*Moyen court*, § XVI, p. 67.)

« En cette oraison de simple regard, nous pratiquons hautement la vertu sans la pratiquer; nous faisons tout sans rien faire, et nous le faisons d'une manière si élevée, que cent autres n'en *feroient* pas tant en vingt années avec leurs actes redoublés et multipliés avec tant de ferveur. Une œillade simple, qui nous ramasse de l'épanchement que nous pouvons avoir parmi la diversité des créatures, sous le rayon obscur de la foi, qui ne laisse aucune clarté pour nous joindre à Dieu, dit plus, comprend plus, que tout ce que la méditation et l'oraison affective peuvent dire ou comprendre. » (L'abbé d'Estival, *Conférences mystiques*, p. 93 et 94***.)

« Vous croirez peut-être que vous ne sortez de la prière, aussi stérile que vous y étiez entrée, que par manque de préparation.... Persévérer..., en la présence du Seigneur,... est l'unique préparation, et la seule disposition nécessaire pour ce temps-là. » (Molinos, *Guide spirituelle*, livre I, chapitre XI, n° 70, p. 46 et 47.)

« *Malaval* ne permet cet acte (*par lequel on se met en présence de*

* Voyez ci-dessus, p. 618, note **.
** *La*, c'est-à-dire l'âme anéantie et transformée. — Il y a *le*, par erreur d'impression, dans l'ancienne édition des *Dialogues*.
*** Cette citation, déjà faite plus haut (p. 556, note 1), a été répétée ici avec la même faute : *mur*, pour *rayon*; et la même variante, *feroient*, pour *feront*, qui est sans doute une erreur de lecture.

qui peut être incommode à leur corps. Voyons de quelle manière leur esprit est soulagé de tout ce qui peut lui faire de la peine, en sorte qu'il jouit d'un repos achevé et d'une tranquillité parfaite. Les tentations dont l'âme est agitée sont ordinairement la plus grande peine des justes. Ces vives images des désordres, que le démon représente à leur esprit, cette inclination au mal, qu'ils sentent continuellement, la fragilité de leur nature les tiennent dans un tremblement et dans une inquiétude perpétuelle. Toute leur vie n'est qu'un combat continuel. Le maître de notre doctrine délivre heureusement ses disciples de ces agitations, et les établit dans un doux et saint repos, en leur apprenant que c'est une grâce de Dieu d'avoir des tentations, et que le bonheur d'une âme consiste à demeurer tranquille, sans faire aucune résistance, ni aucun acte contraire. Les mouvements sensuels, les pensées impures, les doutes contre la foi, et les tentations mêmes les plus violentes, ne leur doivent causer aucune alarme. Il ne faut point qu'ils fassent d'efforts pour y résister, pour les rejeter, ou pour les repousser. Loin de gémir de se voir sujets à ces infir-

Dieu au commencement de l'oraison) que trois ou quatre jours au plus, parce qu'une âme qui est entrée dans le simple regard, comprend bientôt qu'il y a un langage muet par lequel nous nous faisons entendre à Dieu beaucoup mieux que par les paroles sensibles et même par les actes intérieurs réfléchis; et elle auroit honte de chercher le secours de quelque chose de sensible contre l'attrait qu'elle sent. » (L'abbé d'Estival, *Conférences mystiques*, p. 40.)

« Il est sûr que la fréquente lecture des livres mystiques, qui.... ne donnent point de lumière pour la conduite de la vie, fait plutôt du mal que du bien ; qu'elle brouille l'esprit au lieu de l'éclairer.... » (Molinos, *Guide spirituelle*, livre II, chapitre II, n° 9, p. 80.)

« Cet acte consiste à *envisager* Dieu *seul* en lui-même, *ce* qui comprend tout*. *On n'a pas besoin de* lectures, ni *de* méditations; mais *il suffit de se* reposer doucement en Dieu *avec ce regard* d'une foi vive. » (Malaval, *Pratique facile*, partie I, p. 50.)

« Les livres mêmes et les bonnes lectures en cet état (*d'oraison de simple regard*) sont nuisibles, dit un grand spirituel : cela appuie et maintient la manière ordinaire d'opérer, et fortifie l'ancienne habitude. » (L'abbé d'Estival, *Conférences mystiques*, p. 187.)

* Voyez ci-dessus, p. 558, notes 1 et *; et p. 601, notes 1 et *.

mités, et de souhaiter d'en être délivrés, ils doivent s'en réjouir, et les considérer comme un bienfait de Dieu tout particulier[1].

Le directeur. C'est cela même, Monsieur, qui fait leur martyre[2]. Autrefois Dieu se servoit des tyrans pour faire des saints;

1. « Vous ressentirez au dedans une sécheresse passive, des ténèbres, des angoisses, des contradictions, une répugnance continuelle, des abandonnements intérieurs, des désolations horribles, des suggestions importunes et perpétuelles, des tentations véhémentes de l'ennemi. Enfin vous trouverez votre cœur si resserré et si plein d'amertume, que vous ne pourrez l'élever vers Dieu, ni faire un seul acte de foi, d'espérance ou d'amour. Dans cet abandonnement, vous voyant en proie à l'impatience, à la colère, à la rage, aux blasphèmes, aux appétits désordonnés, vous vous croirez la plus misérable, la plus criminelle et la plus détestable de toutes les créatures, dénuée de toutes les vertus, éloignée de Dieu, et condamnée à des tourments presque égaux aux peines infernales: Mais quoique dans cette oppression, il vous semble d'être orgueilleuse, impatiente et colère, ces tentations néanmoins ne remportent aucun avantage sur vous, la vertu cachée et le don efficace de la force intérieure qui règnent en vous étant capables de surmonter les assauts les plus vigoureux et les plus terribles. » (Molinos, *Guide spirituelle*, livre III, chapitre iv, n°s 28, 29 et 30, p. 145 et 146[*].)

2. Molinos, *Guide spirituelle*, livre III, chapitre iv : *Des deux martyres spirituels où Dieu fait passer les âmes auxquelles il veut s'unir* (p. 142).

« Lorsque Dieu veut s'unir à une âme, il la purifie ordinairement en deux manières. La première se fait par les eaux amères des afflictions, des angoisses, des détresses et des tourments intérieurs, dont nous parlerons dans ce chapitre et le suivant; la seconde, par le feu d'un amour ardent, impatient et affamé. Lorsque Dieu veut mener une âme à la plus haute perfection, il se sert de toutes les deux. Quelquefois il les met dans l'alambic des tribulations et des amertumes intérieures et extérieures, et dans le feu des tentations. D'autres fois il les jette dans le creuset d'un amour inquiet et jaloux, qui la consume avec d'autant plus de violence, que Dieu veut l'éclairer plus vivement, et l'unir plus étroitement à

[*] En place de ces citations, il nous semble que du Pin eût mieux fait de reproduire ici quelques passages des chapitres ix et x du livre I de *la Guide spirituelle* (p. 39 et suivantes). Un fragment en a été cité ci-dessus, p. 684, note 1.

mais aujourd'hui il se sert des démons, qui causent ces violences, et cela fait que les saints s'humilient davantage en eux-mêmes, et se résignent à Dieu [a].

LE DOCTEUR. Ce que dit le Révérend Père, quoique équivoque, peut avoir un sens fort catholique. Voici la doctrine de l'Église touchant les tentations. Comme elles sont un effet du péché, et qu'elles portent au péché, quoiqu'elles ne soient pas un péché quand la volonté n'y donne pas son consentement, tout

lui : en sorte que la connoissance et l'union divines sont l'effet des souffrances et la preuve du véritable amour. »

CHAPITRE V : *Combien il est important pour une âme intérieure de souffrir ce premier martyre spirituel.* (Pages 146-148.)

« Afin qu'une âme devienne céleste, de terrestre qu'elle étoit, qu'elle soit unie avec Dieu et jouisse du souverain bien, il faut qu'elle soit purifiée dans le feu de la tribulation. Il est vrai, et l'expérience le justifie assez, que tous ceux qui veulent servir Dieu ont de grands travaux et de cruelles persécutions à soutenir. Mais les âmes fortunées que le Seigneur conduit ont outre cela de redoutables tentations à endurer, et des tourments plus horribles que ceux dont les martyrs ont été couronnés dans la primitive Église.

« Les souffrances des martyrs étoient courtes : le même jour les voyoit ordinairement commencer et finir, et de plus une lumière céleste, un secours divin, et l'espoir de la récompense prochaine les soutenoient au milieu de leurs tourments. Mais une âme désolée, qui doit mourir à elle-même et être purifiée intimement, se voyant abandonnée de Dieu, environnée de tentations, de ténèbres, d'angoisses, de chagrins, d'afflictions et de sécheresses, goûte à tout moment les transes de la mort, sans ressentir aucune consolation. Dans ce déplorable état, ses cruelles douleurs, qui se succèdent l'une à l'autre, lui paroissent un martyre continuel et une agonie qui se renouvelle incessamment. C'est pourquoi l'on peut dire avec raison que quoiqu'il y ait beaucoup de martyrs, il y a fort peu d'âmes qui suivent Jésus-Christ, au milieu de ces tourments, dans le calme et dans la résignation.

« Pendant que les hommes exerçoient leur cruauté sur le corps des martyrs, Dieu consoloit leur âme ; mais ici c'est Dieu qui blesse et qui se cache, pendant que les démons, comme de cruels bourreaux, tourmentent le corps et l'âme en mille manières, en sorte que l'homme est crucifié tout entier, et au dedans et au dehors. »

a. Cette phrase est la traduction de la 43e des propositions condamnées de Molinos, qui ont été publiées en latin.

chrétien doit gémir de se voir sujet à cette misère, souhaiter avec ardeur d'en être délivré, et dire continuellement avec l'apôtre saint Paul : « Malheureux que je suis ! qui me délivrera de ce corps de mort[a] ? » Mais d'ailleurs, comme il est impossible d'être entièrement délivré en cette vie des tentations, et que Dieu permet que nous soyons tentés pour éprouver et exercer notre vertu, afin qu'étant demeurés victorieux des tentations par le secours de sa grâce, nous avancions dans la vie spirituelle, nous devons nous humilier dans la vue de notre misère, avoir recours à la miséricorde de Celui sans le secours duquel nous succomberions infailliblement, nous jeter entre ses bras, et cependant faire tous nos efforts pour résister à la tentation, fuir les occasions, détourner les mauvaises pensées, résister aux mouvements de la cupidité, faire des actes contraires et intérieurement et extérieurement, veiller enfin continuellement sur notre conduite. Voilà la doctrine de l'Église sur les tentations.

Le gentilhomme. Vous nous parlez là, Monsieur, de maximes usées des anciens mystiques : celles des nouveaux sont bien plus commodes. Lorsqu'on est tenté fortement, disent-ils, il faut laisser agir le démon, sans s'aider en aucune manière, demeurer dans son néant ; et quand on commettroit des ordures et des impuretés, il ne faut pas s'en troubler ; mais il faut chasser toutes sortes de scrupules, de doutes, de peurs, parce que l'âme en devient plus illuminée, fortifiée, et plus belle. C'est là le moyen d'acquérir la sainte liberté[1], parce que

---

a. *Épître aux Romains,* chapitre VII, verset 24.

1. « N'espérez pas de parvenir à cet état heureux, ni de jouir du précieux gage de la paix intérieure, dès que vous aurez, par le secours de la grâce, remporté la victoire sur vos sens....

« Vous ressentirez au dedans une sécheresse passive, des ténèbres, des angoisses, des contradictions, une répugnance continuelle, des abandonnements intérieurs, des désolations horribles, des suggestions importunes et perpétuelles, des tentations véhémentes de l'ennemi. Enfin vous trouverez votre cœur si resserré et si plein d'amertume, que vous ne pourrez l'élever vers Dieu, ni faire un seul acte de foi, d'espérance ou d'amour.

« Dans cet abandonnement, vous voyant en proie à l'impatience, à la colère, à la rage, aux blasphèmes, aux appétits désordonnés,

de cette manière l'on devient victorieux, et l'on acquiert un trésor de paix*a*. Demandez au Révérend Père si ce ne sont pas là ses maximes?

LA PÉNITENTE. Je ne le saurois croire.

LE DIRECTEUR. Il faut distinguer, Monsieur. Quand ces actions se passent dans les facultés sensitives, sans que la volonté y ait part, et sans qu'elle y consente formellement, elles sont toutes innocentes; mais elles seroient très-criminelles, si la volonté y donnoit son consentement*b*. C'est l'exception qu'apporte le maître de notre doctrine dans une de ses lettres; en excusant de péché les blasphèmes proférés extérieurement, il ajoute cette clause : « Mais sans le consentement de celui qui souffre la violence*c*. »

LE DOCTEUR. Des blasphèmes proférés extérieurement, qui ne sont point des péchés : écoutez bien ceci, ma sœur.

LE GENTILHOMME. Ce que vous dites, mon Père, est capable d'éblouir ceux qui ne sont pas parfaitement instruits de vos

---

vous vous croirez la plus misérable, la plus criminelle et la plus détestable de toutes les créatures, dénuée de toutes les vertus, éloignée de Dieu, et condamnée à des tourments presque égaux aux peines infernales. » (Molinos, *Guide spirituelle*, livre III, chapitre IV, nos 23, 28 et 29, p. 144 et 145.)

a. Cette exposition des maximes des nouveaux mystiques, depuis les mots : « Lorsqu'on est tenté fortement, » est simplement la traduction de la 47e des propositions condamnées de Molinos.

b. Voyez la 41e des propositions condamnées de Molinos.

c. On trouve cette excuse des « blasphèmes proférés extérieurement » dans la 19e des propositions quiétistes qui sont énumérées dans une lettre circulaire du cardinal Cibo, écrite de Rome le 15 février 1687 par l'ordre du saint Office (voyez les *OEuvres de Bossuet*, tome XXVII, p. 501 et 502, édition Lebel); de plus, elle est résumée dans la 41e des propositions condamnées de Molinos; mais nous ne savons où a été publiée la doctrine qui est reproduite dans ces deux propositions. Nous ne connaissons que deux lettres qui soient attribuées à Molinos : elles ont été imprimées dans la traduction italienne de *la Guide spirituelle* et du *Traité de la communion quotidienne* qui a paru à Venise en 1683, et en partie traduites dans l'édition de *la Guide spirituelle* (Amsterdam, 1688) ci-dessus mentionnée, p. 545. Ces lettres ne contiennent rien de la doctrine qu'émet ici le directeur.

principes; mais pour moi qui les possède, je ne prends pas ainsi le change, et je m'en vais vous montrer que ce consentement prétendu de la volonté, nécessaire, selon vous, pour commettre un péché, ne se rencontre jamais dans le contemplatif, quoi qu'il fasse. Pour vous en convaincre, il ne faut que vous faire souvenir de vos principes. N'est-il pas vrai que celui qui est parvenu à l'état de contemplation est uni essentiellement avec Dieu?

Le directeur. Cela est sans difficulté.

Le gentilhomme. « Cette union essentielle le préserve de toute malignité; et comme Dieu, en concourant avec les pécheurs, ne contracte rien de leur malice à cause de sa pureté essentielle, de même l'âme unie essentiellement à Dieu participe à la pureté de Dieu, et ne peut point être souillée par ce qui se passe en elle. » C'est de l'auteur des *Torrents* que je tiens cette maxime. Oh qu'elle est bien traitée dans ce livre!

Le directeur. Oui, Monsieur, mais on y remarque que la pureté de Dieu ne subsiste dans cette âme que parce qu'elle est dans une parfaite ignorance du mal, et dans l'impuissance de le commettre.

Le gentilhomme. Justement, mon Père, et c'est là où je voulois venir. Cette ignorance du mal qui met l'âme dans l'heureuse impuissance de pécher, en quoi consiste-t-elle?

Le directeur. C'est dans les ténèbres de l'entendement, dans la nuit spirituelle, dans l'obscurité mystique [1].

Le gentilhomme. Cette obscurité dérobe-t-elle entièrement à l'âme la connoissance de ce qui se passe en elle?

Le directeur. Non certes : elle voit, elle connoît les mou-

---

1. *Quand l'âme spirituelle est pour ainsi dire* noyée dans la foi obscure de Dieu, *elle est dans le néant de soi-même, et alors elle est bien* occupée, *parce qu*'elle a perdu l'appui d'elle-même, et que.... toute.... réflexion, tout le sensible est détruit *en elle.* » (Falconi, *Lettre à une fille spirituelle,* p. 155.)

« Lorsque Dieu prive l'âme de ses connoissances, et la laisse dans des ténèbres mystiques, afin qu'elle marche par la voie directe et la foi simple..., l'âme qui est dans les saintes obscurités que l'Être sur-essentiel produit en son centre en agissant intimement par sa grâce, ne voit pas ce qu'elle y fait, puisque, à ce *qu'on* dit, elle n'y fait rien. » (L'abbé d'Estival, *Conférences mystiques,* p. 2.)

vements des facultés sensitives; mais les actes des facultés spirituelles, qui sont l'entendement et la volonté, sont imperceptibles à l'âme[1], qui est dans l'état d'obscurcissement [a].

Le gentilhomme. Elle ne peut donc pas distinguer si ce qui se passe en elle est l'effet d'une violence faite à l'appétit sensitif, ou si c'est un acte de sa volonté libre?

Le directeur. Cela est difficile.

Le gentilhomme. Difficile? Je vous soutiens, mon Père, que cela est impossible. Les mouvements des facultés sensitives sont connus : on sait donc bien que l'on a conçu des mouvements de haine, d'impureté, de blasphème. Mais si les actes de la volonté sont imperceptibles, comment peut-on connoître si la volonté a consenti à ces mouvements, ou si elle n'y a pas consenti?

Le directeur. Ils ne sont pas connus par eux-mêmes : ils le sont par les mouvements qu'ils forment dans les facultés sensitives.

Le gentilhomme. Mais comment distinguer si ces mouvements de la faculté sensitive ont été formés par la faculté spirituelle de l'âme, ou par le démon, qui selon vous la violente, la change, et la renverse, sans que la volonté de l'homme y ait part?

Le directeur. On en est convaincu par l'évidence même et par sa propre conscience.

Le gentilhomme. Pour cette fois, mon Père, vous vous

---

1. « *L'âme est* heureuse, *lorsqu'*elle se retire dans la partie supérieure d'elle-même et se renferme dans son néant, comme dans son centre, sans prendre garde à ce qu'elle fait, si elle est recueillie ou *non*, si elle marche bien ou mal, si elle opère ou si elle est oisive, sans regarder, ni penser, ni faire réflexion sur rien de sensible. » (Molinos, *Guide spirituelle,* livre I, chapitre xiii, n° 93, p. 56.)

« L'âme spirituelle doit tenir l'homme intérieur séparé de l'extérieur, en sorte qu'il n'ait aucun commerce avec les sens[*].

« La créature ne distingue plus son opération, parce qu'une lumière forte et générale absorbe toutes ses petites lumières distinctes, *comme celle du soleil fait la lumière des astres.* » (*Moyen court,* § xii, p. 49.)

a. Voyez la 62ᵉ des propositions condamnées de Molinos.

[*] Nous ne savons d'où est tiré cet alinéa.

écartez des principes du maître de notre doctrine, qui nous assure que ceux mêmes qui disent qu'ils ont péché de propos délibéré, et qu'ils ont connu évidemment leur volonté, qui a donné son consentement au péché, ne doivent pas être crus, parce qu'ils peuvent avoir confondu l'appétit sensitif avec la volonté connue évidemment.

Le directeur. Le maître ne parle que de ceux qui son parvenus à l'état de contemplation : leur volonté étant unie essentiellement à Dieu, il est indubitable qu'elle n'a aucune part à tous les mouvements et actes extérieurs des péchés qu'ils commettent, et que ce sont des illusions et des violences du démon, qui ne leur doivent point être imputées.

Le gentilhomme. Je pourrois vous dire que le maître, accordant ce privilége à ses disciples, établit un principe qui le rend commun à tous les hommes. Car s'il est vrai que les actes des facultés spirituelles ne puissent être aperçus des mystiques, ces actes étant de même nature dans tous les hommes, et les uns n'ayant pas plus de lumières que les autres pour les connoître, il est vrai de dire que ces mystiques et les non-mystiques vivent dans la même obscurité et dans la même ignorance de ce qui se passe dans leur volonté. Les premiers seront sûrs à la vérité, par leur état, que leur volonté n'a point consenti au péché ; mais si les derniers n'en sont pas assurés, ils ne peuvent pas non plus être certains du contraire ; et par conséquent ils peuvent (quelque action criminelle qu'ils aient commise) se persuader qu'ils n'ont point péché. C'est toujours un grand soulagement pour eux ; c'est une espérance qui les flatte agréablement, et qui peut beaucoup calmer leur esprit et apaiser les remords de leur conscience. Mais pour nos parfaits mystiques dont je parle, quoi qu'ils fassent, ils ne doivent avoir ni crainte, ni remords, ni scrupules ; mais vivre dans un repos qui ne peut être troublé en aucune manière, convaincus et certains qu'ils sont que leur volonté n'a point de part à ce qui se passe en eux, et que tous ces mouvements de l'appétit sensitif, et ces actions extérieures qui paroissent des péchés consommés, sont des violences du diable.

Le docteur. Étrange théologie ! L'apôtre saint Jacques nous apprend *que chacun est tenté par sa propre concupiscence, qui* *l'entraîne et l'attire dans le mal; que la concupiscence ayant conçu, enfante le péché; que le péché étant consommé, engendre la mort*ᵃ. Et selon les principes que j'entends, la concupiscence de l'homme a beau concevoir et enfanter, elle ne produit point de péché ; l'action du péché a beau être consommée, elle n'engendre point la mort. La qualité de juste, de saint, de parfait, de contemplatif, d'uni essentiellement à Dieu, est compatible avec toutes sortes d'actions criminelles. Les apôtres ont beau nous assurer que tous ceux qui commettent de ces actions sont dignes de mort, et qu'ils ne posséderont point le royaume des cieux : cette maxime ne peut être tout au plus véritable qu'à l'égard des imparfaits; elle ne l'est point à l'égard des parfaits mystiques, pourvu qu'ils se soient une fois livrés à Dieu par un regard fixe et par un amoureux abandon. Ils peuvent en vertu de cet acte, quoique non réitéré, commettre impunément toutes sortes d'exécrations.

LE GENTILHOMME. Oui, Monsieur, n'en soyez point épouvanté : notre école est une école d'impeccabilité[1] ; mais d'une impeccabilité admirable, qui consiste à pouvoir faire ce qui est péché sans pécher. Les bienheureux sont impeccables dans le ciel, parce qu'ils sont inséparablement unis à Dieu, et qu'ils ne peuvent plus se tourner vers la créature, et la préférer au Créateur. Les mystiques sont impeccables sur la terre, parce qu'étant unis à Dieu par une foi pure et par une union essentielle, ils peuvent jouir de la créature, sans quitter le Créateur; demandez-le au Révérend Père.

LE DIRECTEUR. Il est vrai, Monsieur, que ce sont là nos principes; mais nous n'en tirons pas les conséquences que Monsieur prétend. Nous ne nous en servons pas pour porter les hommes à commettre des actions criminelles, mais seule-

---

a. *Épître de saint Jacques*, chapitre I, versets 14 et 15.

1. « .... Le propre de l'union essentielle est d'affermir l'âme de telle sorte, qu'elle ne peut plus avoir de ces défaillances qui arrivent aux âmes commençantes, dans lesquelles la grâce étant encore foible, elles éprouvent des éclipses, et font encore des chutes; mais par cette union l'âme est confirmée (si l'on peut user de ce terme) dans la charité, puisque alors elle demeure en Dieu; et celui qui demeure en Dieu demeure en charité; car Dieu est charité. » (*Explication du Cantique des cantiques*, chapitre II, verset 6, p. 47 et 48.)

ment pour consoler ceux qui y sont tombés. Le directeur ne doit pas dire à ses disciples qu'ils peuvent pécher impunément ; mais s'il arrive qu'ils commettent des crimes, il n'en doit pas être épouvanté. Quoi qu'ils lui rapportent de l'état pitoyable de leur âme et de leur attachement au péché, il ne doit pas les croire pour cela déchus de l'état d'innocence. Enfin il doit leur remettre là-dessus l'esprit, et leur persuader que leur volonté n'a jamais eu de part à ce qui s'est passé en eux. C'est là ce qu'on appelle chez nous *consoler ses amis qui sont dans la tribulation.*

Le docteur. C'est-à-dire, mon Père, que si quelqu'un de vos pénitents venoit vous trouver, et s'accusoit d'avoir consenti de propos délibéré à la volonté de commettre un adultère, ou un autre crime énorme ; d'avoir exécuté plusieurs fois cette mauvaise volonté ; d'avoir vécu longtemps dans cette habitude criminelle, et de ne point sentir encore en soi de douleur ni de componction : au lieu de lui représenter l'énormité de son crime, la peine qu'il mérite, l'état de damnation dans lequel il s'est précipité, la bonté et la miséricorde d'un Dieu qu'il a offensé, pour l'exciter à des mouvements de pénitence et de contrition ; au lieu de lui imposer une satisfaction proportionnée à la grandeur de ses crimes, de ne lui donner l'absolution, et de ne lui permettre d'approcher des sacrements que quand vous jugeriez qu'il est contrit et converti ; au lieu, dis-je, d'en user ainsi, comme les lois de l'Église le prescrivent, voici à peu près le langage que vous lui tiendriez : « Ne soyez point épouvanté, mon frère, de ces impuretés dans lesquelles vous êtes tombé ; ce sont des actes de votre partie inférieure et sensuelle, violentée par le démon : votre partie supérieure et votre volonté n'y ont eu aucune part, quoiqu'elles vous paroissent y avoir consenti plusieurs fois, puisque vous n'avez point révoqué l'acte d'abandon par lequel vous vous êtes donné à Dieu. Vous avez conservé la pureté de l'âme, plus précieuse que la pureté du corps : votre âme est innocente et sans tache devant Dieu. L'action criminelle que vous avez commise est un effet de sa volonté : vous n'en êtes pas moins en état de grâce et de salut pour l'avoir commise ; et quand vous n'y seriez pas, cela vous doit être indifférent. C'est dans cette bienheureuse indifférence pour le bien ou pour le mal, pour le salut ou pour la damnation que consiste la perfection. N'ayez donc point de regret, point de douleur, point de contrition : réjouissez-vous au contraire en Dieu, dont la volonté est accomplie dans vous et sur vous. » Voilà de quelle manière, mon Père, vous devriez exhorter votre pénitent.

LE DIRECTEUR. Les occasions de faire de semblables remontrances sont rares parmi nous ; car l'âme du parfait contemplatif ne se reproche ordinairement rien : elle n'est plus à elle, elle ne sait ce qu'elle a fait ; elle ignore ce qu'elle est, ou plutôt elle n'est plus ce qu'elle étoit, étant transformée en Dieu : elle ne sait de quoi s'accuser, de quoi se confesser, de quoi se corriger ou se repentir[1].

LE GENTILHOMME. Ne vous l'avois-je pas bien dit d'abord, que nos mystiques soulageoient les hommes du joug pesant de la confession et de la pénitence, et qu'ils les délivroient de toute sorte de scrupules et de remords de conscience ? En pouvez-vous douter ?

LE DOCTEUR. Non, je vois à présent que l'école de vos faux mystiques est une école d'impureté et d'abomination ; que l'on y renverse les lois divines et naturelles ; qu'on y enseigne le libertinage ; qu'il n'y a ni crainte de Dieu, ni religion, ni piété, ni vertu ; enfin que votre parfait contemplatif peut être

---

1. « Les âmes dont je parle ne peuvent presque jamais se confesser, car lorsqu'elles veulent s'accuser, elles ne savent qu'accuser et que condamner, ne pouvant rien trouver en elles de vivant et qui puisse avoir voulu offenser Dieu, à cause de la perte entière de leur volonté en Dieu ; et comme Dieu ne peut vouloir le péché, elles ne le peuvent vouloir non plus. » (*Livre des Torrents*, partie II, chapitre II, n° 3, p. 253.)

« Si l'on dit *à ces âmes abandonnées* de se confesser, elles le font, car elles sont très-soumises ; mais elles disent de bouche ce qu'on leur fait dire, comme un petit enfant à qui l'on diroit : « Il faut « vous confesser de cela » ; il le dit sans connoître ce qu'il dit, sans savoir si cela est ou non, sans reproches, *sans* remords ; car ici l'âme ne peut trouver de conscience, et tout est tellement perdu en *elle**, qu'il n'y a plus chez elle d'accusateur : elle demeure contente sans en chercher. » (*Ibidem*, p. 253.)

* Voyez ci-dessus, p. 618, note **.

DIALOGUE IX.

un monstre exécrable, plongé dans toutes sortes de vices, un infâme, un impudique, un blasphémateur, sans cesser d'être uni essentiellement avec Dieu.

LE DIRECTEUR. On peut abuser des choses les plus saintes, et tirer de mauvaises conséquences des plus saines maximes.

LE DOCTEUR. Mon Père, ce n'est point un abus de votre doctrine : c'en est une suite et une conséquence nécessaire, comme Monsieur vient de le faire voir. Conséquence avouée, et même écrite par vos auteurs; car que peut-on de plus exprès, que ce qui se trouve écrit sur ce sujet, dans l'*Explication du Cantique des cantiques*[a] : « Que les âmes abandonnées n'ont

---

[a]. On lit dans l'*Errata* de l'édition des *Dialogues*, publiée par du Pin : « Page 376 (*lisez :* p. 375 et 376; *nos pages* 707 *et* 708 *répondent à cette indication*), on cite trois passages tirés de l'*Explication du Cantique des cantiques*. Le second est à la page 156 (*lisez :* p. 116 et 117) de ce livre; le troisième à la page 117 (*lisez :* 126 et 127). Le premier est équivalemment p. 146 et 176, et presque mot pour mot dans le *Livre des Torrents*. » — Le passage des *Torrents* dont il est question nous semble devoir être l'un de ceux qui sont cités ci-dessus en note, p. 620 et 621, et p. 706. Nous ne voyons nulle part, dans ce qui précède, cette sorte de citation qui commence à la dernière ligne du texte de la page 707; mais elle se rencontre plusieurs fois dans les *OEuvres* de Mme Guyon (voyez par exemple dans les *Torrents*, outre le passage que nous venons de rappeler, le chapitre IX de la Ire partie; dans le *Moyen court*, le § XXIV, etc.). Quant aux passages de l'*Explication du Cantique des cantiques* où nous devons retrouver « équivalemment » ces six premières lignes enfermées à tort dans des guillemets, voici ce que nous donnent les pages indiquées. Pages 145 et 146 : «.... La vraie consommation du mariage fait le mélange de l'âme avec son Dieu si grand et si intime, qu'elle ne peut plus se distinguer ni se voir, et c'est ce mélange qui divinise, pour ainsi parler, les actions de cette créature, arrivée à un état aussi haut et aussi sublime que celui-ci : parce qu'elles partent d'un principe tout divin, à cause de l'unité qui vient d'être liée entre Dieu et cette âme fondue et recoulée en lui, Dieu devenant le principe des actions et des paroles de cette âme, quoiqu'elle leur donne aussi le jour et les produise au dehors. »
— Page 176 : « L'épouse ne peut plus rien craindre, parce que tout lui est devenu Dieu, et qu'elle le trouve également en toutes choses.... Elle est entrée dans une excellente participation de l'immensité de Dieu. » Peut-être n'est-ce pas à ce dernier passage

plus de pureté propre ; mais qu'elles ont, par leur union essentielle à Dieu, la pureté de Dieu, qui peut par conséquent leur commander toutes sortes d'excès, auxquels elles n'ont point de part, parce qu'elles ne sont plus, et que n'étant plus, il ne peut y avoir aucune malignité en elles » ? Il est encore dit dans le même ouvrage : « Que l'Époux permet les fautes^a dans son épouse, afin de la punir, et de la purifier en même temps de l'attache qu'elle avoit à sa pureté et à son innocence. » Ainsi l'attache d'une âme à la pureté et à l'innocence est une faute que Dieu punit, et les impuretés dans lesquelles elle tombe ne sont pas des crimes, mais la punition de ses crimes. Enfin peut-on rien de plus épouvantable que ce que l'on y fait dire à l'épouse, que « sa noirceur apparente, c'est-à-dire ses péchés, cachent la grandeur des opérations de Dieu dans son âme, comme l'humanité sainte couvre en Jésus-Christ la divinité [b] » ? Que vous semble, ma sœur, de cette comparaison de l'humanité de Jésus-Christ avec la noirceur de l'âme ? N'est-ce pas un horrible blasphème ?

LA PÉNITENTE. Oui, mon frère, et je ne puis plus entendre ces choses sans horreur : confuse, interdite, étonnée, je rougis de honte d'avoir été malheureusement engagée dans des principes si pernicieux. Mais au moins ne croyez pas, mon frère, que mon cœur ait jamais eu part à de telles infamies, ou que

que renvoie l'éditeur, et faut-il lire : « p. 156, » au lieu de : « p. 176. » On lit, p. 156 : « Elle (*l'âme en qui le mariage a été parfaitement consommé*) est très-parfaite, mais des perfections de Dieu même, et parce qu'elle est exempte de toute propriété ;... elle est entrée dans l'innocence de Dieu. »

a. Cette faute, dans le texte de l'*Explication du Cantique des cantiques*.

b. Ici non plus la citation n'est pas textuelle. Voici le texte : « Là l'humanité adorable paroît noire comme un corbeau, en ce qu'elle paroît, non-seulement couverte de meurtrissures, mais aussi chargée de péchés et de la noirceur de tous les hommes, quoiqu'elle soit la blancheur et la pureté sans pareille. Là où Jésus-Christ parut un ver et non un homme, l'opprobre des hommes et le mépris du peuple, combien étoit-il noir ! Cette noirceur néanmoins ne laissoit pas de relever sa beauté, parce qu'il n'en étoit chargé que pour en décharger tout le monde. »

DIALOGUE IX.

j'aie été capable de rien faire contre mon devoir. Ah! plutôt que le ciel....

Le docteur. J'en suis très-persuadé, ma sœur, et je sais que vous avez été trompée par les fausses promesses de ce directeur, qui vous flattoit de vous conduire à Dieu par une voie sûre et abrégée. Il vous conduisoit, ma sœur, dans un précipice; Dieu vous le fait apercevoir; rendez-lui de très-humbles actions de grâces de ce bonheur; cherchez, cherchez d'autres directeurs qui vous conduisant, non par leurs propres lumières, mais par celles de l'Évangile et de l'Église, vous mènent infailliblement au port du salut. Pour Monsieur, je crois qu'il a trop d'esprit pour approuver les principes des faux mystiques, et qu'il est trop homme de bien pour mettre en pratique aucune des conséquences funestes qu'il a tirées si naturellement de ces principes.

Le gentilhomme. Il faut vous l'avouer, Madame, j'ai donné trop légèrement dans les pernicieux préceptes de l'auteur des *Torrents*. Dieu m'a tiré de mon aveuglement par le secours de Monsieur votre beau-frère : ses chrétiennes leçons m'ont convaincu qu'il n'appartient qu'à Dieu de tracer des routes certaines pour le salut. Je lui ai, Madame, cette première obligation; mais je lui suis encore très-redevable de s'être servi aujourd'hui de moi pour vous faire sortir de votre erreur, et vous remettre ainsi dans la voie du salut. J'ai goûté, Madame, pendant quelques années le dangereux poison qui vous infectoit : comme vous, je me suis laissé séduire au jargon et aux termes spécieux des nouveaux mystiques; leurs directeurs se sont prévalus de ma foiblesse comme de la vôtre; mais heureusement Monsieur votre frère nous rend l'un et l'autre à Dieu et à la vérité par la force de l'Évangile, et par la solidité de ses raisons. Nous serions tous contents, si le Révérend Père, éclairé des lumières célestes, et touché des mouvements de la grâce, reconnoissoit aussi son égarement.

La pénitente. Ah! plût à Dieu que mes vœux y pussent contribuer, et que de concert avec vous j'eusse l'avantage de....

Le docteur. Ah! ma chère sœur, quel comble de joie de vous voir revenue de votre erreur, et que votre charité vous porte à vouloir sauver celui qui vous alloit perdre! Mais je crains que son heure ne soit pas encore venue, et qu'il ne reste encore beaucoup à travailler pour le remettre dans le bon chemin.

Le directeur. Toutes les créatures me condamneroient, Monsieur, que ce me seroit moins qu'un moucheron, comme je vous l'ai déjà dit*a*. Que mes disciples m'abandonnent; que tous les docteurs du monde me combattent; que les évêques me proscrivent; que l'Église me chasse de son sein; qu'on m'accable d'autorités; qu'on me confonde par une foule de raisons, rien n'est capable d'ébranler mon cœur et mon esprit.

Le docteur. Adieu donc, mon Père : vous voyant dans une disposition si ennemie de la vérité, je n'entreprends pas de vous en convaincre; tout ce que je puis faire est d'offrir mes vœux et mes sacrifices à celui qui force les volontés rebelles, afin qu'il amollisse la dureté de votre cœur, et qu'il vous rende quelque jour capable d'entendre et d'aimer la vérité.

a. Voyez ci-dessus, p. 631.

TABLE DES MATIÈRES

CONTENUES DANS LE DEUXIÈME VOLUME.

LES CARACTÈRES OU LES MOEURS DE CE SIÈCLE.
    (Suite et fin.)... 1
        De l'Homme.. 3
        Des Jugements... 74
        De la Mode.. 135
        De quelques Usages.. 163
        De la Chaire.. 220
        Des Esprits forts... 237

APPENDICE AUX CARACTÈRES OU MOEURS DE CE
    SIÈCLE. — CLEFS ET COMMENTAIRES.......... 279
        De l'Homme.. 281
        Des Jugements... 314
        De la Mode.. 353
        De quelques Usages.. 375
        De la Chaire.. 414
        Des Esprits forts... 427

DISCOURS PRONONCÉ DANS L'ACADÉMIE FRAN-
    ÇOISE, PAR LA BRUYÈRE, LE 15 JUIN 1693, JOUR
    DE SA RÉCEPTION... 431

TABLE DES MATIÈRES.

Notice.	433
Préface du Discours.	437
Discours.	457
LETTRES.	473
Notice.	475
Lettres de la Bruyère à Condé.	477
Lettre de la Bruyère à Ménage.	508
Lettre de la Bruyère à Bussy.	512
Lettre de Bussy à la Bruyère.	513
Lettre de la Bruyère à Santeul.	514
Lettres de Phélypeaux, comte de Pontchartrain, à la Bruyère.	517
Lettres faussement attribuées à la Bruyère.	522
DIALOGUES POSTHUMES SUR LE QUIÉTISME.	527
Notice.	529
Liste des ouvrages des auteurs quiétistes d'où sont tirées les preuves de ce qui est avancé dans les dialogues.	545
DIALOGUE I. — Que l'oraison de simple regard dispense et tient lieu, selon les quiétistes, de toutes les autres prières, et même des bonnes œuvres. Qu'elle empêche de faire le bien auquel on se sent porté et qu'on a la volonté de faire. Que sous prétexte de n'écouter que Dieu, et de suivre ses mouvements, on omet les devoirs les plus essentiels. Différence de la doctrine des catholiques et des quiétistes sur les motions divines. Contradictions des derniers sur ce sujet.	547
DIALOGUE II. — Vue confuse et indistincte de Dieu comme présent partout, seul objet de l'oraison de simple regard. Elle exclut toute autre connoissance, toute autre pensée, tout autre acte, tout autre objet. Elle bannit la crainte des jugements de Dieu, l'espérance en sa miséricorde, et toutes les autres considérations. Sainte Thérèse opposée à cette doctrine. Stupidité dangereuse où elle conduit.	556
DIALOGUE III. — Propriété et activité, source de tout le mal selon les quiétistes. Obscurité, embarras et contradictions de cette doctrine. Qu'elle ruine la liberté de l'homme et sa coopération à la grâce : erreur condamnée d'anathème par le concile de Trente.	579
DIALOGUE IV. — Vie et actions d'un saint opposées aux maximes et aux pratiques des quiétistes. Qu'il n'attend point des motions et des inspirations extraordinaires pour faire le bien. Examen de	

conscience devient un péché de propriété selon les quiétistes.
Célébration des fêtes, prières, assistance à la messe, réception
des sacrements et autres pratiques de piété, commandées par
l'Église, indifférentes ou nuisibles selon les mêmes principes.... 591

DIALOGUE V. — Les maximes des quiétistes détournent de la confession et de la pénitence. L'abandon parfait qu'ils enseignent
jette dans l'indifférence pour le salut, pour les bonnes œuvres,
pour les biens spirituels, pour les vices et les vertus; il fait
consentir l'âme à l'extinction de la charité et de la foi, à aimer
l'état de péché, le désespoir et la damnation. Affreuses conséquences de cette indifférence absolue : qu'elle renverse les premiers principes du christianisme; qu'elle est directement opposée
à toutes les demandes que l'on fait dans l'oraison dominicale.... 605

DIALOGUE VI. — Les quiétistes abandonnent l'Évangile, l'Église et
la tradition, pour suivre ce qu'ils appellent faussement *volonté de
Dieu*. Béatitude et purgatoire des quiétistes en cette vie. État
d'union essentielle selon eux, dans lequel l'âme, pour demeurer
en Dieu, n'a plus besoin de Jésus-Christ médiateur.......... 629

DIALOGUE VII. — Oraison de foi pure, parfaite béatitude. Idée de
Dieu présent partout, seul objet de cette foi. Baisers, attouchements, mariages, martyres spirituels. Propriété et activité opposées à l'union essentielle, et sources de tout déréglement. Abandon parfait, mort spirituelle. Suites horribles de ces principes,
découvertes et avouées en partie par les quiétistes, avec la réfutation de leurs explications. Compatibilité de l'état d'union
essentielle avec les crimes les plus énormes................ 642

DIALOGUE VIII. — Acte permanent et perpétuel d'amour de Dieu
selon les nouveaux mystiques. Essence de Dieu considérée sous
l'idée la plus abstraite, objet de cet acte. Exclusion de tous les
autres motifs d'amour et de charité. Contrariété de cette doctrine
à l'Évangile et aux maximes fondamentales de la religion...... 672

DIALOGUE IX. — Oraison de simple regard, béatitude essentielle :
compatible avec toutes sortes de plaisirs et de déréglements. Le
spirituel, parvenu à l'état de contemplation, est déchargé des mortifications et des austérités; dispensé d'observer les lois humaines; exempt de peines et de remords; incapable d'être souillé
par les mouvements sensibles; en un mot impeccable, d'une impeccabilité qui consiste à faire ce qui est péché sans pécher.
Obstination des maîtres de cette doctrine dans leur erreur. Ces
conséquences horribles de la doctrine des quiétistes, prouvées et
découvertes, donnent de l'horreur à ceux qu'ils ont séduits.... 688

FIN DE LA TABLE DES MATIÈRES.

9744. — IMPRIMERIE GÉNÉRALE DE CH. LAHURE
Rue de Fleurus, 9, à Paris

www.ingramcontent.com/pod-product-compliance
Lightning Source LLC
Chambersburg PA
CBHW061948300426
44117CB00010B/1262